# La Guitare

# POUR LES NULS

# La Guitare POUR LES NULS

**Mark Phillips**
*Rédacteur musical*
**Jon Chappell**
*Guitariste et arrangeur*

**Daniel Ichbiah**
*Pour l'adaptation française*

FIRST
Editions

**La Guitare pour les Nuls**
Titre de l'édition américaine : Guitar for Dummies

Publié par
**Wiley Publishing, Inc.**
111 River Street
Hoboken, NJ 07030 – 5774
USA



ISBN 978-2-7540-5402-7
Dépôt légal : octobre 2013
Imprimé en Italie

Éditions First, un département d'Édi8
12 avenue d'Italie
75013 Paris – France
e-mail : firstinfo@efirst.com
Site internet : www.editionsfirst.fr

Traduction : Jean-Luc Rostan
Production : Emmanuelle Clément
Mise en page : KN Conception

Ne peut être vendu séparément

# Sommaire

# La Guitare pour les Nuls

## Les auteurs

**Mark Phillips** est rédacteur musical des magazines *Guitar* et *GuitarOne* et directeur musical de la maison d'édition Cherry Lane Music. Licencié de musicologie et lauréat du prix Carolyn Neff d'excellence universitaire de la Case Western University, il a obtenu sa maîtrise de musicologie de la Northwestern University, où il a également été élu pour entrer au Pi Kappa Lambda, le plus prestigieux des clubs américains des meilleurs étudiants de musicologie. Tout en travaillant à sa thèse de doctorat en musicologie, il a enseigné la théorie, l'entraînement de l'oreille, le déchiffrage de chant, le contrepoint et la guitare.

Mark Phillips a été auparavant directeur du département de musique pop de la maison d'éditions musicales Warner Bros. Publications, pour laquelle il a écrit *Understanding Rhythm* et les arrangements de *The Young Guitarist's Library*, et revu ou arrangé les partitions de Neil Young, James Taylor, Joni Mitchell, The Eagles, Rush et Led Zeppelin. Pour Cherry Lane Music, il a écrit *Metallica Riff by Riff* et revu ou arrangé les partitions de John Denver, Bonnie Raitt, Van Halen, Guns N' Roses et Metallica.

**Jon Chappell** est un guitariste et arrangeur aux multiples talents. Il a étudié à la Carnegie-Mellon University, avec Carlos Barbosa-Lima pour professeur, puis à la DePaul University, où il a obtenu sa maîtrise en composition. À cette université, il a enseigné la théorie musicale et l'entraînement de l'oreille. Actuellement, il est rédacteur en chef du magazine *Guitar*, à New York, rédacteur technique de *Guitar Shop Magazine* et musicologue de *Guitarra*, un magazine de guitare classique. Il a joué avec Pat Benatar, Judy Collins, Graham Nash et Gunther Schuller (et enregistré pour eux), et sur de nombreuses musiques de films et d'émissions télévisées. Parmi celles-ci, on compte *Northern Exposure, Walker, Texas Ranger, Guiding Light*, et le long-métrage *Bleeding Hearts* de l'acteur-danseur Gregory Hines. En 1990, devenu directeur musical adjoint de Cherry Lane Music, il a transposé, revu et arrangé pour cette maison, notamment, les partitions de Joe Satriani, Steve Vai, Steve Morse, Mike Stern et Eddie Van Halen. Auteur de onze manuels de méthode (avec des ventes totales supérieures à 100 000 exemplaires), il a également écrit le manuel *The Recording Guitarist – A Guide for Home and Studio*, qui est paru chez l'éditeur Hal Leonard Corporation.

## Dédicace

De la part de Mark :

À ma femme, Debbie ; à mes enfants, Tara, Jake et Rachel ; et à mes parents Aaron et Dorothy.

De la part de Jon :

À ma femme, Mary, et à mes enfants, Jennifer, Katie, Lauren et Ryan.

## Remerciements des auteurs

Les auteurs remercient chaleureusement : John Kilcullen et Kathy Welton (qui prennent les décisions au plus haut niveau) ; notre éditeur recruteur, Mark Butler (qui a cru en nous) ; notre éditeur de projet, Kyle Looper (notre sauveur, notre héros) ; le correcteur d'épreuves Bill Barton (tu ne rates pas grand-chose, n'est-ce pas, Bill ?) ; l'éditrice technique Lisa Sullivan (qui nous a fait garder les pieds sur terre) ; Keith Markak de Hal Leonard ; Peter Primont ; Ted Piechocinski ; Sharon Seidl (pour toutes les magnifiques photos). Les auteurs remercient de même Arthur Rotfeld, Sean McDevitt et Fred Hand de Cherry Lane Music. Ils remercient particulièrement Woytek et Krystyna Rynczak de WR Music Service pour leur composition rapide et précise des partitions.

Les remerciements de Mark s'adressent particulièrement à ses professeurs de musique, Joe Monk et Kent Sidon.

Les remerciements de Jon s'adressent particulièrement à TJ Baden, de Taylor Guitars ; à Lloyd Schwartz et à Dale Krevens, de Tech 21 ; à Douglas Chin ; à Gary Cook, Paul Yougblood, Kellie Wilkie et Leanna Harshaw, de la société Roland, pour leur mise à disposition de la technologie qui a permis de créer le CD.

# Introduction

Alors, comme ça, vous voulez jouer de la guitare ? Et pourquoi pas !

Regardons les choses en face : dans le monde de la musique, c'est la guitare qui donne l'image la plus *cool* (et nous ne cherchons pas à vendre notre soupe). Depuis les années 50, un bon nombre des personnalités du spectacle, parmi les plus célèbres, sont des guitaristes. Pensez à la *duck walk* (la « marche de canard ») de Chuck Berry, qui sautait sur un pied d'un bout à l'autre de la scène en chantant à tue-tête son « Johnny B. Goode », à Jimi Hendrix en train de hurler et de gémir sur sa Stratocaster pour droitier renversée (et parfois même en flammes !), aux étirements imposants de B.B. King et aux vibratos expressifs de sa guitare *Lucille*, ou aux lignes mélodiques veloutées et jazzy de George Benson. Même Elvis Presley, dont les prouesses « guitaristiques » n'allaient pas au-delà de cinq cordes, a utilisé avec succès cet instrument comme un accessoire. Et la liste est bien plus longue.

Si vous jouez de la guitare électrique, vous occuperez peut-être le devant de la scène d'un groupe de rock, en chantant et en regardant droit dans les yeux vos fans ivres de bonheur, aux quatre coins du monde ! Si vous jouez de la guitare acoustique, il y a des chances que vous soyez le centre de toutes les réunions autour du feu de camp, au cours de vacances où l'on chante ensemble, par exemple. Quoi qu'il en soit, la guitare, quel qu'en soit le type ou le style, mettra de la musique dans votre cœur. Elle pourrait bien devenir un hobby précieux pour toute votre vie.

## Pourquoi ce livre ?

*La Guitare pour les Nuls* a été soigneusement élaboré pour que vous y trouviez tout ce que vous voulez ou devez savoir sur la guitare, et pas davantage. Étant donné que chaque chapitre est aussi autonome que possible, vous pouvez sauter les informations que vous maîtrisez déjà, sans vous perdre. Pourtant, vous pouvez aussi lire le livre du début à la fin et vous exercer à la guitare d'une manière qui vous permettra d'acquérir les connaissances progressivement et de manière cohérente.

Pour trouver l'information que vous recherchez, vous pouvez simplement rechercher le domaine qui vous intéresse dans la Table des matières, ou consulter l'Index à la fin de l'ouvrage.

*La Guitare pour les Nuls* vous procure tout ce dont un guitariste débutant ou de niveau intermédiaire a besoin : un guide pour l'achat de votre guitare, des méthodes pour l'accorder et en jouer, des conseils pour en prendre soin… Absolument tout.

### La bonne guitare

Croyez-le ou non, un bon nombre de guitaristes potentiels ne se mettent pas vraiment à la guitare, tout simplement parce qu'ils n'ont pas de guitare appropriée. Peut-être à cause des cordes qu'ils n'arrivent pas vraiment à presser contre la touche (ça fait mal !). *La Guitare pour les Nuls,* contrairement à certains autres manuels que nous connaissons, ne part pas du principe que vous possédez déjà la bonne guitare – ni même une simple guitare, d'ailleurs. Dans ce livre, vous trouverez tout ce que vous devez savoir pour acquérir la guitare et l'équipement correspondant à vos besoins et votre budget : un guide d'achat, des stratégies d'achat, une présentation des guitares et des accessoires propres aux différents styles.

## Jouez de la guitare avant d'apprendre à lire les partitions

La plupart des manuels de guitare vous incitent à vous exercer à la guitare comme on apprend le piano. D'abord, on apprend à lire les notes sur la portée ; Ensuite, on étudie la durée pendant laquelle on est censé tenir les notes, puis on passe aux gammes ; après ça, la grande récompense consiste à vous faire jouer une chanson méconnaissable qui, de toute façon, ne vous intéresse pas. Si vous recherchez ce type de manuel bafouilleur, vous êtes à la mauvaise adresse ! Mais ne désespérez pas, ce type de bouquins ne manque pas sur le marché !

La vérité, c'est que beaucoup de grands guitaristes ne savent pas lire une « partoche », et qu'un bon nombre de ceux qui savent l'ont appris après avoir appris à jouer de la guitare. Faites vôtre cette devise :

*Il n'est pas nécessaire de savoir lire une partition pour jouer de la guitare.*

Répétez-la jusqu'à ce que vous en soyez convaincu, parce que ce principe est capital dans la structure de *La Guitare pour les Nuls.*

Ce qui est très cool avec la guitare, c'est que, bien que l'on puisse passer sa vie à perfectionner sa technique, on peut quand même commencer à bluffer son petit monde assez rapidement. Nous partons du principe qu'au lieu de vous concentrer sur la signification de la mesure à 3/4, vous voulez jouer de la véritable musique (du moins, de la musique qui soit reconnaissable). Nous aussi, nous voulons vous faire jouer de la musique, parce que c'est ce qui vous motivera et fera que vous vous exercerez.

« Bon, alors, qu'est-ce que *La Guitare pour les Nuls* va m'apporter ? » C'est une excellente question, et je vous remercie de l'avoir posée. La liste suivante vous explique comment ce livre vous amènera rapidement à jouer et à acquérir des compétences :

- **En regardant les photos.** Les doigtés dont vous avez besoin sont présentés dans les photos du livre. Il vous suffit de placer les mains comme le montrent les photos. C'est simple.
- **En lisant les tablatures de guitare.** La tablature est une forme de sténo spécifique qui permet de lire les partitions de guitare. En fait, elle indique quelles cordes sont attaquées et à quelles cases les cordes sont pressées pour créer le son désiré. Les *tabs* (c'est le nom que leur donnent certains admirateurs) sont un outil génial pour jouer de la musique sans en lire la notation traditionnelle. Mais n'essayez pas ces trucs au piano !
- **En écoutant le CD.** Vous pouvez écouter toutes les chansons et les exercices du CD qui se trouve à la fin du livre. C'est important pour deux raisons : cela vous permet d'appréhender le rythme des chansons mais aussi la durée de tenue des notes en écoutant la musique plutôt qu'en la lisant. Nous pourrions encore vous dire des tas de choses chouettes sur ce CD, comme le fait que sur une voie nous avons enregistré la guitare et sur l'autre son accompagnement (de telle sorte que vous pouvez passer de l'une à l'autre en tournant le bouton Balance de votre stéréo), ou que le livre et le CD forment un tout étroitement intégré, ce qui permet de toujours trouver facilement

la piste du CD recherchée, mais ça suffit pour le moment, car nous sentons nos chevilles qui enflent !

- **En lisant les portées au fur et à mesure que vous progressez.** À celui qui reproche à *La Guitare pour les Nuls* de ne pas donner la possibilité d'apprendre à lire une partition, nous répliquons : « Pas du tout, blaireau ! », car la partition de tous les exercices et de toutes les chansons est placée au-dessus de toutes les notations en méthode de raccourci. Comme ça, vous avez le meilleur des deux mondes : une fois que vous avez appris à jouer un morceau, rien ne vous empêche ensuite d'étudier la notation classique. Trop cool, non ?

### Entretenez votre guitare

Une bonne guitare représente un investissement important : il faut donc l'entretenir. *La Guitare pour les Nuls* vous procure toutes les informations dont vous aurez besoin pour ranger, entretenir et fourbir votre six-coups, pardon, votre six-cordes, et vous explique comment remplacer les cordes et pourquoi il est conseillé de planquer quelques petits accessoires supplémentaires dans votre étui de guitare.

## Votre profil

Nous n'avons pas trop de préjugés à votre sujet. Nous ne partons pas du principe que vous possédez déjà une guitare. Nous ne supposons pas non plus que vous avez déjà une préférence pour la guitare électrique ou la guitare acoustique, ni que vous préférez un style particulier. Voilà un bouquin qui favorise l'égalité des chances !

D'accord, nous supposons quand même quelques trucs. Nous pensons que vous voulez jouer de la guitare, pas du banjo ni de la mandoline, et nous nous concentrons sur les modèles à six cordes. Nous partons aussi du principe que vous voulez vous mettre à jouer rapidement, sans vous embêter trop longtemps à déchiffrer les notes, les clefs et le reste du solfège. Vous trouverez tout ça dans ce livre, mais ce n'est pas notre préoccupation principale. Ce que nous voulons, c'est vous aider à jouer de la vraie belle musique bien cool sur votre six-cordes.

## Les explications facultatives

Nous avons commencé avec un bouquin plein de choses cool, excitantes et utiles, mais notre éditeur nous a dit que nous devions absolument y ajouter des trucs barbants et techniques, « pour l'équilibre » (nous plaisantons, bien sûr !).

En fait, connaître la théorie qui sous-tend la musique pourra parfois vous permettre d'aller au-delà de la maîtrise des bases d'une technique. En revanche, ces explications théoriques et techniques ne vous seront pas forcément utiles pour l'interprétation de morceaux simples. C'est pour cette raison que nous employons deux icônes, l'icône « Théorie » et l'icône « Note technique », pour signaler ces explications, que vous pouvez tout d'abord sauter, quitte à y revenir plus tard, après avoir fait des progrès et acquis un sens intuitif de l'instrument.

# Les conventions employées dans ce livre

Ce livre a été conçu avec un système de conventions qui le rendent cohérent et facile à comprendre. En voici la liste :

- **Main gauche et main droite.** Au lieu d'écrire « main qui plaque les cordes » et « main qui gratte les cordes » (un peu lourd, non ?), nous appelons « main gauche » la main qui plaque les accords ou les notes sur le manche et « main droite » la main qui pince ou gratte les cordes. Toutes nos excuses vont à nos lecteurs gauchers : nous vous prions, chers amis, de remplacer mentalement « main droite » par « main gauche » et *vice versa*.
- **La musique de ce livre est présentée sous deux formes.** Les chansons et exercices y sont proposés sous deux formes de notation : les portées musicales normales sont placées en haut (la notation musicale classique occupe ainsi la position prééminente qui lui revient) et les tablatures, destinées au commun des mortels, en bas. Notez bien que vous pouvez utiliser l'une ou l'autre des deux méthodes, sans devoir lire les deux en même temps (ce n'est donc pas comme lorsqu'on joue du piano !).
- **Haut, bas, plus haut, plus bas (etc.).** Si nous vous demandons de déplacer une note ou un accord vers le haut du manche de la guitare ou de la/le jouer plus haut sur le manche, nous entendons par-là plus haut en termes de hauteur de note, c'est-à-dire que la note se trouve plus près de la caisse de la guitare. Si nous vous demandons de vous déplacer vers le bas ou plus bas sur le manche, comprenez, ici aussi, plus bas en termes de hauteur de note, c'est-à-dire que la note est plus près de la tête du manche. Et lorsque nous voulons dire quelque chose d'autre en utilisant ces termes, nous vous le signalons. (Ceux d'entre vous qui tiennent la guitare la tête vers le haut devront faire une petite correction mentale en lisant ces termes. Souvenez-vous que nous parlons de hauteur de note et pas de position, et tout ira très bien.)
- **Les notes de musique sont parfois indiquées par des lettres,** selon le système anglais de notation, dans les diagrammes d'accords et les partitions notamment. Voici les équivalences :

| | |
|---|---|
| Do | C |
| Ré | D |
| Mi | E |
| Fa | F |
| Sol | G |
| La | A |
| Si | B |

- Les bémols sont indiqués par un b, les dièses par un #.

  Exemple : si*b* = Si bémol, fa# = *fa* dièse.

# L'organisation de ce livre

Nous avons divisé ce livre en deux types de chapitres, bien distincts les uns des autres : les chapitres d'information et les chapitres musicaux. Les chapitres d'information traitent des aspects pratiques de l'apprentissage de la guitare, comme de son accordage, du choix de la bonne guitare et de son entretien. Et, vous l'avez deviné, les chapitres musicaux vous procurent les informations nécessaires pour jouer de la guitare.

Chaque chapitre musical contient des exercices pour vous exercer aux techniques présentées dans cette section particulière du livre. Et à la fin de chaque chapitre musical, vous trouverez une sélection de chansons que vous pourrez jouer pour mettre en pratique les techniques expliquées. Chaque section de partitions est précédée d'une section d'explications sur les chansons concernées ; celle-ci est appelée « Un mot sur les chansons » : vous y trouverez la liste des techniques que vous devez maîtriser pour jouer ces airs, et aussi des infos spécifiques sur chacun.

Les chapitres de *La Guitare pour les Nuls* sont groupés en huit parties logiques, ce qui permet d'y accéder facilement. En voici le plan :

## Première partie : vous voulez jouer de la guitare ?

La Première partie se compose de trois chapitres d'information qui exposent les bases de la guitare que vous devez connaître pour commencer à jouer. Le Chapitre 1 vous permet de vous familiariser avec les différentes parties de l'instrument, ainsi qu'avec leurs fonctions. Le Chapitre 2 vous explique comment accorder votre guitare, soit par rapport à elle-même, soit selon une source extérieure, comme un diapason à branches, un piano ou un diapason électronique, ce qui vous permettra de jouer en étant accordé avec d'autres instruments. Le Chapitre 3 couvre les connaissances de base que vous devez posséder pour utiliser efficacement ce livre, comme la lecture des tablatures de guitare, la manière de pincer et d'attaquer les cordes, et la méthode à suivre pour produire un son propre, clair et sans bourdonnement.

## Deuxième partie : alors, commencez par des choses faciles !

Dans la Deuxième partie, vous allez vraiment commencer à jouer de la guitare. Tous ses chapitres traitent du jeu de la guitare : alors, harnachez-vous ! Le Chapitre 4, premier des chapitres musicaux, vous explique la manière la plus simple de jouer de la vraie musique, avec des accords majeurs et mineurs. Le Chapitre 5 vous apprend à jouer des mélodies simples avec des notes séparées, et le Chapitre 6 épice un peu le tout avec quelques accords de 7e de base. Au fait, connaissez-vous la blague du touriste qui, à New York, demande à un beatnik son chemin pour le Carnegie Hall (l'équivalent de la Salle Pleyel à Paris) ? La réponse du beatnik : « Exerce-toi, mon gars, exerce-toi ! » Même si vous n'avez pas l'ambition de jouer à la Salle Pleyel, il vous faudra quand même « faire vos gammes » si vous voulez devenir un bon guitariste.

## Troisième partie : au niveau intermédiaire, ça commence à sonner cool

La Troisième partie vous fera dépasser le B.A.BA pour passer au niveau intermédiaire. Le Chapitre 7 vous explique les techniques pour jouer en posture, ce qui non seulement vous fait sonner cool, mais vous donne aussi l'air cool. Le Chapitre 8 vous apprend à jouer des accords barrés, ce qui veut dire que vous pressez votre doigt en travers de toutes les cordes et que vous jouez ensuite des accords devant cette barre. Le Chapitre 9 présente quelques techniques spéciales destinées à créer certains effets de guitare, qui portent tous des noms assez cool comme « coulé ascendant » (en anglais : *hammer on*), « étirement » (*bend*) et « glissé » (*slide*).

## Quatrième partie : des styles à profusion

La Quatrième partie, qui est la dernière à comporter des chapitres musicaux, expose les méthodes employées dans certains styles musicaux particuliers. Le Chapitre 10, consacré au rock, vous explique comment jouer de la guitare solo avec les gammes pentatoniques, les solos dans une grille, et d'autres figures de rock. Ce chapitre vous donne également des informations sur le *picking* de style country avec la gamme pentatonique majeure. Le Chapitre 11, qui traite de blues, vous présente encore plus de grilles, ainsi que des effets de jeu spécifiques au blues. Le Chapitre 12, sur la musique folk, présente les motifs de jeu avec les doigts qui confèrent à la musique folk son caractère sonore distinctif. Il vous explique aussi quelques techniques de *fingerpicking* de country. Le Chapitre 13, consacré à la guitare classique, expose les techniques nécessaires pour jouer Bach et Beethoven.

## Cinquième partie : un guide pour acheter votre équipement

Cette Cinquième partie se compose de deux chapitres destinés à vous aider à trouver l'équipement adapté à vos besoins. Le Chapitre 15 vous aidera à trouver votre première guitare d'exercice, mais aussi la deuxième et la troisième (il s'agit de décisions qui sont souvent plus difficiles à prendre que celle de l'achat de la première). Le Chapitre 16, qui présente les accessoires de la guitare, vous permet de vous familiariser avec les amplis et tous les petits extras dont vous aurez besoin pour posséder un équipement bien assorti.

## Sixième partie : l'entretien de votre guitare

La Sixième partie se compose de deux chapitres consacrés à l'entretien de votre guitare. Le Chapitre 17 vous explique le remplacement des cordes, que vous devez maîtriser si vous voulez jouer de la guitare plus d'un mois ! Le Chapitre 18 traite de l'entretien et des réparations de base, qui vous permettront de faire des économies au magasin de musique et aussi de continuer à jouer jusqu'à l'aube.

## Septième partie : dix guitaristes légendaires et dix guitares fabuleuses

Cette septième partie se compose de deux chapitres. Le Chapitre 19 va vous inspirer, en vous racontant (brièvement) la vie de dix grands guitaristes, et le Chapitre 20 vous fera rêver de guitares mythiques ; peut-être même vous donnera-t-il envie de vous rendre au magasin pour acquérir l'une de ces merveilles.

## Annexes

Les annexes de ce livre couvrent deux domaines importants. L'Annexe A explique brièvement la signification de tous les symboles étranges qui se trouvent sur la portée, et vous donne le bagage minimal pour lire une partition. L'Annexe B vous présente dans le détail le CD qui accompagne ce livre.

# Les icônes de ce livre

Dans la marge, vous trouverez plusieurs petites icônes qui vous permettront de naviguer plus facilement :

Faites-vous plaisir tout de suite en jouant une vraie chanson.

Une info à bien noter sur un feuillet et à bien ranger dans votre étui.

Des explications détaillées sur des choses simples ou obscures que vous pouvez sauter si vous voulez.

Le pourquoi et le comment du truc que vous jouez.

Des conseils d'experts pour accélérer votre progression vers l'excellence.

Attention, car vous pourriez endommager votre guitare… ou les oreilles de quelqu'un !

# Et maintenant, comment procéder ?

Si vous êtes débutant et prêt à commencer à jouer tout de suite, vous pouvez sauter le Chapitre 1 et aller directement au Chapitre 2, où l'on vous explique comment accorder votre guitare. Feuilletez ensuite le Chapitre 3, qui explique comment acquérir les compétences nécessaires pour jouer, puis plongez dans le Chapitre 4. Bien que vous puissiez sauter quelques passages des chapitres musicaux, nous vous recommandons vivement de travailler ces chapitres dans l'ordre, l'un après l'autre. Nous vous conseillons en outre de travailler le Chapitre 4 jusqu'à ce que vous commenciez à avoir des callosités sur les doigts, qui vous permettront de faire vraiment sonner les accords correctement sans bourdonnement.

Si vous ne possédez pas encore de guitare, commencez par la Cinquième partie, au guide d'achat, et décidez de quelle guitare d'exercice vous avez besoin. Ne faites pas de folies, n'achetez pas un instrument trop cher avant d'être vraiment sûr qu'il est fait pour vous. Après l'avoir acheté, commencez à en jouer… Ça fait plaisir, pas vrai ?

# Première partie

# Vous voulez jouer de la guitare ?

« Tu ne pourrais pas jouer de la guitare, comme *tout* le monde ? »

### Dans cette partie…

Mesdames et Messieurs, bonjour, et bienvenue à *La Guitare pour les Nuls* ! Avant de décoller, veuillez bien étudier le Chapitre 1, qui présente les différents éléments et noms de la guitare électrique et de la guitare acoustique, et n'oubliez pas de vérifier l'accordage de votre guitare, en suivant les instructions du Chapitre 2. Enfin, consultez le Chapitre 3 pour prendre connaissance des informations nécessaires avant de vous mettre vraiment à utiliser votre instrument. Détendez-vous… Votre temps de vol avec la guitare pourra durer le reste de votre vie, mais soyez certains que vous l'apprécierez !

# Chapitre 1

# Le B.A.BA de la guitare

***Dans ce chapitre :***

- L'anatomie de la guitare
- Comprenez le fonctionnement de la guitare
- Interagissez avec elle

Toutes les guitares, qu'elles soient peintes en violet avec des têtes de mort et des éclairs vaporisés à la bombe, ou ornées d'une marqueterie de bois naturel et d'une finition délicate, partagent certaines caractéristiques physiques qui font qu'elles se comportent toutes comme des guitares et pas comme des tubas. Si vous avez du mal à distinguer la tête d'un micro d'une guitare, et si vous vous demandez quel côté de la guitare vous êtes censé tenir sous votre menton, ce chapitre s'adresse à vous. Les sections qui suivent décrivent les différentes parties de la guitare et indiquent leurs fonctions. Vous trouverez aussi dans ce chapitre des conseils pour bien tenir l'instrument et des explications relatives au son de la guitare.

Dans le cas où vous nous auriez vraiment crus : ne tenez surtout pas la guitare sous votre menton, à moins bien sûr que vous ne vous appeliez Jimi Hendrix !

## L'anatomie de la guitare

Il existe deux types de guitares : la guitare acoustique et la guitare électrique. Du point de vue du matériel, les guitares électriques ont davantage de composants et d'accessoires que les guitares acoustiques. Toutefois, les fabricants de guitares sont en général d'accord sur le fait qu'il est plus difficile de fabriquer une guitare acoustique qu'une guitare électrique. C'est la raison pour laquelle les guitares acoustiques coûtent autant ou davantage que leurs homologues électriques. Mais les deux types sont fabriqués selon la même méthode de base en ce qui concerne la construction du manche et la tension des cordes. C'est pourquoi les guitares électriques et acoustiques ont toutes des constructions très semblables, malgré le fait qu'il existe entre les deux types des différences radicales de production de son (à moins, bien sûr, que vous soyez d'avis qu'il est impossible de distinguer Segovia de Metallica). Les Figures 1-1 et 1-2 présentent les différentes parties d'une guitare électrique et d'une guitare acoustique.

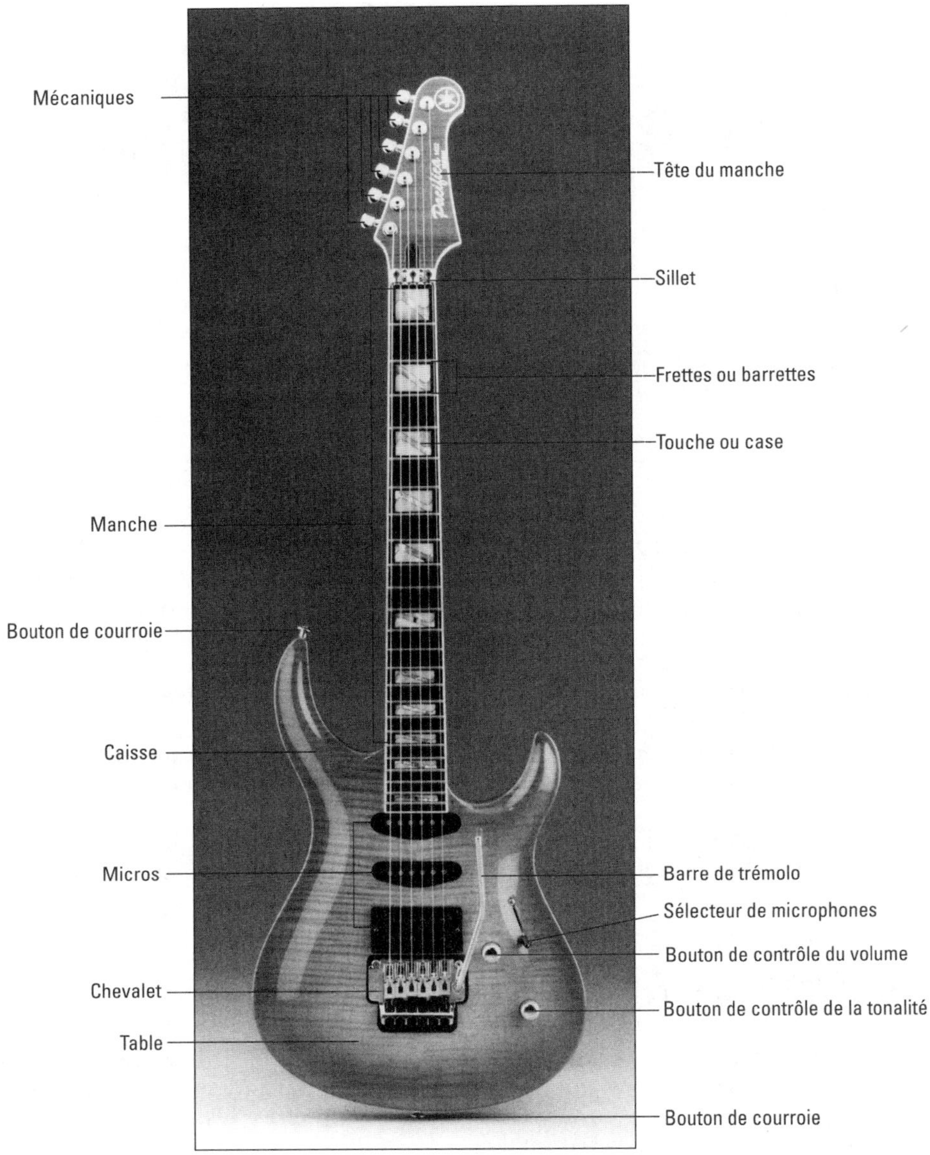


**Figure 1-1** : une guitare électrique type, avec ses principales parties.

La liste qui suit décrit la fonction des différentes parties d'une guitare :

- **Fond de caisse (guitare acoustique seulement)**. C'est la partie de la caisse qui maintient les éclisses (côtés) en place ; elle est fabriquée avec deux ou trois pièces de bois.
- **Barre de trémolo (guitare électrique seulement)**. C'est une barre de métal fixée au chevalet qui permet de varier la tension des cordes en inclinant le chevalet en avant ou en arrière. On l'appelle aussi « tige de trémolo » ou « levier ».
- **Caisse**. C'est la pièce sur laquelle sont fixés le manche et le chevalet et qui procure une surface de jeu à la main droite. Sur une guitare acoustique, la caisse de résonance amplifie le son de la guitare. Sur une guitare électrique, la caisse pleine permet d'y fixer le chevalet et d'y loger les composants électroniques (micros, boutons de contrôle du volume et de la tonalité).

- **Chevalet**. C'est la plaque de métal (pour une guitare électrique) ou de bois (pour une guitare acoustique) qui permet de fixer les cordes à la caisse.
- **Bouton de courroie**. Pièce de métal placée à l'arrière de la guitare. Sur les guitares électro-acoustiques, ce bouton est souvent assorti d'une prise *jack*, de telle sorte que l'on peut y brancher un câble pour le raccorder au micro interne de la guitare.
- **Touche ou case**. Pièce de bois plate placée au-dessus du manche, sur laquelle on place les doigts de la main gauche pour jouer des notes et des accords.
- **Frettes**. De fines barrettes de métal, perpendiculaires aux cordes, qui permettent de raccourcir la longueur de vibration effective d'une corde, et d'obtenir ainsi des notes de hauteurs différentes.
- **Tête du manche**. C'est la pièce qui supporte les mécaniques (ou clés), et fournit au fabricant une surface pour y étaler son logo.
- **Manche**. Longue pièce de bois qui raccorde la caisse à la tête.
- **Sillet**. Petite pièce cannelée de nylon dur ou d'une autre matière synthétique qui empêche les cordes de vibrer au-delà du manche. Les cordes passent par les cannelures en directions des chevilles de la tête. Le sillet est l'un des deux points où s'arrête la zone de vibration de la corde (l'autre étant le chevalet).
- **Prise *jack* (guitare électrique seulement)**. C'est la prise de raccordement de la guitare à un amplificateur ou à un autre dispositif électrique.
- **Sélecteur de microphones (guitare électrique seulement)**. Commutateur qui permet de sélectionner les micros utilisés.

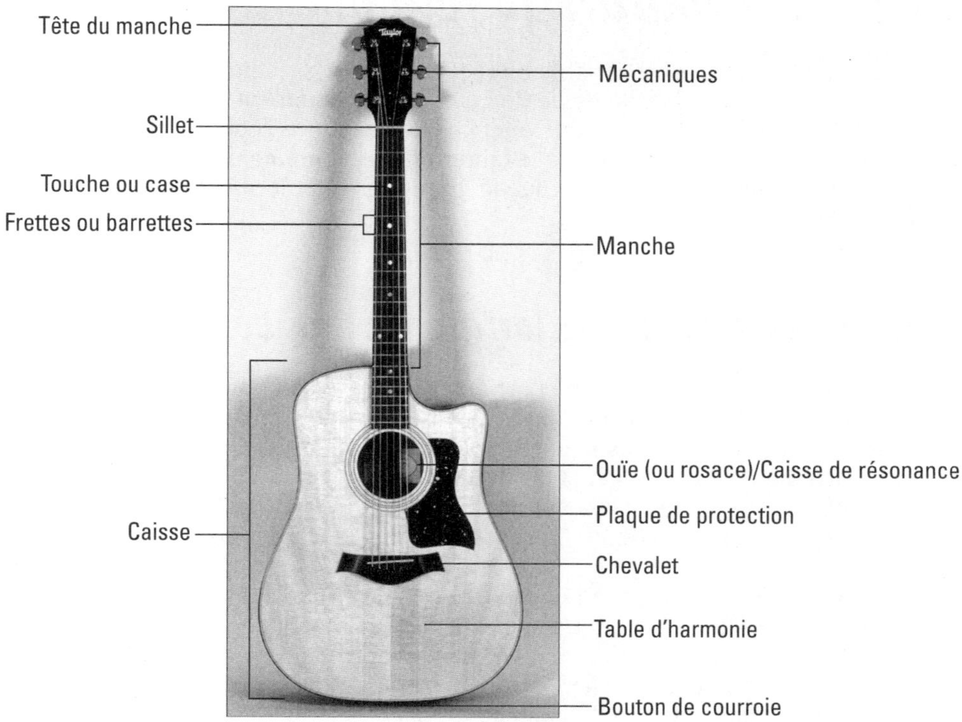


**Figure 1-2** : une guitare acoustique type, avec ses principales parties.

- **Microphones (guitare électrique seulement)**. Aimants en forme de barres qui créent un courant électrique que l'amplificateur convertit en son musical.
- **Éclisses (guitare acoustique seulement)**. Ce sont les pièces de bois incurvées et latérales qui relient le fond de la caisse à la table d'harmonie.

- **Bouton de courroie**. Pièce de métal qui sert à fixer l'extrémité supérieure de la courroie. Toutes les guitares acoustiques ne sont pas munies de boutons de courroie. Si la vôtre n'en a pas, nouez la courroie autour de la tête du manche.
- **Cordes**. Ce sont les six fils de métal (des guitares électriques et des guitares acoustiques à cordes d'acier) ou de nylon (des guitares classiques) qui, une fois tendus, produisent les sons de la guitare. Bien qu'au sens strict, les cordes ne fassent pas partie de la guitare (on peut les fixer ou les enlever à volonté), elles sont partie intégrante du système, car la conception globale et la structure de la guitare ne servent que le but d'en faire joliment sonner les cordes.
- **Table**. C'est le visage de la guitare. Sur une guitare acoustique, il s'agit d'une table d'harmonie, qui génère la plupart des qualités acoustiques de la guitare. Sur une guitare électrique, la table n'est souvent qu'une simple plaque décorative qui recouvre le reste du matériau de la caisse.
- **Mécaniques (ou clés)**. Mécanismes à engrenage qui augmentent ou diminuent la tension des cordes, ce qui les étire à différentes hauteurs de notes. Les cordes sont enroulées étroitement autour des chevilles qui dépassent de la tête. La cheville est située en travers de la tête de la guitare, où des roues dentées la raccordent à une clé d'accordage.
- **Boutons de contrôle du volume et de la tonalité (guitare électrique seulement)**. Ils permettent de varier le volume sonore ainsi que les hautes et basses fréquences.

# Comment une guitare fonctionne-t-elle ?

Une fois que vous serez capable de reconnaître les principaux éléments de la guitare, vous aurez peut-être aussi envie de comprendre comment ces parties fonctionnent ensemble pour produire le son. Voici ces informations (comme ça, vous saurez pourquoi votre guitare sonne comme elle le fait et non pas comme un mirliton ou un accordéon !). Il est important de se rappeler que la guitare produit le son, mais que c'est vous qui jouez de la musique.

## La vibration et la longueur des cordes

Tout instrument doit avoir une partie qui bouge avec un mouvement régulier et répété pour produire le son musical (un ton soutenu). Dans une guitare, il s'agit de la corde qui vibre. Une corde que vous soumettez à une certaine tension et que vous mettez ensuite en mouvement (en la pinçant) produit un son prévisible : par exemple, la note la. Si vous accordez les six cordes de la guitare avec des tensions différentes, vous obtenez des tons différents. Plus la tension est grande, plus le ton est élevé.

Mais on ne tirerait pas grand-chose de la guitare si la seule manière d'obtenir des tons différents consistait à ajuster frénétiquement la tension des cordes chaque fois qu'on les pince. Les guitaristes ont donc recours à un autre moyen de modifier la hauteur de ton de la corde : ils raccourcissent la longueur du segment de corde qui vibre. Pour ce faire, ils appuyent sur une case du manche et, par conséquent, pressent la corde contre la touche de telle sorte qu'elle ne vibre qu'entre la frette correspondante et le chevalet. De cette manière, en déplaçant la main gauche vers le haut ou vers le bas du manche (respectivement vers le sillet ou vers le chevalet), il est facile de modifier la hauteur de ton des cordes de votre guitare.

Le fait que les instruments plus petits, comme la mandoline ou le violon, aient un registre plus aigu que les violoncelles et les contrebasses (et que les guitares, en l'occurrence) n'est pas un hasard. Leur registre est plus aigu parce que leurs cordes sont plus courtes. La tension des cordes de tous ces instruments est très semblable, ce qui fait qu'ils ont une réponse cohérente aux mains et aux doigts. C'est la forte différence de longueur de cordes qui est à l'origine de la grande différence des hauteurs de ton entre eux. Ce principe vaut aussi pour les animaux : un chihuahua a un aboiement plus élevé qu'un saint-bernard, parce que ses cordes vocales sont bien plus petites.

## On utilise les deux mains pour produire un son

Normalement, la guitare exige que l'on utilise ses deux mains pour jouer de la musique. Si, par exemple, vous voulez jouer le *do* central au piano, tout ce que vous avez à faire, c'est de positionner votre index au-dessus de la touche appropriée, sous le logo du fabricant du piano, et d'appuyer dessus : *Donnnng !* Un enfant d'école maternelle sonne comme Horowitz s'il ne joue que cette note, parce qu'il suffit d'enfoncer un seul doigt pour produire ce son.

À la guitare, c'est un peu différent. Pour jouer le *do* central à la guitare, il faut appuyer sur la première case de la deuxième corde avec l'index de votre main gauche. Cette action en soi ne produit pourtant pas le son. Vous devez ensuite jouer ou pincer cette deuxième corde avec votre main droite pour produire le son *do* de façon audible.

À tous ceux qui savent lire la partition, attention : la guitare sonne une octave au-dessous des notes indiquées dans les partitions. Par exemple, jouer un *do* du troisième interligne de la portée sur la guitare produit l'équivalent du *do* central du piano.

## Frettes et demi-tons

Le *demi-ton* est le plus petit intervalle (distance musicale entre deux sons) de l'échelle musicale. Sur un piano, les touches blanches et noires alternées représentent ces intervalles, sauf aux endroits où l'on trouve deux touches blanches adjacentes sans touche noire entre les deux. Pour avancer demi-ton par demi-ton sur un instrument à clavier, il suffit de faire glisser le doigt sur le clavier en montant ou en descendant vers la touche suivante, blanche ou noire. Sur une guitare, ce sont les *frettes*, ces barrettes horizontales incrustées sur le manche et perpendiculaires aux cordes, qui représentent les demi-tons. Pour progresser par demi-tons sur une guitare, vous devez chaque fois déplacer votre main gauche de frette en frette, vers le haut ou vers le bas du manche.

## Les microphones

Ce sont les cordes qui, en vibrant, produisent les différents sons d'une guitare. Mais si vous ne les entendez pas, vous allez vous poser des questions. Pour une guitare acoustique, il n'y a pas de problème parce qu'un instrument acoustique possède son propre amplificateur : la caisse de résonance, qui augmente le volume sonore… de façon acoustique.

Une guitare électrique, en revanche, ne produit quasiment pas de son acoustique du tout. Enfin, elle produit un tout petit son, comme le *zzzzz* d'un moustique. En tout cas, pas un son suffisant pour remplir un stade ni faire sauter vos voisins au plafond. Un instrument électrique crée ses propres sons de manière électronique. La corde qui vibre est également la source du son, mais il n'y a pas de caisse de résonance en bois qui rend ces vibrations audibles. Les vibrations perturbent ou modulent le champ magnétique du microphone (lequel est constitué d'aimants placés sous les cordes et autour desquels sont enroulés des fils), qui produit alors un courant électrique de faible intensité, lequel est le reflet fidèle de cette modulation.

Vous vous souvenez peut-être de vos travaux pratiques de physique en classe de seconde : le fait d'enrouler un fil autour d'un aimant crée un courant de faible intensité dans le fil. Si vous perturbez ensuite avec une substance magnétique le champ magnétique autour de ce fil, vous créez des fluctuations du courant lui-même. Une corde d'acier tendue vibrant à la fréquence de 440 fois par seconde (440 hertz) crée un courant qui fluctue 440 fois par seconde. Faites passer ce courant à travers un amplificateur, puis un haut-parleur : voici le son *la*. Plus précisément, il s'agit du *la* au-dessus du *do* central. Ce *la* est la référence en matière d'accordage pour la musique moderne, aussi bien pour le Philharmonique de Vienne que pour les Stones et Metallica (bien que nous ayons entendu dire que Metallica utilisait une note de référence de 666 hertz – nous plaisantons, bien sûr, chers fans de Metallica !). On l'appelle le « *la* de concert ». Pour en savoir davantage sur l'accordage, rendez-vous au Chapitre 2 !

En conséquence, la guitare produit un son, soit par amplification acoustique des vibrations des cordes, en faisant passer ces ondes sonores à travers une caisse creuse, soit de façon électronique, en amplifiant et en faisant sortir un courant électrique à travers un haut-parleur. Voilà en tout cas pour le processus physique. La manière dont la guitare va produire différents sons (ceux que vous voulez qu'elle produise) dépend entièrement de vous et de la manière dont vous contrôlez les hauteurs de notes que ces cordes produisent. C'est en appuyant sur les cordes avec la main gauche que l'on modifie ces tons. Les mouvements de la main droite servent non seulement à produire les sons en mettant les cordes en mouvement, mais ils déterminent en plus le *rythme* (la cadence), le *tempo* (la vitesse d'exécution) et la *couleur* (c'est-à-dire le style, la particularité, la magie, le petit plus, etc.) de ces notes. Combinez les mouvements des deux mains, et vous jouez de la musique sur votre guitare.

# Chapitre 2

# Tournez les mécaniques pour accorder votre guitare

***Dans ce chapitre :***

- L'accordage relatif (par rapport à la guitare elle-même)
- L'accordage avec source fixe

L'accordage de la guitare est au guitariste ce que le créneau est à l'automobiliste : une activité journalière nécessaire mais néanmoins difficile à maîtriser. Et cette tâche n'est jamais amusante. Contrairement au piano, qui est accordé par un spécialiste et que vous n'avez pas à réajuster avant que l'accordeur ne revienne le faire, la guitare est normalement accordée par son propriétaire et exige souvent des ajustements. Voici l'une des grandes injustices de la vie : avant même de pouvoir jouer de la musique avec votre guitare, vous devrez endurer le processus douloureux de l'accordage de votre instrument.

Heureusement, les guitaristes n'ont que six cordes à accorder, contre deux cents pour le piano. Vous serez en outre réconforté d'apprendre que plusieurs méthodes d'accordage sont à votre disposition : ce chapitre va vous les présenter.

## Tout est relatif : accordez votre guitare à elle-même

*L'accordage relatif* est ainsi nommé parce que, si vous le choisissez, vous n'avez besoin d'aucune référence extérieure pour accorder votre instrument. Tant que les cordes sont accordées les unes par rapport aux autres en respectant une certaine relation, vous obtiendrez des sons harmonieux. Ces mêmes sons pourraient bien ressembler aux hurlements et aux feulements d'un combat de chats de gouttière si vous essayiez de jouer de votre guitare ainsi accordée avec un piano ou une flûte ; pourtant, tant que les cordes sont accordées les unes par rapport aux autres, la guitare produira des sons harmonieux en solo.

Pour accorder une guitare avec la méthode relative, prenez une corde comme point de départ, disons la 6ᵉ corde (la plus épaisse, celle qui est la plus proche du plafond). Laissez le ton actuel de cette corde en l'état. Puis accordez toutes les autres cordes en fonction de cette 6ᵉ corde.

Vous pouvez accorder votre guitare à partir de n'importe quelle corde, y compris la 1ʳᵉ (la plus fine, celle qui est la plus proche du sol), mais en accordage relatif, où chaque corde est accordée en fonction de la précédente, il vaut mieux descendre de la 6ᵉ à la 1ʳᵉ, parce qu'il est plus facile d'accorder des cordes à vides que des cordes appuyées. (Voir la section « Le diapason à branches » plus loin dans ce chapitre, pour en savoir plus sur l'accordage de cordes appuyées.) Si vous accordez votre guitare en fonction d'une autre guitare, il est habituellement plus facile de procéder à l'accordage en procédant de la 1ʳᵉ à la 6ᵉ corde, parce qu'on entend d'abord les sons des cordes ayant les tonalités les plus hautes (1ʳᵉ, 2ᵉ et 3ᵉ corde) et qu'elles sont plus faciles à discerner (pour la plupart des oreilles, en tout cas).

## La méthode de la cinquième case

La *méthode de la cinquième case* tire son nom du fait que l'on joue quasiment tout le temps la corde à la 5e case pour comparer le son de la note produite à celui de la prochaine corde à vide. Pourtant, attention, car la 4e case (qui est la doublure jalouse de la 5e) fait une apparition brève mais remarquée vers la fin du processus.

La première case est la zone comprise entre le sillet (fine baguette rainurée de couleur ivoire qui sépare la tête du manche) et la première frette (première baguette de métal incrustée dans la touche). La cinquième case est donc le cinquième carré à partir du sillet, c'est-à-dire la zone comprise entre la 4e et la 5e frette. (La plupart des guitares sont marquées d'un repère à la 5e case, qui consiste, soit en un motif décoratif incrusté dans la touche, soit en un point sur le côté du manche, soit des deux).

Voici comment accorder votre guitare avec la méthode de la cinquième case :

1. **Jouez la 5e case de la 6e corde (mi grave), la corde la plus épaisse (celle qui est la plus proche du plafond), puis jouez la 5e corde (la) à vide.**

   Faites sonner les deux notes ensemble. Leurs hauteurs respectives doivent être exactement les mêmes. Si cela ne vous semble pas être le cas, déterminez si la 5e corde sonne plus haut ou plus bas que la 6e corde pressée à la 5e case. Si la 5e corde semble plus grave, tournez sa mécanique pour en hausser légèrement le ton. Si elle semble plus aiguë, tournez sa mécanique dans l'autre sens pour en abaisser légèrement le ton. Faites attention, il est facile d'aller trop loin. Si tel est le cas, inversez l'opération. En fait, si vous n'êtes pas en mesure de dire si la 5e corde sonne plus grave ou plus aigu, accordez-la volontairement trop haut ou trop bas (tournez la mécanique un peu plus loin dans l'une ou l'autre direction), puis revenez à la hauteur désirée. Ce faisant, nous vous recommandons d'aller nettement plus bas (au-dessous de la tonalité recherchée), puis d'accorder vers le haut.

2. **Jouez la 5e case de la 5e corde *(la)*, puis la 4e corde *(ré)* à vide.**

   Faites sonner les deux notes ensemble. Si la tonalité de la 4e corde vous semble trop haute ou trop basse comparée à celle de la 5e corde appuyée, tournez la mécanique de la 4e pour en ajuster le ton. Répétons-le : si vous n'êtes pas sûr de savoir si la 4e corde sonne plus haut ou plus bas, tournez volontairement plus loin dans une direction (vers le bas, c'est le mieux), et puis accordez-la.

3. **Jouez la 5e case de la 4e corde *(ré)* et puis la 3e corde *(sol)* à vide.**

   Faites sonner les deux notes ensemble. Si la tonalité de la 3e corde vous semble trop haute ou trop basse comparée à celle de la 4e corde appuyée, tournez la mécanique de la 3e pour en ajuster le ton.

4. **Jouez la 4e case (pas la 5e !) de la 3e corde *(sol)*, puis la 2e corde *(si)* à vide.**

   Faites sonner les deux notes ensemble. Si la tonalité de la 2e corde vous semble trop haute ou trop basse, tournez sa mécanique pour en ajuster le ton.

5. **Jouez la 5e case (retour à la 5e !) de la 2e corde *(si)* et puis la 1re corde (*mi* aigu) à vide.**

   Faites sonner les deux notes ensemble. Si la tonalité de la 1re corde vous semble trop haute ou trop basse, tournez sa mécanique pour en ajuster le ton. Lorsque les deux cordes produisent la même tonalité et que vous en êtes satisfait, vous aurez accordé les cinq cordes les plus hautes (en termes de hauteur de ton) relativement à la 6e corde. Votre guitare est maintenant accordée, dans le sens où toutes les cordes sont accordées entre elles.

Le diagramme de la Figure 2-1 explique les 5 étapes de l'accordage de la guitare à elle-même.

CONSEIL

Il sera peut-être nécessaire de répéter le processus, car il est possible que quelques cordes aient bougé ou que le manche ait légèrement changé de position pendant l'accordage. Cette méthode garantit pourtant que la guitare joue accordée à elle-même.

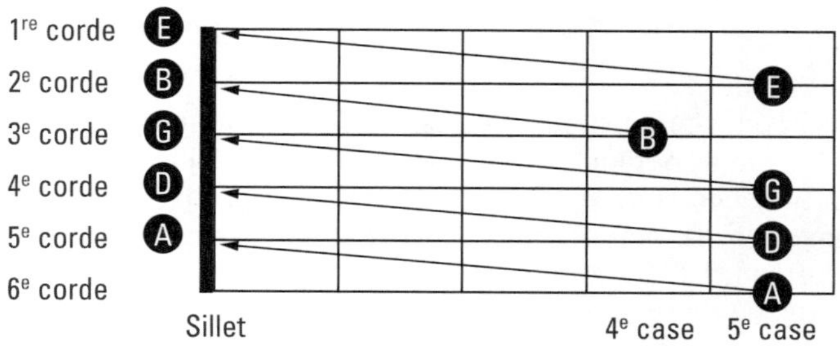


**Figure 2-1** : placez les doigts sur les cases comme indiqué, et accordez chaque son ainsi produit avec la corde suivante à vide.

CONSEIL

Nous vous recommandons de mémoriser les noms des notes des cordes à vide de la 6e à la 1re corde pour ne pas être obligé de vous référer à leur numéro de corde : *mi, la, ré, sol, si, mi* (E, A, D, G, B, E, en notation anglaise; pour se la remémorer, il existe un moyen mnémotechnique très simple : **Elle A De Grandes Bajoues Écarlates.**)

## Vérifiez que votre guitare est vraiment bien accordée

Comme vous venez juste de comparer des paires de cordes adjacentes, il est utile de vérifier que vous ne vous êtes pas trompé en route. Accorder par paires, c'est un peu comme le téléphone arabe : si quelqu'un comprend mal le message, cette information incorrecte est transmise aux suivants, avec toutes les nouvelles erreurs introduites à chaque communication. Voici donc quelques trucs pour vérifier que vous avez accordé les six cordes avec précision :

- **Jouez les deux cordes extérieures**. Ces deux cordes sont des *mi*, à deux octaves d'intervalle, et elle devraient sonner en harmonie l'une avec l'autre, bien que l'une des deux, la 6e, soit grave et l'autre, la 1re, soit aiguë. Si elles ne sont pas accordées, déterminez si le *mi* aigu de la 1re corde est *relativement* (c'est-à-dire en tenant compte de l'écart des deux octaves) trop haut ou trop bas par rapport au *mi* grave de la 6e corde. Cela vous indique dans quelle direction vous vous êtes trompé au cours de l'accordage.
- **Ajustez les octaves des cordes adjacentes**. Jouez la 6e corde à vide (*mi* grave), puis la 5e corde frettée à la 7e case. Les deux devraient sonner exactement à une octave l'une de l'autre. Une octave est composée de deux notes du même nom à un intervalle de huit degrés l'une de l'autre. Il est très facile d'entendre si une octave sonne faux. Continuez en remontant les cordes : faites correspondre la 5e corde à vide (*la*) à la 4e corde, 7e case ; puis la 4e corde à vide (*ré*) à la 3e corde (*sol*), 7e case ; la 3e corde à vide (*sol*) à la 2e corde (*si*), 8e case (pas 7e case !) ; et la 2e corde à vide (*si*) à la 1re corde (*mi* aigu), 7e case.

- **Ajustez les octaves d'une corde sur deux**. Au lieu d'accorder par paires adjacentes, vérifiez l'accordage d'une corde sur deux par rapport à la corde du bas. Jouez la 6ᵉ corde à vide, par exemple, et en la faisant sonner, jouez la 4ᵉ corde, 2ᵉ case. Ces deux notes devraient être à une octave d'intervalle. Continuez à remonter les cordes, en ajustant la 5ᵉ corde à vide à la 3ᵉ corde, 2ᵉ case ; la 4ᵉ corde à vide à la 2ᵉ corde, 3ᵉ case ; et la 3ᵉ corde à vide à la 1ʳᵉ corde, 3ᵉ case. Pour chaque réglage, ajustez la corde frettée ayant la tonalité la plus haute (si elle sonne faux, trop bas ou trop haut) à sa contrepartie à vide. Attention en utilisant cette méthode : vous devez veiller à ce que les 6ᵉ, 5ᵉ et 4ᵉ cordes soient accordées les unes aux autres, car cette méthode sert à faire en sorte que les cordes frettées de tonalité plus haute (3ᵉ, 2ᵉ et 1ʳᵉ cordes) soient ajustées à leur contrepartie plus basse d'une octave.
- **Jouez un accord**. En elles-mêmes, les cordes à vide ne donnent pas grand-chose lorsqu'on les gratte simultanément : on obtient… de la bouillie sonore ! Mais dès qu'on joue lentement un bel accord de *mi* ou de *sol* (voir le Chapitre 4), une corde après l'autre (on dit : *arpéger* un accord), on entend les 6 cordes sonner en harmonie les unes avec les autres. Il est alors plus facile d'entendre si une corde est désaccordée. Souvent, une corde qui semble désaccordée dans un accord sonne juste dans un autre. Personne ne vous a dit que l'accordage serait simple, mais il deviendra de plus en plus facile avec l'entraînement. Ça, nous vous le promettons !

# Accordez votre guitare à une note de référence

Accorder votre guitare à elle-même avec la méthode relative, ça suffit pour votre oreille, mais ça ne sert pas à grand-chose si vous devez jouer avec des musiciens qui jouent d'autres instruments ou accompagner un chanteur ou une chanteuse qui sont habitués à des références standard, comme le *la* de concert à 440 hertz. (Voir la section « Le diapason à branches » un peu plus loin dans ce chapitre.) Si vous voulez jouer avec d'autres instrumentistes, vous devez être capable d'accorder votre guitare à une source fixe, comme un piano, un diapason à bouche, un diapason à branches ou un accordeur électronique. L'usage d'une telle source permet de garantir que tout le monde joue selon les mêmes règles. En outre, votre guitare est conçue pour produire le meilleur son possible lorsqu'elle est accordée à une hauteur standard.

Les sections suivantes décrivent quelques manières types de vous accorder en utilisant des références fixes. Ces méthodes permettent non seulement de bien accorder votre guitare, mais aussi d'être en harmonie avec les autres instruments.

## Le piano

Étant donné que le piano demeure accordé longtemps (on n'a besoin de le faire accorder que tous les ans, voire tous les deux ans, suivant les cas), il constitue un excellent outil pour accorder votre guitare. Si vous disposez d'un clavier électronique ou d'un piano bien accordé, tout ce que vous devez faire, c'est accorder les cordes à vide de la guitare en fonction des touches correspondantes du clavier. La Figure 2-2 montre le clavier d'un piano et les cordes à vide qui leur correspondent sur la guitare.

## Le diapason à bouche

Il est clair que, si vous allez à la plage avec votre guitare, vous n'allez pas emporter un piano avec vous, même si vous êtes un maniaque de l'accordage. Vous avez donc besoin d'un outil plus petit et plus pratique qui fournira des hauteurs de tons de référence. Et c'est là que le *diapason à bouche* fait son entrée. Malgré son image d'outil de dame patronnesse, il a son utilité.

Il existe des diapasons à bouche spécialement conçus pour les guitaristes. Ils sont formés de tuyaux qui ne produisent que les notes des cordes à vide de la guitare (dans un registre plus aigu), sans les notes intermédiaires. L'avantage d'un diapason à bouche, c'est que vous pouvez le tenir fermement dans votre bouche en soufflant dedans, tout en ayant les mains libres pour l'accordage. L'inconvénient, c'est qu'il faut parfois un bon moment pour s'habituer à entendre une note produite par un outil à vent et la comparer à une note produite par un instrument à corde pincée. Mais avec l'expérience, vous pourrez vous accorder à l'aide d'un diapason à bouche aussi facilement qu'avec un piano. Et un diapason à bouche se case bien plus facilement dans la poche de votre chemise qu'un piano ! (Reportez-vous au Chapitre 16 pour voir une photo d'un diapason à bouche.)

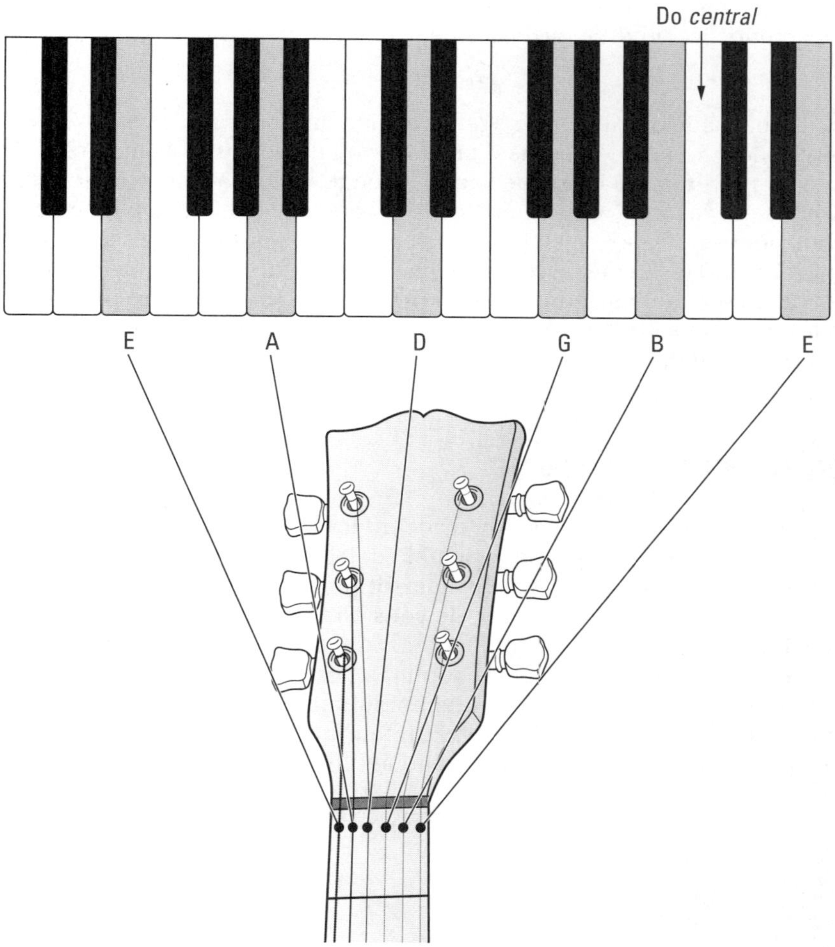


**Figure 2-2** : le clavier d'un piano et les touches qui correspondent aux cordes à vide d'une guitare.

## *Le diapason à branches*

Une fois que vous serez capable de discerner les hauteurs de tons, vous n'aurez plus besoin que d'une seule note de référence pour accorder votre guitare. Le diapason à branches donne un seul ton (en général, dans un seul parfum), le *la* (celui qui est situé au-dessus du *do* central du clavier et vibre à 440 hertz). Vous n'avez pas besoin d'autre chose que de cette note. Si vous accordez votre 5e corde à vide (*la*) au la du diapason à branches (bien que le *la* de la guitare soit dans un registre plus grave), vous pouvez accorder toutes les cordes par rapport à celle-ci en utilisant la méthode d'accordage relatif que nous avons expliquée dans la section « Tout est relatif : accordez votre guitare à elle-même » plus haut dans ce chapitre.

Vous pouvez également appuyer sur la note *la* de chaque corde et l'accorder au diapason à branches. Sur la 4e corde, par exemple, la 7e case est un *la*. C'est le cas de la 2e case de la 3e corde (qui est le *la* correspondant à l'octave de la 5e corde à vide – voir la section « Vérifiez que votre guitare est vraiment bien accordée » plus haut dans ce chapitre). Et tel est aussi le cas de la 5e case de la 1re corde et de la 5e case de la 6e corde.

En jouant la note *la* sur chacune des cordes (sauf pour la 5e corde, qui, à vide, donne déjà le *la*), vous pouvez vérifier si ces notes correspondent au *la* de votre diapason. Si une note est fausse, vous devez accorder la corde pour rehausser ou abaisser la note en conséquence. Vous êtes en train d'accorder une corde tout en appuyant sur une case, ce qui est un peu plus difficile à *faire* (mais pas à *entendre*). La plupart des guitaristes utilisent la main droite pour tourner la mécanique : ils la passe *au-dessus* de la main gauche (qui maintient la corde à la case voulue).

L'utilisation d'un diapason à branches exige un peu de finesse. Vous devez frapper le diapason contre un objet solide, comme le dessus d'une table ou un genou, et le maintenir ensuite près de votre oreille ou placer le pied (appelée aussi « queue ») du diapason (et non les branches) sur quelque chose qui résonne. Ce support peut encore être une table, ou même la caisse de la guitare. (Vous pouvez même le mettre entre vos dents, ce qui vous laisse les mains libres ! Oui, oui, ça marche !). Dans le même temps, vous devez d'une manière ou d'une autre jouer un *la* et l'accorder à la note du diapason. C'est un peu comme tirer de votre poche les clés de votre maison lorsque vous êtes surchargé de commissions. Pas facile ! Mais si vous vous exercez suffisamment, vous finirez par devenir expert.

## L'accordeur électronique

La manière la plus rapide et la plus précise d'accorder la guitare consiste à utiliser un accordeur électronique. Cet outil pratique semble doté de vertus magiques. Les accordeurs électroniques les plus récents, conçus spécialement pour les guitares, sont normalement capables de sentir quelle corde vous jouez, de vous dire de quelle note vous êtes le plus proche, et vous indiquer si vous êtes trop haut ou trop bas. La seule chose que ces outils ne font pas (à l'exception de certains modèles sophistiqués et coûteux), c'est tourner les mécaniques pour vous (mais nous avons entendu dire que ça pourrait venir…). Certains accordeurs plus anciens sont munis d'un interrupteur qui sélectionne la corde à accorder. La Figure 2-3 vous présente un accordeur électronique type.

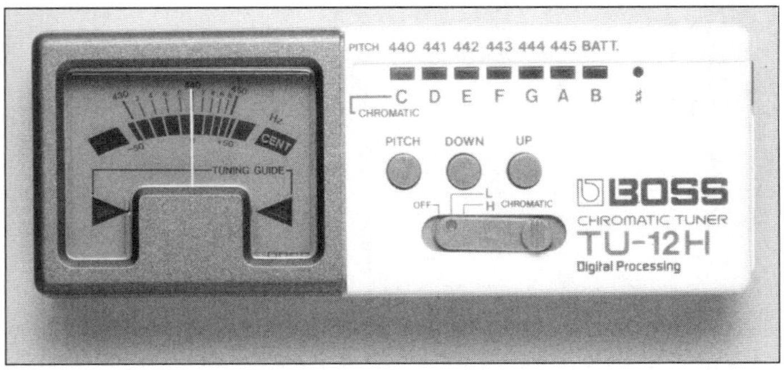


**Figure 2-3** : avec l'accordeur électronique, l'accordage est simple comme bonjour !

Vous pouvez, soit brancher la guitare à l'accordeur, si vous accordez une guitare électrique, soit utiliser le micro intégré de l'accordeur pour accorder une guitare acoustique. Dans les deux types d'accordeurs (à sélection des cordes et à reconnaissance automatique des hauteurs des cordes), l'afficheur vous indique deux choses : la note dont vous êtes le plus proche (*mi, la, ré, sol, si, mi*), et si vous êtes au-dessus ou au-dessous de cette note.

Les accordeurs électroniques fonctionnent en général avec une pile de 9 volts ou deux piles de type AA, qui durent un an lorsqu'on les utilise régulièrement (jusqu'à 2, voire 3 ans, si on ne les utilise que de façon occasionnelle). Les accordeurs électroniques ne sont pas très chers (environ 20 euros) et valent leur prix. (Reportez-vous au Chapitre 15 pour en savoir plus sur les accordeurs.)

## Le CD de ce livre

Et n'oublions pas : vous avez à votre disposition une source de référence supplémentaire pour l'accordage : le CD de votre livre *La Guitare pour les Nuls !*

Pour vous faciliter l'accordage, nous jouons les cordes à vide sur la piste 1 du CD audio qui accompagne ce livre. Écoutez le son de chaque corde à vide, lentement, l'une après l'autre (de la 1re à la 6e, c'est-à-dire de la plus fine à la plus épaisse). Accordez alors les cordes à vide de votre guitare en fonction des notes du CD. Utilisez le bouton de la télécommande ou du lecteur de CD qui permet de sauter des pistes en arrière pour revenir au début de la piste 1, afin de répéter les notes d'accordage aussi souvent que nécessaire pour obtenir l'accord exact de vos cordes sur les notes correspondantes du CD.

Contrairement à une cassette audio ou à tout autre système à bande magnétique analogique, un CD joue toujours la note exacte qui a été enregistrée et ne la restitue jamais trop aiguë ou trop grave, même pas un tout petit peu. Vous pouvez donc utiliser votre CD de *La Guitare pour les Nuls* avec n'importe quel lecteur laser et à tout moment pour vous accorder de la manière la plus parfaite.

# Chapitre 3

# À vos marques, prêt... Non, pas encore : pour jouer, il faut d'abord acquérir certaines compétences

***Dans ce chapitre :***

- Assis et debout avec votre guitare
- La position des mains
- Lisez les diagrammes d'accords et les tablatures
- Jouez des accords

Les guitares sont des instruments faciles à vivre. Elles se logent confortablement dans les bras de la plupart des humains et les deux mains ont tendance à se placer naturellement sur les cases comme sur les cordes. Dans ce chapitre, vous trouverez tout ce que vous devez savoir sur les bonnes postures et techniques, sur la position de vos mains, exactement comme si vous étiez un fils ou une fille de bonne famille que les parents envoient au conservatoire.

Il faut que vous vous souveniez de la bonne posture et des bonnes positions, au moins pour éviter la fatigue et les tensions et, au mieux, pour vous permettre d'acquérir de bonnes habitudes de concentration et de production du son. Vous êtes prêt ? Allons-y !

## La position des mains et la posture

Pour jouer de la guitare, vous pouvez être, soit assis, soit debout, et la position choisie ne fera quasiment aucune différence sur le ton produit et sur la technique de jeu. La plupart des guitaristes préfèrent s'exercer assis mais jouer debout en public. L'exception à cette règle est la guitare classique, que l'on joue avec une guitare acoustique à cordes de nylon selon des règles très strictes quant à la position de la main droite et de la main gauche. La manière orthodoxe de jouer est en posture assise. Cette tradition ne veut pourtant pas dire que vous ne pouvez pas jouer de la guitare classique en étant debout, elle signifie simplement que l'apprentissage sérieux de la guitare classique exige que vous soyez assis lorsque vous jouez.

## La posture assise

Pour tenir une guitare en position assise, posez la taille de la guitare sur votre jambe droite. (La taille est la partie incurvée de l'éclisse, entre les parties bombées qui ressemblent respectivement à des épaules et à des hanches.). Les pieds sont légèrement écartés. Équilibrez la guitare en posant légèrement votre avant-bras droit sur la partie du bas, comme le montre la Figure 3-1. La main gauche ne doit pas soutenir le manche. Vous devez pouvoir retirer complètement la main gauche de la touche sans que la guitare ne plonge aussitôt vers le sol.

**Figure 3-1** : position assise type.

La technique de guitare classique requiert aussi que vous teniez l'instrument au-dessus de la jambe gauche (pas de la jambe droite !). Cette position rapproche le centre de la guitare du centre de votre corps, ce qui fait qu'il est plus facile de jouer de l'instrument, en particulier de la main gauche, parce que vous pouvez mieux former les doigtés difficiles de la guitare classique dans cette posture. Le Chapitre 13 vous explique la posture assise de la guitare classique.

Vous devez également élever la guitare classique, soit en élevant la jambe gauche avec un repose-pied spécialement conçu à cet effet (c'est la manière traditionnelle), soit en utilisant un bras de soutien que l'on place entre la cuisse gauche et l'éclisse inférieure de la guitare (c'est la manière moderne). Cet accessoire vous permet de laisser le pied gauche à plat sur sol puisque c'est lui qui élève verticalement la guitare.

## La position debout

Pour jouer de la guitare debout, vous devez d'abord avoir une courroie et veiller à ce qu'elle soit bien fixée aux deux boutons de courroie (sinon nouée à la guitare). Ensuite, vous pourrez vous tenir debout normalement, et constater par la même occasion dans le miroir que vous avez vraiment l'air cool comme ça, debout avec votre guitare en bandoulière. Vous devrez peut-être ajuster la longueur de la courroie pour mettre la guitare à une hauteur plus confortable. Plus vous la tenez haut, plus il est facile d'en jouer. La mode rock actuelle veut qu'une position basse soit plus cool, mais il est un peu plus difficile de jouer comme ça, surtout de la main gauche.

Si votre courroie se détache d'un bouton de courroie alors que vous êtes debout en train de jouer, vous avez à peu près 50 % de chances de rattraper votre guitare avant qu'elle ne touche le sol (et encore faut-il que vous ayez l'expérience des guitares qui tombent !). Moralité : ne courez pas le risque d'endommager votre instrument en utilisant une vieille courroie ou une courroie dont les trous sont trop grands pour que les boutons la retiennent avec sûreté. Les guitares ne sont pas faites pour rebondir : Pete Townsend l'a tant de fois démontré !

Votre corps s'ajustera naturellement en passant de la position assise à la position debout. Donc, n'essayez pas de trop réfléchir à l'endroit où tombent vos bras par rapport à la position assise. Soyez simplement décontracté et, surtout, ayez l'air cool ! (Maintenant, vous êtes un guitariste ! Il est aussi important d'avoir un look cool que de savoir jouer... Enfin, *presque* aussi important.) La Figure 3-2 vous montre une posture debout type.

**Figure 3-2** : position debout normale.

## La position de la main gauche

Pour vous donner une idée du positionnement correct de la main gauche sur la guitare, ouvrez votre main gauche, paume vers le haut, et formez un poing décontracté tout en plaçant votre pouce au niveau de l'index et du majeur. Toutes les jointures doivent être pliées. C'est à peu près ce à quoi la main doit ressembler une fois que vous tiendrez un manche de guitare. Le pouce glisse le long du dos du manche, plus droit que si vous formiez un poing, mais il n'est pas rigide. Les jointures des doigts restent pliées, que les doigts soient en train d'appuyer sur une case ou qu'ils soient détendus. Répétons-le : la main gauche devrait trouver sa place très naturellement sur le manche de la guitare, comme si vous preniez en main un outil spécialement fabriqué pour ça, et que vous auriez utilisé pendant toute votre enfance.

Pour former une note, pressez le bout de votre doigt sur une case en gardant les jointures courbées. Essayez de faire en sorte que le bout du doigt presse de façon verticale sur la corde plutôt que par le côté. Cette position exerce la pression la plus forte sur la corde et empêche aussi que les côtés du doigt ne touchent les cordes adjacentes, ce qui pourrait causer un *bourdonnement* ou un *étouffement* de la corde. Utilisez votre pouce comme point d'appui sur le manche afin d'assurer une meilleure prise sur la case.

Ne succombez pas à la tentation d'accélérer l'entraînement de vos mains par des moyens artificiels. Il faudra du temps pour que votre main gauche acquière de la force. Vous avez peut-être déjà vu des publicités pour de petits appareils de musculation des doigts et vous pensez peut-être qu'ils pourraient améliorer rapidement l'endurance de votre main gauche. Bien que nous ne puissions pas complètement affirmer que ces dispositifs sont inefficaces (la même chose vaut pour la technique maison qui consiste à presser une balle de tennis), une chose est sûre : rien ne contribue davantage à l'entraînement de votre main gauche et à son habileté à appuyer sur les cordes que de simplement jouer de la guitare.

### Sur une guitare électrique

Les manches des guitares électriques sont à la fois plus étroits (de la 1re à la 6e corde) et moins profonds (de la touche au dos du manche) que ceux des guitares acoustiques. Il est donc plus facile de bien tenir une guitare électrique, mais plus difficile de faire sonner clairement des cordes adjacentes. (L'espace entre chaque corde sur la touche est plus étroit et la probabilité de toucher et d'étouffer une corde avec le doigt qui appuie sur une autre est plus grande.) Mais la plus grande différence selon que l'on joue sur une guitare électrique ou une guitare acoustique à cordes de nylon ou d'acier, c'est celle du *rayon d'action*.

Le rayon d'action d'une guitare peut être décrit comme l'importance de l'espace séparant les cordes des barrettes et, dans une moindre mesure, comme la facilité avec laquelle il est possible de presser les cordes. Sur une guitare électrique, appuyer sur une case est aussi facile que de couper du beurre avec un couteau très chaud. Le rayon d'action d'une guitare électrique étant plus réduit, la position de la main est plus détendue que sur une guitare acoustique, avec la paume de la main gauche légèrement tournée vers l'extérieur.
La Figure 3-3 montre une photo de la main gauche entourant le manche tandis que les doigts du musicien appuient sur les cordes.

**Figure 3-3** : le manche de la guitare électrique repose confortablement entre le pouce et l'index, tandis que l'index appuie sur une note.

### Sur une guitare classique

Étant donné que les guitares à cordes de nylon ont un manche large et qu'elles constituent le modèle de prédilection de la musique classique, elles exigent une approche un peu plus (hum !) « formelle » de la main gauche. Essayez de faire en sorte que la partie intérieure des jointures situées entre les doigts et la paume restent près du côté du manche et parallèles à celui-ci, de telle sorte que les doigts soient perpendiculaires aux cordes et que tous les doigts se trouvent à la même distance du manche. (Si votre main n'est pas parfaitement parallèle, le petit doigt tombe ou se trouve plus loin du manche que l'index.) La Figure 3-4 vous montre la position correcte de la main gauche pour les guitares à cordes de nylon.

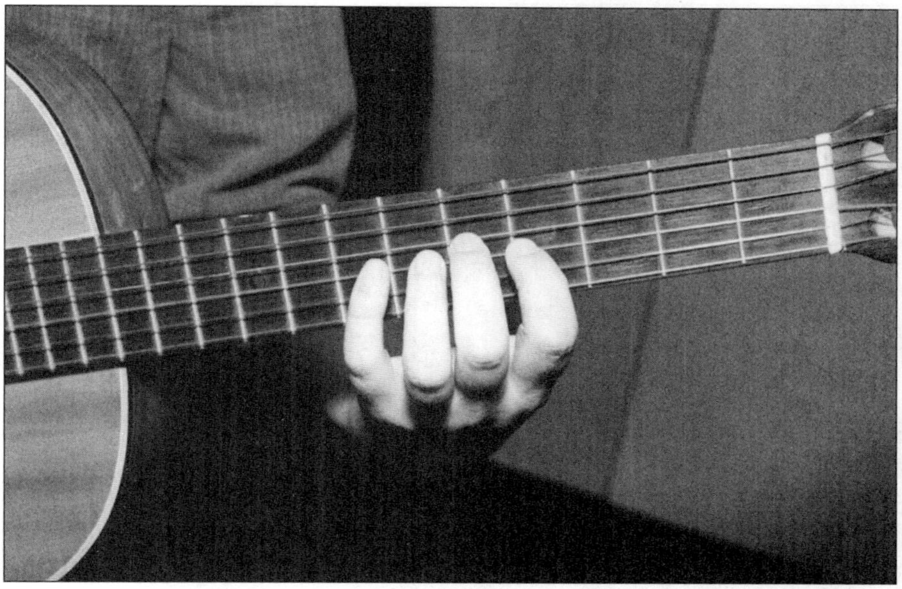

**Figure 3-4** : position correcte de la main gauche sur une guitare classique.

CONSEIL

Appuyer sur les cases avec la main gauche exige de la force, et d'autres parties de votre corps pourraient se tendre pour compenser l'effort. Veillez à détendre régulièrement votre épaule gauche, qui a tendance à s'élever au cours d'une telle pratique. Faites des pauses fréquentes pour « laisser tomber l'épaule ». Veillez aussi à ce que votre coude gauche ne dépasse pas vers le côté, comme à table celui d'un invité mal élevé. Il faut que le haut du bras et l'avant-bras soient parallèles au côté du corps. Détendez le coude pour qu'il reste près de votre taille.

Pour maintenir une bonne position de la main gauche, il est important de se souvenir que l'on doit se sentir à l'aise et dans une posture naturelle. Si votre main se met à vous faire mal, *faites une pause et arrêtez de jouer.* Comme pour toute autre activité qui nécessite un développement musculaire, les pauses permettent à votre corps de se remettre.

## La position de la main droite

Si vous tenez une guitare sur vos genoux en posant le bras droit au-dessus du bord gauche de la caisse, votre main droite tenue étendue et décontractée croise les cordes à un angle d'environ 60°. Cette position est bonne pour jouer avec un médiator. Pour le fingerpicking, il faut tourner la main droite de façon à ce qu'elle soit davantage perpendiculaire aux cordes. Pour la guitare classique, il faut tenir la main droite aussi près que possible d'un angle de 90°.

### Avec un médiator

Vous jouerez le plus souvent avec un médiator sur une guitare électrique, que ce soit pour du rock'n'roll, du jazz, de la country ou du pop. Vous jouerez la plupart des accompagnements rythmiques (basés sur des accords) et quasiment toutes les partitions de soliste (mélodies avec des notes distinctes) en tenant un médiator, encore appelé *plectre*, entre le pouce et l'index. La Figure 3-5 montre la manière correcte de tenir le médiator : seule la pointe dépasse des doigts, elle est perpendiculaire au pouce.

**Figure 3-5** : la technique correcte de tenue du médiator.

Lorsque vous plaquez des accords d'accompagnement, vous attaquez les cordes avec le médiator en utilisant un mouvement du poignet et du coude. Plus le mouvement est vigoureux, plus vous devez impliquer le coude. Pour jouer des mélodies, vous n'employez que le mouvement du poignet, qui est plus restreint. Ne serrez pas trop fort le médiator en jouant, et sachez que vous le laisserez souvent tomber au cours des premières semaines.

NOTE TECHNIQUE

Les médiators sont disponibles dans tous les calibres ; ceux-ci indiquent le degré de rigidité. Les médiators minces sont plus faciles à manier pour le débutant. Les médiators d'épaisseur moyenne sont les plus courants, parce qu'ils sont suffisamment flexibles pour jouer confortablement des accords d'accompagnement, mais suffisamment rigides aussi pour les mélodies. Les médiators petits et épais semblent peu maniables au début, mais ce sont les préférés des pros, et tous les guitaristes doués finissent par s'y mettre (bien qu'il existe des exceptions célèbres, comme Neil Young notamment).

### Pour le *fingerpicking*

Si vous fuyez les médiators et que vous voulez y aller « naturellement » avec votre main droite, vous allez faire du *fingerpicking*. (Bien qu'il soit également possible de jouer en *fingerpicking* avec des plectres spéciaux, appelés onglets, qui entourent les doigts et se substituent aux ongles.) En *fingerpicking*, on pince les cordes avec les doigts de la main droite. On utilise la pointe des doigts pour gratter les cordes, en plaçant la main au-dessus de la rosace (avec une guitare acoustique) et en maintenant le poignet en position fixe, mais pas rigide. Il est utile aussi de maintenir une légère courbure du poignet pour que les doigts descendent verticalement sur les cordes. Le Chapitre 12 vous en apprendra davantage sur le *fingerpicking*.

NOTE TECHNIQUE

En raison des mouvements spécifiques de la guitare classique, les « pincés » (*free strokes*) et les « butés » (*rest strokes*), il faut tenir les doigts presque parfaitement perpendiculaires aux cordes pour jouer correctement. Une approche perpendiculaire permet à vos doigts d'attaquer les cordes avec le maximum de force. (Reportez-vous au Chapitre 13 pour en savoir plus sur les pincés et les butés.)

# La notation de la musique n'est plus réservée aux virtuoses

Il n'est pas nécessaire de savoir déchiffrer les partitions pour jouer de la guitare. Les musiciens, au fil des ans, ont mis au point quelques trucs simples qui permettent de transmettre des idées de base telles que la structure de la chanson, la construction d'un accord, les progressions d'accords et les figures de rythme importantes. En utilisant quelques-uns de ces outils de sténo, c'est-à-dire les *diagrammes d'accord*, les *barres de rythme* et les *tablatures* (que nous décrivons dans les sections suivantes), vous allez commencer à jouer les parties de solo plus rapidement que Mark Knopfler après trois tasses de café !

## Voici comment lire un diagramme d'accord

Pas de panique ! Lire un diagramme d'accord, ce n'est pas comme lire la musique sur une partition. Il s'agit simplement de comprendre là où il faut mettre les doigts pour former un accord.

La Figure 3-6 montre l'anatomie d'un diagramme d'accord, et la liste qui suit explique ce que signifient les différents éléments du diagramme :

- La *grille de six lignes verticales et de cinq lignes horizontales* représente le manche de la guitare, comme si vous teniez la guitare debout sur le sol ou sur une chaise en regardant en face de vous la partie supérieure du manche.
- Les *lignes verticales* représentent les cordes de la guitare. La ligne verticale à l'extrême gauche est la corde de *mi* grave, et celle qui se trouve à l'extrême droite, la 1re corde, le *mi* aigu.
- Les *lignes horizontales* représentent les frettes et délimitent les cases. La ligne horizontale épaisse du haut représente le sillet de la guitare, où s'arrête le manche. Donc, la première frette est en fait limitée par la deuxième ligne verticale en partant du haut.
- Les *points* qui apparaissent sur les lignes de cordes verticales entre les lignes de frettes horizontales représentent les notes que vous devez jouer.
- Les *chiffres* inscrits au-dessous de chaque ligne de corde (juste au-dessous de la dernière ligne de frette) indiquent les doigts de la main gauche qui servent à jouer cet accord. Pour la main gauche, 1 = index, 2 = majeur, 3 = annulaire, 4 = auriculaire. On n'utilise pas le pouce pour « fretter », sauf dans certaines circonstances inhabituelles.
- Les symboles *X* ou *0* inscrits au-dessus de certaines lignes de cordes indiquent les cordes à vide (celles qui ne sont pas « frettées », ou que vous ne jouez pas). Un *X* au-dessus d'une corde indique que la corde n'est ni pincée ni attaquée de la main droite. Un *0* indique une corde qui est jouée à vide.

N'OUBLIEZ PAS

Si un accord commence sur une case différente de la première (ce qui se produira souvent dans les explications concernant les accords mobiles et barrés du Chapitre 8), un chiffre est indiqué à droite du diagramme, près de la ligne du haut, pour indiquer la case sur laquelle vous devez commencer. (Dans de tels cas, la ligne du haut *n'est pas* le sillet.) Pourtant, dans la plupart des cas, vous aurez affaire à des accords contenus dans les quatre premières cases du manche. Les accords contenus dans ces quatre premières cases utilisent généralement des cordes à vide : on les appelle des « accords à vide ».

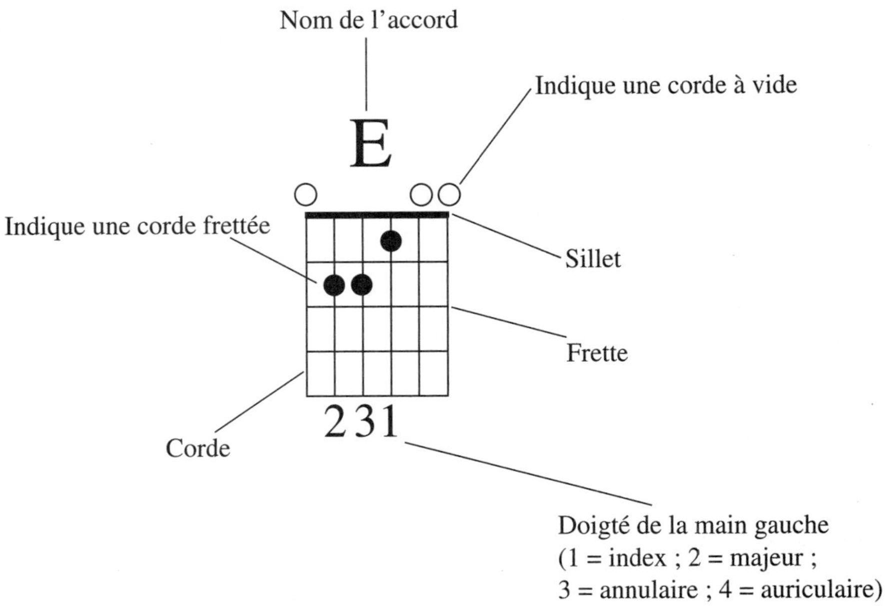


**Figure 3-6** : un diagramme type d'accord de mi.

## *Voici comment lire les barres de rythme*

Les musiciens utilisent de nombreux trucs de sténo pour indiquer certaines instructions de jeu. Car bien qu'un concept musical en soi soit souvent suffisamment simple, le fait de noter cette idée sous la forme de partition écrite traditionnelle peut être trop compliqué et difficile à manier. Les musiciens utilisent donc une « antisèche » ou un « aide-mémoire » qui fait passer l'idée tout en évitant d'avoir à lire ou écrire de la musique.

Les *barres de rythme* sont des barres obliques (/) qui indiquent simplement comment jouer en rythme, mais pas ce qui est joué. C'est l'accord de la main gauche qui détermine ce que vous jouez. Prenons par exemple le diagramme de la Figure 3-7.

Lorsque vous tombez sur l'un de ces symboles d'accord avec quatre barres obliques au-dessous, comme le montre cette figure, cela vous indique que le doigté d'accord est celui d'un accord de *mi* et que vous devez l'attaquer quatre fois.

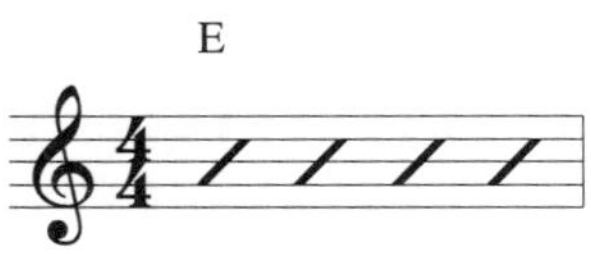


**Figure 3-7** : une mesure d'accord de mi.

Ce type de notation vous fait grâce de toutes les subtilités du solfège : dièses ou bémols, doubles-croches et autres symboles. En bref, elle ne vous indique pas tout le bazar qu'il fallait aborder à l'école primaire avant de pouvoir enfin jouer « Frère Jacques ». Tout ce qu'il y a à comprendre ici en lisant ce diagramme, c'est qu'il faut jouer un accord de mi quatre fois. Simple, non ?

# Voici comment lire les tablatures

Le système des *tablatures* est un système de notation qui représente de façon graphique les frettes et les cordes de la guitare. Alors que les diagrammes d'accord font de même de manière statique, une tablature vous montre comment jouer la musique sur une durée donnée. Pour tous les exemples musicaux de ce livre, nous vous présentons une portée de tablature au-dessous d'une portée de notation musicale classique. Cette seconde portée reflète exactement ce qui se passe dans la portée musicale du dessus, mais en *langage guitare*. La tablature ne vous dit pas quelle note jouer (comme *do, fa#* ou *mi*b), elle vous indique quelle est la corde à jouer et sur quelle case il est nécessaire d'appuyer. Les tablatures sont très spécifiques à la guitare. Certains les appellent tout simplement les *tabs*.

La Figure 3-8 montre des portées de tablatures et quelques exemples de notes et d'accords. La ligne supérieure de la portée de tablature représente la $1^{re}$ corde de la guitare, le *mi* aigu. La ligne inférieure correspond à la $6^{e}$ corde, le *mi* grave. Les autres lignes représentent les quatre autres cordes entre les deux *mi* : la deuxième ligne en partant du bas est la $5^{e}$ corde, etc. Un chiffre placé sur une ligne vous indique la corde à jouer au niveau de la case indiquée par ce chiffre. Par exemple, si vous voyez le chiffre 2 sur la deuxième ligne en partant du haut, vous devez appuyer sur la deuxième case de cette corde (*si*). Un *0* sur une ligne veut dire que la corde correspondante est jouée à vide.

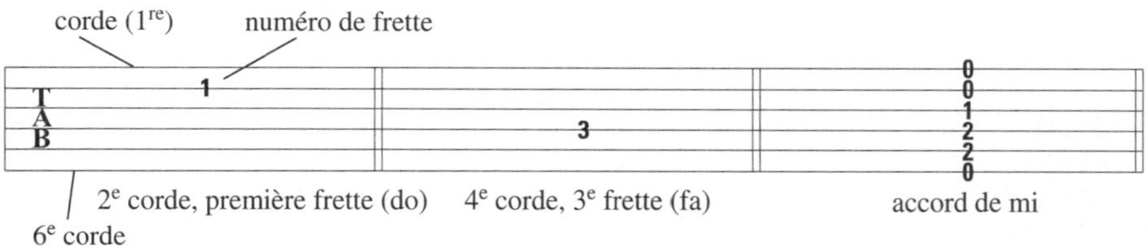


**Figure 3-8** : trois exemples de portées de tablatures.

CONSEIL

## Saisissez le rythme en écoutant le CD

Au début de ce livre, nous vous avons promis que vous n'aurez pas besoin de savoir lire des partitions pour jouer de la guitare. Et c'est vrai ! À l'aide des diagrammes d'accord, des barres de rythme et des tablatures, et en *écoutant ce à quoi cela ressemble* grâce à la technologie magique du CD, vous disposez de tout ce dont vous avez besoin pour comprendre la guitare et en jouer. À partir du Chapitre 4, écoutez attentivement les démonstrations du CD et suivez simultanément les exemples écrits pour vérifier que vous comprenez bien la correspondance des unes avec les autres.

# Voici comment jouer un accord

Un accord est défini comme trois sons musicaux au moins qui sont émis simultanément. Vous pouvez jouer un accord de plusieurs manières différentes à la guitare : en le plaquant (c'est-à-dire en frottant un médiator ou le dos de vos ongles contre les cordes en un mouvement unique et rapide), en le pinçant (avec les doigts de la main droite), ou même en frappant les cordes avec votre main ouverte ou avec votre poing. (D'accord, c'est plutôt rare, à moins de jouer dans un groupe de heavy-metal un peu féroce.) Mais vous ne pouvez pas attaquer n'importe quel groupe de notes : vous devez jouer un groupe de notes d'une manière qui ait du sens sur le plan musical. Pour le guitariste, cela veut dire qu'il faut apprendre quelques formes d'accords de main gauche.

## Le doigté d'un accord

Une fois que vous penserez avoir compris (plus ou moins) la notation de guitare que nous décrivons dans les sections précédentes, la meilleure chose à faire, c'est de vous jeter à l'eau et de jouer votre premier accord. Nous vous suggérons de commencer par l'accord de *mi* majeur, car c'est un accord particulièrement facile à jouer et très utilisé.

Une fois que vous aurez pris la main, vous vous rendrez compte que vous pouvez bouger simultanément plusieurs doigts pour les mettre en position. Mais pour l'instant, placez simplement vos doigts l'un après l'autre sur les cases et les cordes selon les instructions qui suivent :

1. **Placez l'index sur la 3^e^ corde, à la première case, juste au-dessous de la frette en métal de la touche (en fait, entre le sillet et la 1^re^ frette, mais plus près de la frette que du sillet).**

   N'appuyez pas trop fort avant d'avoir placé vos autres doigts. Appliquez une pression juste suffisante pour empêcher que votre doigt ne quitte la corde.

2. **Placez le majeur sur la 5^e^ corde (en sautant la 4^e^ corde), à la deuxième case.**

   Ici aussi, appliquez juste une pression suffisante pour maintenir vos doigts en place. Vous avez maintenant deux doigts sur la guitare : un sur la 3^e^ corde, un autre sur la 5^e^. Et il reste une corde encore à vide entre les deux (la 4^e^).

3. **Placez l'annulaire sur la 4^e^ corde, à la deuxième case.**

   Il est possible que vous deviez tortiller un peu votre annulaire pour le placer entre le majeur et la frette. Veillez à ce qu'il soit bien placé derrière la frette et non dessus. La Figure 3-9 montre une photo d'accord de mi lorsque les doigts sont positionnés correctement.

**Figure 3-9** : notez la façon dont les doigts se courbent et comment les articulations se plient pour un accord de *mi*.

## Pour éviter les bourdonnements

L'une des choses les plus difficiles à obtenir lorsqu'on joue des accords, c'est d'éviter les bourdonnements. Ceux-ci se produisent si vous n'appuyez pas assez fermement sur une corde ou si une corde touche le bout de votre doigt. Un bourdonnement peut également se produire si un doigt qui frette une corde touche accidentellement une corde adjacente, ce qui empêche celle-ci de sonner librement. Sans retirer les doigts des cases, essayez de les faire bouger en balançant les pointes pour éliminer les bourdonnements lorsque vous grattez l'accord.

# Deuxième partie

# Alors, commencez par des choses faciles !

« Le morceau qui suit est très intime,
et je vais le jouer uniquement pour toi ! »

### Dans cette partie...

C'est dans cette partie qu'il commence vraiment à se passer des choses, un peu comme il s'est passé des choses au festival de Woodstock. C'est dans cette partie que vous allez vraiment vous mettre à jouer de la guitare. Le Chapitre 4 vous présente quelques outils qui seront vos premiers amis et le resteront très longtemps : les accords à vide majeurs et mineurs. Ces amours de jeunesse constituent la manière la plus rapide et la plus facile de commencer à jouer de la guitare. Si vous ne voulez travailler dur que sur un seul des chapitres de ce livre, alors que ce soit sur le Chapitre 4. Le Chapitre 5 vous donne les fondements de la mélodie avec des notes séparées, pour que vous puissiez injecter des mélodies dans votre jeu. Enfin, cette partie s'épicera un peu avec l'apport des accords de 7$^{e}$.

# Chapitre 4

# La manière la plus facile de commencer à jouer, c'est avec des accords majeurs et mineurs de base

***Dans ce chapitre :***

- Les accords dans la tonalité de la majeur (accords en *la*)
- Les accords en *ré*
- Les accords en *sol*
- Les accords en *do*
- Jouez des chansons en utilisant des accords majeurs et mineurs de base
- Transpirez sur les vieux tubes

L'une des meilleures façons d'apprendre les accords de guitare, c'est de s'accompagner soi-même en chantant ses chansons préférées, ou d'accompagner quelqu'un d'autre si votre voix n'est pas mélodieuse. Dès que vous saurez jouer les accords de base, vous pourrez immédiatement jouer des tas de chansons populaires, de « Hygiaphone » à « Louie Louie ».

Dans ce chapitre, nous regroupons les accords majeurs et mineurs dans des *familles*. Une famille d'accords est simplement un groupe d'accords apparentés. Nous écrivons qu'ils sont apparentés parce qu'on les emploie souvent ensemble pour jouer des chansons. L'idée, c'est un peu comme de choisir des vêtements assortis ou d'assembler différents plats pour composer un repas équilibré. Les accords d'une même famille vont aussi bien ensemble qu'une tranche de pain avec du chocolat à tartiner (sauf que les accords sont moins salissants !).

Imaginez une famille d'accords comme une plante. Si l'un des accords, celui qui est un peu la base de départ d'une chanson (d'habitude, c'est l'accord avec lequel on commence une chanson et avec lequel on la termine), est la racine de la plante, les autres accords de la famille sont les différentes pousses de la plante qui s'élèvent à partir de cette même racine. Ensemble, les racines et les pousses forment la famille. Mettez-les toutes ensemble, et vous obtenez un jardin luxuriant… ou une belle chanson ! À propos, le terme technique pour « famille » est *tonalité* ou *ton*. Vous pouvez donc dire quelque chose du genre : « Cette chanson est en tonalité de *la* » ou « Cette chanson est en *la* ».

## Les accords en la

La tonalité de *la* est très utilisée pour les chansons à la guitare parce que, comme les autres tonalités que nous présentons dans ce chapitre, ses accords sont faciles à jouer : ils contiennent des cordes à vide (que l'on joue sans appuyer dessus). On appelle ce type d'accords des *accords avec cordes à vide*.

Ecoutez « Fire and Rain » de James Taylor pour savoir à quoi ressemble une chanson avec des accords en *la*.

## Le doigté des accords en la, en ré et en mi

En formant les accords, utilisez vos doigts en les positionnant à partir de la frette supérieure (plus près des mécaniques que du manche). Courbez les doigts de telle sorte que les bouts des doigts tombent perpendiculairement au manche. Et veillez à ce que les ongles de votre main gauche soient suffisamment courts pour qu'ils ne vous empêchent pas de presser les cordes à fond contre la touche. *Ne jouez pas* les cordes marquées d'un *X* (c'est-à-dire la 6e corde de l'accord de la et les 5e et 6e cordes de l'accord de *ré*). Si vous jouez une corde marquée d'un *X*, votre punition sera immédiate : vos oreilles vont souffrir !

Chacun de ces accords est ce qu'on appelle un accord *majeur*. Un accord que l'on nomme par le seul nom de sa note (*la, ré et mi*), ou par la seule lettre de sa note en notation internationale (A, D et E), est toujours majeur. (Voir l'encadré « Les qualités des accords ».) La Figure 4-1 montre le doigté des accords de la, *ré* et *mi*, qui sont les accords de base de la tonalité de *la*. (Si vous ne savez pas comment lire les diagrammes d'accord, reportez-vous aux instructions correspondantes du Chapitre 3.)

## Jouez les accords en la

De la main droite, jouez les accords en *la* suivants avec :

- un médiator,
- votre pouce,
- le dos de vos ongles (dans un mouvement descendant vers le sol qui brosse les cordes).

Commencez à jouer l'accord à partir de sa corde la plus grave (celle qui est la plus proche du plafond lorsque vous tenez la guitare) et en effectuant un mouvement descendant.

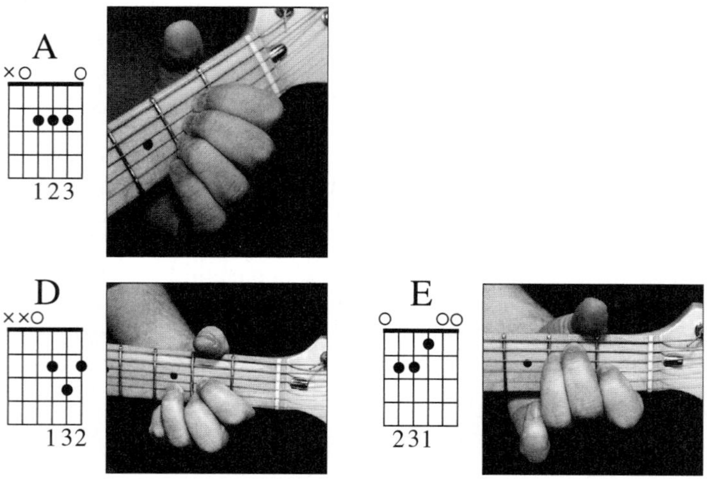


**Figure 4-1** : diagrammes des accords de *la*, *ré* et *mi*. Notez la manière dont les diagrammes transcrivent graphiquement la position de la main gauche sur les photos.

## Les callosités

Au début, ça peut faire un peu mal de jouer des accords. (Nous parlons de vos doigts, pas des oreilles des gens autour de vous !). Car même si vous êtes un vrai dur à cuire, si vous n'avez encore jamais joué de la guitare, les extrémités de vos doigts sont *tendres*. Par conséquent, lorsque vous allez appuyer sur une case, les bouts de vos doigts vont vous faire mal, un peu comme si vous étiez en train d'enfoncer un gros clou en utilisant la pointe de vos doigt (Aïe !).

En bref, presser la corde fait mal. Cette situation n'a rien de bizarre, elle est au contraire parfaitement normale pour les guitaristes débutants. (Ce qui serait bizarre, c'est que la douleur vous plaise...). Une fois que de belles callosités bien épaisses se seront formées sur les bouts de vos doigts, vous jouerez de la guitare en étant parfaitement à l'aise. Il se peut que cela prenne des semaines, voire des mois, avant que ces couches protectrices de peaux mortes ne se forment, cela dépend de la fréquence et de l'intensité de votre pratique.

Mais une fois que vous aurez formé vos callosités, vous ne les perdrez plus (pas complètement, en tout cas). Une fois que vous serez devenu un guitariste, ce sera *pour la vie*.

Vous pouvez faire en sorte que vos callosités se forment en jouant et en rejouant à l'infini les accords de base de ce chapitre. Ce faisant, vous allez acquérir de la force dans les mains et dans les doigts et, de manière générale, vous serez plus à l'aise en jouant. Très vite, presser une corde de guitare sera devenu pour vous aussi naturel que serrer la main de votre meilleur ami !

Comme pour n'importe quelle autre routine de mise en condition physique, veillez à vous arrêter et à vous reposer dès que vous commencerez à sentir de la douleur dans les doigts et dans les mains. La formation de ces callosités prend du *temps*, et comme dit la chanson : il faut laisser le temps au temps...

Une *progression* est simplement une série d'accords que l'on joue les uns après les autres. La Figure 4-2 présente une progression simple en la et vous invite à gratter quatre fois chaque accord dans l'ordre indiqué (de gauche à droite). Utilisez des allers (mouvements descendants du médiator) pour la jouer.

Écoutez les exemples du CD pour le rythme de cette progression et essayez de la jouer en même temps.

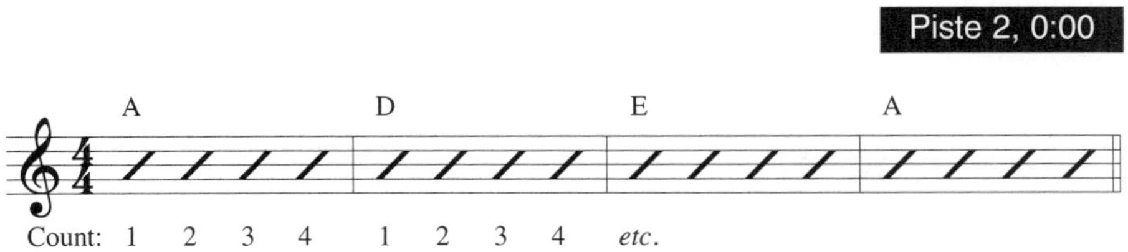


**Figure 4-2** : une progression simple d'accords en la (c'est-à-dire qu'elle n'est composée que d'accords de la tonalité de *la*).

Après avoir gratté chaque accord quatre fois, vous arrivez à une ligne verticale dans la partition qui suit les quatre symboles qui indiquent de gratter l'accord. Cette ligne s'appelle une *barre de mesure*. Ce n'est pas quelque chose que l'on joue. Les barres de mesure séparent la partition en sections plus petites qu'on appelle *mesures*. Les mesures permettent de comprendre plus facilement la musique écrite, parce qu'elles la divisent en morceaux plus petits et plus digestes. (Voir l'Annexe A pour en savoir plus sur les mesures et les barres de mesure.)

N'hésitez pas lorsque vous arrivez à une barre de mesure, continuez, ne vous arrêtez pas. Gardez une vitesse de jeu constante tout au long de l'exercice, passez d'une mesure à la suivante. Commencez en jouant aussi lentement que nécessaire pour vous permettre de garder un rythme constant. Vous pourrez toujours accélérer une fois que vous serez plus sûr de vous, que vous connaîtrez mieux le doigté des accords et les passages d'un accord à l'autre.

Jouez et rejouez une progression un très grand nombre de fois, cela va vous aider à acquérir de la force dans la main gauche et à former des callosités aux bouts des doigts. Essayez ! (Encore et encore…)

Si vous voulez tout de suite jouer une chanson, vous pouvez aller à la section « Jouez des chansons avec des accords majeurs et mineurs de base », à la fin de ce chapitre. Étant donné que vous connaissez maintenant les accords à vide de base en *la*, vous pouvez jouer « Kumbaya ». Ça va rocker !

# Les accords en ré

Les accords de base qui composent la tonalité de *ré* sont l'accord de *ré*, l'accord de *mi*m (*mi* mineur), l'accord de *sol* et l'accord de *la*. La tonalité de *ré* partage donc deux accords à vide avec la tonalité de *la* (*ré* et *la*) et introduit deux nouveaux accords : l'accord de *mi*m et l'accord de *sol*. Après avoir étudié la section précédente, vous devez savoir maintenant jouer les accords de *ré* et de *la* ; à présent, vous devez vous concentrer sur deux nouveaux accords, les accords de *mi*m et de *sol*, pour ajouter à votre répertoire la tonalité de *ré* tout entière.

Écoutez « Here Comes the Sun », des Beatles, pour savoir comment sonne une chanson avec des accords en *ré*.

*Mineur* décrit la qualité d'un type d'accord. Un accord mineur possède un son nettement différent de celui d'un accord majeur. On peut, pour qualifier un accord mineur, employer les adjectifs *triste, mélancolique, effrayant*, et même *menaçant*. Souvenez-vous que c'est la relation des notes entre elles qui forment l'accord et qui détermine la qualité de celui-ci.

## Le doigté des accords en ré

La Figure 4-3 vous montre le doigté des deux accords en *ré* qui ne sont pas inclus dans la tonalité de *la*. Notez qu'aucune des cordes, dans aucun des diagrammes d'accord, n'est marquée d'un *X*, ce qui veut dire qu'il faut que vous attaquiez toutes les cordes chaque fois que vous jouez un accord de *sol* ou de *mi*m.

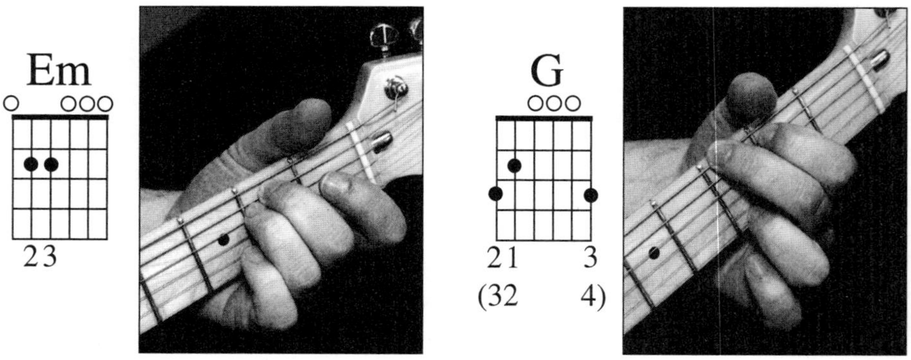


**Figure 4-3** : les accords de mim et de sol. Notez que chacune des six cordes est jouée dans les deux accords.

Si vous le voulez, vous pouvez y aller tout de suite et faire sonner ces accords avec votre médiator ou avec les ongles de votre main droite dans un grand keraaaang.

THÉORIE

## Les qualités des accords

Les accords possèdent différentes qualités, ce qui ne veut pas dire que ce sont de bons petits accords ou de vilains petits canards. On peut définir la *qualité* d'un accord comme la *relation* qui existe entre les différentes notes qui le composent, ou simplement par la manière dont il sonne.

À côté des accords *majeurs*, il existe des accords qui ont des qualités différentes. Nous pensons notamment aux accords *mineurs*, de *7$^e$*, de *7$^e$ mineurs* et de *7$^e$ majeurs*. La liste suivante décrit chacune de ces qualités :

- **Accords majeurs** : accords simples avec un son stable.
- **Accords mineurs** : accords simples avec un son doux, parfois triste.
- **Accords de 7$^e$** : accords qui ont un son blues et funky.
- **Accords de 7$^e$ mineurs** : avec un son velouté et jazzy.
- **Accords de 7$^e$ majeurs** : avec un son brillant et jazzy.

Chaque type d'accord, ou qualité, a un son type différent, et il suffit souvent d'écouter l'accord pour en deviner la qualité. Écoutez, par exemple, le son d'un accord majeur en grattant les accords de *la, ré* et *mi.* (Allez au Chapitre 6 pour en savoir plus sur les accords de *7$^e$*, de *7$^e$ mineurs* et de *7$^e$ majeurs.*)

CONSEIL

Essayez le truc suivant pour comprendre rapidement comment jouer *mi*m et *sol*, et pour entendre la différence entre majeur et mineur : jouez *mi*, qui est un accord majeur, puis levez l'index de la 3$^e$ corde. Maintenant, vous jouez *mi*m, qui est la version mineure de l'accord de *mi*. En alternant les deux accords, vous pouvez facilement entendre la différence de qualité entre un accord majeur et un accord mineur.

Notez l'autre doigté possible pour *sol* (2-3-4 au lieu de 1-2-3). Lorsque votre main aura acquis de la force et de la souplesse, vous changerez de doigté pour adopter le 2-3-4 au lieu du 1-2-3 initial (qui est la version montrée dans la Figure 4-3). Vous pourrez enchaîner plus facilement et plus efficacement d'autres accords en utilisant le doigté 2-3-4 de l'accord de *sol*.

# Jouez les accords en ré

La Figure 4-4 vous montre comment jouer une progression d'accords simples en ré. Notez la différence par rapport à la Figure 4-2. En jouant la portée de la Figure 4-2, vous grattez chaque accord quatre fois par mesure. Chaque son correspond à une pulsation, qu'on appelle *temps*. La Figure 4-4 divise le second temps de chaque mesure en deux notes, qui sont jouées respectivement à l'aller et au retour de la main droite (à l'aller, la note est attaquée par le haut, au retour, elle l'est par le bas). Ensemble, ces deux notes ne durent qu'un seul temps. Cela veut dire que vous devez jouer chaque note du temps 2 deux fois plus rapidement que vous ne devez jouer une note normale.

Le symbole ⊓ au-dessus du symbole de la note indique qu'il faut attaquer celle-ci de haut en bas, et le symbole V, qu'il faut attaquer la note du bas vers le haut. (Si vous jouez de la guitare en état d'apesanteur, les pieds au plafond, vous devrez inverser ces deux dernières instructions). Le terme *sim.* est l'abréviation du mot italien *simile*, qui veut dire que vous devez continuer de jouer de la même manière, en l'occurrence, gratter votre guitare avec la suite de mouvements *aller, aller-retour, aller, aller.*

Piste 2, 0:16

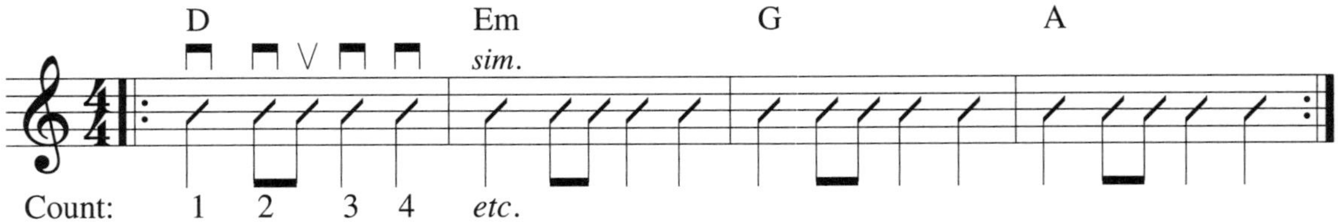


**Figure 4-4** : cette progression contient des accords fréquemment employés dans la tonalité de ré.

CONSEIL

Si vous n'utilisez que les doigts pour gratter la guitare (*fingerpicking*), jouez les retours avec le dos des ongles à chaque symbole V.

Comme vous possédez maintenant les bases des accords à vide de la tonalité de *ré* (*ré, mim, sol* et *la*), vous pouvez tout de suite jouer une chanson en *ré*. Pour cela, passez à la section « Jouez des chansons avec des accords majeurs et mineurs de base » à la fin de ce chapitre, et jouez « Swing Low, Sweet Chariot ». C'est parti !

# Les accords en sol

En vous attaquant à des tonalités d'accord apparentées (comme le sont les tonalités de *la, ré* et *sol*), vous emmenez avec vous le bagage acquis d'une tonalité à l'autre. Les accords de base qui forment la tonalité de *sol* sont les accords de *sol*, *la*m, *do*, *ré* et *mi*m. Si vous connaissez déjà les accords de *sol*, *ré* et *mi*m (que nous vous avons expliqués dans les sections précédentes sur les accords en *la* et en *ré*), vous pouvez maintenant essayer les accords de *la*m et *do*.

Écoutez « You've Got a Friend », de James Taylor, pour savoir comment sonne une chanson avec des accords en sol.

## Le doigté des accords en sol

La Figure 4-5 montre les doigtés des accords de *la*m et *do*, c'est-à-dire des accords en *sol* qui sont nouveaux pour vous. Notez que le doigté de ces deux accords est semblable : chacun a l'index sur la 2e corde, à la première case, et le majeur sur la 4e corde, à la deuxième case. (Seul l'annulaire changede position lorsqu'on passe d'un accord à l'autre.) En passant d'un accord à l'autre, gardez les deux premiers doigts en place sur les cordes. Il est toujours plus facile de changer d'accord si vous n'êtes pas obligé de déplacer tous vos doigts vers de nouvelles positions. Les notes partagées par différents accords sont ce que l'on appelle les *tonalités communes*. Notez le *X* au-dessus de la 6e corde de chacun de ces accords, et ne jouez donc pas cette corde en plaquant l'accord de *do* ou de *la*m. (Elle n'appartient pas à l'accord !)

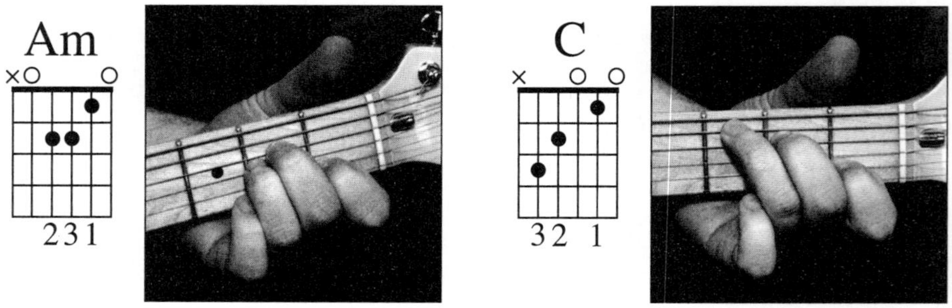


**Figure 4-5** : le doigté des accords de *la*m et *do*.

## Jouez des accords en sol

La Figure 4-6 montre une progression simple que vous pouvez jouer en utilisant des accords en tonalité de *sol*. Jouez et rejouez cette progression afin de vous habituer à changer d'accords et à former ces fameuses callosités de la main gauche. Ça va vraiment s'améliorer au bout d'un moment, parole !

Notez que, dans chaque mesure, vous devez jouer les notes du deuxième et du troisième temps en « aller-retour » (mouvement de la main droite de haut en bas, puis de bas en haut). Écoutez le CD pour entendre ce son.

Piste 2, 0:43

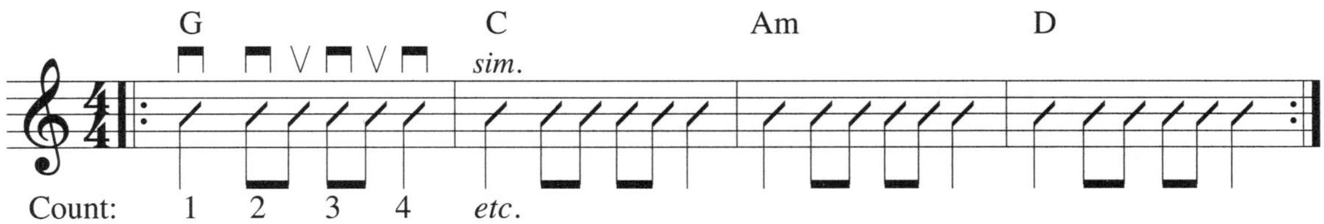


**Figure 4-6** : une suite d'accords que vous pouvez jouer en n'utilisant que des accords en *sol*.

PLAISIR IMMÉDIAT

Comme vous connaissez déjà les accords à vide en *sol* (*sol*, *la*m, *do*, *ré* et *mi*m), vous pouvez sans plus tarder jouer une chanson en sol. Pour cela, rendez-vous à la section « Jouez des chansons avec des accords majeurs et mineurs de base » à la fin de ce chapitre, et jouez « Auld Lang Syne » (l'équivalent américain du célèbre « Ce n'est qu'un au revoir ».

## Les accords en do

La dernière famille d'accords que nous allons étudier est la tonalité de *do*. On dit que c'est la plus facile à jouer. C'est parce que son échelle musicale n'est composée que de touches blanches au piano et qu'elle est, pour cette raison, une sorte de niveau zéro de la théorie musicale, le point par où tout le monde commence.

Nous avons choisi de placer la tonalité de do en dernier dans ce chapitre, parce qu'elle possède des tas d'accords, et qu'ils sont trop nombreux pour qu'on arrive à les maîtriser tous en une seule fois.

Les accords de base qui forment la tonalité de *so* sont *do*, *ré*m, *mi*m, *fa, sol* et *la*m. Si vous vous êtes exercé dans les sections précédentes sur les accords des tonalités de *la, ré* et *sol*, vous connaissez déjà les accords de *do*, *mi*m, *sol* et *la*m. (Sinon, apprenez-les !). Donc, dans cette section, vous n'allez apprendre que deux accords de plus : *ré*m et *fa*. Une fois que vous les posséderez, vous aurez maîtrisé tous les accords que nous présentons dans ce chapitre.

Écoutez « Quelqu'un m'a dit », de Carla Bruni, ou « The Boxer », de Simon and Garfunkel, pour savoir comment sonne une chanson avec des accords en *do*.

## Le doigté des accords en do

La Figure 4-7 présente les nouveaux accords en tonalité de *do* que vous devrez pouvoir jouer. Notez que les accords de *ré*m et *fa* placent tous les deux l'index sur la 3e corde, à la deuxième case. Maintenez ce doigt appuyé pour garder ce ton commun lorsque vous passez de l'un à l'autre des deux accords.

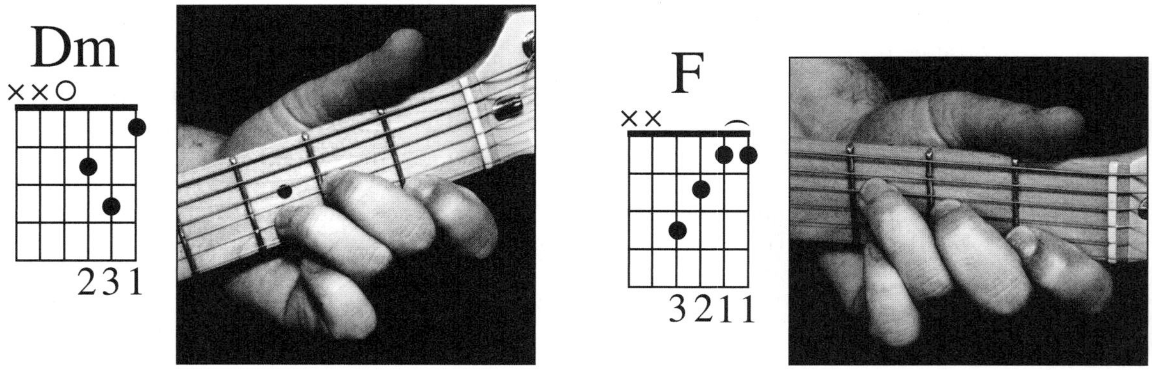


**Figure 4-7** : les accords de rém et fa. Notez le signe ⌒ du diagramme de l'accord de fa, qui indique de barrer deux cordes avec un seul doigt.

Un bon nombre de guitaristes trouvent que c'est l'accord de *fa* qui est le plus difficile à jouer de tous les accords de base majeurs et mineurs. En fait, il n'a pas de corde à vide, et il faut en plus faire un barré. Barrer, c'est presser simultanément deux cordes ou plus avec le même doigt de la main gauche. Pour jouer l'accord de *fa*, par exemple, vous vous servez de l'index pour presser simultanément la 1re et la 2e corde sur la deuxième case.

### Une difficulté contournée avec élégance

On dit parfois que certains débutants abandonnent la guitare tout simplement parce que l'accord de fa est trop dur à jouer. Une des histoires qui courent sur la guitariste Joni Mitchell veut qu'elle ait éprouvé de grandes difficultés à jouer l'accord de fa, au point de renoncer à le jouer et d'accorder sa première corde d'une façon qui lui évite de devoir barrer ce fichu accord. Toujours selon la légende, ce contournement de l'accord de fa aurait conduit Joni Mitchell à jouer en accordages à vide, un style dans lequel elle est ensuite passée maître (les accordages alternatifs permettent de jouer des accords complets, comme l'accord de sol ou de ré, en grattant simplement les cordes à vide). Ce style marqué par les accordages à vide est à l'origine de quelques-uns de ses plus grands succès, comme « Big Yellow Taxi » et « Chelsea Morning ». (Rendez-vous au Chapitre 10 pour en savoir plus sur les accordages alternatifs.)

Pour jouer un barré, vous devez exercer une pression supplémentaire des doigts. Au début, vous entendrez peut-être quelques bourdonnements ou étouffements des cordes au moment où vous brosserez l'accord (en ne touchant que les quatre cordes supérieures, comme l'indiquent les *X* du diagramme). Essayez de placer votre index de plusieurs façons différentes. Essayez d'ajuster l'angle de votre doigt ou de faire légèrement pivoter votre doigt sur le côté. Continuez d'expérimenter jusqu'à ce que vous ayez trouvé une position de l'index qui vous permette d'entendre clairement les quatre cordes au moment où vous les touchez.

## *Jouez les accords en do*

La Figure 4-8 montre une progression d'accords simples que vous pouvez jouer en utilisant des accords de la tonalité de *do*. Répétez cette progression un grand nombre de fois pour vous habituer à passer d'un accord à l'autre dans cette famille et, bien sûr, pour former ces mignonnes petites callosités !

Notez dans la notation rythmique, la petite ligne courbe qui relie la deuxième moitié du deuxième temps au troisième. Cette ligne s'appelle une *liaison*. Une liaison indique qu'il ne faut pas jouer la deuxième des deux notes liées (en l'occurrence, celle du troisième temps). Continuez au contraire de maintenir l'accord sur ce temps (en le laissant sonner) sans l'attaquer à nouveau avec la main droite.

Écoutez sur le CD le son de ce motif rythmique. Cet effet rythmique qui détonne légèrement est un exemple de *syncope*. Une syncope est un procédé rythmique au cours duquel le musicien attaque une note ou un accord à l'endroit où vous ne vous y attendez pas, ou encore ne joue pas de note ou d'accord au moment où l'on s'attendrait à ce qu'il les joue.

THÉORIE

Vous vous attendez probablement à attaquer les notes sur les temps (1, 2, 3, 4). Or, dans l'exemple de la Figure 4-8, aucun accord n'est joué sur le 3e temps. Cette variation du motif rythmique donne l'impression que l'accord situé sur le temps 2½ est accentué. Cette accentuation interrompt le flot normal (attendu) de la musique, ce qui crée la syncope. La syncope brise la routine rythmique et apporte un élément de surprise. C'est l'équilibre entre ce qui est attendu et ce qui surprend qui maintient élevé l'intérêt de l'auditeur. (Bon, d'accord, ça, et la perspective de se désaltérer à l'entracte !)

Piste 2, 1:10

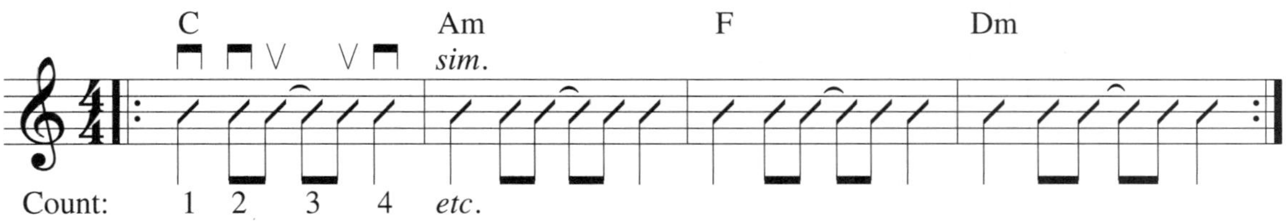


**Figure 4-8** : une progression d'accords simples que vous pouvez jouer avec des accords en *do*.

PLAISIR IMMÉDIAT

Pour jouer tout de suite une chanson composée avec des accords en do, passez ci-dessous à la section « Jouez des chansons avec des accords majeurs et mineurs de base ». Et jouez « Michael, Row the Boat Ashore » (la version originale de la chanson « Michael est de retour ».

# Jouez des chansons avec des accords majeurs et mineurs de base

Cette section est celle grâce à laquelle vous allez jouer de la *vraie* musique – enfin des chansons ! Si les titres sélectionnés ici font ressurgir les lointains souvenirs de soirées passées autour du feu de camp, courage, ô vous, joyeux campeur resté jeune ! Ces chansons, bien qu'elles semblent simples, illustrent des principes universels qui valent aussi pour les genres musicaux plus – le dirons-nous ? – *branchés*. Travaillez d'abord ces chansons, et soyez certain que vous pourrez jouer la musique de votre cœur en un rien de temps, c'est promis !

THÉORIE

Vous avez peut-être noté que tous les exemples de progressions que nous vous proposons dans ce chapitre ne s'étendent que sur quatre mesures. Vous vous demandez peut-être si vous devez limiter vos exercices à cette longueur. La réponse est « non », mais les auteurs de chansons composent très souvent leur musique avec des phrases longues de quatre mesures. La durée de ces exercices vous prépare donc aux passages réels de vraies chansons. Vous avez peut-être aussi remarqué que chaque exemple de progression est en 4/4, ce qui veut dire que chaque mesure contient quatre temps. La raison ? La plupart des chansons populaires ont quatre temps par mesure, et la mesure en 4/4 de ces exercices vous prépare donc aussi à jouer les vraies chansons. (Voir l'Annexe A pour en savoir plus sur les indications de la mesure.)

Dans les exemples des sections précédentes de ce chapitre, vous avez joué chaque accord pendant toute une mesure. Dans cette section, qui est composée de véritables chansons, vous devrez parfois ne jouer qu'un seul accord pendant plusieurs mesures, et d'autres fois, vous devrez changer d'accord à l'intérieur de la même mesure. Écoutez le rythme des changements d'accords sur le CD en suivant les nombres des mesures (1, 2, 3, 4) inscrits sous la portée de guitare.

Une fois que vous serez capable de jouer ces chansons avec facilité, essayez de les mémoriser. De cette manière, vous n'aurez pas besoin de regarder un livre pour travailler votre rythme.

Si, au bout d'un moment, ces chansons – ou la manière dont vous les jouez ! – finissent par vous ennuyer, montrez la partition à un ami guitariste, et demandez-lui de jouer les mêmes chansons en utilisant les motifs rythmiques et les positions d'accords que nous indiquons. Le fait d'écouter quelqu'un d'autre jouer vous aidera à entendre les chansons de façon objective, et si votre ami a un peu de talent, vous pourriez en plus apprendre un ou deux bons trucs. Efforcez-vous d'insuffler un peu de *personnalité* à tout ce que vous jouez, même si vous n'êtes qu'en train de gratter une simple chanson folk.

## Un mot sur les chansons

Voici quelques informations spécifiques destinées à vous aider à jouer les chansons de cette section :

- **Kumbaya**. Pour jouer « Kumbaya » (la chanson des feux de camp par excellence), vous devez savoir jouer les accords de *la*, *ré* et *mi* (voir les doigtés correspondants plus haut dans ce chapitre), et aussi savoir comment jouer uniquement des allers ; enfin, vous devez savoir comment allumer un feu en n'utilisant que deux bouts de bois et quelques feuilles sèches !

  La première mesure de cette chanson s'appelle une mesure d'introduction ; elle est incomplète ; elle commence la chanson avec un ou plusieurs temps manquants – en l'occurrence, les deux premiers. Au cours de la mesure d'introduction, la partition de la guitare indique une pause, ou *silence* musical. Ne jouez pas pendant la durée de ce silence. Remarquez aussi qu'il manque deux temps à la dernière mesure. Les deux temps manquants de la dernière mesure vous permettent de revenir à la mesure d'introduction lorsque vous jouez la chanson en boucle, et de faire ainsi en sorte que la dernière mesure et la première totalisent ensemble les quatre temps requis.

- **Swing Low, Sweet Chariot**. Pour cette chanson, vous devez savoir jouer les accords de *ré*, *mi*m, *sol* et *la* (voir la section « Le doigté des accords en ré » plus haut dans ce chapitre) ; vous devez savoir jouer des allers et allers-retours.

  Cette chanson commence avec une mesure d'introduction d'un seul temps, et la guitare reste silencieuse avant ce battement. Notez que le deuxième temps des mesures 2, 4 et 6 indique deux mouvements de la main droite au lieu d'un seul. Grattez ces notes en aller et puis en retour (⊓ et V), chaque mouvement de la main droite étant deux fois plus rapide qu'un mouvement normal.

- **Auld Lang Syne**. Pour jouer cette chanson, vous devez savoir jouer les accords de *sol*, *la*m, *do*, *ré* et *mi*m (voir la section « Le doigté des accords en do » plus haut dans ce chapitre) ; il faut également savoir comment jouer des allers et des allers-retours.

  La 8e mesure est un peu délicate, car vous devez jouer trois accords différents dans une même mesure. Dans la seconde partie de la mesure, vous changez d'accord sur chaque temps, avec un mouvement de la main droite par accord. Entraînez-vous à jouer lentement la 8e mesure seule, de très nombreuses fois. Puis jouez la chanson. ***Notez bien*** : en passant de l'accord de *sol* à l'accord de *do*, le doigté 2-3-4 de l'accord de *sol* rend les choses plus faciles que le doigté 1-2-3, car l'enchaînement des doigts est alors plus naturel (l'index et le majeur montent d'une corde).

- **Michael, Row the Boat Ashore**. Pour cette chanson, il faut pouvoir jouer les accords de *do*, *ré*m, *mi*m, *fa* et *sol* (reportez-vous à la section « Le doigté des accords en *do* » plus haut dans ce chapitre) ; il faut savoir jouer un motif rythmique syncopé avec des croches (voir la section « Jouez des accords en *do* » plus haut dans ce chapitre).

♪ Le motif rythmique est ici syncopé. Le mouvement de la main droite qui se produit normalement sur le troisième temps est *anticipé*, car il arrive ici un demi-temps plus tôt. Ce type de syncope donne une touche latino à la chanson. Écoutez le CD pour en connaître le motif rythmique. Rappelez-vous que sur les accords de *rém* et *fa*, vous n'attaquez pas les deux cordes les plus basses (la 6e et la 5e). Pour l'accord de *do*, n'attaquez pas la corde du bas (la 6e).

**Piste 3**

## *Kumbaya*

Piste 4

## Swing Low, Sweet Chariot

Piste 5

## Auld Lang Syne

Piste 6

### Michael, Row the Boat Ashore

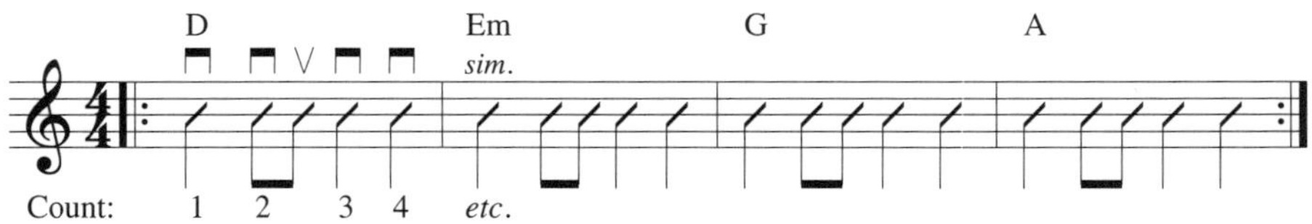


## Faites-vous plaisir avec une progression d'accords majeurs et mineurs de base : celle des tubes à l'ancienne

Comme nous vous l'avons annoncé dans l'introduction de ce chapitre, vous serez en mesure de jouer des tas de chansons populaires dès que vous maîtriserez les accords majeurs et mineurs de base. Ce qui est très cool et que vous pouvez faire tout de suite, c'est jouer des tubes des années 50 et du début des années 60, comme « Belles, belles, belles » et « Tous les garçons et les filles ». Ces vieux tubes sont composés sur la base d'une progression d'accords propre à cette époque. Cette progression des vieux tubes est une suite de quatre accords répétés de nombreuses fois pour accompagner une chanson.

Vous pouvez jouer cette progression de base dans n'importe quelle tonalité, mais les meilleures tonalités à la guitare sont *do* et *sol*. En *do*, les quatre accords qui forment la progression sont *do-lam-fa-sol*. Et, en *sol*, les accords sont *sol-mim-do-ré*.

Essayez de jouer la progression dans chaque tonalité en jouant quatre allers par accord. Jouez et répétez ces quatre accords de nombreuses fois dans la séquence donnée. Si vous avez besoin d'aide pour le doigté des accords, reportez-vous aux sections « Le doigté des accords en *do* » et « Le doigté des accords en *sol* » plus haut dans ce chapitre.

Le plaisir arrive dès que vous commencez à chanter les chansons tout en vous accompagnant ainsi à la guitare. En chantant l'une de ces chansons, vous vous rendrez compte que l'une des tonalités (*do* ou *sol*) convient mieux à votre *tessiture* (c'est-à-dire à l'ensemble des sons que votre voix peut produire aisément), et ce sera celle-là que vous utiliserez. Jouer des vieux tubes vous rendra peut-être accro, et ce qui est chouette, c'est que, si vous ne pouvez plus vous arrêter, vos callosités se formeront ainsi très rapidement.

PLAISIR IMMÉDIAT

Pour quelques-unes de ces chansons, il faut frapper quatre accords d'un temps, pour d'autres, deux ou huit.

Voici donc quelques chansons que vous pouvez jouer tout de suite en utilisant la progression des *oldies*, ou progression des vieux tubes. À côté de chacune d'elles, nous vous indiquons combien de fois vous devez gratter chaque accord. N'oubliez pas de chanter, et amusez-vous bien !

- **All I Have to Do Is Dream**. Deux mouvements pour chaque accord.
- **Belles, belles, belles**. Quatre mouvements pour chaque accord.
- **Blue Moon**. Deux mouvements pour chaque accord.
- **Breaking Up Is Hard to Do**. Deux mouvements pour chaque accord.
- **Come Go with Me**. Deux mouvements pour chaque accord.
- **Dream Lover**. Huit mouvements pour chaque accord.
- **Earth Angel**. Deux mouvements pour chaque accord.
- **Heart and Soul**. Deux mouvements pour chaque accord.
- **La Plus Belle pour aller danser**. Quatre mouvements pour chaque accord.
- **L'Idole des jeunes**. Quatre mouvements pour chaque accord.
- **Ma solitude**. Huit mouvements pour la plupart des accords.
- **Ma liberté**. Quatre mouvements pour chaque accord.
- **Ma plus belle histoire d'amour**. Huit mouvements pour chaque accord.
- **Retiens la nuit**. Quatre mouvements pour chaque accord.
- **Runaround Sue**. Huit mouvements pour chaque accord.
- **Silhouettes**. Deux mouvements pour chaque accord.
- **Take Good Care of My Baby**. Quatre mouvements pour chaque accord.
- **Tears on My Pillow**. Deux mouvements pour chaque accord.
- **Teenager in Love**. Quatre mouvements pour chaque accord.
- **What's Your Name**. Deux mouvements pour chaque accord.
- **Why Do Fools Fall in Love ?** Deux mouvements pour chaque accord.

# Chapitre 5

# Jouez des mélodies sans lire de partition !

***Dans ce chapitre :***

- Comment lire une tablature
- Le doigté correct de la main gauche
- Le picking
- Jouer des chansons avec des notes distinctes

La plupart des manuels de guitare présentent les mélodies comme une manière de vous enseigner la lecture de la musique. En fait, le principal objectif de ces manuels n'est pas de vous apprendre à jouer de la guitare dans le monde réel, mais de vous enseigner la lecture de la musique à travers la guitare. La différence est significative.

Si vous apprenez la guitare avec un manuel, vous pourrez au bout du compte jouer des chansonnettes de garderie, avec des blanches et des noires bien ordonnées. Mais si vous apprenez la guitare comme le font la plupart des guitaristes, c'est-à-dire avec des amis qui vous montrent des motifs mélodiques et en utilisant votre oreille, vous arriverez rapidement à jouer « Vertiges de l'amour », « Un autre monde », « Paris s'éveille » et tout le répertoire de Renaud. Tout ça pour vous dire qu'*il n'est pas nécessaire de savoir lire une partition pour jouer de la guitare !*

D'accord, savoir lire la musique, c'est une compétence *réellement* appréciable. Toutefois, le but de ce chapitre n'est pas de vous apprendre à la *lire*, mais au contraire de vous amener à la *jouer*. Quand nous voulons vous apprendre un air, nous employons donc les tablatures, ce système particulier de notation conçu spécialement pour montrer *comment* jouer de la guitare. Nous pouvons aussi vous renvoyer au CD pour que vous puissiez écouter la mélodie.

Dans ce chapitre, nous vous proposons des mélodies, afin que vous puissiez habituer vos mains à jouer des notes séparées. Comme ça, lorsque vous déciderez de jouer comme un *vrai* guitariste, c'est-à-dire quelqu'un qui combine accords, mélodies, riffs et gimmicks dans un même ensemble, vous serez prêt.

À propos, un *gimmick* est une phrase mélodique courte qui est souvent improvisée sur le moment et jouée une seule fois. Un *riff* est une courte phrase mélodique, souvent composée pour être la principale figure d'accompagnement dans une chanson (comme le fameux riff de la chanson « Day Tripper », des Beatles).

## Lisez les tablatures en écoutant le CD

Les chiffres sur la portée des tablatures, ou *tabs*, indiquent les cases sur lesquelles vous devez appuyer les cordes de la main gauche. Un *0* indique une corde à vide. En écoutant le CD, vous saurez où jouer ces notes. Et pour ne pas courir de risque, sauf celui d'être redondant, nous incluons aussi la notation musicale normale, et ce pour plusieurs raisons :

- Pour ceux qui savent déjà lire les notes.
- Pour ceux qui ont l'intention de lire l'Annexe A (sur la lecture de la musique) et qui ont l'intention de mettre en pratique ce qu'ils vont y apprendre.
- Pour ceux qui veulent apprendre à lire la musique petit à petit (au moins par osmose, si ce n'est pas par une étude rigoureuse), en écoutant le CD et en suivant la notation rythmique.
- Et pour nous, bien sûr, les auteurs, qui sommes payés à la page !

## La portée du haut ou celle du bas ?

Les partitions de ce livre contiennent une double portée : celle de la notation musicale standard en haut, et les tablatures en bas. La portée du haut est donc destinée à ceux qui lisent la musique ou à ceux qui veulent apprendre à lire la notation musicale standard. La portée du bas donne les mêmes informations, moins le rythme, mais avec des chiffres de tablatures. Nous allons maintenant vous expliquer comment fonctionnent les tablatures.

La ligne du haut de la portée des tablatures représente la *corde du haut* de la guitare (*mi* aigu). Il est possible que ce positionnement des cordes sur la portée des tablatures vous gêne momentanément, car la corde du haut est en fait la 1$^{re}$ corde, celle qui est la plus proche du sol lorsque vous tenez la guitare. Mais faites-nous confiance, cette disposition est la plus intuitive : une fois que vous vous y serez habitué, vous ne vous poserez plus jamais de questions. Du reste, si vous tenez une guitare à plat sur les genoux, le manche tourné vers le plafond, la 1$^{re}$ corde est la plus éloignée de vous, exactement comme la ligne du haut des tablatures lorsque vous les lisez sur la page du livre.

La deuxième ligne des tablatures en partant du haut représente la 2$^{e}$ corde (*si*), et ainsi de suite jusqu'à la ligne du bas, qui correspond à la 6$^{e}$ corde (*mi* grave) de la guitare.

N'OUBLIEZ PAS

Dans les tablatures, les lignes représentent les cordes, et les chiffres correspondent aux cases. Comme vous pouvez le remarquer, les tablatures n'indiquent pas quels doigts de la main gauche utiliser. (La notation normale non plus, d'ailleurs.) Mais nous reviendrons au doigté plus tard...

## De gauche à droite ?

Qu'on lise un texte ou des tablatures musicales, c'est la même chose : on va de la gauche vers la droite. En prenant la Figure 5-1 comme exemple, commencez avec la première note, que vous allez jouer sur la première case de la 2$^{e}$ corde. La position du chiffre des tablatures sur la deuxième ligne en partant du haut vous indique de jouer la corde *si* – voisine de la corde du *mi* aigu – et le chiffre 1 vous indique de placer votre doigt sur la première case. Jouez cette note et passez à la suivante, qui est identique. Continuez à vous déplacer vers la droite en jouant les notes dans l'ordre indiqué, jusqu'à ce que vous arriviez à la fin. (Les symboles situés au-dessus des nombres seront abordés dans la section « Le picking » plus loin dans ce chapitre.) Les lignes verticales de la portée sont des *barres de mesure*. Elles divisent la portée en petites unités de temps, qu'on appelle *mesures*. Les mesures aident à compter les temps et divisent la musique en des unités plus petites et mieux gérables. La Figure 5-1 propose quatre mesures de quatre temps chacune. Reportez-vous à l'Annexe A pour davantage d'informations sur les temps et sur les mesures.

Une fois que vous aurez assimilé les concepts « de haut en bas », « de gauche à droite », et la correspondance entre les lignes des tablatures et les cordes et entre les chiffres et les cases, écoutez le CD et exercez-vous à jouer en suivant les tablatures. Le CD et les tablatures sont complémentaires. Pour le cas où vous ne vous en seriez pas encore rendu compte, vous être en train d'apprendre la guitare avec une méthode multimédia !

**Figure 5-1** : une mélodie en notation normale et en tablatures. Les lignes des tablatures représentent les cordes, et les chiffres placés sur ces lignes indiquent les cases sur lesquelles le guitariste doit appuyer.

Piste 7

# Le doigté de la main gauche

Une fois que vous saurez lire une tablature, vous saurez sur quelle case appuyer la corde, mais vous n'aurez encore aucune idée des doigts à employer pour cela. Habituellement, il n'est pas nécessaire que quelqu'un vous le dise, car la plupart du temps vous jouez *en position*. Sur la guitare, une position est un groupe de quatre cases consécutives, par exemple 1, 2, 3, 4 ou 5, 6, 7, 8.

Chaque case marque le début d'une nouvelle position, et l'index joue la note de la case la plus basse de cette position (la plus basse voulant dire, bien sûr, la plus proche du sillet). La manière la plus facile de jouer des mélodies à la guitare, c'est de les jouer en *première* ou en *deuxième position*, c'est-à-dire utiliser les cases 1 à 4 ou les cases 2 à 5, parce que ces positions suivent directement les cordes à vide (que l'on joue sans les fretter). Vous pouvez ensuite utiliser aussi les cordes à vide comme les notes frettées pour jouer vos mélodies.

La *position à vide* désigne une combinaison de plusieurs cordes à vide et de notes situées sur la première ou la deuxième position. La logique est la même que pour les accords composés de certaines cordes à vide, appelés *accords à vide* : *la, do, mi*m, etc. (Reportez-vous au Chapitre 4 pour en savoir plus sur les accords à vide.)

Imaginez que vous jouez du piano et que vous appuyez sur cinq touches blanches les unes après les autres. Vous vous servez des cinq doigts : un pour chaque note. Si vous n'utilisez qu'un seul doigt pour jouer les notes les unes après les autres, le jeu sera peu naturel, saccadé et plutôt lent. L'idée est la même à la guitare : l'utilisation d'un doigt par case permet un jeu plus aisé, plus fluide et plus rapide.

Dans toute position, chaque doigt joue les notes d'une case spécifique, et uniquement de cette case. En première position, par exemple, les numéros des cases correspondent aux doigts :

l'index joue les notes de la première case, le majeur celles de la seconde, et ainsi de suite. L'emploi d'un doigt par case vous permet de passer rapidement d'une note à l'autre.

En jouant les mélodies en position à vide de ce chapitre, veillez à presser correctement les doigts de la main gauche, comme suit :

- Appuyez sur la corde avec le bout de votre doigt juste devant la frette (du côté du sillet).
- Gardez la dernière jointure du doigt aussi perpendiculaire que possible à la touche.

# Le picking

En jouant une chanson, on se sert simultanément des deux mains. Une fois que vous saurez quelle note presser avec la main gauche, vous devrez apprendre à attaquer les cordes de la main droite.

Vous pouvez utiliser soit un médiator, soit les doigts de la main droite pour attaquer les notes distinctes ; pour commencer, utilisez un médiator en le tenant fermement entre le pouce et l'index (seule la pointe du médiator doit dépasser). Reportez-vous au Chapitre 3 pour en savoir plus sur la manière de tenir un médiator. (Nous traitons le *fingerpicking*, c'est-à-dire l'attaque des cordes avec les doigts de la main droite, aux chapitres 12 et 13.)

Le *picking*, c'est la technique de la main droite qui combine l'*aller* (attaque des cordes vers le bas) et le *retour* (attaque des cordes vers le haut) pour accélérer le jeu. Faites l'expérience suivante :

1. **Tenez le médiator entre le pouce et l'index de la main droite.**
2. **En n'utilisant que des mouvements descendants, pincez de nombreuses fois la 1re corde à vide aussi rapidement que possible (aller, aller, aller, aller, etc.).**

   Essayez de jouer de façon aussi souple et régulière que possible.
3. **Maintenant, essayez la même chose, mais en alternant mouvements ascendants et descendants (aller, retour, aller, retour, aller, retour, etc.).**

   Ce mouvement alterné est bien plus souple, n'est-ce pas ? L'avantage du *picking*, c'est que vous pouvez jouer des notes rapidement de manière souple et fluide.

Pour jouer deux allers successifs, vous devez, de toute façon, remonter le médiator au-dessus de la corde du *mi*. Mais en attaquant directement la corde avec le médiator lors du mouvement ascendant (retour), vous pouvez augmenter votre vitesse. Les notes isolées que vous devez jouer de façon rapide nécessitent presque toujours l'emploi de cette technique.

Vérifiez que vous comprenez le concept de l'aller-retour en suivant les instructions ci-dessous :

Pour jouer des allers (symbole ⊓ sur les tablatures) :

1. **Commencez avec le médiator légèrement au-dessus de la corde (du côté du plafond).**
2. **Attaquez la corde dans un mouvement descendant (vers le sol).**

Pour jouer des retours (symbole V sur les tablatures) :

1. **Commencez avec le médiator légèrement au-dessous de la corde (du côté du sol).**
2. **Attaquez la corde dans un mouvement ascendant (vers le plafond).**

La mélodie de l'exemple donné sur la portée des tablatures de la Figure 5-1 est en fait celle de « Fermier Luc possède une ferme ». Essayez de jouer cette mélodie pour entendre comment elle sonne. D'abord, jouez l'air lentement, en n'utilisant que des allers. Puis jouez-la plus rapidement en aller-retour, en suivant les indications données par les symboles correspondants au-dessus de la portée.

# Jouez des chansons avec des mélodies simples

Au Chapitre 4, toutes les chansons sont avec une mesure en 4/4. En revanche, les chansons de ce chapitre ont des indications de mesure variées qui donnent le nombre de temps par mesure : 4, 3, 2, etc. (Reportez-vous à l'Annexe A pour en savoir plus sur les temps et les mesures.) Jouez ces chansons avec les cordes à vide. (Reportez-vous si nécessaire à la section « Le doigté de la main gauche » plus haut dans ce chapitre.)

## Un mot sur les chansons

Les chansons proposées ici font partie du folklore américain, et certaines d'entre elles vous sembleront familières. Il peut sembler décourageant que de telles chansons, censées être simples, soient difficiles à interpréter lors de vos débuts à la guitare. Mais l'apprentissage d'un instrument, c'est un travail de longue haleine. Les techniques que vous aurez assimilées vous seront utiles par la suite, même si vous les avez apprises en grattant de telles chansons, dites populaires, que ce soit « Petite Marie », de Francis Cabrel, ou la « Sonate au clair de lune », de Beethoven. Tenez-bon ! Persévérez dans votre apprentissage de la technique, et le reste suivra !

Voici quelques informations sur les chansons :

- **Little Brown Jug**. Pour cette chanson, vous devez savoir compter deux temps par mesure (voir l'Annexe A et écouter le CD si nécessaire), et placer les doigts à partir de la première position (voir la section « Le doigté de la main gauche » plus haut dans ce chapitre).

  Cette chanson n'a que deux temps par mesure (pas quatre !), comme l'indiquent les chiffres de mesure (2/4). Jouez toutes les notes à partir de la première position en faisant correspondre le numéro des doigts de la main gauche à celui des cases, c'est-à-dire le premier doigt (index) sur la première case, le deuxième doigt (majeur) sur la deuxième, et ainsi de suite. Suivez les indications des symboles ⊓ et V au-dessus des portées pour les allers et les retours. L'instruction *sim.* signifie que vous devez continuer le même jeu d'allers et de retours durant le reste de la chanson.

- **On Top of Old Smoky**. Pour cette chanson, il faut savoir compter trois temps par mesure (voir l'Annexe A et écouter le CD si nécessaire), et placer les doigts à partir de la première position (voir la section « Le doigté de la main gauche » plus haut dans ce chapitre).

  Ce vieux succès a une mesure à trois temps, comme l'indiquent les chiffres de mesure (3/4). Il se joue en première position avec les cordes à vide. Faites correspondre le numéro des doigts de la main gauche à celui des cases, en plaçant le premier doigt (index) sur la première case, le deuxième doigt (majeur) sur la deuxième, et ainsi de suite. Nous ne vous donnons pas pour cette chanson d'indications d'allers ou de retours, jugez-en par vous-même et attaquez les notes de la chanson de la manière qui vous semblera la plus naturelle. Certaines de ces notes peuvent se jouer soit avec un aller, soit avec un retour.

- **Swanee River**. Pour cette chanson, il faut savoir compter quatre temps par mesure (voir l'Annexe A et écouter le CD si nécessaire), placer les doigts à partir de la *deuxième position* (voir la section « Le doigté de la main gauche » plus haut dans ce chapitre), et savoir comment garder l'air « politiquement correct » tout en chantant une chanson fredonnée dans les anciennes plantations de coton du sud des États-Unis.

Cette chanson a quatre temps par mesure, comme l'indiquent les chiffres de mesure (4/4). Elle se joue en *deuxième position* avec cordes à vide. L'index joue donc les notes de la deuxième case, le majeur celles de la troisième, et l'annulaire joue celles de la quatrième. Vous pouvez également jouer cette chanson en *première position* avec cordes à vide, mais c'est bien plus difficile. (L'index et l'annulaire sont plus forts que le majeur et l'auriculaire.) Essayez donc, si vous ne nous croyez pas ! (Reportez-vous aussi à la section « Le doigté de la main gauche » plus haut dans ce chapitre si vous ne savez pas quelle position de main gauche adopter ici.) Notez les symboles d'aller et retour au-dessus de la portée. Attaquez avec les allers (⊓) les notes qui tombent sur les temps et avec les retours (V) celles qui tombent entre les temps. Là aussi, *sim.* signifie que vous devez continuer le même jeu d'allers et de retours durant tout le reste de la chanson.

Piste 8

## Little Brown Jug

Piste 9

# On Top of Old Smoky

Piste 10

# Swanee River (Old Folks at Home)

# Chapitre 6

# Épicez votre jeu avec les accords de 7e

**Dans ce chapitre :**

- Jouez des accords de 7e dominante
- Jouez des accords mineurs 7e
- Jouez des accords majeurs 7e
- Jouez des chansons avec des accords de 7e
- Faites-vous plaisir avec les accords de 7e

Dans ce chapitre, nous allons vous apprendre à jouer ce qu'on appelle des accords de 7e avec cordes à vide. Les accords de 7e ne sont pas plus difficiles à jouer que les accords majeurs ou mineurs décrits au Chapitre 4, mais leur son est plus complexe (car ils sont composés de quatre notes différentes au lieu de trois), et leur usage en musique est un peu plus spécialisé.

La situation est un peu la même avec vos couteaux de cuisine. N'importe quel couteau grand et bien aiguisé pourra couper à la fois une pizza et un ananas, mais si vous consacrez beaucoup de temps à l'une ou l'autre des activités, vous vous rendrez vite compte qu'il est préférable d'utiliser un couteau à lame circulaire pour la pizza et un couperet pour l'ananas. Ces ustensiles ne sont peut-être pas aussi polyvalents et courants que vos couteaux d'usage général, mais ils demeurent imbattables dans *leur* spécialité.

Au fur et à mesure que vos aptitudes culinaires se développeront, vous apprécierez de plus en plus la coutellerie spécialisée. Et plus votre oreille se développera, mieux vous saurez où substituer des accords de 7e aux accords majeurs et mineurs plus ordinaires. Ce sont ces différents accords de 7e qui font que le blues sonne vraiment comme du blues et le jazz comme du jazz.

De même qu'il existe différents types de *triades* (accords à trois notes), tels que les accords majeurs et mineurs, il existe aussi différents types d'accords de 7e, et chaque type possède un son différent (ou une qualité sonore différente). Voici les plus importants types d'accords de 7e auxquels vous aurez affaire en jouant de la guitare :

- **le 7e dominante**, comme le DO7,
- **le mineur 7e**, comme le *la*m7,
- **le majeur 7e**, comme le *ré*maj7.

# Les accords de 7^e^ dominante

Le terme « dominante » semble un peu bizarre et inutilement technique pour un accord que l'on appelle aussi « accord de 7^e^ » ou tout simplement « 7^e^ ». Ces accords se désignent en ajoutant un « 7 » au nom d'une triade. Si vous écrivez, par exemple, *do7* ou *la7*, il est clair que vous parlez d'accords de 7^e^ dominante.

En fait, ce terme « dominante » se réfère au cinquième degré d'une gamme majeure, mais ne vous préoccupez pas trop de la théorie. Ce qui est important, c'est que vous repériez l'accord de « 7^e^ dominante » pour le distinguer des autres types d'accords de 7^e^ (majeurs 7^e^ et mineurs 7^e^). Notez aussi que le terme « dominante » n'a ici absolument aucun rapport avec les panoplies de cuir noir, les fouets, les colliers cloutés et autres accessoires SM !

## Ré7, sol7 et do7

Les accords de *ré7*, *sol7* et *do7* comptent parmi les plus communs des accords de 7^e^ dominante avec cordes à vide. La Figure 6-1 propose des diagrammes de ces trois accords souvent utilisés ensemble par les guitaristes pour jouer des chansons.

Si vous pouvez déjà jouer l'accord de *do* (que nous avons présenté au Chapitre 4), vous pouvez former un accord de *do7* en ajoutant simplement le petit doigt sur la 3e corde, à la troisième case.

Notez les *X* au-dessus des 5^e^ et 6^e^ cordes de l'accord de *ré7*. Ne les jouez pas. De même, ne jouez pas la 6^e^ corde de l'accord de *do7* lorsque vous le plaquez.

Exercez-vous à gratter les accords de *ré7*, *sol7* et *do7*. Il n'est pas nécessaire de disposer d'une partition pour cela : donc, allez-y comme ça. Essayez de gratter quatre fois *ré7*, quatre fois *sol7*, puis quatre fois *do7*. Habituez votre main gauche à la sensation des accords joués séparément, et à celle du passage d'un de ces accords à un autre.

Si vous voulez jouer tout de suite une chanson avec ces nouveaux accords, allez à la section « Jouez des chansons avec des accords de 7^e^ » plus loin dans ce chapitre. Vous pouvez déjà jouer « Home on the Range » avec les accords que vous connaissez.

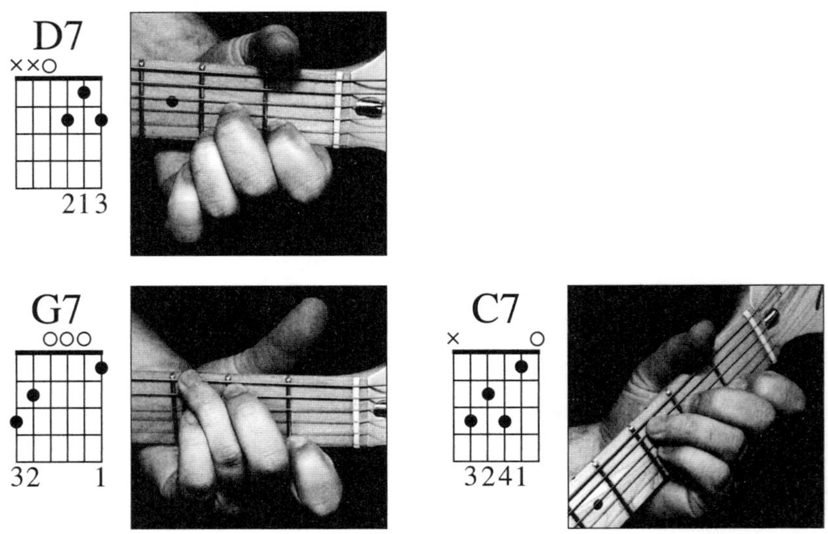


**Figure 6-1** : diagrammes des accords de *ré7, sol7* et *do7*.

## Mi7 et la7

Les accords de *mi7* et *la7* sont également souvent employés ensemble pour jouer des chansons. La Figure 6-2 vous explique comment jouer ces deux accords de 7e avec des cordes à vide.

CONSEIL

Si vous savez comment jouer l'accord de *mi* (reportez-vous au Chapitre 4), vous pouvez former celui de *mi7* en retirant simplement votre annulaire de la 4e corde. N'oubliez pas d'enlever votre montre avant d'essayer de jouer cet accord (c'est pour rire !)

Cette version de l'accord de *mi7* n'utilise que deux doigts, comme le montre la figure. Vous pouvez jouer un autre accord de *mi7* à vide (= avec cordes à vide) avec quatre doigts (comme nous le décrivons dans la section suivante), mais pour l'instant, contentez-vous de l'accord à deux doigts : il est plus facile à former, surtout si vous êtes débutant.

Exercez-vous à jouer les accords de *mi7* et *la7* en grattant quatre fois chaque accord et en passant de l'un à l'autre, de manière répétitive. N'oubliez pas de ne pas jouer la 6e corde dans l'accord de *la7*.

CONSEIL

Si vous voulez jouer tout de suite une chanson qui utilise ces nouveaux accords de 7e à vide, allez à la section « Jouez des chansons avec des accords de 7e », plus loin dans ce chapitre, et jouez « All Through the Night ».

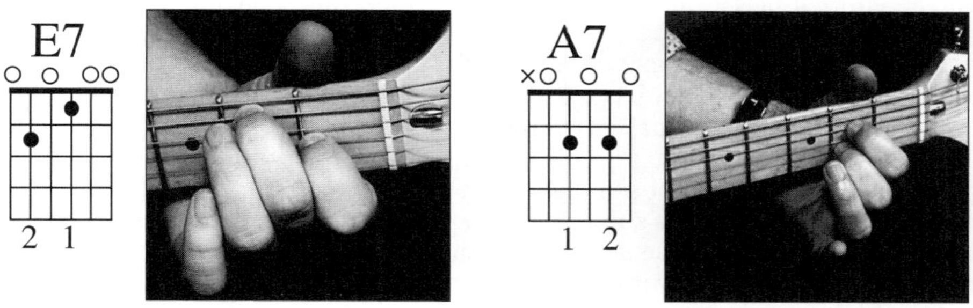


**Figure 6-2** : diagrammes des accords *mi7* et *la7*.

## Mi7 (version à quatre doigts) et si7

Les accords de *mi7* à quatre doigts et de *si7* sont deux autres accords populaires joués avec des cordes à vide. La Figure 6-3 vous en montre les doigtés. La plupart des guitaristes trouvent que ce *mi7* sonne mieux que celui à deux doigts. On utilise souvent le *si7* avec le *si7* pour jouer certaines chansons. N'oubliez pas d'éviter de jouer la 6e corde de l'accord de *si7*.

CONSEIL

Si vous savez déjà comment jouer l'accord de *mi* (voir le Chapitre 4), vous pouvez former l'accord de *mi7* en ajoutant simplement à l'accord de *mi* votre petit doigt, que vous pressez sur la 2e corde, à la troisième case.

Exercez-vous à jouer ces accords en les grattant chacun à leur tour quatre fois de suite et en passant de l'un à l'autre, de façon répétitive. Ce faisant, notez que votre index joue une même note à la même case dans chaque accord, celle de la deuxième case de la 5e corde. Cette note est commune aux deux accords. En passant d'un accord à l'autre, gardez le doigt pressé sur la 5e corde afin de changer d'accord plus facilement. Gardez toujours le doigt de la note commune pressé lorsque vous changez d'accord. Ces notes communes donnent de la stabilité à votre main gauche.

PLAISIR IMMÉDIAT

Si vous désirez jouer immédiatement ces accords dans une chanson, allez à la section « Jouez des chansons avec des accords de 7e », plus loin dans ce chapitre, et jouez « Over the River and Through the Woods ».

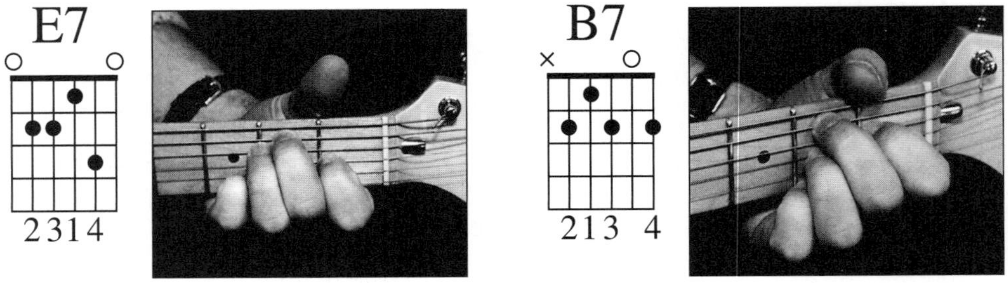


**Figure 6-3** : diagrammes des accords de *mi7* (version à quatre doigts) et *si7*.

# Accords mineurs de 7^e^ : rém7, mim7 et lam7

Les mineurs 7e sont différents des accords de 7e de dominante, car leur caractère est un peu plus doux et plus jazzy. Les mineurs 7e sont les accords que l'on entend dans la chanson « Sur la route », de Jean-Louis Aubert et Raphaël, et sur « Light My Fire », des Doors.

La Figure 6-4 présente les diagrammes des trois accords mineurs 7e avec cordes à vide. (Reportez-vous au Chapitre 8 pour découvrir davantage d'accords mineurs 7e.)

Notez que le *ré*m7 est barré sur deux cordes, ce qui veut dire qu'il faut presser deux cordes avec un seul doigt (l'index, en l'occurrence) à la première case. Pour presser ces cordes fermement et éviter tout bourdonnement lorsque vous jouez l'accord, essayez d'incliner ou de faire pivoter légèrement votre doigt sur le côté. Les 6e et 5e cordes sont représentées avec des *X* dans le diagramme : donc, ne les jouez pas en grattant l'accord.

CONSEIL

Le doigté de l'accord de *la*m7 est semblable à celui de l'accord de *do*, que nous vous avons découvert au Chapitre 4 ; il vous suffit de retirer votre annulaire d'un accord de *do* pour obtenir un accord de *la*m7. En passant de *do* à *la*m7, n'oubliez pas de maintenir pressées les notes communes avec votre index et votre majeur. Ainsi, vous pourrez passer plus rapidement d'un accord à l'autre. Et si vous savez comment jouer un accord de *fa* (voir le Chapitre 4), vous pouvez former un accord de *ré*m7 en retirant simplement l'annulaire de l'accord de *fa*.

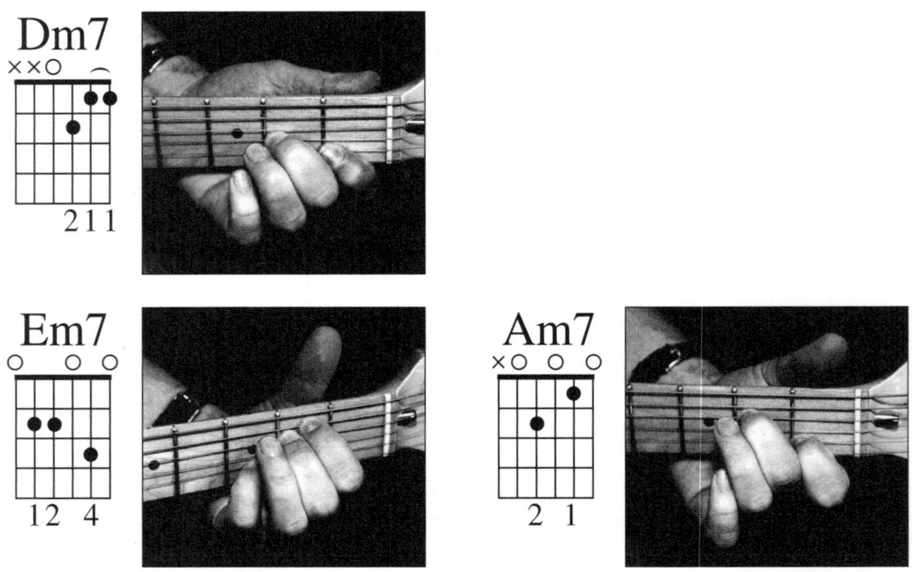


**Figure 6-4** : diagrammes des accords de *ré*m7, *mi*m7 et *la*m7.

# Accords majeurs de 7e : domaj7, famaj7, lamaj7 et rémaj7

Les majeurs 7e sont différents des 7e de dominante et des mineurs 7e, car leur caractère est brillant et jazzy. On entend ce type d'accords au début de la chanson « Voilà, c'est fini », de Jean-Louis Aubert.

La Figure 6-5 montre quatre accords majeurs de 7e avec cordes à vide. (Reportez-vous au Chapitre 8 pour découvrir davantage d'accords majeurs 7e.)

Notez que le *ré*maj7 est barré sur trois cordes par l'index. Pour jouer cet accord plus facilement, faites légèrement pivoter l'index sur le côté. Ne jouez ni la 6e corde, ni la 5e en attaquant les accords de *ré*maj7 et *fa*maj7 (voir les *X* des diagrammes de la Figure 6-5). Ne jouez pas non plus la 6e corde lorsque vous grattez les accords de *la*maj7 ou *do*maj7.

CONSEIL

En passant d'un accord à l'autre entre *do*maj7 et *fa*maj7, notez que l'index et le majeur se déplacent le long des cordes en gardant une forme fixe. L'index ne presse pas de corde dans l'accord de *do*maj7, mais gardez-le courbé et prêt à l'action au-dessus de la première case de la 2e corde, afin de pouvoir l'abaisser rapidement pour passer à *fa*maj7.

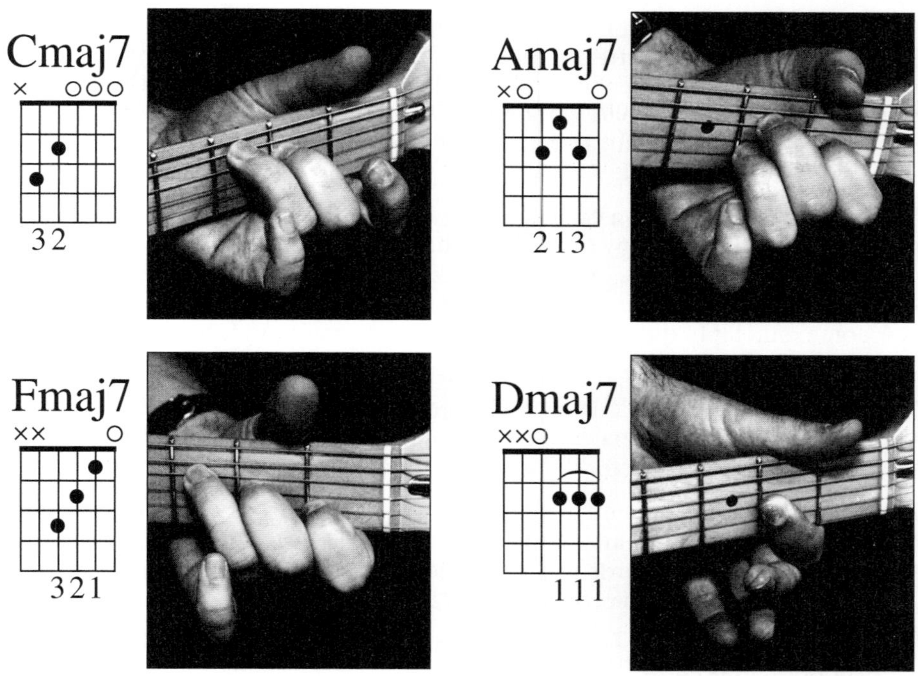


**Figure 6-5** : les diagrammes des accords de *do*maj7, *fa*maj7, *la*maj7 et *ré*maj7.

Exercez-vous à passer d'un accord à l'autre (en jouant quatre fois chaque accord) entre *do*maj7 et *fa*maj7, et entre *la*maj7 et *ré*maj7.

# Jouez des chansons avec des accords de 7e

Écoutez le CD pour connaître le rythme des accords de ces chansons tout en suivant la notation des barres obliques de la partie pour guitare. Et n'essayez pas de jouer la mélodie, elle n'est fournie qu'à titre de référence !

## Un mot sur les chansons

Voici quelques infos utiles sur les chansons :

- **Home on the Range**. Pour cette chanson, il faut jouer les accords de *do*, *do7*, *fa*, *ré7* et *sol7* (voir le Chapitre 4 pour les accords de *do* et *fa* et la section « Les accords de 7e dominante », plus haut dans ce chapitre, pour les autres). Il faut jouer une attaque de « basse/accord/accord » (voir le paragraphe qui suit).

  Sur la partition, on peut lire les mots *bass strum strum* au-dessus des barres obliques de rythme. Cela correspond à une suite : « basse/accord/accord ». Au lieu de gratter l'accord sur trois temps, ne jouez que sa note la plus basse sur le premier temps, puis grattez les notes restantes de l'accord sur les deuxième et troisième temps. sim. signifie que vous devez continuer selon le même modèle durant le reste de la chanson.

- **All Through the Night**. Pour cette chanson, il faut jouer les accords de *ré*, *mi7*, *la7* et *sol* (voir le Chapitre 4 pour les accords de *ré* et *sol* et la section sur les accords de *mi7* et *la7* plus haut dans ce chapitre) ; il faut savoir lire un *signe de répétition* (voir l'Annexe A), et être capable de rester éveillé en jouant cette chansonnette intensément soporifique !

  Sur la partition, on peut lire des signes de répétition, lesquels indiquent de jouer deux fois certaines mesures. (Voir l'Annexe A pour en savoir plus sur les signes de répétition.) Adoptez la version à deux doigts de *mi7* pour cette chanson.

- **Over the River and Through the Woods**. Pour cette chanson, il faut jouer les accords de *la*, *ré*, *mi7* et *si7* (voir le Chapitre 4 pour les accords de *la* et *ré* et, plus haut dans ce chapitre, la section consacrée à la version à quatre doigts de *mi7* et *si7*) ; vous devez savoir gratter en mesure en 6/8 (lisez le paragraphe qui suit), et aussi connaître le chemin pour vous rendre chez grand-mère (au cas où votre cheval trébucherait et que vous soyez obligé de l'achever).

  La mesure en 6/8 confère un caractère entraînant à la musique, celui d'un galop ou d'un balancement. « When Johnny Comes Marching Home Again » est une autre chanson familière qui se joue en 6/8. (Reportez-vous à l'Annexe A pour en savoir plus sur les chiffres de mesure.) Ne comptez que deux temps par mesure (pas six ! À moins que vous ne vouliez jouer comme un lapin qui aurait bu trois tasses de café). Adoptez la version à quatre doigts de *mi7* pour cette chanson.

- **It's Raining, It's Pouring**. Pour cette chanson, il faut jouer les accords de *la*maj7 et *ré*maj7 (voir la section « Accords majeurs de 7e : *do*maj7, *fa*maj7, *la*maj7 et *ré*maj7 » plus haut dans ce chapitre), et savoir chanter d'une manière vraiment pleurnicharde et exaspérante.

  Cette chanson est une version arrangée en style jazz de la comptine de garderie « It's Raining, It's Pouring », connue aussi sous la forme d'un air américain de raillerie enfantine : « Billy Is a Sissy ». Les accords majeurs 7e de cette chanson sonnent jazzy et lui confèrent un caractère moderne. N'utilisez que des allers de la main droite pour votre accompagnement rythmique.

- **Oh, Susanna !** Pour cette chanson, il faut jouer les accords de *do*maj7, *ré*m7, *mi*m7, *fa*maj7, *la*m7, *ré7*, *ré*m7, *sol7* et *do* (voir le Chapitre 4 et diverses sections plus haut dans ce chapitre pour les différents accords de 7e), et savoir comment balancer un banjo sur ses genoux en voyageant dans le sud des États-Unis.

  Cet arrangement de « Oh, Susanna ! » utilise trois types d'accords de 7e : les 7e de dominante (*ré7* et *sol7*), les mineurs 7e (*ré*m7, *mi*m7 et *la*m7) et les majeurs 7e (*do*maj7 et *fa*maj7). L'emploi de mineurs 7e et de majeurs 7e confère à cette chanson un son branché. Si vous pensez que l'arrangement jazzy de cette chanson folk est un peu tiré par les cheveux, détrompez-vous. Sur l'album *Sweet Baby James*, James Taylor interprète une magnifique version de « Oh, Susanna ! », faisant appel à des accords de ce type. Il arrive même à prononcer le mot « banjo » sans avoir l'air tarte. Utilisez des allers de la main droite pour marquer les battements.

Piste 11

# Home on the Range

Piste 12

# *All Through the Night*

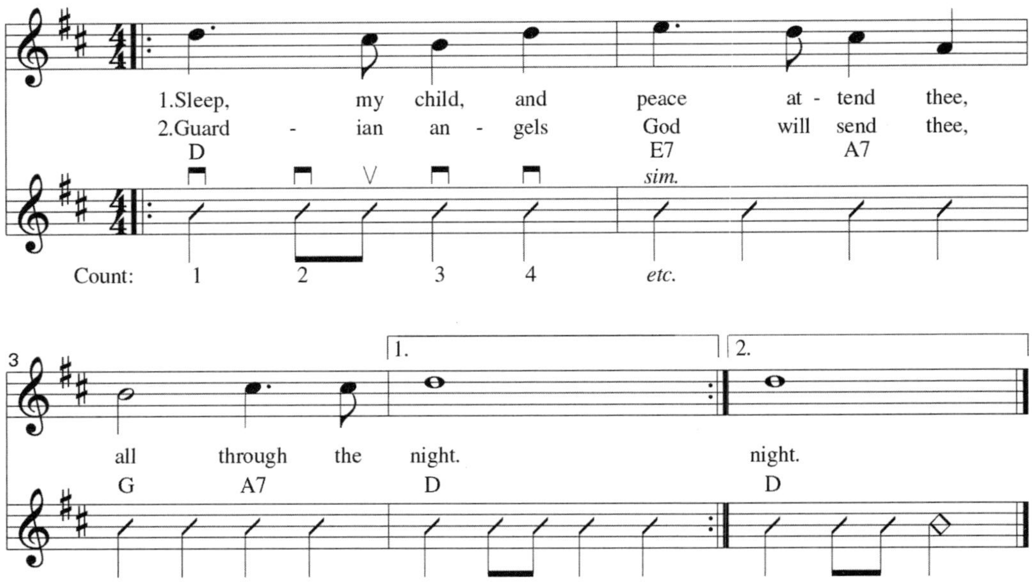

Piste 13

# *Over the River and Through the Woods*

Piste 14

# It's Raining, It's Pouring

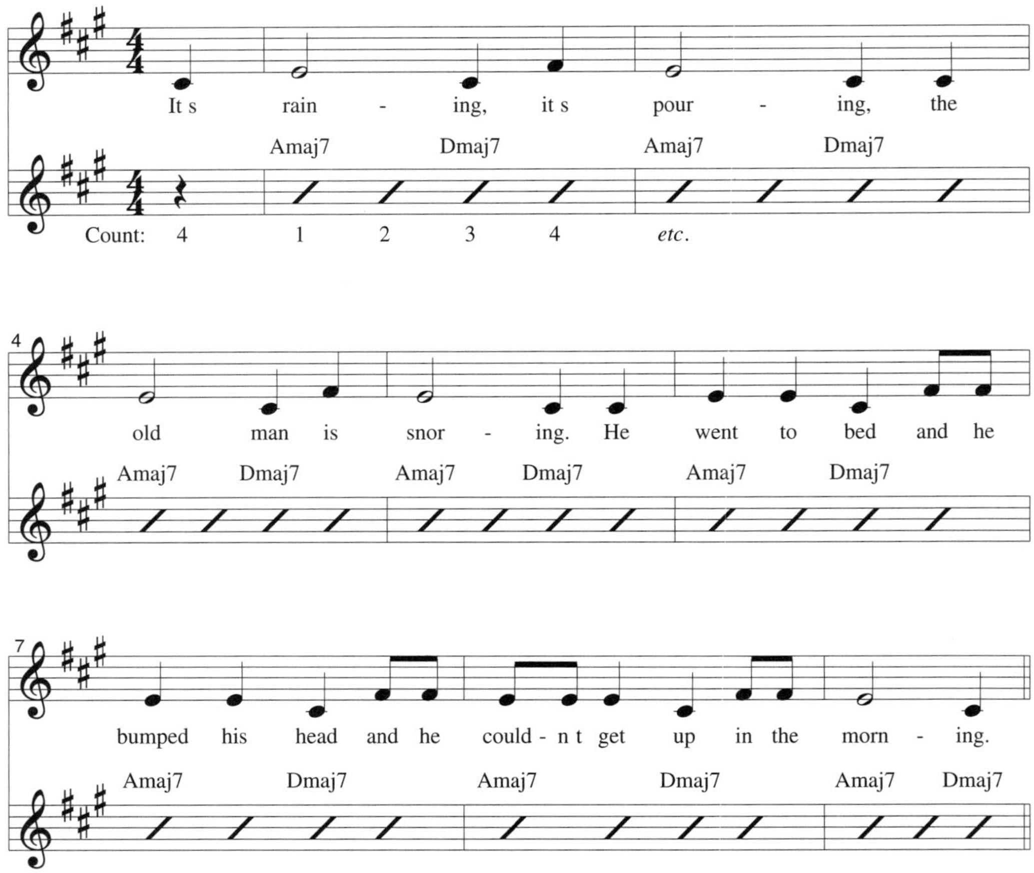

Piste 15

## Oh, Susanna !

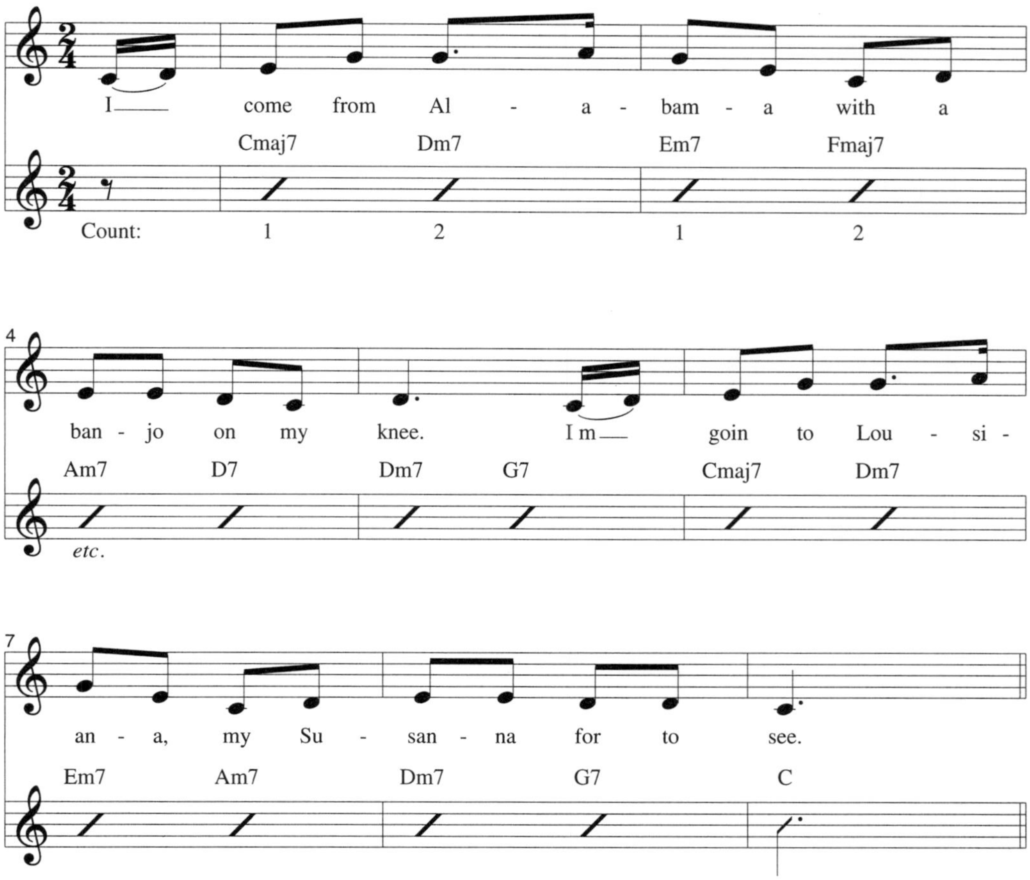


# Faites-vous plaisir : avec des accords de 7e et avec la progression de blues à 12 mesures

Jouer de la guitare ne se limite pas à jouer que du folk ou des comptines de garderie. Parfois, vous aborderez aussi des morceaux vraiment cool. Et qu'est-ce qui est plus cool que le blues ? En maîtrisant quelques 7e de dominante et en étant capable de gratter quatre temps par mesure, vous aurez déjà tout ce qu'il faut pour jouer 99 % des chansons de blues jamais écrites.

« Quoi ? 99 % ? » Mais oui ! Le blues à 12 mesures suit une simple formule, appelée *progression*, qui se fonde sur trois accords de 7e dominante. À l'intérieur de cette progression, il n'est pas nécessaire de connaître de nouveaux accords ni de nouvelles techniques. Il suffit de jouer les accords de 7e dominante de cette progression dans le bon ordre.

## Jouez la progression de blues à 12 mesures

Bien qu'il soit possible de jouer le blues à 12 mesures dans n'importe quelle tonalité, la tonalité de mi est probablement la meilleure tonalité de guitare pour le blues. La Figure 6-6 montre la progression des accords d'un blues à 12 mesures en mi. Exercez-vous sur ce modèle, et familiarisez-vous avec la manière dont les accords changent dans une progression de blues.

Piste 16

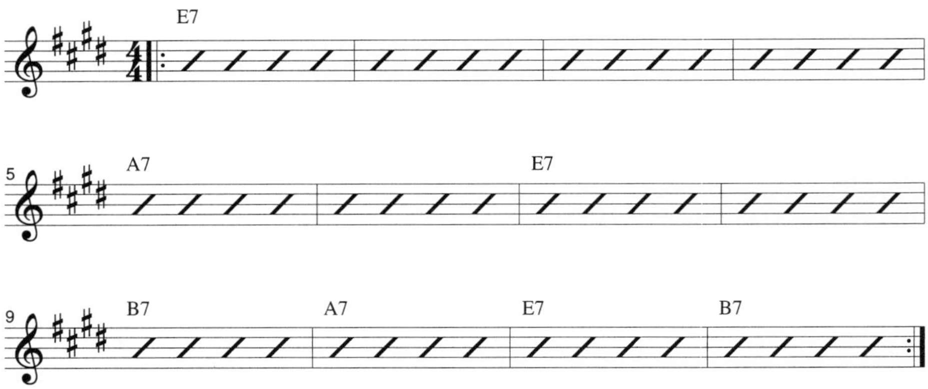


**Figure 6-6** : une progression d'accords de blues à 12 mesures en *mi*.

Toutes les chansons de la liste du paragraphe suivant sont des exemples d'airs de blues à 12 mesures. Vous pouvez jouer n'importe lequel de ces airs « sur le chant »... heu... pardon : sur-le-champ, et chanter simultanément en suivant le modèle à 12 mesures de la Figure 6-6. (Pour en savoir plus sur le blues à 12 mesures, allez aux Chapitres 10 et 11.)

Parmi les chansons de blues célèbres, on compte « Rock Around the Clock », « Blue Suede Shoes », « Roll Over Beethoven », « Long Tall Sally », « Kansas City », « The Twist », « Toute la musique que j'aime », et « Johnny B. Goode ».

## Écrivez vos propres chansons de blues

Il est facile d'écrire des paroles pour des chansons de blues (pensez tout simplement à n'importe quelle chanson de Paul Personne). En général, vous répétez une fois une phrase, puis vous finissez avec un peu de punch, comme par exemple :

*Ma copine s'est barrée, elle m'a laissé tomber*

*Ma copine s'est barrée, je crois qu'elle m'a plaqué*

*Maintenant je suis seul et je n'sais que penser*

Essayez d'écrire vous-même des paroles, improvisez une mélodie, et appliquez vos créations à la progression de blues que nous vous expliquons ici.

En règle générale, les paroles d'une bonne chanson de blues possèdent les caractéristiques suivantes :

- un sujet lié à un malheur ou une injustice,
- un lieu ou une situation qui donne le cafard (cf. l'expression « avoir le blues »),
- une grammaire calamiteuse (en français, un style argotique fera très bien l'affaire).

Servez-vous du tableau suivant pour trouver les éléments à combiner pour écrire les paroles de votre chanson de blues.

| *Élément de chanson* | *Bon blues* | *Mauvais blues* |
|---|---|---|
| Sujet | La trahison, l'infidélité, le fric | Les taux d'intérêts en hausse, le danger imminent d'une correction des marchés, la rareté d'un conseil d'analyste vraiment fiable |
| Lieu | L'ANPE du quartier, les catacombes, Fleury-Mérogis | Le Palais Brognard, le Stade de France |
| Grammaire, style | « Ma meuf s'est fait la malle » | « Ma partenaire a été insensible à mes besoins » |

Alors ? Pourquoi ne pas composer vous-même votre chanson de blues ? Appelez-la « La Complainte des callosités », par exemple, et profitez-en pour vous plaindre de ces abominables cordes qui vous font saigner les bouts des doigts. (Ensuite, vous irez au Chapitre 11 pour davantage d'infos sur le blues.)

# Troisième partie

# Au niveau intermédiaire, ça commence à sonner cool

« Franchement, je trouve qu'il n'est pas juste que certains puissent se payer une guitare de blues avec une carte Gold ! »

## Dans cette partie…

Une fois que vous aurez acquis une maîtrise suffisante du jeu de la guitare et que vos doigts auront cessé de hurler « À l'assassin ! » après toutes vos séances d'exercices, vous aurez envie d'aller plus loin. Et vous êtes ici au bon endroit ! Le Chapitre 7 vous présente le jeu en position, dans lequel vous ne pincez ni n'attaquez plus de corde à vide. Les cordes sont toutes frettées. Le Chapitre 8 vous explique les accords barrés, très utiles parce que, après avoir maîtrisé une position de doigts, vous pouvez la déplacer vers le haut ou le bas le long du manche pour créer de nouveaux accords. Et le Chapitre 9 vous propose quelques airs très spéciaux que vous pourrez jouer pour la galerie !

# Chapitre 7

# Jouez des mélodies en position et avec des double-stops en haut du manche

***Dans ce chapitre :***

- Jouez des notes distinctes en position
- Jouez des double-stops sur des paires de cordes
- Jouez des double-stops en travers du manche
- Jouez des chansons en position avec des double-stops

Nombreux sont ceux qui se mettent à la guitare parce qu'ils croient que cela va leur donner un look d'enfer (ou tout au moins une allure cool). C'est un peu vrai même si, dans le monde de la guitare, l'apparence n'est pas aussi importante que le son.

Grâce à ce chapitre, vous allez pouvoir soigner à la fois votre apparence et votre son. Dans les Chapitres 4 et 5, vous avez acquis les bases nécessaires à l'interprétation de chansons parfaitement acceptables à la guitare, en n'utilisant que des accords et des mélodies avec cordes à vide. C'est une bonne chose, mais ce n'est pas avec un tel bagage que vous allez pouvoir ressembler à Louis Bertignac, du groupe Téléphone ! Dans ce chapitre, vous allez quitter le camp de base des cordes à vide et vous aventurer vers les altitudes du jeu en position, très haut sur le manche. En cours de route, vous allez aussi apprendre la technique du jeu en double-stops, un autre truc qui vous permettra de très bien sonner, et par conséquent de soigner l'apparence.

## Jouez en position

Lorsque vous écoutez un solo de guitare joué par un virtuose, vous vous imaginez peut-être que sa main gauche saute sur le manche avec frénésie. Mais en fait, si vous observez bien ce guitariste, sur scène ou à la télé, vous vous rendrez compte que sa main gauche ne bouge qu'à peine.

C'est que ce guitariste joue en position. Jouer en position, cela veut dire que votre main gauche reste à un endroit fixe sur le manche, chaque doigt étant affecté à une case spécifique en quasi-permanence, et que vous jouez chaque note (aucune corde n'est jouée à vide). Si vous jouez en *cinquième position*, par exemple, votre index couvre la cinquième case, votre majeur, la sixième, votre annulaire, la septième, et votre auriculaire, la huitième. Une position tire donc son nom de la case sur laquelle votre index est *positionné*.

Le jeu en position permet non seulement de jouer des notes sur la touche exactement là où on sent qu'elles sonnent le mieux (et pas juste là où on arrive le plus facilement à les jouer,comme les notes des cordes à vide), mais il donne aussi un air vraiment cool, celui de quelqu'un qui n'est plus un débutant. Soyez assidu, travaillez dur, et vous aurez bientôt le look d'un *guitar hero* qui déchaîne les foules !

## Comparaison : le jeu en position et le jeu avec cordes à vide

Vous jouez en position ? Mais pourquoi ne pas utiliser des cordes à vide tout le temps ? Voici quelques bonnes raisons :

- Il est impossible de jouer des aigus (des notes plus hautes que, disons, celles de la cinquième case) avec des cordes à vide.
- En position, votre main gauche reste à une place fixe sur le manche. Si vous essayez de combiner des notes aiguës et graves en jouant les graves en position basse et les aiguës en position haute, votre main gauche va avoir tendance à rater les notes aiguës parce que vous devez la déplacer pour les atteindre. Par conséquent, le risque de rater des notes est plus faible en position (sauf si vous jouez de l'harmonica en même temps !).
- En position, ce que vous jouez peut être *déplacé*. Tout motif et toute phrase musicale que vous maîtrisez dans une certaine position peuvent être immédiatement transposés dans une autre tonalité en plaçant simplement votre main gauche sur une autre position. Donc, si vous savez jouer une gamme majeure, vous pouvez jouer les 12 gammes majeures en repositionnant simplement votre note de départ sur différentes cases et en jouant sur le même modèle. Ou, si vous prenez un air de blues, une ligne de jazz ou un riff de rock, vous pouvez transposer ce modèle instantanément et sans effort sur des tonalités différentes en le jouant à partir de cases différentes.

On pense souvent que jouer de la guitare dans des positions basses, c'est plus facile que de jouer des aigus. Mais, en fait, les notes aiguës ne sont pas plus difficiles à jouer que les graves. Il est seulement plus difficile de les lire en notation musicale normale si vous n'êtes pas allé bien loin avec une méthode conventionnelle d'apprentissage de la guitare (où l'on garde en général pour la fin la lecture des notes aiguës). Mais ici, l'important n'est pas de savoir lire des partitions, mais de jouer de la guitare. Donc, jouez des notes aiguës chaque fois que vous en aurez envie.

## Exercez-vous en position

La gamme majeure se prête bien à l'acquisition de la dextérité dont vous aurez besoin pour jouer en position. La Figure 7-1 présente une gamme de *do* majeur en deuxième position. Bien qu'il soit possible de jouer cette gamme avec cordes à vide, jouez-la comme l'indique la portée des tablatures, pour commencer à vous exercer à jouer en position.

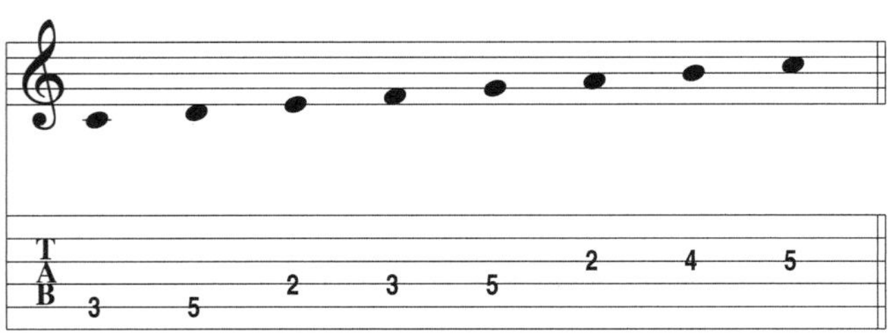


Doigté : 2 4 1 2 4 1 3 4

**Figure 7-1** : une gamme de do majeur d'une octave en deuxième position.

Dans le jeu en position, le plus important, c'est la position de la main gauche, et particulièrement la position des doigts. Voici quelques conseils à ce sujet :

- Gardez les doigts au-dessus des cases appropriées pendant tout le temps que vous jouez. Comme ici vous êtes en deuxième position, gardez en permanence l'index au-dessus de la deuxième case, le majeur au-dessus de la troisième, l'annulaire au-dessus de la quatrième, et l'auriculaire au-dessus de la cinquième, *même si vous n'êtes pas en train de jouer* de note.
- Gardez les doigts près du manche, prêts à intervenir. Au début, vos doigts auront peut-être tendance à se redresser et à s'éloigner de la touche. Cette tendance est naturelle : par conséquent, entraînez-vous à garder les doigts courbés et à les tenir au-dessus des cases sur lesquelles ils doivent intervenir.
- Détendez-vous ! Vous pensez peut-être que vous devez vous concentrer sur l'exécution parfaite de cette manœuvre ou sur le positionnement impeccable des doigts, mais ce n'est pas le cas. Ce que vous vous efforcez de faire, c'est d'adopter l'approche la plus naturelle et la plus détendue possible pour jouer de la guitare. (Vous n'en avez peut-être pas l'impression en ce moment, mais vous finirez par prendre le coup, c'est promis !) Donc, allez-y mollo, mais restez conscient de vos mouvements. Par exemple, surveillez votre épaule gauche : ressemble-t-elle à celle de Quasimodo ? Vérifiez de temps à autre qu'elle reste bien détendue. Et souvenez-vous de souvent respirer profondément, surtout si vous sentez que vous êtes en train de vous crisper.

**CONSEIL**

Notez que, dans la Figure 7-1, la partition indique des doigtés de main gauche sous les chiffres des tablatures. Ces indications ne sont pas essentielles, car c'est la position elle-même qui dicte ces doigtés. Mais si vous le souhaitez, vous pouvez lire ces chiffres de doigtés (au lieu des chiffres des tablatures) et jouer la gamme de do comme ça (en gardant un œil sur les tablatures pour vérifier sur quelle corde vous vous trouvez). Puis, en mémorisant les doigtés, vous aurez un modèle que vous pourrez transposer afin de jouer une gamme majeure dans n'importe quelle tonalité.

Jouez la gamme d'une octave (c'est-à-dire d'une étendue de huit notes), que vous propose la Figure 7-1, en picking, c'est-à-dire en utilisant à la fois les allers et les retours. (Reportez-vous au Chapitre 5 pour davantage d'informations sur le picking.) Cette gamme n'est pas enregistrée sur le CD, car vous savez déjà comment elle sonne : c'est la très familière *do,ré,mi,fa,sol,la,si,do*.

La Figure 7-2 propose une gamme de *do* à deux octaves (dont l'étendue est de 15 notes) en septième position. Notez qu'il faut jouer cette gamme sur les six cordes. La septième position est la seule qui permette de jouer une gamme de *do* de deux octaves à la guitare.

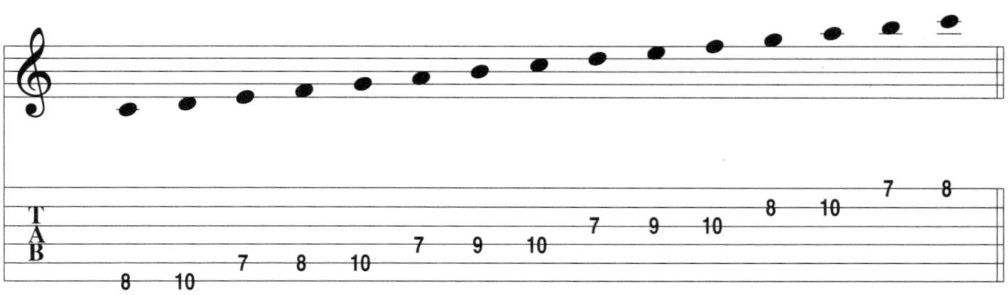


Doigté : 2 4 1 2 4 1 3 4 1 3 4 2 4 1 2

**Figure 7-2** : une gamme de do majeur sur deux octaves en septième position.

**N'OUBLIEZ PAS**

N'oubliez pas de toujours maintenir les doigts au-dessus des cases appropriées, même s'ils ne sont pas en train de jouer, et de bien les garder près de la touche.

Exercez-vous à jouer la gamme de la Figure 7-2 de bas en haut et de haut en bas, en *picking* (voir le Chapitre 5). En mémorisant le doigté (qui est indiqué sous les chiffres des tablatures), vous pourrez jouer les 12 gammes majeures en déplaçant simplement ce modèle sur le manche. Essayez. Et puis mettez au défi le premier pianiste qui vous tombera sous la main de transposer des gammes majeures plus rapidement que vous…

## Les changements de position

La musique n'est pas simple au point de pouvoir être jouée partout dans une même position, et la vie serait assez ennuyeuse si c'était le cas. Dans les situations de la vie réelle, il faut souvent jouer un passage ininterrompu qui vous emmène dans des positions différentes. Pour réussir, vous devrez effectuer des changements de position avec autant d'aplomb qu'un vieux politicien.

Andrès Segovia, guitariste classique légendaire, a inventé les doigtés des 12 gammes majeures et mineures. (Allez au Chapitre 19 pour en savoir plus sur Segovia.) La Figure 7-3 montre comment il jouait la gamme de *do* majeur de deux octaves. Elle est différente de celle de la section précédente, en ce sens qu'elle nécessite un changement de position au beau milieu de la gamme.

Jouez les sept premières notes en deuxième position, puis placez-vous en cinquième position en faisant glisser en douceur votre index vers le haut jusqu'à la cinquième case (de la 3e corde). En jouant la gamme en descendant, jouez les huit premières notes en cinquième position, puis placez votre main en deuxième position en faisant glisser en douceur votre annulaire jusqu'à la quatrième case (de la 3e corde)

Il est important que l'on n'entende pas le changement de position. Le truc consiste à faire glisser en douceur l'index (en montant) ou l'annulaire (en descendant).

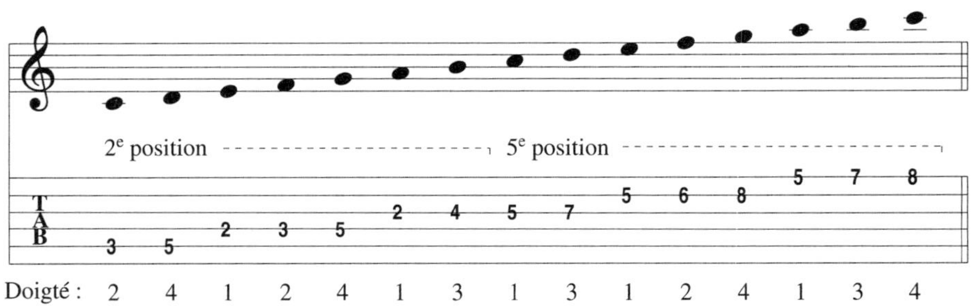


**Figure 7-3 :** une gamme de *do* majeur sur deux octaves avec un changement de position.

Il faut s'entraîner à exécuter ce glissement en douceur pour que le changement soit inaudible. Isolez les deux notes concernées (3e corde à la quatrième case et 3e corde à la cinquième case) et jouez-les de nombreuses fois, comme indiqué dans la gamme, jusqu'à ce que vous soyez capable de les faire sonner comme si vous n'exécutiez aucun changement de position.

## Acquérez de la force et de l'agilité en jouant en position

Certains guitaristes font toutes sortes d'exercices pour améliorer leur jeu en position. Ils achètent des cahiers qui ne contiennent rien d'autre que des exercices de jeu en position. Certains de ces livres sont destinés à développer l'aptitude au déchiffrage, d'autres à développer la force et l'agilité des doigts. Mais vous n'avez pas vraiment besoin de ces livres. Vous pouvez inventer vos propres exercices pour acquérir de la force et de l'agilité dans les doigts. (De plus, le déchiffrage ne vous concerne pas pour le moment, car vous lisez les chiffres des tablatures.)

Pour créer vos propres exercices, prenez simplement la gamme majeure à deux octaves de la Figure 7-2, et numérotez de 1 à 15 les 15 notes de la gamme. Puis effectuez quelques permutations mathématiques simples en vous exerçant. Voici quelques exemples :

- 1-2-3-1, 2-3-4-2, 3-4-5-3, 4-5-6-4, et ainsi de suite. (Voir la Figure 7-4a.)
- 1-3-2-4, 3-5-4-6, 5-7-6-8, 7-9-8-10, et ainsi de suite. (Voir la Figure 7-4b.)
- 15-14-13, 14-13-12, 13-12-11, 12-11-10, et ainsi de suite. (Voir la Figure 7-4c.)

La Figure 7-4 montre à quoi ressemblent les 15 notes de la gamme dans la partition et dans les tablatures. Souvenez-vous qu'il ne s'agit là que de modèles proposés pour la mémorisation et l'acquisition de l'agilité.

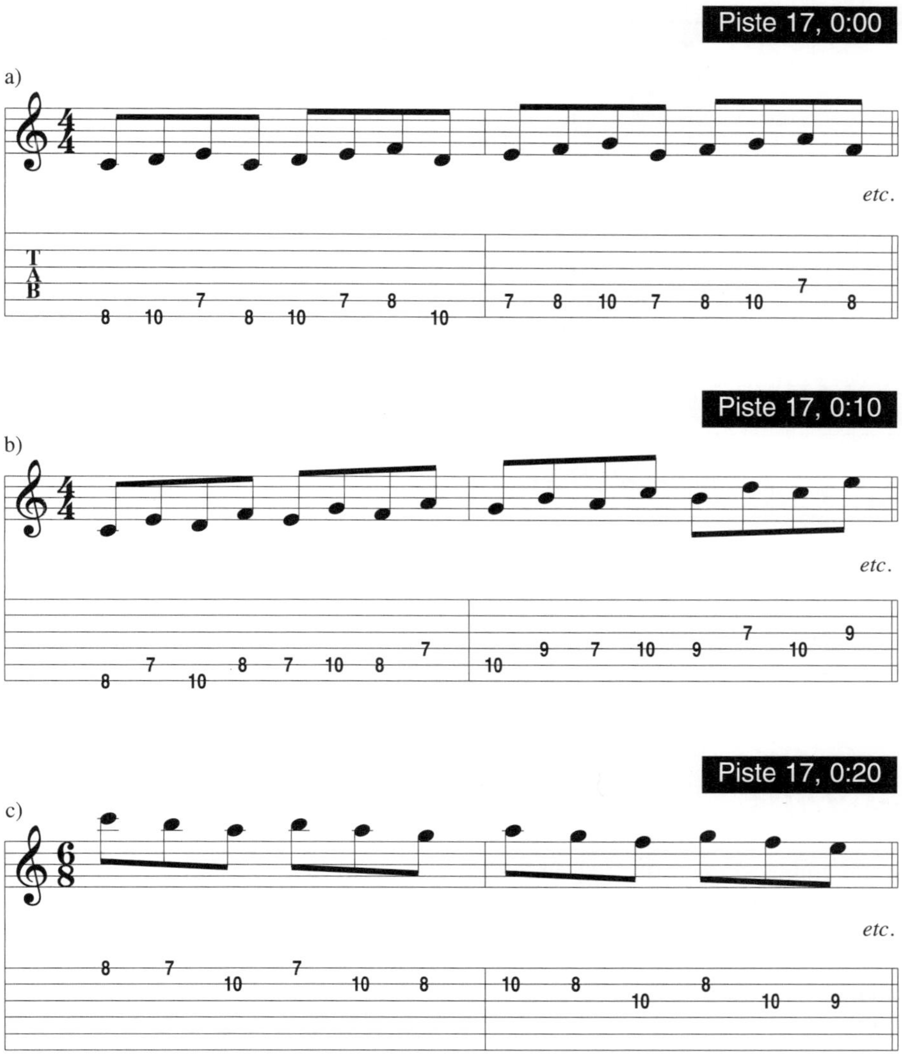


**Figure 7-4** : trois modèles d'exercices pour l'entraînement de la main gauche.

Vous saisissez ? Vous pouvez littéralement inventer vous-même des centaines de permutations et vous exercer à l'infini, ou du moins jusqu'à ce que vous en ayez assez. Les pianistes débutants travaillent avec des cahiers d'exercices comportant des tas de permutations de ce type. Ces exercices sont destinés à les aider à acquérir à la fois de la force dans les doigts et une indépendance pour chacun d'eux. Vous pouvez vous inspirer de tels manuels, mais il vous sera probablement tout aussi facile de composer vos propres exercices.

**CONSEIL**

Si vous savez lire la musique et si vous voulez vraiment développer votre aptitude au déchiffrage et votre technique de jeu en position, consultez des manuels d'étude de la clarinette. Il se trouve que la clarinette possède la même étendue de notes écrites que la guitare (quelque 3 octaves et demie, en partant du *mi* au-dessous du *do* central). Étant donné que la clarinette ne fait rien d'autre que jouer des notes séparées, les manuels d'étude de clarinette sont donc truffés de bons exemples dans toutes les tonalités. Ces exemples sont transposables à toutes les positions à la guitare. Prenez un exemple, trouvez la meilleure position en fonction de la tonalité de l'exemple et du tableau de l'encadré « Positions clés » qui suit, et jouez.

| *Tonalité* | *Première bonne position (gamme de deux octaves)* | *Deuxième bonne position (gamme d'une octave)* |
|---|---|---|
| Do | 7$^{e}$ | 12$^{e}$ |
| Do♯/ré♭ | 8$^{e}$ | 1$^{re}$ |
| Ré | 9$^{e}$ | 2$^{e}$ |
| Mi♭ | 10$^{e}$ | 3$^{e}$ |
| Mi | 11$^{e}$ | 4$^{e}$ |
| Fa | 12$^{e}$ | 5$^{e}$ |
| Fa#/sol♭ | 1$^{re}$ | 6$^{e}$ |
| Sol | 2$^{e}$ | 7$^{e}$ |
| La♭ | 3$^{e}$ | 8$^{e}$ |
| La | 4$^{e}$ | 9$^{e}$ |
| Si♭ | 5$^{e}$ | 10$^{e}$ |
| Si | 5$^{e}$ | 11$^{e}$ |

# Les double-stops

En jargon de guitariste, le terme « double-stop » veut dire que l'on joue deux notes en même temps. C'est relativement facile à la guitare, impossible avec un instrument à vent en bois (basson, clarinette…), et partiellement possible sur des instruments à cordes à archet (en fait, les guitaristes ont barboté le terme au style du violon *bluegrass*). En fait, il n'est pas nécessaire de faire quelque chose de spécial en frettant les notes de double-stop. Frettez-les de la même manière que vous frettez un accord ou des notes séparées.

En plaquant un accord, vous avez déjà fait l'expérience de la capacité de la guitare à jouer plus de notes que vous le désirez (!), mais il est également possible de jouer plus d'une seule note dans un contexte mélodique. Jouer des double-stops, c'est un merveilleux moyen de jouer en harmonie avec vous-même. En fait, la guitare se prête si bien aux double-stops que certaines formes musicales, comme le rock'n'roll des années 50, la country et la musique des mariachis (vous savez, les musiciens ambulants mexicains) en ont fait l'emblème de leur style.

# Comprendre les double-stops

THÉORIE

Un double-stop, ce n'est rien de plus que deux notes jouées en même temps. Sa place est entre la simple note et l'accord (trois notes ou plus). Vous pouvez jouer des double-stops sur des cordes adjacentes ou non (en sautant des cordes). Les exemples et les chansons que vous trouverez dans ce chapitre ne possèdent que des double-stops sur cordes adjacentes, parce qu'ils sont plus faciles à jouer.

Si vous jouez une mélodie en double-stop, elle a un son plus doux et plus opulent, plus complet et plus joli que si vous ne la jouez qu'avec les notes simples. Et si vous jouez un riff en double-stops, le son en est plus riche et plus dynamique, car les double-stops génèrent un son plus puissant. Prenez quelques riffs de Chuck Berry, comme « Johnny B. Goode », par exemple, et vous verrez qu'il utilise des double-stops tout le temps.

# Jouez des exercices en double-stops

Vous pouvez jouer des passages en double-stops sur une paire de cordes (les deux premières, par exemple), en déplaçant les double-stops vers le haut et le bas du manche, ou dans une zone du manche en utilisant différentes paires de cordes et en déplaçant le double-stop en travers du manche (en jouant, par exemple, d'abord les $5^e$ et $4^e$ cordes, puis les $4^e$ et $3^e$ cordes, et ainsi de suite).

## Jouez des double-stops en montant et en descendant le long du manche

Commencez par une gamme de *do* majeur que vous allez jouer en *tierces* (les deux notes du double-stop sont séparées par un intervalle de trois degrés, par exemple *do-mi, ré-fa*, etc.). Elles ne sont jouées que sur les deux premières cordes, en remontant le manche. Ce motif de double-stop est illustré à la Figure 7-5. Le doigté de la main gauche n'est pas indiqué au-dessous des

THÉORIE

### Les positions clés

À la guitare, certaines positions conviennent bien au jeu dans certaines tonalités. Par conséquent, la meilleure position pour une tonalité est celle qui vous permet de jouer toutes les notes de cette tonalité à l'intérieur des quatre cases de la position.

La gamme majeure de n'importe quelle tonalité se compose simplement de toutes les notes de cette tonalité, dans l'ordre, en commençant par la note tonique. À la guitare, chaque gamme majeure possède deux positions qui lui conviennent vraiment, comme le paragraphe suivant vous l'explique :

- La première bonne position, c'est celle dans laquelle votre majeur débute la gamme sur la $6^e$ corde. En tonalité de *do*, par exemple, comme le *do* se trouve à la huitième case de la $6^e$ corde, vous devez jouer la gamme en septième position pour que votre majeur joue le do de la huitième case. Cette position est sans doute la meilleure pour jouer en *do*, car elle permet de jouer la gamme majeure sur deux octaves.
- La deuxième des meilleures positions, c'est celle dans laquelle votre auriculaire commence la gamme sur la $5^e$ corde. En tonalité de *do*, par exemple, vous devez jouer la gamme en douzième position pour que votre auriculaire joue le *do* de la quinzième case. Cette position permet de jouer toutes les notes de la tonalité, mais pas comme une gamme de deux octaves.

Vous ne serez pas toujours obligé de jouer dans l'une de ces deux meilleures positions. Choisissez simplement la position qui vous permet de jouer la mélodie le plus facilement. Vous devrez parfois expérimenter avant de la trouver. Mais il est en général très utile de commencer votre recherche par ces deux positions.

Le tableau suivant donne la liste des 12 tonalités et des deux positions qui conviennent respectivement le mieux à chacune d'elles. Trouvez d'abord la position dans laquelle le majeur commence la gamme sur la $6^e$ corde, puis celle où l'auriculaire commence la gamme sur la $5^e$ corde.

chiffres des tablatures sur cette partition, mais il n'est pas difficile à deviner. Commencez avec l'index pour le premier double-stop. (Vous n'avez besoin que d'un doigt pour fretter ce double-stop, parce que la 1re corde reste à vide.) Puis, pour tous les autres double-stops de la gamme, employez l'index et l'annulaire si les notes sont à deux cases l'une de l'autre (dans le deuxième et le troisième double-stop, par exemple), et employez l'index et le majeur si elles sont à une case l'une de l'autre (dans le quatrième et le cinquième double-stop, par exemple).

### *Jouez des double-stops en travers du manche*

Il est probablement plus courant de jouer des double-stops *en travers* du manche qu'en remontant ou en descendant le manche sur une paire de cordes. La Figure 7-6 montre une gamme de *do* majeur que vous allez jouer en tierces avec cordes à vide, en déplaçant les doigts en travers du manche.

Dans les chansons de rock et de blues, on trouve fréquemment des double-stops en travers du manche là où les deux notes du double-stop sont sur la même case (que l'on joue alors en barré sur deux cordes). Reportez-vous aux Chapitres 10 et 11 pour en savoir plus sur le rock et le blues.

Piste 18, 0:00

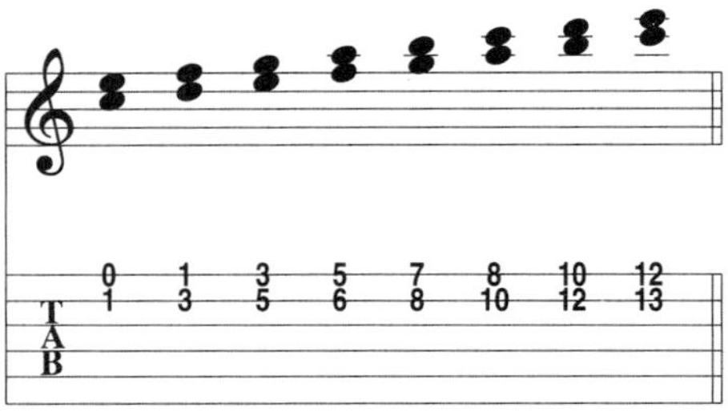


**Figure 7-5** : une gamme de do majeur à jouer en double-stops sur deux cordes, et en remontant le long du manche.

Dans l'exemple de la Figure 7-6, les doigtés de chaque double-stop ne sont pas non plus indiqués. Mais vous pouvez utiliser l'index et le majeur si les notes se trouvent à une case l'une de l'autre, et l'index et l'annulaire si elles sont à deux cases l'une de l'autre.

Piste 18, 0:11

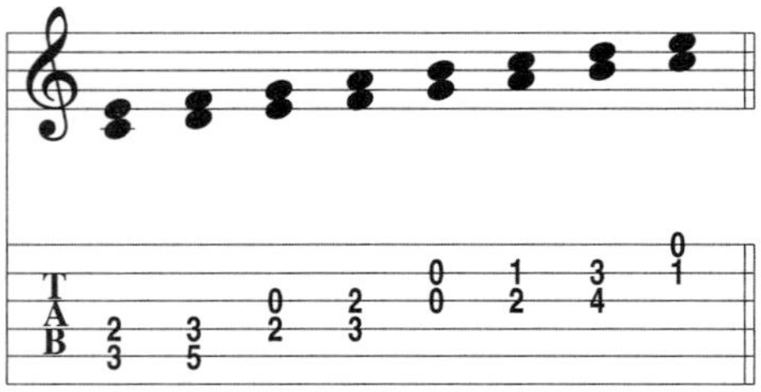


**Figure 7-6** : une gamme de do majeur à jouer en double-stops, en travers du manche et avec des cordes à vide.

**CONSEIL** Pour écouter les double-stops en action, écoutez l'ouverture de « Margaritaville », de Jimmy Buffett, la version de « Little Martha », des Allman Brothers, interprétée par Leo Kottke, « Brown-Eyed Girl », de Van Morrison, « Johnny B. Goode », de Chuck Berry, et les intros de « Homeward Bound » et « Bookends », de Simon and Garfunkel.

# Jouez des chansons en position avec des double-stops

Les gammes, qui sont basées sur des tonalités, sont plus faciles à jouer dans certaines positions, comme les sections précédentes de ce chapitre l'ont montré. De même, les chansons, qui sont elles aussi basées sur des tonalités, profitent du jeu en position. Vous pourrez mesurer toute l'importance du jeu en position dans les différents chapitres de la Partie IV de ce livre. Les solos de rock, de jazz, de blues et de country exigent tous d'être effectués dans certaines positions pour que le son soit authentique.

Si l'on vous dit que jouer une chanson dans une certaine position apportera un meilleur son que dans une autre, vous pouvez trouver cela étonnant. Pourtant, faites-nous confiance, il est quasiment impossible de jouer un air de Chuck Berry en la dans une position autre que la cinquième. En revanche, la deuxième position s'impose pour jouer les airs de musique country en *la*. Si vous essayez de les jouer dans une autre position, vous n'allez pas vous faciliter la vie.

C'est l'un des grands cadeaux de la guitare : la position qui convient le mieux à un certain style sonne non seulement mieux à vos oreilles, mais elle est aussi celle dans laquelle vos mains vont jouer le plus facilement. Et c'est pour cela que jouer de la guitare est un tel plaisir.

## Un mot sur les chansons

Jouez les chansons qui suivent en lisant les tablatures et en écoutant le CD. Comme vous pouvez le remarquer, il est assez cool de pouvoir jouer en haut du manche et non pas tout en bas, là où en sont encore les débutants de la première heure.

N'OUBLIEZ PAS

Chaque fois que vous jouez en position, souvenez-vous que vous devez garder la main gauche en position fixe, perpendiculaire au manche, avec l'index au-dessus d'une case donnée et les autres doigts dans l'ordre au-dessus des cases suivantes, un doigt par case. Maintenez les doigts au-dessus des cases appropriées, très près de la touche, même s'ils ne sont pas en train de jouer des notes.

Voici quelques infos utiles sur les chansons :

- **Simple Gifts**. Pour cette chanson, il faut jouer en quatrième position (voir la section « Jouez en position » plus haut dans ce chapitre).

  Cette chanson est en *la*, ce qui rend la quatrième position idéale, parce que toutes les notes se trouvent entre la quatrième case et la septième. Comme vous n'allez jouer aucune corde à vide dans cette chanson, mémorisez les doigtés, puis essayez de jouer la même mélodie dans d'autres positions et dans d'autres tonalités. Le doigté est le même dans chaque position, même si les chiffres des tablatures changent. Allez, au boulot !

- **Turkey in the Straw**. Pour cette chanson, il faut jouer en septième position (voir la section « Jouez en position » plus haut dans ce chapitre).

  Souvenez-vous que, pour chaque tonalité, il existe deux bonnes positions avec lesquelles vous allez couvrir toutes les notes à l'intérieur de quatre cases. « Simple Gifts » se joue dans la position de la gamme où l'index joue la fondamentale sur la 6$^{e}$ corde, « Turkey in the Straw », en revanche, se joue dans la position où l'auriculaire joue la note tonique sur la 5e corde (voir l'encadré « Les positions clés » plus haut dans ce chapitre).

- **Aura Lee**. Pour cette chanson, rendue célèbre par Elvis Presley sous le nom de « Love Me Tender », il faut jouer les double-stops en montant et en descendant le long du manche sur les 1$^{re}$ et 2$^{e}$ cordes (voir la section « Jouez des double-stops en montant et en descendant le long du manche » plus haut dans ce chapitre). Il faut aussi savoir comment balancer le bassin en remontant un côté de la lèvre supérieure, comme Elvis Presley !

Les arrangements de cette chanson se jouent exclusivement sur les deux premières cordes, en montant et en descendant le long du manche. Dans les gammes de double-stops sur lesquelles vous vous êtes exercé en suivant les figures 7-5 et 7-6, les deux notes du double-stop se déplacent ensemble. Dans « Aura Lee », les deux notes évoluent parfois dans la même direction, parfois dans les directions opposées. Et parfois une note évolue dans une direction ou dans l'autre alors que la deuxième reste stationnaire. Mélanger les directions rend un arrangement plus intéressant. Jouez « Aura Lee », et vous comprendrez ce que nous voulons dire.

- Notez que les doigtés de la main gauche sont indiqués au-dessus des chiffres des tablatures. Si le même doigt joue des notes successives, mais sur des cases différentes (comme dans les mesures 5, 6 et 7), une ligne oblique indique le changement de position. Pour le mouvement de la main droite, n'utilisez que des allers. N'oubliez pas de répéter les quatre premières mesures (comme l'indiquent les signes de reprise qui les entourent) avant de passer à la cinquième. (Allez à l'Annexe A pour en savoir plus sur les signes de reprise.) Et faites-vous tendre pour cette chanson, comme Elvis (« Uh-thank yew verrah much ! ») !

- **The Streets of Laredo**. Pour cette chanson, vous devez jouer des double-stops en travers du manche (voir la section « Jouez des double-stops en travers du manche » plus haut dans ce chapitre).

  Dans cet arrangement, vous allez jouer les double-stops en travers des cordes, près du bas du manche. Les double-stops donnent à la chanson un son doux et joli, qui convient exactement à un tête-à-tête entre un passant et un cow-boy refroidi. Les tablatures n'indiquent pas les doigtés, mais vous pouvez vous servir de l'index et du majeur pour les double-stops séparés par une case, et de l'index et de l'annulaire pour ceux qui le sont par deux cases. Pour les mouvements de la main droite, n'utilisez que des allers.

Piste 19

## *Simple Gifts*

Piste 20

## Turkey in the Straw

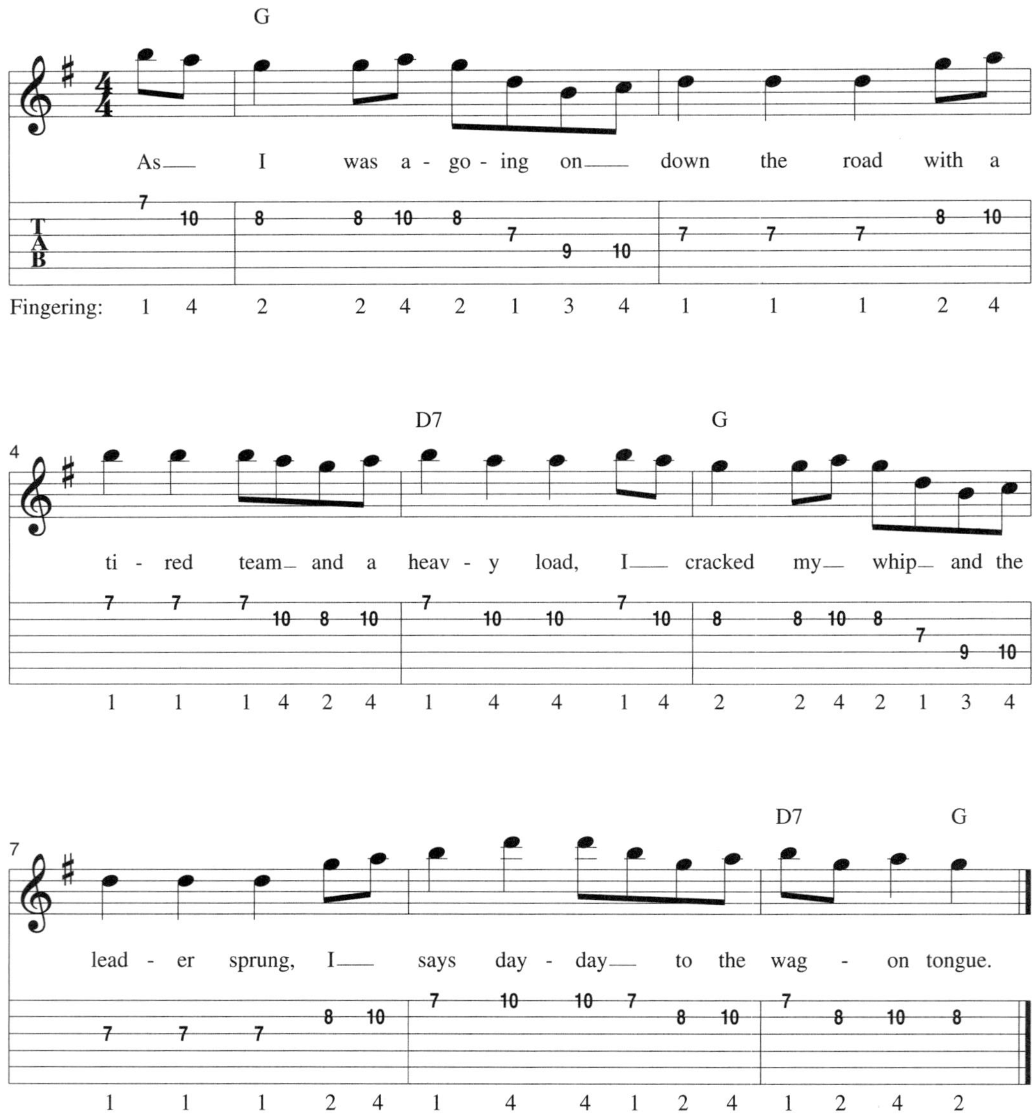

Piste 21

# *Aura Lee*

Piste 22

## The Streets of Laredo

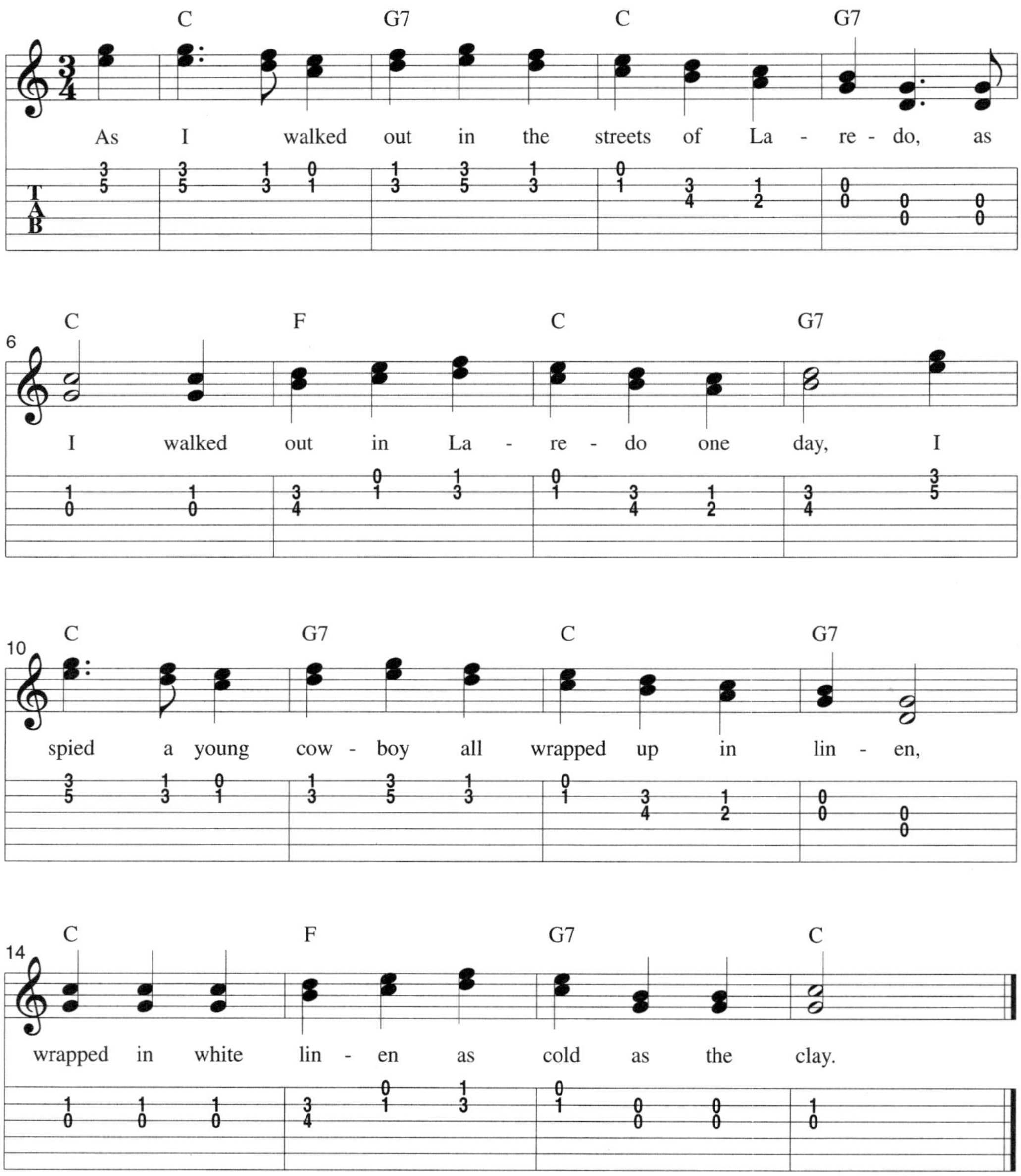

# Chapitre 8

# Étirez les doigts pour barrer les accords

***Dans ce chapitre :***

- Les accords barrés sur le modèle de *mi*
- Les accords barrés sur le modèle de *la*
- Jouez des accords de 5^e
- Jouez des chansons avec des accords barrés et des accords de 5^e

Dans ce chapitre, nous allons vous montrer comment jouer des accords que vous pourrez repositionner partout sur le manche, contrairement aux accords avec cordes à vide présentés aux Chapitres 4 et 6. Pour former la plupart de ces accords déplaçables, on joue un barré, et on dit que l'accord est barré.

Pour jouer un barré, l'un de vos doigts de la main gauche (d'habitude l'index) presse toutes les cordes ou la plupart des cordes à une certaine case, ce qui permet aux doigts restants de jouer une forme d'accord immédiatement au-dessus (vers la caisse) du doigt qui barre l'accord. Imaginez-vous que ce doigt remplit donc les fonctions du sillet ou d'un *capodastre*, et que les doigts restants jouent certaines formes d'accords avec cordes à vide directement au-dessus. (Allez au Chapitre 12 si vous désirez savoir comment fonctionne un *capodastre*.)

Un accord barré déplaçable n'est joué sur aucune corde à vide, il ne se compose que de notes pressées. Vous pouvez faire glisser ces notes pressées vers le haut ou vers le bas du manche vers différentes positions pour produire d'autres accords ayant la même qualité.

## *Jouez des accords barrés majeurs sur le modèle de mi*

L'un des accords barrés déplaçables les plus utiles est celui formé sur le modèle de l'accord de mi à vide. (Reportez-vous au Chapitre 4 si vous n'êtes plus complètement sûr du doigté de l'accord de mi à vide.) La meilleure manière de maîtriser cet accord barré, c'est de commencer par un accord de mi avec cordes à vide. Voici comment procéder (voir la Figure 8-1) :

Mi
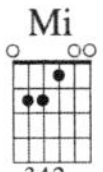
342

1. **Jouez un accord de *mi* avec des cordes à vide, mais au lieu d'utiliser le doigté normal 2-3-1de la main gauche, utilisez les doigts 3-4-2 (annulaire, auriculaire, majeur).**

   Ce doigté laisse votre index libre au-dessus des cordes.

Mi
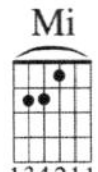
134211

2. **Posez l'index en travers des six cordes *de l'autre côté du sillet* (du côté des mécaniques).**

   Placer l'index en travers des cordes à cet endroit n'affecte pas le son de l'accord, puisque les cordes ne vibrent pas de ce côté-là du sillet. En revanche, cela vous permet de *sentir* une position d'accord barré. N'appuyez pas trop sur les doigts placés sur des cases, car vous allez bientôt déplacer l'accord de *mi*.

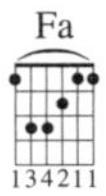


3. **Tout en conservant la forme de l'accord du point 2, faites glisser les doigts d'une case vers le haut (en direction de la caisse), de telle sorte que l'index barre la première case et que vos doigts en position d'accord de *mi* aient tous avancé d'une case vers le haut.**

   Vous vous trouvez maintenant sur une position d'accord de *fa* (parce que le *fa* se trouve une case plus haut que le *mi*), et vous pouvez presser l'index en travers des cordes.

4. **Essayez de jouer les notes de l'accord les unes après les autres (de la 6e corde à la 1re) pour vérifier si toutes les notes sonnent clairement.**

   Les premières fois que vous essaierez cet accord, il est probable que certaines notes ne sonneront pas clairement et que les doigts de votre main gauche commenceront à devenir douloureux.

CONSEIL

Il est normal d'éprouver des difficultés pour former un accord de *fa* barré (c'est décourageant, peut-être, mais normal). Donc, avant d'abandonner définitivement la guitare et de vous mettre au cornet à pistons, essayez les trucs suivants pour maîtriser cet accord récalcitrant :

- Veillez à bien aligner le pouce de la main gauche sur le dos du manche sous la zone comprise entre l'index et le majeur. Cette position vous donne le maximum de force pour exercer la pression.
- Au lieu de maintenir l'index complètement à plat, inclinez-le légèrement sur le côté.
- Rapprochez le coude gauche de la caisse, jusqu'à ce qu'il touche votre taille. En jouant des accords avec cordes à vide, vous remarquerez que vous tenez en général le coude légèrement éloigné de votre corps. Ce n'est pas le cas avec les accords entièrement barrés.
- Si vous entendez que des cordes sont étouffées, vérifiez que les doigts de votre main gauche ne touchent que les cordes appropriées et n'empêchent pas les cordes adjacentes de sonner. Essayez d'appuyer davantage les doigts. Les callosités et l'expérience aidant, vous arriverez à obtenir un son clair avec des accords barrés.

**Figure 8-1** : le redoutable accord barré de fa !

N'OUBLIEZ PAS

Il faut exercer plus de pression pour jouer au bas du manche (à la première case) qu'à la cinquième case, par exemple. Essayez de déplacer votre accord de *fa* vers le haut et vers le bas du manche sur différentes cases de la guitare… Vous allez vite vous rendre compte qu'il est plus facile de le jouer lorsqu'on remonte le manche. Rappelez-vous que la vocation de cet accord est d'être *déplaçable*. Contrairement à ce qu'ont pu vous dire tous vos instits à l'école primaire, ne soyez pas sage comme une image : bougez !

CONSEIL

Il est plus facile de jouer les barrés sur une guitare électrique que sur une guitare acoustique. Les cordes d'une guitare électrique sont moins épaisses que celle d'une guitare acoustique. Donc, si vous jouez de l'acoustique et si vous avez des problèmes avec les barrés, essayez de les jouer sur une guitare électrique (mais pas une de ces guitares électriques de pacotille que l'on trouve au bazar !) : remarquez la différence ! Tout cela pourra vous inciter à persévérer.

## Trouvez la bonne case

Étant donné que vous pouvez jouer un accord de fa en accord barré, vous pouvez désormais, grâce au miracle que sont les accords déplaçables, jouer chaque accord majeur (oui, les 12 !) en remontant simplement le long du manche. Pour trouver le nom de chaque accord, il vous suffit de savoir le nom de la note que vous jouez sur la 6e corde (mi grave), parce que les noms de tous les accords barrés sur le modèle de mi sont ceux des notes de la 6e corde (exactement comme c'est le cas pour l'accord de mi à vide).

THÉORIE

Souvenez-vous que chaque case se trouve à un demi-ton de la case suivante. Donc, si l'accord barré de la première case est *fa*, l'accord barré de la deuxième case sera *fa#*, l'accord barré de la troisième, *sol*, celui de la quatrième, *sol#*, et ainsi de suite jusqu'à la douzième case.
En Annexe A, vous trouverez une liste des noms des notes sur la corde de *mi* grave.

CONSEIL

Une fois que vous aurez atteint la douzième case, les notes, et donc les accords barrés que vous jouez sur ces cases, se répètent : l'accord barré de la treizième case est le même que celui de la première (*fa*) ; l'accord barré de la quatorzième case est le même que celui de la deuxième (*fa#*), et ainsi de suite… Les cases fonctionnent un peu comme le cadran d'une montre : 13 = 1, 14 = 2, etc.

## Jouez des progressions d'accords avec des barrés majeurs sur le modèle de mi

Un bon moyen d'acquérir de la confiance et de l'aisance dans l'exécution des accords barrés consiste à jouer une *progression*, qui n'est en fait rien d'autre qu'une suite d'accords. Écoutez le CD pour savoir comment sonne une progression de quatre mesures avec des accords barrés majeurs sur le modèle de *mi*. La Figure 8-2 explique l'exercice. La case correcte pour l'index de chaque accord est indiquée au-dessous de la portée.

Piste 23, 0:00

**Figure 8-2** : une progression d'accords barrés majeurs sur le modèle de *mi*.

Pour cet exercice, comme pour tous ceux de ce chapitre, ne jouez que des accords barrés, même si vous savez comment jouer ces accords avec des cordes à vide. Par exemple, jouez l'accord de *do* en barrant la huitième case. Puis jouez l'accord de *la* à la cinquième case, celui de *sol* à la troisième case, et celui de fa à la première case. Servez-vous du doigté de l'accord de *fa* pour jouer tous ces accords.

À la longue, vous trouverez peut-être fatigant de vous évertuer à faire sonner clairement chacune des six cordes de chaque accord. Vous pouvez accorder une pause à votre main gauche en relâchant la pression lorsque vous glissez d'un accord à l'autre. Cette action pourra vous aider à acquérir un peu de souplesse et vous évitera de vous fatiguer trop rapidement. Il n'est pas nécessaire de maintenir en permanence une pression d'enfer sur le manche, seulement lorsque vous plaquez l'accord.

Si vous avez une crampe à la main, essayez de continuer. Comme pour tout entraînement physique, vous finirez par acquérir davantage de force et d'énergie. Il ne fait aucun doute que les accords barrés constituent le triathlon du jeu de guitare : donc, enfilez votre plus belle combinaison et ayez le goût de l'effort !

Pour vous démontrer la polyvalence des progressions d'accords barrés, voici un exemple syncopé qui sonne un peu comme la musique des Kinks. (Petit rappel historique : les Kinks, c'était *le* groupe britannique proto-punk des années 60, qui a produit des classiques comme « You Really Got Me », « Sunny Afternoon », « Waterloo Station » et « Lola »). La Figure 8-3 vous explique comment jouer cette progression d'accords barrés majeurs. Étant donné que les deux accords sont déplacés aussi rapidement en avant et en arrière, le temps de *détente* (c'est-à-dire le temps durant lequel vous pouvez détendre vos doigts) est très court. Écoutez le CD pour savoir comment cet exercice devrait sonner avant de vous préparer à remplacer Ray Davies (le leader des Kinks) pour une tournée mondiale !

Piste 23, 0:13

**Figure 8-3** : une progression syncopée d'accords barrés majeurs sur le modèle de *mi.*

# Jouez les accords barrés mineurs, 7e de dominante et mineurs 7e sur le modèle de mi

Une fois que vous serez à l'aise avec les accords barrés et leurs mouvements, vous souhaiterez sûrement ajouter d'autres types d'accords à votre répertoire.

Et voici une bonne nouvelle : tout ce que vous savez faire : déplacer les accords le long du manche, obtenir un son clair de chaque note dans chaque accord (vous vous exercez, n'est-ce pas ?) et relâcher des doigts lors du passage d'un accord à l'autre s'applique aux autres formes d'accords barrés. Donc, jouer un accord mineur, un 7e ou un mineur 7e n'est pas plus difficile sur le plan physique que de jouer un barré majeur, et, au fur et à mesure que vous vous exercez à jouer les différents accords barrés, vous devriez remarquer que cela s'améliore un peu.

## Les accords barrés mineurs

La formation d'un accord barré mineur de *mi* est semblable à celle d'un barré majeur telle que nous l'avons expliquée, plus haut dans ce chapitre, dans la section « Jouez des progressions d'accords avec des barrés majeurs sur le modèle de *mi* ». Vous pouvez suivre les mêmes instructions, en les adaptant pour commencer à l'accord de *mi* à vide, mais avec un doigté 3-4 (au lieu du doigté habituel décrit au Chapitre 4). Ensuite, placez votre index en travers de toutes les cordes de l'autre côté du sillet, et puis faites glisser la main gauche d'une case en gardant la forme de la main obtenue, ce qui va produire un accord de *fa*m.

Vous pouvez utiliser cette technique qui consiste à remonter le manche à partir d'un accord avec cordes à vide pour former tous les accords barrés de ce chapitre. Mais cela ne sera pas nécessaire. Les instructions simples qui suivent vous présentent une autre approche possible pour former l'accord de *fa*m.

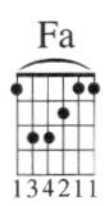


1. **Jouez un accord barré de fa majeur.**

   Si nécessaire, reportez-vous à la section « Jouez des accords barrés majeurs sur le modèle de *mi* » plus haut dans ce chapitre.

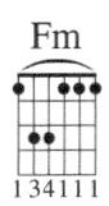


2. **Retirez le majeur de la 3^e^ corde.**

   L'index, qui presse déjà toutes les cordes, presse maintenant la nouvelle note de la 3^e^ corde.

C'est tout ce que vous avez à faire. En retirant un seul doigt, vous avez transformé instantanément un accord barré majeur en un accord barré mineur. Maintenant, en prenant comme référence le diagramme d'accord de *mi* grave de l'Annexe A, vous pouvez jouer n'importe lequel des 12 accords mineurs en déplaçant l'accord de *fa*m vers la case appropriée. Pour jouer un accord de *la*m, par exemple, vous n'avez qu'à déplacer la barre vers la cinquième case.

Si vous n'êtes pas sûr de jouer un accord barré sur la bonne case, essayez d'alterner cet accord avec sa forme comportant des cordes à vide, en jouant d'abord l'accord barré, puis l'accord avec cordes à vide. Jouez plusieurs fois les deux versions en passant rapidement de l'une à l'autre. Vous pourrez alors entendre si les deux accords sont les mêmes ou s'ils sont différents.

Essayez de jouer la progression simple de la Figure 8-4, composée d'accords barrés à la fois majeurs et mineurs.

Piste 23, 0:27

**Figure 8-4** : une progression avec des accords barrés à la fois majeurs et mineurs.

Les points au-dessus des barres obliques des mesures 2 et 4 de la Figure 8-4 s'appellent des signes de *staccato*. Ils indiquent que la durée de ces notes est abrégée (au lieu de jouer daahh-daahh-daahh, jouez di-di-di). Le meilleur moyen de raccourcir la durée de ces notes, c'est de légèrement relâcher la pression des doigts de la main gauche juste après avoir plaqué l'accord.

Et maintenant, essayez de jouer la progression de la Figure 8-4 deux cases au-dessus de ce qui est indiqué dans la figure. Cette variation de deux cases vous donne une progression *ré*-*si*m-

*sol*m-*la*. Bravo ! Vous venez de *transposer* (c'est-à-dire changer de tonalité) cette progression rapidement et facilement, grâce à la magie des accords déplaçables !

## Les accords de 7e dominante

Les accords de 7e dominante possèdent un son plus marqué et plus complexe que les accords majeurs. (Reportez-vous au Chapitre 6 pour en savoir plus sur les accords de 7e dominante.) Pourtant, il est tout aussi facile de passer d'un accord de 7e dominante barré à un majeur barré que d'un majeur barré à un mineur barré : il suffit ici aussi de retirer un seul doigt (mais un doigt différent, cette fois-ci).

Pour transformer un accord barré de fa majeur en un accord barré de fa7 :

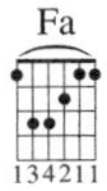


1. **Exécutez le doigté d'un accord barré de fa majeur, comme nous l'avons décrit dans la section « Jouez des accords barrés majeurs sur le modèle de mi » plus haut dans ce chapitre.**

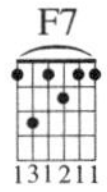


2. **Retirez l'auriculaire de la 4e corde.**

   La barre de l'index frette maintenant la nouvelle note de l'accord.

Essayez de jouer la progression simple de la Figure 8-5 avec des accords barrés majeurs et de 7e dominante.

Piste 23, 0:41

**Figure 8-5** : une progression avec des accords barrés majeurs et de 7e.

Pour jouer la progression de la Figure 8-5 dans différentes tonalités, il suffit de démarrer à partir d'une position différente, comme la troisième case, et de se déplacer de la même distance. Quel que soit l'endroit depuis lequel vous partez, remontez simplement de deux cases pour le deuxième accord, de trois pour le troisième, et puis encore de deux cases de plus pour le quatrième et le dernier accord.

CONSEIL

Dites à haute voix le nom des accords que vous jouez pour vous aider à associer leur nom à leur emplacement sur le manche. Bien que les accords déplaçables rendent la transposition simple comme bonjour, il est trop facile de ne mémoriser que le modèle du mouvement de la main au lieu du vrai nom de l'accord que vous êtes en train de jouer. Donc, prononcez le nom des accords au moment où vous les jouez. Avec suffisamment d'entraînement, vous saurez instinctivement que vous jouez un accord de *si*7 à la septième case.

## Les accords mineurs de 7e

Les mineurs de 7e ont un son plus doux, plus jazzy et plus complexe que les accords mineurs simples. (Reportez-vous au Chapitre 6 pour en savoir plus sur les accords mineurs de 7e.) Vous pouvez former un barré mineur de 7e en combinant simplement les actions servant à passer d'un majeur à un mineur et d'un majeur à un accord de 7e dominante.

Pour passer d'un accord barré de fa majeur à un accord barré de fa mineur 7e :

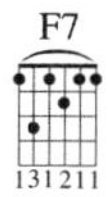


1. **Jouez un accord barré de fa majeur, comme nous le décrivons dans la section « Jouez des accords barrés majeurs sur le modèle de mi » plus haut dans ce chapitre.**

2. **Retirez l'index de la 3^e^ corde et le majeur de la 4^e^.**

   L'index, qui presse déjà toutes les cordes, presse maintenant les notes des 3^e^ et 4^e^ cordes.

Pour vous aider à vous familiariser aux accords barrés mineurs 7^e^, nous avons concocté l'exercice de la Figure 8-6. Écoutez d'abord le CD pour savoir comment il sonne.

Piste 23, 0:54

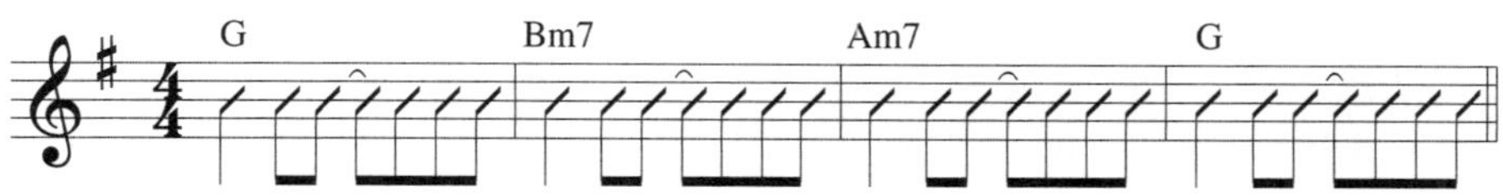


**Figure 8-6** : une progression avec des accords barrés majeurs et mineurs 7^e^.

**CONSEIL**

Vous pouvez jouer cette progression, comme toutes les autres progressions de cette section, dans différentes tonalités, en commençant simplement par des accords différents de l'accord de *sol* et en déplaçant les doigts du même nombre de cases. Après le premier accord, remontez simplement de quatre cases pour le deuxième, puis descendez de deux cases pour le troisième ; descendez enfin encore de deux cases pour le dernier.

**N'OUBLIEZ PAS**

Prononcez à haute voix le nom des accords au moment où vous les jouez. (C'est sérieux !) S'il faut vous évertuer à énoncer les noms de ces accords au moment où vous les formez sur le manche, c'est parce qu'il faut atteindre le niveau où vous ne pourrez *plus jamais* oublier que vous jouez un *la*m7, par exemple (le troisième accord de cette progression) à la cinquième case.

Dans l'exercice proposé à la Figure 8-7, vous pouvez vous exercer à jouer des tas de barrés en modèle de *mi*, partout sur le manche, en jouant la progression de la chanson « We Wish You a Merry Christmas ». Pour vous faciliter l'exécution de cet exercice, nous indiquons pour chaque accord le numéro de la case que vous devez barrer de l'index.

Piste 23, 0:27

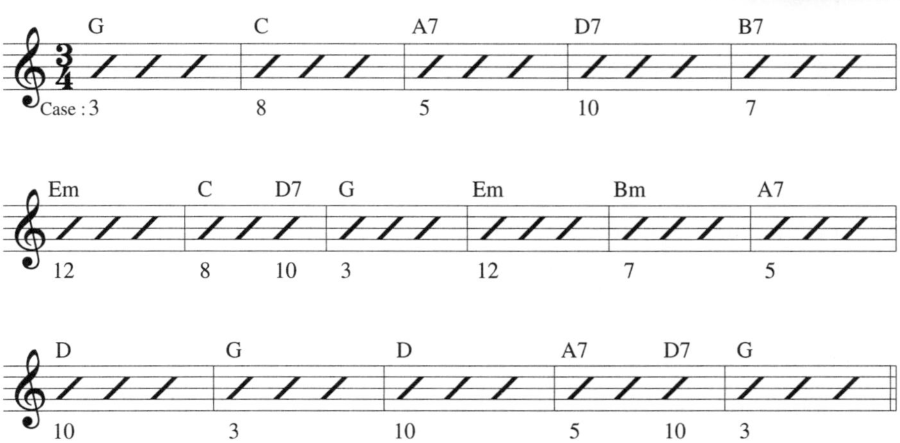


**Figure 8-7** : progression d'accords de « We Wish You a Merry Christmas ».

CONSEIL

Si vous jouez avec une guitare à cordes de Nylon, vous ne pourrez pas jouer l'accord de *mi*m à la douzième case, car la caisse vous en empêchera (même sur une guitare acoustique à cordes d'acier, cet accord est pratiquement injouable). Remplacez-le par un accord de *mi*m avec cordes à vide, mais jouez-le avec l'annulaire et l'auriculaire pour conserver le barré de l'index prêt à servir.

Dans la section « Jouez des morceaux avec des accords barrés et des accords de 5e », plus loin dans ce chapitre, vous trouverez une autre version de cette chanson, avec une mélodie et des paroles, mais n'y touchez pas avant de bien maîtriser vos accords barrés sur le modèle de *la* !

# Jouez les accords barrés majeurs sur le modèle de la

Dans les sections qui précèdent, nous vous avons présenté les accords barrés sur le modèle de l'accord de *mi*. Nous allons maintenant changer de vitesse et vous présenter un autre modèle d'accord barré, celui des accords barrés *sur le modèle de la*. L'accord barré majeur sur le modèle de *la* ressemble à un accord de *la* à vide (mais avec un doigté différent, que nous allons vous présenter dans la section suivante), et son nom est dérivé de celui de la case de la 5e corde sur laquelle vous pressez la barre de l'index.

La théorie semble simple, mais vous trouverez peut-être que cet accord est un peu plus difficile à jouer que l'accord barré majeur sur le modèle de *mi*. Ne vous en faites pas, car nous avons une variante à vous proposer qui n'exige que deux doigts. Mais pour l'instant, faites-nous plaisir et formez l'accord barré sur le modèle de la, conformément aux instructions de la section suivante.

## Le doigté de l'accord barré majeur sur le modèle de la

Pour former le doigté de l'accord barré majeur sur le modèle de la :

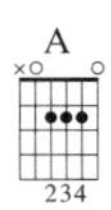


1. **Formez un accord de *la* à vide, mais au lieu d'utiliser le doigté normal 1-2-3, employez 2-3-4.**

   Ce doigté laisse votre index libre, prêt à être employé pour barrer. (Si vous n'êtes pas sûr de savoir comment former un accord de la à vide, reportez-vous au Chapitre 4.)

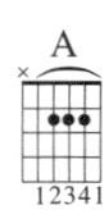


2. **Pressez l'index en travers des six cordes, juste au-dessus du sillet (du côté des mécaniques).**

   Étant donné que, pour les accords barrés sur le modèle de la, vous n'attaquez que les cinq cordes supérieures, vous *pourriez* presser votre index seulement sur cinq cordes. Mais la plupart des guitaristes appliquent la barre sur les six cordes parce que c'est plus confortable et parce que cela empêche la 6e corde de sonner accidentellement.

   Le fait de placer votre index en travers des cordes à ce stade n'affecte pas le son de l'accord parce que les cordes ne vibrent pas de ce côté du sillet. Pour l'instant, tout ce que vous faites, c'est préparer la bonne position pour l'accord en modèle de *la*. N'appuyez pas trop les doigts : l'objectif recherché est de déplacer cet accord.

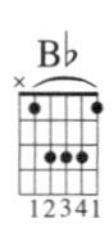


3. **Tout en conservant la forme complète de l'accord comme au point 2, faites-la glisser complètement d'une case, de telle sorte que votre index barre la première case, ce qui produit un accord de sib, présenté à la Figure 8-8.**

Une fois que vous aurez formé le doigté de l'accord de sib, essayez de jouer les notes de l'accord une corde après l'autre (de la 5e à la 1re), pour vérifier que les notes sonnent clairement. Si vous trouvez des notes étouffées, vérifiez que les doigts de votre main gauche ne touchent que les cordes appropriées et n'empêchent pas des cordes adjacentes de sonner. Si le son est toujours étouffé, il faut que vous exerciez davantage de pression avec les doigts.

**Figure 8-8** : l'accord barré de *si*♭.

## Trouvez la bonne case

Étant donné que vous êtes maintenant capable de barrer un accord de *si*♭( !), vous pouvez maintenant jouer chacun des 12 accords barrés majeurs sur le modèle de la, mais seulement si vous connaissez les noms de toutes les notes de la 5e corde. Les noms de tous les accords barrés sur le modèle de la sont ceux des notes de la 5e corde, exactement comme c'est le cas pour l'accord de la à vide. (Pour savoir les noms des notes de la 5e orde, reportez-vous à l'Annexe A.)

N'OUBLIEZ PAS

Les notes et les cases fonctionnent un peu comme le cadran d'une montre : elles se répètent une fois que vous avez dépassé 12. Donc, la treizième case donne la même note que la première (*si*♭), la quatorzième la même que la deuxième (*si*), etc.

## Les progressions avec des barrés majeurs sur le modèle de la

Avant de jouer des progressions avec des barrés majeurs sur le modèle de *la*, il faut que vous sachiez que la plupart des guitaristes ne les forment pas avec le doigté que nous avons proposé plus tôt (Figure 8-8). Regardez la Figure 8-9 pour découvrir une autre façon de former le doigté de cet accord (en utilisant l'accord de sib à la première case, par exemple). Cette forme utilise l'annulaire pour barrer les trois notes à la troisième case.

**Figure 8-9** : variante de doigté pour l'accord barré majeur sur le modèle de *la*.

Une difficulté réside dans le doigté de la Figure 8-9 : pour que la 1re corde sonne, il faut s'astreindre à une sacrée gymnastique de l'annulaire (voir photo) ! Certains guitaristes y arrivent, d'autres non, car c'est un peu comme si vous essayiez de remuer vos oreilles ! Ceux qui n'y arrivent pas (à plier le doigt, pas à remuer les oreilles !) peuvent se servir du doigté de la Figure 8-10.

**Figure 8-10** : autre variante de doigté pour l'accord barré majeur sur le modèle de *la*.

N'OUBLIEZ PAS

Si vous jouez l'accord barré de sib comme l'indique la Figure 8-10, avec la 1re corde à vide, attention à ce que cette 1re corde ne sonne pas accidentellement : veillez à ne pas l'attaquer sans le vouloir avec la main droite, et à ne pas non plus l'étouffer en la touchant légèrement avec l'annulaire. Essayez les trois doigtés et choisissez celui qui vous convient le mieux (nous parions que vous allez opter pour celui de la Figure 8-10 !).

L'exercice de la Figure 8-11 utilise des accords barrés majeurs sur le modèle de la, et il a un son assez semblable à celui du rock des débuts. Accordez une pause aux doigts de la main gauche en relâchant la pression lorsque vous glissez d'un accord à l'autre. N'oubliez pas que vous pouvez (et que vous *devrez*) transposer cette progression dans d'autres tonalités en déplaçant le modèle complet vers un nouveau point de départ. Notez également les signes de staccato à la quatrième mesure (jouez di-di-di).

Piste 25, 0:00

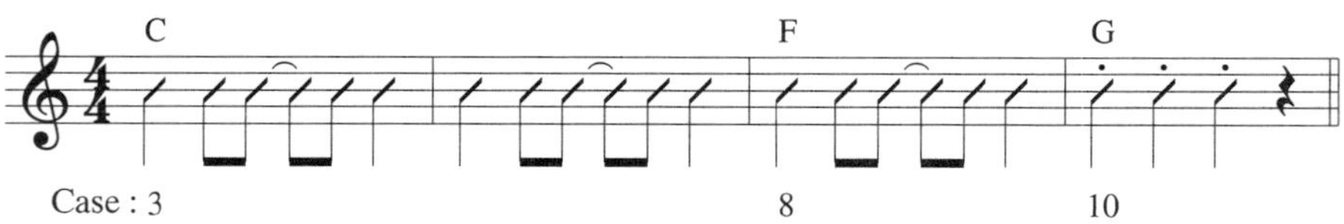


**Figure 8-11** : une progression avec des accords barrés majeurs sur le modèle de *la*.

# Les barrés mineurs, de 7^e^ dominante, 7^e^ mineurs et 7^e^ majeurs sur le modèle de la

Nous l'admettons : les accords barrés majeurs sur le modèle de *la* ont un doigté de la main gauche parfois un peu excentrique. Mais toutes les autres formes sur le modèle de la sont bien plus logiques et faciles pour ce qui est de la main gauche.

Pour le reste des formes sur le modèle de la, vous n'allez pas rencontrer de gymnastiques bizarres de la main gauche ni de nouvelles techniques. Tout ce que vous devrez faire, c'est apprendre plusieurs formes différentes afin d'enrichir votre vocabulaire d'accords.

## Les accords mineurs

Pour former un accord barré mineur sur le modèle de la, vous *pourriez* suivre la même démarche que celle qui est proposée dans la section « Jouez les accords barrés majeurs sur le modèle de *la* » plus haut dans ce chapitre : jouez un accord de lam à vide en utilisant le doigté 3-4-2 au lieu du doigté 2-3-1 (reportez-vous au Chapitre 4 si vous avez besoin d'aide pour l'accord de lam à vide) ; appuyez votre index en travers de toutes les cordes de l'autre côté du sillet ; puis faites glisser la forme ainsi obtenue d'une case vers le haut en appuyant fermement, cela produit un accord de sibm.

Mais si vous le souhaitez, vous pouvez former l'accord de sibm en sautant le processus décrit précédemment. Pour cela, placez les doigts directement sur les cases, comme indiqué par le premier diagramme d'accord de la Figure 8-12. Vérifiez les cordes une par une pour vous assurer qu'elles sonnent clairement et sans bourdonnement. (Notez que nous vous avons un peu précédé en vous donnant les doigtés des accords de *si*b7, *si*bm7 et *si*bmaj7 dans la Figure 8-12. Vous en apprendrez davantage sur ces accords dans les sections qui suivent.)

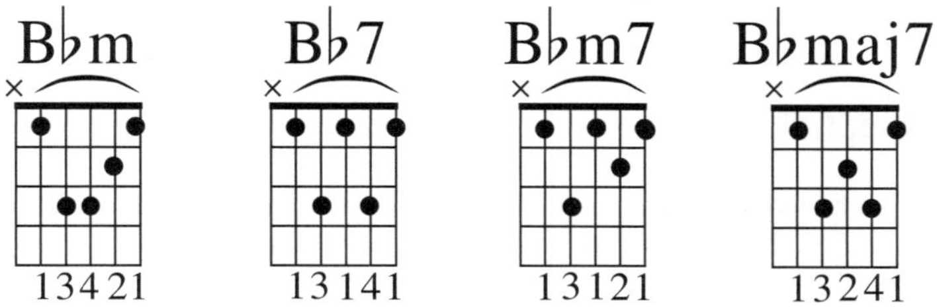


**Figure 8-12** : les barrés de *si*bm, *si*b7, *si*bm7 et *si*bmaj7.

La progression de la Figure 8-13 est typique pour une chanson rock, folk ou country, et elle utilise les accords barrés majeurs et mineurs à la fois sur le modèle de *la*. (Reportez-vous à l'Annexe A si vous avez besoin de savoir la case appropriée pour chaque accord le long de la corde de *la*.)

**Figure 8-13** : une progression avec des accords barrés à la fois majeurs et mineurs sur le modèle de *la*.

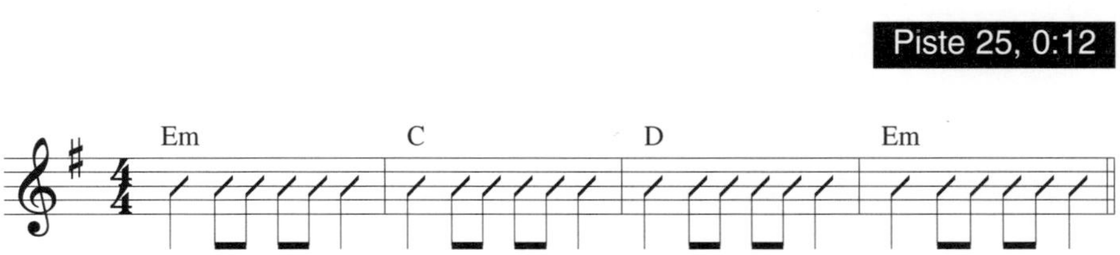


## Les accords de $7^{e}$ dominante

Comparés aux accords majeurs, les accords de $7^{e}$ dominante ont un son blues et funky. (Reportez-vous à la Figure 8-12 pour le doigté de l'accord barré de *si*b7 sur le modèle de la.) Souvenez-vous que vous pouvez glisser vers le haut pour atteindre cet accord à partir d'un accord de *la*7 avec cordes à vide formé avec deux doigts (mais seulement si vous utilisez le doigté 3-4 pour *la*7).

Maintenant, servez-vous du diagramme d'accord de *la* de l'Annexe A pour trouver la case appropriée de tout accord barré sur le modèle de *la*, et essayez de jouer la progression simple illustrée par la Figure 8-14, qui utilise des accords barrés majeurs, mineurs et de 7e dominante sur le modèle de *la*.

**Figure 8-14** : une progression avec des accords barrés majeurs, mineurs et de 7e dominante sur le modèle de *la*.

## Les accords mineurs 7e

Comparés aux accords majeurs, les accords mineurs 7e ont un son doux et jazzy. Vous pouvez former l'accord de *si*bm7 à partir d'un accord de *la*m7 à vide (avec un doigté 3-2) en faisant glisser ce dernier vers le haut. Vous pouvez aussi vous reporter à l'exemple de la Figure 8-12 et placer vos doigts directement sur les cases pour former l'accord de *si*bm7.

La progression simple de la Figure 8-15 montre uniquement des accords mineurs 7e sur le modèle de *la*. (Si nécessaire, reportez-vous à l'Annexe A pour rechercher la case appropriée pour chaque accord.)

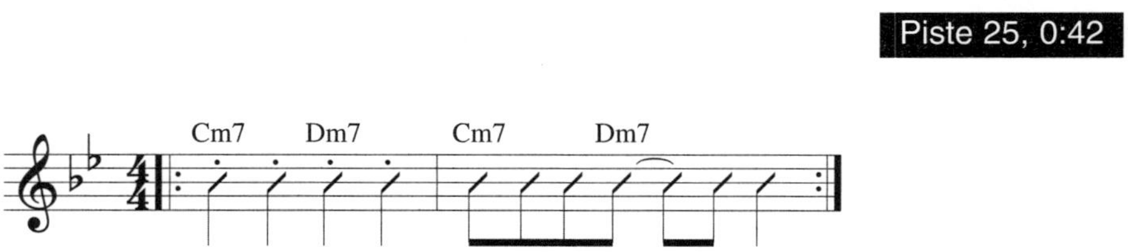


**Figure 8-15** : une progression avec des accords barrés mineurs 7e.

## Les accords majeurs 7e

Les accords majeurs 7e ont un son brillant et jazzy. (Notez que, dans la section sur les accords barrés sur le modèle de *mi*, plus haut dans ce chapitre, nous n'avons pas inclus l'accord majeur 7e. C'est parce que les accords majeurs 7e ne se prêtent pas à une forme barrée sur le modèle de *mi*.)

Vous pouvez former l'accord de *si*bmaj7 à partir de l'accord de *la*maj7 en faisant glisser ce dernier vers le haut (avec le doigté 3-2-4), ou vous pouvez vous reporter à l'exemple de la Figure 8-12 et placer vos doigts directement sur les cases pour former l'accord barré, comme vous le montre la figure.

La progression simple de la Figure 8-16 utilise un barré mineur 7e sur le modèle de *la* et un barré majeur 7e sur le modèle de *la*. (Si nécessaire, reportez-vous à l'Annexe A pour trouver les cases appropriées de chaque accord.)

Piste 25, 0:55

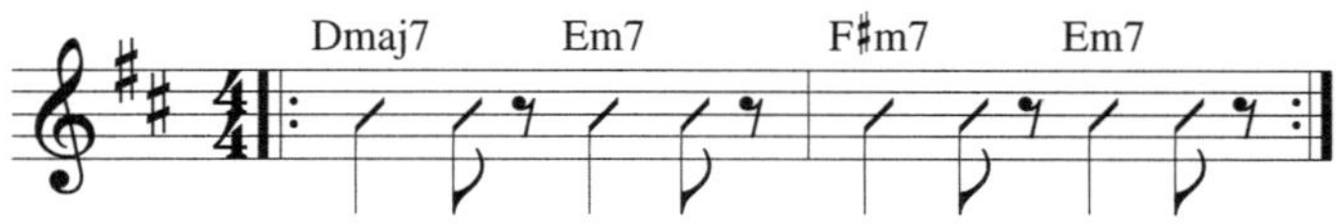


**Figure 8-16** : une progression avec des accords barrés mineurs 7e et majeurs 7e.

L'exercice de la Figure 8-17 utilise la progression d'accords de la chanson « We Wish You a Merry Christmas ». Jouez cette progression en n'utilisant que des accords barrés sur le modèle de *la*. Pour vous aider, nous avons indiqué pour chaque accord à quelle case placer l'index. Vous noterez que les accords sont différents de ceux de l'exemple précédent de « We Wish You a Merry Christmas » (celui de la Figure 8-7), mais que cela est dû au fait que nous employons ici un accord de départ différent.

**CONSEIL**

Si vous jouez avec une guitare acoustique à cordes de Nylon, vous aurez des problèmes pour jouer l'accord de lam à la douzième case, car la caisse de la guitare ne s'y prête pas (et le jouer sur une guitare acoustique à cordes d'acier, ce n'est pas non plus de la tarte !). Remplacez-le par un accord de *la*m avec cordes à vide, mais utilisez un doigté 3-4-2 pour garder votre main en position d'accord barré.

**NOTE TECHNIQUE**

Vous noterez peut-être, en jouant les exercices de ce chapitre, en particulier ceux de « We Wish You a Merry Christmas », que la main gauche saute sur le manche avec des mouvements vifs et saccadés. C'est parce que vous jouez tous les accords requis en n'utilisant qu'une seule forme d'accord, soit la forme sur le modèle de *mi*, soit celle sur le modèle de *la*. Lorsque vous combinerez les formes, vous fonderez le choix de vos accords sur le principe de l'économie de mouvement. Les accords de *fa* et de *si*b sont à cinq cases l'un de l'autre si vous employez la même forme d'accord barré, mais ils se retrouvent sur la même case (la première), si vous utilisez le modèle de mi pour l'accord de fa et le modèle de *la* pour l'accord de *si*b. Il vous sera donc de plus en plus facile de jouer des chansons au fur et à mesure que vous ajouterez des accords à votre arsenal.

Piste 26

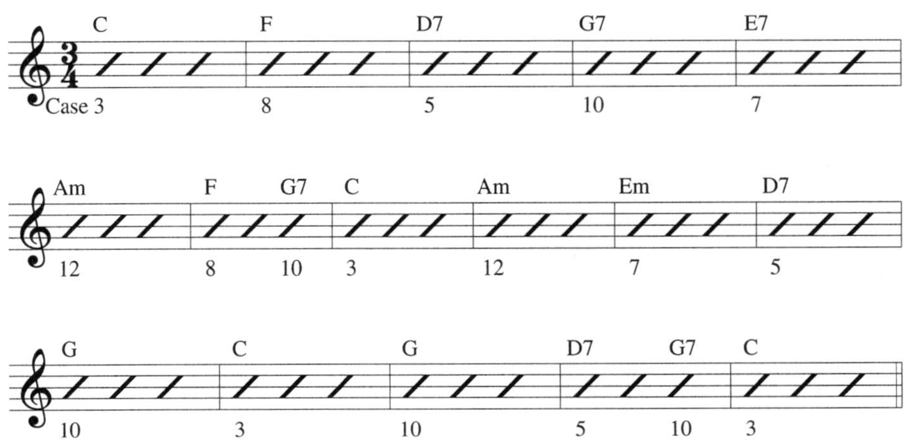


**Figure 8-17** : progression d'accords de « We Wish You a Merry Christmas ».

Pour vérifier immédiatement qu'il est bien plus facile de jouer « We Wish You a Merry Christmas » si vous combinez le modèle de *mi* et le modèle de *la*, vous pouvez aller à la section « Jouez des morceaux avec des accords barrés et des accords de 5ᵉ » plus loin dans ce chapitre.

# Faites hurler votre guitare avec des accords de 5ᵉ

Un accord de 5ᵉ (en anglais, *power chord* : ce qui en dit long…) n'est en général composé de rien de plus que des deux ou trois notes les plus basses d'un accord à vide normal ou d'un accord barré normal. Les guitaristes de rock jouent souvent des accords de 5ᵉ pour créer un son géant. Les *power chords* sont plus faciles à jouer que les versions complètes des accords dont ils sont dérivés et n'ont pas de qualité majeure ou mineure, ce qui fait qu'ils peuvent être utilisés dans l'un comme dans l'autre des deux modes. En plus, ils déménagent, et l'on se fait plaisir en les jouant !

## Le doigté des accords de 5ᵉ

Un *power chord* se compose seulement de deux ou trois notes différentes séparées par un intervalle de cinq degrés (une *quinte*), comme par exemple *la-mi* ou *do-sol*. Comptez sur vos doigts si vous n'êtes pas sûr. Mais l'accord que vous allez jouer réellement sera souvent formé sur plusieurs cordes, parce que vous allez *doubler* chaque note, c'est-à-dire jouer chaque note sur des octaves différentes (et sur des cordes différentes).

Comme c'est le cas pour la plupart des autres accords, les *power chords* existent en deux versions : *avec cordes à vide* et *déplaçables*. Nous vous présentons les accords de 5ᵉ avec cordes à vide les plus courants dans la Figure 8-18 : *mi*5, *la*5 et *ré*5. Ces accords sont simplement formés avec les deux ou trois notes les plus basses des accords de *mi*, *la* et *ré* simples avec cordes à vide décrits au Chapitre 4.

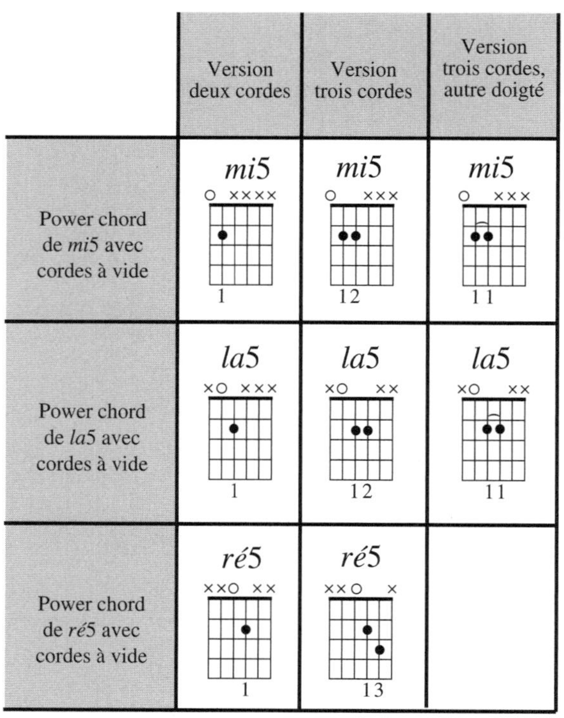


**Figure 8-18** : power chords de *mi*5, de *la*5 et *ré*5 avec cordes à vide.

Les accords de 5ᵉ déplaçables sont tout simplement formés avec les deux ou trois notes les plus basses des accords barrés déplaçables décrits dans les sections précédentes de ce chapitre. Comme c'est le cas pour les autres accords barrés déplaçables, les *power chords* déplaçables sont formés soit sur le modèle de *mi*, et leurs noms respectifs correspondent alors aux notes jouées sur la 6ᵉ corde (*mi* grave), soit sur le modèle de la, et leurs noms respectifs correspondent dans ce cas aux notes jouées sur la 5ᵉ corde (*la*). La Figure 8-19 montre les *power chords* de *fa*5 et de *si*b5 que l'on joue à la première case. Vous pouvez déplacer ces accords vers n'importe quelle case sur les cordes de *mi* grave et *la* en trouvant leur nom dans les tableaux de l'Annexe A. Mieux encore : vous pouvez trouver le nom des *power chords* en mémorisant le nom des notes sur les 6ᵉ et 5ᵉ cordes, ce qui évite d'avoir à recourir à l'Annexe A (un pas vers le professionalisme !).

CONSEIL

Pour la plupart, les *power chords* sur deux et trois cordes sont interchangeables. Dans certaines situations, comme lorsqu'on joue dans le style de Chuck Berry des figures comme celles que nous proposons au Chapitre 10, il est préférable d'opter pour la version à deux cordes.

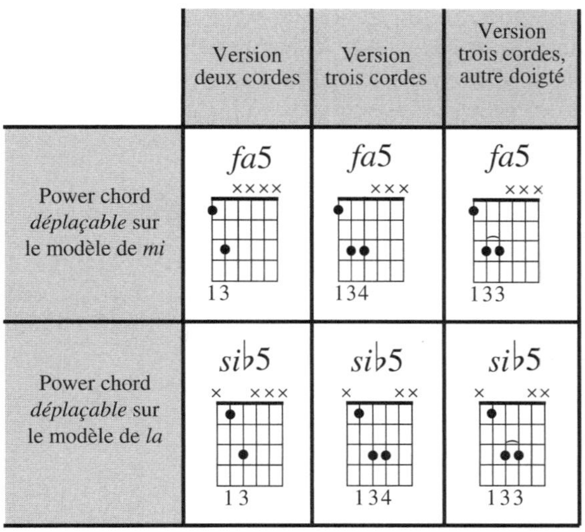


**Figure 8-19** : power chords (déplaçables) de *fa*5 et *si*b5.

# Comment utiliser les power chords

Dans la musique rock simple (et même dans certaines chansons de pop), les guitaristes substituent souvent les *power chords* aux accords complets pour donner à l'accompagnement (et plus particulièrement à la partie de guitare rythmique) un son plus léger que celui des accords complets. Ce choix est parfois fait afin de permettre à la partie vocale de mieux se détacher de la musique. On trouve ce type d'accord de 5ᵉ dans les vieilles chansons comme « Johnny B. Goode » et « Peggy Sue ». La progression de la Figure 8-20 montre le *power chord* employé pour produire ce type de son. Jouez-la en utilisant des accords de 5e, soit avec deux cordes, soit avec trois.

Piste 27, 0:00

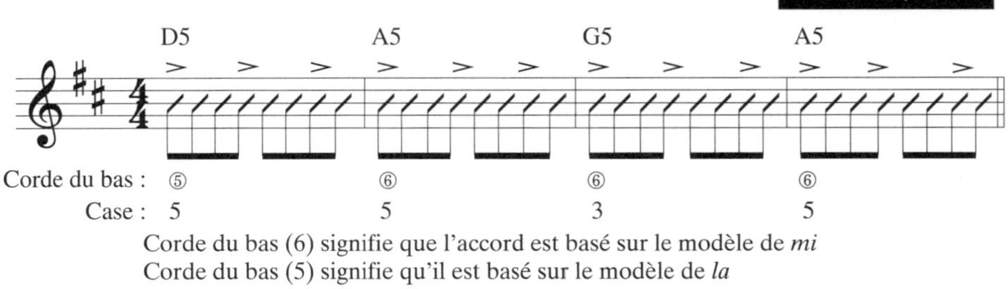


**Figure 8-20** : une progression d'accords de 5ᵉ en *ré*.

On appelle *accent* le symbole « > ». Les notes ainsi désignées doivent être jouées un peu plus fort que les autres pour les accentuer. Parfois, les accents forment un motif rythmique qui confère un certain parfum à la chanson, comme une saveur latino, un style à la Bo Diddley, un parfum de polka, voire un parfum Rocky Road de Häagen-Dazs.

Les guitaristes de hard-rock ou de heavy-metal aiment utiliser des accords aux sons lourds ou menaçants. Ils arrivent à obtenir cette atmosphère en jouant des notes basses avec de la distorsion. La *distorsion* se produit lorsque le signal est trop puissant pour que les circuits de l'ampli ne puissent le traiter correctement, ce qui donne un son flou.

Ces guitaristes adorent jouer des power chords en lieu et place d'accords complets, parce que les accords de 5e sonnent plus grave (puisqu'ils n'incluent pas les cordes les plus hautes). De plus, l'effet de distorsion les oblige vraiment à n'utiliser que des *power chords*, parce que les accords complets peuvent sonner de façon très inesthéthique avec beaucoup de distorsion.

La progression de la Figure 8-21 est celle d'un riff type de heavy-metal, elle est composée d'accords de 5e, à la fois avec cordes à vide et déplaçables.
Si vous possédez une guitare électrique et un ampli ou un dispositif d'effet qui vous permet de réaliser une saturation (voir « Distorsion » dans le Chapitre 16), employez cet effet de distorsion tout en jouant cette progression, comme vous pouvez l'entendre sur le CD. Vous pouvez choisir l'une des deux versions (à deux ou trois cordes) des accords de 5e, mais celle du CD est la version à deux cordes.

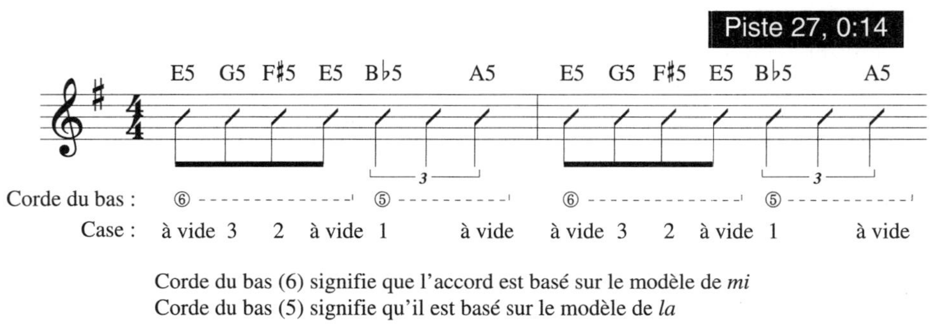


**Figure 8-21** : une progression de heavy-metal avec des accords de 5e pour vous « exploser » la tête !

Si vous avez envie de jouer tout de suite une progression avec des power chords, essayez « Power Play » dans la section qui suit.

# Jouez des morceaux avec des accords barrés et des accords de 5e

C'est ici que l'on va commencer à s'amuser ! Vous allez retrouver une chanson que vous avez déjà jouée plus tôt dans ce chapitre (voir les Figures 8-7 et 8-17), mais nous allons maintenant vous montrer comment il est plus facile de jouer une chanson en combinant différentes formes d'accords.

Un mot sur les morceaux

- **We Wish You a Merry Christmas**. Pour cette chanson, il faut jouer des accords barrés sur le modèle de *mi* (reportez-vous plus haut dans ce chapitre aux sections « Jouez des accords barrés majeurs sur le modèle de *mi* » et « Jouez les accords barrés mineurs, 7e de dominante et mineurs 7e sur le modèle de *mi* ») et savoir jouer de la guitare en costume de Père Noël, avec un oreiller attaché en travers de la taille pour faire plus vrai !

  Les progressions d'accords de cette chanson ont été présentées deux fois dans les exercices de ce chapitre : d'abord à la Figure 8-7, en tant qu'exercice sur les accords barrés sur le modèle de *mi*, puis à nouveau à la Figure 8-17 comme exercice sur les accords barrés sur le modèle de *la*. Pour chacun de ces deux exercices, la main gauche doit sauter à travers tout le manche. En combinant les deux types d'accords barrés (sur le modèle de *mi* et le modèle de *la*), vous pouvez jouer cette chanson en réduisant les mouvements de la main gauche. Vous pouvez ainsi jouer plus rapidement et avec plus de douceur, et réaliser un meilleur enchaîné entre les notes séparées des accords changeants. (Une suite d'accords bien enchaînée produit un son agréable.)

- **Power Play**. Pour ce morceau (qui est une progression de rock de quatre mesures composée exclusivement d'accords de 5e), il faut savoir former le doigté des accords de la5, sol5 et ré5 (voir la section « Le doigté des accords de 5e » un peu plus haut dans ce chapitre), et aussi savoir pousser le bouton de volume de votre ampli… au 11e cran !

  Il existe une infinité de chansons de rock qui sont composées à partir de cette progression, y compris le classique « Takin' Care of Business », de Bachman-Turner Overdrive (BTO, pour les intimes).

  Souvenez-vous que les power chords fonctionnent bien avec un son lourd et beaucoup de distorsion, et que vous pouvez les employer pour remplacer les versions complètes des accords correspondants, parce qu'ils se composent habituellement du même fond de deux ou trois notes. Donc, le jour où vous vous sentirez un peu rebelle, un peu méchant, poussez votre ampli à fond et jouez « We Wish You a Merry Christmas » avec des power chords, un effet de distorsion et une attitude agressive !

Piste 28

# We Wish You a Merry Christmas

Piste 29

## Power Play

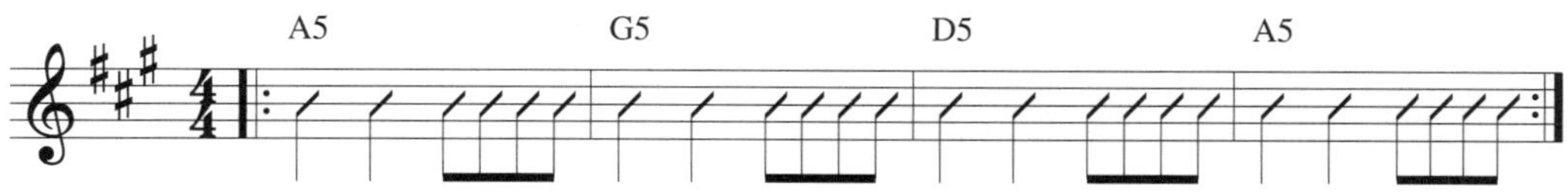

# Chapitre 9

# Exprimez-vous grâce aux nuances de jeu

**Dans ce chapitre :**

- Les *hammer-on* (« coulés ascendants »)
- Les *pull-off* (« coulés descendants »)
- Les *slides* (« glissés »)
- Les *bends* (« étirements »)
- Les vibratos
- Le *muting* (« étouffement »)
- Jouez dans un style intégré

L'articulation désigne la manière dont les notes sont jouées et reliées entre elles. Les hauteurs de tons et les rythmes constituent la musique que vous jouez, et l'articulation, la *manière dont vous la jouez*. Elle donne de l'expression à votre musique et vous permet de faire parler votre guitare, de la faire chanter et même pleurer ! Du point de vue technique, les effets que sont les *hammer-on* (coulés ascendants), les *pull-off* (coulés descendants), les *slides* (glissades) et les *bends* (étirements) vous permettent de relier en douceur des notes, ce qui conférera à votre jeu de la fluidité (ce qui est particulièrement bien si vous jouez du blues). Les *vibratos* insufflent de la vie à des notes tenues, qui sinon sembleraient parfois sans expression, et le *muting* (étouffement) donne un son serré et saccadé à certaines notes séparées.

En introduisant de telles nuances dans votre jeu, vous allez commencer à exercer davantage de contrôle sur votre guitare. Vous n'allez plus jouer seulement « correctement », mais vous mettre au contraire à jouer dans votre style personnel.

Ce chapitre vous montre comment pratiquer toutes les techniques, tous les effets dont vous avez besoin pour vous exprimer avec votre guitare. Une fois que nous vous aurons expliqué les techniques, nous vous présenterons quelques airs qui se prêtent particulièrement bien à une technique particulière ou à un style particulier, afin que vous puissiez vous exercer en situation.

## Rockez avec des hammer-on

La technique des *hammer-on* (« coulés ascendants ») permet de jouer deux notes ascendantes consécutives tout en ne pinçant que la première. Le nom anglais *hammer-on*, tire son nom de l'action du doigt de la main gauche, qui s'abat sur la touche comme un marteau, et fait ainsi sonner la note de cette case. Cette technique de la main gauche permet d'effectuer en douceur la liaison entre les notes, bien plus doucement que lorsqu'on pince chaque note séparément. Dans les tablatures et la notation standard de ce livre, le *hammer-on* est signalé par la lettre H et une ligne courbe. (Cette ligne courbe relie le numéro de la première case, ou note, du *hammer-on* à la dernière, et le H est inscrit centré au-dessus de la ligne courbe. Si deux H sont indiqués au-dessus de la ligne courbe, le *hammer-on* implique trois notes.)

## Jouez des hammer-on

Jouer un *hammer-on* sur une corde à vide, c'est la chose la plus facile au monde. Voici comment l'exécuter, dans la Figure 9-1a :

1. **Pincez la corde de sol à vide (3^e^ corde) comme vous le faites habituellement.**
2. **Alors que la corde à vide est encore en train de sonner, utilisez un doigt de la main gauche (par exemple, l'index) pour frapper rapidement et fermement la deuxième case de la même corde.**

   Si vous abattez votre doigt avec suffisamment de force, vous allez entendre la deuxième note sonner (ici, c'est le la de la deuxième case). Normalement, votre main gauche *n'attaque pas* une case ; elle ne fait qu'*appuyer dessus*. Mais pour obtenir un son audible sans pincer la corde, vous devez frapper la corde avec suffisamment de force, comme si votre doigt était un marteau qui s'abat sur la case.

La Figure 9-1b indique un *hammer-on* depuis une note jouée sur la 3e corde. Utilisez l'index pour presser la première note à la quatrième case et pincez la corde ; puis, tandis que cette note est en train de sonner, abattez le majeur comme un marteau sur la cinquième case.

La Figure 9-1c signale un double *hammer-on* sur la 3e corde. Jouez la corde à vide et abattez l'index sur la deuxième case ; puis, alors que cette note sonne, abattez l'annulaire à la quatrième case de la même corde : cela va produire une liaison des plus onctueuses entre les trois notes. Ne jouez pas les trois notes trop rapidement les unes après les autres : cette tendance est naturelle lorsqu'on travaille pour la première fois les *hammer-on*.

La Figure 9-1d indique un double *hammer-on* sur la même corde avec trois notes. Ce type de *hammer-on* est le plus difficile à jouer, et il nécessite un peu d'entraînement. Jouez la note de la quatrième case en frettant la corde avec l'index ; puis abattez le majeur sur la cinquième case ; abattez enfin l'auriculaire sur la septième case.

Piste 30, 0:00

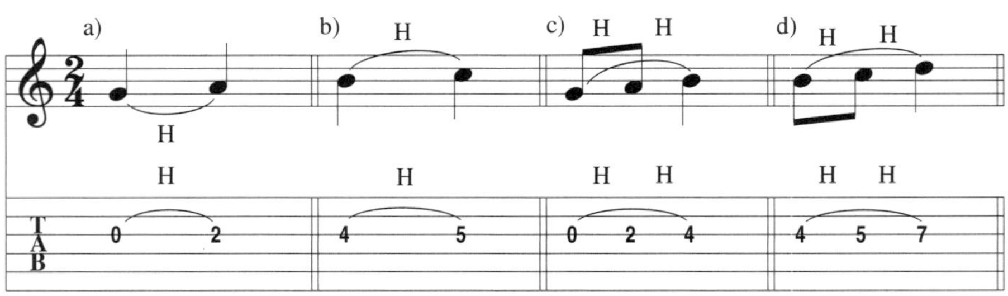


**Figure 9-1** : quatre types de *hammer-on.*

Vous pouvez aussi jouer des *hammer-on* sur des double-stops. Les double-stops en *hammer-on* les plus communs et ceux qui sont les plus faciles à jouer sont ceux où les deux notes du double-stop se trouvent sur la même case, ce qui vous permet de les barrer, c'est-à-dire de jouer les deux notes avec un seul doigt. (Reportez-vous au Chapitre 7 pour en savoir plus sur les double-stops.)

La Figure 9-2a indique un double-stop en *hammer-on* sur des cordes à vide (les $2^e$ et $3^e$ cordes). Après avoir pincé les deux cordes à vide avec le médiator, et pendant que ces deux cordes sont encore en train de sonner, abattez l'index sur la deuxième case, simultanément en travers des deux cordes.

Ensuite, essayez un double-stop en hammer-on de la deuxième case vers la quatrième, là aussi sur les $2^e$ et $3^e$ cordes, comme l'indique la Figure 9-2b. Barrez la deuxième case avec l'index et la quatrième avec l'annulaire. Et maintenant, essayez un truc vraiment recherché : jouez un double double-stop en *hammer-on*, sur les mêmes notes, comme indiqué à la Figure 9-2c ! Commencez avec la corde à vide, abattez l'index sur la deuxième case pour la barrer, puis abattez l'annulaire sur la quatrième case pour la barrer.

La Figure 9-3 montre ce que l'on appelle un « *hammer-on sans pincer la corde* ». Il ne s'agit pas d'un *hammer-on* type : la note frappée ne vient pas à la suite d'une note plus grave en train de sonner. Dans cet exemple, la note frappée se trouve d'ailleurs sur une corde différente de la note précédente. Faites sonner la note en la pressant très fortement, en la « martelant » avec un doigt de la main gauche, avec suffisamment de force pour que cette note sonne sans que vous n'ayez à la pincer avec le médiator.

Piste 30, 0:27

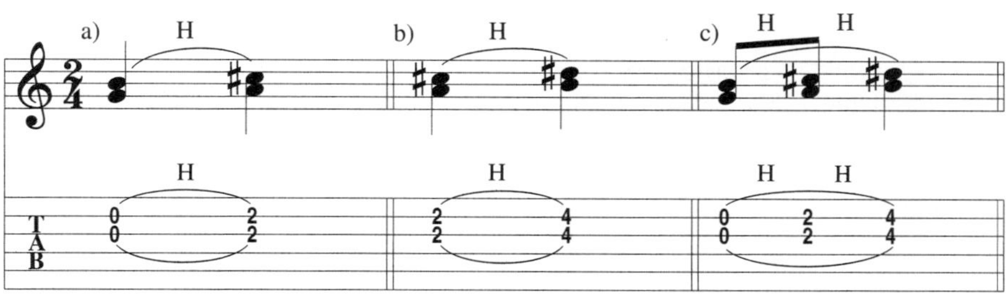


**Figure 9-2** : des *hammer-on* de double-stops.

Piste 30, 0:48

**Figure 9-3** : un *hammer-on sans pincer la corde.*

Pourquoi utiliser ce type de *hammer-on* ? Parce que dans certains passages rapides, le jeu de la main droite ne laisse pas le temps nécessaire à une attaque supplémentaire. Dans ce cas, vous pouvez quand même faire sonner la corde en la pressant suffisamment fort d'un doigt de la main gauche.

## Familiarisez-vous avec les hammer-on

Les figures 9-4 à 9-7 vous proposent quelques airs caractéristiques avec des *hammer-on*. (Les petits chiffres dans la notation musicale standard indiquent les doigtés.) L'air de la Figure 9-4 utilise des *hammer-on* d'une seule note sur des cordes à vide. On trouve ce type d'airs dans des chansons de rock, de blues ou de country. Essayez des les jouer pour acquérir davantage d'expérience des *hammer-on*.

Un autre truc bien cool, c'est de gratter un accord tout en opérant un *hammer-on* sur l'une de ses notes. La Figure 9-5 indique cette technique, souvent employée par James Taylor, dans le contexte d'une phrase musicale.

La Figure 9-6 indique des *hammer-on* d'une seule note qui n'impliquent que des notes frettées. On trouve ce type d'airs dans de nombreuses chansons de rock et de blues. Les allers sont indiqués par des ⊓ et les retours par des V (sim. signifie que vous devez continuer de jouer de la même manière : ici, c'est la manière de gratter les cordes qui est indiquée).

Piste 31

**Figure 9-4** : *hammer-on* d'une seule corde sur des cordes à vide.

Piste 32

**Figure 9-5** : un accord plaqué avec l'une de ses notes abattue en *hammer-on* dans le contexte d'une phrase musicale.

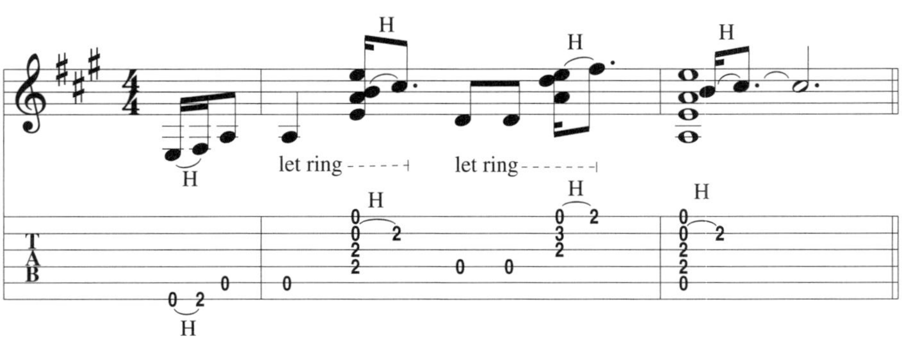

Piste 33

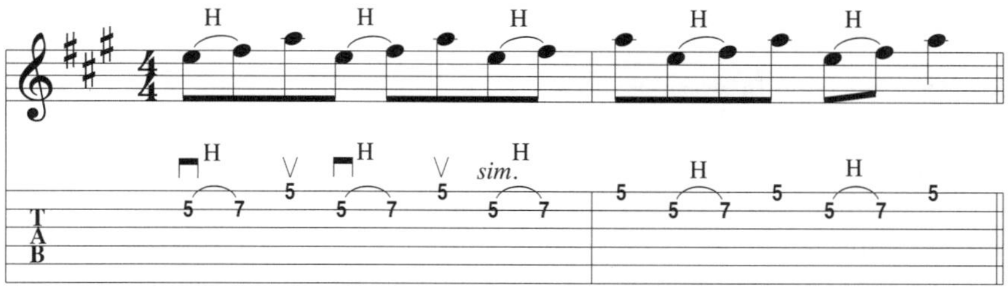

**Figure 9-6** : des *hammer-on* d'une seule note avec des notes pressées.

Continuez à barrer la cinquième case avec l'index en jouant cet air. Vous obtiendrez un son plus doux et vous trouverez aussi que c'est plus facile à jouer.

La Figure 9-7 combine un *hammer-on* de double-stop avec *un hammer-on sans pincer la corde* en cinquième position. (Reportez-vous au Chapitre 7 pour en savoir plus sur le jeu en position.) Essayez de pincer la dernière note, et vous vous rendrez vite compte que le *hammer-on sans pincer la corde* est plus facile à jouer que la version pincée de la note.

Piste 34

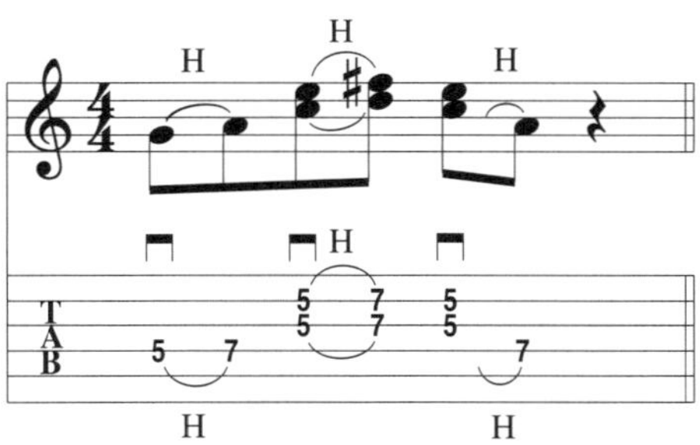

**Figure 9-7** : un *hammer-on* de double-stop et un *hammer-on sans pincer la corde.*

# Les pull-off

Les *pull-off* (« coulés descendants ») constituent une autre technique qui rend possible la liaison des notes en douceur. Elle permet de jouer deux notes consécutives descendantes en ne pinçant la corde qu'une seule fois de la main droite et, tandis que la première note sonne, de retirer le doigt de cette case. Ce faisant, la note suivante pressée (ou à vide) de la corde sonne à la place de la première note. On pourrait penser que le *pull-off* est l'opposé du *hammer-on*, mais ce n'est pas tout à fait exact. Un *pull-off* exige aussi que vous exerciez une légère pression latérale sur la corde là où vous frettez la note, et puis que vous relâchiez immédiatement cette corde en retirant votre doigt de la case, le tout en un clin d'œil. Les tablatures et la notation musicale standard de ce livre indiquent un *pull-off* par la lettre P centrée au-dessus d'une ligne courbe qui relie les deux chiffres des tablatures ou les deux notes.

## Jouez des pull-off

Jouer un *pull-off* sur une corde à vide, c'est simple comme bonjour ! Voici comment procéder pour le *pull-off* avec corde à vide sur la Figure 9-8a :

1. **Pressez la 3<sup>e</sup> corde à la deuxième case avec l'index ou le majeur (celui des deux doigts qui conviendra le mieux) et pincez la note normalement de la main droite.**
2. **Tandis que la note est encore en train de sonner, retirez votre doigt de la corde dans un mouvement latéral (vers le bas), de telle sorte que la 3e corde sonne, comme si vous la pinciez de la main gauche.**

   Si vous jouez rapidement, vous ne pouvez pas vraiment pincer la corde en retirant votre doigt. Ce geste consiste donc à la fois à retirer le doigt et à pincer la corde. Veillez à trouver le geste du doigt de la main gauche qui fonctionne le mieux pour vous.

La Figure 9-8b indique un *pull-off* formé uniquement avec des notes pressées. Le facteur crucial lorsqu'on joue ce type de *pull-off*, c'est que l'on doit former les doigtés des deux notes du pull-off avant de jouer. (C'est tellement important que nous l'écrivons en italique !) Cet aspect constitue l'une des grandes différences entre un *hammer-on* et un *pull-off*. Il faut anticiper un coulé descendant, le penser à l'avance. Voici comment jouer le pull-off à la Figure 9-8b :

1. **Pressez *simultanément* la deuxième case de la 3e corde avec l'index et la quatrième case de la 3e corde avec l'annulaire.**
2. **Pincez la 3e corde avec le médiator, et, tandis que la note de la quatrième case est encore en train de sonner, retirez l'annulaire de la quatrième case (avec un geste à mi-chemin entre pincer et soulever) afin de faire sonner la note de la deuxième case (dont vous avez déjà formé le doigté).**

   Essayez d'éviter de heurter accidentellement la 2e corde en retirant le doigt. Comme vous pouvez le remarquer, si la note de deuxième case n'a pas été pressée au préalable, vous faites sonner la corde à vide au lieu de la note de la deuxième case !

La Figure 9-8c montre un double *pull-off* vers la 3e corde à vide. Commencez par fretter simultanément les deux premières notes (avec l'index et l'annulaire). Pincez la corde, puis retirez l'annulaire pour faire sonner la note à la deuxième case : puis retirez l'index pour faire sonner la corde à vide. (Notez que deux P sont indiqués au-dessus de la ligne courbe qui relie les trois notes : cela indique qu'il faut exécuter un *pull-off* sur les trois notes, et pas seulement sur deux.)

La Figure 9-8d indique un double *pull-off* sur la 3e corde n'utilisant que des notes frettées. Commencez par presser les trois notes (avec l'index, le majeur et l'auriculaire). Pincez la corde, puis retirez l'auriculaire pour faire sonner la note de la cinquième case. Enfin, retirez le majeur pour faire sonner la note de la quatrième case.

On peut aussi jouer des *pull-off* de double-stops. Comme c'est le cas pour les *hammer-on*, les *pull-off* de double-stops les plus faciles à jouer sont ceux où les deux notes se trouvent sur la même case, ce qui permet de les barrer. (Reportez-vous au Chapitre 7 pour en savoir plus sur les double-stops.)

Piste 35, 0:00

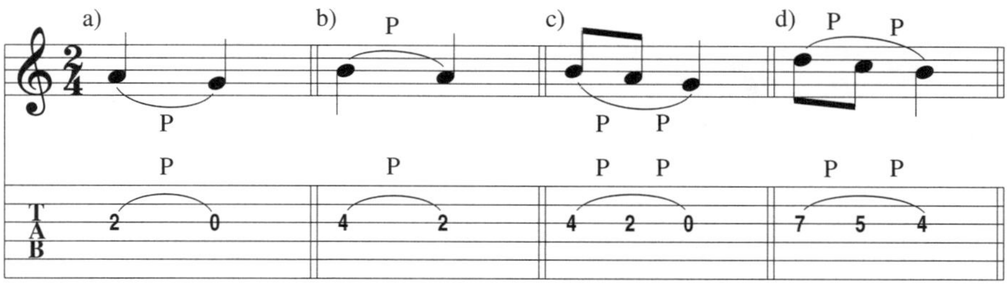


**Figure 9-8** : quatre types de *pull-off*.

La Figure 9-9a montre un *pull-off* de double-stop vers des cordes à vide sur les 2e et 3e cordes. Après avoir pincé les notes de la deuxième case, et tandis que celles-ci sont encore en train de sonner, retirez l'index des deux cordes (dans un geste à mi-chemin entre pincer et soulever) d'un seul mouvement afin de faire sonner les cordes à vide.

Essayez ensuite un *pull-off* de double-stop partant de la quatrième case vers la deuxième, comme indiqué à la Figure 9-9b. Placez l'index à la deuxième case, faites-le barrer les 2e et 3e cordes, et placez en même temps l'annulaire à la quatrième case en barré sur les 2e et 3e cordes. Pincez les cordes, puis retirez l'annulaire de la quatrième case pour faire sonner les deux cordes à la deuxième case.

Maintenant, essayez un double pull-off de double-stop, sur les mêmes cordes, comme indiqué à la Figure 9-9c ! Ce type de pull-off est semblable à celui de la Figure 9-9b, sauf qu'une fois que les notes de la deuxième case sonnent, vous retirez l'index de la deuxième case pour faire sonner les cordes à vide.

Piste 35, 0:27

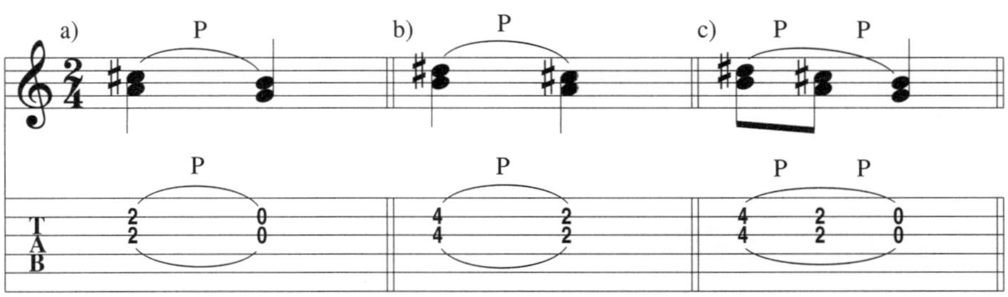


**Figure 9-9** : des *pull-off* de double-stops.

## Familiarisez-vous avec les pull-off

Dans les figures 9-10 et 9-11, vous pouvez observer deux phrasés types utilisant des *pull-off*. La Figure 9-10 comprend des *pull-off* de simples notes vers des cordes à vide. On trouve ce type de phrasé dans de nombreuses chansons de rock et de blues.

Piste 36, 0:00

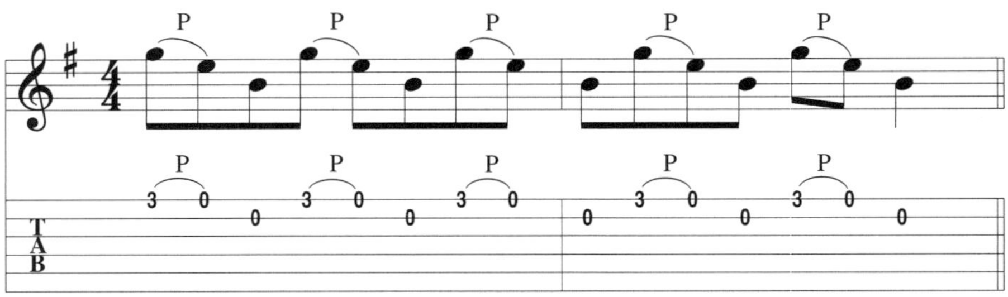

**Figure 9-10** : des *pull-off* de simples notes vers des cordes à vide.

La Figure 9-5 de la section « Familiarisez-vous avec les *pull-off* », plus haut dans ce chapitre, vous indique comment plaquer un accord en abattant une note de cet accord. La Figure 9-11 indique la technique opposée : plaquer un accord en en retirant une note. Le passage de cette figure commence avec deux *pull-off* de simples notes pour vous permettre de vous échauffer.

Piste 36, 0:19

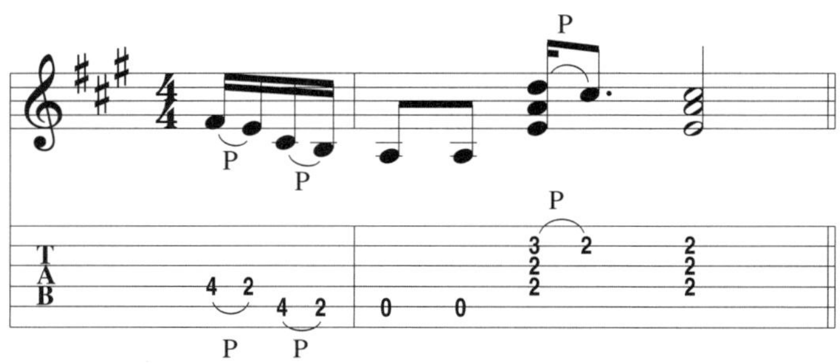

**Figure 9-11** : un accord plaqué avec un *pull-off* de l'une de ses notes dans le contexte d'une phrase musicale.

# Mettez-vous aux slides

Les *slides* (« glissés ») constituent une technique avec laquelle on joue une note, pour ensuite déplacer le doigt de la main gauche le long de la corde vers une case différente. Cette technique vous permet de lier deux notes ou davantage en douceur et rapidement. Elle vous permet aussi de changer de position sur la touche sans interruption.

Les types de jeu en slide sont nombreux. Voici les principaux :

- le *slide* entre deux notes, où l'on ne pince que la première,
- le *slide* entre deux notes, où l'on pince les deux notes,
- le *slide* depuis une hauteur indéfinie, quelques cases au-dessus ou au-dessous de la note cible (la hauteur n'est pas définie parce qu'on commence le *slide* avec une très faible pression du doigt pour l'augmenter progressivement jusqu'à ce qu'on soit arrivé à la case désirée),

- le *slide* vers une hauteur indéfinie quelques cases au-dessus ou au-dessous de la note de départ (la hauteur n'est pas définie parce qu'on relâche progressivement la pression du doigt en s'éloignant de la case de départ),
- le *slide* pour mettre en valeur une note donnée.

Dans les tablatures et en notation musicale standard, nous indiquons un slide avec les lettres SL (pour *slide*) centrées au-dessus d'une ligne courbe.

## Jouez des slides

Le mot anglais *slide* signifie « glissade », et c'est très exactement ce que vous allez faire ! Toute l'action consiste à faire glisser le doigt de la main gauche vers le haut ou le bas d'une corde donnée, en maintenant le contact avec cette corde pour arriver sur une nouvelle note. Parfois, vous allez relier deux notes de hauteurs définies (par exemple, de la 7e à la 9e case), d'autre fois, vous allez relier une hauteur définie à une hauteur indéfinie (les hauteurs indéfinies sont produites en pinçant une note tout en augmentant ou en relâchant progressivement la pression du doigt durant le slide).

La Figure 9-12a montre une liaison (petite ligne courbe) au-dessus de la ligne oblique. La liaison indique qu'il s'agit d'un *slide legato*, ce qui veut dire qu'*on ne pince pas la deuxième note*. Jouez normalement la première note à la 9e case, en la tenant sur un temps. Sur le deuxième temps, alors que la corde sonne encore, faites rapidement glisser le doigt de la main gauche vers la douzième case, tout en maintenant la pression du doigt. Cette action a pour effet de faire sonner la note de la douzième case sans qu'il soit nécessaire de la pincer.

L'exercice de la Figure 9-12b montre un *slide sans liaison* : vous allez pincer la deuxième note. Jouez et tenez la note de la 9e case pendant le premier temps. Pour jouer le deuxième temps, glissez jusqu'à la douzième case en maintenant la pression du doigt, et attaquez la corde avec le médiator juste au moment où vous arrivez à la douzième case.

Piste 37, 0:00

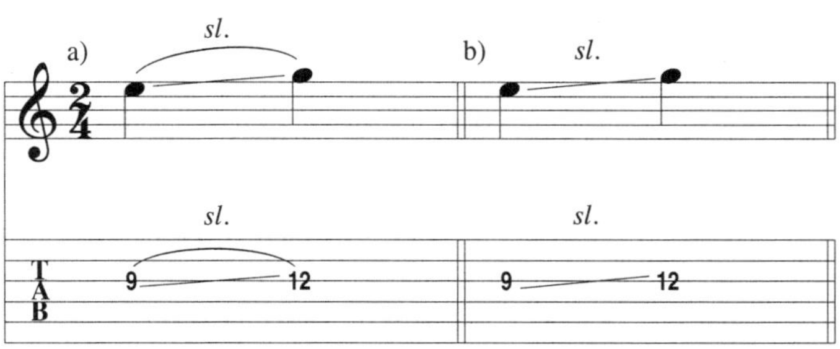


**Figure 9-12** : deux types de *slides* : l'un sans pincer la deuxième note, l'autre en la pinçant.

NOTE TECHNIQUE

Si vous jouez le *slide* de la Figure 9-12b suffisamment lentement, vous obtiendrez ce qu'on appelle un *glissando*. Il s'agit d'un effet produit par les harpes, pianos et guitares, dans lequel vous faites sonner toutes les notes comprises entre les deux principales.

Un *slide immédiat vers une note supérieure* sert à mettre en valeur une note spécifique. Notez qu'il n'est pas utilisé pour relier deux notes différentes de hauteurs définies. Dans l'exemple de la Figure 9-13a, vous allez glisser vers la 9e case depuis un point situé quelques cases plus bas. Suivez ces instructions :

1. **Commencez le slide environ trois cases au-dessous de la case cible (donc, à la 6e case si la 9e est votre cible) en exerçant une pression minimale des doigts.**
2. **Tandis que votre doigt remonte, augmentez progressivement la pression afin d'arriver à la case cible avec une pression normale.**
3. **Attaquez la corde avec le médiator alors que le doigt de votre main gauche est en mouvement, quelque part entre la case de départ et la case d'arrivée (entre la 6e et la 9e case dans cet exemple).**

Le *slide* de la Figure 9-13b est un *slide immédiat vers une note inférieure*. On l'emploie habituellement après avoir tenu une note pendant un certain temps. Cela donne une fin plaisante à une longue note. Procédez comme suit :

1. **Pincez normalement la corde indiquée sur les tablatures (dans cet exemple, celle de la douzième case).**
2. **Après avoir laissé la corde sonner pendant la durée indiquée, faites glisser le doigt de la main gauche le long de la corde vers le bas, en relâchant progressivement la pression, ce qui crée un effet de fondu sonore.**

   Après quelques cases, retirez complètement le doigt de la corde, à moins que vous ne vouliez jouer ce qu'on appelle un *long slide*. Si tel était le cas, vous feriez glisser le doigt tout le long du manche en relâchant la pression du doigt (et en retirant finalement le doigt de la corde) tandis qu'il remonte vers le sommet du manche.

Piste 37, 0:10

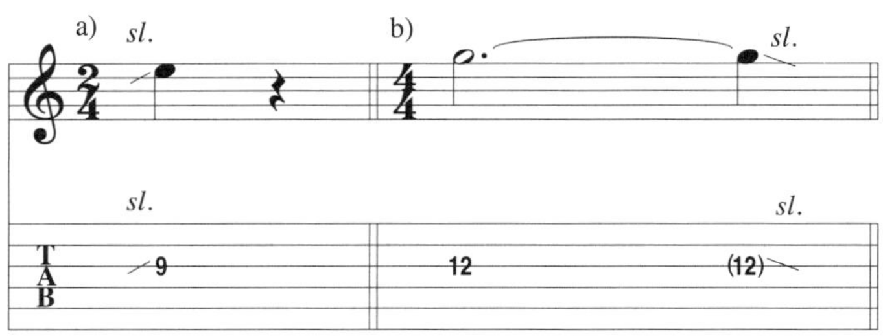


**Figure 9-13 :** un *slide* immédiat vers une note supérieure et vers une note inférieure.

# Jouez des airs typiques avec des slides

Les figures 9-14 et 9-15 montrent deux airs types avec des *slides*. La Figure 9-14 montre des *slides immédiats vers des notes supérieures*, dont un *slide* à base de double-stop barré. Utilisez l'index pour jouer le barré à la cinquième case, puis glissez ce doigt d'une ou deux cases vers le bas : du Chuck Berry tout craché !

Piste 38

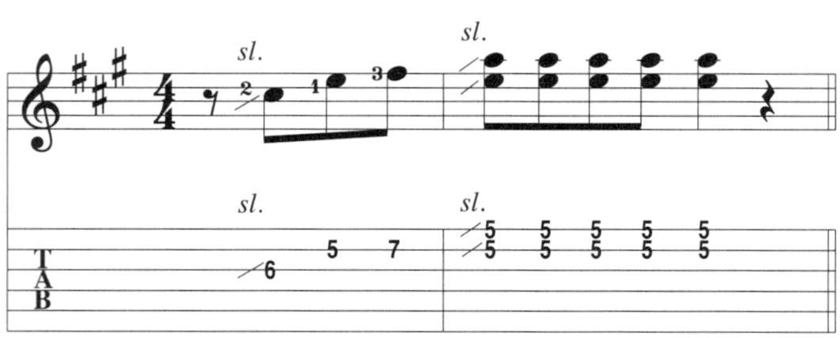


**Figure 9-14 :** des *slides* dans le style de Chuck Berry.

La Figure 9-15 vous montre comment utiliser des slides pour changer de position en douceur (ici, avec *hammer-on* et *pull-off*). Les chiffres en petits caractères sur la portée de notation musicale standard indiquent le doigt de la main gauche. Ici, vous passez de la troisième position à la cinquième, pour revenir à la troisième. Les tablatures indiquent les *slides* avec des lignes courbes (ou *liaisons*) couvrant les trois notes : il ne faut donc pas pincer la deuxième note de chaque *slide*. Suivez les indications d'allers et de retours (⊓ et V) des tablatures. Vous n'allez pincer les cordes que 5 fois tout en jouant neuf notes !

Piste 39

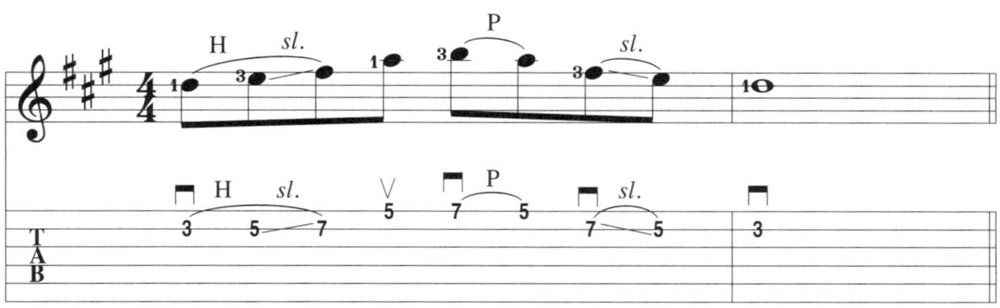


**Figure 9-15** : des changements de position en utilisant des slides.

# Les bends

Les *bends* (« étirements ») font parler (ou chanter, ou pleurer…) votre guitare plus que tout autre type d'effet, et lui confèrent une capacité d'expression quasi vocale. Le *bend* est produit de façon simple avec le doigt de la main gauche, qui pousse ou tire une corde hors de son alignement normal, et la tord ainsi en travers du manche vers la 6e corde ou la 1re. (Nous parlerons plus loin de la direction dans laquelle étirer la corde.)

Lorsqu'on étire une corde, on obtient une note plus aiguë. Cette élévation de la hauteur de la note peut être plus ou moins importante, selon le degré d'étirement qu'on fait subir à la corde. Il existe d'infinis degrés de subtilité entre les bends les plus légers et les plus forts. C'est cette infinité de possibilités qui permet de faire « gémir » votre guitare.

Les tablatures de ce livre indiquent un *bend* par une flèche courbe associée à un nombre, une fraction (ou les deux) ou au mot *Full*, placé(s) au-dessus de la pointe de la flèche. La fraction 1/2, par exemple, indique d'étirer la corde jusqu'à ce que la note obtenue soit un demi-ton (l'équivalent d'une case) au-dessus de la note normale. Le mot *Full* (« complet ») au-dessus d'une flèche signifie que vous devez étirer la corde jusqu'à ce que la note obtenue soit un ton (l'équivalent de deux cases) au-dessus de la note normale. Vous trouverez aussi des fractions comme 1/4 et 3/4, ou des fractions avec des chiffres plus importants, comme 11/2 ou 2 au-dessus d'une flèche d'étirement. Ces fractions ou nombres indiquent le nombre de tons au-dessus de la note normale que vous devez obtenir avec votre bend. Mais 1/2 et *Full* sont les *bends* les plus courants, ceux qu'on trouve le plus couramment sur des tablatures.

CONSEIL

Vous pouvez vérifier que vous êtes en train d'étirer juste en jouant normalement la note cible et en la comparant à celle de la corde étirée. Si le *bend* indiqué est celui d'un ton complet (*Full*) sur la septième case de la 3e corde, par exemple, jouez la 9e case, et écoutez attentivement cette note. Essayez ensuite d'étirer la corde de la septième case jusqu'à obtenir la même note.

NOTE TECHNIQUE

La plupart des éditeurs de partitions de guitare utilisent des flèches courbes et des chiffres pour indiquer les *bends* dans les tablatures, mais tous ne reproduisent pas de telles indications sur la partition standard. Certains indiquent à la place la hauteur de la note avec corde non étirée et celle de la note avec corde étirée, l'une d'entre elles étant inscrite entre parenthèses ou en petits caractères. Pour éviter les confusions, veillez à bien comprendre comment chaque système traite la question des notes étirées avant de commencer à jouer.

## Jouez des bends

Prenez la photo de gauche de la Figure 9-16 comme point de départ pour le bend. Jouez ce bend sur la 3e corde avec l'annulaire. Il s'agit d'un bend que l'on rencontre très souvent : c'est en fait probablement le plus courant. Procédez comme suit :

1. **Placez l'annulaire à la septième case, mais soutenez-le en plaçant simultanément le majeur à la sixième case et l'index à la cinquième (voir la photo de gauche de la Figure 9-16).**

   L'index et le majeur ne produisent aucun son, mais ils donnent de la force au *bend*. Il est recommandé de toujours soutenir le *bend* avec les doigts qui sont disponibles.

2. **Pincez la 3e corde de la main droite.**

3. **Immédiatement après avoir pincé la corde, utilisez les trois doigts ensemble pour pousser la corde vers la 6e corde en élevant la hauteur de la note d'un ton complet (à la hauteur de note que l'on obtiendrait normalement en jouant la note de la 9e case – voir la photo de droite de la Figure 9-16).**

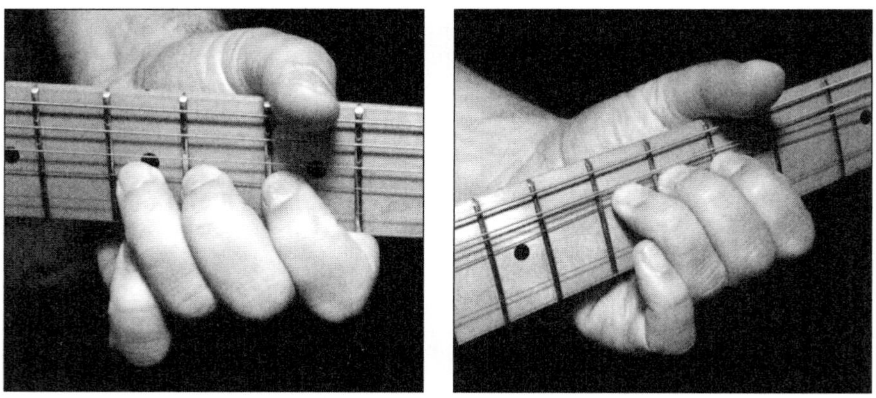

**Figure 9-16** : avant le bend (à gauche), et après (à droite).

On désigne ce type de *bend*, comme un *bend immédiat*, parce qu'on étire la corde immédiatement après l'avoir pincée. La Figure 9-17a montre comment ce type de *bend* est indiqué dans les partitions et dans les tablatures.

CONSEIL

Il peut être utile d'appuyer un peu derrière le manche par-derrière avec le pouce lorsque vous jouez un *bend*. Cette technique procure davantage de prise et rend ainsi le *bend* plus facile. Certains guitaristes préfèrent faire pivoter leur main en tournant le poignet et pousser la corde de cette manière au lieu de simplement bouger leur(s) doigt(s). Essayez les deux façons pour trouver celle qui vous convient le mieux. L'utilisation de cordes de faible calibre (cordes fines) rend les *bends* plus faciles à exécuter.

Le *calibre* d'une corde indique son diamètre en millimètres. En général, on n'exécute pas beaucoup de *bends* sur une guitare acoustique parce que le calibre des cordes est trop important. À la guitare acoustique, un jeu de cordes fines commence avec un diamètre de 0,012 mm pour la 1re corde, ce que tout le monde, à l'exception des masochistes les plus frénétiques, considère comme impossible à étirer. Sur une guitare électrique, comme le *bend* constitue une technique de jeu à part entière, les jeux de cordes les plus communs commencent avec des calibres de 0,009 ou 0,010 mm pour les cordes du haut. Certes, vous pourrez aussi étirer des cordes de calibres 0,011 et 0,012 mm, mais ce ne sera pas très aisé, à moins bien sûr d'être peu sensible à la douleur.

La Figure 9-17b montre un *bend suivi d'un relâchement*. Pincez la note, étirez la corde (sans la repincer), puis relâchez-la (sans la repincer) pour qu'elle revienne à sa position normale. Contrairement au *bend* de la Figure 9-17a, ce *bend* n'est pas immédiat. Il est effectué au sein d'un rythme spécifique (que vous pourrez écouter sur le CD). On le désigne d'ailleurs comme un *bend en rythme*.

La Figure 9-17c montre un *bend anticipé avec relâchement*. On anticipe un bend lorsqu'on étire une corde avant de la pincer avec le médiator. Étirez la note comme dans la Figure 9-17a, mais ne pincez pas la corde avant de l'avoir étirée. Après l'avoir pincée, relâchez la corde (sans la pincer à nouveau) afin qu'elle reprenne sa position normale.

Piste 40

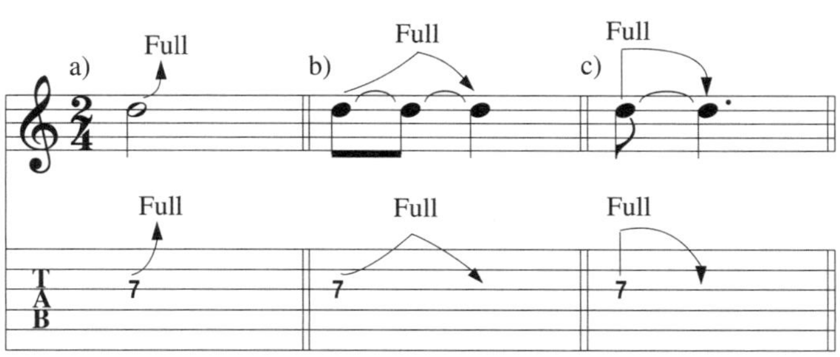


**Figure 9-17** : trois types de bends.

Le plus souvent, comme le montre la Figure 9-17, on pousse la corde étirée vers la 6e corde (vers le plafond). En revanche, lorsqu'on étire des cordes basses (les 5e et 6e cordes), il faut *tordre* la corde vers la 1re corde (en direction du sol), car sinon la corde étirée pourrait glisser hors du manche.

Vous vous demandez peut-être comment savoir quelles cordes étirer, et jusqu'où aller. Pour en savoir plus sur le sujet, rendez-vous aux Chapitres 10 et 11.

## Jouez des airs caractéristiques avec des bends

La Figure 9-18 propose un *bend* très courant, que l'on peut utiliser pour des solos de rock. Notez le doigté indiqué sur la partition standard. La main gauche bouge à peine (elle est verrouillée en cinquième position – voir le Chapitre 7 pour davantage d'informations sur les positions), l'index barrant les 1re et 2e cordes à la cinquième case. La deuxième note de la figure (cinquième case, 2e corde) se trouve à la même hauteur (*mi*) que la note cible du *bend*, donc vous pouvez utiliser cette deuxième note pour tester la précision de votre *bend*. Vous allez bientôt commencer à sentir jusqu'où vous pouvez étirer une corde pour élever la note d'un ton ou d'un demi-ton. Tous les *bends* de cet exemple sont des *bends* simples.

CONSEIL

Après avoir joué chacun des *bends* de la 3e corde, réduisez la pression de votre doigt sur la corde étirée juste avant de pincer la note de la 2e corde. Cette action étouffe le son de la 3e corde au moment où vous pincez la deuxième.

Piste 41

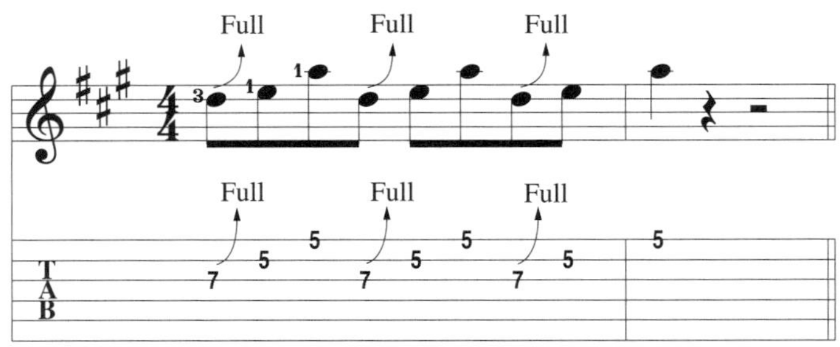


**Figure 9-18** : un bend de la troisième corde dans un phrasé classique de rock'n'roll.

Dans l'exemple de la Figure 9-19, vous étirez la 2e corde une fois en *bend immédiat* et une fois avec un *bend en rythme*. Écoutez le CD pour savoir comment cela sonne. Comme vous êtes en douzième position, il pourrait sembler logique d'utiliser l'auriculaire pour jouer la quinzième case. Mais nous vous suggérons d'utiliser l'annulaire à la place parce que, lorsque vous êtes en haut, à la douzième case, les cases sont plus petites et plus proches les unes des autres. Votre annulaire peut facilement atteindre la quinzième case, et il a plus de force que votre auriculaire.

Piste 42

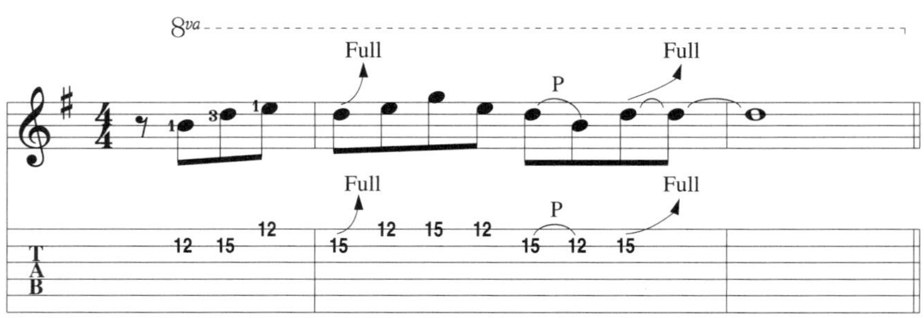


**Figure 9-19** : un étirement de la deuxième corde dans un solo de guitare.

NOTE TECHNIQUE

Les exemples des figures 9-18 et 9-19 se jouent dans ce que les guitaristes solistes appellent une *grille*, c'est-à-dire un groupe de notes jouées dans une position et dont l'organisation ressemble vaguement à une grille. Vous pouvez utiliser ce modèle pour improviser des solos. (Pour davantage d'informations sur les grilles et les solos de guitare, allez aux Chapitres 10 et 11.)

La Figure 9-20 utilise un petit motif de grille en huitième position. Cet exemple contient un *bend immédiat* de la 1re corde avec un relâchement en rythme. Écoutez le CD pour comprendre ce rythme.

Piste 43

**Figure 9-20** : étirement et relâchement de la deuxième corde au cours d'un phrasé de solo de guitare.

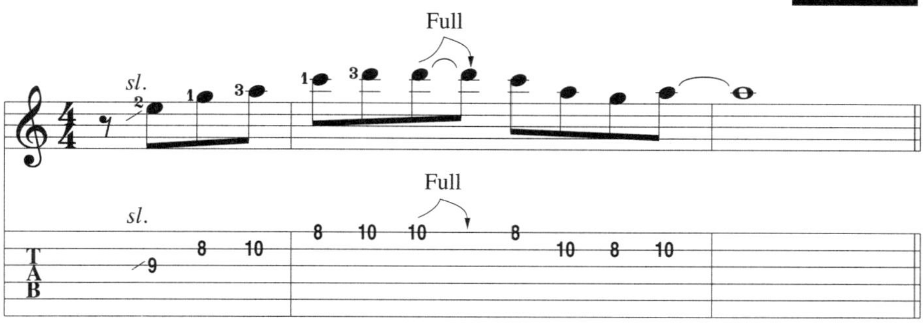


Bien que l'on étire la plupart du temps les cordes en les poussant vers la 6ᵉ corde, il est parfois nécessaire d'aller dans l'autre direction, sur une corde du milieu ou du haut. Si la note qui suit celle de la corde étirée se trouve sur une corde adjacente, étirez la corde dans la direction opposée. Il faut s'éloigner de la corde qui doit être pincée juste après. Sinon le doigt qui étire la corde pourrait accidentellement toucher la corde suivante et l'étouffer.

La Figure 9-21 propose deux *bends* d'un demi-ton effectués avec l'index sur la 3ᵉ corde. Le premier est en direction du plafond, parce que la note qui suit celle du bend se trouve sur la 2ᵉ corde. (Souvenez-vous d'étirer en vous *éloignant* de la corde de la note suivante.) Le second, en revanche, est un *bend* de la corde vers le sol, car la note suivante se trouve sur la 4ᵉ corde. Rappelons la règle : il faut étirer en s'éloignant de la corde qui jouera la note suivante !

Piste 44

**Figure 9-21** : deux bends de la même corde dans des directions opposées. Les astérisques et leurs légendes indiquent la direction.

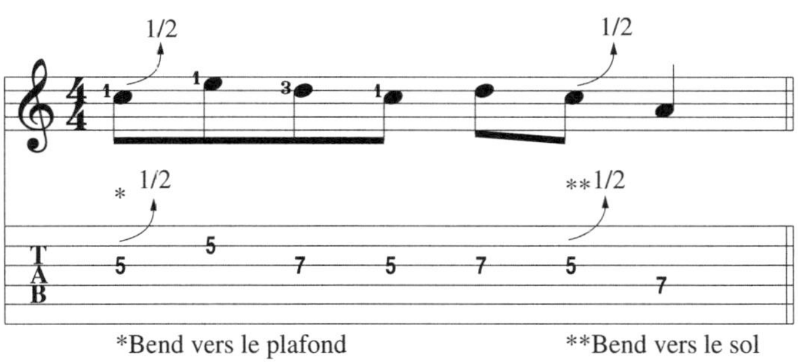


On obtient un effet intéressant en étirant une corde, en la laissant vibrer ainsi, en pinçant une note sur une autre corde, et enfin en attaquant de nouveau la corde étirée et en la relâchant. Beaucoup de guitaristes de rock sudiste et de country adorent ce type de *bend*. La Figure 9-22 illustre cette technique du *bend tenu*. Dans la notation, la ligne en pointillés après la flèche indique de tenir le bend non seulement au moment où vous pincez la 2ᵉ corde, mais aussi lorsque vous attaquez de nouveau la 3ᵉ. La ligne courbe continue et orientée vers le bas indique où relâcher la corde étirée. Veillez à étirer la 3ᵉ corde vers le plafond, de telle sorte que le doigt qui l'étire ne gêne pas la 2ᵉ corde. Écoutez le CD pour savoir comment sonne cet air.

Piste 45

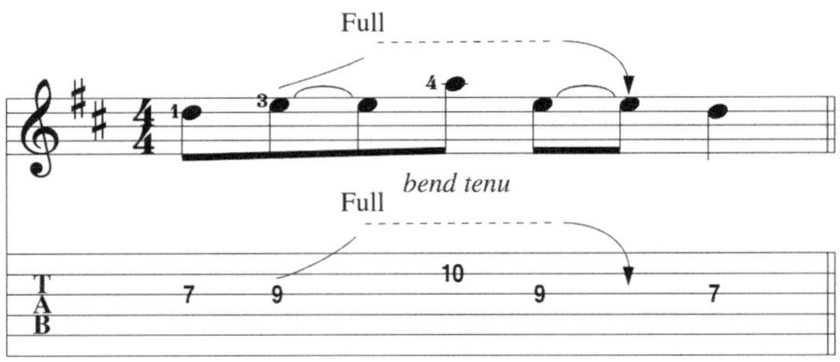


**Figure 9-22** : un bend avec tenue de la note tandis qu'une autre corde est pincée ; la corde étirée est une nouvelle fois pincée, puis relâchée.

Il est également possible d'étirer des double-stops. Il suffit pour cela d'étirer simultanément deux cordes, d'habitude en barrant d'un doigt les deux cordes. (Voir le Chapitre 7 pour en savoir plus sur les double-stops.) La Figure 9-23 montre un bend de double-stop des 2e et 3e cordes dans une grille à la cinquième case. Utilisez l'index pour jouer le double-stop de la cinquième case, puis l'annulaire pour le bend du double-stop et son relâchement à la septième case. Dans la notation, la double flèche indique d'étirer chacune des deux notes. Le relâchement est indiqué par une seule flèche pour éviter de trop surcharger la notation, mais il faut bien relâcher les deux cordes.

Piste 46

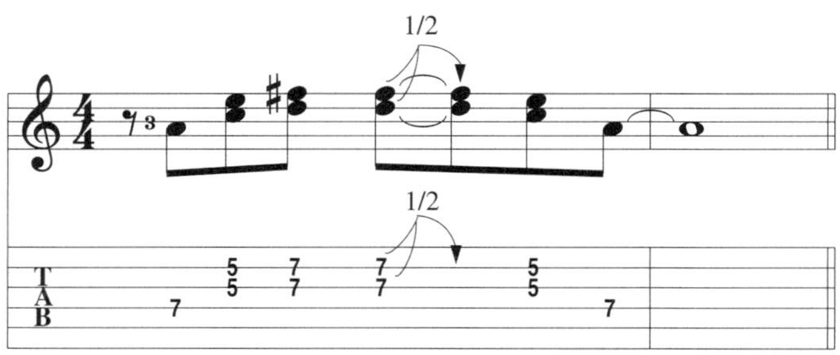


**Figure 9-23** : bend des cordes en double-stop et relâchement.

# Le vibrato

En prononçant le mot *vibrato*, vous pensez peut-être à la voix vibrante (justement) d'un chanteur ou à la main d'un violoniste en train d'osciller très rapidement. Pourtant, à la guitare, le *vibrato* est une fluctuation continue et égale (et habituellement légère) de la hauteur de la note. Il est obtenu généralement en étirant et en relâchant légèrement une corde. L'effet de vibrato peut insuffler de la chaleur, de l'émotion et de la vie à une note tenue.

Comment savoir quand appliquer l'effet de vibrato à une note ? La situation qui s'impose comme la plus évidente est celle où l'on tient longtemps une note. C'est alors que l'on ajoute de l'émotion à une note en utilisant l'effet de vibrato. Il donne non seulement davantage de chaleur à la note, mais il augmente aussi la durée de sa tenue. Certains guitaristes, comme le grand bluesman B.B. King, sont célèbres pour leur technique de vibrato expressif. Les tablatures et la notation standard indiquent un vibrato par une ligne ondulée au-dessus de la portée et de la note sur laquelle l'effet s'applique.

Un vibrato peut être obtenu de diverses façons :

- On peut légèrement étirer, puis relâcher la corde correspondante de nombreuses fois, ce qui crée un effet « wah-wah ». La hauteur de ton moyenne d'un vibrato est légèrement supérieure à celle de la note non modifiée. La technique de main gauche de cette méthode est la même que celle de la technique du *bend* : on fait osciller le doigt perpendiculairement à la corde, ce qui crée une fluctuation de la hauteur de ton.
- Vous pouvez faire glisser votre doigt très rapidement en avant et en arrière le long de la corde à l'intérieur d'une case. Bien que le doigt ne sorte pas de la case, le ton est légèrement *bémolisé* lorsque le doigt se rapproche du sillet et légèrement *dièsé* lorsqu'il se rapproche du chevalet. En conséquence, la hauteur de ton moyenne du vibrato est la même que celle de la note non modifiée. Ce type de vibrato est le plus souvent réservé à la guitare classique à cordes de Nylon. (Voir le Chapitre 13 pour en savoir plus sur le jeu avec une guitare classique.)
- Si votre guitare électrique est munie d'une barre de vibrato, vous pouvez la lever et l'abaisser de la main droite, ce qui crée une fluctuation de la hauteur de ton. Outre le fait qu'elle vous procure davantage de souplesse sur le plan du rythme et de la hauteur de ton, la barre de vibrato permet d'appliquer un effet de vibrato à une corde à vide.

Le premier type de vibrato mentionné dans la liste qui précède, le *bend* avec relâchement, est de loin le plus courant, et c'est celui que nous illustrons dans les exemples de ce chapitre. Soutenez le doigt qui exécute le vibrato avec les autres doigts disponibles, en plaçant simultanément ceux-ci sur la corde. Vous pouvez soit déplacer l'ensemble de la main en la faisant osciller au niveau du poignet tout en maintenant le doigt fixe, soit ne faire bouger que le(s) doigt(s). Essayez les deux manières pour voir laquelle vous convient le mieux.

CONSEIL

Vous trouverez peut-être qu'il est plus facile d'appliquer un vibrato en ancrant la main gauche sur le manche. Pressez légèrement le manche entre le côté du pouce et la partie de la paume qui se trouve à environ 1 cm (1,5 cm en dessous de votre doigt). Cela vous donnera une meilleure prise et vous aidera à contrôler la régularité des oscillations.

La Figure 9-24a montre un vibrato à la neuvième case de la 3e corde. Ancrez la main comme décrit ci-dessus, puis étirez et relâchez la corde de nombreuses fois, d'une façon douce. Essayez d'effectuer le vibrato avec chaque doigt. Essayez de l'appliquer à différentes cases et sur différentes cordes. La notation d'un vibrato ne vous indique jamais la vitesse du *bend* ou du relâchement : c'est vous qui devez choisir. Mais que vous appliquiez un vibrato rapide ou lent, veillez à ce que l'oscillation soit égale et régulière. La notation indique toutefois si le vibrato doit être *étroit* (c'est-à-dire avec un *bend* léger et inférieur à un demi-ton pour chaque pulsation) ou *large* (plus important, environ d'un demi-ton ou plus). La Figure 9-24a montre un vibrato normal (étroit), la Figure 9-24b, un vibrato large, ce dernier étant indiqué par une ligne exagérément ondulée (les amplitudes sont plus grandes). Essayez de jouer un vibrato large avec chaque doigt. Essayez à différentes cases et sur différentes cordes.

Piste 47

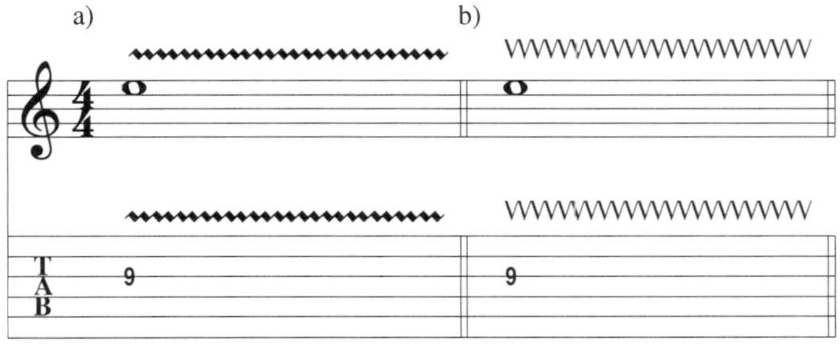


**Figure 9-24 :** vibratos étroit et large.

Si la note que vous tenez est produite par une corde étirée (voir la section « Les *bends* » plus haut dans ce chapitre), vous créez l'effet de vibrato en *relâchant et en étirant* (et non l'inverse !) la corde, car celle-ci est déjà étirée lorsque vous commencez à appliquer le vibrato. Cela produit une hauteur de ton moyenne inférieure à la note tenue de la corde étirée, qui produit elle-même la hauteur la plus élevée du vibrato.

Après un long vibrato, on joue souvent un *slide* descendant, en relâchant progressivement la pression du doigt afin de donner une bonne petite fin sympa au vibrato. Un autre truc consiste à jouer une longue note sans vibrato pendant un moment, puis à ajouter du vibrato vers la fin de la note. Ce *vibrato retardé* est une technique très appréciée des chanteurs : ils l'utilisent très souvent.

Pour vous exercer à jouer des vibratos, rejouez les exemples des figures 9-19, 9-20 et 9-23, mais ajoutez-y un effet de vibrato sur la note finale. Attention, dans l'exemple de la Figure 9-19, la corde de la note finale est étirée : vous devez donc la relâcher, puis l'étirer à nouveau pour obtenir le vibrato ! Si vous le souhaitez, terminez chaque vibrato par un petit *slide*. (Voir la section « Mettez-vous aux *slides* », plus haut dans ce chapitre, pour en savoir plus sur cette technique.)

# Le muting

Le muting (« étouffement »)est une technique qui sert à étouffer des notes ou des accords à la guitare : on touche de la main droite ou de la main gauche les cordes afin d'étouffer partiellement ou complètement le son. On étouffe une corde pour :

- obtenir un son dense et épais,
- éviter le bruit indésirable des cordes qui ne sont pas jouées.

## Un effet sonore : le son dense et épais

Pour créer des effets sonores percutants, posez légèrement votre main gauche en travers des six cordes afin d'empêcher les cordes de sonner lorsque vous les pincez. Ne les pressez pas à fond contre le manche (ce qui pourrait faire sonner les notes pressées), mais appuyez suffisamment fort dessus pour empêcher les cordes de vibrer. Puis frôlez les cordes avec le médiator pour produire le son atténué. Les tablatures indiquent ce type de *muting* en plaçant des petits X sur les lignes qui représentent les cordes (et à la place des notes sur la notation standard), comme le montre la Figure 9-25a.

Alors que le muting de la main gauche supprime complètement le son des cordes, le muting de la main droite ne l'atténue que partiellement, selon le degré de votre choix. Avec le muting partiel, on peut encore distinguer la hauteur des notes respectives. Pour obtenir cet effet, placez la tranche de la main droite contre le chevalet en jouant. Cela vous semblera un peu difficile au début, mais ne vous en faites pas : avec un peu d'entraînement, vous pourrez garder la main sur le chevalet et gratter les cordes avec le médiator. Aussi, en déplaçant la main droite en direction du manche, vous augmentez le degré de muting : vous pouvez ainsi le varier. Les tablatures indiquent ce type de muting par les lettres PM (Palm Mute, « étouffement par la paume ») inscrites au-dessus de la portée, avec une ligne en pointillés qui indique combien de temps faire durer le muting, comme le montre la Figure 9-25b.

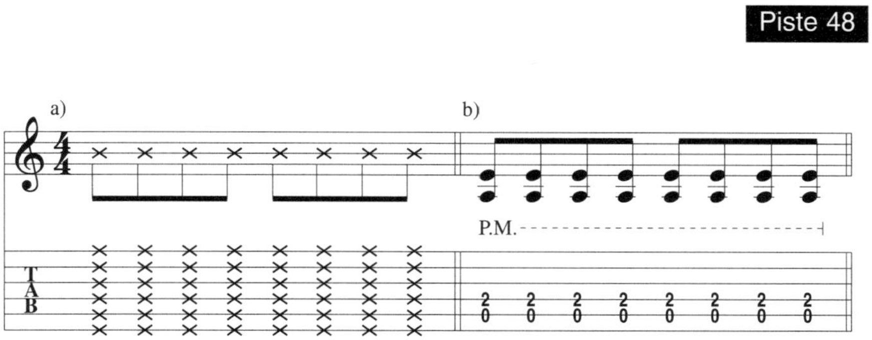


**Figure 9-25** : le muting de la main gauche produit un bruit sourd. Le muting de la main droite confère aux notes un son dense et épais.

# Pour éviter les bruits de cordes indésirables

En tant que débutant, vous ne devez pas vous soucier à l'excès des bruits indésirables, car vous aurez déjà suffisamment à vous préoccuper de placer vos mains d'une manière suffisamment confortable pour jouer. Mais lorsque vous serez un guitariste expérimenté, vous devrez éviter les bruits indésirables à tout moment. Cela se fera naturellement, sans même y penser. Voici quelques exemples :

- Si vous pressez, par exemple, la septième case de la 3e corde avec l'annulaire, ce dernier appuie légèrement sur la 2e corde, ce qui l'empêche de sonner. Et lorsque vous pincez cette corde de la main droite, votre médiator vient aussi buter contre la 2e corde, ce qui l'empêche également de sonner.
- Pour jouer un accord de *ré* avec cordes à vide sans pincer la 6e corde, parce que celle-ci ne fait pas partie de l'accord, vous pouvez légèrement, mais suffisamment, remonter le pouce gauche autour du manche pour qu'il touche la 6e corde et l'empêche de sonner.
- Pour jouer un accord qui omet une corde du milieu, il faut étouffer cette corde avec un doigt de la main gauche. Par exemple, beaucoup de guitaristes omettent de jouer la 5e corde d'un accord de sol avec cordes à vide, bien que cette corde soit habituellement pressée dans l'accord normal, parce qu'ils trouvent que cela sonne mieux. Le doigt qui joue la 6e corde appuie alors aussi contre la 5e corde, ce qui l'étouffe complètement.

# Jouez des airs typiques avec le muting

Si vous jouez le même accord de très nombreuses fois, surtout un accord barré sur un modèle régulier de croches, vous pouvez rendre le son plus intéressant en relevant de temps en temps légèrement la main gauche pour étouffer les cordes. L'alternance entre l'accord normalement pressé et les cordes étouffées peut créer des effets de syncope intéressants (effets par lesquels l'accentuation normale et attendue des notes est modifiée ou interrompue intentionnellement). La Figure 9-26 montre comment pratiquer cette technique.

Piste 49

**Figure 9-26** : syncope obtenue par le muting avec la main gauche.

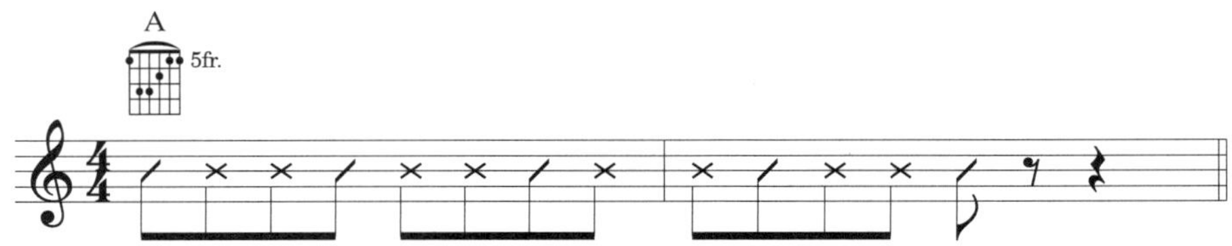


La Figure 9-27 montre comment utiliser le muting de la main droite dans une figure typique d'une rythmique de hard-rock ou de heavy-metal. Gardez la paume de la main contre le chevalet ou près de celui-ci en jouant les notes marquées d'un PM dans les tablatures. Attention de ne pas étouffer les notes au point de ne plus reconnaître leurs hauteurs respectives. Relevez la main pour les notes accentuées (qui sont indiquées par le symbole >).

Piste 50

**Figure 9-27** : muting avec la paume de la main dans un riff de hard-rock.

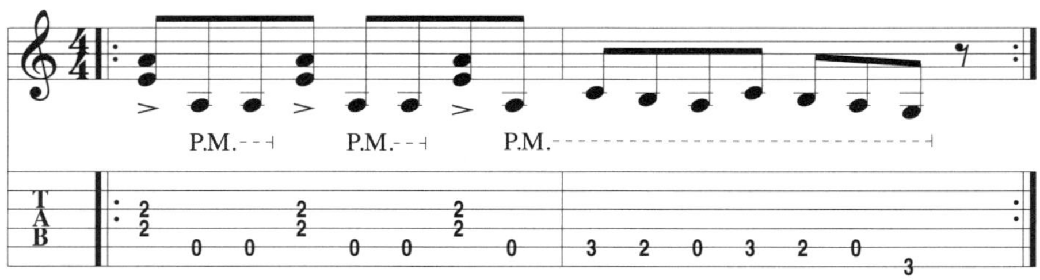


On trouve un son étouffé dans les albums de Johnny Cash et dans d'autres classiques de la musique country. Le passage de la Figure 9-28 est basé sur un simple accord de do, mais le muting de la paume donne au riff un son country.

Piste 51

**Figure 9-28** : muting avec la paume de la main dans un riff de country.

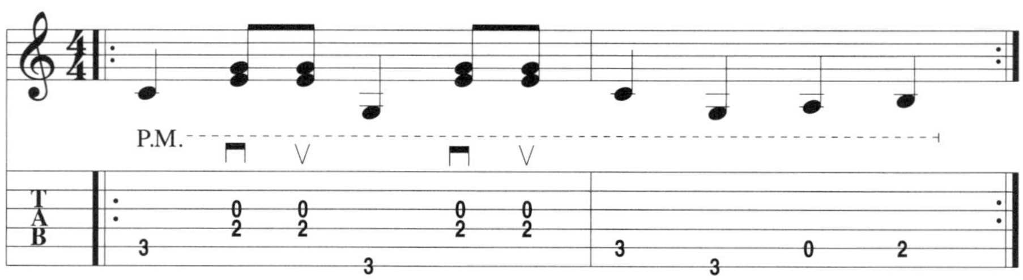


# Jouez une chanson avec des effets variés

« The Articulate Blues » est un court solo, sous la forme d'un blues à 12 mesures, qui emploie tous les effets de jeu présentés dans ce chapitre (reportez-vous aux Chapitres 6, 10 et 11 pour en apprendre davantage sur la forme d'un blues à 12 mesures). Il combine de simples notes, des accords et des riffs. Il s'agit d'un style de jeu utilisé par les véritables guitaristes. En étudiant la notation, vous verrez des *slides*, des *pull-off*, des *bends*, des vibratos et un *hammer-on*. Les tablatures n'indiquent pas de *muting*, mais vous pouvez utiliser cette technique à tout moment pour éviter des sons indésirables : à la cinquième mesure, par exemple, vous pouvez appuyer légèrement le pouce contre la 6e corde pour l'empêcher de sonner lorsque vous jouez l'accord de la 7.

Piste 52

## The Articulate Blues

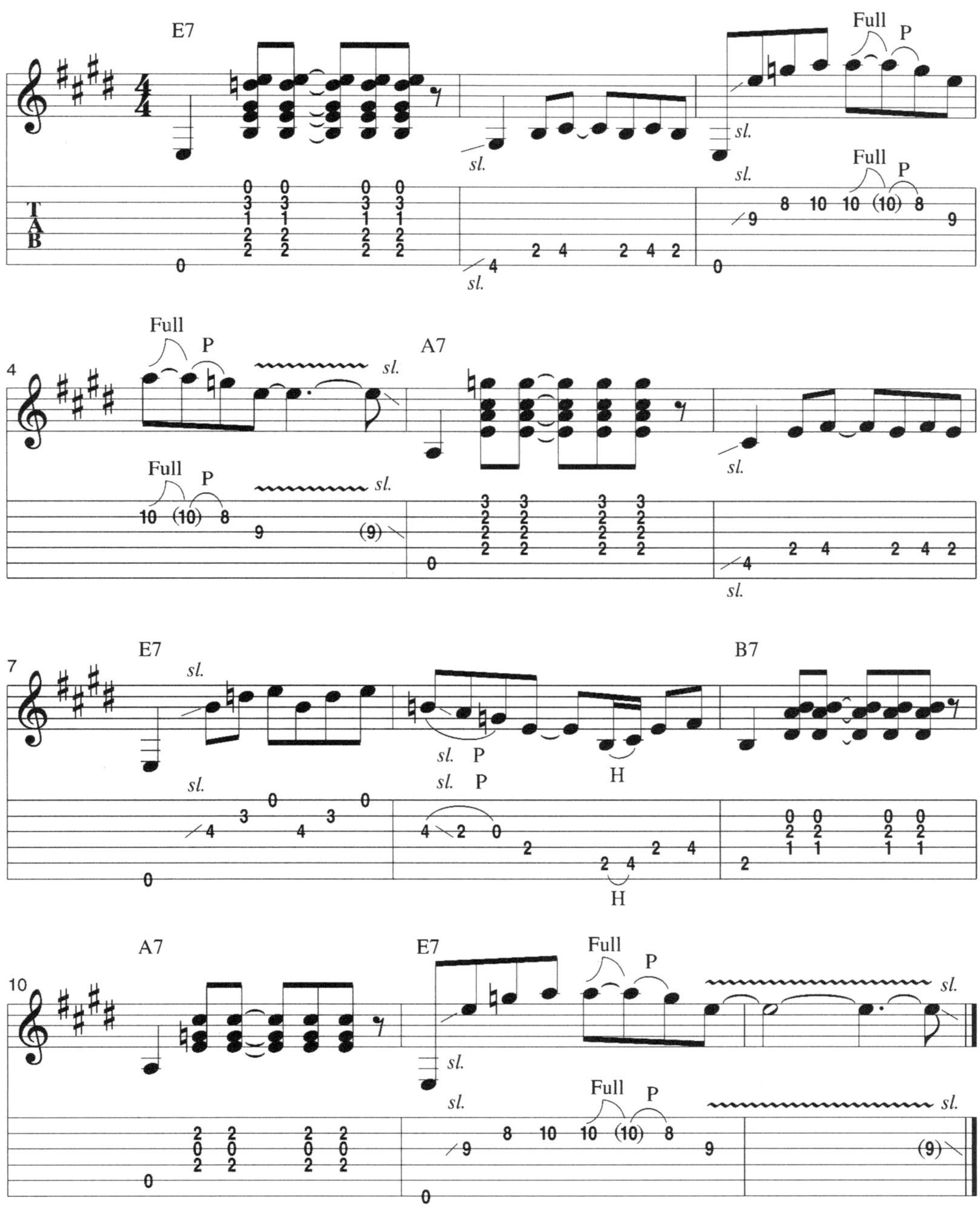

# Quatrième partie

# Des styles à profusion

Elena Mendoza, une vraie bête !

### *Dans cette partie...*

Peut-être avez-vous grandi avec un poster de Jimi Hendrix sur le mur de votre chambre ? À moins que vos goûts ne penchent plutôt vers le style de Louis Bertignac ? Que votre héros soit Stevie Ray Vaughan, Joni Mitchell, Francis Cabrel, B.B. King, Bonnie Raitt, George Benson ou Andrés Segovia, une chose est sûre : la guitare est un instrument universel. Dans cette partie, vous pourrez apprendre quelques-unes des techniques qui permettent à ce même instrument de produire tant de musiques différentes.

# Chapitre 10

# Le rock

***Dans ce chapitre :***

- Jouez de la guitare rythmique traditionnelle de rock'n'roll
- Jouez de la guitare solo de rock'n'roll
- Élaborez des solos
- Les techniques de modern-rock et de country-rock
- Jouez des chansons de rock

Jouer du rock'n'roll à la guitare, c'est probablement la chose la plus excitante que vous puissiez faire avec un objet inanimé entre les mains. Le volume sonore à fond, l'adrénaline déferlant dans les veines, il n'y a rien de tel que de marteler un bon vieux rythme bien gras ou de débiter à toute allure un solo fulgurant devant des fans tétanisés qui hurlent de joie ! Ou même, d'ailleurs, tout simplement devant le sourire approbateur que vous vous adressez dans le miroir... Tout ce que vous avez à faire, c'est comprendre comment exécuter deux ou trois figures de style simples : en un rien de temps, vous pourrez tournoyer comme Elvis, faire le *duck walk* de Chuck Berry et faire tournoyer votre bras en l'air comme Pete Townsend.

Une fois dépouillé de tout étalage de bravoure et d'art de la scène, le rock est un style de guitare comme tous les autres. Vous pouvez l'apprendre par étapes simples et successives, puis vous exercer, vous exercer, et vous exercer encore, jusqu'à ce qu'il devienne pour vous une seconde nature. Le véritable travail ne commencera qu'une fois que vous aurez appris quelques passages rythmiques et quelques solos : debout devant votre miroir, vous devrez alors peaufiner vos mouvements.

## Le rock'n'roll traditionnel

Le rock'n'roll traditionnel est défini ici comme le style simple dont Chuck Berry a été le pionnier, et que l'on trouve dans la musique du tout début des Beatles, des Rolling Stones, des Who, des Beach Boys et d'autres groupes qui ont basé leur son sur une base de solides accords de rythmique. Il inclut aussi le son de rockers inspirés du blues, comme Jimi Hendrix, Jimmy Page, de Led Zeppelin, et Éric Clapton, des Cream.

### La guitare rythmique

La guitare rythmique constitue environ 99 % de la musique rock jouée à la guitare. Pour un guitariste, jouer la rythmique veut dire qu'il fournit l'accompagnement à un chanteur ou à un autre instrument. Cet accompagnement se compose pour l'essentiel d'accords, et dans une moindre mesure, de riffs de simples notes ou de double-stops (deux notes jouées en même temps) dans les basses (c'est-à-dire sur les cordes de basse). Pour savoir à quoi ressemble une bonne rythmique non frelatée, écoutez « Johnny B. Goode », de Chuck Berry, ou « I Saw Her

Standing There », des Beatles. Et pour savoir à quoi ressemblent de bons riffs sur des notes basses, écoutez « Day Tripper », des Beatles. Vous pouvez aussi écouter quasiment tout ce qu'a fait Pete Townsend, le guitariste des Who, qui est le guitariste rythmique de rock par excellence (il a immortalisé la technique du « moulin à vent », qui consiste à balayer le bras en un mouvement circulaire pour attaquer les accords. Et bien qu'il soit surtout connu pour ses solos innovants, Eddie Van Halen est également l'un des meilleurs guitaristes rythmiques du rock moderne.

### L'accompagnement avec cordes à vide

Le style de Chuck Berry, basé sur une simple figure de style rythmique (motif d'accompagnement) avec cordes à vide, se retrouve quasiment dans toutes ses chansons. La Figure 10-1 montre le motif type de ce style. Il comprend un mouvement à l'intérieur de l'accord entre deux notes, le 5e et le 6e degré de la gamme (en l'occurrence la gamme majeure de la tonalité dans laquelle vous jouez). Vous connaissez la gamme majeure, c'est celle que l'on obtient lorsqu'on joue toutes les touches blanches de *do* à *do* au piano, le *do, ré, mi, fa, sol, la, si, do* bien connu. Il n'est pas important de connaître les degrés de la gamme, il suffit juste de savoir que les musiciens l'appellent parfois le *motif 5 à 6*.

Pour jouer de la guitare rythmique avec efficacité, employez les techniques suivantes :

- Ancrez l'index (à la deuxième case) et ajoutez l'annulaire (à la quatrième case) lorsque c'est nécessaire.
- Jouez les notes avec des allers (en grattant vers le sol).
- Ne relevez pas l'index en ajoutant l'annulaire.

Notez que chacun des trois accords, *la, ré* et *mi*, emploie exactement le même doigté et que les cordes à vide rendent le motif facile à jouer.

Piste 53

**Figure 10-1** : le riff d'accompagnement de rock'n'roll classique à la Chuck Berry, pour les accords de *la, ré* et *mi*.

### Le motif de blues à 12 mesures

Le motif 5 à 6 est génial, mais pour qu'il fonctionne, il faut l'employer au sein d'une progression. La Figure 10-2 illustre ce que l'on appelle une progression de blues à 12 mesures, qui est la progression d'accords que l'on trouve dans des tonnes de chansons de rock : « Johnny B. Goode », « Roll Over Beethoven », « Tutti Frutti », « At the Hop », « Blue Suede Shoes », pour n'en citer que quelques-unes. (Reportez-vous aux Chapitres 6 et 11 pour en savoir plus sur le blues à 12 mesures.)

Piste 54

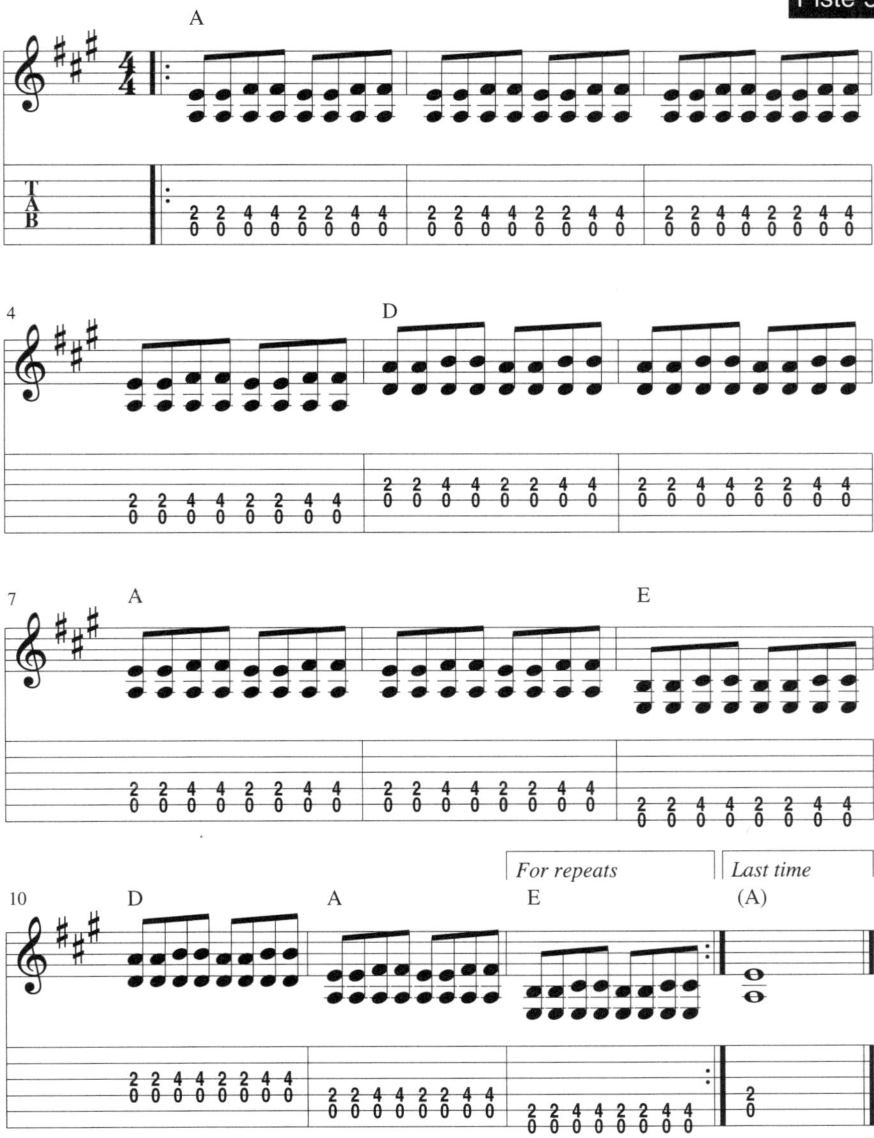


**Figure 10-2** : une progression de 12 mesures d'accords de blues en *la*.

## La guitare solo

Une fois que vous aurez acquis un solide sens du rythme rock'n'roll de base, vous souhaiterez peut-être essayer de jouer de la « guitare solo », ce qui consiste simplement à jouer des notes séparées au-dessus d'un accompagnement. Vous pourrez jouer de mémoire des phrasés, ou phrases musicales courtes et autonomes, ou improviser en inventant spontanément des mélodies.

### La Grille I contient la gamme mineure pentatonique

Vous pouvez jouer des « solos » sans attendre si vous mémorisez quelques motifs simples sur le manche, que l'on appelle *grilles*, et qui produisent des résultats instantanés. La plupart des guitaristes mémorisent un motif de doigté qui ressemble vaguement à la forme d'une grille. Ils utilisent les notes de cette grille (dans des ordres variés) et les répètent de très nombreuses fois à travers un solo ou une section de solo. En jouant une progression d'accords en solo, vous pouvez continuer de jouer ce même motif, même si les accords changent.

La première grille que nous vous proposons se compose de notes tirées de la *gamme mineure pentatonique*, et c'est la grille la plus utile pour la musique de rock (c'est également la mère de toutes les grilles de blues – voir le Chapitre 11 à ce sujet). Vous n'aurez pas besoin de vous préoccuper de théorie, de gammes ou d'accords, mais seulement du doigté, que vous allez d'ailleurs devoir mémoriser. Ces motifs ne contiennent aucune « fausse note », il suffit donc de déplacer vos doigts à temps selon une piste rythmique pour jouer instantanément de la guitare rock en solo. Et contrairement au café soluble, il n'est même pas nécessaire d'y ajouter de l'eau !

THÉORIE

La gamme mineure pentatonique est une gamme de cinq notes ; sa formule, en degrés de la gamme, est : 1, ♭3, 4, 5, ♭7 (comparée à celle d'une gamme majeure qui commence par la même note). Si, par exemple, les notes d'une gamme de do majeur sont numérotées de 1 à 7 comme suit : *do* (1), *ré* (2), *mi* (3), *fa* (4), *sol* (5), *la* (6), *si* (7), les notes de la gamme mineure pentatonique de *do* sont : *do* (1), *mi♭* (♭3), *fa* (4), *sol* (5), *si♭* (♭7). En tout cas, c'est la théorie. Mais pour le moment, vous allez juste mémoriser un motif et utiliser votre oreille pour guider vos doigts.

La Figure 10-3 présente une gamme mineure pentatonique de la de deux octaves en cinquième position. (Voir le Chapitre 7 pour en savoir plus sur les positions.) Cet exemple constitue votre première « grille », nous l'appelons ici *Grille I*. Notez que dans la notation musicale standard, nous indiquons le degré de la gamme (ce n'est pas très important) et, au-dessous des chiffres des tablatures, le doigté (qui lui, est très important) de chaque note ; nous indiquons aussi quelles notes se prêtent à un bend. Mémorisez le doigté jusqu'à ce que vous soyez capable de le jouer en dormant ! Ce motif est absolument *essentiel* : il va vous permettre de décider si oui ou non vous voulez jouer de la guitare rock. Mémorisez-le et… jouez-le, rejouez-le maintes et maintes fois !

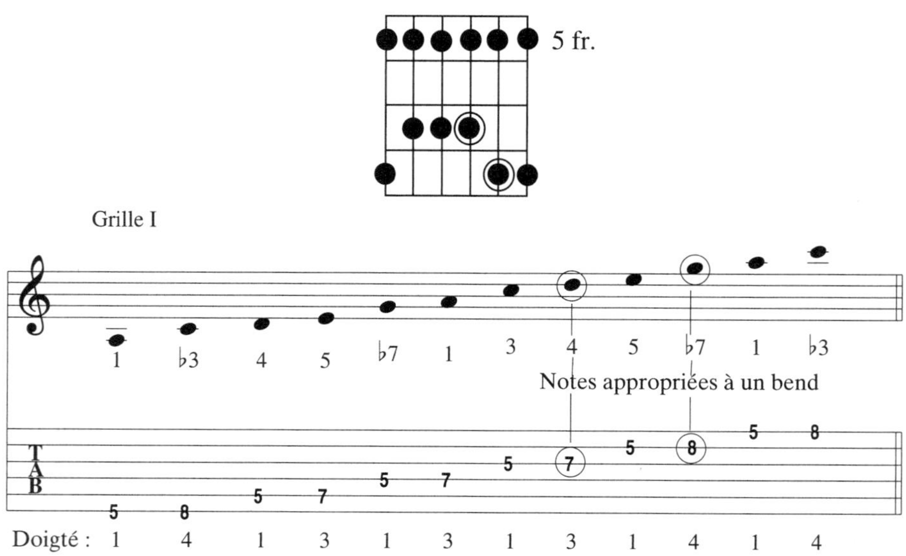


**Figure 10-3** : la *Grille I* propose une gamme mineure pentatonique de la sur deux octaves en cinquième position.

En fait, bien que nous aurions pu utiliser toutes les tonalités, nous avons choisi la tonalité de *la* pour tous les exemples de cette section, car en *la*, les accords d'accompagnement (montrés à la Figure 10-2) sont faciles à jouer, et les notes de solos tombent vers le milieu du manche, là où il est aisé de les jouer.

Avoir une grille à sa disposition lorsqu'on improvise un solo de guitare, c'est ce qui rend le rock'n'roll traditionnel ou le blues aussi amusant ; pas besoin de réfléchir, tout ce que vous devez faire, c'est y aller au *feeling*. Bien sûr, vous ne pouvez pas vraiment vous contenter de jouer les cinq notes de la gamme de bas en haut et de haut en bas, maintes et maintes fois sans vous arrêter ; cela deviendrait rapidement ennuyeux. Utilisez votre créativité pour inventer des airs à partir de la gamme, et ajoutez-y des *effets de jeu* tels que les bends, les slides, les *pull-off*… jusqu'à ce que vous ayez un solo complet. (Voir le Chapitre 9 pour davantage d'infos sur les techniques d'effets de jeu.) Dans la section qui suit, nous allons vous montrer comment ajouter ces effets.

## Ajoutez des effets

Le motif de la grille indique ce que vous pouvez jouer, et les effets s'y ajoutent pour en varier la manière. Ces effets incluent les *hammer-on*, les *pull-off*, les *slides*, les *bends* et les *vibratos*. Ce sont ces éléments qui font qu'un solo sonne comme un solo, ce sont eux qui lui donnent son expression et sa personnalité. Le Chapitre 9 vous explique dans le détail comment produire chacun des effets. Ici, nous allons vous montrer comment les utiliser pour fabriquer du bon vieux rock'n'roll sur-le-champ…

La Figure 10-4 montre un phrasé sur quatre mesures, formé avec des notes de la gamme mineure pentatonique en ordres ascendant et descendant, que vous pouvez jouer avec des *hammer-on* et des *pull-off*. Notez combien le son est bien plus doux et plus fluide avec les coulés que lorsque vous pincez chaque note séparément.

Piste 55

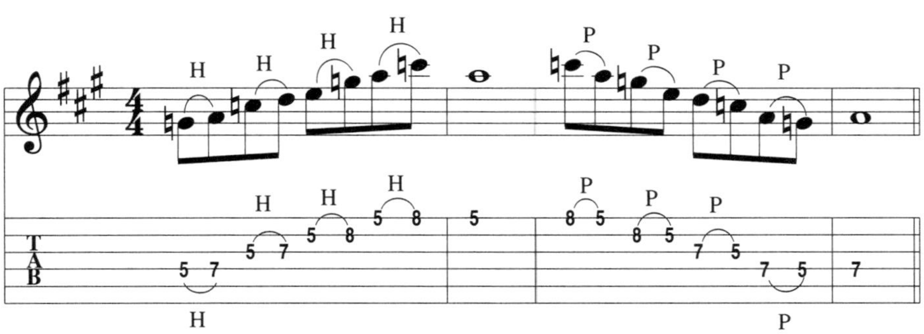


**Figure 10-4** : des *hammer-on* et *pull-off* sur des notes de *la Grille I.*

En guitare solo, ce sont les *bends* qui produisent probablement le son le plus cool, mais le truc, c'est qu'il faut savoir exactement quelle note étirer et aussi le moment exact pour l'étirer. En principe, vous n'avez pas à y réfléchir, cela fait partie des motifs de doigté. Commencez par étirer la corde de la note de l'annulaire sur la 3e corde et l'auriculaire sur la 2e. (Voir le Chapitre 9 pour en savoir plus sur les bends.)

Cette Grille I est la « mère » de toutes les grilles, et ce n'est pas un hasard. Outre que l'index, à la cinquième case, joue toutes les cordes (ce qui procure un sentiment de stabilité, d'ancrage), les notes qui se prêtent au bend tombent elles aussi au bon endroit.

Les guitaristes aiment beaucoup étirer les 2e et 3e cordes, parce qu'ils trouvent que la tension est bonne, et qu'ils peuvent étirer en direction du plafond, qui est leur sens préféré. De plus, le *bend* avec l'annulaire ou l'auriculaire permet d'ajouter un appui au *bend*, en plaçant d'autres doigts derrière celui qui étire la corde (sur les cases inférieures voisines de la même corde, comme nous le décrivons au Chapitre 9).

La Figure 10-5 montre une phrase type de quatre mesures de la *Grille I* avec un *bend* de la 3e corde et un *bend* de la 2e.

Piste 56

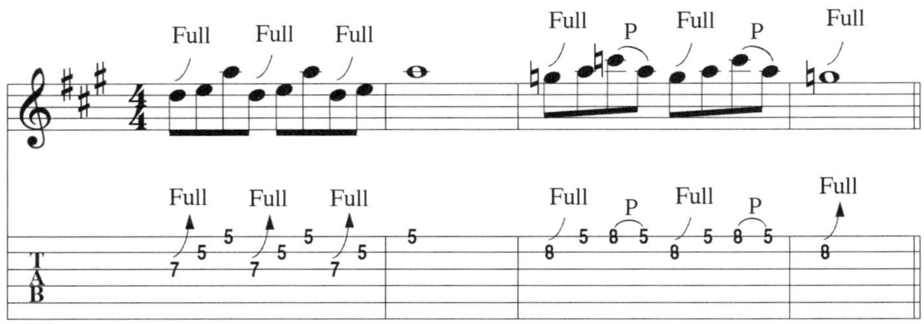


**Figure 10-5** : le bend de la 2e corde et celui de la 3e corde de la *Grille I*.

La Figure 10-6 montre une phrase type de deux mesures avec un *bend* de double-stop dans la *Grille I*. La note qui se trouve sur la septième case de la 2e corde n'appartient pas à la gamme mineure pentatonique de *la*. Mais en tout cas, elle sonne bien, et le doigté est imbattable, car l'annulaire, ce grand favori, barre les deux notes du double-stop.

CONSEIL

Ajoutez du vibrato à la note finale pour lui donner de l'expression.

Piste 57

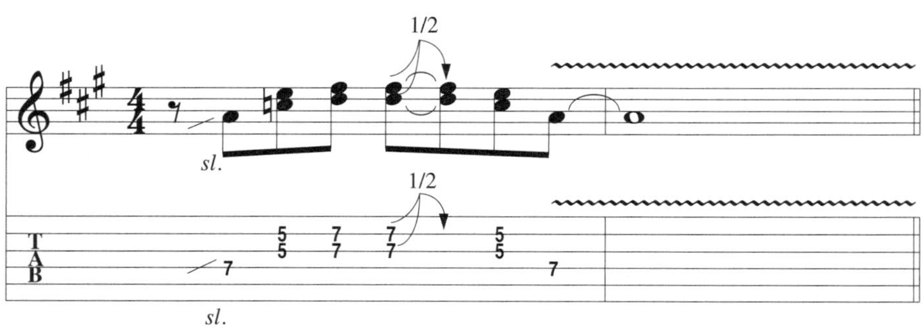


**Figure 10-6** : un *bend* de double-stop dans la Grille I.

## *Un solo à partir de la Grille I*

Un solo improvisé, c'est quelque chose que vous allez vous-même créer, et personne ne pourrait exactement vous montrer comment le jouer. Nous pouvons cependant vous montrer les outils de la guitare solo, de telle sorte que vous puissiez vous exercer et vous faire une idée. Au-delà de cette limite, ce sera votre personnalité qui aura la parole.

Pour l'instant, commencez par vous faire une idée de la façon de jouer en solo sur le motif d'accompagnement de blues à 12 mesures de la Figure 10-2 qui est intégré à la piste rythmique sur le CD.

Notez que chacune des phrases montrées dans les Figures 10-4, 10-5 et 10-6 de la section précédente « Ajoutez des effets » fait alterner une mesure active (qui contient des tas de notes) et une mesure *statique* (qui ne contient qu'une seule note). Cette alternance entre activité et repos évite la monotonie. Jouez ces phrases dans l'ordre décrit dans les instructions qui suivent, et vous disposerez d'un solo de 12 mesures prêt à l'emploi. (Si vous le voulez, vous pourrez répéter ce solo de très nombreuses fois.) Pour jouer un tel solo, procédez comme suit :

Piste 58

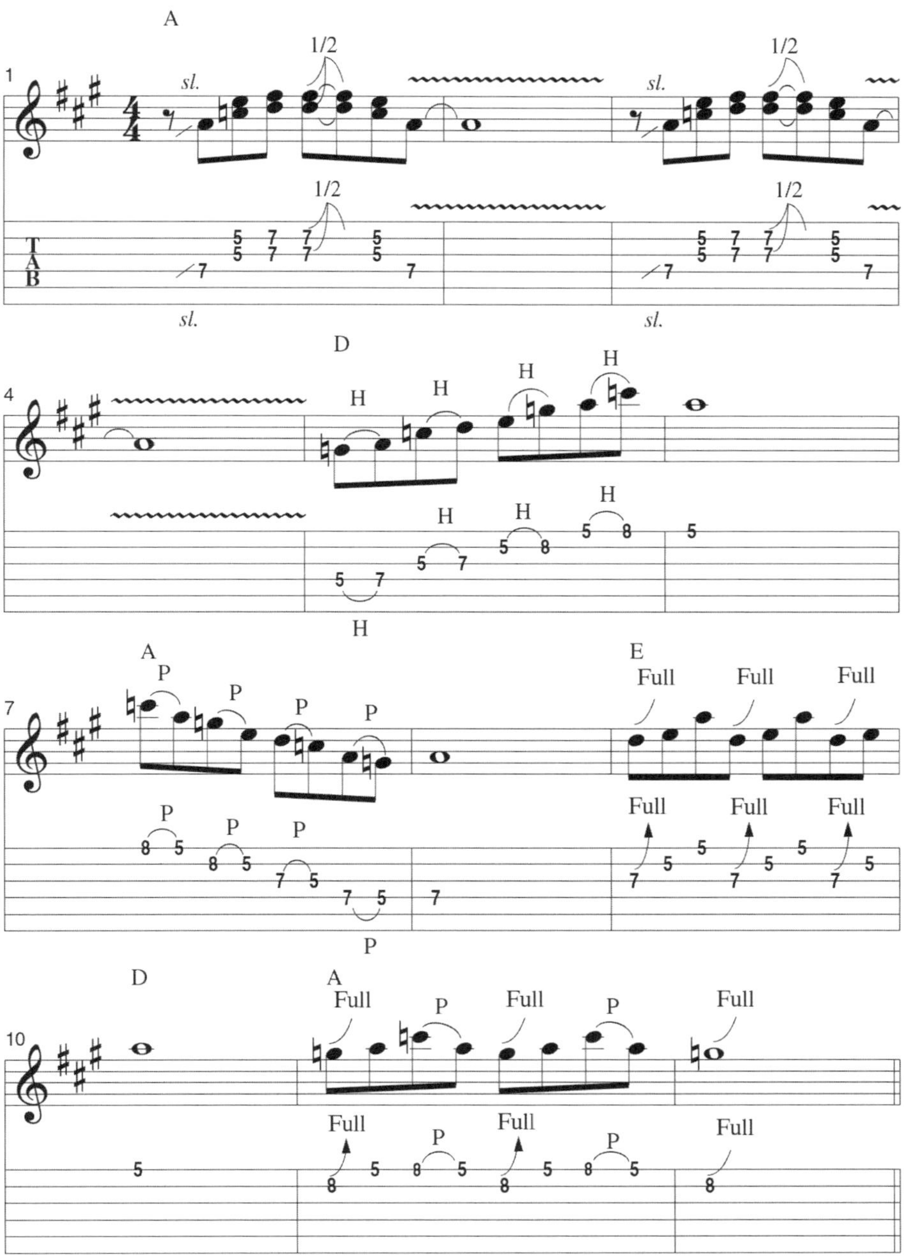


**Figure 10-7** : assemblez trois motifs mélodiques de *Grille I* pour créer un solo de 12 mesures.

1. **Durant les quatre premières mesures du solo, jouez deux fois l'air de double-stop de la Figure 10-6.**
2. **Au cours des quatre mesures suivantes, jouez l'air avec les phrasés de *hammer-on/pull-off* de la Figure 10-4.**
3. **Durant les quatre dernières mesures, jouez le phrasé avec les bends des 2<sup>e</sup> et 3<sup>e</sup> cordes de la Figure 10-5.**

Nous avons inscrit dans la Figure 10-7 les étapes énoncées ci-dessus. Jouer ces exemples vous donnera l'impression de jouer de la guitare solo. Votre petit solo sonnera comme une série de phrases musicales, et c'est exactement comme ça que cela doit se passer.

### Les Grilles II et III

Les deux grilles suivantes, que nous appelons ici Grille II et Grille III, n'utilisent pas, en général, les six cordes comme c'est le cas avec la Grille I, et l'on ne joue donc que les notes des deux ou trois cordes supérieures.

La Grille II se compose de cinq notes, comme le montre la Figure 10-8. Notez que les deux notes au sommet de cette Grille (à la huitième case) font également partie de la Grille I, mais dans la Grille I, on les joue avec le petit doigt ou avec l'annulaire. Cette grille possède des notes de la gamme mineure pentatonique de la en huitième position. Ici aussi, nous indiquons dans la figure le degré de la gamme et le doigté de chaque note, et quelles notes se prêtent bien au *bend*.

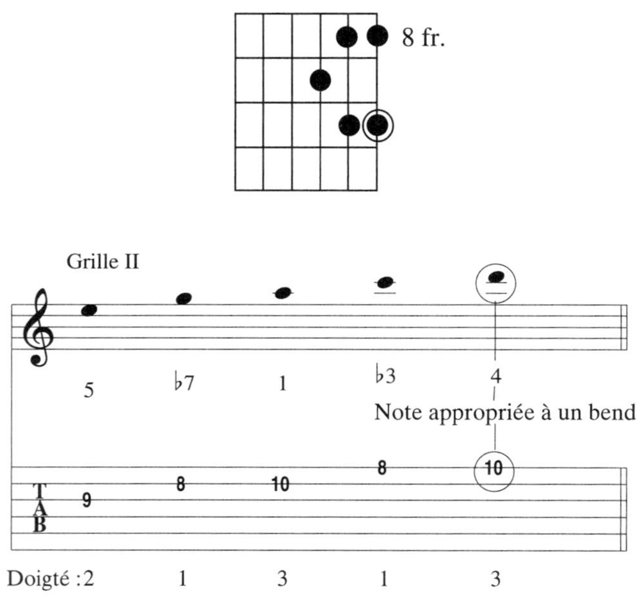


**Figure 10-8** : les notes de la Grille II.

La Grille II est très utilisée parce qu'elle contient une note appropriée pour un *bend* avec l'annulaire. Il se trouve que cette note est également la plus aiguë de la grille. En solo, les aigus sont appréciés. On peut jouer les notes les plus aiguës de la grille, puis les rendre encore plus aiguës en étirant les cordes correspondantes d'un ton. Cette technique produit un effet assez spectaculaire. Essayez-la !

Dans la Figure 10-9, vous trouverez un phrasé type avec des notes de la Grille II et un *bend* sur la note la plus aiguë de la grille.

Piste 59

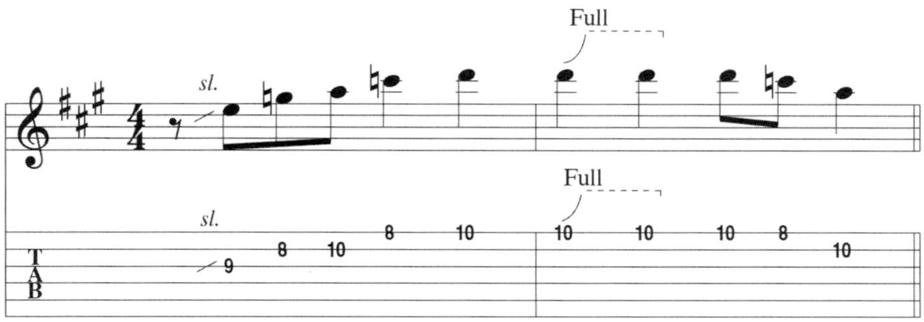


**Figure 10-9** : un phrasé type avec des notes de la Grille II, comprenant un bend sur la note la plus aiguë.

La Grille III est particulière parce que certaines de ses notes n'appartiennent pas à la gamme mineure pentatonique de *la*, ce qui n'empêche pas les guitaristes de quand même beaucoup l'utiliser. La liste suivante vous explique les avantages de la Grille III :

- La Grille III est facile à jouer et à mémoriser : elle est exactement comme la Grille II, mais elle est située deux cases plus haut sur le manche.
- Le fait que deux notes (*fa♯*, le sixième degré, et si, le deuxième degré) de la Grille III n'appartiennent pas à la gamme mineure pentatonique de la est une bonne chose. Ces deux notes sont empruntées à la gamme majeure *apparentée*, et les guitaristes aiment parfois les ajouter à la gamme mineure pentatonique pour varier les plaisirs et épicer leur jeu. C'est la *prédominance* de notes de la gamme mineure pentatonique qui donne au rock'n'roll traditionnel (et au blues) sa saveur particulière, et pas l'exclusion totale de toutes les autres notes.
- La note de la corde bonne à étirer tombe sous l'annulaire.
- Le premier degré de la gamme, c'est-à-dire la note sur laquelle on finit souvent une phrase, se trouve sous l'index et sur la 2e corde de cette grille. On a tendance à appliquer un vibrato à la note finale d'une phrase (surtout si celle-ci est tenue), et cette note s'y prête de façon idéale, si l'on considère le doigt qui la joue et la corde sur laquelle elle se trouve.

La Figure 10-10 montre la Grille III (en dixième position pour la tonalité de *la*). Ici encore, nous indiquons le degré de la gamme et le doigté de chaque note. La note qui se prête à un *bend* est entourée.

Souvent, les guitaristes se concentrent sur les 2e et 3e cordes de la Grille III. La Figure 10-11 montre une phrase type formée à partir de la Grille III. N'oubliez pas le vibrato à la dernière note !

Si vous voulez tout de suite jouer une chanson dans le plus pur style de rock'n'roll, allez directement à « Chuck's Duck » dans la section « Jouez des chansons de rock » plus loin dans ce chapitre.

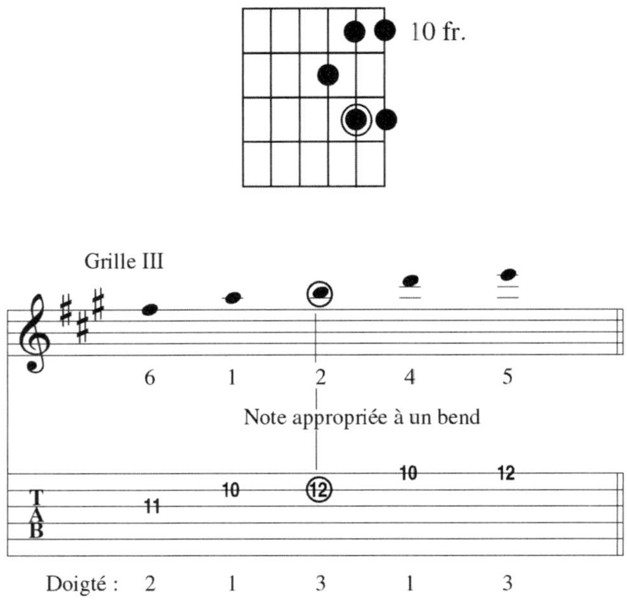


**Figure 10-10** : les notes de la Grille III.

Piste 60

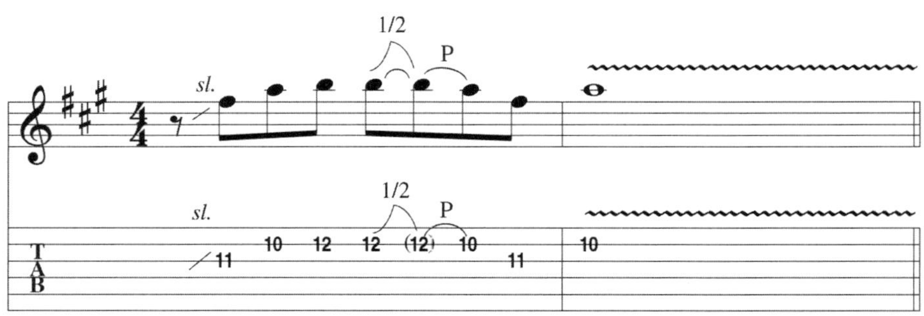


**Figure 10-11** : un phrasé type formé à partir de la Grille III.

## *Un solo à partir des Grilles I, II et III*

Cette section ne fait qu'assembler les airs formés à partir des trois grilles décrites aux sections précédentes. Vous n'avez besoin d'aucune autre information. Il vous suffit de coordonner ce que vous savez déjà si vous avez lu ces sections. (Et si vous ne l'avez pas encore fait, nous vous suggérons de vous y mettre maintenant, avant d'essayer le solo qui suit.) En d'autres termes, ce n'est qu'*après* avoir fabriqué les briques que vous pourrez les assembler pour construire une maison.

Nous allons maintenant vous montrer comment construire un solo de 12 mesures prêt à l'emploi, formé de six phrases de deux mesures chacune (basées sur les trois grilles que nous vous avons montrées dans les sections précédentes). Procédez comme suit :

1. **Jouez le phrasé de Grille I avec double-stop de la Figure 10-6.**
2. **Jouez le phrasé de Grille I avec *bend* de la 3e corde de la première moitié de la Figure 10-5.**
3. **Jouez le phrasé de Grille III de la Figure 10-11.**

4. **Jouez le phrasé de Grille I avec *bend* de la 2^e^ corde de la seconde moitié de la Figure 10-5.**
5. **Jouez le phrasé de Grille II de la Figure 10-9.**
6. **Jouez à nouveau le phrasé de Grille I avec double-stop de la Figure 10-6.**

Piste 61

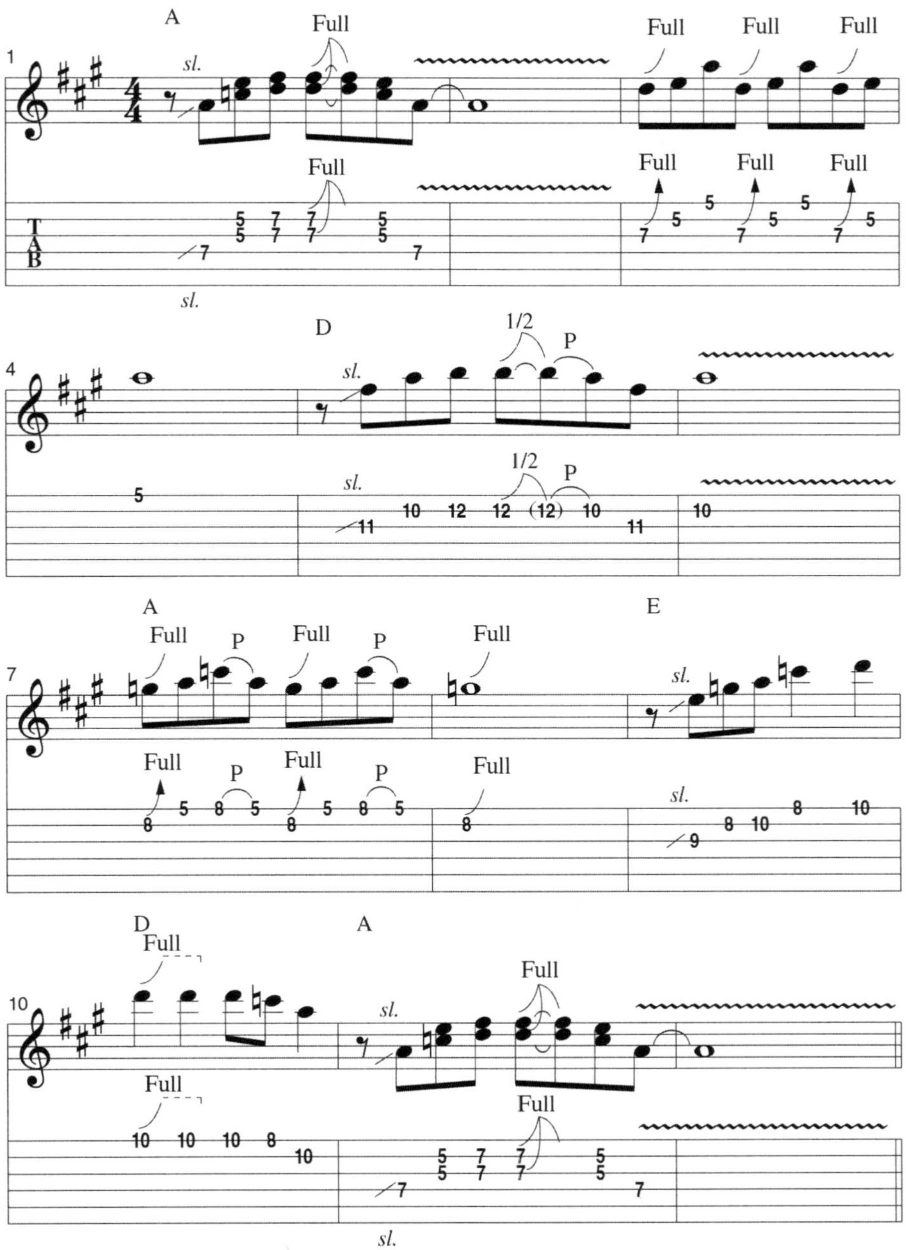


**Figure 10-12** : l'assemblage de six phrasés de deux mesures formés à partir des trois grilles permet d'obtenir un solo de 12 mesures.

La Figure 10-12 propose la partition de ce qui précède. Pour savoir comment sonne ce solo, écoutez le CD.

En rejouant ce solo de nombreuses fois, vous commencerez à avoir une idée de la façon de créer un solo à partir des trois grilles sur une progression de blues de 12 mesures. Ça deviendra vraiment excitant lorsque vous vous mettrez à créer vos propres solos. Voici quelques lignes directrices pour cela :

- Pensez en termes de phrases courtes enfilées les unes à la suite des autres. Vous pouvez même jouer une seule phrase courte en la répétant plusieurs fois si les accords d'accompagnement changent. Un bon moyen de créer une phrase consiste à en former une que l'on puisse chanter. Chantez une courte phrase dans votre tête en utilisant les notes de la grille.
- Ajoutez-y quelques effets de jeu, et surtout des *bends*, parce que ce sont eux qui sonnent le plus cool. Appliquez un vibrato aux longues notes qui terminent une phrase, en glissant parfois vers le bas à la fin.
- Alternez activité (plein de notes) et repos (peu de notes, ou une seule, ou même un silence pendant quelque temps).
- Passez d'une grille à l'autre pour varier les plaisirs.

N'ayez pas peur de faire des erreurs. Osez ! D'abord, vous ne pouvez pas vraiment faire d'erreurs parce que toutes les notes des grilles sonnent bien avec les accords de la progression d'accompagnement. L'erreur la plus grave que vous pourriez faire, c'est de ne pas essayer de jouer un solo, de peur d'avoir l'air d'être un canard boiteux. Le jeu en solo exige de l'entraînement, et la confiance s'acquiert progressivement. Si vous êtes trop timide pour jouer en solo devant d'autres personnes, commencez par vous exercer avec le CD, dans un lieu où personne ne peut vous entendre. Bientôt, personne ne pourra plus vous arrêter !

CONSEIL

Écoutez des enregistrements de guitaristes célèbres pour y puiser de nouvelles idées pour votre propre jeu au fur et à mesure que vous gagnez de la confiance. En écoutant un enregistrement, vous savez pratiquement déjà ce que le guitariste joue, parce que la plupart des guitaristes utilisent les mêmes grilles, les mêmes *bends*, les mêmes vibratos que vous. Parmi les guitaristes à écouter, on peut citer Chuck Berry, Jimi Hendrix, Éric Clapton et Eddie Van Halen.

# Le rock moderne

Alors que le rock'n'roll traditionnel utilise des accords simples, le *modern rock*, lui, emploie des accords différents des accords de base majeurs, mineurs et de 7$^{e}$. Les accords en « sus », ajoutés, les accords à basse modifiée et les accords inhabituels qui résultent d'accordages altérés font tous partie du lexique du modern rock.

Les *accordages altérés* permettent de créer des couleurs entièrement nouvelles et des textures qui ne sont pas possibles avec l'accordage normal, et ce son constitue une composante particulièrement importante du mouvement alternatif des années 90.

Dans cette section, nous allons également décrire une autre approche du jeu de guitare solo, le jeu avec une *gamme majeure pentatonique*, une gamme différente de la gamme mineure pentatonique, qui est plus blues. Cette gamme est employée surtout dans le rock'n'roll traditionnel et le blues. Vous pourrez utiliser la gamme majeure pentatonique pour des solos de rock sudiste et de country, ainsi que pour varier les solos basés sur le blues.

## Les accords « sus » et « add »

THÉORIE

Les accords sont souvent formés en prenant une note sur deux dans une gamme majeure. Par exemple, si vous formez un accord de trois notes en prenant une note sur l'autre de la gamme de do majeur (*do, ré, mi, fa, sol, la, si*), vous obtenez *do-mi-sol* (un accord de *do* majeur). Les notes de l'accord sont désignées conformément au degré qu'elles occupent sur la gamme : *do* est désigné par « 1 » (*la* tonique) ; *mi* par « 3 » (la *tierce* de l'accord) ; et *sol* par « 5 » (la *quinte* de l'accord).

Dans les accords en « sus », on remplace la tierce par une quarte, dans les « sus4 », ou parfois par une seconde dans les « sus2 ». Le son qui en résulte est incomplet ou indécis, mais intéressant, ni majeur ni mineur.

Un accord « add » est simplement un accord de base (tel qu'un accord majeur) auquel on ajoute une note supplémentaire. Prenez l'accord de *do*, ajoutez-lui la note *ré*, par exemple, et vous obtenez un *do*add2 (avec les notes *do-ré-mi-sol*). Cet accord est différent du *do*sus2, qui n'a pas de *mi* (car le *ré* a pris sa place).

### Les accords suspendus à vide

Bien que l'on puisse jouer des accords suspendus comme des accords barrés déplaçables, les accords avec cordes à vide sont les plus faciles à jouer et ce sont ceux que les guitaristes utilisent le plus. La Figure 10-13 montre les doigtés d'une progression avec les accords de *ré*sus4, *ré*sus2, *la*sus4 et *la*sus2.

Piste 62, 0:00

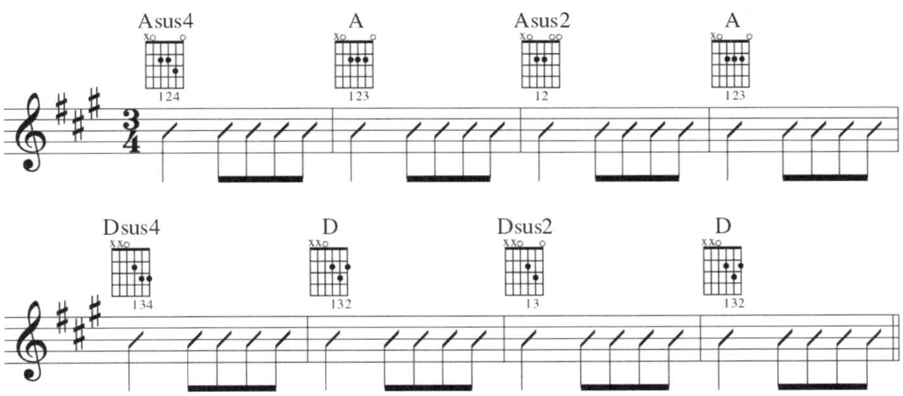


**Figure 10-13 :** une progression d'accords avec *la*sus4, *la*sus2, *ré*sus4 et *ré*sus2 avec les doigtés correspondants.

### Les accords « add » à vide

Il est certes possible de jouer des accords « add » comme des accords barrés déplaçables, mais les accords avec cordes à vide sont les plus courants, étant les plus faciles à jouer. Les accords « add » incluent des notes ajoutées aux accords de base. Un accord de *do*add9, par exemple, ajoute un ré (qui est le 9e degré de la gamme de *do*) aux trois notes qui forment l'accord de base de *do* majeur.

La Figure 10-14 montre les doigtés de l'accord de *do*add9 et de l'« accord de *sol* à quatre doigts », et propose une progression avec ces accords. (L'« accord de *sol* à quatre doigts » n'est pas un accord « add », mais on utilise quasiment toujours ce doigté de *sol* avant ou après un accord de *do*add9.)

Piste 62, 0:15

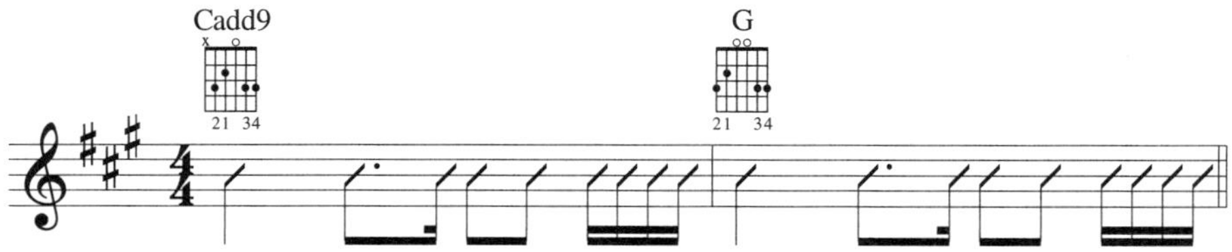


**Figure 10-14** : une progression avec les accords de doadd9 et de sol à quatre doigts, et les doigtés de ces accords.

## Les accords à basse modifiés

Les accords à basse modifiés sont des accords intéressants et colorés qui épicent le rock moderne et y ajoutent une saveur supplémentaire. Un accord modifié s'écrit avec une barre oblique (/), comme *la*m/*do* (« la mineur sur *do* »). La partie gauche du nom désigne l'accord proprement dit. La partie droite du nom désigne la note de *basse* de cet accord. Souvent, la note la plus grave d'un accord (la note de basse) est la tonique de l'accord (celle qui donne son nom à l'accord). Donc, si vous tombez sur un nom d'accord comme lam, vous présumez que la note de basse est la. Mais la tonique n'est pas toujours la note la plus basse de l'accord. En fait, toute note peut remplir cette fonction et servir de note de basse, qu'il s'agisse d'une note de l'accord différente de la tonique (la tierce ou la quinte, par exemple) ou d'une note qui ne fait pas du tout partie de l'accord. Lorsque la note de basse n'est pas la tonique, on l'indique en la plaçant à droite de la barre oblique. Donc, *la*m/*do* signifie que vous jouez un accord de *la* mineur, mais avec un *do* comme note la plus grave.

Les guitaristes utilisent souvent des accords modifiés dans des progressions où la ligne de basse forme une gamme ascendante ou descendante. Ce type de motif de basse confère de l'intérêt et de l'unité à la progression. On trouve une progression comme celle-ci dans la chanson « Whiter Shade of Pale », de Procol Harum. La Figure 10-15 montre une autre progression avec des accords à basse modifiés employés de cette manière. Pour faire ressortir la ligne de basse, dans chaque mesure, ne jouez que la note du bas de l'accord sur le premier temps, puis le reste de l'accord sur les deuxième et troisième temps (basse/accord/accord).

Piste 63

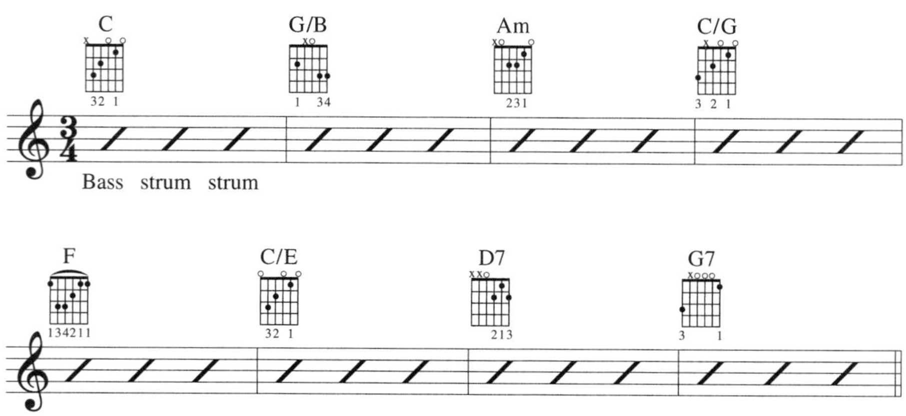


**Figure 10-15** : une progression d'accords à basse modifiés dans laquelle les notes de basse successives forment une gamme descendante.

**NOTE TECHNIQUE** Les diagrammes d'accords de la Figure 10-15 sont munis de *X* qui indiquent les cordes qui ne doivent pas être jouées. Pour éviter que les cordes ne sonnent, utilisez le doigt de la main gauche, qui viendra presser la corde voisine plus grave afin de l'étouffer en la touchant légèrement.

# Les accordages altérés

La guitare de modern rock de la fin des années 80 et des années 90 utilise fréquemment les *accordages altérés*, qui sont des accordages différents de l'accordage de référence : *mi-la-ré-sol-si-mi*. Les accordages altérés procurent de nouveaux sons excitants qui sont impossibles à obtenir avec l'accordage standard. Ils peuvent vous permettre de jouer des phrasés ou des accords difficiles, voire impossibles à jouer en accordage standard, alors que le doigté sera facile à exécuter en accordage altéré. Cela étant dit, soyez bien conscient du fait qu'une fois l'accordage de votre guitare modifié, tous les doigtés qui vous sont familiers seront inutilisables. C'est pourquoi il peut être particulièrement utile d'apprendre de nouveaux phrasés et riffs en accordage altéré en lisant des tablatures. Des artistes aussi divers que Joni Mitchell, les Rolling Stones et Soundgarden utilisent souvent les accordages altérés.

## Le « ré abaissé » (ré-la-ré-sol-si-mi)

L'accordage en « *ré* abaissé » est ainsi appelé car il est réalisé en modifiant l'accordage de la corde de *mi* grave pour l'abaisser au *ré*. C'est l'accordage altéré qui est le plus proche de l'accordage standard, car on ne modifie que l'accord de la 6e corde. Pour le réaliser, abaissez la tonalité de la 6e corde jusqu'à ce qu'elle sonne une octave en dessous de la 4e corde. Cet accordage vous permet de jouer un accord de *ré* ou de *ré*m avec un *ré* grave comme tonique sur la 6e corde, ce qui produit un son riche et entier.

La Figure 10-16 montre un passage type en accordage en ré abaissé. Il a un son de blues. Étirez très légèrement la 6e corde à la note de la troisième case.

Piste 64, 0:00

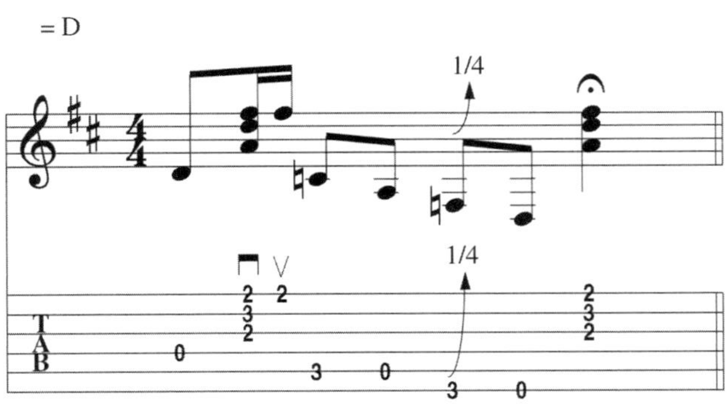


**Figure 10-16** : une phrase type en accordage de *ré* abaissé.

Un des avantages de l'accordage en *ré* abaissé, c'est qu'il permet de jouer des accords de 5e graves en barré sur les deux cordes du bas. Vous pourrez donc jouer des riffs de power chords plus facilement et plus rapidement, comme celui de la Figure 10-17.

Piste 64, 0:10

**Figure 10-17** : un riff en power chord de basses en accordage de *ré* abaissé.

### *L'accordage en ré ouvert (ré-la-ré-fa#-la-ré)*

Avec un accordage à vide, les cordes à vide forment un accord majeur. Dans l'accordage en *ré* ouvert, elles forment un accord de *ré* (surprise !). Avec cet accordage, la plupart des accords joués ne sont rien d'autre que des accords avec cordes à vide ou des accords barrés avec un doigt qui barre les six cordes. Vous pouvez, par exemple, jouer un accord de sol en barrant simplement de l'index la cinquième case. Joni Mitchell a beaucoup utilisé cet accordage dans des chansons comme « Big Yellow Taxi ».

Pour obtenir cet accordage, procédez comme suit :

1. **Abaissez l'accordage de la 6e corde jusqu'à ce qu'elle sonne une octave en dessous de la 4e corde à vide.**
2. **Abaissez l'accordage de la 3e corde pour qu'elle sonne exactement comme la note de la quatrième case de la 4e corde.**
3. **Abaissez l'accordage de la 2e corde pour qu'elle sonne exactement comme la note de la troisième case de la 3e corde.**
4. **Abaissez l'accordage de la 1re corde pour qu'elle sonne exactement comme la note de la cinquième case de la 2e corde (elle doit être une octave au-dessus de la 4e corde à vide).**

NOTE TECHNIQUE

En rehaussant l'accordage des six cordes d'un ton entier (deux cases) à partir d'un accordage en *ré* ouvert, on obtient un accordage à vide en *mi* (*mi-si-mi-sol♯-si-mi*, des cordes graves aux aiguës), que l'on peut considérer comme étant le même que l'accordage à vide en *ré*, parce que la relation entre les cordes reste la même, bien que les notes véritables diffèrent.

Piste 65

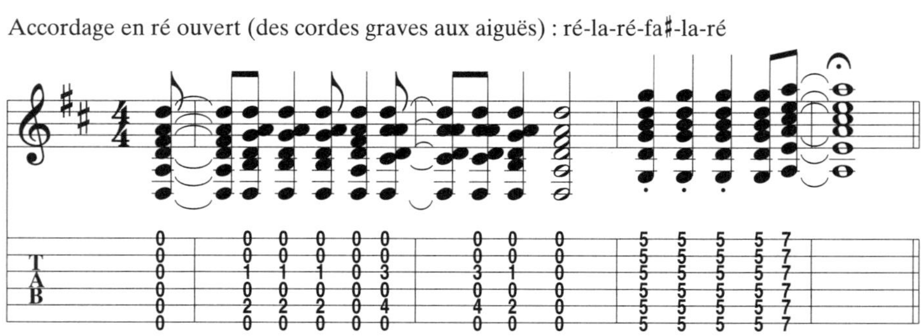


**Figure 10-18** : une phrase type avec un accordage en *ré* ouvert.

La Figure 10-18 montre une phrase type avec accordage à vide en *mi*, qui sonne comme chez Joni Mitchell, sur ses premiers albums.

Vous rencontrerez peut-être aussi un autre accordage altéré courant : l'accordage en sol ouvert (*ré-sol-ré-sol-si-ré*, des cordes graves aux aiguës), qui a souvent été utilisé par Keith Richards, des Rolling Stones, dans des chansons comme « Brown Sugar » et « Start Me Up ». (Voir le Chapitre 12 pour un exemple d'accordage en *sol* ouvert.)

## La guitare solo de country et de rock sudiste

Depuis l'époque des Eagles, de Grateful Dead et de Allman Brothers Band, le country et le rock sudiste ont connu un immense succès. Le son de ces styles se trouve quelque part entre celui de la country simple et celui du blues, bien que les deux soient trop rock pour être de la country simple, mais pas suffisamment hard pour sonner à la manière d'un rock basé sur le blues. Le son légèrement plus simple et plus majeur de ces styles trouve son origine dans les accords types que les guitaristes utilisent, et, d'une manière générale, dans les gammes sur lesquelles ils basent leurs solos. Pour savoir à quoi ressemble ce son, écoutez la musique des Byrds, de Allman Brothers Band, de Marshall Tucker Band, de Pure Prairie League, de Lynyrd Skynyrd, de Grateful Dead et des Eagles, de même que celle des rockers folks comme Jackson Browne, J.D. Souther et Linda Ronstadt.

### La gamme majeure pentatonique

On peut définir les notes de la gamme mineure pentatonique dans n'importe quelle tonalité selon la formule 1, b3, 4, 5, b7, comparée à la gamme majeure *apparentée*. Exercez-vous à jouer cette gamme en la mémorisant en tant que grille. La *gamme majeure pentatonique* est formée par les notes 1, 2, 3, 5 et 6 de la gamme majeure *apparentée*. Il s'agit d'une gamme de cinq notes sans *altération chromatique* (c'est-à-dire sans notes abaissées ou haussées d'un demi-ton) ; elle sonne donc comme une gamme majeure avec deux notes de moins. La gamme majeure pentatonique est, elle aussi, une gamme très utile, parce qu'elle fait quasiment elle-même de la musique, et qu'avec elle, il est impossible de jouer de « fausses » notes. (Voir la section « La Grille I contient la gamme mineure pentatonique », plus haut dans ce chapitre, pour en savoir plus sur les degrés de la gamme et sur la gamme mineure pentatonique.)

CONSEIL

Une fois que vous aurez maîtrisé la gamme mineure pentatonique, la gamme majeure pentatonique vous semblera un jeu d'enfant. Abaissez tout simplement la gamme mineure pentatonique de trois cases, et le tour est joué : vous avez obtenu une gamme majeure pentatonique. Jouez les mêmes motifs, et la question des notes, de la théorie et de tout le reste sera réglée.

Disons, par exemple, que vous savez jouer la gamme mineure pentatonique de la à la cinquième case sur une progression d'accords en la. Abaissez ce motif mélodique à la deuxième position (là où l'index de la main gauche joue les notes sur la deuxième case), et vous obtenez une gamme majeure pentatonique de la, que vous pourrez utiliser pour vos progressions de country et de rock sudiste. (Voir le Chapitre 7 pour davantage d'infos sur les positions.)

La Figure 10-19 montre la gamme majeure pentatonique de la en deuxième position (Grille I) et en cinquième position (Grille II), avec le degré de la gamme et le doigté de chaque note. La note qui peut être étirée est entourée. Notez que la seule véritable différence par rapport à la gamme *mineure* pentatonique, c'est la case de départ.

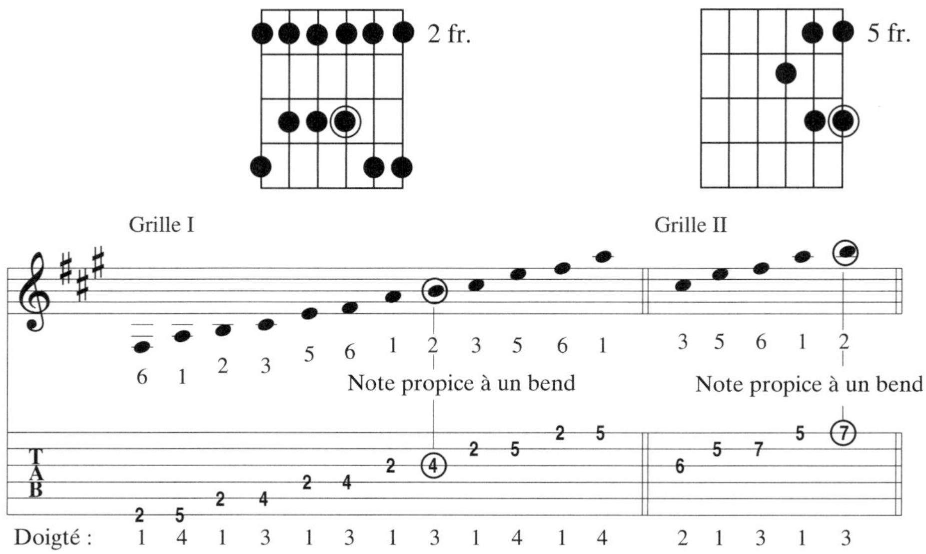


**Figure 10-19** : la gamme majeure pentatonique en deuxième position (Grille I) et en cinquième position (Grille II).

### *Phrasés formés à partir de la gamme majeure pentatonique*

La bonne nouvelle : comme la gamme mineure pentatonique, la gamme majeure pentatonique a tous les avantages. En effet, les notes que l'on peut étirer sont bien placées : vous pouvez utiliser votre index sur chaque corde de la Grille I pour avoir une prise solide, et cette gamme se prête particulièrement bien aux effets comme les *hammer-on*, les *pull-off* et les *slides*, ce qui permet de varier les possibilités d'expression.

Piste 66

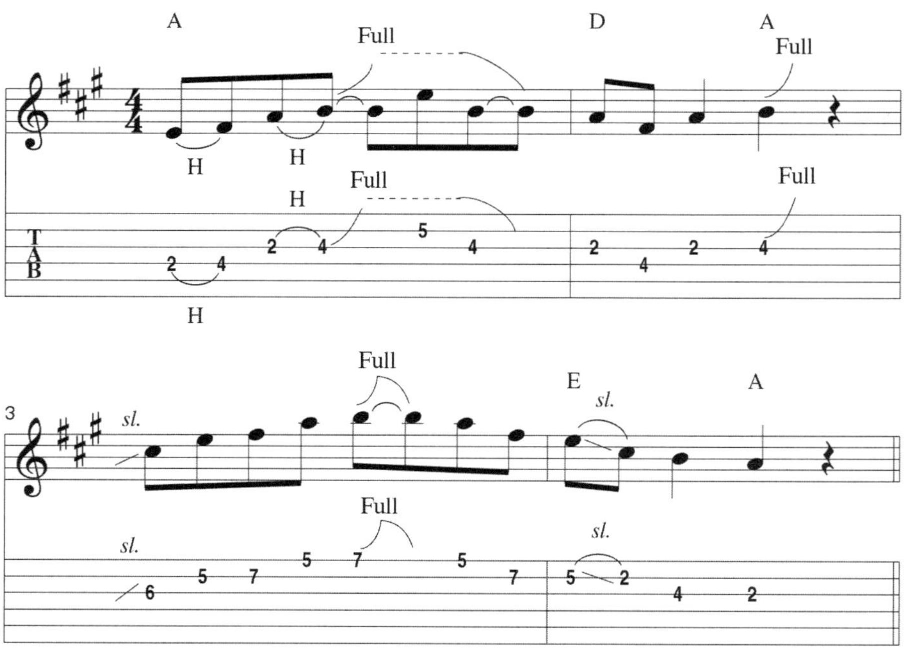


**Figure 10-20** : un air de country/rock sudiste en la.

La mauvaise nouvelle, c'est que, bien que vous soyez encore en la, le doigté est modifié : vous ne pouvez donc plus atterrir sur les doigts dont vous avez l'habitude pour terminer votre solo. Mais nous ne pensons pas que cela constitue un problème particulièrement important. Une petite réorientation de votre oreille vous permettra de trouver de bonnes notes de remplacement en un rien de temps. Et puis, voici un conseil : la note de la deuxième case de la 3e corde (Grille I) et celle de la cinquième case de la 1re corde (Grille I ou Grille II) sont très appropriées pour terminer un solo formé à partir de la gamme majeure pentatonique de la.

La Figure 10-20 montre un phrasé de quatre mesures qui vous aidera à démarrer dans le style rock sudiste/country. Notez que ce phrasé présente des bends dans les deux positions (Grilles I et II) et un *slide* descendant de la Grille II vers la Grille I pour vous ramener à la maison.

PLAISIR IMMÉDIAT

Si vous voulez jouer tout de suite une chanson du style country/rock sudiste, allez à la section suivante et jouez « Southern Hospitality ».

# Jouez des chansons rock

Enfilez votre tenue de concert et montez dans votre grosse limousine, car vous allez maintenant rocker en style !

Les chansons de cette section couvrent deux styles : le rock'n'roll traditionnel de la fin des années 50, avec un son direct et sans fioritures, et le style du mouvement country et rock sudiste des années 70, au son agréable et avec une mélodie qui se détache de l'ensemble.

## Un mot sur les chansons

Voici quelques infos utiles sur les chansons :

- **Chuck's Duck**. Pour cette chanson, il faut jouer des airs formés sur la gamme mineure pentatonique (voir la section « La Grille I contient la gamme mineure pentatonique » plus haut dans ce chapitre) ; il faut jouer des double-stops et des *bends* de double-stops (voir les Chapitres 7 et 9) ; et il faut savoir comment se baisser et traverser la scène en sautant sur un seul genou sans avoir besoin d'une intervention chirurgicale après !

  Les double-stops, la gamme mineure pentatonique et les suites de croches caractérisent le son du rock'n'roll traditionnel. Notez les *bends* rapides et brillants de la 3e corde dans les mesures 6 à 9.

- **Southern Hospitality**. Pour ce morceau, il faut jouer la gamme majeure pentatonique (voir la section « La gamme majeure pentatonique » plus haut dans ce chapitre) ; il faut jouer des accords à basse modifiés, des accords « sus » et « add » (voir la section « Le rock moderne » plus haut dans ce chapitre). Il faut également se laisser pousser une très longue barbe sans que celle-ci ne vienne s'emberlificoter dans les cordes de votre guitare !

  En baissant la gamme mineure pentatonique de trois cases, on obtient la gamme majeure pentatonique, que l'on peut utiliser pour créer un véritable son country/rock sudiste dans le style des Eagles, Poco et Pure Prairie League. Après avoir joué la partie solo, essayez la partie de guitare rythmique, qui présente des accords « sus », « add » et modifiés. Nous avons indiqué les doigtés des accords de la main gauche, mais écoutez quand même le CD pour savoir quel est le mouvement de la main droite.

Piste 67

## Chuck's Duck

## *Chuck's Duck (suite)*

Piste 68

## Southern Hospitality

## *Southern Hospitality (suite)*

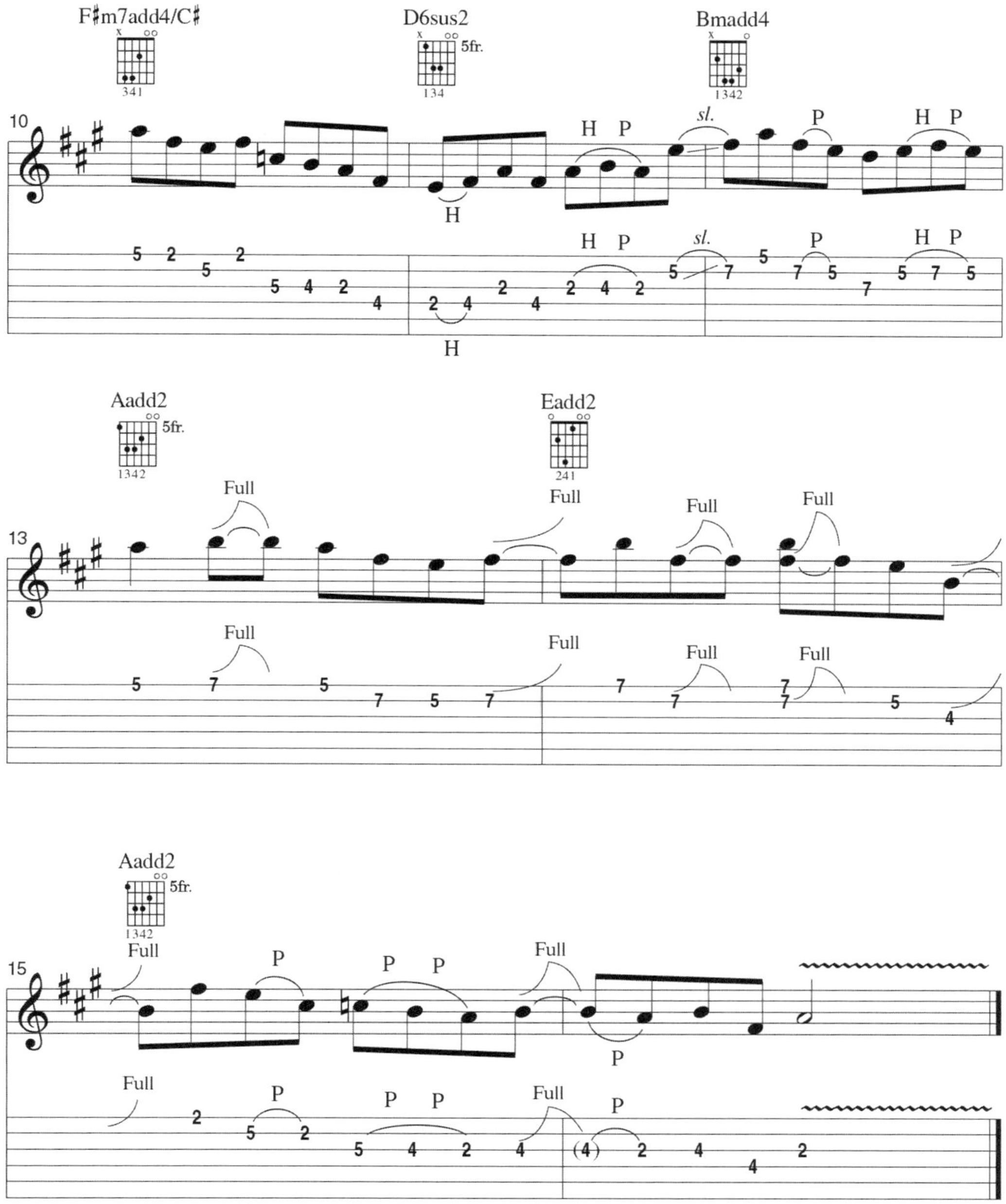

# Chapitre 11

# Le blues

***Dans ce chapitre :***

- Jouez du blues à la guitare électrique
- Jouez du blues à la guitare acoustique
- Comment jouer sans sourciller des chansons qui parlent de cœurs brisés et de souffrance !

Le blues est l'une des formes les plus populaires de la musique de guitare, pour le musicien comme pour le public. Comment s'en étonner ? Qui pourrait bien résister aux rythmes faciles, aux mélodies expressives et aux paroles attendrissantes et éloquentes du blues ? Il n'est pas donné à toutes les musiques de pouvoir vous réchauffer le cœur alors même que le chanteur est en train de se lamenter sur sa condamnation à mort pour un meurtre qu'il n'a pas commis et que sa petite chérie est en cavale avec son meilleur ami. Ah ! la douce souffrance du blues…

Mais avant de sombrer dans le sentimentalisme, voyons plutôt pourquoi le blues semble avoir été créé pour la guitare. L'une des raisons semble être que ce style est relativement facile à jouer à la guitare (surtout comparé au jazz ou à la musique classique). Les motifs d'accompagnement de blues sont accessibles, et la main les joue aisément. Les mélodies de blues se jouent particulièrement bien sur le manche d'une guitare, en raison des gammes utilisées et de l'accordage de l'instrument. Le blues n'est pas un style très exigeant sur le plan technique, et la meilleure manière de le jouer, c'est à l'oreille et en laissant votre cœur vous guider.

Jouer du blues comme les grands (par exemple, B.B. King ou le regretté Stevie Ray Vaughan) pourra s'avérer difficile, mais jouer un blues acceptable (!) sera assez facile si vous connaissez la forme, quelques gammes et quelques mouvements simples de blues.

## Le blues à la guitare électrique

Le blues électrique, c'est le type de blues joué par tous les géants du genre : Buddy Guy, B.B. King, Albert King, Albert Collins, Johnny Winter et Duane Allman, entre autres. Le jeu de blues à la guitare électrique se divise assez facilement en deux catégories : la guitare rythmique et la guitare solo.

### La guitare rythmique de blues

Jouer de la rythmique, c'est ce qu'on fait lorsqu'on ne joue pas la partie solo, et cela consiste par exemple à accompagner un chanteur ou un autre instrument avec des accords, des motifs d'accompagnement et des riffs de basse répétés. La partie rythmique requiert en général moins de maîtrise technique que la partie solo, et elle repose davantage sur le *feeling* du guitariste que sur sa technique. Commençons par la forme la plus populaire de ce style : la progression de blues de 12 mesures.

### La forme de blues de 12 mesures

Le blues et le rock se ressemblent, car tous les deux utilisent principalement la forme de blues à 12 mesures pour créer la structure des chansons (voir le Chapitre 10). Si l'on prend la tonalité de *la* comme exemple, la progression de blues de 12 mesures se compose de 4 mesures de *la*, de 2 mesures de *ré*, de 2 mesures de *la*, d'une mesure de *mi*, d'une mesure de *ré* et de 2 mesures de *la*. En notation musicale, la progression de blues de 12 mesures ressemble à l'exemple de la Figure 11-1 :

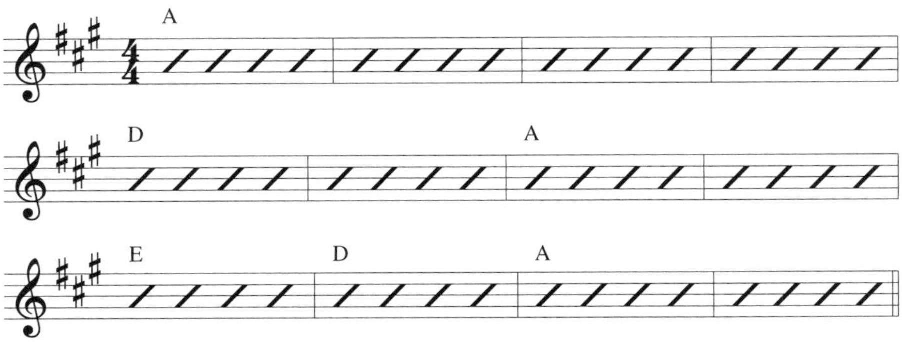


**Figure 11-1** : progression de 12 mesures d'accords de blues en *la*.

NOTE TECHNIQUE

Les accords de la Figure 11-1 (et dans toute progression du même type) sont souvent indiqués à l'aide de chiffres romains. Ces chiffres romains identifient les accords de manière générique plutôt que par tonalité. En tonalité de *la*, par exemple, l'accord de *la* est *I*, l'accord de *ré* est *IV*, et celui de *mi* est *V*. Vous pouvez compter les chiffres à la main, en commençant par *la* et confirmer que le *la* est *I*, que le *ré* est *IV* et que le *mi* est *V*. Dans la tonalité de *sol*, en revanche, on obtient *sol (I)*, *do (IV)* et *ré (V)*. Grâce à ce système, si vous décidez de changer de tonalité, vous pourrez toujours « commencer à jouer l'accord IV à la mesure 5 ». Si vous savez quels sont les accords *I, IV* et *V* dans cette tonalité, vous êtes prêt à jouer.

CONSEIL

Si vous jouez votre accompagnement de blues avec des accords barrés (vous trouverez davantage d'infos sur les accords barrés au Chapitre 8), vous pourrez savoir quel est le nom des accords dans une position donnée, et partant, quel accord jouer à partir d'une position donnée sur le manche. Par exemple, disons que vous jouez une progression de blues en la. Si vous formez un barré sur le modèle de *mi* à la cinquième case (*la*), vous jouez l'accord *I* en *la*. En passant à l'accord barré sur le modèle de la à la même case, vous jouez alors l'accord *IV*, ou accord de *ré*. Déplacez le même barré de deux cases vers le haut, à la septième case, et vous jouez l'accord *V*, l'accord de *mi*. Voyez comme il peut être facile de jouer du blues ! Utilisez ces mêmes positions n'importe où sur le manche (par exemple, jouez un accord sur le modèle de *mi* sur une case de votre choix, suivi d'un accord barré sur le modèle de *la* sur la même case, et déplacez ce barré de deux cases vers le haut) et vous saurez exécuter la progression *I-IV-V* pour n'importe quelle tonalité.

Il existe deux variations importantes de la forme de blues de 12 mesures : le *quick IV* et le turnaround. Dans le *quick IV* (nous prenons encore la tonalité de la pour exemple), on remplace un accord de *la (I)* par un accord de *ré (IV)* à la deuxième mesure. Habituellement, vous devez attendre la cinquième mesure avant de jouer l'accord *IV*, et donc le jouer dès la deuxième mesure : cela semble être assez rapide, d'où le nom. Un turnaround est un accord *V* joué sur la dernière mesure (la douzième) à la place d'un accord *I*. Ce changement permet de ramener la musique à l'accord I de la première mesure, ce qui fait « retourner » la progression à la première mesure. Les guitaristes de blues basent de nombreux airs de solo justement sur le turnaround à la fin de la progression.

CONSEIL

Essayez de remplacer les accords de base I-IV-V par des accords de $7^{e}$ ou de $9^{e}$ (*la*7, *ré*9 ou *mi*9, par exemple) pour donner une touche encore plus blues à la musique (voir les Chapitres 6 et 8).

### *Le triplet feel ou « cadence de triolet »*

Le blues repose en grande partie sur une forme rythmique appelée *triplet feel* : en français, une « cadence de triolet ». Chaque temps est divisé en trois parties (au lieu des deux habituelles). Écoutez ce que cela donne sur l'enregistrement de la Figure 11-2 du CD (piste 69). Voici une bonne manière de saisir la différence entre le triolet et la division habituelle d'un temps en deux notes de même valeur. Récitez à haute voix chacune des phrases suivantes, en claquant des doigts sur chaque syllabe en lettres capitales (oui, claquez des doigts, c'est important !).

## Texte et structure des chansons de blues

Avec le blues, un bon moyen d'imaginer clairement la structure, c'est de se représenter la progression de 12 mesures comme une suite de trois phrases de quatre mesures chacune. C'est possible, car les paroles d'une chanson de blues prennent habituellement la forme *la-la-si* (ce qui veut dire que les deux premières sections de la chanson sont les mêmes et que la troisième est différente), chacune des trois sections ayant une longueur de quatre mesures. Une chanson type de blues pourrait, par exemple, ressembler à ce qui suit :

Première phrase : *I woke up this morning, I was feeling mighty bad* (« En m'réveillant c'matin, j'me sentais vraaaiment mal »). Chantez cette phrase sur les quatre premières mesures de la progression de 12 mesures (*I, I, I, I ou I, IV, I, I* pour la variante *quick IV*).

Deuxième phrase : *I woke up this morning, I was feeling mighty bad.* Cette phrase est la répétition de la première, mais vous la chantez sur le deuxième groupe de quatre mesures de la progression (*IV, IV, I, I*).

Troisième phrase : *I can't stop thinking I lost the best gal I ever had* (« J'peux pas m'empêcher d'penser qu'j'ai perdu la meilleure meuf qu'j'ai jamais eue »). Cette phrase est différente des deux premières, et vous la chantez sur le dernier groupe de quatre mesures de la progression (*V, IV, I, I ou V, IV, I, V* si vous voulez effectuer une répétition).

D'habitude, on chante chaque phrase vocale à l'intérieur des deux premières mesures de la phrase de quatre mesures, en donnant au guitariste (peut-être bien à vous !) la possibilité de jouer quelques airs cool sur les troisième et quatrième mesures de chaque phrase. Ça donne à la chanson un côté « question-réponse ». Mais même sans chanteur, les instrumentistes peuvent quand même jouer une chanson dans cet esprit particulier « question-réponse », de deux mesures plus deux mesures pour chaque phrase de quatre mesures.

1. **CA**-fé **CA**-fé **AU**-lait

Il s'agit d'une cadence normale, chaque claquement de doigts tombe sur le temps, et celui-ci est divisé en deux parties.

2. **CHO**-co-lat **CHO**-co-lat **CHAUD**

Il s'agit d'une cadence de triolet, chaque claquement de doigts tombe sur le temps et celui-ci est divisé en trois parties. Comme le blues utilise beaucoup le triolet, il faut que vous sachiez jouer un accompagnement de blues de 12 mesures dans ce style.

La Figure 11-2 montre un accompagnement (ici, avec la variation *quick IV*) qui n'est rien de plus que quelques accords plaqués en triolet. Habituellement, la dernière mesure d'une chanson de blues est une progression dans laquelle vous approchez l'accord final depuis la case du dessus ou du dessous (voir la mesure 13). Voir les diagrammes d'accords de la figure pour les doigtés des accords de $9^{e}$ de la chanson.

Si vous savez jouer un accompagnement de rock boogie (dans le style de Chuck Berry – voir le Chapitre 10), vous ne devriez avoir aucun problème à jouer celui de la Figure 11-3, qui est, en fait, le même accompagnement de boogie (mais avec la variation *quick IV*), sauf qu'il se joue avec des triolets. Approchez ici aussi le dernier accord à partir de la case qui se trouve au-dessus.

THÉORIE

En solfège, l'équivalence (♫=♩♪ en triolet) qui est inscrite à côté de triplet feel indique que vous devez remplacer les paires de croches normales par des triolets de croches. Avec les triolets de croches, on tient la première, celle qui tombe sur le temps, un peu plus longtemps que la deuxième.

Piste 69

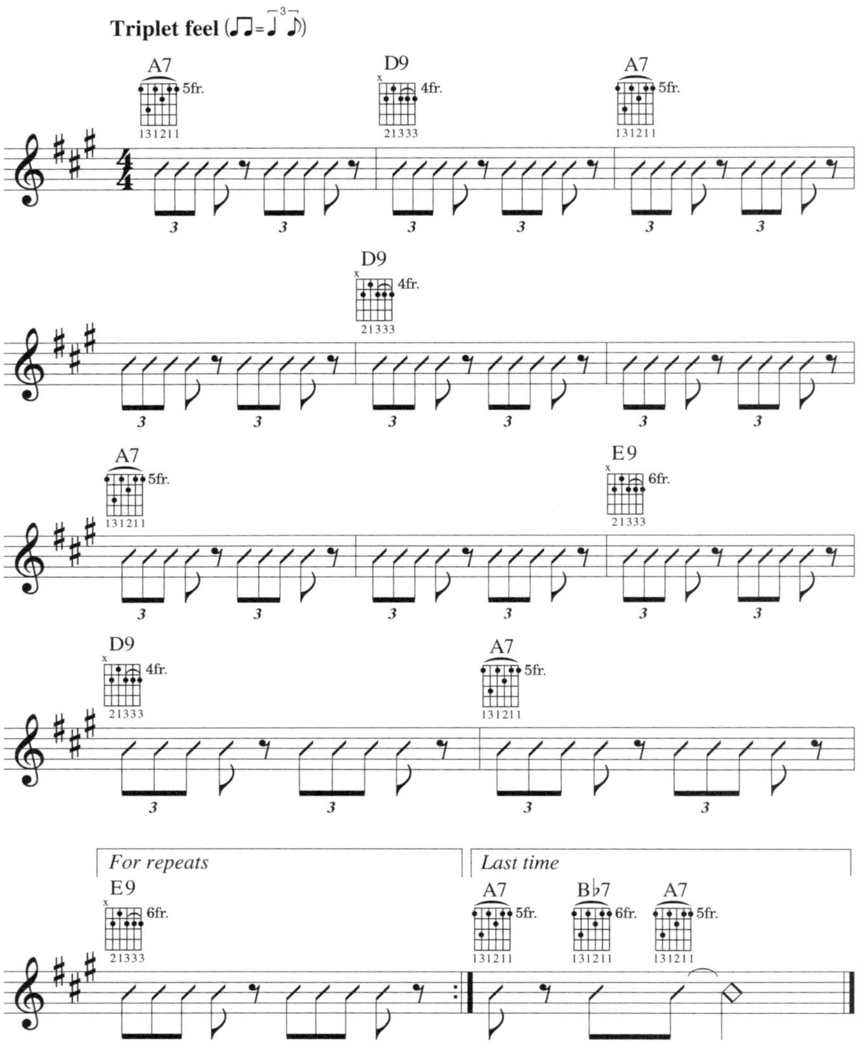


**Figure 11-2** : un accompagnement de blues de 12 mesures avec accords plaqués en triplet feel (cadence de triolet).

Piste 70

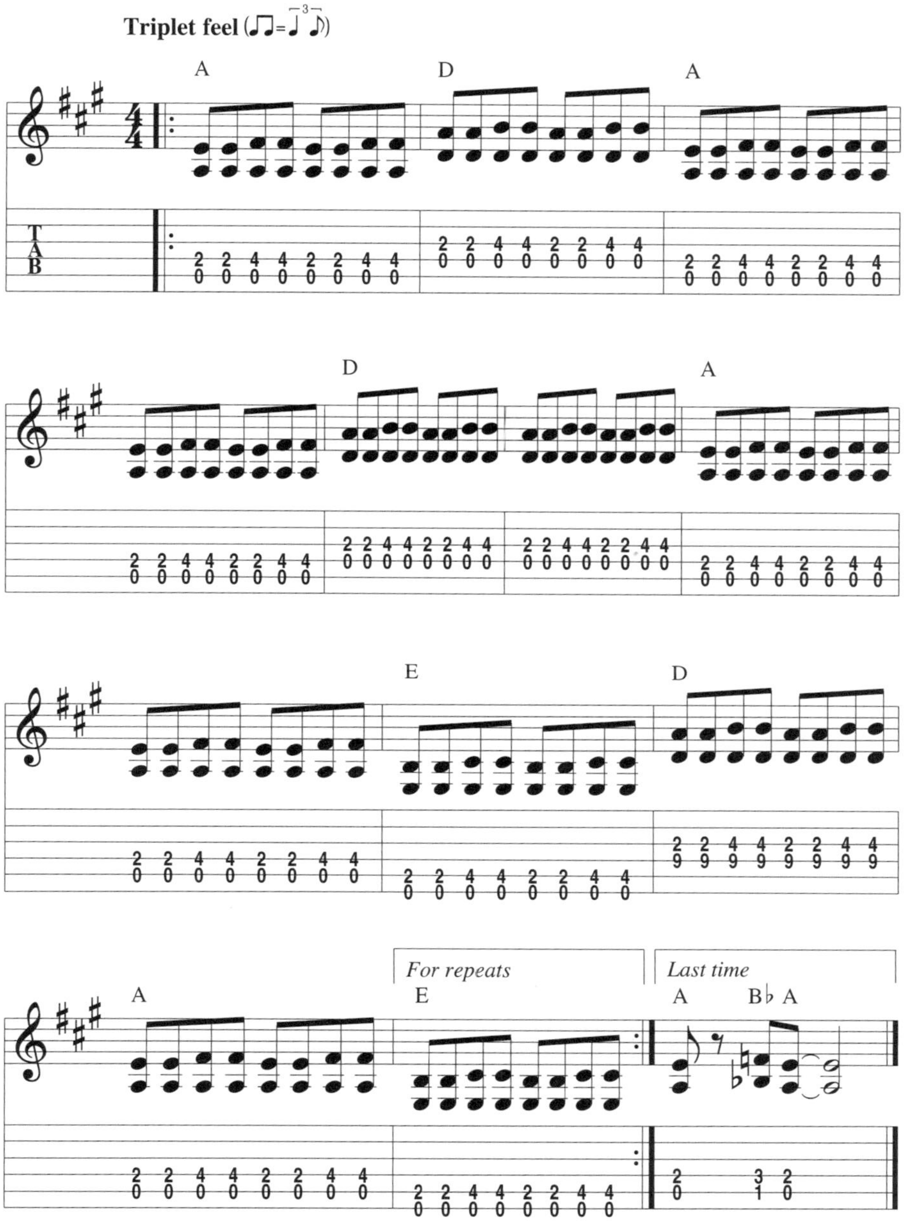


**Figure 11-3** : un accompagnement de blues de 12 mesures avec un riff boogie en triplet feel (cadence de triolet).

## La guitare de blues solo

Le solo de blues se compose d'une ligne mélodique de notes simples, qui est un mélange de lignes composées et de phrases improvisées. Un grand solo de blues intègre ces deux éléments dans un ensemble fluide et inspiré.

### Les grilles

Les guitaristes de blues improvisent avant tout en se servant de grilles, comme le font les guitaristes de rock. Une grille est un motif joué sur le manche (qui schématise habituellement une gamme mineure pentatonique) et ressemble vaguement à la forme d'une grille. (Voir le Chapitre 10 pour en savoir plus sur la gamme mineure pentatonique et les grilles.) En vous servant des notes de la grille, vous pouvez improviser des lignes mélodiques qui sonneront automatiquement bien en les jouant au-dessus d'un accompagnement de blues de 12 mesures.

Si vous avez bien étudié le Chapitre 10, vous savez déjà comment vous servir des grilles pour jouer de la guitare solo de rock : celle-ci utilise les mêmes gammes et les mêmes accords que le pour le blues. Dans ce cas, vous ne devriez avoir aucun problème pour comprendre l'exemple de la Figure 11-4, qui montre trois grilles dont vous pouvez vous servir pour des solos en la ; nous avons entouré les notes que vous pouvez étirer. (Pour davantage d'infos sur les bends, voir le Chapitre 9).

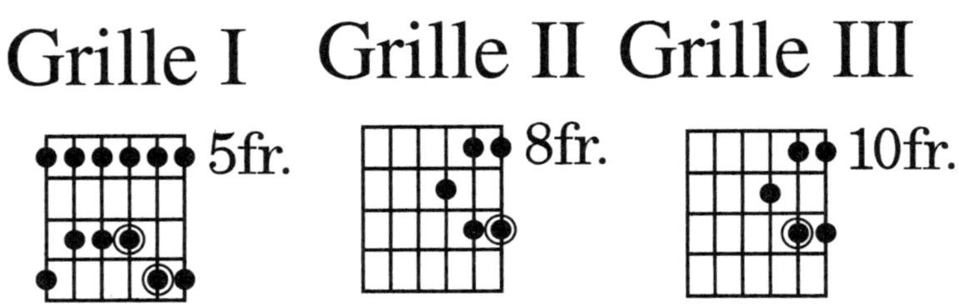


**Figure 11-4** : Grilles I, II et III.

La Figure 11-5 montre deux nouvelles grilles dont vous pouvez vous servir pour les solos de blues. Celle que nous appelons « Grille IV » (parce qu'il n'existe pas de numérotation standard pour les grilles) est semblable à la Grille III. La différence, c'est que nous avons rehaussé la tonalité de trois cases à la treizième position (en tonalité de *la*) et éliminé les deux notes de la 1re corde. Les notes qui se prêtent bien à un *bend* sont entourées. Jouez les notes de cette grille avec l'index sur la 3e corde et avec l'index et l'annulaire sur la 2e.

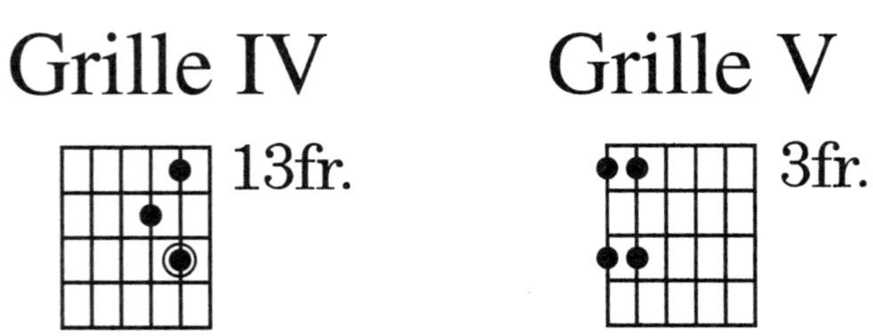


**Figure 11-5** : Grilles IV et V.

On considère parfois la Grille V comme l'extension inférieure de la Grille I. Jouez les notes des deux cordes avec l'index et l'annulaire.

NOTE TECHNIQUE

Vous avez peut-être remarqué que la Grille I couvre les six cordes alors que les autres n'en couvrent que deux ou trois. En fait, les grilles II à V sont des grilles *partielles*. Des versions complètes (qui utilisent les six cordes) de ces grilles existent, mais, dans les versions complètes, vous obtenez des doigtés inappropriés ou tout au moins inconfortables. Ces versions complètes vous font, par exemple, jouer des notes importantes avec le majeur et l'auriculaire au lieu de l'index et l'annulaire, qui sont plus forts, ou elles vous donnent des *bends* qui tombent sur de mauvais doigts. C'est pourquoi la plupart des guitaristes ne se servent que des grilles partielles, telles que vous les présente cet ouvrage.

Si vous savez jouer des phrasés types formés à partir des Grilles I, II et III (voir le Chapitre 10), l'air de la Figure 11-6 formé à partir de la Grille IV ne devrait pas vous poser problème. Jouez-le en *triplet feel*, et veillez à appliquer un vibrato à la dernière note pour obtenir un véritable son de blues. (Reportez-vous au Chapitre 9 pour davantage d'informations sur le vibrato.) Notez que le bend tombe sous l'annulaire, qui est le doigt le plus approprié pour cet effet de jeu.

Piste 71, 0:00

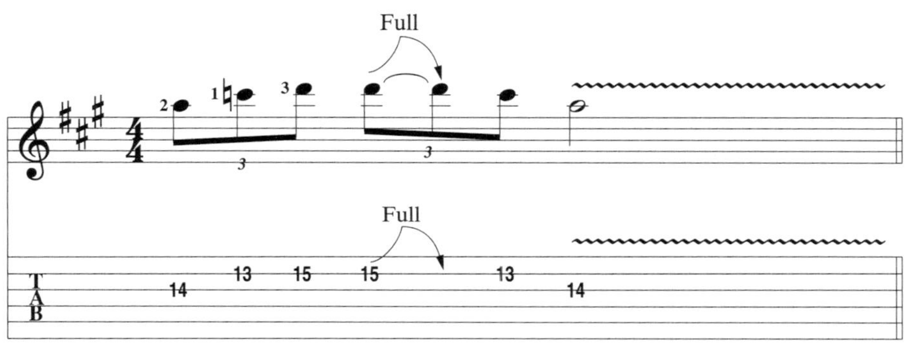


**Figure 11-6** : un air de Grille V avec triplet feel.

La Figure 11-7 montre un phrasé type formé à partir de la Grille V. Une technique de blues communément employée consiste à faire un *slide* sur la 5e corde avec l'annulaire en va-et-vient entre les Grilles V et I. (Voir le Chapitre 9 pour davantage d'infos sur les *slides*). Remarquez que toutes les notes tombent joliment sous l'index et l'annulaire, même lorsque vous passez d'une grille à l'autre.

Piste 71, 0:10

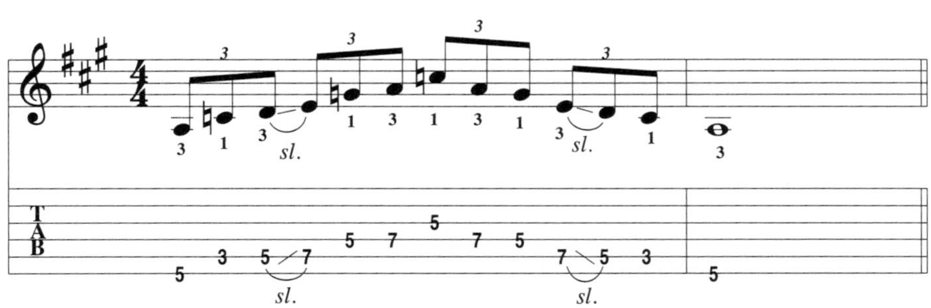


**Figure 11-7** : un phrasé de Grille V avec slide ascendant vers la Grille I.

## *Ajoutez-y la quinte diminuée et la tierce majeure*

La gamme mineure pentatonique produit de bonnes notes de blues, mais l'ajout de deux notes supplémentaires vous procurera une palette sonore encore plus riche. La quinte diminuée et la tierce majeure contribuent à donner davantage de définition à une ligne mélodique, en introduisant une note *dissonante* (chargée de tension) et une autre note (la tierce majeure) qui renforce la qualité majeure de l'accord I.

THÉORIE

Une *quinte diminuée* est une note qui se trouve un demi-ton (c'est-à-dire une case) en dessous de la quinte normale d'une gamme. Dans la gamme mineure pentatonique de *la*, par exemple, la quinte est la note *mi*. (Pour le vérifier, comptez sur vos doigts que *mi* est cinq notes au-dessus de *la*). La *quinte diminuée* est donc la note *mi*♭. Une *tierce majeure* est une note située un demi-ton (c'est-à-dire une case) au-dessus de la tierce normale (mineure) d'une gamme mineure pentatonique. Dans la gamme mineure pentatonique de la, par exemple, la tierce mineure est la note *do*. Le *do*♯ est la *tierce majeure*. (Voir l'Annexe A pour davantage d'explications sur les dièses et les bémols.)

### La quinte diminuée et la gamme de blues

La gamme pentatonique, avec ses cinq notes, fonctionne très bien pour le blues de base. Mais pour obtenir un son funky, ajoutez-y de temps en temps la quinte diminuée (*mi*♭ dans la tonalité de *la*). Cet ajout crée la gamme de blues à six notes. Cette quinte diminuée est certes particulièrement dissonante, mais elle épice le parfum quelque peu « vanillé » de la gamme mineure pentatonique normale. Attention : comme avec toutes les épices, qu'il s'agisse de fenouil ou de quinte diminuée, la parcimonie est de rigueur ! Faites-en un usage judicieux !

Les Grilles I, II et IV de la Figure 11-8 sont formées à partir de notes de la gamme mineure pentatonique. Sur ces figures, les notes entourées indiquent le *mi*♭ ajouté, le b5 (quinte diminuée), et non pas les notes qui se prêtent au *bend*. La Grille I présente la gamme de blues de la complète (sur deux octaves) en cinquième position, alors que les Grilles II et IV montrent des gammes partielles utiles pour l'improvisation.

**Figure 11-8 :** grilles qui montrent l'ajout de la quinte diminuée (b5) aux Grilles I, II et IV.

La Figure 11-9 illustre un phrasé de blues type de Grille I, qui est formé à partir de la gamme de blues. Notez que vous pouvez jouer le mib de deux façons, soit en jouant la huitième case de la 3e corde, soit en étirant la note de la septième case (qui se prête habituellement bien aux *bends*) pour la rehausser d'un demi-ton.

Les figures 11-10 et 11-11 illustrent un phrasé type de gamme de blues qui utilise d'abord la Grille II, puis (même phrasé) la Grille IV. Jouez ici aussi le b5 normalement et sous la forme *bend* (avec l'annulaire) dans chaque position.

Piste 72, 0:00

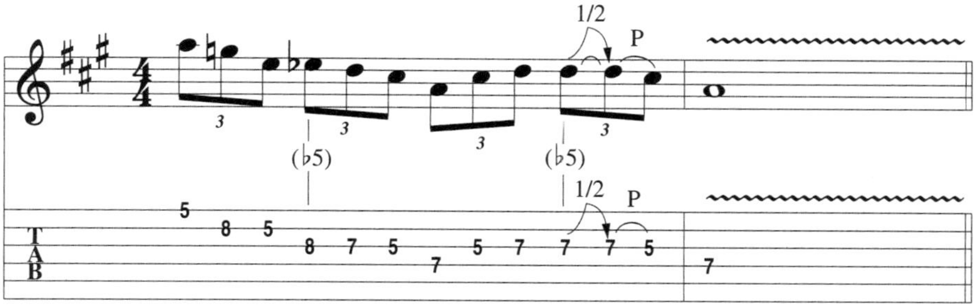


**Figure 11-9** : un phrasé de la gamme de blues formé à partir de la Grille I.

Piste 72, 0:13

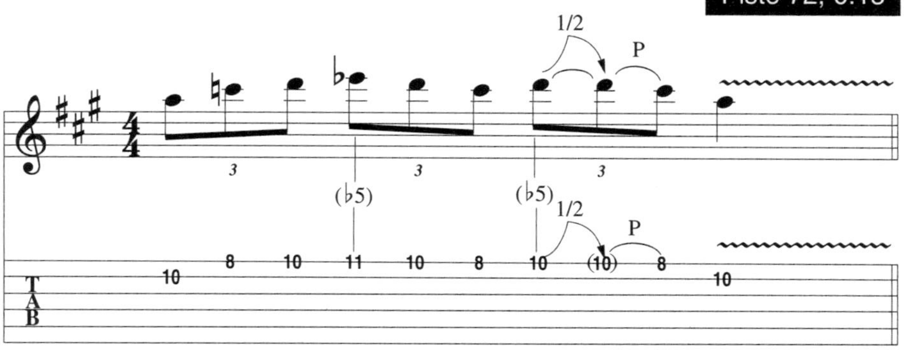


**Figure 11-10** : un phrasé de la gamme de blues formé à partir de la Grille II.

Piste 72, 0:23

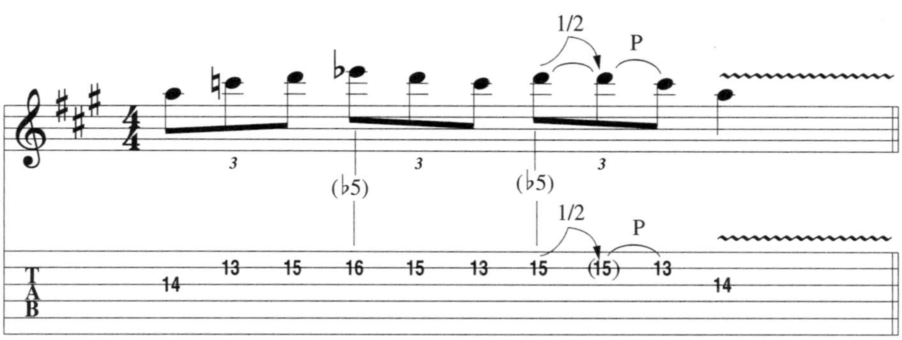


**Figure 11-11** : le même phrasé à partir de la Grille IV.

### *La tierce majeure*

La tierce majeure est une autre note que les joueurs de blues ajoutent couramment à la gamme mineure pentatonique ou à la gamme de blues. Vous pouvez vous la représenter comme une note « empruntée » à la gamme majeure pentatonique ou à la gamme majeure complète. En tonalité de *la*, la tierce majeure ajoutée est la note *do*♯, et la Figure 11-12 montre là où elle tombe dans la Grille I (c'est la note entourée). C'est la seule note jouée avec le majeur lorsqu'on travaille sur la Grille I (à moins que vous ne vous serviez aussi de la quinte diminuée, que nous avons décrite à la section précédente).

## Grille I

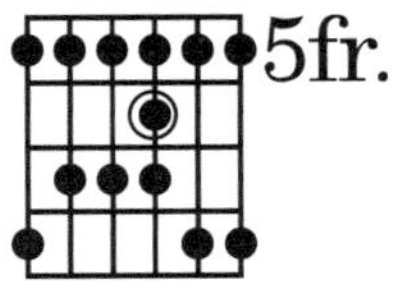


**Figure 11-12** : grille montrant l'ajout de la tierce majeure à la Grille I.

Très souvent, on effectue un *hammer-on* sur la tierce majeure depuis la tierce mineure une case en dessous, comme le montre la Figure 11-13.

Piste 73, 0:00

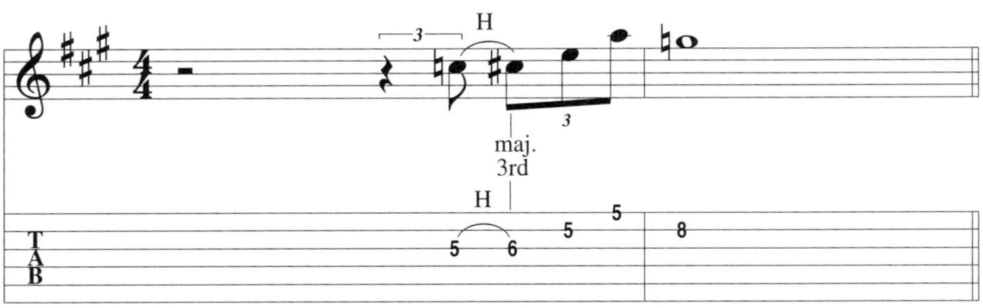


**Figure 11-13** : un air formé à partir de la Grille I avec la tierce majeure.

Bien que l'on se serve de la gamme *mineure* pentatonique pour les solos, la *tonalité* d'une chanson type de blues est *majeure* (la majeur), parce que le guitariste qui joue la rythmique joue des accords d'accompagnement *majeurs* (qui contiennent des tierces majeures). Dans les phrasés de double-stops, que l'on trouve souvent dans la musique de Chuck Berry et des Beach Boys, la fin d'un phrasé solo descendant contient habituellement une tierce majeure, afin d'aider à établir une tonalité majeure plutôt que mineure, comme le montre la Figure 11-14.

Piste 73, 0:10

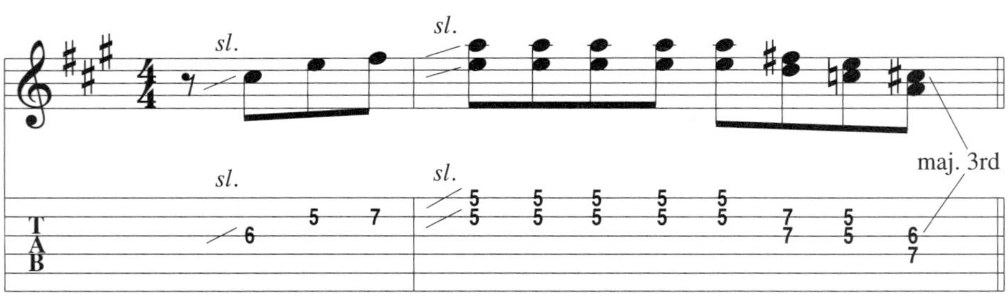


**Figure 11-14** : un riff de double-stop formé à partir de la Grille I avec la tierce majeure.

### Le phrasé

Bien que le jeu solo de blues utilise les mêmes techniques, gammes, accords et grilles que le jeu solo de rock, ces deux styles sont probablement ceux qui sont les plus différents en ce qui concerne le *phrasé*. Le solo de rock se caractérise souvent par des tas de croches affluant à un rythme régulier (pensez au solo de « Johnny B. Goode »). Mais le solo de blues (pensez à B.B. King) utilise plus souvent des phrases plus courtes et plus isolées que celles du rock. (Voir l'Annexe A pour davantage d'informations sur les croches.)

Dans une mélodie de blues type, vous entendrez peut-être une très courte phrase, un espace vide, et puis une répétition de la même phrase. Habituellement, ces courtes phrases ont une qualité vocale qui leur est propre, en ce sens qu'elles expriment souvent la douleur ou le chagrin. Parfois, si le guitariste est aussi le chanteur, les phrases vocales et les phrases de guitare se confondent quasiment.

La Figure 11-15 présente un court passage illustrant ce concept de la phrase courte. Notez que le même effet (le *pull-off* de la 8ᵉ à la 5ᵉ case) sonne bien, mais différemment, si vous le jouez sur un accord différent (d'abord sur l'accord de *la*7, puis sur celui de *ré*7). La répétition d'un effet après changement d'accord est une technique de blues typique.

Piste 74

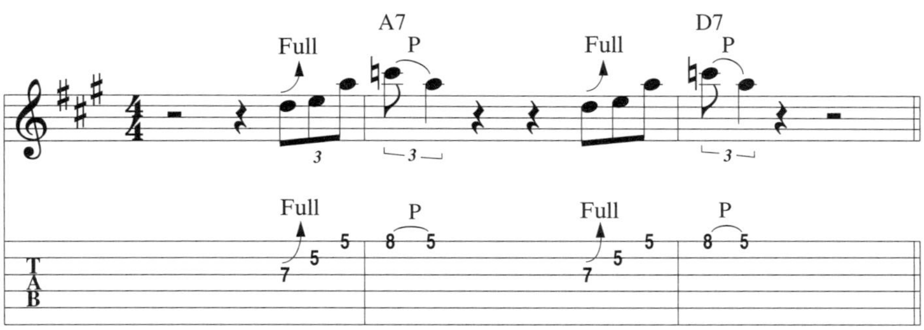


**Figure 11-15** : un riff au phrasé type de blues.

### Les mouvements de blues

La Figure 11-16 présente quatre *mouvements de blues* caractéristiques. Un mouvement de blues n'est rien d'autre qu'un phrasé court (c'est-à-dire une phrase musicale autonome) qui sonne cool. Le CD vous permettra d'entendre comment ces mouvements sonnent lorsqu'on les joue dans le contexte d'une progression.

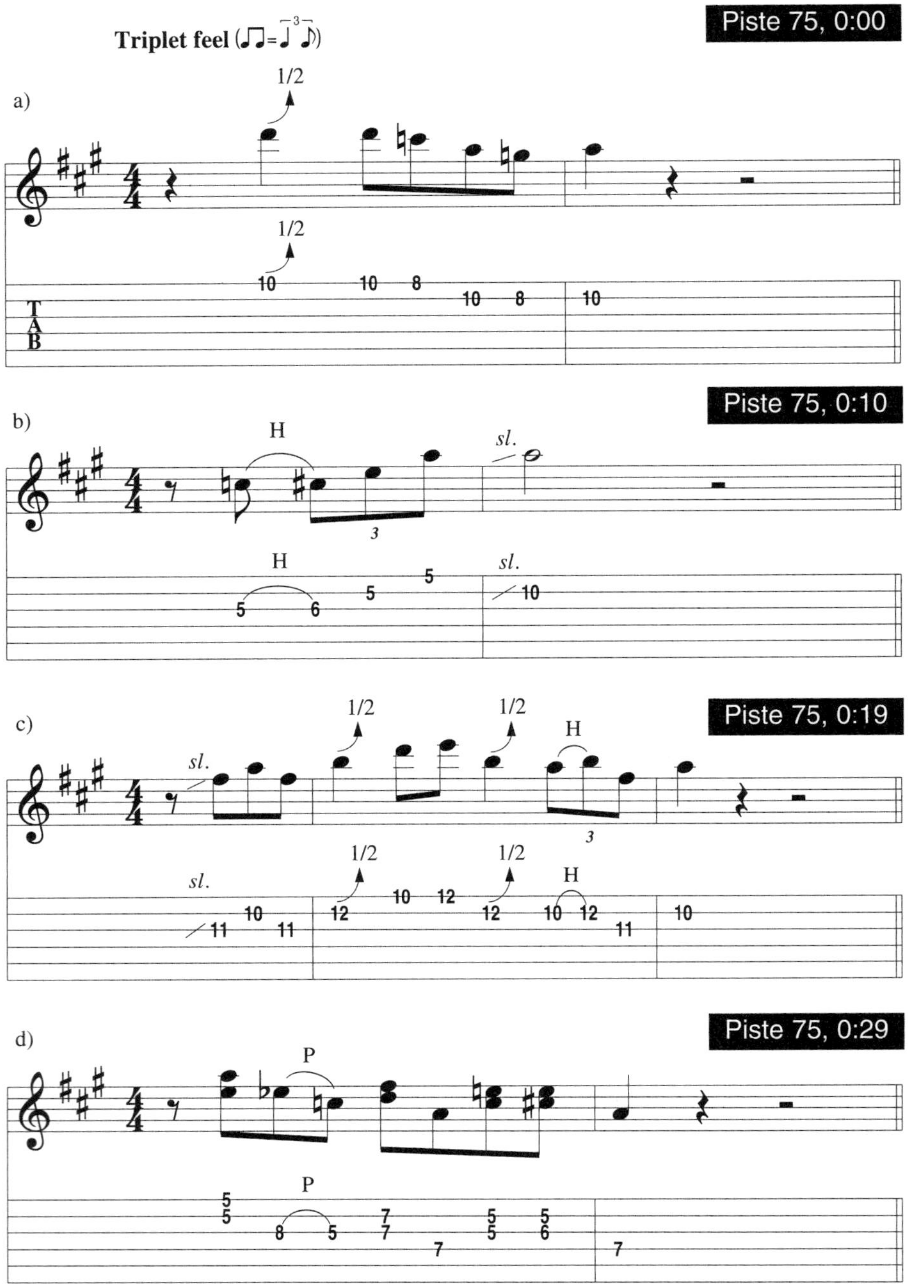


**Figure 11-16** : les riffs de quatre mouvements de blues types.

Les mouvements de blues sont faciles à créer parce qu'ils sont très courts. Créez les vôtres et voyez comment ils sonnent lorsque vous les jouez sur la progression de blues de 12 mesures des Figures 11-2 et 11-3.

Si vous souhaitez jouer tout de suite une chanson de blues à la guitare électrique et vous servir des mouvements de blues de la Figure 11-11, allez directement à « Chicago Shuttle » dans la section « Jouez des chansons de blues », plus loin dans ce chapitre.

# Le blues acoustique

La plus grande partie de la musique de guitare blues d'aujourd'hui est électrique. Les géants que sont B.B. King, Buddy Guy, Muddy Waters, Johnny Winter, Stevie Ray Vaughan, Albert King, Albert Collins, Éric Clapton… sont tous connus pour leur jeu de guitare électrique. Mais le blues est né sous la forme acoustique, avec le *fingerpicking*, et il évoque encore la région rurale du delta du Mississippi, qui en est le berceau.

## Les concepts généraux

Bien que le blues électrique se joue dans différentes tonalités en se servant de grilles déplaçables (voir la section « La guitare de blues solo » plus haut dans ce chapitre), le blues acoustique (qu'on appelle parfois *Delta Blues*) se joue avec cordes à vide, habituellement en bas du manche et avec une combinaison de notes à vide et de notes pressées, presque toujours dans la tonalité de mi.

### Une basse régulière avec mineure pentatonique et cordes à vide

L'idée de base du blues acoustique consiste à jouer un solo qui intègre simultanément la mélodie (souvent improvisée) et l'accompagnement. Cette méthode est tout à l'opposé de celle du blues électrique, où un guitariste joue la mélodie (soit la partie solo) alors qu'un autre joue l'accompagnement (soit la partie rythmique).

L'essence du style est la suivante : le pouce joue la *tonique* de chaque accord (c'est-à-dire la note qui donne son nom à l'accord) en noires régulières sur les cordes de basse. (Voir l'Annexe A pour davantage d'informations sur les noires.) Pendant ce temps, les autres doigts jouent les notes de la mélodie, formée à partir de la gamme mineure pentatonique de *mi*, ou à partir de la gamme de blues de mi, avec cordes à vide. (Pour en savoir plus sur la gamme mineure pentatonique et la gamme de blues, reportez-vous au Chapitre 10 et à la section « La guitare de blues solo » plus haut dans ce chapitre.) On se sert d'une gamme ou de l'autre, ou bien on mélange les deux. La Figure 11-17 est une grille qui illustre la gamme mineure pentatonique et la gamme de blues de *mi* avec cordes à vide. (Sans les notes entourées, vous avez la gamme mineure pentatonique de *mi* ; avec les notes entourées, en l'occurrence les notes de quinte diminuée, ♭5, soit *si*♭ dans cette tonalité, vous avez la gamme de blues de *mi*.)

NOTE TECHNIQUE

Vous noterez que la gamme de la Figure 11-17 est en fait la Grille I avec cordes à vide ! Jouez les doigtés de la main gauche en première position, donc avec le même numéro de doigt que celui de la case. Étant donné que votre pouce est normalement en train de pincer régulièrement les cordes graves de *mi* et *la*, vous tirez normalement vos notes de mélodie des cordes de *ré, sol, si* et *mi* aigu, qui sont les quatre cordes les plus aiguës.

**Figure 11-17** : grille montrant les gammes de blues pentatoniques de mi mineur et la gamme de blues de mi avec cordes à vide.

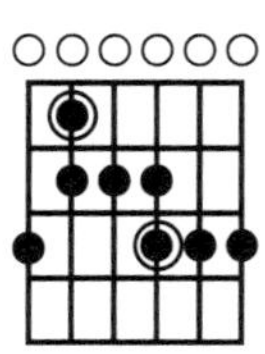

La Figure 11-18 propose un exercice simple qui illustre le style de base du blues acoustique formé à partir de la gamme de blues de mi, d'abord ascendant, puis descendant. Veillez à jouer en triolets, comme sur le CD. Vous voyez maintenant comment il est possible de jouer en même temps la mélodie et l'accompagnement, et que ce n'est même pas difficile. C'est parce que la basse est très facile à jouer !

Piste 76

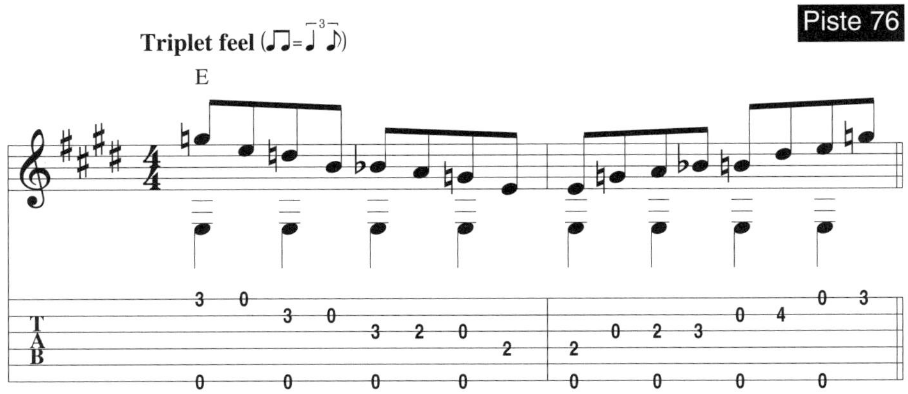


**Figure 11-18** : combinaison de notes d'accompagnements de basse et de notes d'aigus de la gamme de blues de *mi*.

### *La répétition*

La *répétition* constitue un élément important du blues acoustique (et aussi du blues électrique, d'ailleurs). Cette idée sous-entend qu'on répète un *motif* (courte phrase musicale), parfois une seule fois, parfois sans discontinuer. Dans le blues acoustique, vous pouvez obtenir cet effet de l'une ou l'autre des deux manières suivantes :

- Répétez une phrase *à la même hauteur de ton* tandis que l'accord d'accompagnement change. Dans la Figure 11-19, l'accord passe de *mi* à *la*. (Les différentes notes de basse jouées par le pouce le font changer.) Cependant, le motif est répété à la même hauteur de note. Notez combien la même note sonne différemment lorsqu'on la joue sur des accords différents (y compris lorsque l'accord n'est pas joué par le musicien mais simplement suggéré par sa position dans la séquence).
- Répétez une phrase *à une hauteur de ton différente* tandis que l'accord d'accompagnement change. Si vous employez cette technique, la relation entre la mélodie et l'accord d'accompagnement reste la même. Ce type de répétition est décrit à la Figure 11-20. Barrez la cinquième case pour jouer l'accord de la de la deuxième mesure. (Nous traitons les accords barrés au Chapitre 8.) Notez que, pour chaque accord, vous employez un *hammer-on* depuis la tierce mineure vers la tierce majeure. Cette technique est courante en blues acoustique. (Voir le Chapitre 9 pour en savoir plus sur les *hammer-on*.)

Piste 77, 0:00

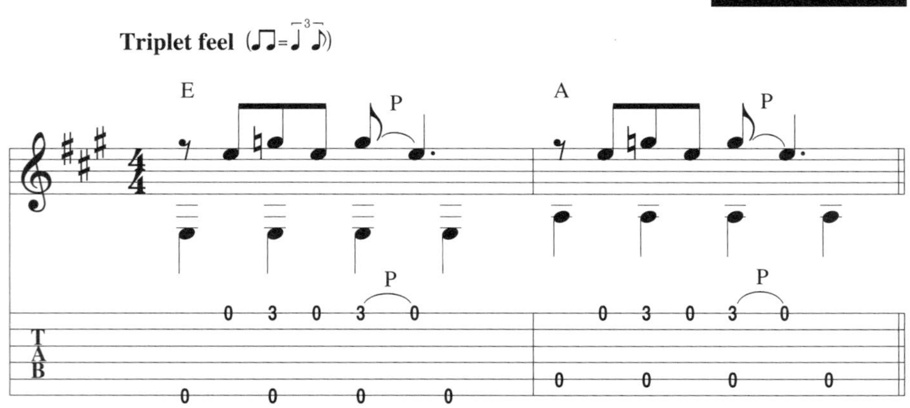


**Figure 11-19** : répétition d'un motif à la même hauteur de ton tandis que l'accord change.

Piste 77, 0:11

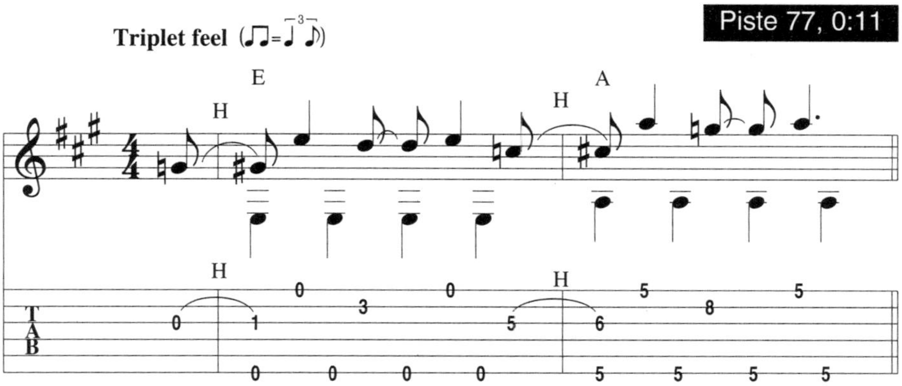


**Figure 11-20** : transposition d'un motif vers une nouvelle hauteur de ton lorsque l'accord change.

# *Techniques spécifiques*

Il existe deux techniques simples qui vont vous permettre de varier votre jeu de blues. En alternant la *texture* (c'est-à-dire en combinant différents motifs musicaux, comme, par exemple, en jouant d'abord une mesure de solo et ensuite une mesure de rythmique), vous pourrez créer un son moins prévisible et moins homogène. Le fait de combiner des cordes à vide à des touches pressées sur le manche permet également d'obtenir des résultats originaux : certaines notes vont sonner isolément alors que d'autres progresseront en suivant une mélodie.

## *L'alternance de la basse et de la mélodie*

L'*alternance* consiste à jouer la mélodie et la partie de basse l'une après l'autre, en les alternant au lieu de les jouer simultanément. Au lieu que le pouce ne joue constamment les notes de basse tandis que les autres doigts jouent simultanément les notes de la mélodie, vous pouvez parfois ne jouer que les notes de la mélodie ou que les notes de basse. Cette technique apporte de la variété à la texture de la musique, et elle vous permet également (comme *tous* vos doigts sont disponibles) de jouer des phrasés plus cool mais aussi plus complexes, qu'il ne serait pas possible de jouer autrement.

La Figure 11-21 propose une phrase qui commence avec la mélodie seule (jouée en double-stops, une technique couramment employée pour le blues) et se termine par une partie jouée uniquement sur les cordes basses (un motif de boogie). Notez que la partie de basse n'est pas simplement composée de notes noires ; elle peut devenir plus élaborée dès lors que vous n'avez pas à vous occuper de jouer les notes de la mélodie. (Reportez-vous au Chapitre 7 pour en savoir plus sur les double-stops.)

Piste 78, 0:00

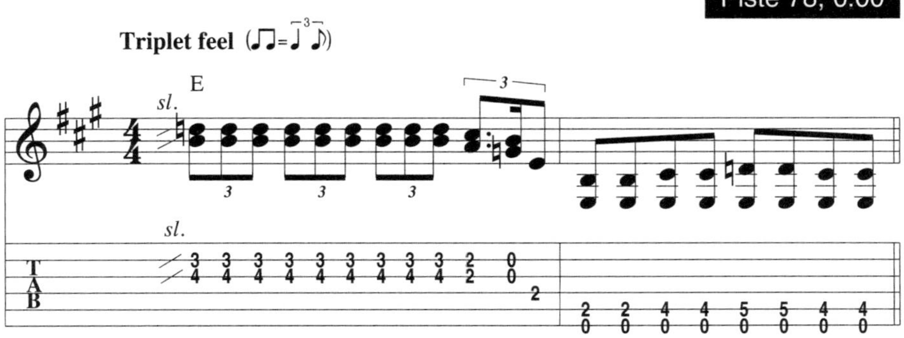


**Figure 11-21** : alternance entre un phrasé de solo et un motif rythmique de basse.

Un petit truc efficace et sympa consiste à jouer un phrasé de basse (c'est-à-dire une *mélodie* de basse au lieu d'un simple motif rythmique de boogie) en alternance. L'exemple de la Figure 11-22 commence comme celui de la Figure 11-21. Nous trouvons sur la première mesure la même mélodie que dans l'exemple précédent. Puis, sur la deuxième mesure, lorsque vient le tour de la basse, vous avez alors l'occasion d'interpréter un motif mélodique de basse qui a de l'allure. Normalement, ces phrasés de basse sont formés à partir de la gamme mineure pentatonique de *mi*, ou de celle de blues de *mi*, avec quelques tierces majeures (sur la quatrième case de la 6e corde) et quelques sixtes majeures (sur la quatrième case de la 5e corde) saupoudrées ici et là.

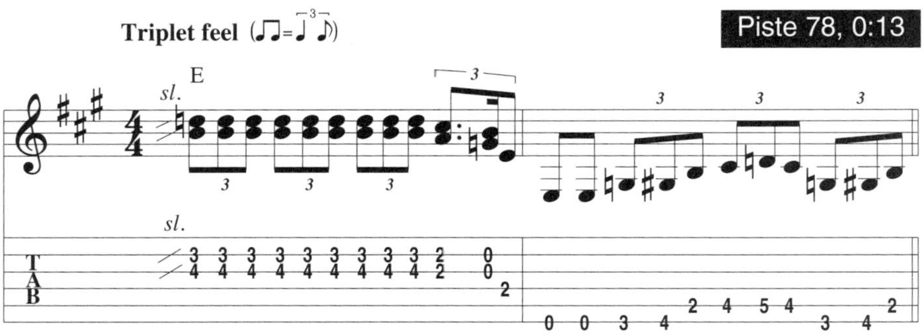


**Figure 11-22** : alternance entre un phrasé solo et un motif de basse.

## *Les combinaisons corde à vide/corde pressée*

Une autre technique importante du blues acoustique consiste à alterner entre une corde à vide et une note pressée (sur une corde voisine) de même hauteur de ton ou de hauteur proche. Habituellement, on emploie cette technique sur les cordes d'aigus, mais vous pouvez aussi vous en servir pour la partie de basse.

Dans l'exemple de la Figure 11-23, jouez le premier *mi* sur la 2e corde (note pressée) ; ensuite, jouez le *mi* sur la 1re corde (corde à vide), puis rejouez-le sur la 2e corde. Le *mi* sur une corde à vide revient après que vous avez joué quelques notes proches sur la 2e corde. La deuxième mesure (où la basse joue seule) illustre la même idée dans le contexte d'une partie de basse. Sur les temps 3 et 4, le ré de la 4e corde à vide alterne avec le *ré* de la 5e corde et avec des notes proches.

**Figure 11-23** : alternance de notes frettées et de notes jouées sur des cordes à vide (notes à vide).

## Les motifs de reprise

Dans un solo typique de blues acoustique, la progression de 12 mesures se joue en la répétant de très nombreuses fois ; faute de quoi, le solo serait vraiment très court. D'habitude, vers la fin de chaque séquence (mesures 11 et 12), il est d'usage de jouer un petit air sympa qu'on appelle motif ou phrasé de reprise, destiné à ponctuer la fin de la progression et à favoriser le retour à la mesure 1.

Au sens large, si vous êtes en tonalité de *mi*, la reprise vous met sur un type d'accord de *si* ou de *si*7 (parce que c'est cet accord qui renvoie le mieux à un accord de *mi* – l'accord de la première mesure de la progression). Mais si vous vous contentez de jouer un accord de *mi*7 à la mesure 11 et un accord de *si*7 à la mesure 12, vous allez passer à côté d'un monde de délices musicales, comme le démontrent les exemples suivants.

### La guitare slide

La guitare *slide* constitue un apport important à la technique de la guitare blues. En jouant de la guitare slide, vous n'employez pas la main gauche pour presser les cordes contre le manche comme vous le faites normalement. À la place, vous maintenez un tube de métal ou de verre (parfois appelé *bottleneck*) au-dessus du manche et vous stoppez les cordes (en réduisant la longueur de leur vibration) en pressant légèrement le *bottleneck* contre les cordes à une case donnée. Pour jouer juste, il faut positionner le *bottleneck* directement au-dessus de la case.

En ce qui concerne les *bottlenecks*, vous pouvez utiliser ceux que vous voulez, depuis le goulot d'une bouteille de vin à un tube de laiton de faible longueur, en passant par le flacon de médicament (Duane Allman affectionnait particulièrement les flacons d'un remède contre la toux, la *Corrocidin*). À la rigueur, vous pouvez aussi utiliser le côté non coupant de la lame d'un couteau. Aujourd'hui, on peut acheter des *bottlenecks* de verre ou de laiton de différents diamètres et de différentes tailles. La plupart des guitaristes préfèrent porter le *bottleneck* sur l'annulaire ou l'auriculaire, ce qui laisse les autres doigts libres pour fretter les cordes. Le matériau du bottleneck détermine son poids et influe sur la qualité sonore. Le choix d'un *bottleneck* pesant ou léger est une question de goût personnel.

Comme le *bottleneck* repose en travers des cordes dans une ligne droite, il est difficile de jouer des accords dont les notes se trouvent sur des cases différentes. De nombreux guitaristes résolvent ce problème par un accordage à vide de leur guitare, comme en sol ou en ré (voir le Chapitre 10 pour en savoir davantage sur les accordages à vide). Beaucoup de géants de la guitare slide de blues ont utilisé (ou utilisent encore) les accordages à vide. Robert Johnson jouait avec un accordage à vide en sol, Duane Allman jouait avec un accordage à vide en ré ou en mi, et Bonnie Raitt joue avec un accordage à vide en la.

La qualité de la guitare solo devient soutenue, expressive et semblable à la voix lorsqu'on joue avec un *bottleneck*. Étant donné que le *bottleneck* chevauche les cordes et n'utilise pas les cases pour les hauteurs de ton, le son obtenu ressemble davantage à celui d'un violon ou d'une voix ; les passages où la hauteur change se font en douceur et avec continuité, contrairement au son plus « détaché » qui résulte du pressage normal des notes. Lorsque vous écouterez les grands artistes de guitare *slide*, faites particulièrement attention à leur phrasé. C'est la meilleure manière d'apprécier pleinement la puissance émotionnelle de la guitare *slide* : dans l'exécution expressive de la ligne mélodique.

La Figure 11-24 présente quatre motifs de reprise courants dans le blues acoustique. Notez que la plupart sont formés avec une sorte de descente chromatique (avec des intervalles d'un demi-ton).

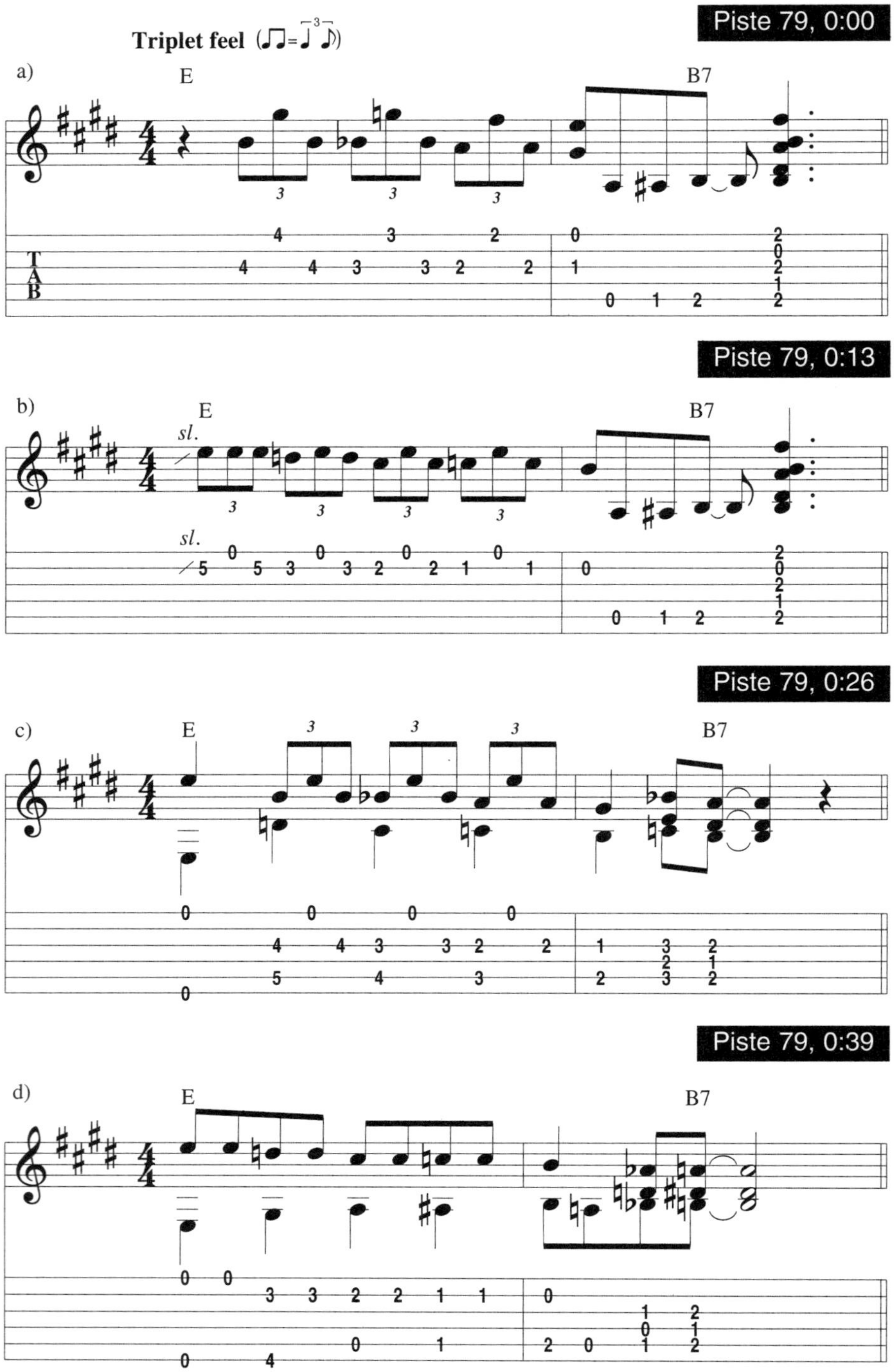


**Figure 11-24** : quatre motifs de reprise caractéristiques en mi.

Si vous êtes à l'aise avec les exercices et passages de la section « Le blues acoustique », vous êtes fin prêt pour jouer la chanson « Mississippi Mud » de la section qui suit.

# Jouez des chansons de blues

B.B. King a dit un jour : « J'ai le droit de chanter le blues ! » Si vous vous sentez prêt à essayer de jouer deux chansons de blues authentiques, vous l'avez aussi ! Les deux chansons de cette section font appel à de nombreuses techniques présentées tout au long de ce chapitre. Lors de votre premier essai, n'essayez pas de passer en force. Dans le blues, l'émotion et la sensibilité ont priorité sur la technique, et le meilleur moyen de développer votre *feeling*, c'est de jouer avec un tempo lent et gérable tout en progressant sur le plan technique. Concentrez-vous sur l'émotion, et laissez la technique vous rattraper d'elle-même. Car elle vous rattrapera, c'est promis !

## Un mot sur les chansons

Voici quelques infos utiles sur les chansons qui suivent :

- **Chicago Shuffle**. Pour cette chanson, il faut jouer des lignes de blues de notes séparées (voir la section « La guitare de blues solo » plus haut dans ce chapitre) ; il faut assembler différents mouvements de blues pour faire un tout cohérent (voir la section « Les mouvements de blues » plus haut dans ce chapitre) ; et il faut aussi vous lancer dans un boogie sans restriction aucune, tout en espérant que vos doigts et vos bras ne vous lâcheront pas en route.

  La partie de guitare solo de ce morceau utilise différents outils communs au jeu de guitare solo de blues : de courtes phrases séparées par de grands espaces, la répétition, la gamme de blues, les double-stops, et un motif de reprise à la fin. (Pour en savoir plus sur ces techniques, consultez les sections précédentes de ce chapitre.) La partie rythmique (qui n'est indiquée que par le nom des accords) est constituée du même motif que celui de la Figure 11-3 (celui-ci n'est pas noté ici, mais vous pouvez l'écouter sur le CD). Remarquez que cette progression particulière inclut un *quick IV*.

- **Missisipi Mud**. Pour cette chanson, il faut jouer une ligne de basse indépendante avec le pouce et une mélodie des autres doigts (voir la section « Une basse régulière avec mineure pentatonique et cordes à vide » plus haut dans ce chapitre) ; il faut alterner les textures en douceur (voir la section « L'alternance de la basse et de la mélodie » plus haut dans ce chapitre) et jouer des motifs de reprise. Cette chanson présente de nombreux concepts de blues acoustique que nous avons traités dans ce chapitre : la gamme mineure pentatonique de mi avec cordes à vide, des notes de basse d'accompagnement, l'alternance (la basse joue seule à la deuxième mesure, par exemple), la répétition d'un air à la même hauteur quand l'accord d'accompagnement change (cinquième mesure), la combinaison note pressée/note à vide (9e mesure) et un motif de reprise (11e et 12e mesures)

Piste 80

## Chicago Shuffle

Piste 81

# *Mississipi Mud*

# Chapitre 12

# Le folk

***Dans ce chapitre :***

- Jouez en *fingerpicking*
- Utilisez le capodastre
- Jouez des arpèges, des accompagnements folks, et dans les styles de Carter et Travis
- Jouez avec des accordages à vide
- Jouez des chansons folks

En termes de style de guitare, le folk représente aujourd'hui bien davantage que les soirées autour d'un feu de camp, que l'on passe à jouer « Jolie bouteille » au sein d'un groupe d'étudiants tandis qu'un professeur mélancolique souffle dans un vieil harmonica. Bien que la guitare folk ait eu des débuts modestes, cantonnée qu'elle était à un placage d'accords approximatifs destinés à l'accompagnement de chansons naïves et plaintives, elle a gagné ses galons au fil des décennies, et constitue aujourd'hui une catégorie à part entière de la musique populaire. Elle compte maintenant une grande variété de styles et un type de virtuosité particulier.

Depuis les chansonnettes de cow-boys du XIX^e^ siècle, la guitare folk a fait des progrès, en passant par les chansons des Appalaches des années 30 et 40 et par les succès des premiers artistes de musique country, tels que Jimmie Rodgers, Hank Williams et Johnny Cash, jusqu'au rockabilly de la fin des années 50. Dans les années 60, la musique folk a connu son heure de gloire grâce à l'immense popularité de Bob Dylan, Joan Baez et aussi Peter, Paul and Mary aux États-Unis, du chanteur Donovan en Angleterre, mais aussi d'artistes tels que Hugues Aufray ou Graeme Allwright en France.

Partant de là, la guitare folk s'est imposée comme un courant musical à part entière à travers les styles pop-folks sophistiqués de John Denver, James Taylor, Joni Mitchell, Crosby, Stills, Nash and Young, sans oublier Francis Cabrel et Yves Duteil.

## Jouez le folk en fingerpicking

La musique folk se joue de préférence en *fingerpicking*, c'est-à-dire en pinçant les cordes avec les doigts de la main droite plutôt qu'avec un médiator. Pensez aux chansons de Francis Cabrel (« La Fille qui m'accompagne »), de Bob Dylan (« Don't Think Twice, It's Alright ») ou sa version française de Hugues Aufray (« N'y pense plus, tout est bien »), et vous entendrez les motifs de roulements légers que les doigts produisent dans l'accompagnement.

Les musiciens de rock ne dédaignent pas de se lancer aussi dans le fingerpicking de temps à autre (« Blackbird », des Beatles, « Ils cassent le monde », de Jean-Louis Aubert, et l'intro de « Stairway to Heaven », de Led Zeppelin). La chose est également vraie pour les artistes de country et de blues. Et, bien sûr, toute la musique de guitare classique est jouée avec les seuls doigts.

Le *fingerpicking*, jeu uniquement avec les doigts, ouvre tout un monde de possibilités musicales que le médiator ne peut pas fournir. Il permet notamment de jouer deux lignes musicales, ou plus, de manière simultanée : le pouce va jouer une ligne de basse tandis que les autres doigts jouent une mélodie. Les musiciens particulièrement doués tels que Tuck Andress ou encore le regretté Marcel Dadi peuvent utiliser d'autres doigts pour ajouter des voix intermédiaires (notes de remplissage ou d'arrière-plan sur les cordes médianes, entre la mélodie et la basse) et obtenir un son plus riche et plus complexe encore.

## La technique du fingerpicking

En *fingerpicking*, on pince les cordes avec les doigts séparés de la main droite, au lieu de les attaquer avec le médiator. Dans la plupart des cas, on joue une corde à la fois, avec des motifs répétés, pendant que la main gauche maintient un accord. Généralement, le pouce, qui pince les cordes dans un mouvement descendant, joue les cordes graves (basses), tandis que les autres doigts, qui pincent les cordes dans des mouvements ascendants, jouent les cordes aiguës (un doigt pour chaque corde).

Après avoir pincé chaque note, retirez le doigt afin d'éviter qu'il ne touche accidentellement une corde voisine. Cette technique permet de faire sonner toutes les cordes et engendre des successions de notes qui, à l'oreille, apparaissent comme des accords plutôt qu'une suite de notes séparées. Dans ce style, vous jouez de la guitare comme on joue de la harpe, sauf que jouer de la guitare comme ça vous donne l'air bien plus cool que de jouer de la harpe !

## La position de la main droite

Il est important de distinguer le picking du fingerpicking (abordé aux Chapitres 5 et 11 et sur lequel nous revenons dans ce chapitre à propos du Travis picking), jeu uniquement avec les doigts approprié à l'accompagnement folk et à la guitare classique. Lorsque vous jouez avec les doigts, il faut que vous fassiez pivoter légèrement la main droite pour que les doigts soient plus ou moins perpendiculaires aux cordes. La Figure 12-1 montre une photo « Avant » et une photo « Après » de la main droite ; la première, dans une position appropriée au style picking, la seconde, dans la position pivotée avec les doigts perpendiculaires aux cordes, qui se prête mieux au *fingerpicking*.

Le fait de placer les doigts perpendiculairement aux cordes permet de les attaquer directement, alors que si vous ne faites pas pivoter votre main et la laissez alignée sur l'avant-bras, vous attaquez les cordes avec un angle. Cette position est la même pour la guitare folk et la guitare classique. (Voir le Chapitre 13 pour en savoir plus sur la position de la main droite.)

CONSEIL

Vous pouvez faire comme beaucoup de guitaristes, et laisser un peu pousser les ongles des doigts de la main droite afin de produire un son plus brillant ou plus fort lorsque vous pincez les cordes. Si vous voulez un son super-brillant, utilisez des onglets, qui sont des plectres spéciaux en métal ou en plastique qu'on ajuste au pouce et aux autres doigts, ou collez des faux ongles d'acrylique sur vos vrais ongles (il s'agit d'un procédé courant chez les esthéticiennes, qui constitue une mesure d'urgence à laquelle ont recours de nombreux guitaristes classiques lorsqu'ils se cassent un ongle juste avant un concert.)

La notation musicale utilisée dans ce livre désigne les doigts de la main droite par les lettres *p* (pouce), *i* (index), *m* (majeur) et *a* (annulaire). Ces abréviations proviennent de la notation de la guitare classique, mise au point en Espagne (par bonheur, les initiales des mots désignant les doigts sont identiques en français et en espagnol). Sur les partitions anglo-saxonnes, vous trouverez aussi parfois les équivalents anglais : *t* (*thumb*, « pouce »), *i* (*index finger*, « index »), *m* (*middle finger*, « majeur ») et *r* (*ring finger*, « annulaire »). Notez que, en *fingerpicking*, le petit doigt de la main droite n'est généralement pas utilisé.

**Figure 12-1** : la photo du haut montre la main droite en position pour tenir le médiator de picking ; celle du bas, la main en position de *fingerpicking*, sans médiator.

# L'emploi du capodastre

Un capodastre est un accessoire que l'on fixe en travers du manche sur une case particulière. La composition des « capo » peut être très variable : élastiques, ressorts ou boulons. Retenons que tous servent à la même chose: ils raccourcissent la longueur de toutes les cordes, ce qui crée en fait un nouveau sillet. Toutes les cordes à vide jouent maintenant des tons de hauteur supérieure à ceux qu'elles produisent sans le capodastre.

« De quelle hauteur le capodastre élève-t-il l'accordage de la guitare ? » D'un demi-ton par case. Si vous placez le capo à la troisième case, par exemple (juste avant la troisième frette, pas directement sur celle-ci), l'accord de mi avec cordes à vides devient l'accord de sol (trois demi-tons au-dessus de mi). La hauteur de toutes les cordes est rehaussée de la même manière : le *si* devient *ré*, le *sol* devient *si*♭, le *ré* devient *fa* et le *la* devient *do*. Notez qu'il est impossible de jouer en dessous du capo : vous ne pourrez jouer qu'au-dessus du capodastre sur le manche !

La Figure 12-2 montre un capodastre fixé correctement sur le manche à la troisième case. Allez au Chapitre 15 pour davantage d'informations sur les différents types de capodastres.

« Pourquoi se servir d'un capodastre ? » Parce qu'il permet de changer instantanément la tonalité d'une chanson. Posons par exemple que vous sachiez jouer la chanson « Quelqu'un m'a dit », de Carla Bruni, en *do*, et seulement dans cette tonalité. Or, vous voulez accompagner un chanteur (ou peut-être vous accompagner vous-même) dont le registre est tel qu'il lui conviendrait mieux de chanter « Quelqu'un m'a dit » en *ré*...

Pas de problème ! Fixez le capo sur la deuxième case et jouez tout simplement la chanson en *do* comme vous le faites habituellement. Le capodastre fait sonner toutes les cordes deux demi-tons plus haut que la normale, et la chanson est maintenant jouée en *ré* ! En fait, vous pouvez déplacer le capo sur n'importe quelle case en le faisant glisser vers le haut ou le bas du manche, jusqu'à ce que vous ayez trouvé la case (tonalité) parfaite pour la voix concernée.

NOTE TECHNIQUE

Bien sûr, si les notes et les accords de la chanson que vous jouez ne comportent pas de cordes à vide, il est plus simple de changer les positions des accords (déplaçables) sur le manche jusqu'à trouver les meilleures tonalités d'accompagnement du chanteur. Ne vous servez d'un capodastre que si la chanson implique l'utilisation de cordes à vide.

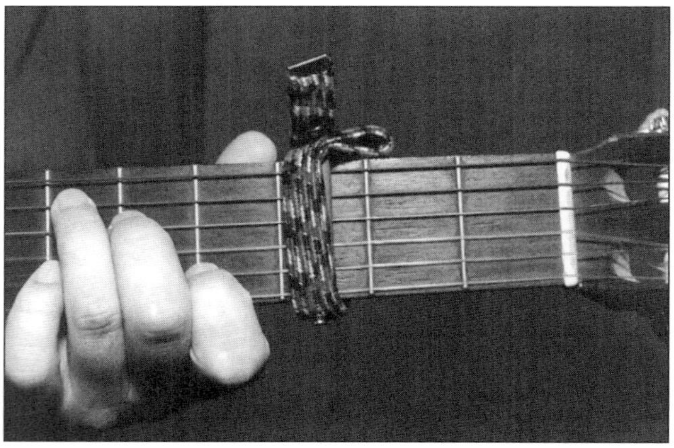

**Figure 12-2** : un capodastre sur le manche de la guitare. Notez qu'il est placé juste avant la frette et pas directement dessus.

On utilise parfois aussi le capo pour une raison qui n'a rien à voir avec la tessiture de voix d'un chanteur. En effet, lorsqu'on fixe un capo sur le manche (en particulier, en haut du manche), la guitare a un son plus brillant. Elle peut même sonner comme une mandoline (vous savez, le petit instrument en forme de goutte d'eau dont jouent les gondoliers à Venise).

CONSEIL

Les capodastres peuvent s'avérer particulièrement utiles lorsque deux guitaristes jouent ensemble une chanson. L'un peut jouer les accords sans capo, en *do*, par exemple, l'autre peut jouer les accords en *sol*, par exemple, avec un capo à la 5e case : il sonnera aussi en do. La différence de *timbre* (c'est-à-dire de couleur sonore) entre les deux instruments crée alors un effet saisissant.

Certains considèrent qu'utiliser un capodastre, c'est tricher. Ils trouvent que les débutants qui ne peuvent jouer que dans les tonalités faciles (*la* et *ré*, par exemple) sont obligés de tricher avec un capo pour jouer en *si♭*. Selon eux, un guitariste qui se respecte doit pouvoir jouer en sib sans capo, en utilisant des accords barrés.

Mais dans la guitare folk, la combinaison de cordes à vide et de cordes frettées, c'est l'essence du style. Et ces combinaisons de cordes à vide/cordes pressées peuvent s'avérer assez compliquées.

Pensez, par exemple, à l'introduction de « Fire and Rain », de James Taylor, avec un doigté en tonalité de la. James Taylor la joue pourtant en utilisant un capodastre à la troisième case, ce qui a pour conséquence de la faire sonner trois demi-tons plus haut, en *do*, parce que cette tonalité convient mieux à la tessiture de sa voix. « Mais, direz-vous, pourquoi ne pas tout simplement jouer la chanson en *do* et sans capo ? » Parce que le doigté rend cette option impossible : les cordes à vide que James Taylor joue dans cette chanson n'existent pas en *do*, elles n'existent qu'en *la* !

CONSEIL

Autre avantage de l'utilisation du capodastre : comme les cases sont de plus en plus petites au fur et à mesure qu'on remonte le manche, jouer avec un capo requiert un écartement moindre de la main gauche, ce qui rend certaines chansons plus faciles à jouer.

ATTENTION !

Il arrive parfois que l'on désaccorde les cordes en fixant ou en enlevant un capo. Veillez à vérifier l'accordage et à procéder aux ajustements nécessaires lorsque vous fixez un capodastre ou lorsque vous l'enlevez.

# Les accords arpégés

Le style arpégé suppose de jouer chaque note d'un accord l'une après l'autre, ce qui permet de laisser sonner les notes ou de les tenir. Cette technique produit un son plus fluide que celui qui est obtenu en plaquant le même accord, c'est-à-dire en jouant toutes ses notes en même temps.

Jouez des accords arpégés

Pour jouer des accords arpégés, placez les doigts de la main droite sur les cordes comme suit : posez le pouce (*p*) contre la $6^{e}$ corde, l'index (*i*), contre la $3^{e}$, le majeur (*m*), contre la $2^{e}$ et l'annulaire (*a*), contre la première. Ce modèle constitue votre position de base pour le *fingerpicking* (avec les doigts perpendiculaires aux cordes).

Tous les doigts sont maintenant prêts à pincer les cordes. Même sans réellement former le doigté d'un accord de la main gauche (car toutes les cordes que vous pincez pour un accord de *mi*m sont des cordes à vide), vous pouvez jouer un accord arpégé de *mi*m en pinçant d'abord *p*, puis *i*, *m* et finalement *a*. Ce faisant, vous devriez entendre sonner un joli accord de *mi* mineur.

Juste pour que vous sachiez à quoi cela ressemble dans la notation musicale, jetez un œil à la Figure 12-3, qui montre exactement comment jouer les cordes à vide d'un accord arpégé de mim.

Piste 82, 0:00

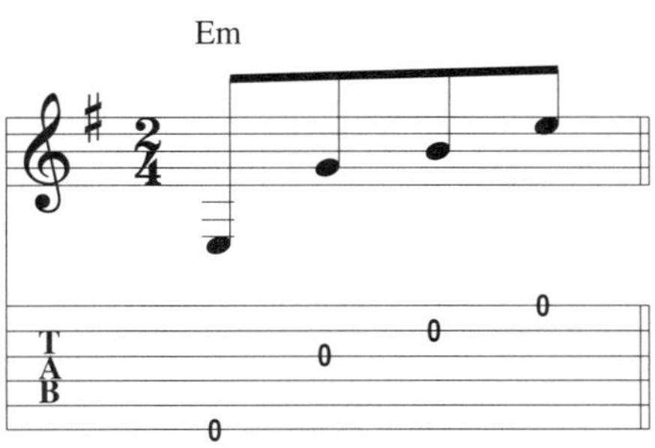


**Figure 12-3** : un accord arpégé de *mi*m avec cordes à vide qui se joue en utilisant le pouce, l'index, le majeur et l'annulaire.

Maintenant, essayez d'arpéger l'accord de mim avec cordes à vide de bas en haut et de haut en bas. Là encore, vous n'utilisez que les 6e, 3e, 2e et 1re cordes, mais au lieu de ne jouer que p-i-m-a comme avant, jouez *p-i-m-a-m-i*. Référez-vous à la notation de la Figure 12-4 pour être sûr de jouer les bonnes notes.

Piste 82, 0:10

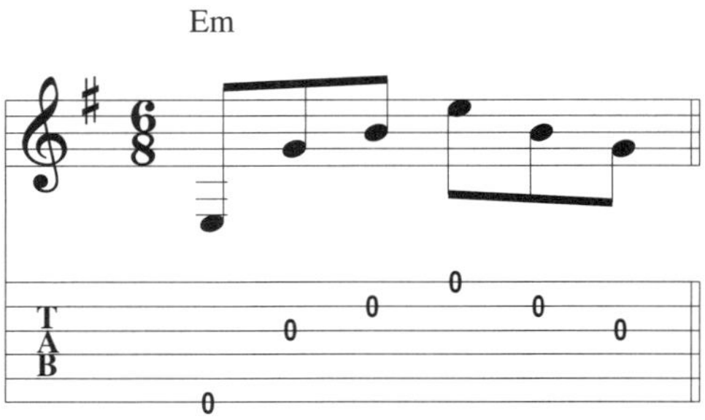


**Figure 12-4** : un arpège de *mi*m ascendant et descendant.

À présent, essayez de former les doigtés de divers accords et de jouer *p-i-m-a* ou *p-i-m-a-m-i*. Pour chaque nouvel accord, veillez à ce que votre pouce attaque la bonne corde de basse, la tonique de l'accord (c'est la 6e corde pour tous les accords de *mi* et *sol*, mais la 5e corde pour tous les accords de *la* et *do*, et la 4e pour tous les accords de *ré*). La tonique d'un accord donne son nom à celui-ci : par exemple, la tonique d'un accord de *do* est la note *do*.

De nombreux motifs d'accords arpégés sont possibles, parce que l'on peut pincer les cordes dans des ordres très différents : *p-i-m-a* et *p-i-m-a-m-i* sont deux des plus courants.

PLAISIR IMMÉDIAT

Pour jouer tout de suite une chanson avec les modèles d'arpèges *p-i-m-a* et *p-i-m-a-m-i*, rendez-vous directement à la section « Jouez des chansons folks » plus loin dans ce chapitre, et essayez « House of the Rising Sun » (dont Johnny Hallyday a fait une version française, « Le Pénitencier »).

## Le motif de berceuse

Certains guitaristes nomment le motif d'accompagnement de la Figure 12-5 « motif de berceuse », parce que c'est un joli motif qui se prête bien à l'accompagnement de berceuses.

Ce motif intègre un double-stop (deux notes jouées simultanément) dans un accord arpégé. Après avoir joué *p* et *i* séparément, jouez simultanément *m* et *a* sur les deux cordes supérieures. N'oubliez pas de presser chaque accord de la main gauche pendant que les notes sonnent. Ici aussi, vous pouvez vous servir d'un capodastre pour trouver laquelle des tonalités est la meilleure pour accompagner le chant.

Piste 83, 0:00

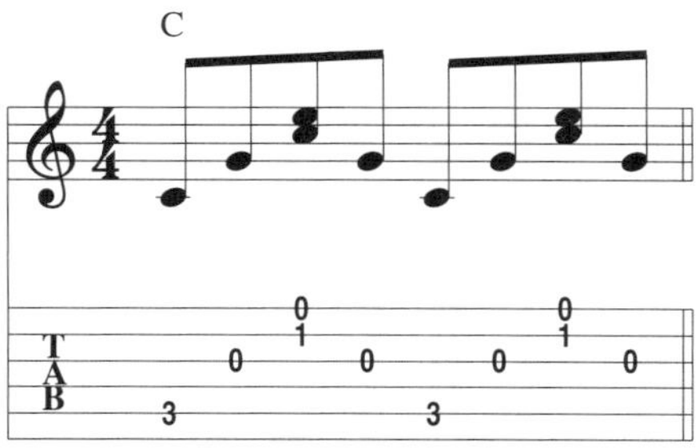


**Figure 12-5** : le motif d'accompagnement de berceuses.

Pour jouer tout de suite une chanson qui utilise le motif de berceuse, passez à la section « Jouez des chansons folks » plus loin dans ce chapitre, et essayez-vous à « The Cruel War Is Raging ».

## L'accompagnement folk typique

L'accompagnement folk le plus typique qui soit est une alternance d'une basse jouée avec le pouce et d'un accord frotté par les doigts. Un tel accompagnement, très entraînant et très chaleureux, est la marque même d'un motif d'accompagnement folk spontanément utilisé par un guitariste lors d'une fête. Le pouce joue normalement (en attaques descendantes d'une corde grave), mais les doigts attaquent (brossent) les trois ou quatre cordes supérieures avec le dos des ongles dans un mouvement descendant (vers le sol). De ce fait, son nom américain est *thumb-brush* (« pouce/brossage »).

Dans un tel accompagnement folk typique, les doigts frappent les cordes comme le ferait un médiator, mais sans que vous ne bougiez le bras ou la main entière. Pour l'essentiel, vous courbez les doigts vers la paume, puis vous les étirez rapidement, en passant d'une position de main fermée à une position de main ouverte, ce qui frappe les cordes avec les ongles.

### L'accompagnement folk typique simple

La Figure 12-6 présente deux mesures d'accompagnement folk typique sur un accord de *do*. Ne vous tracassez pas si vous ne frappez pas *exactement* trois cordes en les brossant avec les doigts. Il est plus important d'obtenir un mouvement souple et fluide de la main droite.

Piste 83, 0:10

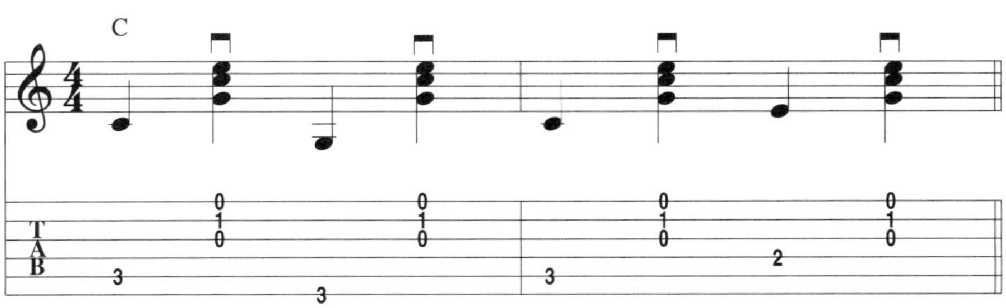


**Figure 12-6** : un accompagnement folk typique sur un accord de *do*.

## L'accompagnement folk avec retour

L'accompagnement folk avec retour est une variante du motif précédent, qui accentue encore le caractère répétitif et entraînant d'un tel motif. Après avoir frappé les cordes avec les ongles du majeur et de l'annulaire, pincez la 1re corde vers le haut du bout de l'index. Cette technique est toujours exécutée sur un rythme de croches sur les temps 2 et 4 : un, deux-et, trois, quatre-et... (Consultez l'Annexe A pour davantage d'informations sur les croches.)

La Figure 12-7 présente un motif de deux mesures formé avec une telle technique. Veillez à ce que les allers et retours soient réguliers, sans interruption dans le rythme. (Ne manquez pas d'écouter le CD pour cet exemple, et ne vous découragez pas : il faut d'abord s'habituer à ce motif.)

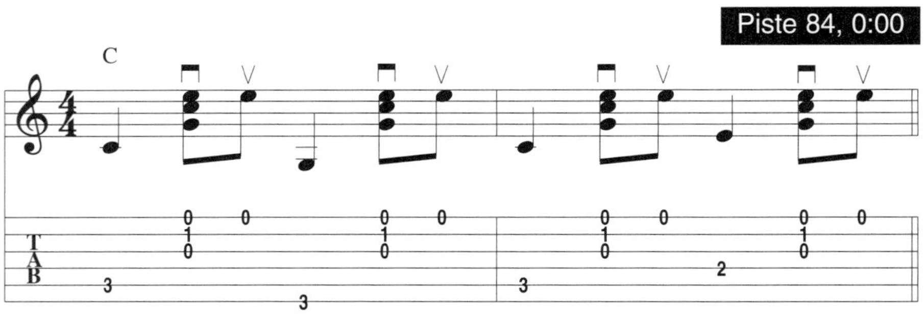


**Figure 12-7** : un accompagnement folk typique avec retour sur un accord de *do*.

Ne traitez pas les retours (mouvements ascendants) du doigt comme un mouvement de *fingerpicking*, mais comme un brossé ascendant de toute la main. En d'autres termes, gardez la main droite souple et fluide en la remontant pour attaquer la 1re corde avec l'index seulement.

Vous pouvez utiliser l'un des deux motifs d'accompagnement folk pour toute chanson entraînante comme « Vive le vent ».

# Le style Carter

Dans le style Carter, qui tire son nom de la famille Carter (plus précisément de June Carter, de Maybelle Carter, la mère, et d'A.P. Carter, l'oncle), la mélodie se joue sur les cordes basses avec le pouce tandis que les doigts exécutent l'accompagnement sous forme de brossés. Ce style convient bien aux chansons avec des notes de mélodie qui tombent la plupart du temps sur les premier et troisième temps. (Les brossés sont exécutés sur les deuxième et quatrième temps.) Si une note de mélodie tombe sur le deuxième ou le quatrième temps, vous pouvez tout simplement omettre le brossé sur ce temps.

Ce style se joue tout aussi facilement avec un médiator ou avec les doigts, donc essayez les deux méthodes et trouvez celle qui vous convient le mieux.

La Figure 12-8 montre un passage que vous pouvez jouer dans le style Carter, où la mélodie tombe entièrement sur les cordes graves. Elle est tirée d'une mélodie traditionnelle, « Wildwood Flower », rendue célèbre par la famille Carter. Woody Guthrie a écrit ses propres paroles et l'a appelée « The Sinking of the Ruben James ».

Piste 84, 0:09

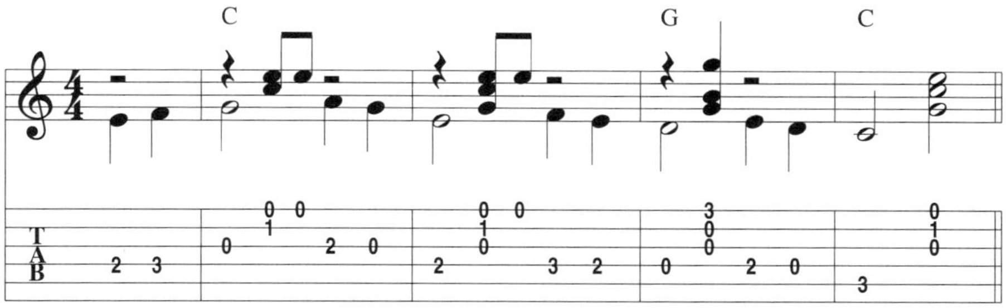


**Figure 12-8** : le style Carter place la mélodie dans les basses et l'accompagnement dans les aigus.

Pour jouer sans attendre une chanson dans le style Carter, rendez-vous directement à la section « Joueз des chansons folks » plus loin dans ce chapitre, et essayez de jouer « Gospel Ship ».

## Le picking dans le style Travis

La technique de folk la plus populaire est probablement celle du style Travis *picking*, qui tire son nom du guitariste de country, Merle Travis. Ici, le pouce joue régulièrement des noires en alternant sur deux et parfois trois cordes de basses, alors que les autres doigts pincent les cordes aiguës, habituellement entre les noires (sur les temps faibles). Le résultat obtenu donne une sensation impérieuse, qui peut être utilisé pour diverses musiques : ragtime, blues, accompagnement roulant 4/4 que l'on trouve dans « The Boxer », de Simon and Garfunkel, et « Dust in the Wind », de Kansas.

Cette technique est plus complexe que celles qui sont traitées dans les sections précédentes, et nous allons en conséquence vous l'expliquer dans le détail.

## Jouez le motif Travis de base

On peut créer diverses figures dans le style Travis en variant le moment de l'attaque des notes d'aigus. Cela ne change pas, c'est le rythme régulier joué par le pouce. Un des motifs de cordes d'aigus est si populaire que nous l'avons nommé le « motif Travis de base ». Pour le jouer, procédez comme suit :

1. **Commencez par former le doigté d'un accord de ré avec la main gauche, et tenez l'accord pressé pendant toute la mesure.**
2. **Avec le pouce uniquement, pincez en alternance les 4e et 3e cordes pour produire des noires régulières, comme le montre la Figure 12-9a.**

   La partie jouée par le pouce constitue la base du motif. La notation standard indique la partie du pouce par des notes dont la hampe (queue de la note) est descendante. Jouez cette partie du pouce plusieurs fois pour bien la maîtriser.
3. **Maintenant, ajoutez la 2e corde au motif en la pinçant avec l'index après le deuxième temps (entre les notes du pouce), comme le montre la Figure 12-9b.**

   Veillez à ce que la 2e corde continue de sonner lorsque le pouce attaque la 4e corde sur le troisième temps. Jouez ce motif partiel plusieurs fois jusqu'à ce que vous soyez parfaitement à l'aise. Écoutez ce rythme sur le CD.
4. **Ajoutez maintenant la 1re corde au motif en la pinçant avec le majeur après le troisième temps (entre les notes du pouce), comme le montre la Figure 12-9c.**

   Jouez ce motif partiel plusieurs fois jusqu'à ce que vous le maîtrisiez.

5. **Finalement, ajoutez la 1re corde (jouée avec le majeur) au premier temps, en jouant simultanément la 4e corde avec le pouce, comme l'indique la Figure 12-9d.**

   Dans le style Travis, on appelle *pinch* une corde d'aigus et une corde de basse jouées simultanément.

On appelle parfois *roll* une variation du motif de base. Ce motif ne nécessite pas de pincer simultanément une basse et un aigu ; on pince sur chaque temps faible, comme indiqué à la Figure 12-9c. En général, on joue le dernier temps faible seulement si l'on ne change pas d'accord en passant à la mesure suivante. Si vous changez d'accord, éludez le dernier temps faible.

Vous pouvez créer d'autres variations du motif de base en jouant ici et là des basses et aigus simultanément et en ajoutant ou omettant des temps faibles ; mais n'omettez *jamais* les notes jouées par les pouces. Utilisez de telles variations pour briser la monotonie d'un motif que vous répéteriez sinon sans arrêt.

Piste 85

**Figure 12-9** : le picking en style Travis, point par point.

Une manière simple de se souvenir des cordes qui doivent être attaquées et dans quel ordre elles doivent l'être consiste à se représenter l'ensemble des cordes que vous devez pincer comme un *groupe de cordes extérieures* et un *groupe de cordes intérieures*. Sur l'accord de ré, par exemple, les 1re et 4e cordes sont « à l'extérieur » et les 2e et 3e cordes sont « à l'intérieur ». Étudiez de nouveau la Figure 12-9d, et scandez la formule suivante en même temps que vous jouez : « Pinch (Simultané), intérieures, extérieures, pouce ». Les étapes qui suivent mettent en rapport cette phrase avec les actions correspondantes que vous devez effectuer :

1. **Pinch (Simultané) : sur le premier temps, jouez les cordes extérieures ($4^{e}$ et $1^{re}$ cordes), le pouce attaquant la $4^{e}$ corde et le majeur attaquant la 1re simultanément.**
2. **Intérieures : sur le deuxième temps, jouez les notes intérieures ($3^{e}$ et $2^{e}$ cordes) l'une après l'autre, le pouce attaquant le premier, suivi de l'index.**
3. **Extérieures : sur le troisième temps, jouez les cordes extérieures ($4^{e}$ et $1^{re}$ cordes) l'une après l'autre, le pouce attaquant le premier, suivi du majeur.**
4. **Pouce : sur le quatrième temps, jouez juste le pouce sur la corde de basse du groupe de cordes intérieures (la $3^{e}$ corde).**

## *Le style d'accompagnement*

Une fois que vous aurez maîtrisé le motif de base, vous pourrez créer l'accompagnement complet d'une chanson en alignant une série d'accords et en leur appliquant à chacun le motif approprié. Pour jouer le motif d'un accord, quel qu'il soit, vous pouvez mémoriser :

- Le groupe de quatre cordes à jouer pour chaque accord. (Voir le tableau de la Figure 12-10.)
- Les doigts de la main droite à utiliser pour ces cordes.
- La formule « Simultané, intérieures, extérieures, pouce ». Avec cette formule, vous pourrez jouer n'importe quel motif sur n'importe quel accord !

La Figure 12-10 vous indique les quatre cordes qui peuvent être employées pour jouer différents accords, en faisant la distinction entre cordes « intérieures » et « extérieures ». Essayez de jouer chaque accord avec les groupes de cordes indiqués, aussi bien avec le motif de base qu'avec le *roll*.

| | Groupe supérieur | Groupe inférieur |
|---|---|---|
| Tonique de la $4^{e}$ corde<br>Ré, rém, ré7, fa sur 4 cordes | extérieures<br>①<br>intérieures<br>②<br>③<br>④ | |
| Tonique de la $5^{e}$ corde<br>Do, do7, la, lam, la7, si7 | extérieures<br>①<br>intérieures<br>②<br>③<br>⑤ | extérieures<br>②<br>intérieures<br>③<br>④<br>⑤ |
| Tonique de la $6^{e}$ corde<br>Mi, mim, mi7, sol, sol7 | extérieures<br>①<br>intérieures<br>②<br>③<br>⑥ | extérieures<br>②<br>intérieures<br>③<br>④<br>⑥<br>(pas pour sol7) |

**Figure 12-10** : des paires de cordes intérieures et extérieures pour divers accords en picking dans le style Travis.

Pour jouer tout de suite une chanson avec un accompagnement de style Travis, rendez-vous directement à la section « Jouez des chansons folks » plus loin dans ce chapitre, et essayez « All My Trials ».

## Le style solo

On peut se servir du style Travis pour créer des solos instrumentaux excitants, en plaçant la mélodie de la chanson dans les aigus (sous forme de simultanés ou jouées sur des temps faibles), tandis que la basse et l'emploi judicieux d'autres temps faibles fournissent l'accompagnement. Dans ce style de solo, on ne joue pas forcément des groupes de quatre cordes, car c'est surtout la mélodie qui dicte les groupements de cordes, et ceux-ci peuvent atteindre cinq cordes.

La Figure 12-11 montre comment une mélodie, en l'occurrence « Oh, Susanna ! », se joue en style Travis. Notez que les temps 1 et 2 de chaque mesure sont des simultanés (le pouce et le doigt jouent les cordes ensembles), parce que la mélodie et la basse tombent toutes les deux sur ces temps. Les autres notes de la mélodie tombent sur des temps faibles, entre les notes de basses.

Piste 86

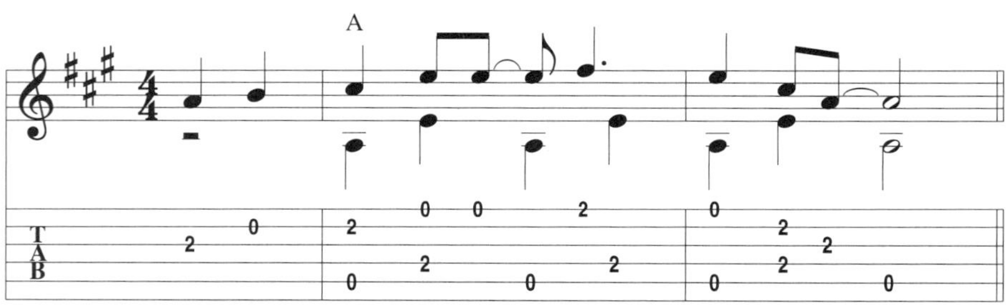


**Figure 12-11** : les deux premières mesures de « Oh, Susanna ! » avec un arrangement de style Travis.

Pour jouer tout de suite une chanson avec un solo en style Travis, rendez-vous directement à la section « Jouez des chansons folks » plus loin dans ce chapitre, et essayez « Freight Train ».

## L'accordage à vide

On peut obtenir quelques effets intéressants en style Travis avec des accordages à vide. La Figure 12-12 présente un passage en accordage à vide en *sol* (*ré-sol-ré-sol-si-ré*, des graves aux aigus) que Joni Mitchell aurait pu utiliser sur l'un de ses premiers albums. La seule chose inhabituelle ici, c'est que l'on accorde différemment la guitare. Pour la main droite, rien ne diffère d'un *picking* de style Travis normal.

Notez que l'on ne se sert que d'un jeu de cordes (5e, 4e, 3e et 2e cordes).
Les 5e et 3e cordes sont à vide jusqu'à la fin, caractérisée par le jeu des *harmoniques* sur la douzième case barrée (voir le paragraphe suivant pour savoir comment faire sonner les harmoniques). Répétez la formule « Simultané, intérieures, extérieures, pouce » tout au long de cet exemple.

NOTE TECHNIQUE

Une *harmonique* est un très joli ton haut perché qui ressemble au tintement d'une cloche. On l'obtient en effleurant une corde du bout du doigt de la main gauche, juste au-dessus d'une frette, habituellement les 12ᵉ, 7ᵉ ou 5ᵉ frettes, et en pinçant ensuite la corde.

Piste 87

**Figure 12-12** : le style Travis avec un accordage à vide en *sol*.

# Jouez des chansons folks

La sélection de chansons que nous présentons ici couvre toute la gamme qui va du simple accompagnement répété à l'infini au traitement d'un air en style solo, avec basses indépendantes, mélodie surimposée, et quelques trucs supplémentaires. Dans ces cinq chansons, vous trouverez quasiment chacune des approches de *picking* appropriée à des chansons folks. Ne vous laissez pas tromper par la nature simple des chansons ; les parties de guitare leur donnent un son riche et complet. Une fois que vous saurez exécuter ces arrangements, tout ce dont vous aurez besoin, c'est de la chemise de flanelle et des chaussures de marche obligatoires, et vous pourrez vous mettre en route vers une carrière d'ouvrier saisonnier, de syndicaliste et d'opposant politique !

## Un mot sur les chansons

Voici quelques infos utiles sur les chansons. Certaines d'entre elles sont composées avec une technique appelée basses en alternance. Il s'agit d'une ligne de notes distinctes jouées avec le pouce qui assure la transition entre les accords et sert à rompre la monotonie d'un motif répété.

- **House of the Rising Sun (Le Pénitencier)**. Pour cette chanson, il faut jouer un motif d'arpège ascendant et descendant (voir la section « Les accords arpégés » plus haut dans ce chapitre), former les doigtés d'accords majeurs et mineurs de base (voir le Chapitre 4), et donner un air léger et pétillant à une chanson qui parle de vie gâchée dans une maison de passe.

  Les motifs d'arpège ascendants et descendants (*p-i-m-a-m-i*) constituent un bel accompagnement pour « House of the Rising Sun » et d'autres chansons dans cette veine. La main gauche devra tenir chaque accord pressé pendant la durée entière de la mesure. Pensez en termes d'*accords arpégés* (dans lesquels les notes sonnent distinctement) et pas en termes de *notes séparées* (notes qui s'arrêtent tout net). Notez que les doigts ne jouent que les trois cordes supérieures de chaque accord de la chanson, bien que le pouce change de corde d'un accord à l'autre.

- **The Cruel War is Raging**. Pour cette chanson, il faut jouer le « motif de berceuse » (voir la section « Les accords arpégés » plus haut dans ce chapitre), jouer les doigtés d'accords majeurs et mineurs de base (voir le Chapitre 4), et arriver à persuader Bébé de s'endormir tout en lui susurrant à l'oreille une chanson qui parle d'anéantissement et de destruction.

  N'oubliez pas de bien presser les accords de la main gauche pendant que les notes sonnent, et servez-vous d'un capodastre pour trouver la meilleure tonalité d'accompagnement du chant.

- **Gospel Ship**. Pour cette chanson, il faut jouer un solo dans le style Carter (voir la section « Le style Carter » plus haut dans ce chapitre) et jouer des *hammer-on* et des *pull-off* (voir le Chapitre 9) tout en se demandant s'il existe quelqu'un sur Terre qui connaît les paroles de cette chanson.

  Les *hammer-on*, les *pull-off* et les basses en alternance constituent des éléments importants du style Carter, comme vous allez vous en rendre compte dans cet arrangement, qui est tiré de la chanson traditionnelle

  « Gospel Ship ». (Voir le Chapitre 9 pour en savoir plus sur les *hammer-on* et les *pull-off*.) La notation musicale standard indique les notes qui doivent être jouées avec le pouce (ce sont celles dont la hampe est orientée vers le bas) et celles qui doivent être jouées avec les autres doigts (les hampes sont orientées vers le haut). Cette chanson fonctionne également très bien lorsqu'on la joue avec un médiator, uniquement avec des allers. Essayez les deux formules.

- **All My Trials**. Pour ce morceau, il faut jouer un accompagnement de style Travis (voir « Le *picking* dans le style Travis » plus haut dans ce chapitre), jouer des *hammer-on* (voir le Chapitre 9) et avoir l'air convaincant en chantant une chanson qui parle de douleur et de peine alors que vous avez probablement mené jusqu'à présent une vie relativement oisive et privilégiée.

  La première mesure utilise le groupe des cordes du bas pour l'accord de *sol* parce que, avec le groupe des cordes aiguës, on obtiendrait un accord incomplet. Comme la deuxième mesure n'a que deux temps, on ne joue que la moitié du motif de cette mesure. La cinquième mesure commence comme si on utilisait le groupe des cordes supérieures (pour enchaîner en douceur sur la note aiguë de la mesure précédente), mais ensuite, elle passe sur le deuxième temps au groupe des cordes inférieures, pour éviter là encore d'obtenir un accord incomplet. La neuvième mesure incorpore au motif une petite ligne de basses entre *sol* et *mi*m. À la mesure 12, un *hammer-on* à partir d'un simultané confère au son de cette chanson une saveur folk toute particulière.

- **Freight Train**. Pour ce morceau, il faut jouer un solo dans le style Travis (voir la section « Le *picking* dans le style Travis » plus haut dans ce chapitre), jouer des *hammer-on* (voir le Chapitre 9), et avoir l'air d'un simple ouvrier saisonnier alors même que vous êtes en train de jouer un arrangement de *picking* sophistiqué qui comporte quatre nouvelles techniques.

  Les basses en alternance rompent la monotonie aux mesures 4 et 8. À la mesure 9, on forme le doigté d'un accord de *mi*, et l'on peut se servir de l'index aplati en barre pour jouer la 1re corde à la première case. Servez-vous du pouce gauche en le passant au-dessus du manche pour jouer la 6e corde aux 11e et 12e mesures. La mesure 14 présente un petit truc très chouette : on abat une note d'aigus en même temps que l'on attaque une note de basses. À la mesure 15, les basses alternent entre trois notes, et non pas deux !

Piste 88

## House of the Rising Sun

*House of the Rising Sun (suite)*

Piste 89

# The Cruel War is Raging

Piste 90

# Gospel Ship

Piste 91

# All My Trials

### All My Trials (suite)

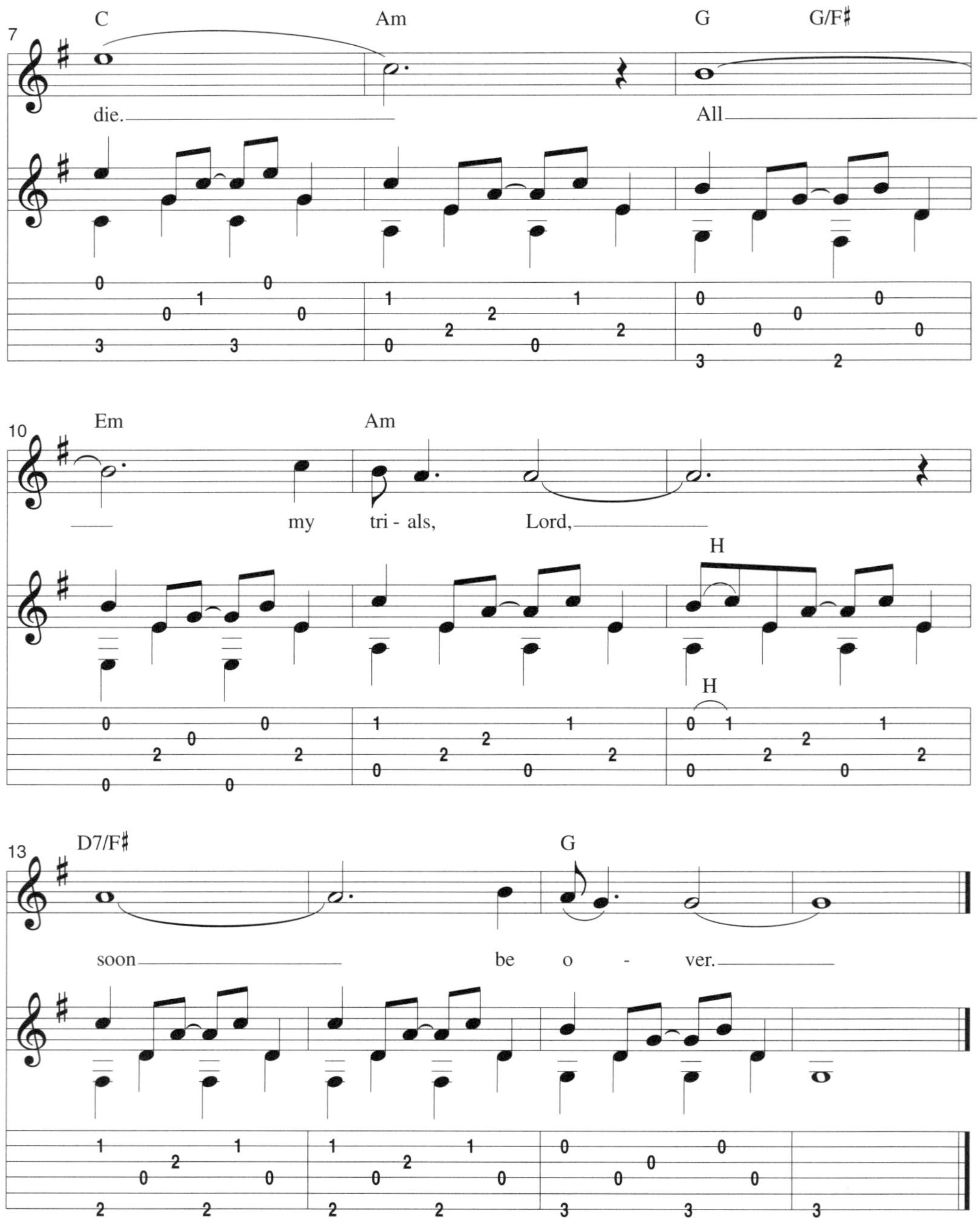

Piste 92

# Freight Train

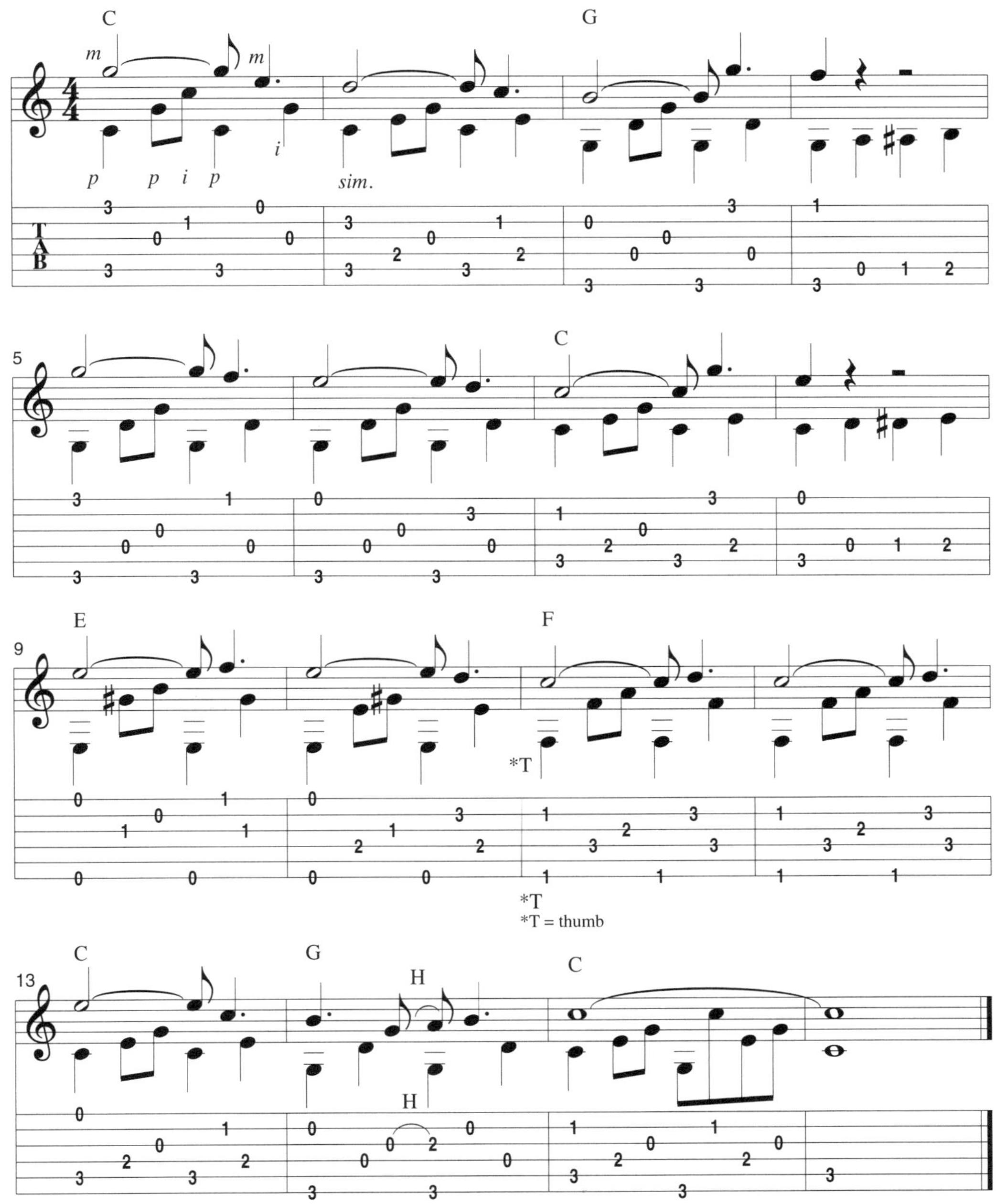

# Chapitre 13

# La musique classique

***Dans ce chapitre :***

- La position assise correcte
- La position correcte de la main droite et de la main gauche
- Des ongles bien coupés et bien limés
- Les pincés et les butés
- Jouez des arpèges
- Jouez des contrepoints
- Jouez des morceaux classiques

La guitare classique représente non seulement un style musical à part entière, mais aussi une approche de l'instrument totalement différente de celle de n'importe quel autre style, qu'il s'agisse du folk, du jazz, du rock ou du blues. La guitare classique englobe une longue tradition de techniques et de pratiques que les compositeurs et les interprètes ont observées à travers les âges, et qu'ils respectent encore, même avec l'avènement de compositions musicales plus modernes et d'avant-garde.

Pour jouer la grande musique de Bach, Mozart et Beethoven de façon authentique, il faut la jouer dans le style classique. Même si vous n'avez aucunement l'intention de devenir un guitariste classique professionnel, vous pouvez glaner de nombreuses connaissances relatives au ton, à la technique et au phrasé en vous exerçant aux techniques classiques.

Ne croyez pas que la musique classique, qui obéit à certaines disciplines, n'est faite que de règles et de règlements rigides. Beaucoup de guitaristes qui ont fait carrière à la fois dans le classique et dans le pop sont d'avis que certains aspects de la guitare classique sont en fait plus libérateurs ; ces individualistes farouches ont donc essayé d'injecter des techniques classiques dans le jeu de la guitare pop-rock. Steve Howe, de Yes, les regrettés Michael Hedges et Chet Atkins se sont chacun approprié les techniques classiques pour les intégrer à leurs propres styles. Cela dit, nous ne pouvons pas imaginer que le groupe de heavy-metal Metallica aurait le même look enragé si ses guitaristes étaient perchés sur des chaises à dossier droit, avec les jambes gauches relevées et les poignets courbés à angle droit !

## Préparez-vous à jouer de la guitare classique

La guitare classique se joue toujours sur une guitare à cordes de Nylon, en position assise. En outre, il faut employer certaines techniques de la main droite pour pincer les cordes afin d'obtenir le son voulu.

## La position assise

Les véritables guitaristes classiques (c'est-à-dire *la plupart* des guitaristes classiques) s'assoient différemment des autres guitaristes, car ils tiennent la guitare sur la jambe *gauche*, qu'ils élèvent d'environ 15 cm à l'aide d'un repose-pied, au lieu de tenir leur guitare sur la jambe droite. En exécutant ce numéro d'équilibriste, on obtient ce qui suit :

- Le côté des aigus de la guitare (celui qui est plus proche des cordes aiguës) repose sur la jambe gauche, le dos de l'instrument étant contre l'abdomen. Le poids du bras droit sur le côté des graves maintient l'instrument en place (en équilibre, pour ainsi dire). Les mains sont donc complètement libres pour jouer, et uniquement pour jouer. Il n'est pas nécessaire de les utiliser pour empêcher la guitare de tomber par terre (sauf si vous bondissez soudainement de votre chaise pour répondre au téléphone).
- On place la guitare de telle sorte que la main gauche puisse jouer n'importe quelle case avec un angle correct, perpendiculaire. Les cases les plus hautes (à partir de la douzième) sont nettement plus faciles à jouer qu'elles ne le sont en position assise pour le jeu sur une guitare acoustique.

La vérité, toutefois, c'est que la plupart des guitaristes qui s'essaient à la guitare classique ne s'embarrassent pas de toutes ces consignes de tenue de l'instrument. Pourquoi ? Parce qu'ils trouvent que c'est trop pénible. Et d'abord, où peut-on bien acheter un repose-pied ? (D'accord, peut-être au magasin de musique du coin…) Si vous voulez simplement essayer de jouer quelques morceaux de guitare classique, pour vous amuser, tenez la guitare comme vous le faites d'habitude : la police de la Musique ne viendra pas vous arrêter ! Et même si vous ne jouez pas de façon absolument impeccable, vous pourrez tout de même entendre de magnifiques arrangements de notes.

**Figure 13-1** : la position assise pour la guitare classique.

Si vous désirez vraiment jouer de la guitare classique dans les règles de l'art, achetez un repose-pied et étudiez bien la Figure 13-1, qui montre la posture correcte en guitare classique. Vous pouvez même utiliser un accessoire spécial qui maintiendra la guitare en l'air au-dessus de votre cuisse, ce qui vous permettra de garder les deux pieds à plat sur le sol. Ces accessoires deviennent de plus en plus populaires, parce qu'ils ne créent pas de tension inégale dans les muscles de votre dos et de votre cuisse, celle-ci pouvant résulter du fait qu'une jambe est surélevée tandis que le pied de l'autre est posé à plat. Cela étant dit, si vous voulez continuer l'étude de la guitare classique, apprenez à lire la musique (si vous ne savez pas encore la lire), parce que quantité de partitions de guitare classique sont sans tablatures. (Voyez l'Annexe A pour commencer à apprendre à lire la musique.)

Quelle que soit la méthode que vous choisirez, veillez à vous tenir bien droit et sur le bord de la chaise, en élevant la cuisse droite (ou la guitare) et en tenant l'instrument au niveau du milieu du corps. Gardez la tête de la guitare (là où se trouvent les mécaniques d'accordage) à la hauteur de votre épaule, comme le montre la photo.

## La main droite

Outre la posture, la position de la main droite est l'élément le plus essentiel à l'obtention d'un véritable son de guitare classique. Vous devez jouer avec la main droite en position correcte et positionner les doigts comme il faut.

### La position de la main droite

Le concept le plus important de la position de la main droite, c'est qu'il s'agit de tenir les doigts (index, majeur et annulaire) perpendiculairement aux cordes lorsqu'ils les attaquent. (En guitare classique, on n'utilise généralement pas le petit doigt.)

Ce positionnement n'est pas une mince affaire. Pourquoi ? Parce que la main, qui est l'extension du bras, tombe naturellement avec un angle de 60 degrés sur les cordes. Essayez ! Alors, vous voyez ? Mais si l'on maintient ses doigts avec cet angle, il est impossible d'obtenir la vibration maximale des cordes. Pour cela, il faut attaquer les cordes à un angle de 90 degrés, de façon perpendiculaire.

Il faut fléchir le poignet de la main droite de telle sorte que les doigts tombent perpendiculairement aux cordes et que le pouce reste environ 4 cm à gauche de l'index (depuis votre point d'observation quand vous jouez), comme le montre la Figure 13.2. Posez les doigts de la main droite sur les 6e, 3e, 2e et 1re cordes, comme cela est indiqué. Cette disposition est la position de base de la main droite pour la guitare classique. Vos doigts sont-ils perpendiculaires aux cordes ?

**Figure 13-2** : position correcte de la main droite.

CONSEIL

Si vous voulez sérieusement améliorer votre main droite de guitare classique (que vous pourrez d'ailleurs aussi utiliser en *fingerpicking* de musique folk), voici un truc pour forcer vos doigts à prendre la position correcte : placez les quatre doigts (pouce, index, majeur et annulaire) sur la *même corde* (par exemple, la 3$^{e}$) en les alignant sur une rangée. En les positionnant ainsi, le pouce ne peut pas reposer sur la droite de votre index. Alors, sans tourner la main, bougez chaque doigt vers sa place normale : le pouce va vers la 6$^{e}$ corde, l'index reste sur la 3$^{e}$, le majeur va vers la 2$^{e}$, et l'annulaire, vers la 1$^{re}$. Vérifiez à l'aide de la Figure 13-2 que le pouce est dans la position correcte par rapport aux autres doigts (sur le côté, et pas derrière eux).

### Les ongles

Les ongles des doigts de la main droite affectent le ton du jeu de guitare. Certains guitaristes possèdent un kit d'entretien des ongles, avec des ciseaux, des pinces à ongles, des limes à ongles de métal et de papier émeri, et des tissus abrasifs fins qui leur permettent de garder leurs ongles à la longueur requise, avec la forme et la souplesse voulues.

Avec des ongles très courts, seul le bout du doigt attaque la corde, et le son qui en résulte est harmonieux et doux. Inversement, avec des ongles très longs, seul l'ongle attaque la corde, et le son est alors plus sec et plus métallique. La plupart des guitaristes de musique classique font pousser leurs ongles de sorte que le bout du doigt *et* l'ongle attaquent en même temps la corde, ce qui produit un son plaisant et élégant.

CONSEIL

Si vous voulez étudier la guitare classique de façon sérieuse, faites-vous pousser les ongles, puis coupez-les afin qu'ils soient arrondis et qu'ils suivent le contour du bout de votre doigt. Ensuite, limez-les ou polissez-les avec une lime à ongles de métal ou de papier émeri. Ne faites pousser que les ongles de la main droite. Vous devez garder courts ceux de la main gauche, afin qu'ils n'entrent pas en contact avec la touche lorsque vous pressez les cordes, ce qui empêcherait les cordes de sonner normalement. Mais si vous ne jouez de la guitare classique qu'occasionnellement, à titre de divertissement, ne vous préoccupez pas de la longueur des ongles de la main droite. De nombreux guitaristes jouent de la musique classique avec des ongles de la main droite courts (et, d'ailleurs, aussi avec la guitare posée sur la cuisse droite !).

### Faites varier le timbre

On peut modifier la couleur du ton des cordes en plaçant la main droite à différents points le long de la corde (plus près du chevalet ou du manche, ou directement au-dessus de la rosace). Si vous jouez directement au-dessus de la rosace, le ton est plein et riche. Plus près du chevalet, il devient plus brillant et plus métallique ; près du manche, il est plus arrondi et plus doux.

« Pourquoi changer le *timbre* ? » Surtout pour varier les plaisirs. Si vous jouez un morceau avec une section qui se répète, vous pouvez, par exemple, la jouer la première fois au-dessus de la rosace, et la deuxième fois, plus près du chevalet. Ou peut-être, en approchant du point culminant d'un morceau, souhaiterez-vous en souligner l'effet à l'aide d'un son plus brillant et plus métallique : vous pouvez alors jouer plus près du chevalet. Les partitions de guitare classique indiquent souvent ces positions, et l'on entend clairement ces changements dans les enregistrements de morceaux de guitare classique.

## La position de la main gauche

En style classique, lorsque vous posez les doigts sur les cases, essayez de vous représenter votre main gauche comme une mécanique qui serait verrouillée dans une position particulière, caractérisée par des angles droits (afin d'obtenir une aisance de jeu et un son optimal). Tandis que vous déplacez la main vers le haut ou le bas du manche ou en travers des cordes, la petite mécanique ne change jamais d'apparence. Voici comment fonctionne cette petite machine :

- Gardez les doigts arrondis et courbés de telle sorte que les bouts tombent sur la touche avec un angle de 90 degrés, et placez-les perpendiculairement aux cordes.
- Raidissez le pouce et gardez-le en position plus ou moins opposée à l'index, en le pressant légèrement contre le dos du manche. En vous déplaçant vers les cases plus hautes, faites suivre le pouce en le gardant toujours dans une position opposée à l'index. Vous pouvez le déplacer le long du manche en même temps que les autres doigts, mais ne le laissez jamais passer au-dessus de la touche.
- Déplacez le bras avec la main de telle sorte que celle-ci reste perpendiculaire aux cordes. En jouant les cases basses, ayez le coude tourné vers l'extérieur, loin du corps. Lorsque vous jouez sur les cases hautes, ramenez le coude plus près du corps.

Théoriquement, quelle que soit la corde ou la case jouée, la position de la main gauche garde une apparence identique, comme le montre la Figure 13-3. Bien sûr, il est possible que certaines exigences particulières de la musique puissent vous forcer à abandonner de temps en temps la position de la main gauche. Prenez donc les indications qui précèdent pour ce qu'elles sont, c'est-à-dire juste des lignes directrices.

CONSEIL

Si, pendant un certain temps, vous avez joué de la guitare dans d'autres styles, comme le rock ou le blues, vous allez probablement souvent voir le bout du pouce de votre main gauche dépasser sur la touche au-dessus de la 6e corde. Cette habitude du pouce qui passe subrepticement au-dessus du manche est à proscrire en guitare classique : le pouce doit *toujours* rester *derrière* le manche. Voici une méthode sûre pour vous débarrasser de vos vieilles habitudes (bien qu'il faille souffrir un peu). Demandez à un ami de s'armer d'un objet pointu, comme un crayon, et de vous regarder jouer. Demandez-lui de vous piquer le pouce chaque fois que celui-ci se pointe au-dessus le manche (Aïe !). Cette méthode fait un peu mal, mais après quelques piqûres, votre pouce restera bien sagement replié derrière le manche, là où est sa place. Cette méthode est celle avec laquelle les enfants apprenaient la technique correcte du jeu de la main gauche à l'époque de Charles Dickens.

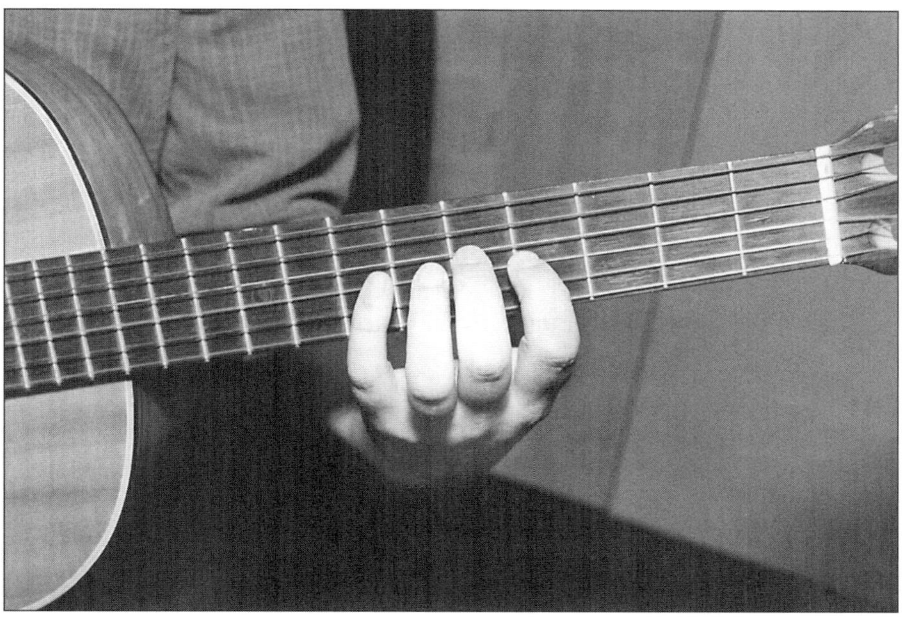

**Figure 13-3** : position correcte de la main gauche.

# Les pincés et les butés

Si vous aviez un professeur de golf ou de bowling, il vous tiendrait probablement des discours sur l'importance de bien accompagner un coup. Eh bien, croyez-le ou non, la même chose vaut lorsqu'on pince une corde de guitare. Votre doigt peut accompagner le mouvement après avoir pincé la corde de deux manières, ce qui donne deux types de mouvements : les pincés et les butés. On utilise les pincés pour les arpèges et les gammes rapides. Les butés s'emploient pour accentuer des notes de mélodie. Les sections qui suivent décrivent les deux attaques.

## Les pincés

Si vous pincez une corde avec un angle légèrement ascendant, votre doigt vient s'arrêter en l'air, au-dessus de la corde voisine. (Bien sûr, il n'y reste pas longtemps, car vous devez le ramener à sa position de départ normale pour jouer à nouveau.) Ce type de mouvement, durant lequel votre doigt flotte librement dans l'air, s'appelle un pincé. La Figure 13-4 montre comment jouer un *pincé*, avec une photo « Avant » et une photo « Après ».

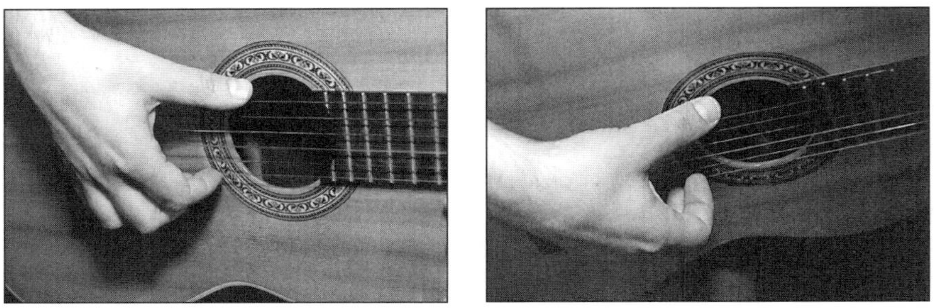

**Figure 13-4** : le pincé. Notez qu'après l'attaque de la corde, le doigt de la main droite flotte en l'air.

## Jouez des pincés

En guitare classique, on utilise les pincés pour jouer des éléments qui ne sont pas des mélodies, comme des arpèges (accords dont les notes sont jouées les unes après les autres et pas simultanément) ; on utilise normalement ces pincés en *fingerpicking* de la guitare folk (voir le Chapitre 12). Le pouce joue quasiment tout le temps des pincés. Essayez d'arpéger les cordes à vide (pouce sur la 6e corde, index sur la 3e, majeur sur la 2e, et annulaire sur la 1re) en jouant des pincés avec tous les doigts.

La Figure 13-5 présente un extrait d'un morceau espagnol, « Malagueña », que quasiment chaque guitariste est appelé à jouer tôt ou tard. Jouez la mélodie avec le pouce tandis que le majeur joue des pincés sur la corde à vide de *mi* aigu. La notation de guitare classique indique les doigts de la main droite par les lettres *p, i, m, a*, qui sont les premières lettres des noms des doigts en espagnol (et qui correspondent à celles des noms en français : *p* (« pouce », *pulgar*, en espagnol), *i* (« index », *indice*), *m* (« majeur », *media*) et *a* (« annulaire », *anular*).

Piste 93

**Figure 13-5** : un exercice de pincé extrait du morceau classique *Malagueña*.

## Les butés

Les butés usent d'un type différent de suivi du mouvement de celui des pincés. Au lieu d'attaquer la corde avec un angle légèrement ascendant, attaquez-la de telle sorte que votre doigt vienne buter contre la corde adjacente plus grave. C'est ce qu'on appelle un buté. Ce faisant, vous obtenez le volume sonore maximal de la corde. C'est pour cela que les *butés* se prêtent bien aux notes de mélodie, celles qui doivent ressortir et que vous voulez mettre en valeur.

La Figure 13-6 montre comment jouer un buté, avec une photo « Avant » et une photo « Après ».

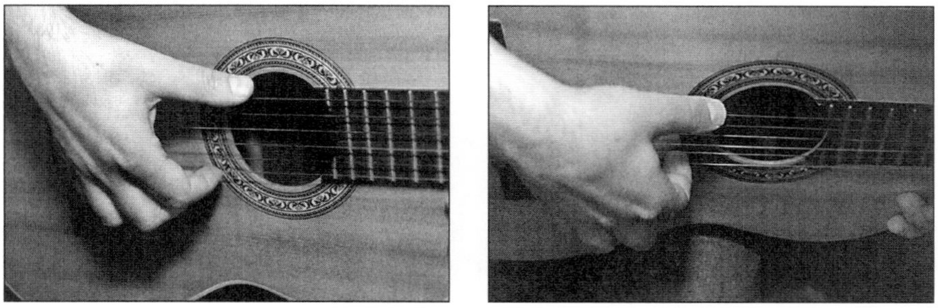

**Figure 13-6** : le buté. Notez qu'après l'attaque de la corde, le doigt de la main droite vient buter contre la corde suivante.

## Jouez des butés

Jouez des butés pour accentuer les notes de la mélodie d'un morceau classique, en particulier pour des morceaux qui ont une combinaison de notes de mélodie, de voix du milieu (dont les notes sont jouées avec des pincés) et de notes basses.

Jouez *lentement* la gamme de *do* majeur sur deux octaves de la Figure 13-7 uniquement avec des butés. Passez de la deuxième à la cinquième position à la fin de la première mesure en faisant doucement glisser l'index le long de la 3e corde pour le faire descendre vers la quatrième case. Alternez *i* (index) et *m* (majeur). Pour des raisons liées à la vitesse et à la précision, il est d'usage en guitare classique d'exécuter les mélodies en alternant entre deux doigts (habituellement *i* et *m*).

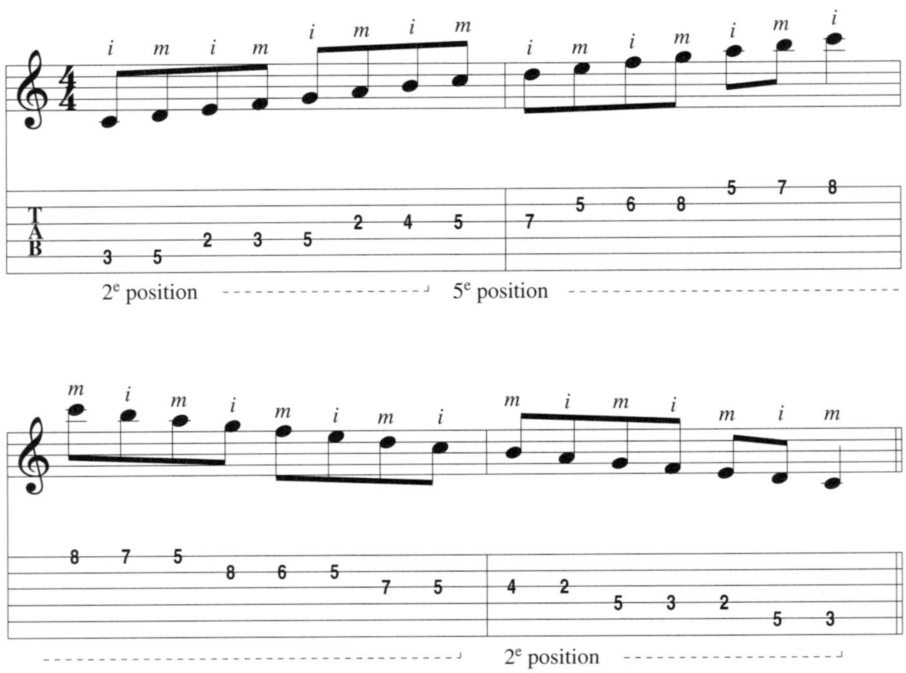


**Figure 13-7** : la gamme de do majeur jouée en alternant les butés de l'index et ceux du majeur.

# Les arpèges et le contrepoint

La plupart des morceaux de guitare classique se jouent soit en style arpégé, soit en style contrapuntique. En style arpégé, on tient les accords de la main gauche en pinçant successivement les cordes de la main droite (de telle sorte que chaque corde sonne et tienne). Et d'habitude, on joue simultanément une mélodie sur les cordes du haut (avec des butés), au-dessus des arpèges.

Le style contrapuntique de guitare classique se divise en deux parties, la partie des basses, qui se joue entièrement avec le pouce, et la partie des aigus (la mélodie), qui se joue d'habitude avec des pincés en alternant d'autres doigts : par exemple, *i* et *m*. Le mot « contrapuntique » vient de « contrepoint », un style dans lequel deux mélodies ou plus (habituellement avec des rythmes différents ou contrastés) sont jouées simultanément, un peu comme lorsque deux personnes ayant des idées opposées se parlent en même temps. En musique, cependant, les lignes séparées se soutiennent mutuellement au lieu de s'opposer. Imaginez un peu ce qui se passerait si le débat politique avait le même effet !

## Combinez les pincés et les butés dans les arpèges

La Figure 13-8 propose un exercice dans le style arpégé. Jouez avec le pouce la première note de chaque mesure (les notes avec les hampes vers le bas dans la notation standard) ; jouez les autres notes avec les doigts : *i* sur la
3e corde, *m* sur la 2e, et *a* sur la 1re. Les notes de la 1re corde sont accentuées (marquées du symbole >). L'indication *sim.* vous prescrit de continuer à jouer avec les mêmes doigts durant tout l'exercice.

Piste 94

**Figure 13-8** : un exercice d'arpèges qui combine pincés et butés.

Les accents vous indiquent de marquer certaines notes en les jouant plus fortement pour les faire ressortir. En d'autres termes, usez des butés, qui sont plus puissants, pour les notes accentuées, et des pincés pour toutes les autres notes. N'oubliez pas d'appuyer sur toutes les notes de chaque mesure simultanément avec la main gauche pendant toute la durée de la mesure.

CONSEIL

Avant de combiner les butés et les pincés, jouez l'exercice de la Figure 13-8 en n'utilisant que des pincés pour vous familiariser avec le morceau. Une fois que vous serez à l'aise, ajoutez-y les butés sur les notes de la 1re corde.

## Le point et le contrepoint

La Figure 13-9 est un extrait d'une composition anonyme de l'époque baroque, durant laquelle la musique contrapuntique était très populaire. Jouez avec le pouce les notes dont la hampe est en bas dans la notation standard, et alternez les doigts pour jouer la mélodie avec des pincés.

La partition n'indique pas de doigté particulier de la main droite. Du moment que vous appliquez (même assez librement) le concept de l'alternance des doigts pour obtenir vitesse et précision, vous pouvez utiliser les doigts avec lesquels vous êtes le plus à l'aise. Il n'y a pas de manière qui soit vraiment bonne ou mauvaise.

Nous avons néanmoins indiqué le doigté de la main gauche parce que ce dernier est le seul praticable pour ce morceau. Le tiret incliné devant le *2*, sur le deuxième temps de la troisième mesure et sur le troisième temps de la cinquième mesure, indique qu'il faut utiliser le même doigt que celui qui a joué la note précédente.

Exercez-vous à ne jouer que la partie des aigus en alternant les doigts plusieurs fois de suite. Puis jouez plusieurs fois la ligne des basses seules avec le pouce. Enfin, jouez simultanément les deux parties.Écoutez le CD pour vous faire une idée du rythme.

Piste 95

**Figure 13-9** : un exercice contrapuntique.

# Jouez des morceaux classiques

Jouer des morceaux de guitare classique, ce n'est jamais stressant, car vous n'avez pas à chanter ni besoin non plus d'un amplificateur. Vous pouvez donc jouer des morceaux classiques n'importe quand et n'importe où, à condition d'avoir une guitare à cordes de Nylon.

La notation de guitare standard emploie quelques symboles spéciaux pour indiquer les accords barrés. Le *C* suivi d'un chiffre romain indique une barre en travers des six cordes, et le chiffre romain indique le numéro de la case barrée. Un *C* barré d'une barre verticale (« | ») indique un barré partiel de moins de six cordes. Une ligne en pointillés horizontale à la droite du *C* indique la durée de tenue de la barre.

## Un mot sur les morceaux

Les morceaux que vous allez jouer dans ce chapitre font partie de ceux que tous les guitaristes de musique classique rencontrent un jour ou l'autre...

- **Jeux interdits**. Pour ce morceau, il faut jouer des pincés et des butés (voir la section « Les pincés et les butés » plus haut dans ce chapitre) et barrer des accords (reportez-vous au Chapitre 8).

  « Jeux interdits » est un morceau arpégé simple qui vous donne la possibilité d'accentuer les notes de la mélodie avec des butés, qui seront tous joués sur la 1re corde avec le a (annulaire). Pour vous entraîner, jouez d'abord le morceau avec des pincés seulement, et ajoutez plus tard les butés. Servez-vous du pouce pour jouer les notes basses (avec la hampe en bas dans la notation musicale standard). Servez-vous des doigtés de la main droite indiqués à la première mesure pour tout le morceau. Nous n'indiquons le doigté de la main gauche qu'à quelques endroits (les mesures 7 à 10 de la notation standard). Dans les mesures 9 et 10, veillez à barrer de l'index la septième case tandis que le majeur appuie sur la 3e corde à la huitième case *pendant tout le temps*. Étirez le petit doigt jusqu'à la onzième case pour le premier temps de la dixième mesure.

- **Bourrée en *mi* mineur**. Pour ce genre de morceau, il faut jouer une mélodie en alternant les doigts, tout en jouant simultanément une ligne de basses avec le pouce (voir la section « Le point et le contrepoint » plus haut dans ce chapitre), il faut barrer des accords (voir le Chapitre 8), et savoir aussi ce qu'est une bourrée.

  Une bourrée était à l'origine une danse folklorique que les gens pratiquaient, il y a des centaines d'années. Ce morceau contrapuntique est très gratifiant parce que, bien qu'il ait un son complexe et qu'il soit très beau, il est en fait plutôt simple à jouer. Leo Kottke le joue dans une version folk, tandis que Jethro Tull en a fait un arrangement de jazz. Jouez toutes les notes des basses avec le pouce (avec la hampe tournée vers le bas dans la notation standard), et alternez les doigts de la main droite (par exemple, *m-i-m-i*, et ainsi de suite). Il ne faut pas observer à la lettre l'alternance du jeu des doigts. Employez les doigts qui vous semblent convenir le mieux. Nous avons indiqué quelques doigtés au tout début pour vous aider à démarrer. Par la suite, servez-vous des doigts qui vous sembleront naturellement convenir le mieux. Pour vous inspirer, vous pouvez écouter les enregistrements de ce morceau réalisés par le guitariste classique John Williams, la version folk de Leo Kottke, et la version swing-jazz de Jethro Tull. Yngwie (prononcez « ING-VAY ») Malmsteen, un guitariste de heavy-metal, en a même réalisé une version stupéfiante avec une distorsion à vous arracher les oreilles. J.S. Bach n'aurait probablement jamais imaginé que ce petit pas de danse sans prétention ferait un jour l'objet d'interprétations aussi extravagantes, mais elles sont toutes super.

Piste 96

# Jeux interdits

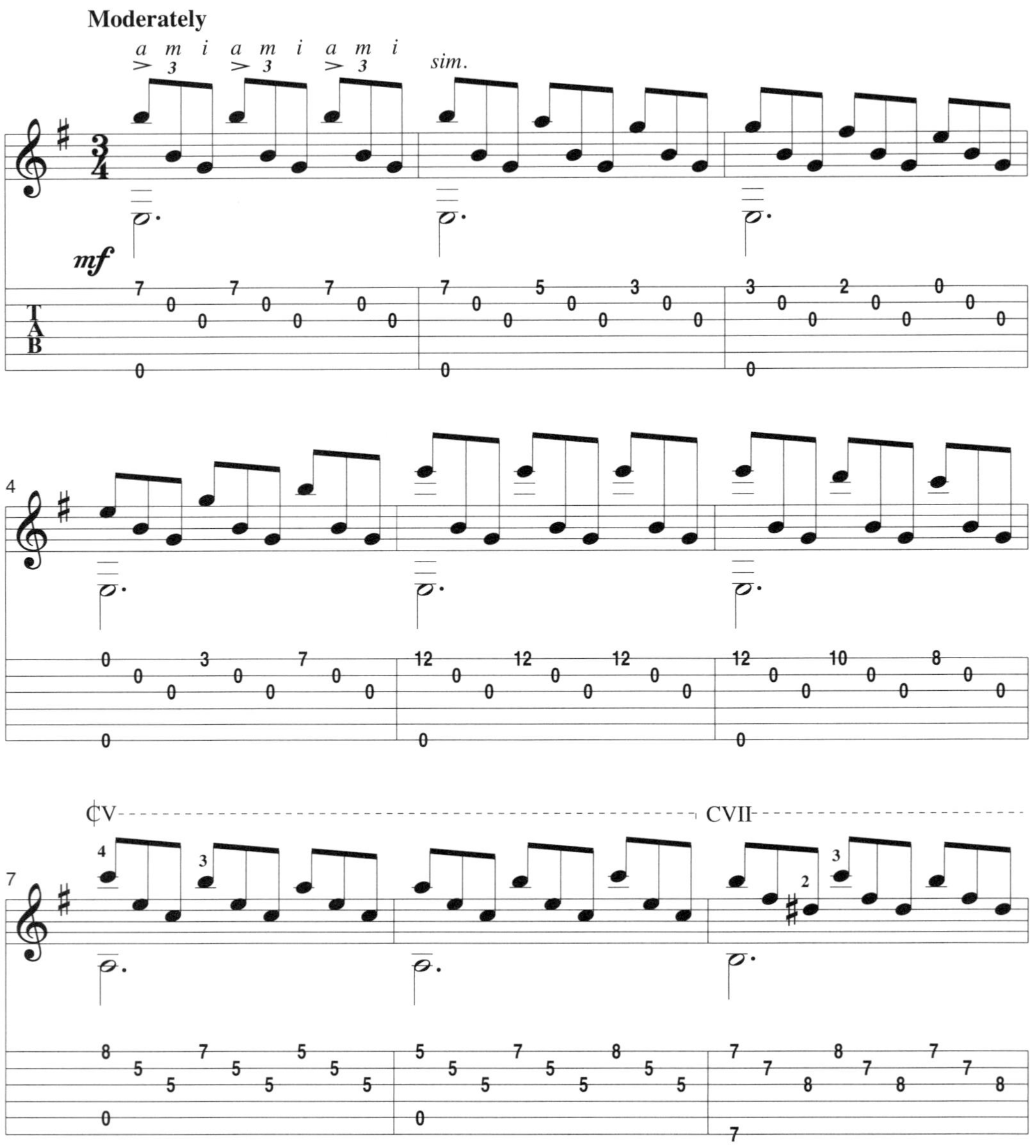

*Jeux interdits (suite)*

Piste 97

# Bourrée en mi mineur

# Chapitre 14

# Le jazz

***Dans ce chapitre :***

- Qu'est-ce que la guitare de jazz ?
- Le comping, ou le rythme en accords
- Jouez des solos de jazz
- Le lead : jouez des mélodies
- Jouez des airs en version jazz

Le jazz est une forme de musique que les instrumentistes ont inventée lorsqu'ils ont commencé à prendre des libertés avec les formes existantes, à improviser à partir de mélodies composées et à varier les structures harmoniques. Les guitaristes ont emboîté le pas à d'autres instrumentistes qui avaient ouvert la voie, comme le trompettiste Louis Armstrong, un des premiers maîtres de l'improvisation mélodique.

N'OUBLIEZ PAS

La guitare de jazz est parfois difficile à maîtriser, compte tenu de l'importance de l'*improvisation* dans ce style de musique (improviser consiste à faire de la musique spontanément, au lieu de jouer ce qui est écrit). En général, c'est le compositeur qui écrit la musique. Dans le jazz, cependant, les interprètes sont (le plus souvent) censés improviser – et pour bien improviser, il vous faudrait en savoir bien davantage que ce que vous pouvez apprendre en lisant un chapitre d'un livre de la série *pour les Nuls* ! Mais ne vous faites pas de souci : nous allons vous montrer quelques trucs simples pour vous aider à progresser, et pour que votre guitare *sonne* comme celle d'un guitariste de jazz.

Dans ce chapitre, on passe aux choses sérieuses : vous allez être initié aux accords de jazz, aux progressions de jazz, au style des *mélodies en accords*, aux substitutions d'accords et au jeu solo. Nous vous montrons aussi la différence entre les accords *fermés* et *ouverts*, et la manière de transformer une mélodie en jazz.

## Le jazz, une harmonie tout à fait nouvelle

Là où la guitare de jazz diffère le plus nettement de la guitare de rock ou de blues, c'est sur les points suivants :

- Avec la guitare de jazz, on n'utilise pas de distorsion, on préfère une sonorité plus douce et plus tamisée.
- Les mélodies du jazz sont plus complexes sur le plan harmonique, elles suivent de plus près la construction des accords – qui sont eux-mêmes plus complexes.
- En jazz, sur une ligne mélodique, il y a généralement davantage de sauts (intervalles musicaux plus grands que le ton – par exemple, *la-do*) que dans le rock ou dans le blues.

Le guitariste de jazz s'intéresse aux accords de plus près que le musicien de rock ou de blues. Dans le rock et dans le blues, les guitaristes utilisent généralement une seule gamme pour jouer sur tous les accords, alors que dans le jazz, ils peuvent utiliser un certain nombre de gammes. Le guitariste de jazz doit aussi faire attention aux notes qui constituent chaque accord : en effet, l'*arpègement*, c'est-à-dire le fait de jouer les notes de l'accord l'une après l'autre plutôt qu'ensemble, est typique du jazz.

N'OUBLIEZ PAS

La musique que vous entendez le plus souvent – pop, rock, blues, folk et classique (et surtout la musique classique du XVIIe et du XVIIIe siècles, celle de Bach et de Mozart par exemple) – est fondée sur l'harmonie traditionnelle (des accords de base et des progressions comme vous pouvez en trouver dans les Chapitres 4 à 13). Mais dans l'harmonie du jazz, on utilise ce que la plupart des gens appellent (quelle surprise !) les accords de jazz. Les *accords de jazz* sont souvent constitués de plus de notes que les accords de base. Ou alors, ils ont le même nombre de notes, mais une ou plusieurs de ces notes sont *altérées chromatiquement* (élevées ou abaissées d'un demi-ton).

## Les accords étendus

Les accords simples, majeurs et mineurs, sont constitués de trois notes seulement (le 1er, le 3e et le 5e degrés de la gamme majeure ou mineure dont la note de départ est la même que la note fondamentale de l'accord). (Pour en savoir plus sur les degrés de la gamme et sur la construction des accords, voir Chapitre 10.) On appelle ces accords des *triades* (groupes de trois notes). Les accords de septième sont constitués de quatre notes : le 1er, le 3e, le 5e et le 7e degrés de la gamme homonyme de l'accord.

En jazz, on rencontre des accords constitués de cinq notes ou davantage. Vous pouvez continuer d'utiliser n'importe quel autre degré de la gamme pour aller au-delà de la septième et créer des accords de neuvième (en utilisant les 1er, 3e, 5e, 7e et 9e degrés), de onzième (1er, 3e, 5e, 7e, 9e et 11e) ou de treizième (1er, 3e, 5e, 7e, 9e, 11e et 13e).

NOTE TECHNIQUE

Ces accords qui comprennent des notes au-delà de la septième sont appelés *accords étendus*. En général, on ne joue pas toutes les notes d'un accord étendu. Ainsi, par exemple, dans un accord de 13e, vous ne jouerez peut-être que quatre ou cinq des sept notes : il est donc tout à fait possible de jouer un accord de 13e avec seulement quatre cordes.

N'OUBLIEZ PAS

Dans le jazz, les accords comprennent souvent des notes *altérées* (élevées ou abaissées d'un demi-ton). Du fait de ces altérations, on obtient toutes sortes de noms étranges d'accords, comme C7#flt9, B#flt13#shp11 ou G7#shp5. Et chacun de ces accords de jazz – il en existe des tas – a sa propre sonorité unique.

Quand on joue des chansons connues en version jazz, on *substitue* souvent des accords altérés aux accords plus traditionnels – mais savoir quel accord peut faire l'objet de cette substitution et à quel moment n'est pas évident, il faut le savoir-faire d'un musicien de jazz accompli. (Pour en savoir plus sur les substitutions d'accords, voir « Faites des substitutions », plus loin dans ce chapitre.) D'autre part, voyez des substitutions d'accords typiques dans la section « Jouez des mélodies de jazz » de ce chapitre.

# Le comping, ou le rythme en accords

N'OUBLIEZ PAS

*Comping* est le terme qu'emploient les musiciens de jazz pour désigner le fait de jouer le fond sonore ou l'accompagnement. Pour un guitariste, le *comping*, c'est le rythme à la guitare : le fait de jouer des accords. De façon générale, les guitaristes de jazz utilisent des accords *fermés*, *ouverts* et *full*, des notions que nous expliquons dans les sections qui suivent.

## Les accords fermés

Les accords *fermés* (ou *accords de 4 sons close voicing* ou *inside chords*) sont des accords que l'on forme sans utiliser la $1^{e}$ corde de la guitare (le *mi* aigu). Ce sont généralement des accords de quatre notes qui se jouent sur la $2^{e}$, la $3^{e}$, la $4^{e}$, et soit la $5^{e}$ soit la $6^{e}$ cordes. Les guitaristes de jazz adorent jouer des accords fermés – et ils ont le choix.

### Les close voicings

La Figure 14-1 montre 15 voicings typiques d'accords de jazz fermés. Le voicing est un arrangement particulier des notes d'un accord, choisi en fonction d'un objectif ou d'une situation particulière. Chacun de ces accords peut être déplacé, et ces accords sont montrés ici dans la position la plus basse possible sur le manche de la guitare. Pour former d'autres accords du même type, déplacez simplement l'accord d'une frette pour chaque demi-ton. Par exemple, le premier accord qui vous est montré est B7♯shp9. Pour jouer C7♯shp9, déplacez l'accord d'une frette vers le haut.

CONSEIL

Les noms de certains accords peuvent sembler étranges. Voici comment il faut prononcer les noms des trois premiers accords de la rangée supérieure, de gauche à droite (après, vous aurez sans doute compris) : « B sept dièse neuf », « B sept bémol neuf » et « F dièse six neuf ». Un petit rond dans le nom de l'accord (♯d) signifie « diminué ». L'avant-dernier accord (sur la rangée du bas) s'appelle « F dièse septième diminuée ».

Si vous ne faites rien de plus que jouer quelques-uns de ces accords, ça sonne tout à fait « jazz ». En fait, les musiciens de jazz aiment particulièrement former ces accords vers le milieu du manche, ou légèrement au-dessus (en général, disons entre la quatrième et la onzième frettes). Allez-y, essayez de gratter ces accords dans cette zone.

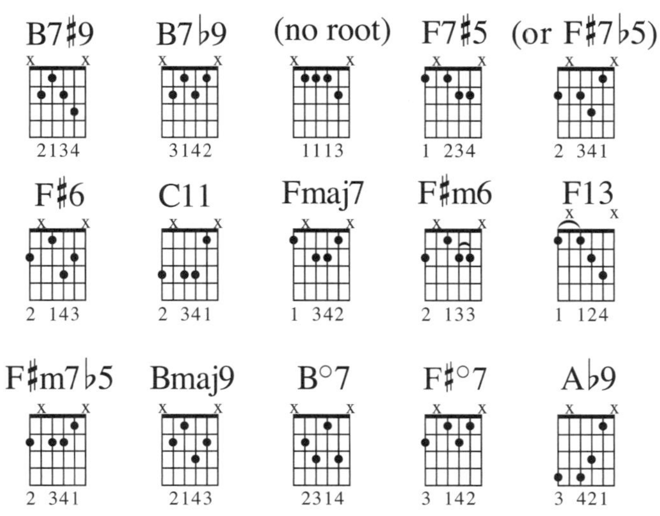


**Figure 14-1** : Divers voicings d'accords de jazz fermés.

### *Les déplacements d'accords fermés*

Les guitaristes de jazz aiment faire une belle *conduite de voix* : autrement dit, ils aiment que le passage d'un accord à un autre se fasse dans la douceur et dans l'économie. Souvent, dans les progressions, la seule différence entre un accord et l'accord suivant est que l'une des notes s'est déplacée d'une ou deux frettes (voir Figures 14-2 et 14-4). Une telle économie de mouvement rend la musique plus facile à jouer, et, en même temps, plus agréable à l'oreille.

La Figure 14-2 montre trois déplacements (*progressions*) typiques, entre des accords fermés comme les musiciens de jazz ont l'habitude d'en jouer. Jouez une fois chaque accord, puis jouez l'accord suivant : on croirait entendre un musicien de jazz. Essayez les progressions sur des frettes différentes : ces déplacements peuvent être déplacés !

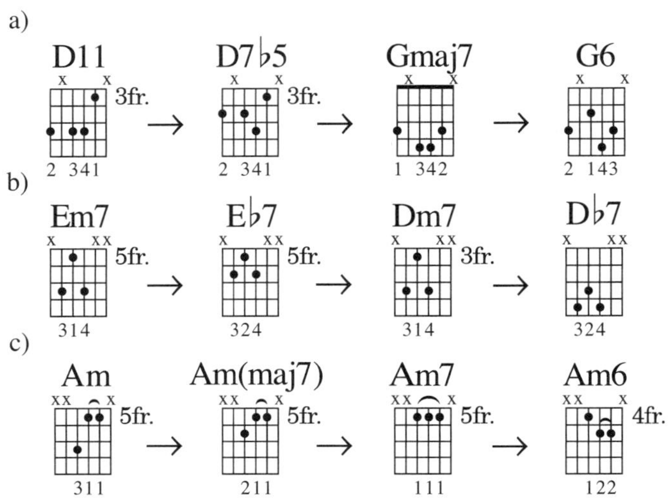


**Figure 14-2** : Des déplacements d'accords fermés typiques.

## *Les accords ouverts*

*Accord ouvert* (ou *outside chord* ou *accord de 4 sons open voicing*) est un terme utilisé pour désigner un accord, et plus particulièrement un accord de jazz, formé en n'utilisant que les quatre dernières cordes de la guitare – les cordes du *mi* grave et du *la* grave ont quartier libre. Souvent, avec les accords ouverts, on n'a pas la *fondamentale* (la note qui donne son nom à l'accord), ou bien on ne met aucune fondamentale dans les accords.

### *Les open voicings*

La Figure 14-3 présente 11 accords de jazz *ouverts* typiques. Là encore, chacun de ces accords est montré dans la position la plus basse possible sur le manche, et chaque accord peut être déplacé. Essayez de jouer ces accords quelque part entre la quatrième et la onzième frettes, là où les guitaristes de jazz aiment les jouer en général.

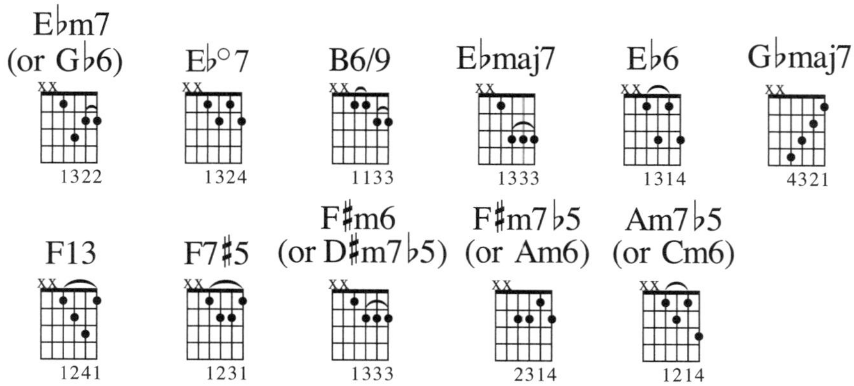


**Figure 14-3** : Divers voicings d'accords de jazz ouverts.

### *Les déplacements d'accords ouverts*

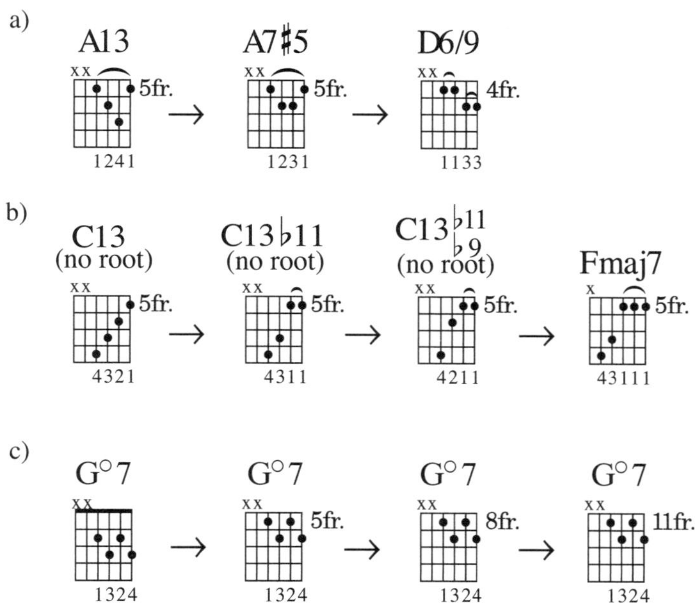


**Figure 14-4** : Des déplacements d'accords ouverts typiques.

Comme pour les déplacements d'accords *fermés*, on retrouve avec ces déplacements d'accords *ouverts* le principe de la bonne conduite des voix, qui est si important pour la guitare de jazz. Le dernier déplacement, Figure 14-4c, fait un peu figure d'exception, parce qu'il faut déplacer rapidement la main et saisir le manche, mais c'est un déplacement tout à fait usuel. Vous pouvez donner à votre main la forme de l'accord de septième diminuée, puis déplacer votre main de trois frettes vers le haut ou vers le bas sans changer d'accord (vous changez le *voicing*, c'est-à-dire l'ordre des notes, mais ce sont toujours les quatre mêmes notes que vous jouez). Les guitaristes de jazz, quand ils jouent un accord de septième diminuée, le déplacent souvent vers le haut du manche de cette manière, pour varier un peu ou pour donner une impression de mouvement.

## Les accords Full

Il existe d'autres accords de jazz que les accords *fermés* et *ouverts* à quatre notes. La Figure 14-5 montre cinq accords de jazz différents de type *full* (des accords formés en utilisant cinq ou six cordes) qu'on peut jouer sur n'importe quelle frette (mais montrés ici sur la position la plus basse possible).

**Figure 14-5** : Plusieurs voicings en full-chord.

# Jouez en solo : Le style mélodie en accords

Le style *mélodie en accords*, comme son nom l'indique, est un style de solo de jazz dans lequel on utilise à la fois la mélodie et les accords d'un air. On peut entendre ce style de jeu dans la musique de géants du jazz comme Johnny Smith, Jim Hall ou Joe Pass. Le style *mélodie en accords* consiste souvent à habiller en jazz un air provenant d'un autre répertoire. La mélodie est généralement jouée *straight* (telle qu'elle a été écrite), mais l'interprète remplace les accords habituels par les accords qui caractérisent la version jazz. Quand les accords habituels sont remplacés par des accords de jazz, on parle de *substitutions* d'accords.

Jouer un solo à partir d'une mélodie en accords déjà écrite n'est pas particulièrement difficile, mais en créer un soi-même (ce que font les guitaristes de jazz) n'est pas un jeu d'enfant. Pour commencer, vous devez savoir savoir harmoniser une mélodie (c'est-à-dire placer des accords sous les notes de cette mélodie). Ensuite, il vous faut savoir faire des substitutions d'accords. Ici, il ne s'agit plus simplement de jouer de la guitare, il s'agit de s'initier à la composition et à l'arrangement : ce que nous n'allons pas vous apprendre ici.

Ce que nous allons faire, c'est plutôt vous donner une idée de ce dont il retourne, après quoi nous vous indiquerons un moyen facile de tricher, de *donner l'impression* que vous êtes en train d'inventer un solo avec une mélodie en accords. Puis, dans la section « Jouez des airs de jazz » de ce chapitre, nous vous montrerons comment jouer « Greensleeves » dans un arrangement sous forme de mélodie en accords, en lisant les tablatures.

## Faites des substitutions

Les *substitutions* (d'accords) sont des accords *jazzy* que vous utilisez à la place des accords habituels. Ils ont généralement deux formes :

- **Même fondamentale** : On substitue parfois un accord ayant la même fondamentale, mais dans une version étendue ou avec une altération chromatique (voir la section « Le jazz, une harmonie tout à fait nouvelle », plus haut dans ce chapitre). Ainsi, par exemple, si, dans un morceau, la progression d'accords commence avec un accord de *do* (C) pour aller vers une septième de *la* (A7), vous pouvez leur substituer Cmaj7 et A7#flt9, pour que cela sonne plus *jazzy*.

- **Une fondamentale différente** : A d'autres moments, vous pouvez même substituer des accords dont la fondamentale est différente. Au lieu de la fondamentale, ce sont d'autres notes de l'accord substitué qui seront communes avec celles de l'accord initial. Pour reprendre le même exemple, au lieu de jouer C et A7, vous pouvez jouer C6/9 et E♯flt7, du fait que A7 et E♯flt7 ont deux notes en commun (C♯shp et G).

Quoi qu'il en soit, les possibilités de substitution d'accords sont innombrables, et pour savoir intuitivement quels accords substituer et à quel endroit, il faut parfois plusieurs années de pratique.

## Donnez le change avec trois accords

Plutôt que d'aller apprendre des centaines de substitutions, essayez de simuler un solo de mélodie en accords grâce à trois accords simples. Regardez plus attentivement les trois premiers accords mobiles de la Figure 14-3 : les *open voicings* pour m7, ♯d7 et 6/9. Ces accords sonnant de façon quelque peu ambiguë, ils ne sembleront généralement pas faux, quels que soit le moment et l'ordre dans lequel vous les jouerez : cela sonnera comme du jazz, tout simplement.

CONSEIL

Vous pouvez vous attarder sur un seul accord, en vous déplaçant : glissez vers le haut ou vers le bas, d'une frette à la fois, ça donnera quelque chose de cool. Vous pouvez aussi alterner librement ces accords, et les jouer sur des frettes différentes. Pensez au rythme en même temps. Vous pouvez, si vous le désirez, vous aider de l'exemple de la Figure 14-6 pour commencer. Amusez-vous !

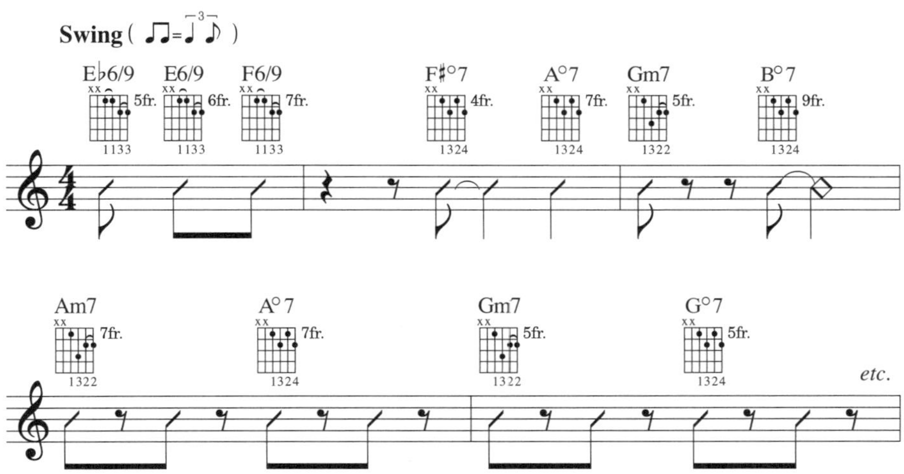


**Figure 14-6** : Comment simuler un solo de mélodie en accords en jazz, avec trois accords.

# Le Lead : Jouez des mélodies

N'OUBLIEZ PAS

Le lead guitariste, c'est à peu près la même chose dans le jazz que dans le blues ou le rock. On joue essentiellement des mélodies (composées ou improvisées) et des *licks* (courts passages dans le style). Inutile de trop varier votre technique ici : jouez les notes avec un pick, en les frappant ou en les tirant de façon alternée (voir Chapitre 5). Ce qui change, en fait, entre le jeu de lead dans le jazz et les autres styles de guitare, c'est le feeling, la manière d'envisager les mélodies, le vocabulaire et le phrasé.

Abstraction faite de la qualité des accords, vous pouvez créer une mélodie de jazz ou rendre votre jeu soliste plus *jazzy* en appliquant quelques règles simples. Rien qu'avec les trois techniques suivantes, vous pourrez, en un rien de temps, imiter les sonorités des idoles du jazz.

## Des gammes avec des notes altérées

NOTE TECHNIQUE

Une chose qui fait le jazz, ce sont les *notes altérées*, c'est-à-dire des notes qui n'appartiennent pas à la gamme. Dans le blues, ces notes sont ajoutées ça et là ; dans le jazz, n'importe quelle note peut être altérée et intégrée à la mélodie improvisée. Tant qu'une note altérée est *résolue* (qu'elle trouve sa conclusion logique via une note de la mélodie qui est « dans la gamme » ou via une note de l'accord), il n'y a pas de problème.

La Figure 14-7 montre une mélodie jouée de deux manières : d'abord telle qu'elle a été composée, puis avec des altérations ajoutées. Remarquez que cette séquence est en *triplet feel* (ou « cadence de triolet », ou *swing feel*). C'est le cas d'un certain nombre de morceaux de jazz. (Pour plus d'information sur le *triplet feel*, voir Chapitre 11.)

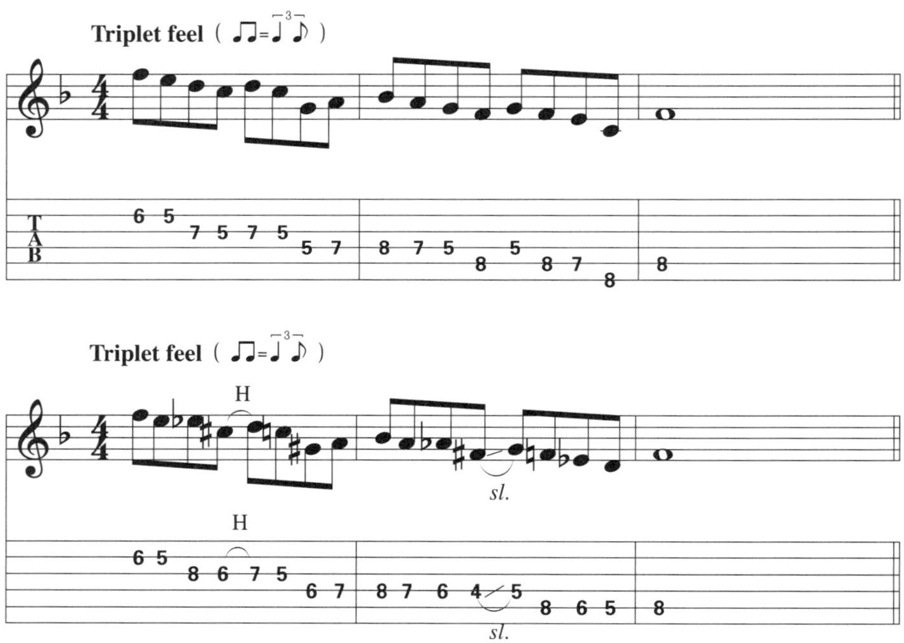


**Figure 14-7** : Une mélodie enjolivée de notes altérées.

## Les notes cibles

N'OUBLIEZ PAS

Ce qui donne au jazz son côté libre et swinguant, c'est, entre autres, la manière dont on arrive à certaines notes principales de la mélodie (ou notes cibles) à partir de la frette située au-dessus ou au-dessous. Ce faisant, vous rendez votre jeu plus intéressant et plus varié.

La Figure 14-8 montre une mélodie jouée de deux façons : d'abord de façon « carrée », puis en arrivant aux notes principales de la mélodie par la frette du dessus ou du dessous (les flèches indiquent les notes principales).

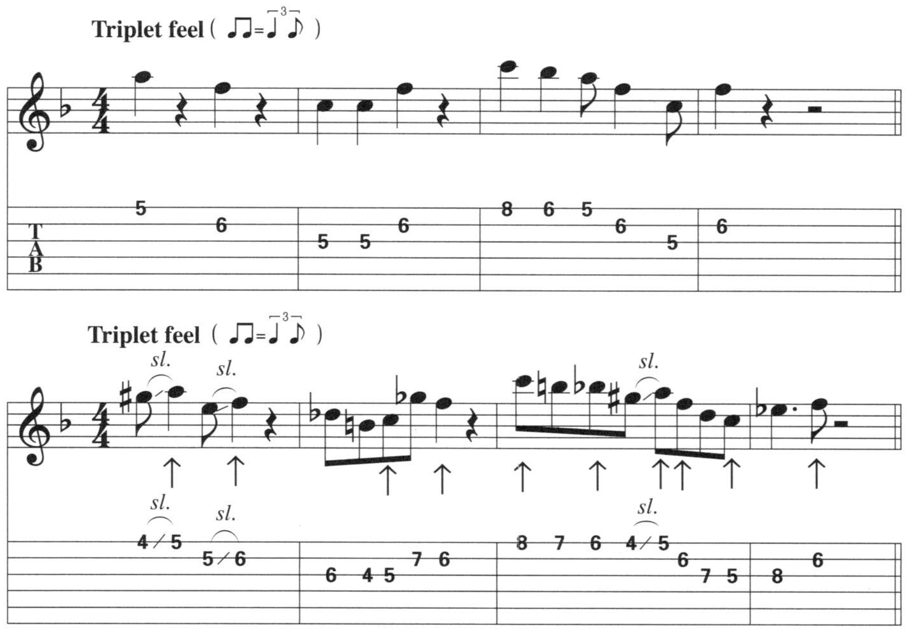


Figure 14-8 : Arriver aux notes cibles par la frette du dessus ou du dessous.

## Formez des mélodies à partir d'accords arpégés

N'OUBLIEZ PAS

Parfois, pour obtenir une ligne mélodique qui sonne « jazz », il vous suffit de jouer les notes de l'accord, celles contenues dans la partie rythmique. Les accords du jazz étant souvent complexes (comme par exemple C7♯flt9♯shp5), le fait de jouer simplement les notes des accords sous forme arpégée (c'est-à-dire l'une après l'autre, selon une succession) permet d'obtenir tout de suite un style jazz (voir Figure 14-9). Toutefois, pour bien jouer du jazz, il faut généralement savoir doser les arpèges et les successions linéaires de notes.

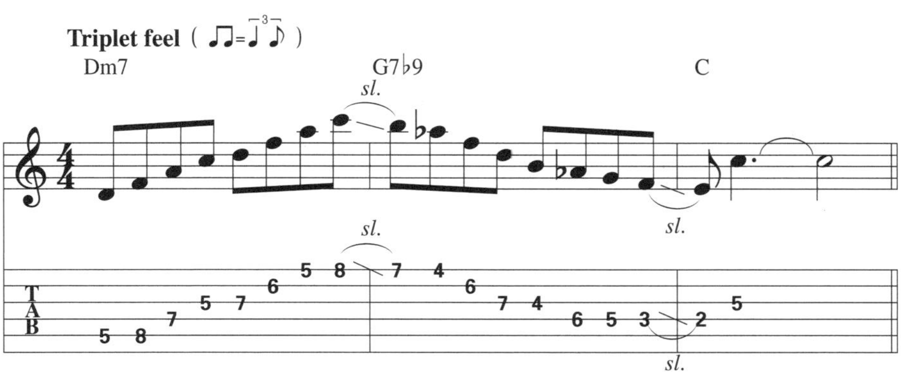


Figure 14-9 : Quand les notes des accords sont arpégées pour former une mélodie.

# Jouez des airs en version jazz

Dans les airs qui suivent, on utilise tout un ensemble de techniques propres au jazz : accords étendus, accords altérés, accords *fermés* et *ouverts*, substitutions d'accords, notes altérées et mélodies formées en arpégeant les notes des accords.

Vous pouvez jouer « Greensleeves » soit en avec un *pick* soit en *fingerstyle*. Jouez « Swing Thing » avec un *pick* (les accords et la mélodie). Voici quelques trucs pour vous aider à comprendre et à jouer ces airs :

- **Greensleeves** : Nous traitons ici cette vieille chanson populaire anglaise sous forme d'un arrangement en solo. Pour cet air, les cordes à vide seront Em, D, C, B, etc., mais ici, comme c'est généralement le cas dans un arrangement mélodique en accords de jazz, nous utilisons des substitutions d'accords *jazzy*. Pour jouer cet air, il vous faut savoir jouer des accords de jazz et associer des accords à une mélodie formée de notes simples (voir la section « Le lead : jouez des mélodies »), et il vous faut aussi savoir garder un look décontracté lorsque vous jouez un air du XVIe siècle.

  Entraînez-vous à mélanger en souplesse les notes simples de la mélodie avec les notes de la mélodie des accords. En jouant les accords, faites en sorte de mettre en valeur la note supérieure en la faisant sonner légèrement plus fort ou en faisant rouler l'accord (en l'arpégeant) légèrement, de façon que la mélodie se détache du reste.

- **Swing Thing** : Dans cet air, on utilise des déplacements qui sont typiques du jazz, du point de vue du rythme comme du point de vue du lead. Pour que ça swingue, il faut que vous sachiez jouer les formes d'accords *fermés* (voir la section « Accords fermés » dans ce chapitre), et il vous faut savoir jouer les octaves en haut du manche (voir Chapitre 7). Et roulez, jeunesse !

  La progression commence par un comping classique en fa. La partie lead suit une progression II-V-I-VI (Gm7-C7-F-D7), sur laquelle est écrite une série de variations. Notez la manière d'arpéger la première moitié de la mesure 6, une séquence suivie d'un triplet de notes altérées. Ce sont là deux exemples des techniques de jazz typiques dont il est question dans ce chapitre. Combien d'autres pouvez-vous en trouver ?

## Greensleeves

# Swing Thing

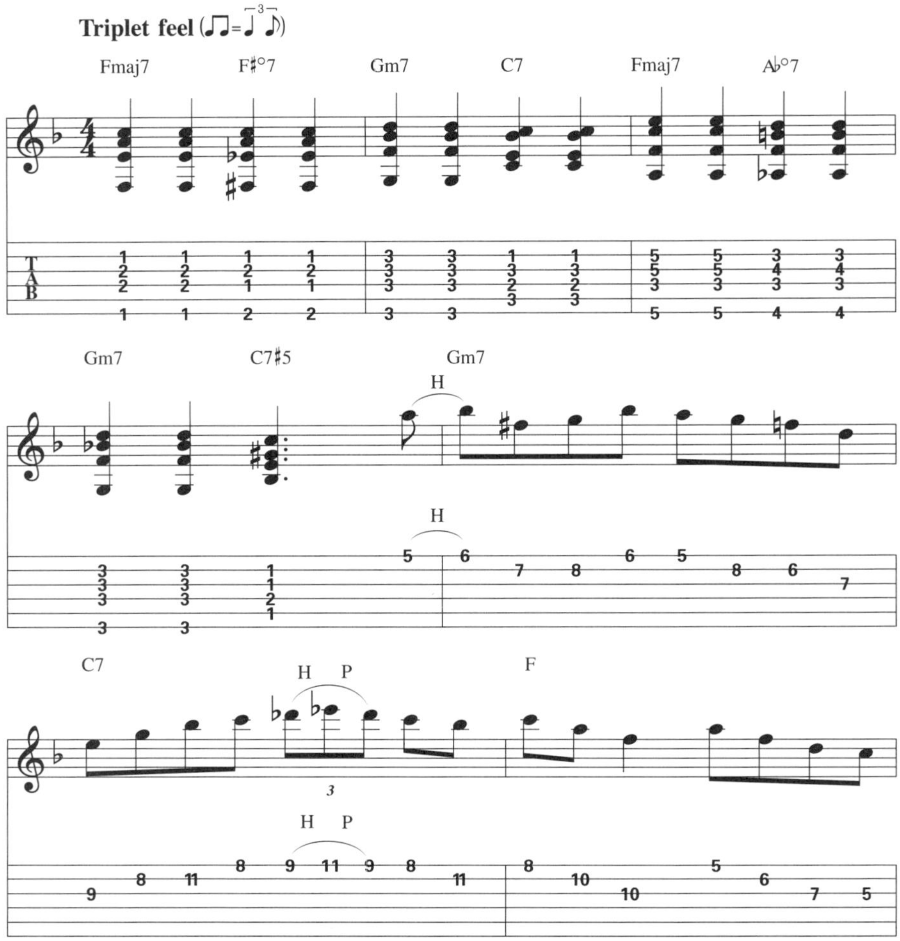

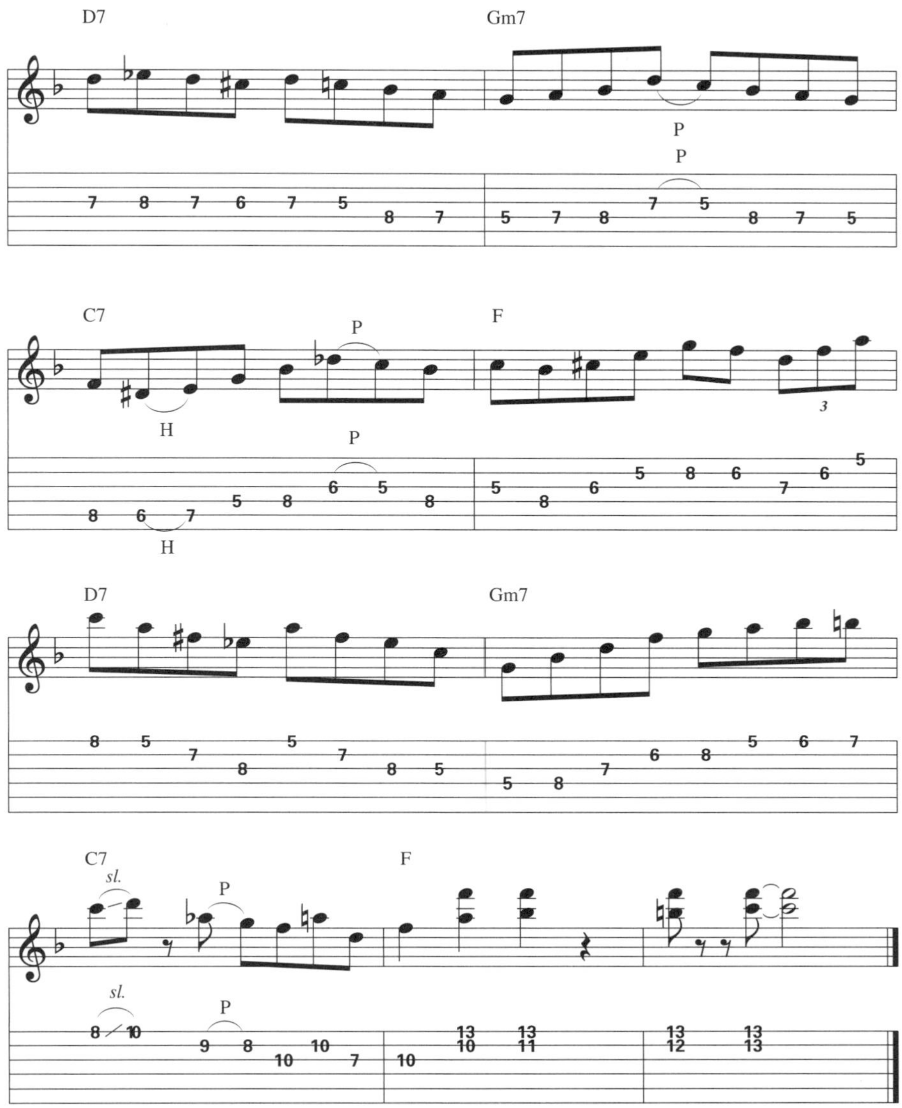
D7
Gm7
P
P
C7
F
P
H
P
H
D7
Gm7
C7
F
sl.
P
sl.
P

# Cinquième partie

# Un guide pour acheter votre équipement

« Merci, Mémé ! Mais j'suis pas convaincu qu'un couvre-manche en vichy aille super bien avec le look de ma gratte... »

### *Dans cette partie…*

Que vous vous demandiez comment vous y prendre pour acheter votre première guitare d'exercice, votre deuxième guitare électrique ou votre premier ampli de tournée, vous trouverez ici tout ce que vous cherchez. Le Chapitre 15 vous révèle ce que vous devez attendre d'une guitare en fonction de votre niveau de jeu, de votre style et de votre budget, et le Chapitre 16 vous présente les accessoires dont vous avez désespérément besoin… ou désespérément envie !

# Chapitre 15

# De bonnes guitares

***Dans ce chapitre :***

- Votre stratégie d'achat
- Sachez ce que vous attendez d'une guitare
- Comprenez ce qui fait la qualité d'une guitare
- Le bon modèle de guitare en fonction du style musical
- Achetez votre deuxième guitare (et puis votre troisième, et puis...)

Acheter une nouvelle guitare, c'est excitant ! Vous allez au magasin et vous vous trouvez immédiatement confronté à un monde de possibilités, une infinité de modèles monstrueusement alléchants ! Chaque guitare accrochée au mur semble vous crier : « Prends-moi ! Prends-moi ! » Faut-il résister au chant des sirènes, se restreindre et éviter d'acheter les modèles que vous ne pouvez pas vous payer ?

Eh bien, non ! Faites preuve d'audace, et essayez tout simplement tous les modèles qui vous attirent. Après tout, vous n'êtes pas là pour essayer une Ferrari. Vous ne faites qu'essayer différentes guitares, pour savoir comment elles sonnent et quelle impression elles vous font. Le fait d'essayer toute une série de guitares différentes vous aidera à comprendre les différences entre la grande qualité des guitares haut de gamme et la qualité acceptable des guitares dont le prix est abordable.

Donc, faites-vous plaisir ! Même si vous n'avez pas suffisamment d'expérience pour reconnaître les différences subtiles entre une bonne guitare et une guitare de professionnel, au moins testez-les ! Et n'attendez pas le jour de votre décision d'achat pour prendre pour la première fois de votre vie une guitare entre les mains ! Rendez-vous plusieurs fois au magasin de musique avant de prendre votre décision, et prenez le temps de digérer vos expériences. En effet, vous allez intégrer bien plus de connaissances que vous ne le pensez par le simple fait de manipuler plusieurs instruments différents.

L'achat d'une guitare peut ressembler à ce qui arrive au moment où, alors que vous pensez parfaitement posséder les bases d'une langue étrangère, vous vous rendez dans le pays où elle est parlée : vous vous êtes exercé de votre mieux avec une quelconque méthode, mais la première fois qu'un habitant de ce pays vous adresse la parole, ça vous désarçonne ! Quoi qu'il en soit, ne vous enfuyez pas ! Vous êtes juste en train d'acheter une guitare, et pas dans un pays bizarre en train d'essayer de trouver les toilettes les plus proches... Vous allez bien finir par y arriver !

## Avant même de sortir le portefeuille

Avant de vous rendre au magasin de musique du coin, prêt à ouvrir votre portefeuille et à dépenser l'argent durement gagné à la sueur de votre front pour une nouvelle guitare, il vous faut évaluer ce que vous allez faire. Vous devez vous poser quelques questions cruciales relatives à votre achat, et ce, tout de suite. N'attendez pas de vous trouver dans le magasin pour élaborer une stratégie d'achat (ce qui reviendrait, à ce moment-là, à n'avoir aucune stratégie du tout). Gardez à l'esprit que les deux facteurs les plus importants de toute décision d'achat (surtout en ce qui concerne l'achat d'une guitare, durant lequel l'excitation est grande) sont l'élaboration d'un plan et la collecte de toutes les informations dont vous aurez besoin pour faire le meilleur choix possible.

Commencez à dresser votre plan d'achat en répondant à quelques questions spécifiques relatives à ce que vous attendez vraiment d'une guitare, et à ce que vous êtes en mesure de vraiment dépenser pour l'obtenir. Le fait de réduire le champ des possibilités ne veut pas dire que vous ne pourrez pas changer d'avis après avoir vu tous les instruments « monstrueux » du magasin, ni que vous ne laisserez pas votre inspiration ou vos caprices du moment jouer un rôle significatif dans la décision finale (« Je n'arrive pas à me décider entre ces deux guitares… Oh, et puis zut ! Donnez-moi les deux ! »). Mais il est nécessaire que vous ayez un point de départ.

En réfléchissant à l'instrument de vos rêves (réalisables), posez-vous les questions suivantes :

- **Quel est mon niveau de motivation ?** Quel que soit votre niveau de compétence actuel, envisagez-vous de façon réaliste de vous exercer chaque jour pendant les cinq prochaines années à l'aide d'un programme visant à atteindre l'excellence ? Ou voulez-vous simplement vérifier si votre engouement présent pour la guitare va vraiment durer ? Le simple fait que vous puissiez vous payer une guitare de 2 000 euros ne veut pas dire que vous devez nécessairement l'acheter. Avant de sortir votre monnaie sur le comptoir, essayez en toute sincérité de déterminer quelle place la guitare va occuper dans votre vie, et agissez ensuite de façon responsable en fonction de cela. (Ou ignorez complètement ce conseil et faites-les, vos folies, espèce de rebelle !)
- **Quel montant maximal puis-je dépenser ?** La réponse à cette question est déterminante, parce que souvent, plus la guitare est chère, plus son attrait est grand. Vous devez donc parvenir à un équilibre entre votre niveau de motivation et vos ressources disponibles. Il n'est pas souhaitable que vous soyez obligé de renoncer à manger et de vivre dans un (grand) carton sous les ponts tout simplement parce que vous avez eu un accès de fièvre acheteuse au moment où vous étiez dans le magasin de musique ! Il est très facile de dépenser son argent, surtout à notre époque, avec les cartes de crédit. Si vous ne vous fixez pas de limite, vous ne pourrez pas savoir si vous dépassez cette limite, ni de combien.
- **Acheter dans un magasin, ou par correspondance ?** Si vous savez *exactement* ce que vous voulez, jusqu'aux détails de la couleur et des options, vous pouvez envisager d'acheter une guitare par correspondance ou en ligne. Aux États-Unis, il est courant d'acheter de nombreux produits sans les avoir vus, y compris des automobiles et des ordinateurs. Mais si vous ne pouvez pas vous faire à l'idée de commander quelque chose d'aussi personnel qu'une guitare sans d'abord en tomber amoureux (vous voulez « courtiser » la belle avant de l'« épouser »), alors il faut absolument que vous l'achetiez dans un magasin. Un magasin vous procurera en général un service après-vente officiel et des conseils personnalisés qui valent leur pesant d'or.
- **Une guitare neuve ou d'occasion ?** Il sera bien plus facile de comparer les attributs des guitares neuves. Le prix des nouveaux instruments et le montant des réductions consenties sont assez standardisés, ce qui ne veut pas dire toutefois que tous les prix sont les mêmes ; les magasins appliquent habituellement des taux de réduction différents. Attendez-vous à devoir payer entre 10 et 35 % de moins que le prix de vente conseillé par le fabricant dans un magasin de musique, et à obtenir une réduction légèrement supérieure si vous achetez en ligne ou par correspondance. Certaines grandes chaînes peuvent accorder des réductions plus importantes que les magasins traditionnels parce qu'elles achètent en grandes quantités et obtiennent ainsi de meilleurs prix auprès des fabricants.

- En achetant votre instrument dans un magasin de musique ou par correspondance, vous aurez aussi une garantie contre tout défaut de fabrication sur les nouveaux instruments. Vous n'aurez pas de protection comparable si vous achetez une guitare en passant une petite annonce (bien que les magasins de musique vendent aussi des instruments d'occasion, mais d'habitude avec garantie). Mais, il est parfois possible de faire une bonne affaire en achetant un instrument d'occasion... *si vous savez ce que vous cherchez !* Bien sûr, si vous êtes à la recherche d'un instrument entré dans la légende, vous cherchez par définition une guitare d'occasion.

CONSEIL

De manière générale, les prix de vente demandés dans les petites annonces de journaux sont trop élevés. Soyez prêt à marchander pour obtenir un meilleur prix pour la guitare proposée, même si elle correspond exactement à ce que vous recherchez.

Une fois que vous aurez le sentiment d'avoir des réponses satisfaisantes à toutes les questions qui précèdent, passez au point suivant de votre plan d'achat : la *collecte d'informations*. Un acheteur informé en vaut deux. Être au courant, c'est la meilleure manière d'éviter de faire une mauvaise affaire.

# Les guitares de débutant

Si vous débutez à la guitare, vous pouvez vous poser la question suivante : « Quelle somme minimale dois-je dépenser pour éviter de me retrouver avec de la camelote ? » C'est une bonne question, parce que les techniques modernes de fabrication permettent aujourd'hui aux luthiers (qui sont les fabricants d'instruments de musique portables à cordes) de produire des instruments assez bons pour un prix de détail d'environ 300 euros.

Si vous êtes âgé de plus de 14 ans et si vous avez l'intention de progresser avec un instrument, préparez-vous à dépenser entre 250 et 350 euros pour une guitare acoustique, et un peu moins pour une guitare électrique. (Les guitares électriques sont un peu plus faciles à construire que les guitares acoustiques : elles coûtent donc un peu moins cher que les acoustiques de qualité comparable.) Pas mal pour quelque chose qui pourra vous procurer du divertissement pendant toute une vie et vous aider à développer vos aptitudes musicales, n'est-ce pas ?

En essayant de vous décider pour une guitare, considérez les critères suivants :

- **L'apparence**. Vous devez aimer le look d'une guitare, sinon vous ne serez jamais content d'elle. Donc, utilisez vos yeux et votre sens de l'esthétique pour sélectionner les candidates possibles. Une guitare rouge n'est en soi ni meilleure ni pire qu'une guitare verte, mais vous êtes parfaitement libre de fonder votre décision sur le look de la guitare.
- **La « jouabilité »**. Le fait qu'une guitare soit relativement bon marché ne veut pas forcément dire qu'il est difficile d'en jouer (bien que cela ait souvent été le cas par le passé). Vous devez pouvoir presser les cordes sur la touche assez facilement. Et les cases du haut du manche ne doivent pas être excessivement dures à jouer non plus, bien qu'il soit parfois plus difficile de les jouer que les cases du bas.

CONSEIL

Voici comment vous faire une idée réaliste de la « jouabilité » : dans le magasin, prenez en main une guitare haut de gamme, une Ferrari pour ainsi dire, et testez-la pour avoir une idée du fonctionnement d'une guitare de grande qualité. Puis revenez à l'instrument, plus abordable, que vous envisagez éventuellement d'acheter. Sa « jouabilité » est-elle très différente ? Ce ne devrait pas être le cas. Si vous n'êtes pas à l'aise avec l'instrument que vous envisagiez d'acheter, passez au suivant.

- **L'intonation. Une guitare doit jouer juste**. Testez l'intonation de la guitare en jouant un harmonique à la douzième frette (voir le Chapitre 12 pour savoir comment jouer des harmoniques) et comparez le son obtenu à celui de la note pressée à la 12e case. Bien que les deux notes aient une qualité tonale différente, leur hauteur devrait être exactement la même. Effectuez ce test sur les six cordes. Écoutez avec une attention particulière les sons des 3e et 6e cordes. Sur une guitare qui n'est pas correctement ajustée, ce sont les deux cordes qui vont probablement se désaccorder en premier. Si vous ne faites pas confiance à votre oreille pour faire la différence, demandez l'aide d'un guitariste expérimenté afin qu'il puisse répondre à cette question *cruciale*.

- **Une fabrication solide**. Tapotez doucement la table de l'instrument (comme le fait le docteur pour contrôler vos côtes et votre poitrine) pour vous assurer qu'il ne produit pas de bruits parasites. Scrutez l'intérieur de la guitare à travers la rosace à la recherche de restes de colle ou d'autres preuves de finition qui pourrait laisser à désirer. (Des traverses de soutien poncées grossièrement constituent la preuve flagrante que l'instrument a été construit à la va-vite.) Sur une guitare électrique, vérifiez que les pièces de métal sont bien fixées et qu'elles ne vibrent pas. Sans raccorder la guitare électrique à un ampli, grattez avec force les cordes à vide, et écoutez afin de déterminer s'il y a le moindre cliquetis. Un autre test efficace consiste à faire courir la main le long du bord du manche pour vérifier que les frettes ne dépassent pas et qu'elles sont correctement insérées. Si vous ne savez pas ce que vous devez attendre de cette vérification des frettes, demandez, là encore, l'avis d'un guitariste expérimenté.

# À chaque style ses modèles

Imaginez que vous entrez dans un magasin de musique en disant au vendeur : « Je joue de la musique folk, avez-vous un basson de folk ? Non, non ! Pas un basson de rock ni un basson de jazz, et surtout pas ce basson de country… J'aimerais plutôt essayer ce joli basson de folk là-bas ! » Eh bien, le vendeur vous prendrait certainement pour un illuminé !

Mais vous êtes guitariste, et il est donc parfaitement légitime de demander un type de guitare en fonction d'un style de musique. Demandez par exemple une guitare de heavy-metal, et le vendeur va vous emmener dans le coin du magasin où vous trouverez tous les instruments au look absolument effrayant. Si vous demandez une guitare de jazz, il va vous emmener à un autre rayon, là où des types qui portent bérets et cols roulés arborent aussi des badges Bird lives (« Charlie Parker est parmi nous ! »).

La Figure 15-1 montre une sélection de quelques modèles de guitare populaires. Vous remarquerez la diversité des formes et des styles.

**Figure 15-1** : des modèles de guitare différents pour des guitaristes différents.

Il est clair que certains modèles de guitare conviennent à plusieurs styles musicaux. Vous pourrez jouer du blues et du rock avec autant de bonheur sur une Fender Stratocaster, par exemple. Et une Gibson Les Paul est tout aussi capable de jouer un solo hurlant qu'une Strat. (Pourtant, en règle générale, le son d'une Les Paul sera plus gras et moins métallique que celui d'une Strat.) Le fait de créer votre propre style de musique sur la guitare de votre choix, ça fait partie du plaisir.

Voici une liste de quelques styles de musique populaires avec les types de guitares qui y sont associés. Il ne s'agit aucunement d'une liste exhaustive, mais elle inclut des modèles reconnus et standard pour chaque genre :

- **Blues acoustique** : National Steel, Gibson J-200.
- **Bluegrass** : Martin Dreadnought, Taylor Dreadnought, Collings Dreadnought, Santa Cruz Dreadnought, Gallagher Dreadnought.
- **Classique** : Ramirez, Hopf, Khono, Humphrey, Hernandez, Alvarez.
- **Country** : Fender Telecaster, Gretsch 6120, Fender Stratocaster.
- **Blues électrique** : Gibson ES-355, Fender Telecaster, Fender Stratocaster, Gibson Les Paul.
- **Folk** : les modèles Dreadnought et Grand Concert des fabricants Martin, Taylor, Collings, Larrivée, Lowden et Guild ; Gibson J-200 ; Ovation Adamas.
- **Heavy-metal** : Gibson Explorer, Flying V, et SG ; Fender Stratocaster ; Dean ; Ibanez Iceman ; Jackson soloist.
- **Jazz** : Gibson ES-175, Super 400 L-5 et Johnny Smith ; les guitares *arch-top* (à table voûtée) des fabricants D'Angelico, D'Aquisto et Benedetto ; Epiphone Emperor Regent ; les modèles Signature d'Ibanez.
- **New Age, New Acoustic** : Taylor Grand Concert, Ovation Balladeer, Takamine Nylon-electric.
- **Rhythm & Blues** : Fender Stratocaster, Gibson ES-335.
- **Rock** : Fender Stratocaster, Gibson Les Paul et SG, Ibanez séries RG et Signature, Paul Reed Smith, Tom Anderson.

N'OUBLIEZ PAS

Bien que la liste qui précède contienne des guitares en général associées à certains styles donnés, ne lui permettez pas de limiter votre créativité. Jouez la musique que vous voulez jouer sur la guitare de votre choix, peu importe ce que vous racontent certaines listes intelligentes. En d'autres termes, après avoir lu cette liste, allez choisir la guitare qui vous plaît et jouez la musique que vous voulez !

## La deuxième guitare (puis la troisième...)

La décision la plus difficile à prendre en matière d'achat de guitare pourrait bien ne pas concerner la première guitare, mais bel et bien la deuxième ! Reconnaissez-le : votre premier achat a probablement été confus, mais maintenant que vous en savez un peu plus sur le jeu de guitare et sur ce qu'on trouve sur le marché, vous faites peut-être face à un défi encore plus terrifiant encore : il vous faut *choisir la prochaine guitare !*

Si vous ne convoitez pas encore un modèle particulier, mais avez envie d'un nouveau jouet, étudiez les trois approches suivantes pour choisir une autre guitare :

- **L'approche « contraste et complémentarité »**. Si vous possédez une guitare acoustique, vous aurez probablement envie d'acheter une guitare électrique (et *vice versa*), car il est toujours sympa d'avoir plusieurs guitares différentes dans son arsenal. La diversité est toujours saine pour une personne qui cherche à étoffer sa collection.
- **L'approche « clone »**. Par exemple, certains guitaristes veulent tout simplement acquérir autant de Les Paul qu'ils le pourront durant leur vie : des anciennes, des nouvelles, des rouges, des bleues... Et pourquoi pas? C'est *leur* argent ! Achetez donc autant de guitares que vous voudrez (et que vous pourrez).
- **L'approche « évolution »**. Si ce que vous ambitionnez, c'est de maîtriser la Stratocaster, par exemple, procurez-vous simplement une meilleure version de ce que vous aviez auparavant. Comme ça, vous pourrez jouer de la nouvelle guitare lors de grandes occasions, pour le studio ou pour la scène, et aller à la plage avec le vieux modèle.

CONSEIL

Combien faut-il dépenser pour l'achat de votre deuxième instrument (troisième, etc.) ? Une règle consiste à dépenser un montant compris dans la fourchette supérieure à celle de la guitare précédente. De cette manière, vous ne vous retrouvez pas avec de nombreuses guitares qui se ressemblent. Prévoyez de dépenser au moins 300 euros de plus que la valeur neuve du modèle que vous possédez (et pas ce que vous aviez payé alors). Ce faisant, vous êtes sûr d'acquérir une guitare d'une catégorie différente de votre instrument initial, même si vous restez sur une certaine ligne de modèles.

CONSEIL

À quel moment faut-il s'arrêter d'acheter des guitares ? Dès que vous n'aurez plus d'argent, bien sûr ! En fait, il n'existe aucune règle qui indique le nombre suffisant de guitares pour un individu donné. Ces temps-ci, pourtant, un arsenal de guitares bien fourni inclut une guitare électrique *single-coil*, c'est-à-dire avec micro à simple bobinage (comme une Fender Strat), une électrique *humbucker*, c'est-à-dire avec micro à double bobinage (comme une Gibson Les Paul), une électrique semi-acoustique, une électrique de jazz à caisse creuse, une acoustique à cordes d'acier, une acoustique à 12 cordes, et une classique à cordes de Nylon. Une fois que vous aurez cela, vous pourriez peut-être ajouter une ou deux guitares dédiées à une spécialité donnée, comme une guitare *slide*, qui est ajustée spécialement pour jouer des slides, une électrique à 12 cordes et une basse électrique.

Ensuite, vous pourrez bien sûr commencer à compléter votre collection d'instruments par quelques cousines de la guitare, comme les mandolines, les banjos, les dobros (sur lesquels on presse les cordes, et ceux avec lesquels on utilise un bottleneck), mais c'est une autre histoire...

## La qualité

En achetant une deuxième guitare dans une catégorie supérieure, la question centrale est à nouveau celle de la qualité. Mais cette fois, au lieu de simplement veiller à avoir un instrument qui sonne juste, qui se laisse manier facilement et ne s'effondre pas comme un château de cartes lorsque vous soufflez dessus, vous devrez également prendre des *décisions avisées*. Ne vous en faites pas, ce n'est pas aussi terrible qu'il y paraît.

À un moment donné, la différence principale entre une guitare acoustique de 600 euros et une de 400 euros, c'est que celle qui est plus chère a une table d'harmonie en bois massif. Vous pourrez vous occuper de la question de la table en bois massif et d'autres questions dans les sections qui suivent. Mais pour le moment, considérez que les quatre critères suivants sont déterminants pour juger de la qualité d'un instrument :

- **La fabrication**. C'est la conception de la guitare et sa construction.
- **Les matériaux**. Les bois, les métaux (dans les parties métalliques, les micros, les composants électroniques) et les autres matériaux et substances employés.
- **La qualité de fabrication**. C'est la qualité de la fabrication, la finesse du travail et la finition.
- **Les aménagements**. Il s'agit d'ajouts esthétiques et autres trucs et machins.

Vous n'êtes pas sûr de savoir ce que tous ces termes signifient lorsqu'on parle de la qualité d'une guitare ? Alors lisez les sections qui suivent.

## La fabrication

La manière dont une guitare est construite définit le type de guitare dont il s'agit et, en général, le type de musique auquel l'instrument est destiné. Une guitare électrique à caisse pleine (*solid-body*) n'a pas de caisse de résonance (ce qui permet de tenir le son sans amplification électrique), et on l'utilise pour le rock Une guitare acoustique à table voûtée (*arch-top*) s'emploie pour le jazz traditionnel, parce qu'elle possède une table sculptée à surface convexe, ce qui produit des tons doux, étroitement associés à ce style. Voici trois des questions les plus importantes concernant la fabrication de la guitare :

- La construction est-elle réalisée en bois massif ou en contreplaqué ?
- La caisse est-elle revêtue d'un placage ?
- Quelle est la méthode de fixation du manche à la caisse ?

### En bois massif ou en contreplaqué ?

Une guitare acoustique en bois massif est plus séduisante qu'une guitare acoustique en contreplaqué (pour laquelle le fabricant, au lieu d'utiliser une pièce massive de bois de qualité, a employé plusieurs couches de bois bon marché pressées ensemble et recouvertes d'un placage). Les guitares fabriquées entièrement en bois massif coûtent très cher : plus de 1 000 euros. Un bon compromis consiste à acheter une guitare dont la table est en bois massif mais dont le fond de caisse et les éclisses sont en contreplaqué. La table de la guitare est l'élément le plus important dans la production du son ; le fond de caisse et les éclisses renvoient en premier lieu le son à travers la table.

Une autre configuration populaire, qui, en terme de qualité, est juste un cran au-dessus de la combinaison table en bois massif/fond et éclisses en contreplaqué, est celle de la guitare à table et fond en bois massif, mais à éclisses en contreplaqué. On trouve de nombreuses guitares acoustiques construites de cette manière à un prix d'environ 1 500 euros. Étant donné que les éclisses ont un effet négligeable sur le son et que les contreplaqués ont une structure plus solide que les bois massifs, cette formule fait que tout le monde y gagne, fabricant comme acheteur. Certains avancent même, en conséquence, que le processus de fabrication le moins cher (avec des éclisses en contreplaqué) est également le meilleur, en raison de la solidité de la structure obtenue.

### Les placages de la caisse pleine

Pour les guitares électriques, le placage (ou son absence) est une des composantes essentielles du prix. Un placage est une couche de bois de belle qualité (d'habitude, une variété d'érable *veiné*) avec un motif naturel décoratif collé sur la surface de la caisse de la guitare. Parmi les placages de bois les plus appréciés, on compte le placage d'érable flammé et le placage d'érable ondé. Habituellement, les placages de caisse sont recouverts d'un vernis transparent qui met en valeur les belles veines du bois.

### La fixation du manche

La fixation et la construction du manche constituent l'un des autres éléments qui peuvent affecter le prix d'une guitare. La liste qui suit décrit les trois types les plus communs de construction de manche, du moins cher au plus onéreux :

- **Manche vissé**. Le manche est fixé au fond de la guitare, au talon, avec quatre ou cinq vis (parfois, un talon recouvre les trous de vis). Les Fender Stratocaster et Telecaster ont des manches vissés.
- **Manche collé ou encastré**. Le manche est fixé à la caisse et une pièce recouvre l'assemblage, le manche et la caisse semblent donc faits d'une seule pièce. Le joint est ensuite collé. La Gibson Les Paul et la Paul Reed Smith ont des manches encastrés.
- **Manche traversant la caisse**. Il s'agit d'une construction haut de gamme où le manche est une longue unité (bien qu'il soit habituellement constitué de plusieurs pièces de bois assemblées et collées) qui ne s'arrête pas au début de la caisse mais la traverse complètement jusqu'au bout de la guitare. Ce type de manche permet d'obtenir une tenue optimale des notes. La Jackson Soloist est un exemple de guitare avec ce type de manche.

Le simple fait qu'une technique de construction soit plus avancée ou plus coûteuse qu'une autre ne signifie pas qu'elle est nécessairement meilleure. Aurait-il été possible d'« améliorer » le son de la Strat de Jimi Hendrix en la modifiant pour l'équiper d'un manche collé ? Sacrilège !

## Les matériaux

Une guitare n'est pas plus limitée que ne l'est une sculpture par les matériaux avec lesquels elle est fabriquée. Ne jugez pas une guitare uniquement en fonction des matériaux utilisés pour sa construction, mais partez du principe qu'une guitare construite avec des matériaux de qualité supérieure (des incrustations de nacre et pas de plastique, par exemple) a bénéficié d'une fabrication de qualité très nettement supérieure à celle d'un modèle fabriqué avec des matériaux bon marché, et que c'est donc une meilleure guitare.

### Le bois utilisé

Comme vous vous y attendez, plus un bois est rare ou cher, plus la guitare fabriquée avec ce bois sera elle-même chère. Les luthiers divisent la qualité du bois en trois catégories, chacune ayant un impact sur le coût global de la guitare. Voici les trois critères utilisés pour classer le bois :

- **Le type de bois**. Cette catégorie détermine simplement si une pièce de bois est en acajou, en érable, ou en bois de rose. Le bois de rose a tendance à être le plus coûteux des bois utilisés dans la construction de caisses de guitare, suivi de l'érable, puis de l'acajou.
- **Le style du bois**. On peut affiner la classification par région d'origine ou selon le grain du bois. Le bois de rose brésilien est plus rouge et plus ondulé que le bois de rose indien, et il est également plus cher. Les bois d'érable décoratifs, comme le bois d'érable flammé et celui d'érable ondé, sont plus chers que les bois d'érable durs ou d'érable à sucre.
- **La qualité du bois**. Les luthiers utilisent un système de notation, qui va de A à AAA (le plus élevé), pour évaluer les bois, selon le grain, la couleur et la consistance. Les guitares haut de gamme sont fabriquées avec des bois de la meilleure qualité.

### Parties métalliques : mécaniques, chevalet, boutons de réglage...

Sur les instruments de valeur, on trouve des versions avancées de tous les composants, y compris des parties métalliques de la guitare. Les parties chromées sont d'habitude les moins chères. Donc, si vous recherchez une guitare plus chère, vous allez trouver des boutons de réglage, des interrupteurs et des mécaniques plaqués or et à la finition noire mate à la place de la finition chromée.

La qualité intrinsèque des pièces utilisées par le fabricant (et pas seulement leur finition) change, elle aussi, sur les instruments haut de gamme. Des pièces de premier choix, de marques qui ne sont pas forcément celles de fabricants de guitares, remplacent souvent les pièces moins prestigieuses ou génériques. Par exemple, le fabricant utilisera peut-être des mécaniques de meilleure qualité sur une guitare haut de gamme, comme *locking Spurzels* (une marque de mécaniques de renom), qui verrouille la corde au lieu d'obliger l'utilisateur à la nouer à l'axe.

Le chevalet est aussi un domaine important où les améliorations sont possibles. Le chevalet flottant (ainsi nommé parce qu'on peut le lever et l'abaisser à l'aide d'une barre de trémolo) est un système complexe de cordes, de roulettes d'ajustement et de cylindres d'ancrage. Les meilleurs chevalets flottants, comme ceux qui sont munis d'un système Floyd Rose ou fabriqués sous licence Floyd Rose, fonctionnent bien plus aisément et avec une plus grande fiabilité que les modèles à trois ressorts simples que l'on trouve sur les guitares bon marché. (Les cordes reviennent immédiatement à la bonne hauteur de ton avec un système Floyd Rose, même après les usages les plus violents et les plus abusifs de la barre de trémolo.)

### Les micros et les composants électroniques (seulement pour les guitares électriques)

Sauf si un fabricant de guitares est également connu pour la qualité de ses micros, on voit de plus en plus de micros de marques différentes de celles de fabricants de guitares au fur et à mesure que l'on monte l'échelle de la qualité. Pour les guitares électriques, les marques de micros de qualité annoncées par les fabricants de guitares sur leurs instruments comptent notamment les noms suivants : Seymour Duncan, DiMarzio, Bartolini, Bill Lawrence, Lace et EMG. Et l'on trouve sur de nombreuses guitares de renom les systèmes de micros acoustiques des marques Fishman et L.R. Baggs.

Bien que l'on ne connaisse pas toujours le nom de leur marque, les circuits électroniques des guitares s'améliorent avec le reste lorsque vous vous aventurez dans le haut de gamme. On trouve, par exemple, une plus grande variété dans la manipulation des micros. Les fabricants peuvent brancher des micros à double bobinage pour les transformer en micros à simple bobinage et émuler le comportement des micros montés sur les guitares du type Stratocaster. Une guitare qui peut imiter le comportement de micros d'autres types de guitares vous propose donc plusieurs choix de sons. On trouve aussi davantage de manipulations sur les raccordements des fils. Par exemple, les fabricants peuvent inverser la polarité du micro (c'est-à-dire le sens du signal) pour rendre le son plus doux et plus tourbillonnant. On trouve aussi des boutons de réglage du volume et du ton dont la réponse est améliorée.

La *réponse*, c'est la qualité du changement, progressif ou abrupt, des caractéristiques d'un signal, en l'occurrence du volume et du ton, lorsqu'on tourne un bouton de sa valeur minimale à sa valeur maximale. Un bouton ayant une réponse uniforme est la preuve que les composants électroniques sont de grande qualité. Les guitares vraiment bon marché ne donnent pas de son du tout avant que vous n'ayez tourné le bouton jusqu'au 3$^{e}$ cran ; entre 4 et 7, le son augmente, et il n'y a pas de changement du tout entre le 7$^{e}$ cran et le cran maximal du bouton, le 10$^{e}$ cran (ou le 11$^{e}$ cran, pour les guitares vraiment monstrueuses de heavy-metal et de hard-rock... Nous plaisantons, bien sûr !).

## La qualité d'exécution et de finition

Pour les guitares haut de gamme vraiment chères, vous pouvez vraiment sortir les gants blancs et être pointilleux. Nous avons déjà vu des acheteurs potentiels inspecter l'intérieur d'une guitare acoustique avec un miroir de dentiste !

Pour les guitares acoustiques dont le prix est supérieur à 900 euros, on peut attendre des joints sans interstice, des connexions en bois massif entre les composants, en particulier au talon (pièce de bois à la jonction du manche et de la caisse). On peut également espérer un collage impeccable des traverses de soutien du fond de caisse et de la table d'harmonie, un vernis régulier et un bon ajustement : les cordes à la bonne hauteur, sans bourdonnement, le manche bien droit, et une intonation exacte. (Voir le Chapitre 18 pour en savoir plus sur l'intonation.)

Vous pouvez glaner toutes ces informations en jouant simplement avec la guitare et en notant vos impressions. Jouer d'une guitare de premier choix, c'est un peu comme conduire une Rolls-Royce ou une Bentley.

## Les éléments décoratifs (cosmétiques)

Les éléments décoratifs sont les jolis trucs de fantaisie qui n'ont aucun effet acoustique ni structurel sur la guitare. Ils n'ont qu'une fonction de décoration. Certains trouvent les accessoires de fantaisie superflus ou prétentieux, mais rappelez-vous qu'une grande guitare est une œuvre d'art qui donne du plaisir aux yeux comme aux oreilles.

Les éléments décoratifs types incluent des incrustations et marqueteries complexes (comme des figures de nacre fraisées dans le manche), une forme créative de tête de manche, des pièces métalliques plaquées or, et, sur les guitares acoustiques, des filets en bordure extérieure de la table et de la rosace.

L'un des aspects subtils des éléments décoratifs, c'est qu'on pourrait penser que la seule différence entre deux guitares, ce sont les décorations. Par exemple, une marqueterie classe pourrait sembler être le seul élément distinctif qui permette de faire la différence entre le modèle Grand Deluxe et le modèle Deluxe d'une certaine société. Mais la vérité, c'est que la guitare la plus chère, bien que théoriquement identique en termes de matériaux et de fabrication, bénéficie souvent des matériaux les plus fins et fait l'objet d'un contrôle de qualité plus strict que l'autre.

Cette situation n'est qu'une réalité darwinienne. Si 12 pièces de bois, toutes destinées à devenir des tables d'harmonie, arrivent chez un luthier et doivent y être travaillées pour devenir 6 modèles Grand Deluxe et 6 modèles Deluxe (il s'agit d'ailleurs de noms fictifs : toute ressemblance avec des noms de véritables modèles existants ou ayant été fabriqués autrefois serait purement fortuite). Les 6 meilleures pièces seront utilisées pour les Grand Deluxe et les 6 autres pour les Deluxe. Elles ont certes officiellement toutes le même degré de qualité, mais ce sont des hommes, dont le jugement est subjectif, qui choisissent les tables qui vont équiper les deux modèles.

Toutefois, les meilleurs matériaux ne garantissent pas toujours le meilleur son. Souvenez-vous de l'adage qui vaut pour le vin : le meilleur sol ne fait pas le bon vin, mais le sol pauvre. Il faut « stresser » les guitares (nous voulons dire qu'il faut les faire travailler !), tout comme il faut « stresser » les vignes (et les personnes aussi, disent certains !) pour qu'elles donnent le meilleur d'elles-mêmes.

# L'achat de la guitare

L'achat d'une guitare n'est guère différent de l'achat d'une voiture ou d'une maison (d'accord, d'accord, c'est un achat un peu moins monumental qu'une maison). C'est une entreprise excitante et amusante, mais il faut aussi faire attention et avoir de la jugeote. Vous, et vous *seul*, savez quelle guitare est la bonne pour vous, quel est le juste prix pour votre budget et votre niveau de motivation, et si l'achat vous donne l'impression d'être bon ou non. Ne reniez pas votre instinct naturel lorsque vous vous renseignez avant un achat. Regardez, écoutez, étudiez, allez déjeuner avant de prendre la grande décision, et parlez-en à votre trésor.

## Faites-vous accompagner d'un expert

Un expert, c'est quelqu'un qui en sait plus que vous sur un certain sujet. Si vous avez un ami dont les connaissances et l'expérience en matière de guitare dépassent les vôtres, n'hésitez pas à lui demander de vous accompagner. Non seulement il s'y connaît en guitares, mais en plus il *vous* connaît. Le vendeur ne vous connaît pas : il ne cherchera pas spécialement à défendre vos intérêts, contrairement à un ami. Et avoir l'opinion de quelqu'un d'autre, de toute façon, ce n'est jamais inutile, ne serait-ce que pour vous aider à former la vôtre.

Enrôlez votre professeur de guitare (si vous en avez un) pour vous aider à naviguer dans la jungle des guitares, surtout si votre professeur vous enseigne la guitare depuis un certain temps et qu'il connaît vos goûts et votre style de jeu. Votre professeur saura peut-être des choses sur vous que vous ne réalisez pas vous-même : par exemple, que vous vous êtes égaré dans la section des guitares à cordes d'acier alors que la musique de guitare que vous jouez est celle des instruments à cordes de Nylon. Un bon professeur vous posera des questions, écoutera vos réponses et vous guidera en douceur là où vous voulez aller.

Si, en revanche, vous n'avez qu'un seul ami qui, certes, en sait davantage que vous dans le domaine de la guitare, mais à qui il manque une case, laissez-le chez lui. Vous n'avez pas besoin qu'un rigolo fasse le malin dans le magasin et irrite le vendeur alors que vous, vous essayez de vous concentrer.

## Le vendeur

Avoir affaire à un vendeur, ça ne doit pas forcément être une situation de stress et de confrontation, mais certaines personnes se font beaucoup de souci à ce sujet. Si vous avez défini vos priorités avant d'entrer dans le magasin, vous n'aurez ni l'air vague, ni l'air non préparé lorsqu'il va commencer à vous poser toutes ses questions.

La première question type d'un vendeur pourrait bien être : « Combien prévoyez-vous de dépenser ? » La question veut dire : « Je voudrais savoir dans quelle fourchette de prix vous cherchez un modèle, comme ça je pourrais vous emmener dans le coin approprié du magasin. » C'est une question justifiée, et si vous y répondez directement, cela vous fera gagner beaucoup de temps. Le vendeur pourrait aussi vous demander quel est votre niveau de jeu et quels sont les styles que vous préférez. Donc, soyez prêt à répondre à ces deux questions.

Soyez préparé à répondre brièvement aux questions du vendeur. Par exemple, dites : « Je préfère les guitares du style Strat, mais pas nécessairement des Fender ; je joue le blues à un niveau intermédiaire, et j'aimerais ne pas dépasser les 900 euros. » Des réponses comme celle-ci reflètent une attitude décidée et réfléchie. Le vendeur devrait maintenant savoir quoi faire à partir de ces renseignements. Mais si, au lieu de cela, vous dites : « Oh ! Pour la bonne guitare, le prix n'a pas d'importance… J'aimerais celle dont joue… Ah ! Comment s'appelle ce type déjà, vous savez, sur *Star Academy*… », il ne va pas vous prendre au sérieux, et vous n'allez pas non plus acheter l'instrument dont vous avez vraiment besoin.

Écoutez attentivement ce que dit le vendeur, et posez des questions. Vous êtes là pour observer et pour absorber des informations, pas pour faire grosse impression. Si vous décidez que vous n'êtes pas encore prêt à acheter, dites-le-lui. Remerciez-le et demandez-lui sa carte de visite. Rien ne vous empêche d'aller ailleurs et d'explorer un autre magasin. D'ailleurs, ce n'est pas seulement une option possible, c'est un devoir !

Souvenez-vous que vous êtes en train d'*acheter*. Et l'achat d'une guitare n'est pas en soi différent de l'achat d'un autre bien. Faites vos recherches et recueillez diverses opinions *avant* d'acheter. Et faites confiance à votre instinct.

## Comment négocier

Vous pouvez vous procurer le prix catalogue ou le prix de détail d'un instrument avant d'entrer dans le magasin. Les fabricants fixent ces prix, et ils sont connus du public. Regardez les annonces dans les magazines de guitare pour obtenir les coordonnées de la société, téléphonez-lui ou visitez son site Internet pour trouver le prix de vente conseillé d'un produit particulier ou pour recevoir de la documentation. (À la date d'adaptation de ce livre, il est possible de dénicher une Gibson Les Paul Standard à un prix de 2 700 euros et une Fender American Standard Stratocaster aux alentours de 1 500 euros. La Figure 15-2 présente ces deux piliers du secteur.)

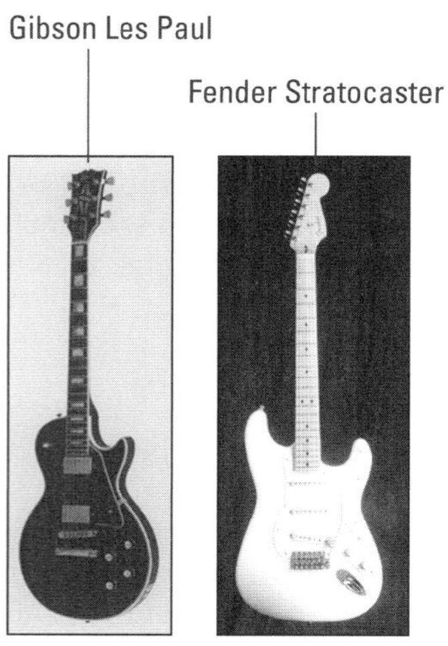


**Figure 15-2** : deux instruments de référence qui permettent d'évaluer la plupart des autres guitares électriques.

Par rapport aux prix indiqués sur les catalogues, les magasins de musique accordent des réductions dont l'importance peut beaucoup varier. Les magasins importants des villes, qui achètent de grandes quantités d'instruments, sont habituellement en mesure de proposer des réductions plus importantes que les magasins plus petits des régions périphériques ou éloignées. Les prix des sociétés de vente par correspondance peuvent égaler ceux des grands détaillants (et même être inférieurs), parce qu'ils n'ont pas les frais généraux liés à l'exploitation d'un commerce de détail.

Lorsque vous déciderez du lieu de votre achat, ne négligez pas le rôle important que joue le service. Les magasins de détail, contrairement aux maisons de VPC, sont davantage en mesure d'apporter une attention personnalisée aux nouveaux clients qui leur achètent une guitare. C'est peut-être en raison de la dure concurrence de la VPC, florissante, que de nombreux magasins améliorent considérablement leur service après-vente. Celui-ci peut aller de la réparation de tout problème mineur et du réglage de peu d'importance aux ajustements périodiques (en quelque sorte une mise au point et une vidange de votre guitare).

Souvenez-vous pourtant que les prix catalogue sont publics, et que les vendeurs ou revendeurs de tous les types de magasins sont tenus de vous donner les prix de vente sans conditions. Le vendeur a le droit de vous donner un prix supérieur au prix catalogue, et c'est à vous de négocier pour obtenir la réduction maximale. Un marchandage raisonnable vous permettra d'obtenir un prix compris entre le prix réduit annoncé par les publicités des sociétés de VPC et un prix réduit de 10 % par rapport au prix catalogue.

# Chapitre 16

# Les accessoires

***Dans ce chapitre :***

- Les amplificateurs
- Complétez votre arsenal
- Les détails ont leur importance

Une fois que vous aurez réglé la question de la guitare, vous devrez réfléchir à toutes les petites (et pas si petites) choses qui vous rendront la vie tellement plus facile, si vous êtes un guitariste, bien entendu. Certains des produits que nous décrivons dans ce chapitre sont essentiels, par exemple, les étuis et les cordes (et les amplis si vous jouez de la guitare électrique), alors que d'autres ne sont que des accessoires. Mais tous ces objets sont utiles et ont une utilité musicale ou pratique. Dans ces pages, vous ne trouverez pas de réclame pour des gadgets comme les autocollants ou les tasses décoratives à la gloire de certains guitaristes, mais seulement une courte liste d'objets vraiment utiles.

## Les amplis

À proprement parler, vous pouvez jouer de la guitare électrique sans amplification, mais ce n'est pas très amusant. Sans ampli, les notes bourdonnent comme des petits moustiques, et il est impossible d'en obtenir de l'expression ou un ton. Impossible aussi de faire vibrer les vitres de la fenêtre ou de faire trembler les lattes du plancher avec le riff de « Smoke on the Water », que vous venez tout juste d'apprendre, tant que vous n'êtes pas branché !

Nous vous recommandons d'être très critique en ce qui concerne l'achat de votre guitare. Mais une fois que vous aurez dépassé votre budget et que vous aurez acheté une guitare juste au-dessus de vos moyens, vous pouvez tout aussi bien y aller carrément et faire preuve d'encore plus d'irresponsabilité financière en achetant un bon ampli. Vous ne pourrez pas commencer à élaborer un son complètement mûr et personnel avant de disposer à la fois d'une bonne guitare et d'un ampli décent. Mais si vous *devez* absolument économiser quelque part, nous vous suggérons de faire des économies sur l'achat de l'ampli pour commencer.

Les principales différences entre les petits amplis et les amplis de scène se réduisent à la taille, à la puissance et au coût. La Figure 16-1 montre un petit ampli, destiné à l'exercice, et un ampli de scène.

**Figure 16-1** : les amplis de scène (tels que celui de gauche) sont plus volumineux et plus puissants que les petits amplis destinés à l'exercice, comme celui de droite.

## Commencez par un petit ampli pour vous exercer

Si vous disposez de moyens limités, commencez par un ampli d'exercice, avec un ensemble décent de fonctions et d'effets (contrôle de la tonalité, réverbération, et deux boutons de contrôle du volume ou davantage, de façon à pouvoir sculpter le son avec la distorsion), et qui produira un bon son, mais à de faibles volumes, c'est-à-dire à une puissance habituellement comprise entre 6 et 12 watts. Ce type d'ampli de débutant vous permettra de vous habituer à entendre la guitare électrique telle qu'elle est conçue pour être entendue à travers un amplificateur. Les petits combos vous préparent aussi à l'étape supérieure : les amplis de scène.

Les petits combos peuvent coûter à peine 250 euros et possèdent des fonctions identiques à celles des amplis de scène. En matière d'amplificateur, c'est la puissance qui fait monter le prix, pas les effets.

La puissance d'un ampli coûte cher car elle exige des transformateurs de grande puissance, des haut-parleurs et des cabinets pour loger les haut-parleurs. Pour s'exercer chez soi ou pour un « bœuf » occasionnel avec des amis dans un garage ou dans une cave, 15 ou 20 watts seront bien suffisants, et 6 à 12 watts vous suffiront pour vous entraîner chez vous et pour jouer en même temps que votre chaîne hi-fi.

Les fonctions, en revanche, telles que les contrôles de tonalité et les effets (réverbération, trémolo) sont faciles à intégrer à un ampli, car le fabricant peut les imprimer sur une puce et les installer sur une carte de circuits. Voici des éléments utiles qu'un ampli d'exercice devrait posséder :

- Au moins deux boutons de contrôle de volume.
- Un égaliseur à trois voies, pour contrôler la tonalité des graves, des médiums et des aigus.
- L'effet de réverbération intégré.
- Le changement de canal par pédale.
- Une prise jack pour casque audio.

Certains amplis d'exercice sont munis d'un commutateur de canal (qui permet de sélectionner différentes configurations de volume et de tonalité), d'autres ne le sont pas. À vous de décider si cette fonction est suffisamment importante pour justifier un prix supérieur. Vous pourrez toujours obtenir la distorsion du son grâce à un dispositif à effet extérieur, comme une *stomp*

CONSEIL

## L'amplification sans ampli

Vous pourrez vous en tirer sans acheter d'amplificateur en branchant votre guitare électrique à l'entrée *auxiliaire* de votre chaîne hi-fi à l'aide d'un adaptateur spécial. Il est facile de vous le procurer dans un magasin tel que la FNAC ou dans un magasin de musique pour environ 2 euros. (Dites simplement au vendeur ce que vous avez l'intention de faire, et il vous fournira le bon accessoire.) Il s'agit simplement d'une pièce avec un revêtement de métal ou de plastique qui a une prise femelle jack d'un quart de pouce à une extrémité et une fiche mâle RCA à l'autre.

Attention ! Avant de brancher quoi que ce soit à une chaîne stéréo ou à un magnétophone, veillez à ce que le bouton de volume du récepteur soit au *minimum*. Cette précaution empêche tout craquement ou toute surtension de passer à travers le système et de risque d'endommager les haut-parleurs.

Si vous branchez la guitare au canal d'entrée (*input*) de gauche (*left*) de l'amplificateur de votre chaîne, vous n'allez entendre la musique qu'à travers l'enceinte gauche de la chaîne. Certains amplificateurs hi-fi haut de gamme permettent de régler le mode de sortie du signal source. Si vous voyez quelques boutons tels que L, R, L+R, etc., réglez ce bouton sur L (ce qui veut dire que le canal de gauche sort des deux enceintes). Ce ne sera pas du son stéréo, mais cela donnera un son plus riche et réparti plus largement dans l'espace que si le son ne provenait que d'une seule enceinte.

La Figure ci-dessous montre la procédure à suivre pour brancher la guitare au dos de l'amplificateur de la chaîne. Branchez une extrémité du câble de la guitare sur la guitare et l'autre à l'adaptateur. Branchez l'adaptateur sur la prise d'entrée *auxiliaire* de gauche de l'amplificateur de la chaîne. Sélectionnez « Aux 1 » (ou ce qui correspond à l'entrée utilisée par votre guitare, « Tape 1 » ou autre ; en cas de doute, consultez le manuel d'utilisateur de l'amplificateur). Tournez à fond le bouton de volume de votre guitare. Puis, lentement, tournez le bouton du volume de l'amplificateur de votre chaîne jusqu'à ce que vous entendiez le son.

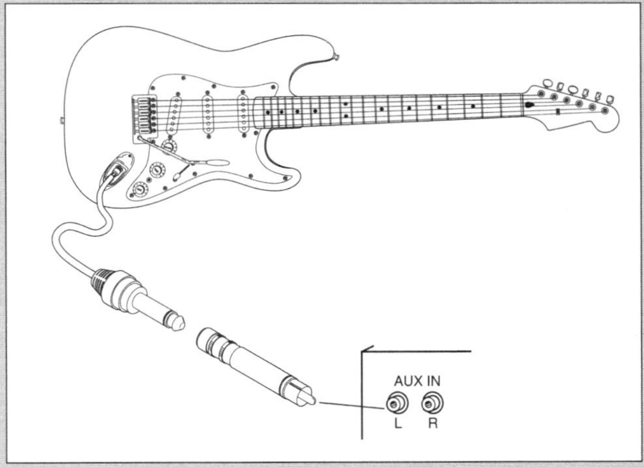


*box*, mais c'est un tout petit peu plus embêtant. (Voir la section « Pédales et dispositifs à effets » plus loin dans ce chapitre pour en savoir plus sur la distorsion et sur d'autres effets.)

Une prise jack pour casque est très pratique avec un ampli d'exercice, parce que cela vous permet d'obtenir un son complètement traité au préampli sans passer par le haut-parleur. Parfait pour les séances d'exercices en plein milieu de la nuit !

CONSEIL

Grâce à la miniaturisation des composants électroniques, il est maintenant possible de se procurer une unité de la taille d'un appareil photo jetable qui produit un authentique son de guitare, à condition que vous l'écoutiez avec un casque (il n'est lui-même muni d'aucun haut-parleur ou amplificateur). Ces petites merveilles sont munies d'une pince qui permet de les fixer à la ceinture, et elles sont alimentées par des piles, ce qui permet de s'exercer sans câble (super pour aller à la salle de bains et se mettre en face du miroir). Ces appareils proposent la distorsion, l'égaliseur, la réverb, et d'autres effets, de nombreuses *présélections* de sons (sons programmés ou configurés par le fabricant) et un son stéréo. Ils sont géniaux pour jouer dans des véhicules en mouvement, et ils sont même munis d'une sortie pour envoyer le signal à une platine cassette ou CD pour l'enregistrer. Ils coûtent environ 200 euros, et les valent bien si la portabilité, le son authentique et le désir de jouer sans déranger ont pour vous de l'importance. Voici quelques modèles de différentes marques : Korg Pandora, Sholz séries Rockman et Zoom 9000.

## L'achat d'un ampli de scène

Les limites des petits amplis d'exercice se feront sentir dès que vous essaierez de leur faire produire des volumes sonores de scène. Le terme « scène » veut dire ici : réussir à vous faire entendre au-dessus du volume sonore de trois amis au cours d'un « bœuf » dans un garage, ou encore vous faire entendre au-dessus des bouffonneries du batteur et du bassiste trop zélés au concert de blues du samedi soir de la boîte du coin !

Une fois que vous aurez décidé d'acheter un ampli de grande qualité, vous aurez un choix immense de marques et de modèles à votre disposition. Discutez avec d'autres guitaristes, avec des vendeurs, lisez des magazines de guitare, et écoutez des CD pour savoir quels amplificateurs sont utilisés par les artistes que vous aimez. Souvenez-vous que le choix de votre ampli est tout aussi personnel que celui de votre guitare. L'ampli doit non seulement avoir un bon son, mais il doit aussi être beau et vous donner l'impression que c'est exactement l'ampli qu'il vous faut. La recherche du parfait ampli est quasiment aussi indéfinissable que celle de la parfaite guitare. Ou presque.

Les amplis de scène sont plus puissants que les amplis d'exercice. Cela ne veut pas seulement dire qu'ils sont plus bruyants. Une puissance plus grande procure aussi un signal plus pur et plus clair à volume sonore élevé. En d'autres termes, si deux amplis de puissances différentes produisent le même volume sonore global, l'ampli le plus puissant donne le signal le plus clair.

L'achat d'un amplificateur d'enregistrement est un cas de figure où la puissance n'est pas un indicateur significatif du prix. De nombreux fabricants produisent des amplis de grande qualité qui n'ont qu'une faible puissance, mais ces amplis sont particulièrement appréciés pour l'enregistrement, parce que pour produire de la musique, ils ne feront pas vibrer les fondations de votre maison. Pour beaucoup de musiciens qui s'enregistrent chez eux, un ampli dont le volume est à fond, ou presque, donne le meilleur son possible, et pourtant ils n'ont pas besoin que le volume sonore de sortie (celui qu'on entend vraiment) reste en permanence à un niveau très élevé. En effet, la seule chose que vous devez impressionner, c'est le microphone qui est juste en face du haut-parleur.

Un ampli de 50 watts est d'habitude plus que suffisant pour des circonstances normales chez soi ou sur scène, comme lorsqu'on joue en formation de cinq musiciens dans un pub du coin. Si vous jouez sur des scènes plus grandes, ou si votre style de musique exige un niveau sonore élevé, comme le heavy-metal, procurez-vous un ampli de 100 watts. Certains guitaristes, qui veulent avoir un son blanc comme neige et qui travaillent en stéréo (ce qui nécessite le double de la puissance), pourraient directement opter pour un ampli de 100 watts parce que celui-ci permet d'avoir un son qui reste plus pur à des niveaux sonores élevés.

De nombreux amplis peuvent fonctionner soit à 100 watts, soit à 50 watts, et permettent de sélectionner le niveau de puissance souhaité à l'aide d'un commutateur. Mais pourquoi jouer à 50 watts alors que vous avez payé pour 100 ? Précisément, en raison de la même stratégie de pureté du signal. Un ampli de 50 watts sature ses lampes et produit plus tôt de la distorsion qu'un ampli de 100 watts, et une telle distorsion est l'effet recherché sur certains types de musique (blues, rock, heavy-metal).

Auparavant, tous les circuits électroniques fonctionnaient avec des lampes, ces cylindres de verre qui brillent d'une lueur rouge à l'arrière des vieux postes de radio. La technologie a évolué, et les semi-conducteurs (d'abord les transistors, puis les puces) ont remplacé les lampes, sauf dans les amplis de guitares électriques. La technologie à lampes produit le « meilleur » son pour les guitares car, bien qu'elles ne soient pas aussi efficaces ni même aussi précises dans la fidélité de reproduction du signal d'entrée, les lampes donnent le meilleur résultat musical. Tous vos guitaristes préférés enregistrent et jouent exclusivement avec des amplis à lampes, du Marshall de 100 watts au Fender Twin, en passant par le Vox AC30 et le MESA/Boogie Dual Rectifier.

En tant que débutant, vous ne ferez peut-être pas la différence entre le son d'ampli à lampes et le son d'ampli à semi-conducteurs (d'ailleurs, vous vous en moquez peut-être). Il est de toute façon possible d'obtenir une bonne distorsion avec un ampli à semi-conducteurs : ces derniers sont habituellement moins chers ; donc, vous devriez probablement acheter un de ces modèles et ignorer le débat concernant la sonorité pleine et chaleureuse des amplis à lampes. En outre, il est possible que vous préfériez obtenir votre effet de distorsion au moyen d'une pédale, et la question perd alors de son intérêt. Recherchez plutôt des fonctions telles que des effets intégrés (réverb, chorus, etc.) et une prise pour brancher un casque. Avant tout, écoutez le son de l'ampli et tournez les boutons. Si vous aimez ce que vous entendez et si vous vous sentez à l'aise en sculptant les différents sons, cet ampli est fait pour vous.

# Les étuis

L'étui est si important pour votre guitare que beaucoup de fabricants l'incluent dans le prix de la guitare. De nombreux fabricants produisent des étuis spécialement conçus pour certains modèles et expédient les guitares à l'intérieur de ces étuis au détaillant. Cette pratique rend difficile l'achat de la guitare sans l'étui, et c'est très bien comme ça. Acheter un bon instrument et ensuite essayer de le transporter hors du magasin sans une protection appropriée serait une manière peu raisonnable d'essayer d'économiser quelques euros. Le plus grand geste de respect que vous puissiez avoir envers votre instrument, c'est de lui offrir un endroit sûr pour le repos.

Il existe trois grands types d'étuis. L'étui rigide, l'étui souple et la housse. Chacun présente des avantages, et le degré de protection est proportionnel au prix de l'étui. Plus l'étui est cher, meilleure est la protection de l'instrument.

## Les étuis rigides

Les étuis rigides sont les plus onéreux (leur prix est compris entre 150 et 200 euros, voire plus), mais ce sont eux qui procurent la meilleure garantie contre l'endommagement de la guitare. Un étui rigide est fait de bois recouvert de cuir ou de Nylon, et il peut survivre aux rudesses des bagagistes des compagnies aériennes, ce qui évitera à l'instrument d'être écrasé. Ils pourront laisser tomber des objets lourds sur l'étui et l'empiler sous d'autres bagages sans risque, sans que la précieuse guitare placée à l'intérieur ne subisse aucun dommage.

La meilleure chose que vous puissiez faire, c'est acheter un étui rigide, à moins que vous n'ayez d'excellentes raisons de ne pas le faire. Si vous n'avez pas encore d'étui pour votre guitare et que vous envisagez d'en acheter un, essayez de penser à une situation où un étui rigide ne conviendrait pas. Si vous n'en trouvez aucune rapidement, optez pour l'étui rigide, et l'affaire sera réglée.

### Les étuis souples

Un étui souple n'est pas complètement souple, il est en fait plus rigide que véritablement souple. Il est habituellement fabriqué avec du carton, et peut apporter une certaine protection à l'instrument : par exemple, si quelqu'un laisse tomber une tasse de café dessus. Mais c'est tout. Ces étuis coûtent environ 30 euros.

L'étui souple constitue l'alternative bon marché à l'étui rigide, parce qu'il permet de transporter l'instrument sans l'exposer aux intempéries et qu'il empêche au moins quelqu'un d'autre de le rayer. Mais ces étuis cèdent facilement dans les situations vraiment sérieuses : par exemple, lorsqu'ils sont bloqués sur un tapis roulant d'aéroport et s'affaissent, se plient et crèvent bien plus facilement qu'un étui rigide. Dans la plupart des cas, cependant, un étui souple permet de parer les chocs et les heurts qui pourraient rayer une guitare sans protection.

### Les housses

Une housse ne procure quasiment aucune protection contre les chocs parce qu'elle est faite en Nylon, en cuir ou dans un autre tissu qui épouse la forme de l'instrument. C'est une housse, quoi. Elle se ferme avec une fermeture Éclair et elle a à peu près la consistance de n'importe quel autre sac de bagages. Son prix est compris entre 25 et 150 euros.

Les avantages des housses, c'est qu'elles sont légères, que vous pouvez les porter en bandoulière et qu'elles ne prennent pas plus de place que la guitare elle-même, ce qui fait d'elles le bagage à main idéal en avion.

Les guitaristes qui vivent dans les grandes villes et prennent les transports en commun préfèrent les housses. La guitare en bandoulière dans la housse et en poussant un chariot à bagages qui porte l'ampli, ils ont encore une main de libre pour alimenter d'un jeton le tourniquet à la station de métro et se tenir à la barre dans un wagon de métro. Mais une housse ne protège pas la guitare aussi bien qu'un étui : vous ne pourrez absolument rien poser sur une guitare ainsi empaquetée.

## Les capodastres

Un capodastre, on l'a vu, est une pince à ressort de tension ajustable (ou une pince à attache élastique) qui se place autour du manche de la guitare et couvre toutes les cordes en les plaquant sur le manche juste derrière une frette donnée. Ce dispositif élève la hauteur de ton de toutes les cordes d'un certain nombre de demi-tons (le numéro de la case sur laquelle il est placé). Dans certains cas, vous voudrez accorder votre guitare avec le capodastre placé sur le manche, mais dans la plupart des cas, vous l'accorderez sans capo, et vous fixerez ce dernier sur la case souhaitée, après. Les capodastres permettent de transposer la musique que vous jouez sur votre guitare dans une autre tonalité, sans changer les doigts des accords de la tonalité d'origine. (Voir le Chapitre 12 pour en savoir davantage sur les capos.) La Figure 16-2 montre quelques types de capodatres en vente dans la plupart des magasins de musique.

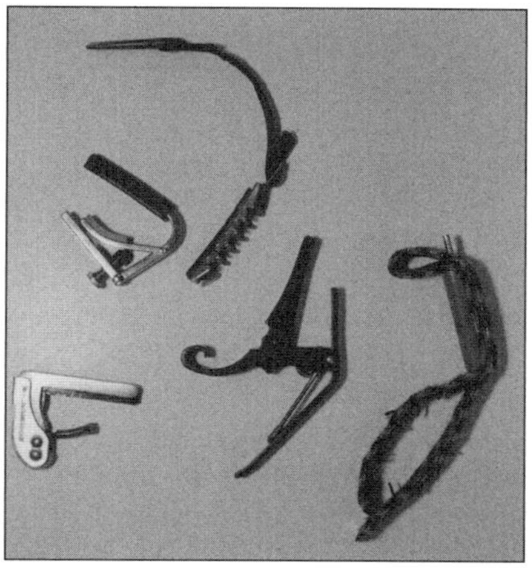

**Figure 16-2** : divers capodastres. Les capodastres élèvent la hauteur de ton des cordes à vide.

Les capodastres coûtent entre 10 et 40 euros, le modèle avec attache élastique étant le moins cher. Les types de capodastres plus chers, avec pince ou à vis, sont plus appréciés des guitaristes qui les utilisent régulièrement, parce qu'on peut les fixer d'une seule main, et parce qu'ils plaquent mieux les cordes que les capodastres avec attache élastique. Le modèle que l'on visse (par exemple, celui de la société Shubb), est particulièrement apprécié parce qu'il est possible d'en modifier la taille et la tension, ce qui permet de l'adapter à différentes parties du manche. (Les cases du bas du manche, près de la tête, ont besoin d'une ouverture du capo moins grande que celles du haut du manche.)

# Pédales et dispositifs à effets

Les guitaristes qui jouent de la guitare électrique se contentent rarement de brancher la guitare à un ampli et de se mettre à jouer aussitôt. Bon, d'accord, il se peut qu'ils commencent comme ça, mais si vous écoutez la radio, ou toute musique de guitare enregistrée, vous remarquerez rapidement qu'il se passe bien plus de choses qu'un « simple » son de guitare. Au minimum, vous allez entendre un traitement d'ambiance sous la forme d'un écho créé de façon artificielle, c'est-à-dire une *réverbération* (réverb), dans le jargon des guitaristes. Vous entendrez peut-être aussi de la distorsion, surtout avec de la musique rock ou de la musique blues, et peut-être d'autres effets supplémentaires, comme le wah-wah, le vibrato, et d'autres manipulations électroniques.

Bienvenue dans le merveilleux monde farfelu des *effets* ! Les effets sont des dispositifs que vous branchez entre la guitare et l'amplificateur, qui permettent de modifier le signal de toutes sortes de manières créatives et inattendues. Il existe une multitude de ces petits appareils, et ils sont proposés par toutes sortes de fabricants, dans toutes les gammes de prix. On peut les acheter en tant qu'unités séparées ou sous forme de boîtiers de plusieurs effets, que l'on appelle unités multi-effets. Mais que vous vous décidiez pour un ensemble d'effets combinés dans un même boîtier ou que vous préfériez vous équiper à la carte, il demeure que les effets pourront en tout cas épicer le son de base de votre guitare de toutes sortes de façons excitantes.

La plupart des effets sont proposés sous la forme de pédales, que l'on appelle aussi pédales à effets (*stomp box*) ; elles sont placées par terre eton les active en appuyant dessus avec le pied. Ce dispositif permet d'activer ou de désactiver les effets de façon sélective sans arrêter de jouer à la guitare. La Figure 16-3 montre un agencement type d'effets avec un nombre raisonnable de pédales branchées sur la chaîne du signal, entre la guitare et l'amplificateur.

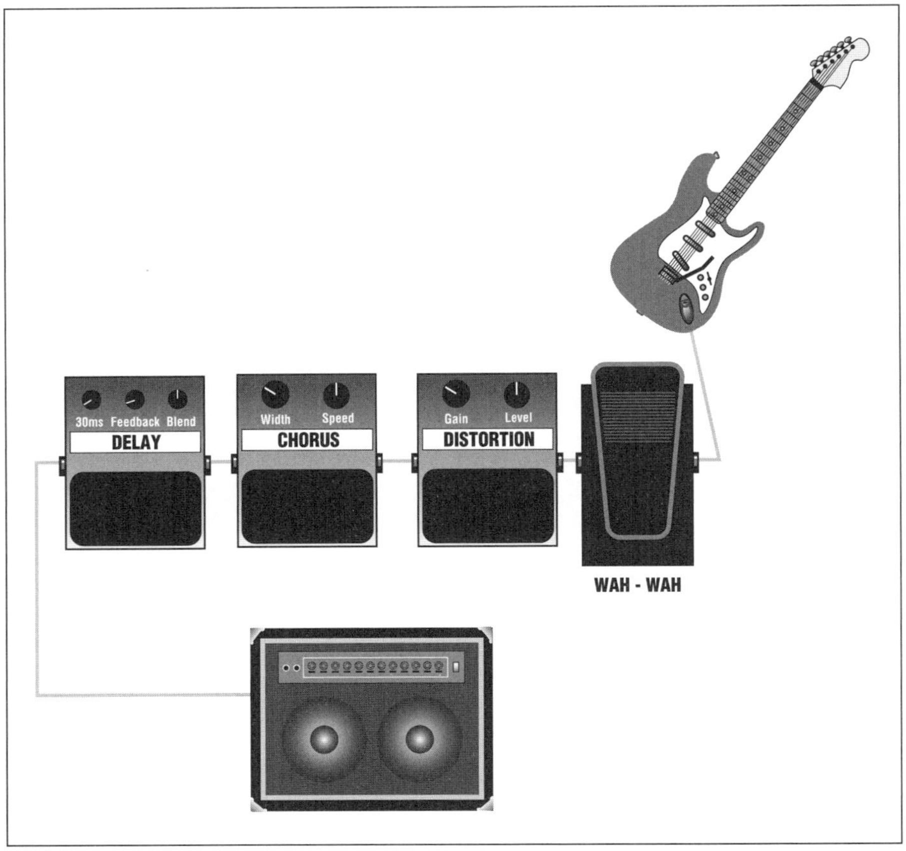


**Figure 16-3** : un agencement type pour un guitariste qui utilise des effets.

Si vous branchez, par exemple, un dispositif de réverbération *en série* (c'est-à-dire entre l'amplificateur et la guitare), vous pourrez faire sonner votre guitare comme si vous étiez dans une cathédrale. Une unité de distorsion vous permettra d'obtenir un son ressemblant à celui de Jimi Hendrix, même à faible volume sonore et avec votre ampli réglé sur un son pur. Un égaliseur (EQ), qui est un chouette dispositif de contrôle du son, vous donnera une souplesse et un contrôle accrus sur les basses, les médiums, et les aigus qui forment votre son.

Il y a des dizaines de types d'effets sur le marché, plus que vous ne pourriez en posséder. Le prix de ces unités séparées varie également. Une pédale de distorsion pourra coûter environ 60 euros, alors que les réverbérations et délais numériques pourront coûter 200 euros ou plus. Pour vous aider à vous y retrouver dans cette jungle, voici une liste des effets les plus en vogue :

- **La distorsion**. Cet effet simule le son d'un signal de guitare très saturé pour l'amplificateur ; le dispositif sature le signal jusqu'à ce qu'il soit déformé, et la distorsion ainsi produite est plaisante sur le plan musical. La distorsion, pour un guitariste, cela peut signifier tout ce qui est compris entre une qualité légèrement riche et chaleureuse et un son flou hurlant en dents de scie, comme l'adorent les groupes de heavy-metal et de grunge.
- **Le chorus**. Cet effet simule le son de plusieurs guitares jouant en même temps, ce qui rend le son d'ensemble plus étoffé. L'augmentation de la vitesse produit un effet de gazouillis ou un effet semblable au trémolo.
- **Le « flanging » et le « phasing »**. Ces deux effets sont semblables et produisent un son sous-marin, tourbillonnant, un peu comme celui des cabines de haut-parleurs à systèmes rotatifs Leslie utilisées avec les orgues Hammond dans les années 60 et 70.

- **Le « pitch shifter »**. Cet appareil, qui module la hauteur du signal, permet de jouer en harmonie avec soi-même en divisant le signal en deux pistes : la piste originale et une piste dont le signal est décalé d'un intervalle prédéfini par le guitariste, comme une tierce majeure (quatre demi-tons). Il produit également des effets semblables à ceux du chorus. La pédale d'octave est un *pitch shifter* très populaire, qui a notamment été utilisé par Jimi Hendrix pour moduler la hauteur du son de sa guitare d'une octave ou deux (ou à la fois d'une et de deux octaves) en dessous du son original.
- **Le délai numérique**. Cet appareil génère une répétition discrète du son, ce qui est bon pour produire des effets d'écho, des effets d'espace et pour créer des répétitions rythmiques programmées de vos notes. La version analogique de cet appareil est un dispositif d'écho à ruban qui enregistre le son sur une bande magnétique et le restitue quelques instants plus tard. L'écho à ruban est encore populaire à cause de sa qualité de son qui est unique et rétro (mais inférieure à la version numérique en termes de fidélité de reproduction du signal d'origine).
- **La pédale wah-wah**. Cette pédale à effets est une sorte de filtre de fréquences (c'est-à-dire qu'elle fait varier le contenu de basses et d'aigus d'un signal). Elle imprègne le son de la guitare de caractéristiques expressives proches de la voix humaine (cet effet produit un son similaire à l'onomatopée « ouah !ouah ! », *wah-wah*, en anglais). Vous contrôlez le son en montant et en abaissant la pédale avec le pied. Cet appareil a été popularisé par Jimi Hendrix et a été l'un des piliers du son de la guitare disco. Éric Clapton a fait un usage massif de la wah-wah dans « White Room », à l'époque où il faisait partie de Cream.
- **La réverbération**. Cet effet reproduit l'écho naturel des grandes pièces, comme les salles de gymnastique, les cathédrales, etc. Une version limitée de cet effet est habituellement intégrée aux amplis (souvent avec seulement un bouton de contrôle). Si vous utilisez une réverbération en tant que dispositif séparé, vous aurez davantage de possibilités d'utilisation et un meilleur contrôle de cet effet.
- **Le trémolo**. Comme la réverbération, le trémolo a été intégré à de nombreux amplis des années 50 et 60 (comme le Fender Twin Reverb). Il est aujourd'hui disponible en tant qu'effet séparé (pédale d'effet). Le trémolo est une oscillation rapide du volume (pas de la hauteur, comme le vibrato) qui fait sonner votre guitare comme si vous en jouiez à travers un ventilateur électrique dont l'hélice tournerait lentement.
- **Les unités multi-effets**. Les pédales d'effets individuelles sont très pratiques, parce qu'elles vous permettent d'acheter un effet à la fois, et de les utiliser de façon modulaire. Vous pouvez choisir de les inclure ou non à votre agencement en série, et vous pouvez modifier l'ordre de la série pour varier les résultats. Mais beaucoup de guitaristes choisissent d'employer une unité multi-effets qui abrite tous les différents effets dans un même boîtier. Ces unités multi-effets sont programmables, ce qui veut dire que vous pouvez enregistrer différentes configurations (équivalentes aux agencement physiques avec différentes pédales) et y accéder d'un tapotement du pied. Ces unités permettent aussi d'utiliser les différents effets de façon modulaire, virtuellement, c'est-à-dire grâce à l'électronique et non pas physiquement. De manière générale, une unité multi-effets est capable de faire tout ce que les pédales séparées font, et la plupart des guitaristes qui emploient beaucoup d'effets finissent donc par en acheter une. Vous pouvez aussi continuer d'utiliser des pédales séparées en les raccordant à l'unité multi-effets. La plupart des guitaristes conservent leurs pédales séparées même après avoir acheté une unité multi-effets, parce que les pédales séparées sont petites et pratiques et qu'ils ne veulent pas forcément trimbaler la pédale multi-effets pour aller juste faire un « bœuf » avec des potes. La gamme de prix des unités multi-effets pour guitare va de 200 à 2 000 euros.

# Les médiators

Au cours de votre carrière de musicien, vous pouvez être sûr que vous allez perdre, casser, jeter des centaines de médiators d'une manière ou d'une autre ; donc, ne vous y attachez pas. Traitez-les comme les objets jetables et bon marché qu'ils sont. Faites une bonne provision de plectres de la couleur et de l'épaisseur que vous préférez, et ayez-en toujours en réserve dans votre portefeuille, votre voiture, vos poches de pantalon et tout autre endroit pratique. Une fois que vous vous serez habitué à une certaine épaisseur, à une certaine forme et à une certaine marque de médiator, vous n'en changerez plus beaucoup, même si vous passez de la guitare électrique à la guitare acoustique ou *vice versa*.

# Les cordes

Il faut que vous ayez toujours des cordes de rechange sous la main, pour la bonne raison que, si vous en cassez une, vous devrez la remplacer immédiatement. Pour cela, il faut que vous transportiez toujours avec vous au moins un jeu de cordes de rechange, pour être prêt à remplacer n'importe laquelle des cordes de votre guitare qui viendrait à casser. (Malheur à ceux des guitaristes qui cassent toujours la même corde, ils ont plein de jeux de cordes incomplets qui leur restent sur les bras !)

Heureusement, les jeux de cordes sont bon marché, ils coûtent environ 10 euros si vous les achetez à l'unité, et encore moins si vous les achetez en boîtes de 12. Faute de mieux, vous pouvez remplacer une corde par une corde voisine (une corde de si par une corde de sol, par exemple). N'oubliez pas de toujours avoir au moins un jeu complet de cordes dans votre étui.

CONSEIL

Les cordes des aigus, non filées, ont tendance à casser plus facilement que les cordes des basses, qui, elles, sont filées. Donc, essayez d'avoir avec vous trois cordes de rechange pour chacune des cordes de *mi* aigu, *si* et *sol* (sur une guitare électrique comme sur une guitare acoustique à cordes de Nylon, la corde du *sol* n'est pas filée). Vous pourrez acheter des cordes de rechange pour environ 2 euros l'unité.

# Les courroies

Les courroies sont réalisées dans tous les styles et tous les types de matériaux : Nylon, tissu, cuir, etc. La première règle à observer lors de l'achat d'une courroie, c'est de choisir la plus confortable que vous puissiez vous offrir. Porter une guitare sur votre épaule pendant une longue période peut causer de la gêne, et meilleure sera la courroie, mieux elle protégera vos muscles contre le surmenage et la fatigue.

L'apparence est, après le confort, l'autre facteur décisif pour l'achat d'une courroie. Il faut que le look de votre courroie vous plaise, car sa fonction n'est pas uniquement utilitaire, elle est aussi esthétique. Comme elle est drapée au-dessus de votre épaule, une courroie a une fonction quasiment semblable à celle d'un vêtement. En conséquence, essayez de coordonner le look de votre courroie à votre propre style et à celui de votre guitare.

Il est possible d'acheter des courroies faites sur mesure et arborant fièrement vos initiales brodées (cela semble être une condition *sine qua non* pour les idoles de la country aux États-Unis). Vous pouvez aussi acheter des courroies décorées de toutes sortes de motifs, du motif Southwest aux éclairs en passant par l'étoile à cinq branches. Mais si vous vous décidez uniquement en fonction du prix, une courroie simple sans chichis coûte à peine 8 euros et tient votre guitare avec autant de sécurité qu'une courroie de 300 euros en cuir avec votre nom estampillé dessus.

CONSEIL

Si vous possédez plus d'une guitare, vous avez intérêt à avoir une courroie pour chaque type de guitare, électrique et acoustique. De cette manière, vous n'aurez pas besoin de l'ajuster à chaque fois que vous passerez de l'une à l'autre.

# Les accordeurs électroniques

Bien qu'il soit possible d'accorder une guitare par rapport à elle-même, il est préférable de l'accorder sur « le la de concert » de 440 hertz, surtout si vous voulez jouer avec d'autres musiciens. Du point de vue de sa structure et de son acoustique, il vaut mieux accorder une guitare à cette tonalité. (Voir le Chapitre 2 pour en savoir plus sur l'accordage de votre guitare.) La meilleure manière de garder votre guitare accordée à cette fréquence, c'est de vous procurer un accordeur électronique à piles et de le conserver dans l'étui de votre guitare. Vous pouvez soit brancher votre guitare électrique directement à l'accordeur, soit utiliser le microphone de l'appareil pour accorder votre guitare acoustique.

Il est évident que si vous jouez de la guitare électrique, vous devrez d'abord la brancher à l'accordeur, puis, à partir de la prise de sortie de l'accordeur, raccorder celui-ci à l'ampli. De cette manière, l'accordeur reste branché en série pendant tout le temps que vous jouez. Éteignez l'accordeur une fois que vous aurez fini d'accorder la guitare, cela allongera la durée de vie des piles.

Si vous avez une guitare acoustique, vous pouvez utiliser le micro intégré de l'accordeur pour vous accorder. Il n'est pas difficile de faire en sorte que le micro capte le son de la guitare. Il suffit de placer l'accordeur à une longueur de bras de la table d'harmonie ; vous pouvez aussi bien le tenir en équilibre sur vos genoux. Si l'environnement est suffisamment tranquille, vous pouvez même placer l'accordeur sur le sol. (Mais un bruit ambiant excessif peut désorienter un accordeur électronique.)

Quasiment tous les accordeurs électroniques en vente aujourd'hui sont des accordeurs automatiques chromatiques. Ils vous indiquent automatiquement la hauteur la plus proche de la note que vous jouez, avec des diodes lumineuses. Un VU-mètre à aiguilles ou à LED vous indique ensuite si vous êtes plus bas ou plus haut que cette note. En accordant la guitare, vous voyez l'aiguille ou la lumière des diodes changer dans la direction de vos mouvements d'accordage. L'accordeur vous indique toutes les notes de la gamme musicale (avec dièses et bémols), et pas seulement les notes des cordes à vide de la guitare. Il est important d'avoir toutes les notes de la gamme si vous décidez un jour d'accorder différemment la guitare. (Voir le Chapitre 10 pour en savoir plus sur les accordages altérés.) Le prix des accordeurs électroniques est compris entre 30 et 400 euros.

# Quelques autres accessoires utiles (mais pas essentiels)

Vous pouvez vous offrir encore beaucoup d'autres petits trucs et bidules qui rendront la pratique de la guitare encore plus confortable. Sans ordre d'importance particulier, voici une liste de quelques gadgets qui valent tous leur pesant de plectres, et qui sont représentés à la Figure 16-4 :

- **Les piles**. Les accordeurs, les pédales à effets et même quelques guitares (celles qui sont munies de composants électroniques actifs) fonctionnent sur piles. Ayez toujours deux piles de 9 V dans un sac plastique fermé hermétiquement.
- **Les goupilles**. Ces petites pièces de plastique calent les cordes dans le chevalet de votre guitare acoustique. Le problème, c'est que, si vous en perdez une dans un bassin ou dans l'herbe après l'avoir arrachée par inadvertance, rien ne pourra la remplacer. La prochaine fois que vous achèterez des cordes au magasin de musique, prenez aussi deux ou trois goupilles de rechange.
- **Les cordes et les câbles**. Un câble qui crépite, ce n'est amusant ni pour vous, ni pour votre audience. Ce son désagréable veut dire que vos branchements sont usés et en mauvais état, ça arrive. Gardez des câbles de rechange à portée de main : à la fois des câbles longs (pour raccorder la guitare à une pédale d'effet ou à un ampli) et des câbles courts (pour les raccordements entre les pédales d'effets).
- **Un magnétophone ou un Minidisc**. Ne ratez pas bêtement l'occasion d'enregistrer un moment musical exceptionnel parce que vous n'avez pas de magnéto sous la main. On ne sait jamais quand vient l'inspiration. Si vous jouez avec d'autres musiciens, surtout avec des gens qui peuvent vous apprendre des choses, gardez le magnéto à portée de main pour conserver les airs, les riffs et autres mouvements cool et pouvoir les étudier plus tard. Les magnétophones ou, mieux encore, les Minidisc, sont supers, parce que vous pouvez les fourrer dans l'étui de votre guitare. Une fois que vous aurez appris à enregistrer vos « idées », vous pourrez même songer à emporter avec vous un magnéto à 4 pistes (qui permet les overdubs, c'est-à-dire l'ajout séparé ultérieur de nouvelles pistes aux pistes déjà existantes). Vous pourrez créer des arrangements multipistes avec un 4 pistes et ne plus devoir vous limiter aux simples idées que vous pouvez capturer sur un magnéto normal. Vous pourrez vous procurer un 4 pistes pour seulement 300 euros.

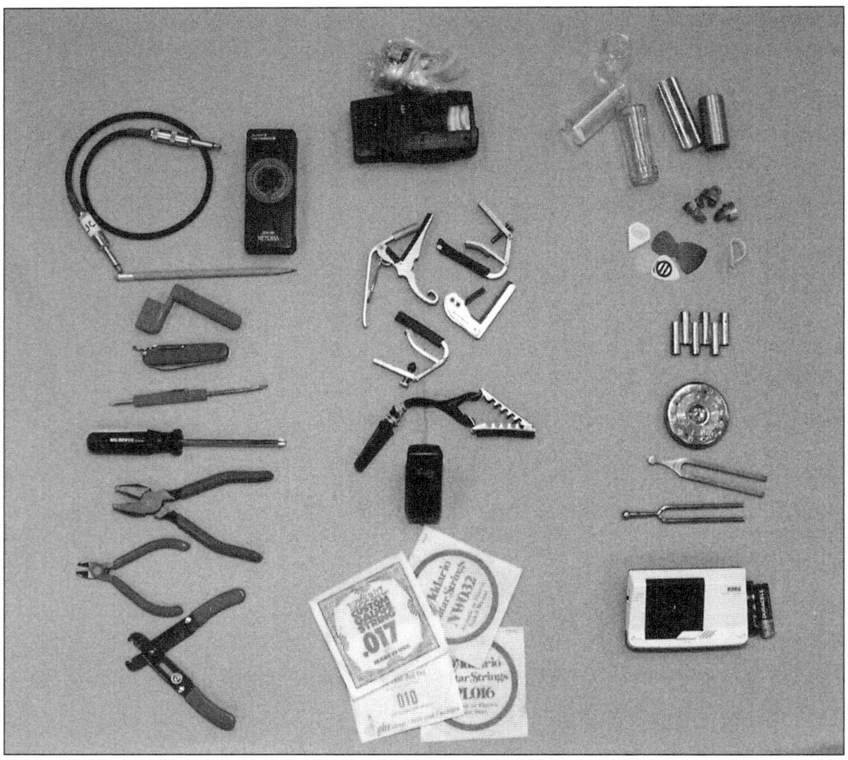

**Figure 16-4** : quelques accessoires destinés à faciliter la vie du guitariste.

- **Les chiffons**. Essuyez toujours votre guitare pour enlever les graisses corporelles qui peuvent attaquer les cordes et attaquer le vernis. Les chiffons de coton, c'est bien, la peau de chamois, c'est mieux. Essuyez au moins le manche avant de remettre la guitare dans son étui, et si vous en jouez en manches courtes, essuyez aussi la table.
- **Les bouchons de protection auditive**. Si vous jouez de la guitare électrique et si vous vous retrouvez à jouer dans de nombreuses petites jam-sessions impromptues, protégez vos oreilles avec des bouchons de protection auditive. Vos oreilles constituent votre capital musical le plus important (il est encore plus important que vos doigts). Ne les endommagez pas en les exposant à des bruits forts dans des pièces de répétition fermées. Achetez le type de bouchons spécialement conçus pour écouter de la musique : ils atténuent les fréquences à taux égal à travers tout le spectre. Cela revient donc à écouter la même musique… mais plus doucement. Beaucoup de guitaristes sont partisans des bouchons de protection auditive, y compris Pete Townsend, le guitariste des Who, qui affirme avoir perdu une partie significative de ses capacités auditives à cause de son exposition prolongée à de la musique bruyante.
- **Le papier et le crayon**. Ayez toujours de quoi noter sous la main. Comme ça, vous pourrez noter des paroles, un accord cool que quelqu'un vous montre, vous pourrez vous griffonner une antisèche pour pouvoir capter une progression d'accords en moins de deux, ou même faire passer subrepticement une note à un autre musicien. (« S'il vous plaît, demandez à votre bassiste de jouer moins fort, j'ai déjà sauté trois transitions ! »)
- **Un tournevis réversible**. Avec un tournevis aussi pratique, vous pourrez tout réparer, du micro qui crépite à la vis de mécanique desserrée. Prenez-en un qui ait à la fois une extrémité cruciforme et une extrémité normale.
- **Une manivelle à mécaniques**. Cette manivelle peu coûteuse (2 euros) vous permet de tourner les mécaniques environ 10 fois plus rapidement qu'à la main. Sans supplément, ces outils incluent une rainure qui est idéale pour retirer les goupilles bloquées du chevalet de votre guitare acoustique.
- **Une pince coupante, des tenailles**. Après tout, les cordes, ce sont des fils qui peuvent accrocher. Aussi on doit parfois les couper. Emportez une paire de pinces pour couper les bouts qui dépassent et pour dégager les bouts récalcitrants coincés dans une fixation de mécanique.

Voici une liste d'autres trucs que vous pourrez fourrer dans votre sac (de gym/à dos/de cuir brodé avec vos initiales) à accessoires :

- **Un diapason à bouche ou un diapason à branches**. Il n'y a pas de mal à avoir un de ces outils d'accordage bas de gamme pour le cas où la pile de votre accordeur électronique serait vide, ou encore parce que le batteur, ayant des difficultés gravitationnelles, lui a marché dessus. Ces deux ustensiles sont un peu comme des rames dans un monde de hors-bord et de bateaux à voiles : une fois l'essence brûlée et le vent tombé, vous pourrez encore avancer en utilisant l'huile de coude.
- **Une petite lampe torche**. Pas besoin d'attendre la tombée de la nuit pour l'utiliser. Les ombres et la petite taille de certaines pièces posent un problème aussi important que l'absence totale de lumière pour diagnostiquer, par exemple, un simple problème électrique. Vous pouvez tenir la petite lampe torche entre les dents en vous glissant à l'arrière de l'ampli pour réparer un câble de haut-parleur cassé.
- **Un testeur de câbles et un voltmètre**. Ces objets coûtent respectivement environ 15 euros et 30 euros, et seront rentabilisés dès que vous diagnostiquerez pour la première fois un mauvais câble ou un câble dont la polarité est inversée. Apprenez à vous servir du voltmètre en fonction de votre équipement, c'est-à-dire sachez de quelle alimentation électrique vous disposez et quels sont les réglages du voltmètre appropriés. Comme ça, vous pourrez aussi impressionner vos amis par votre attitude de surdoué de la technique.

- **Des fusibles**. Tout environnement que vous ne connaissez pas peut comporter des circuits électriques qui pourraient ravager votre équipement (et surtout votre ampli). La première ligne de défense de l'ampli, c'est son fusible. Si la fourniture en électricité dans la maison est un peu rudimentaire et que les plombs pètent, il vous faudra un fusible de remplacement pour faire à nouveau fonctionner l'ampli.
- **Le ruban adhésif entoilé**. Ce truc, c'est le bicarbonate de soude du musicien, un produit polyvalent qui guérit une multitude de maladies. Vous pouvez utiliser le ruban adhésif entoilé pour réparer quasiment tout, depuis un bouton de courroie qui cliquète à la pince de micro cassée. Même la bobine est pratique : vous pouvez vous en servir pour incliner votre ampli afin de mieux pouvoir l'actionner. Vous pouvez utiliser le ruban adhésif entoilé pour réparer le capitonnage de votre voiture ou même boucher les trous de vos jeans, sur scène ou non. Dans certains milieux, c'est même considéré comme à la mode.

# Sixième partie

# L'entretien

### *Dans cette partie...*

En vous exerçant de plus en plus avec votre guitare, vous allez vous rendre compte qu'elle n'est pas complètement différente d'un animal domestique. On s'y attache. Mais il faut aussi en prendre soin et le dorloter. D'accord, vous ne vous trouverez jamais en train de lui refiler les miettes de dessus la table, mais vous devrez effectuer l'entretien journalier. Le Chapitre 17 vous montre la procédure à suivre pour remplacer les cordes cassées, et le Chapitre 18 vous explique l'entretien journalier que chaque guitariste devrait être capable d'exécuter.

# Chapitre 17

# Le remplacement des cordes

***Dans ce chapitre :***

- Le remplacement des cordes d'acier d'une guitare acoustique
- Le remplacement des cordes de Nylon
- Le remplacement des cordes d'une guitare électrique

Beaucoup de guitaristes pensent que leurs guitares sont des instruments délicats, précieux et fragiles : ils semblent répugner à les accorder, et plus encore à changer les cordes. Bien qu'il faille faire attention à ne pas laisser tomber ou à ne pas égratigner votre guitare (sans parler d'y mettre le feu, comme le faisait Jimi Hendrix, parce que ça cause, en général, des dommages significatifs !), ne vous faites pas de souci en ce qui concerne un éventuel dommage qui serait causé par le remplacement, l'accordage ou le serrage exagéré des cordes. Le fait est que les guitares sont incroyablement robustes et qu'elles peuvent supporter des centaines de kilos de tension de corde ou même les styles de jeu de guitaristes qui ont la main lourde.

Le changement des cordes ne devrait jamais vous faire peur. C'est un peu comme donner un bain à votre chien : c'est bon pour le chien, vous serez content de l'avoir fait, et ça vous donne une occasion de vous rapprocher du meilleur ami de l'homme. De même, changer les cordes, ça améliore le son de la guitare, ça permet d'éviter que des cordes ne cassent à un moment inopportun, et ça vous aide à repérer d'autres problèmes de maintenance. Par exemple, au cours d'un changement périodique, vous pourriez découvrir qu'une rainure de chevalet est en train de trop se creuser, ou qu'une mécanique desserrée fait un bruit de crécelle. (Nous traiterons ces maladies en détail au Chapitre 18.)

## Stratégie de remplacement des cordes

Les guitares anciennes s'améliorent avec l'âge, mais l'état des vieilles cordes ne fait qu'empirer. C'est la première fois que vous jouez avec de nouvelles cordes qu'elles sonnent le mieux. Les cordes se détériorent progressivement jusqu'à ce qu'elles cassent ou que vous ne puissiez plus supporter les sons lugubres qu'elles produisent. Les vieilles cordes ont un son terne et sans vie, elles perdent leur capacité à tenir la tension et deviennent cassantes. Cette condition physique fait qu'elles sont plus raides au toucher et plus dures à presser, et comme ces cordes ne s'étirent alors plus aussi bien pour atteindre la case, elles se resserrent encore, ce qui fait que leurs notes ont tendance à être diésées, surtout en haut du manche.

CONSEIL

À moins que vous ne cassiez une corde et que vous deviez la remplacer d'urgence, il est conseillé de remplacer toutes les cordes en même temps. Elles ont tendance à s'user au même rythme ; donc, si vous remplacez simultanément toutes les vieilles cordes par de nouvelles, celles-ci commencent leur course contre l'usure sur un pied d'égalité.

La liste suivante indique dans quelles circonstances il est recommandé de changer les cordes :

- Elles donnent des signes visibles de corrosion ou de crasse incrustée.
- Elles ne jouent plus juste, donnent des tons diésés, surtout dans les aigus.
- Vous ne vous souvenez plus de la dernière fois que vous les avez changées et vous devez donner un concert important (durant lequel vous ne voulez pas courir le risque qu'une corde casse).

# Retirez les cordes usées

Pour installer une nouvelle corde, il faut retirer l'ancienne, cela semble évident. Vous pouvez enlever n'importe quelle corde en tournant sa mécanique pour la détendre suffisamment, l'attraper par le centre et la tirer hors de l'axe de la mécanique. Il n'est pas nécessaire de la dérouler complètement de l'axe en utilisant la clé.

Une méthode plus rapide consiste tout simplement à couper la corde avec une pince. Ça semble peut-être bizarre et brutal de couper une corde, mais ni le relâchement soudain de la tension, ni le fait de couper la corde ne peuvent endommager la guitare. Et nous savons de source sûre que les cordes n'ont pas de récepteurs sensoriels : elles ne sentent donc pas la douleur !

**CONSEIL**

La seule raison valable pour ne pas couper une corde, c'est si vous voulez la garder comme corde de rechange, au cas où la nouvelle se casserait durant le remplacement (c'est rare, mais ça arrive). Une vieille corde de *si*, c'est mieux que pas de corde de si du tout.

**NOTE TECHNIQUE**

Une idée fausse, mais répandue, est qu'il faut maintenir une tension constante des cordes sur la tête de manche. On vous dira peut-être de remplacer les cordes une par une, parce que les changer toutes à la fois serait soi-disant mauvais pour la guitare. Mais ce n'est pas vrai. Remplacer une corde à la fois, c'est *pratique* pour l'accordage, mais ce n'est pas le mieux pour la guitare.

Quelle que soit la manière dont vous retirez la vieille corde, une fois qu'elle est enlevée, il faut en installer une nouvelle. Les méthodes de remplacement des cordes varient légèrement selon qu'il s'agit d'une guitare acoustique à cordes d'acier, d'une guitare classique ou d'une guitare électrique.

# Le remplacement des cordes d'acier d'une guitare acoustique

Le remplacement des cordes est quasiment identique pour toutes les guitares acoustiques à cordes d'acier (mais il est différent de celui des guitares classiques et des guitares électriques). Les cordes sont fixées à deux endroits sur la guitare, et l'on emploie les mêmes méthodes pour toutes les guitares acoustiques à cordes d'acier, au chevalet et à la tête.

## Le remplacement des cordes point par point

Voici des instructions détaillées point par point pour remplacer les cordes de votre guitare. Vous devez fixer la nouvelle corde à deux endroits : au chevalet et au manche. Commencez par attacher la corde au chevalet, c'est une tâche assez simple.

### *Première étape : fixez la corde au chevalet*

Les guitares acoustiques ont un chevalet à six trous qui guident les cordes à l'intérieur de la guitare. Pour fixer une nouvelle corde au chevalet, procédez comme suit :

1. **Retirez la corde usée (voir la section « Retirez les cordes usées » plus haut dans ce chapitre) et sortez la goupille du chevalet.**

   Il arrive parfois qu'une goupille se coince : vous devrez alors vous servir d'un couteau pour l'extirper, mais faites attention à ne pas endommager le bois. Il vaut mieux utiliser le bord avec encoche d'une manivelle à mécaniques ou une pince à bec fin. (Voir le Chapitre 16 pour davantage d'informations sur les manivelles à mécaniques.)

2. **Placez l'extrémité de la nouvelle corde, qui est munie d'une petite bague de cuivre (qu'on appelle encore bille ou cylindre), à l'intérieur du trou de la goupille.**

   Fourrez-la simplement à l'intérieur, à environ 5 cm de profondeur. (La profondeur n'a pas d'importance, car vous allez bientôt la remonter.)

3. **Enfoncez fermement la goupille dans le trou avec la gorge (rainure) en face de la tête de manche.**

   La gorge de la goupille sert de canal pour que la corde sorte. La Figure 17-1 montre la disposition correcte de la nouvelle corde et du chevalet.

4. **Tirez doucement sur la corde jusqu'à ce que la bille touche le bas de la goupille.**

   Attention à ne pas entortiller la corde en la tirant.

**Figure 17-1** : voici comment placer la nouvelle corde dans le chevalet et comment positionner la goupille.

5. **Testez la corde en tirant doucement dessus.**

   Si vous ne sentez pas que la corde se déplace, c'est que la bille est bien calée contre la goupille et vous pouvez maintenant fixer la corde à la mécanique. Passez alors à la section suivante.

### Deuxième étape : fixez la corde à l'axe de la mécanique

Après avoir bien fixé la corde au chevalet, vous pouvez maintenant vous concentrer sur la tête. Les étapes sont légèrement différentes pour les cordes d'aigus et pour les cordes de graves. On enroule les cordes d'aigus dans le sens des aiguilles d'une montre autour des axes des mécaniques, et les cordes de basses dans le sens inverse.

Pour fixer une corde d'aigus à l'axe de la mécanique, procédez comme suit :

1. **Insérez la corde dans le trou de l'axe.**

   Laissez suffisamment de jeu (environ 10 cm suffisent) entre la goupille et l'axe de la mécanique pour pouvoir enrouler plusieurs fois la corde autour de l'axe.

2. **Entortillez (ou pliez) le fil de métal vers l'intérieur de la guitare.**

   La Figure 17-2 montre comment entortiller la corde pour la préparer à l'enroulement et combien de jeu laisser pour permettre cet enroulement.

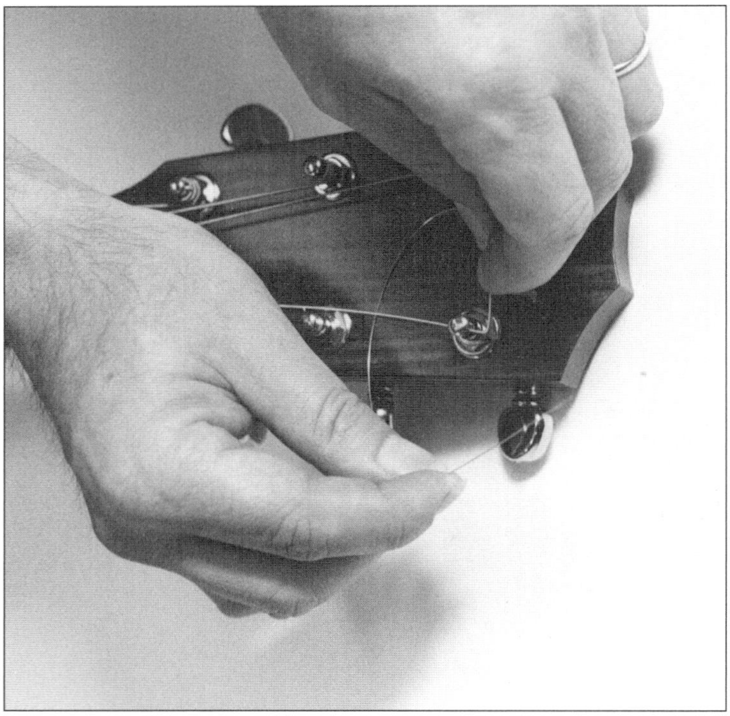

**Figure 17-2** : une corde entortillée vers l'intérieur de la tête, avec du jeu pour pouvoir l'enrouler.

3. **En gardant la corde serrée contre l'axe d'une main, faites tourner avec l'autre main la clé de la mécanique dans le sens des aiguilles d'une montre.**

   Cette étape est un peu difficile et requiert de l'adresse (tout comme jouer de la guitare !). Gardez l'œil sur l'axe afin de veiller à ce que la corde s'enroule en descendant autour de l'axe. La Figure 17-3 montre comment la corde s'enroule autour de l'axe du côté des aigus, ou côté droit de la guitare. Ne vous découragez pas si vous n'arrivez pas à ce que vos enroulements ressemblent exactement à ceux de la Figure 17-3. Il faut un peu de pratique pour que tout se passe parfaitement bien.

   CONSEIL

   L'enroulement descendant de la corde autour de l'axe crée un angle entre l'axe de la mécanique et le sillet. Un angle aigu procure davantage de tension sur le sillet et crée une meilleure *tenue* de la note jouée. Pour obtenir l'angle maximal, enroulez la corde de telle sorte qu'elle soit aussi basse que possible sur l'axe. (Cela vaut pour toutes les guitares, pas seulement pour les acoustiques.)

4. **Répétez les points 1 à 3 pour les cordes du bas (de graves), mais enroulez les mécaniques dans le sens inverse des aiguilles d'une montre.**

   Suivez les mêmes points, *sauf* que vous enroulez les cordes dans le sens contraire de celui qui est indiqué au troisième point, de telle sorte que la corde traverse le milieu et passe au-dessus de l'axe vers la gauche.

**Figure 17-3** : les cordes d'aigus enroulées autour des axes des mécaniques dans le sens des aiguilles d'une montre.

Si vous trouvez que vous avez laissé trop de jeu, déroulez la corde et recommencez en entortillant la corde davantage vers le bas. Si vous n'avez pas laissé suffisamment de jeu, votre enroulement ne parvient pas à se caler dans l'axe, ce qui peut avoir pour conséquence que la corde pourrait glisser si elle n'est pas de longueur suffisante.

Aucune des deux situations n'est tragique. Dans les deux cas, défaites simplement ce que vous venez de faire et recommencez. Comme lorsque vous essayez pour la première fois de nouer correctement une cravate, vous devrez peut-être recommencer plusieurs fois avant d'y arriver !

## L'accordage

Une fois la corde fixée autour de l'axe, vous pouvez écouter le son qu'elle produit quand vous la jouez à vide. En tendant la corde, placez-la dans la bonne fente du sillet. Si vous ne changez qu'une corde, vous pouvez vous contenter d'accorder la nouvelle corde par rapport aux autres, en supposant que celles-ci soient relativement bien accordées. (Rendez-vous au Chapitre 12 pour en savoir plus sur les petits détails inhérents à l'accordage de votre guitare.)

Une fois que vous aurez accordé la corde à la bonne hauteur, tirez-la en différents endroits en haut et en bas afin de la tendre un peu. Ce faisant, il est possible que vous la désaccordiez (elle se bémolise), parfois même très fortement si vous avez enroulé la corde en laissant un certain jeu autour de l'axe. Dans ce cas, accordez-la de nouveau à la hauteur voulue en tournant la clé. Répétez le procédé « tourner-étirer » deux ou trois fois de suite jusqu'à ce que la nouvelle corde garde sa justesse.

CONSEIL

L'utilisation d'une manivelle de mécaniques réduira considérablement le temps passé à cette activité. Une manivelle à mécaniques est en outre munie d'un manche dont un côté possède une encoche, ce qui permet d'extirper les goupilles récalcitrantes. Veillez juste à ne pas perdre la goupille en la faisant sauter en l'air ! (Le Chapitre 16 vous en apprend davantage sur les manivelles à mécaniques.)

Une fois que la corde est étirée et accordée à la bonne hauteur, vous pouvez couper la longueur excédentaire de la corde, soit avec une pince, soit en pliant la corde un nombre suffisant de fois au même endroit en avant et en arrière jusqu'à ce qu'elle cède.

Quelle que soit la méthode utilisée, ne laissez pas dépasser le bout de la corde : coupez-le ! Il pourrait vous cingler l'œil ou cingler celui du voisin (le bassiste, par exemple), ou encore vous entailler profondément le bout du doigt.

# Le remplacement des cordes de Nylon

Le remplacement des cordes de Nylon diffère de celui des cordes d'acier, parce que les chevalets et les axes des mécaniques sont différents sur les deux types de guitares correspondants. Il existe différentes catégories de chevalets pour les guitares à cordes de Nylon, ce qui entraîne des approches différentes pour y fixer les cordes. En revanche, toutes les têtes des guitares à cordes de Nylon se ressemblent en termes de remplacement des cordes.

## Le remplacement des cordes point par point

En un sens, il est plus facile de remplacer des cordes de Nylon que des cordes d'acier, parce que le Nylon n'est pas aussi élastique que l'acier. Pourtant, il sera peut-être un peu plus difficile de fixer une corde à l'axe de sa mécanique. Comme pour les guitares acoustiques à cordes d'acier, commencez par d'abord fixer le côté de la corde destiné à être fixé au chevalet, puis passez à la tête.

### Première étape : fixez la corde au chevalet

Alors que les cordes d'acier destinées aux guitares acoustiques ont une bille à l'une des deux extrémités, les cordes de Nylon n'en ont pas. Les deux extrémités sont libres. (D'accord, vous pouvez, certes, acheter des jeux de cordes de Nylon munies de billes, mais ce ne sont pas celles qu'on utilise habituellement.) En conséquence, vous pouvez choisir laquelle des extrémités de la corde sera fixée au chevalet. Procédez comme suit :

1. **Retirez la corde usée, comme cela est décrit à la section « Retirez les cordes usées » plus haut dans ce chapitre.**
2. **Faites passer une extrémité de la nouvelle corde à travers le trou au sommet du chevalet, en laissant environ 4 cm dépasser de l'arrière du trou.**

   Si les extrémités sont différentes, utilisez celle qui ressemble au milieu de la corde, et non celle qui a une apparence légèrement torsadée.
3. **Attachez l'extrémité en rabattant le petit bout de la corde au-dessus du chevalet et en le passant sous le reste de la corde pour former un nœud, comme le montre la Figure 17-4.**

   Vous devrez peut-être faire plusieurs essais avant que l'extrémité ait juste la bonne longueur. Si elle est trop longue, elle se balance au-dessus du sommet du chevalet (mais vous pouvez toujours couper le bout qui dépasse).
4. **Tirez la corde d'une main et bougez le nœud de l'autre pour éliminer le jeu, et étirez ainsi le nœud à plat au-dessus du chevalet.**

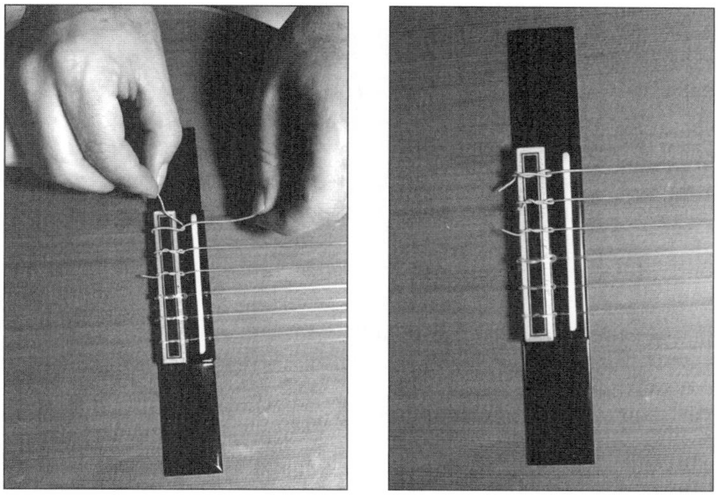

**Figure 17-4** : nouez l'extrémité de la corde au chevalet.

Si votre guitare est du type à 12 trous, vous disposez d'un trou séparé pour y enfiler la corde et la fixer au chevalet. Faites passer la corde à travers le trou comme au point 2, mais ramenez la corde au-dessus du chevalet et faites-la passer à travers le trou voisin. Puis rabattez l'extrémité libre (qui dépasse à l'arrière du chevalet) sous la boucle que vous venez de créer entre le premier trou à l'arrière et le deuxième trou à l'avant. Ensuite, tirez la corde pour la tendre, la boucle se serre sur l'extrémité rabattue de la corde, ce qui la fixe. Beaucoup de guitaristes pensent que le système à 12 trous pour fixer la corde est meilleur que le système à 6 trous, parce qu'il retire la partie nouée de la corde de la partie tendue, ce qui augmente l'angle de la corde au-dessus du sillet. Lorsque cet angle s'accroît, la tension descendante sur le chevalet s'accroît aussi, ce qui augmente la tenue.

### Deuxième étape : fixez la corde à l'axe de la mécanique

Sur une guitare à cordes de Nylon, les axes des mécaniques (appelés parfois « barils des chevilles ») traversent la tête latéralement au lieu de la traverser perpendiculairement comme sur la guitare acoustique à cordes d'acier ou la guitare électrique.

Pour fixer la corde à l'axe de tête d'une guitare classique, procédez comme suit :

1. **Faites passer la corde à travers le trou de l'axe. Ramenez vers vous l'extrémité de la corde au-dessus de l'axe, puis faites-la passer sous la corde avant le trou. Tirez sur l'extrémité de la corde, de telle sorte que la section longue de la corde vienne se loger dans la boucle en U que vous venez de former.**

   Faites en sorte que votre boucle vienne de l'extérieur (c'est-à-dire de la gauche pour les trois cordes basses, et de la droite pour les trois cordes aiguës). Laissez suffisamment de jeu pour pouvoir enrouler la corde cinq ou six fois. Ce faisant, maintenez fermement l'extrémité libre en place et empêchez que la section de la corde comprise entre l'axe et le sillet ne glisse.

2. **Tournez la clé de telle sorte que la corde s'enroule au-dessus de la boucle que vous venez de former, ce qui la plaque au-dessus de l'axe.**

3. **Tirez la section tendue de la corde d'une main, et de l'autre, tournez la clé de la mécanique.**

   Pratiquez les enroulements de la corde vers l'extérieur du trou, dans une direction opposée au centre de la guitare.

### L'accordage

En continuant de tourner la clé de la mécanique, la corde s'approche lentement de la hauteur souhaitée. Les cordes de Nylon, comme celles d'acier, nécessitent un étirement assez important. Donc, dès que vous aurez une première fois amené la corde à la hauteur voulue, prenez-la en main à différents endroits, tirez-la, et puis accordez-la de nouveau. Répétez ce processus deux ou trois fois pour que la guitare reste accordée plus longtemps.

Coupez les bouts qui dépassent après avoir accordé les six cordes. Les cordes de Nylon ne sont pas aussi dangereuses que les cordes d'acier lorsque leurs bouts dépassent, mais le bout de trop n'est pas esthétique, et les guitaristes de musique classique sont un peu plus pointilleux sur le look de leur instrument que les autres.

# Le remplacement des cordes d'une guitare électrique

En général, les joueurs de guitare électrique doivent changer les cordes de leur instrument plus souvent que les guitaristes qui jouent de la guitare acoustique à cordes d'acier ou à cordes de Nylon. Étant donné que changer les cordes d'une guitare électrique est quelque chose de très courant, les fabricants ont une approche plus progressive avec le matériel, ce qui rend souvent le changement des cordes très rapide et très facile. Parmi les trois types de guitares, c'est-à-dire acoustique à cordes d'acier, classique et électrique, c'est sur la guitare électrique que vous pouvez remplacer le plus facilement les cordes, et de loin.

## Le remplacement des cordes point par point

Comme vous le feriez sur des guitares à cordes d'acier ou à cordes de Nylon, commencez à remplacer les cordes d'une guitare électrique en fixant d'abord les nouvelles cordes sur le chevalet, puis fixez-les à la tête du manche. Les cordes de guitare électrique sont semblables à celles des guitares acoustiques à cordes d'acier, car elles ont des billes d'extrémités et parce qu'elles sont en métal. Pourtant, ces cordes sont habituellement d'un calibre moins important que celui des cordes d'acier pour guitares acoustiques, et la 3$^{e}$ corde n'est pas filée, contrairement à celle d'une guitare acoustique à cordes d'acier. (La 3$^{e}$ corde d'une guitare Nylon n'est pas filée non plus, mais elle est plus épaisse.)

### Première étape : fixez la corde au chevalet

La plupart des guitares électriques sont dotées d'un dispositif simple de fixation des cordes au chevalet. Faites passer la corde à travers un trou du chevalet (lui-même parfois renforcé par un collier) qui est plus petit que la bille d'extrémité de corde, de telle sorte que la bille maintienne la corde juste comme le fait un nœud au bout d'un fil dans un morceau de tissu lorsque vous faites du raccommodage. Sur certaines guitares, comme la Fender Telecaster, les colliers sont ancrés directement dans la caisse, et les cordes passent à travers le fond de l'instrument et à travers un trou dans le chevalet pour ressortir sur la table.

La Figure 17-5 montre deux dispositifs de fixation d'une corde sur une guitare électrique : depuis la table et à travers le fond de la caisse.

En tout cas, sur toutes les guitares électriques, sauf quelques rares exceptions (celles qui sont munies de chevalets flottants de type Floyd Rose, dont nous allons vous parler à la fin de ce chapitre), la corde s'ancre au chevalet en passant à travers le trou jusqu'à ce que la bille arrête le mouvement. Ensuite, on peut passer à la fixation au niveau de la tête.

**Figure 17-5** : deux dispositifs de fixation des cordes au chevalet des guitares électriques.

#### *Deuxième étape : fixez la corde à l'axe de la mécanique*

Dans la plupart des cas, les axes d'une guitare électrique ressemblent à ceux d'une guitare acoustique à cordes d'acier. Un axe dépasse de la tête, on fait passer la corde à travers le trou de l'axe, on entortille la corde vers l'extérieur (en l'éloignant du centre de la tête), et l'on commence à enrouler en même temps que l'on tient la section de corde longue d'une main pour la contrôler. (Voir « Deuxième étape : fixez la corde à l'axe de la mécanique » dans la section « Le remplacement des cordes d'acier d'une guitare acoustique » plus haut dans ce chapitre.)

Certaines guitares électriques, notamment les Stratocaster et Telecaster de Fender, sont munies de *guides*, qui sont de petites pièces de métal fixées au sommet de la tête, et qui tirent vers le bas les deux ou quatre cordes du haut sur la tête, un peu comme un pieu de tente. Si votre guitare est munie de guides, veillez à ce que les cordes passent dessous.

Certaines mécaniques sont munies d'un dispositif de verrouillage, de telle sorte que vous n'avez pas à vous occuper d'enroulement, de jeu, de tout le tralala ! À l'intérieur du trou de l'axe se trouve un dispositif semblable à un étau, qui agrippe la corde lorsqu'elle passe à travers. Une molette au-dessous de la tête permet de serrer ou desserrer cet étau. La marque Spurzel est probablement la plus connue pour ce type de fixations.

Certaines guitares ont des mécaniques avec un axe à rainure qui n'est pas percé. Ces dispositifs permettent aussi un remplacement rapide des cordes, parce qu'il suffit de poser la corde dans la rainure alignée avec la corde, de l'entortiller et de commencer à enrouler. Vous n'avez même pas besoin de ménager du jeu pour l'enroulement des cordes.

## Le cas particulier du chevalet Floyd Rose

La musique rock des années 80 a été très marquée par l'usage à la guitare de la barre de trémolo et du chevalet flottant (un chevalet qui n'est pas fixe, mais qui au contraire flotte sur un assemblage de ressorts). Comme les chevalets flottants standard n'étaient pas conçus pour le genre d'abus que leur ont fait subir des guitaristes créatifs comme Steve Vai et Joe Satriani, les fabricants ont trouvé de meilleurs dispositifs destinés à garantir que les chevalets reviennent bien en position d'origine et que les cordes restent bien accordées.

C'est Floyd Rose qui a inventé l'assemblage de ce type, qui est celui qui a le plus séduit les musiciens. Rose a employé sa propre conception brevetée pour produire un système de chevalet déplaçable extrêmement précis, et un sillet de verrouillage (dispositif qui ressemble à une pince et qui remplace le sillet standard).

Les cordes sont montées au-dessus du chevalet, au lieu de passer à travers, mais avec une différence notable : il faut couper l'extrémité à bille avant de fixer la corde, de telle sorte que l'extrémité puisse être insérée dans un minuscule mécanisme d'étau qui maintient les cordes en place. Si vous avez une guitare munie d'un chevalet Floyd Rose, ayez toujours avec vous un jeu de cordes de rechange avec les billes coupées, ou au moins une pince coupante sous la main.

Étant donné que le système Floyd Rose comprend aussi un sillet verrouillant, l'enroulement des cordes sur l'axe n'est pas décisif. Une fois le sillet verrouillé (avec une petite clé Allen), peu importe ce que vous faites avec les clés des mécaniques. Vous allez effectuer tous les accordages à l'aide de molettes placées sur le chevalet. Ces molettes s'appellent des « roulettes d'ajustement fin », parce que leurs mouvements sont bien plus petits et plus précis que ceux que l'on effectue au niveau de la tête.

Il faut un peu plus de temps, pour remplacer les cordes d'une guitare équipée d'un chevalet flottant de type Floyd Rose, qu'avec une guitare électrique normale. Mais si vous avez l'intention d'utiliser beaucoup la barre de trémolo, ce système en vaudra bien la peine.

# Chapitre 18

# L'abc de l'entretien et de la réparation

***Dans ce chapitre :***

- Nettoyez votre guitare
- Protégez votre guitare
- L'environnement approprié
- Les ajustements et réparations que vous pouvez effectuer vous-même

On ne le dirait pas, mais les guitares sont des créatures particulièrement robustes. Vous pouvez leur faire subir un programme éprouvant, les obliger à rester debout toute la nuit, les frapper impitoyablement : tout ça ne va pas les déranger le moins du monde.

En général, les guitares ne s'usent jamais, bien qu'il soit parfois nécessaire de remplacer quelques pièces et d'effectuer quelques réglages. Mais, contrairement à votre voiture ou à votre corps, vous n'aurez pas grand-chose à faire pour garder votre guitare en excellente santé.

Si vous ne l'utilisez pas à des fins étranges, si vous ne la soumettez pas à des conditions extrêmes, une guitare restera non seulement structurellement saine pendant des décennies, mais elle continuera aussi à jouer juste. Et vous continuerez à vous sentir à l'aise lorsqu'elle sera entre vos mains. En fait, les guitares *s'améliorent* avec l'âge et l'usage. Ah, si nous avions la même chance !

Pourtant, il est quasiment impossible d'empêcher qu'une guitare ne subisse quelques blessures, ou qu'elle ait besoin de quelques réparations au fil du temps. Vous devez bien l'entretenir. Et si votre guitare déraille de temps en temps, vous pourrez la réparer vous-même dans la plupart des cas. Toutefois, si vous avez des doutes quant à vos aptitudes de technicien, ou si vous n'êtes pas excessivement doué, adressez-vous à un réparateur qualifié.

Avant de parler des questions de l'entretien et des réparation personnalisés, il sera utile de consulter le guide qui suit pour diagnostiquer le problème relatif à votre guitare. Jetez un coup d'œil au Tableau 18-1 pour voir si votre guitare souffre de l'une des maladies musicales suivantes :

**Tableau 18-1 Problèmes et solutions**

| *Symptôme* | *Solution* | *Reportez-vous à la section* |
|---|---|---|
| Les cordes ont perdu de leur brillance ; il est difficile de les jouer ; elles sonnent diésées quand elles sont frettées | Remplacez les cordes (voir le Chapitre 16), et essuyez les nouvelles cordes après chaque usage pour prolonger leur durée de vie | Éliminez la saleté et la poussière : « Les cordes » |

| *Symptôme* | *Solution* | *Reportez-vous à la section* |
|---|---|---|
| Surface de bois de votre guitare terne ou sale | Essuyez-la avec un chiffon de coton ou une peau de chamois | Éliminez la saleté et la poussière : « Le bois » |
| Pièces métalliques ternes ou graisseuses | Essuyez-les avec un chiffon ; appliquez un produit de nettoyage pour bijoux | Éliminez la saleté et la poussière : « Les pièces métalliques » |
| La guitare absorbe trop d'humidité, ce qui la fait se gonfler et se craqueler ; la guitare sèche par manque d'humidité, ce qui la fait se rétrécir et se craqueler | Placez l'instrument dans un environnement où l'humidité est régulée à un niveau compris entre 45 à 55 % à température ambiante (18 à 24 °C) | Un environnement approprié pour l'instrument : « La régulation de l'humidité » |
| Cliquetis ou bourdonnement des pièces métalliques lorsque vous jouez | Resserrez les pièces métalliques avec un tournevis ou une clé appropriée | Les réparations que vous pouvez effectuer vous-même : « Le resserrage des pièces qui ont du jeu » |
| Le manche est concave (il s'éloigne des cordes) entre la septième et la douzième case, ce qui fait que les cordes sont trop hautes et difficiles à presser | Resserrez légèrement la barre de renforcement pour redresser le manche | L'ajustement du manche et du chevalet : « Serrez et desserrez la barre de renforcement » |
| Le manche est convexe (il se rapproche des cordes) entre la septième et la douzième case, ce qui fait que les cordes sont trop basses et qu'elles bourdonnent | Desserrez légèrement la barre de renforcement pour redresser le manche | L'ajustement du manche et du chevalet : « Serrez et desserrez la barre de renforcement » |
| Les cordes sont trop hautes, ce qui les rend difficiles à presser, bien que le manche soit droit ; les cordes sont trop basses, ce qui les fait bourdonner, bien que le manche soit droit | Abaissez ou rehaussez les sillet et chevalet | L'ajustement du manche et du chevalet : « L'intervalle » |
| Les cordes sont diésées ou bémolisées lorsqu'on les presse | Ajustez l'intonation en déplaçant les cordes vers le chevalet ou vers le sillet | L'ajustement du manche et du chevalet : « L'intonation » |
| Les mécaniques se cassent ; les roues dentées se démontent | Achetez des mécaniques neuves et installez-les, et veillez pour cela à ce que les trous de montage sur les mécaniques soient exactement alignés aux trous de la tête | Les réparations que vous pouvez effectuer vous-même : « Les mécaniques » |
| La vis du bouton de courroie se desserre et ne tient plus fermement dans le trou | Appliquez de la colle pour plastique et pour bois ou de la colle blanche, et remplacez le bouton en faisant complètement sécher la colle | Les réparations que vous pouvez effectuer vous-même : « Les boutons de courroie » |
| Le chevalet flottant a trop de jeu ou semble trop desserré ; le chevalet semble trop raide et ne répond pas bien à l'action de la barre de trémolo | Remplacez, resserrez ou ajoutez des ressorts au cordier dans la cavité arrière ; retirez les ressorts ; desserrez la plaque | Les réparations que vous pouvez effectuer vous-même : « Les ressorts du chevalet » |

| Symptôme | Solution | Reportez-vous à la section |
|---|---|---|
| Les boutons de contrôle du volume ou le sélecteur de micro crépitent | Tournez vigoureusement le bouton ou l'interrupteur en avant et en arrière pour faire partir la corrosion | Le remplacement de pièces âgées ou usées : « Les boutons de contrôle qui crépitent » |
| Le jack du micro crépite | Ressoudez le fil desserré ou cassé au tenon correspondant | Le remplacement de pièces âgées ou usées : « La prise jack qui a du jeu » |
| Les micros se cassent, s'usent ou ne vous donnent plus le son que vous souhaitez | Achetez un jeu de micros compatibles neufs, suivez les instructions de montage, et soudez proprement toutes les connexions | Le remplacement de pièces âgées ou usées : « Le remplacement des micros » |

# Nettoyez votre guitare

L'entretien le plus simple, c'est le nettoyage. Vous devriez nettoyer votre guitare régulièrement, ou de manière intuitive, chaque fois qu'elle se salit. Lorsqu'une guitare se salit, elle ne rentre pas à la maison avec de la boue sur son tee-shirt ou des taches d'herbe sur son pantalons, mais elle a d'autres inconvénients !

## Éliminez la saleté et la poussière

À moins que vous ne viviez dans une bulle, la saleté et la poussière font partie de votre environnement. Certains objets semblent être faits pour attirer la poussière (par exemple, le dessus d'un téléviseur), et il semble que les guitares en attirent une bonne quantité elles aussi. Si la poussière s'accumule sous les cordes de la tête et du chevalet, vous pouvez l'enlever avec un chiffon ou un plumeau. D'accord, les plumeaux semblent être des objets ridicules, qui ne sont utilisés que par les femmes de ménage en tablier dans les vieux films, mais ils sont fonctionnels : ils retirent la poussière d'un objet sans presser dessus (la pression pourrait égratigner le vernis délicat). Donc, même si votre tablier de femme de ménage est au pressing, utilisez un plumeau pour faire la poussière sur votre guitare. Lorsque la poussière se mélange à la sueur de vos mains, de vos doigts, cette poussière se transforme en crasse. La crasse peut coller sur toutes les surfaces, mais elle se remarque particulièrement sur les cordes.

### Les cordes

Les bouts des doigts sont naturellement gras, et leurs graisses naturelles se déposent sur les cordes chaque fois que vous jouez de la guitare. La couche de graisse ainsi formée est invisible, mais elle est bien là ! Et, avec le temps, elle risque d'attaquer le matériau des cordes et de créer une accumulation de crasse (qui non seulement est poisseuse, mais qui en plus avec le temps endommagera le bois). La crasse ternit le son des cordes et les fait s'user plus rapidement ; si vous laissez la situation se détériorer, la crasse des cordes pourra même s'infiltrer dans les pores de la touche. Pouah !

CONSEIL

La meilleure manière de combattre la crasse, c'est d'essuyer les cordes après chaque séance, juste avant de remettre la guitare dans son étui. (Notez que nous partons du principe que vous remettez la guitare dans son étui, ce qui est un autre bon principe d'entretien préventif.) La peau de chamois est un matériau formidable pour essuyer les cordes, parce qu'elle sert aussi de chiffon à polir. Un lange de coton fera aussi très bien l'affaire (mais n'utilisez pas de couche jetable, s'il vous plaît !). Les bandanas, quant à eux, vous donneront peut-être le look Willie Nelson/Janis Joplin, mais ces foulards ne sont pas faits avec un matériau bien absorbant : donc, ne les utilisez pas pour essuyer votre guitare.

Essuyez d'abord l'ensemble des cordes, puis pincez chacune d'elles entre le pouce et l'index avec le chiffon en faisant monter et descendre votre main le long de la corde. Ce mouvement séchera la corde sur toute sa circonférence et la débarrassera de toute graisse ou crasse. C'est tout ce que vous avez à faire pour garder des cordes propres et augmenter considérablement leur durée de vie. (Et pendant que vous y êtes, essuyez aussi le dos du manche.)

### Le bois

Une guitare est faite surtout de bois, et le bois aime qu'on le frotte (qui parmi vous refuserait un petit massage ?). Si votre guitare est très poussiéreuse, si, par exemple, elle a été rangée sans protection dans un grenier non aéré pendant un bon bout de temps, soufflez dessus pour faire partir l'excès de poussière avant même d'ôter la poussière avec le chiffon ou avec le plumeau. Ce geste simple peut éviter une éraflure ou une abrasion du vernis.

Frottez doucement les différentes surfaces de la guitare jusqu'à ce qu'elles soient débarrassées de toute poussière. Il vous faudra peut-être secouer plusieurs fois le chiffon : donc, faites ça dehors, sinon vous allez éternuer. À moins que votre guitare ne soit *vraiment* sale, c'est-à-dire qu'elle ait de la crasse incrustée (dont vous ne voulez certainement pas savoir la provenance), le dépoussiérage suffit pour le bois.

Si l'aspect terne persiste ou si une couche de crasse est clairement visible sur le vernis, vous pouvez frotter la guitare avec de la cire pour meubles ou, mieux encore, avec un *produit d'entretien spécial guitares*. Celui-ci est conçu spécialement pour les vernis employés par les fabricants de guitares, alors que certains produits d'entretien des meubles peuvent contenir des abrasifs. Si vous avez des doutes, servez-vous du nettoyant visqueux que beaucoup de magasins vendent. Et suivez les instructions inscrites sur le flacon.

ATTENTION !

Bien que les fabricants de produits d'entretien pour guitare donnent les instructions sur l'étiquette, répétons-le : ne passez *jamais* de nettoyant liquide et ne vaporisez jamais de nettoyant directement sur la surface de la guitare. Cela risquerait de tremper le bois et de le tacher définitivement ! Versez ou vaporisez la substance sur votre chiffon à poussière, et répartissez-la un peu dessus avant de nettoyer le bois avec le chiffon.

CONSEIL

Pour nettoyer la poussière entre les cordes à des endroits aussi difficiles d'accès que la tête, le chevalet et la zone des micros, servez-vous d'un petit pinceau en poils de chameau. Et conservez ce pinceau dans l'étui de la guitare.

### Les pièces métalliques

L'accumulation de crasse n'endommage pas vraiment les pièces métalliques (mécaniques, chevalet, etc.) dans la même proportion qu'elle peut endommager du bois poreux, mais une guitare crasseuse fait sans aucun doute un mauvais effet, et vous ne voulez pas jouer sur MTV avec des pièces métalliques plus sales que des batteries (nous plaisantons, chers collègues percussionnistes !).

Pour ce qui est des pièces métalliques, il suffit de les frotter avec un chiffon à poussière, mais vous pouvez naturellement aussi employer un produit d'entretien pour bijoux ou pour chromes si vous le souhaitez, tant que ce produit n'est pas abrasif. Le produit d'entretien des métaux élimine non seulement les résidus vraiment gras (ce qui ne sera pas possible seulement en les essuyant avec le chiffon), mais en plus il fait briller les pièces mécaniques, et c'est très important pour les lumières du plateau de télé !

De nombreux composants métalliques bon marché sont plaqués, ce qui veut dire que leurs matériaux communs, moches et hétérogènes, sont recouverts d'une fine couche de métal brillant. Donc, évitez de les frotter avec trop de zèle, car vous risqueriez d'enlever la couche brillante. Cela pourrait arriver si vous les frottez plusieurs fois avec du produit d'entretien pour métaux. Évitez aussi que du liquide d'entretien pour métaux ne tombe sur les pièces mobiles de la mécanique.

ATTENTION !

Ne touchez *jamais* les micros d'une guitare électrique avec quelque chose d'autre qu'un chiffon sec ou que votre plumeau. Les micros et les pièces magnétiques ont autant horreur du liquide d'entretien que de la Méchante Sorcière de l'Ouest.

### L'entretien du vernis

Les guitares acoustiques sont enduites de laque ou d'une autre couche synthétique destinée à protéger la surface du bois et à la faire briller. Que votre instrument ait un verni brillant ou satiné (plus sobre et à l'allure plus naturelle), l'idée est la même : gardez ce vernis toujours propre et sans poussière pour qu'il reste brillant et transparent pendant des années. N'exposez pas votre guitare à la lumière directe du soleil pendant de longues périodes, et évitez les variations d'humidité et de température. Le respect de ces règles simples contribuera à éviter que le vernis ne se craquelle en même temps qu'il enfle et se rétrécit avec le bois.

CONSEIL

Si le vernis est craquelé à cause d'un choc causé par inadvertance (contre le coin d'une table !), il faut l'apporter chez le réparateur sans tarder pour éviter que la craquelure ne s'agrandisse comme une « toile d'araignée » sur un pare-brise.

## Protégez votre guitare

Si vous jouez de la guitare, vous n'allez certainement pas en faire un secret. Bon, au début, peut-être, mais une fois que vous saurez un peu jouer, vous aurez envie de jouer votre musique pour et avec les autres. À moins que vous n'ayez l'intention de recevoir un tas de gens chez vous, vous devrez emporter votre guitare avec vous dans le vaste monde. Une protection est alors absolument indispensable. Ne partez *jamais* sans étui protecteur.

### En déplacement

La plupart des gens ne pensent pas à la santé de leur guitare acoustique favorite lorsqu'ils la fourrent dans le coffre de la voiture et s'en vont à la plage. Pourtant, c'est nécessaire. Un minimum de bon sens pourra faire que votre guitare continuera à ressembler à une guitare, et pas à une planche de surf.

Si vous voyagez en voiture, placez la guitare dans l'habitacle où vous pouvez réguler l'environnement. Une guitare dans le coffre à bagages non isolé thermiquement sera exposée à des températures soit trop élevées, soit trop basses en comparaison de celles auxquelles les humains sont soumis dans l'habitacle. (Les guitares aiment aussi écouter la radio, tant qu'elles ne jouent pas de la musique disco ni de Milli Vanilli !)

Si votre voiture est climatisée et qu'il faut que vous mettiez la guitare dans le coffre avec la roue de secours, poussez-la jusqu'au bout du coffre afin qu'elle soit proche de l'habitacle et qu'elle puisse bénéficier d'une « osmose environnementale » (elle n'aura pas aussi chaud ni aussi froid qu'à l'arrière du coffre). Ce truc serait aussi utile pour le cas où, Dieu vous en préserve, une autre voiture emboutirait la vôtre par derrière.

Un étui rigide, c'est une meilleure protection pour la guitare que la housse de Nylon ou l'étui souple en carton. Vous pourrez placer des choses sur un étui rigide, alors que les autres étuis vous obligent à placer la guitare au sommet du tas, ce qui ne plaira peut-être que moyennement à tous les compulsifs qui chargent les coffres de voitures avant les grandes vacances familiales. (Reportez-vous au Chapitre 16 pour en savoir plus sur les étuis.)

Les housses de Nylon n'offrent aucune protection contre les chocs, mais elles protègent des éraflures. Si vous savez que la guitare ne va jamais quitter votre épaule, vous pouvez utiliser une housse. Les housses permettent aussi de placer une guitare électrique dans le compartiment à bagages à main de la plupart des avions. Les voyageurs avisés savent quels avions peuvent accueillir une guitare dans sa housse, et ils font la queue suffisamment tôt à l'enregistrement pour obtenir une place pour leur précieuse cargaison.

### Le rangement

Que vous partiez en vacances ou en déplacement pour longtemps, vous aurez peut-être un jour besoin de ranger votre guitare pendant une longue période. Mettez la guitare dans son étui et placez celui-ci dans un placard ou sous un lit. Essayez de ranger la guitare à un endroit où l'environnement climatique est régulé, plutôt que dans une cave humide ou un grenier non isolé.

Si vous rangez la guitare, posez-la à plat ou sur le côté. La position n'a aucune importance pour la guitare. Il n'est pas nécessaire de beaucoup détendre les cordes, mais détendez-les quand même d'un demi-ton pour éviter que le manche ne soit soumis à une tension excessive s'il enflait ou s'il se rétrécissait légèrement.

## Un environnement approprié pour l'instrument

Les guitares sont conçues pour fonctionner dans des conditions de température et d'humidité spécifiques. Pour que la guitare fonctionne et sonne comme le fabricant l'a prévu, il faut que vous la mainteniez dans un environnement adéquat. Heureusement, cela veut simplement dire un environnement qui est très confortable pour les êtres humains.

### La régulation de la température

Une guitare peut vivre confortablement lorsque la température est comprise entre 18 et 27 °C, ce qui représente une température idéale pour les humains. Une guitare craint davantage la chaleur que le froid : donc, conservez-la à l'abri du soleil et évitez de la laisser toute la journée dans un coffre de voiture surchauffé.

Si votre guitare a été exposée au froid pendant plusieurs heures parce qu'elle était à l'arrière du camion que vous conduisiez en décembre entre Paris et Munich, laissez-lui le temps de se réchauffer progressivement quand vous la rentrez où vous logez. Il est recommandé de laisser la guitare dans l'étui jusqu'à ce que l'étui soit lui-même à température ambiante. Évitez si possible d'exposer la guitare à des changements de température radicaux : cela évitera des craquelures du vernis, qui sont causées par le fait que le vernis ne peut pas se dilater ni se contracter autant que le bois qu'il recouvre.

## La régulation de l'humidité

Les guitares, qu'elles soient fabriquées à Hawaii ou en Espagne, le sont dans un environnement où l'humidité est régulée et où elle reste donc stable à un niveau d'environ 50 %. Pour permettre à votre guitare de vivre la vie qu'a prévue pour elle le luthier, il faut que vous mainteniez le niveau d'humidité de la pièce dans laquelle se trouve la guitare entre 45 et 55 %. Si le climat de votre lieu de résidence est sec ou humide, et que vous le compensez avec un humidificateur ou un déshumidificateur, il est bon de rechercher de tels réglages, qui, d'ailleurs, maintiennent une atmosphère saine pour les êtres humains. Les guitares exposées à un environnement trop sec se craquèlent, celles qui absorbent trop d'humidité gonflent et se voilent.

Si vous ne pouvez pas vous acheter d'humidificateur ou de déshumidificateur, vous pourrez quand même obtenir de bons résultats avec les solutions bon marché suivantes :

- **L'humidificateur pour guitare**. Il s'agit simplement d'une éponge dans une enveloppe de caoutchouc. Saturez-la d'eau, pressez l'excédent d'eau hors de l'éponge, et puis fixez l'humidificateur à l'intérieur de la guitare, sous la rosace, ou placez-le à l'intérieur de l'étui pour en augmenter le niveau d'humidité.
- **Le « dessiccant »**. Il s'agit d'une poudre ou d'une substance de cristaux, habituellement en sachets, qui absorbe l'humidité de l'air ambiant et abaisse ainsi le niveau relatif d'humidité. La marque Silicagel est courante, et des sachets de ce produit sont souvent glissés à l'intérieur des étuis de nouvelles guitares.
- **L'hygromètre**. Il est facile de se procurer cet instrument bon marché dans le commerce (quincaillerie). L'hygromètre indique l'humidité d'une pièce avec un bon niveau de précision (suffisant, en tout cas, pour mesurer le bon degré d'humidité pour une guitare). Achetez-en un modèle portable (non pas le type qu'on accroche au mur) pour pouvoir le transporter, si nécessaire, ou même le ranger à l'intérieur de l'étui.

En règle générale, si le niveau d'humidité est agréable pour un être humain, il est bon pour une guitare. Conservez votre guitare dans un environnement proche de la température d'une pièce (environ 22 °C) avec un taux d'humidité relative d'environ 50 %, et vous n'entendrez jamais votre guitare se plaindre (façon de parler).

Ne poussez pas non plus en appliquant cette règle : n'allez pas plonger votre guitare dans un bain moussant chaud !

# Les réparations que vous pouvez effectuer vous-même

Si vous allumez la lumière dans votre maison et qu'une ampoule grille, allez-vous appeler un réparateur ? Bien sûr que non. Vous regardez la puissance de l'ampoule grillée, vous allez chercher une ampoule de remplacement dans le placard, et en un tournemain vous avez remplacé l'ampoule. L'idée d'effectuer vous-même ce type de réparation ne vous cause pas de sueurs froides, n'est-ce pas ?

Eh bien, en adoptant le même type d'approche intuitive envers votre guitare, vous pourrez effectuer vous-même des ajustements simples, des petits réglages et des petites réparations. Il n'y a rien de magique dans la construction mécanique de la guitare. Ce qui est magique, c'est le son qu'elle produit, et pas la manière dont les mécaniques fonctionnent ni celle dont les cordes sont fixées au chevalet.

Parmi les réparations que vous pouvez effectuer vous-même, on peut citer l'élimination des cliquetis parasites, l'ajustement de l'intervalle (c'est-à-dire le rehaussement ou l'abaissement des cordes par rapport aux frettes), l'élimination de la poussière et de la crasse, le remplacement de pièces usées ou cassées, et le remplacement des cordes. (En fait, nous avons consacré tout le Chapitre 17 au remplacement des cordes ; donc, consultez-le si vous voulez remplacer une corde usée ou cassée.)

## Le resserrage des pièces qui ont du jeu

Une guitare est un système de pièces mobiles dont beaucoup sont mécaniques. Comme tous les propriétaires d'une voiture peuvent l'attester, les pièces mobiles prennent du jeu. Dans les guitares, ce sont les raccordements de pièces métalliques qui ont tendance à se desserrer, comme les sillets ou les vis qui maintiennent les couvercles du micro.

Si vous entendez un cliquetis, essayez de gratter la guitare d'une main pour causer à nouveau le cliquetis en touchant de l'autre main les diverses pièces suspectes. Lorsque vous toucherez le coupable, le cliquetis s'arrêtera. Puis vous pourrez prendre des mesures appropriées pour resserrer ce qui s'est relâché. (Il s'agit le plus souvent d'une vis de mécanique, d'un couvercle de micro ou de la prise jack.) Habituellement, des outils ordinaires suffiront pour effectuer la réparation : des tournevis, des clés, une tronçonneuse (nous plaisantons concernant ce dernier outil). Ces outils simples doivent être du format voulu pour les vis, les boulons, etc. qu'ils doivent actionner. Faites donc l'inventaire des tailles et des formes des vis, des écrous et des boulons de votre guitare, et créez une boîte à outils miniature dédiée uniquement aux réparations de votre guitare.

## L'ajustement du manche et du chevalet

Les guitares changent avec le temps (et surtout d'une saison à l'autre), notamment si votre environnement subit des changements de température et d'humidité. Si ces composantes changent fréquemment, la guitare absorbe ou perd naturellement de l'humidité, ce qui fait que son bois gonfle ou rétrécit. Ces états physiques sont tout à fait normaux, et ils n'abîment pas la guitare.

Le problème de la dilatation et de la contraction du bois réside dans le fait que les tolérances d'ajustement sont assez faibles. En conséquence, une légère courbure du manche aura pour effet de faire bourdonner la guitare quand vous en jouerez, ou de la rendre subitement bien plus difficile à fretter. Si cette situation se produit, vous pourrez bien souvent remédier au problème par un simple ajustement du manche et/ou du chevalet.

### Serrez et desserrez la barre de renforcement

Le manche de la plupart des guitares est muni de ce qu'on appelle une *barre de renforcement*. Il s'agit d'une tige ajustable d'une ou deux pièces de métal qui traverse tout le centre du manche. Toutes les barres de renforcement peuvent être ajustées par un écrou à l'une des extrémités du manche. Son emplacement sera différent selon la marque de la guitare, mais il se trouve habituellement placé sur la tête de l'instrument, sous un couvercle juste derrière le sillet, ou à l'endroit où le manche est fixé à la caisse, juste sous la touche. Certains modèles plus anciens n'ont pas de barre d'ajustement. Les anciennes guitares de la marque Martin sont munies de barres de renforcement que l'on ne peut pas ajuster sans retirer le manche. Mais toutes les guitares fabriquées aujourd'hui sont munies de barres de renforcement qui sont accessibles.

Si le manche se courbe *en s'éloignant* des cordes entre les septième et douzième cases, ce qui cause un grand creux qui vous gêne lorsque vous voulez plaquer les cordes, resserrez la barre de renforcement en tournant l'écrou dans le sens des aiguilles d'une montre (en faisant directement face à l'écrou). Resserrez chaque fois l'écrou d'un quart de tour en laissant au manche quelques minutes pour s'ajuster après chaque quart de tour. (Vous pouvez jouer pendant la période d'ajustement.) Toutes les guitares sont fournies avec leur clé Allen spécialement destinée à la barre d'ajustement ; donc, si vous n'en avez pas, essayez de vous en procurer une de remplacement le plus rapidement possible. (Commencez par vous rendre au magasin de musique du coin, et si cela ne marche pas, contactez le fabricant de l'instrument.)

Si le manche se courbe et *se rapproche des cordes* entre les septième et douzième cases, ça fait bourdonner les cordes en les faisant toucher des frettes qu'elles ne sont pas censées toucher lorsque vous les pressez sur la touche. Desserrez la barre de renforcement à l'aide de la clé Allen appropriée. Desserrez chaque fois l'écrou d'un quart de tour en laissant au manche quelques minutes pour s'ajuster après chaque quart de tour.

Si vous n'arrivez pas à corriger le problème après quelques tours complets, arrêtez-vous. Vous devrez alors confier la guitare à un réparateur qualifié. Une barre de renforcement trop serrée ou desserrée peut endommager le manche et/ou la caisse.

### L'intervalle

L'*intervalle*, c'est la distance qui sépare les cordes du manche. Comme les marges de tolérance sont étroites, l'intervalle de votre guitare peut facilement se dérégler. Habituellement, vous pourrez compenser de telles variations de l'action en ajustant divers éléments du chevalet, comme la hauteur du sillet de chevalet (la pièce qui se trouve juste en face du chevalet et qui maintient les cordes à distance de la table).

Pour ajuster l'intervalle entre les cordes et le manche, vous devez ajuster, vers le haut ou vers le bas, les composants qui affectent la hauteur des cordes. Vous ne pourrez pas ajuster le sillet de tête sauf si vous taillez des rainures plus profondes, ce qui n'est pas recommandé. Mais vous pouvez ajuster le chevalet sans modifier définitivement l'instrument. Sur une Fender Telecaster, par exemple, vous pouvez hausser ou abaisser le sillet de chaque corde, ou l'avancer ou le reculer en ajustant de minuscules vis hexagonales. Haussez ou abaissez le sillet indépendant pour hausser ou abaisser l'intervalle entre les cordes et le manche, et avancez-le ou tirez-le pour ajuster l'intonation. (Mais où ai-je donc fourré ma minuscule clé Allen ?)

### L'intonation

L'intonation se rapporte à la précision de l'accordage. Si vous trouvez qu'une corde séparée sonne diésée lorsque vous la jouez (c'est-à-dire que les notes pressées de la corde sont fausses et plus hautes que leur ton juste), et si vous avez un chevalet ajustable, vous pouvez corriger l'intonation en le déplaçant vers le sillet si la corde est diésée, et dans la direction inverse si elle est bémolisée. Les systèmes varient d'un chevalet à l'autre, suivant les marques et les modèles, mais cela ne devrait pas poser de problème une fois que vous aurez soigneusement étudié le fonctionnement du chevalet. Dans le mécanisme des Fender Telecaster et Stratocaster, des vis placées à l'arrière du chevalet permettent d'avancer ou de reculer les sillets des cordes respectives. Si vous tournez la vis dans le sens des aiguilles d'une montre (avec un tournevis cruciforme ou simple, en faisant attention de ne pas érafler la table avec la poignée), tirez en arrière le sillet vers le chevalet, ce qui corrige une corde diésée. En vissant dans l'autre sens, vous faites avancer le sillet de la corde vers le sillet de tête, et vous corrigez ainsi une corde bémolisée. Souvenez-vous qu'ajuster le sillet d'une corde ne corrige que cette corde. Vous devez effectuer les ajustements de l'intonation pour chaque corde.

Remplacez les cordes par des neuves avant de procéder à l'intonation. Les cordes usées sont souvent diésées lorsqu'on les joue, et elles donnent une intonation inexacte. (Pour davantage d'infos sur le remplacement des cordes, voir le Chapitre 17.)

## Le remplacement de pièces usées ou trop vieilles

Les sections qui suivent donnent la liste de toutes les parties de votre guitare, qui, selon les statistiques, ont le plus de chance de s'user ou de casser et d'être remplacées. Vous pouvez exécuter toutes ces réparations vous-même sans endommager la guitare.

### Les mécaniques

Les mécaniques constituent un système de roues dentées et d'axes et, comme l'embrayage de votre voiture (s'il ne s'agit pas d'une automatique), elles finissent par s'user. Les mécaniques gèrent une tension importante, et nous ne parlons pas du type de tension que vous subissez à votre travail.

Les mécaniques se vissent simplement dans la tête de la guitare avec des vis à bois, (après avoir poussé l'axe dans le trou et fixé la pièce hexagonale en haut). Donc, si un engrenage est usé ou cassé, changez la mécanique tout entière. Si plus d'une mécanique pose problème, envisagez de changer le jeu complet. Vérifiez que la mécanique de remplacement a ses vis dans les mêmes positions que l'original, parce que vous n'allez pas percer de nouveaux trous dans la tête de la guitare. Si vous avez des problèmes à faire coïncider les trous des nouvelles mécaniques avec ceux qui existent déjà sur la tête, portez votre guitare à un réparateur.

### Les boutons de courroie

Les boutons de courroie sont insérés dans les trous de la courroie pour la fixer à l'instrument. Les boutons de courroie se fixent d'habitude à la guitare avec des vis à bois ordinaires, mais ils se desserrent parfois. Si vous resserrez d'abord la vis avec un tournevis et que cela ne produit pas de résultat, essayez d'appliquer un peu de colle à bois ou de colle blanche sur la vis, et revissez-la à l'intérieur. Si malgré cela elle a encore du jeu, portez la guitare à un réparateur.

### Les ressorts du chevalet

Sur une Stratocaster, vous trouverez les ressorts qui ancrent les chevalets dans le logement du fond de l'instrument. Certains guitaristes aiment avoir un chevalet avec un peu de jeu (un chevalet qui a plus de répondant, mais qui se désaccorde plus facilement), d'autres préfèrent un chevalet serré. Plus vous avez de cordes, plus le chevalet sera serré. Si l'un des ressorts s'use, vous aurez une réponse inégale au niveau du chevalet lors de l'utilisation de la barre de trémolo. Remplacez le jeu de tous les ressorts pour qu'ils s'usent à la même vitesse. Vous pouvez aussi passer d'un dispositif avec deux ressorts à un dispositif avec trois ressorts (ou l'inverse) à ce stade. Les ressorts s'accrochent à de petits crochets, et en tirant un peu à l'aide de pinces, vous pourrez les faire sortir en un rien de temps. Vous pouvez même serrer les vis du plateau où sont fixés les crochets, ce qui augmentera la tension des ressorts. N'ayez crainte, ces ressorts ne sont pas comme des cordes, ils ne vont pas vous sauter à la figure ni s'envoler à travers la pièce.

Si vous voulez un chevalet raide et qui reste accordé (qui n'en voudrait pas !), et si vous ne vous servez que rarement de la barre de trémolo, optez pour un réglage rigide du chevalet. Si vous êtes prêt à consentir un peu plus de temps à l'accordage afin d'avoir un chevalet qui vous offre une grande liberté de mouvement et beaucoup de jeu, choisissez un ajustement moins serré. Les guitaristes qui aiment créer de la musique d'ambiance préfèrent les chevalets flexibles parce qu'ils manipulent beaucoup la barre de trémolo.

### Les boutons de contrôle qui crépitent

La poussière et la rouille constituent une menace potentielle pour les connexions électroniques, en général, et votre guitare n'y fait pas exception. Si les boutons de contrôle du volume et de la tonalité commencent à crépiter (à travers les haut-parleurs chaque fois que vous êtes branché), ou si le signal est faible, incohérent ou se coupe complètement dans certaines positions des boutons, une matière étrangère (aussi minuscule qu'elle soit) s'est probablement logée à l'intérieur. Tournez vigoureusement les boutons dans les deux sens autour du point fatidique, pour faire partir la poussière ou la rouille qui cause le problème. Vous devrez peut-être effectuer cette opération plusieurs fois sur chaque bouton, à différents endroits sur le parcours du bouton. Si cela ne suffit pas, vous devrez peut-être porter votre guitare chez un réparateur afin qu'il effectue un nettoyage en profondeur de vos potentiomètres (c'est-à-dire les rhéostats à tension variable des boutons de contrôle du volume et de la tonalité).

### La prise jack qui a du jeu

Avec une guitare électrique, on effectue plein de branchements et de débranchements, et toutes ces actions pourront finir par desserrer la prise de branchement jack de la guitare, ce qui causera un craquement dans le haut-parleur. Ce craquement indique qu'un fil de terre a du jeu. Enlevez la plaque de la prise de branchement ou la plaque protectrice et essayez de repérer le fil défait qui cause le problème. Si vous savez manier le fer à souder, fixez le fil de terre cassé ou le fil électrique cassé au tenon approprié, et vous en avez terminé. Vous aurez peut-être même le sentiment gratifiant d'être un véritable électricien. Si vous n'êtes pas très adroit ou si vous avez peur de faire une erreur, demandez à un ami de faire le travail pour vous, ou portez l'instrument au magasin pour le faire réparer.

### Le remplacement des micros

Remplacer les micros, on dirait peut-être que c'est une tâche redoutable, mais en fait, c'est très simple. Souvent, le meilleur moyen de changer de son (en supposant que vous aimez le son de votre guitare et son look) consiste à remplacer les anciens micros par des micros neufs, surtout si les micros d'origine n'étaient pas très bons.

Veillez à acheter des micros de la même taille et du même type que les micros d'origine, afin qu'ils se fixent dans les mêmes trous et qu'ils aient les mêmes connexions électriques. Une fois cela effectué, le reste est un jeu d'enfant. Des instructions de montage claires sont fournies avec les nouveaux micros, et il suffit de raccorder et de souder deux ou trois fils puis d'insérer les micros dans les logements prévus à cet effet. Vous n'avez pas affaire à un courant de haute-tension, et vous ne risquez donc pas de vous blesser ni d'endommager les circuits électroniques en inversant la polarité d'un fil en le soudant. Pourtant, ici aussi, si vous ne vous sentez pas de faire la réparation vous-même, confiez votre guitare à un réparateur.

Changer les micros, c'est comme faire une vidange. Vous pouvez la faire vous-même et économiser des sous, mais vous pouvez aussi décider de ne pas la faire vous-même pour ne pas vous embêter avec ça.

## Les bons outils

Inspectez votre guitare pour déterminer de quels outils vous pourriez un jour avoir besoin si quelque chose se desserrait. Une inspection rapide des types de vis d'une guitare électrique révèle que l'on a besoin de tournevis cruciformes de tailles différentes pour plusieurs endroits : les boutons de courroie, les couvertures de micros, la plaque de protection, les supports des mécaniques, les vis qui fixent les clés des mécaniques à l'axe, les guides (les dispositifs métalliques fixés sur la tête entre les axes des mécaniques et le sillet – qui maintiennent les cordes sur les Stratocaster et les Telecaster), les boutons de contrôle du volume et de la tonalité, et les plaques à l'arrière du manche.

On trouve aussi des boulons en différents endroits : la prise jack de sortie et les écrous hexagonaux au-dessus de la tête qui empêchent les axes des mécaniques de vibrer. Une clé de vissage à manivelle tournevis à cliquet miniature vous donnera davantage de puissance et un meilleur angle qu'une petite clé à boulons.

La barre de renforcement nécessite un outil qui lui est dédié, habituellement une clé hexagonale qui est fournie avec la guitare si vous l'achetez neuve. Si vous n'en avez pas, procurez-vous-en une pour votre guitare et conservez-la dans l'étui.

Les chevalets flottants, y compris les chevalets Floyd Rose, nécessitent l'emploi d'une clé hexagonale ou d'une clé Allen pour ajuster les sillets des cordes et d'autres éléments de l'assemblage. Ayez toujours ces clés à portée de main au cas où vous casseriez une corde.

CONSEIL

Composez-vous une boîte à outils permanente qui contiendra tous les outils dont vous avez besoin pour votre guitare. Ne « cannibalisez » ? ? ? pas ce jeu d'outils lorsque vous faites des réparations domestiques. Achetez deux jeux de tournevis, deux jeux de pinces coupantes, et deux jeux de clés, un pour la maison, l'autre ne quittant jamais l'étui ou la housse de votre guitare.

## Dix choses que vous ne pourrez pas faire vous-même

Certaines réparations doivent *toujours* être effectuées par un spécialiste qualifié (si tant est que ces réparations puissent vraiment être effectuées). Notamment :

- Réparer les craquelures du vernis.
- Réparer les entailles et les éraflures (si elles sont importantes et atteignent le bois à travers le vernis).
- Limer des frettes usées. Si des frettes commencent à avoir des entailles ou des fissures, il faut les faire limer ou remplacer par un spécialiste.
- Réparer un micro lorsque celui-ci ne fonctionne pas du tout ou qu'il est affaibli. (Lorsqu'un micro répond d'une façon très différente d'un autre, il est possible que le micro lui-même ou que l'un de ses composants soit endommagé).
- Réparer des boutons de contrôle de volume et de tonalité encrassés, si vous n'avez pas réussi à éliminer le crépitement en tournant vigoureusement plusieurs fois les boutons de gauche à droite.
- Résoudre des problèmes de prise de terre. Vous avez inspecté les fils et vérifié qu'aucun fil ne se balade en liberté, mais vous constatez que le problème de bruit parasite persiste.
- Réparer une déformation importante du manche (qu'il soit tordu ou sévèrement courbé).
- Réparer certains dommages (du sillet de tête, du manche ou de la tête).
- Appliquer une nouvelle couche de vernis ou réparer le bois de votre guitare. (N'approchez surtout pas du vernis de votre guitare avec une ponceuse ou avec des produits chimiques de traitement du bois.)
- Refaire l'électronique de votre guitare. (Par exemple, si vous décidiez de remplacer vos commutateurs à cinq positions par un interrupteur marche/arrêt, d'installer un commutateur à bobinage avec renversement de phase quand deux micros voisins sont actifs, et d'installer en plus un bouton de booster à la place du deuxième bouton de contrôle du volume…)

Hum… Si vous avez pigé ce que nous vous avons raconté dans ce dernier conseil, vous n'en êtes probablement plus au niveau de *La Guitare pour les Nuls !*

N'OUBLIEZ PAS

Si vous avez des doutes quant à votre aptitude à effectuer une routine d'entretien ou de réparation, quelle qu'elle soit, *portez la guitare chez un réparateur*. Un réparateur spécialisé pourra vous dire s'il s'agit de quelque chose que vous pouvez faire vous-même, et peut-être même qu'il pourra vous montrer comment effectuer la réparation correctement la prochaine fois que le problème se présentera. Il vaut mieux jouer la sûreté (et dépenser quelques euros) plutôt que courir le risque d'endommager la guitare.

# Septième partie

# La partie des Dix

### *Dans cette partie…*

Nous allons vous parler de dix guitaristes qui, nous l'espérons, vous inspireront comme ils nous ont inspirés, et vous présenter dix modèles de guitare de rêve.

# Chapitre 19

# Dix guitaristes légendaires

***Dans ce chapitre :***

- Andrés Segovia
- Charlie Christian
- Chet Atkins
- Wes Montgomery
- B.B. King
- Chuck Berry
- Jimi Hendrix
- Jimmy Page
- Éric Clapton
- Eddie Van Halen

Indépendamment de leur style de musique, certains guitaristes ont tellement marqué le monde de la guitare que tout guitariste qui arrive après eux ne peut que difficilement contourner le patrimoine qu'ils ont légué. Nous vous présentons ici dans l'ordre chronologique dix guitaristes qui ont vraiment compté, et nous vous expliquons aussi pourquoi ils ont compté.

## Andrés Segovia (1893-1987)

Segovia est non seulement le plus grand guitariste classique de tous les temps, mais c'est aussi lui qui a littéralement inventé le genre. Avant lui, la guitare était un instrument modeste réservé aux classes paysannes. Segovia a commencé à jouer des morceaux de Bach et d'autres morceaux de musique classique à la guitare en transposant lui-même une bonne partie de ces morceaux, et il a fini par imposer son « activité de salon » comme un style reconnu dans le monde entier. Son incroyable carrière de musicien a duré plus de soixante-dix ans. Ses interprétations les plus célèbres sont la « Chaconne », de Bach, et « Granada », d'Albéniz.

## Charlie Christian (1916-1942)

En deux mots, c'est Charlie Christian qui a inventé l'art de la guitare électrique jazz. Ses solos fluides, au sein du grand orchestre de Benny Goodman ou de formations plus restreintes, étaient sophistiqués, étincelants, et en avance sur leur temps. Et c'est au cours de *jam-sessions*, auxquelles il participait avec d'autres rebelles du jazz dans la boîte de nuit *Minton's* de New York, que ses improvisations aventureuses ont contribué à la naissance du be-bop. Christian jouait de la guitare comme d'un cor, avec des fractures (intervalles supérieurs à un ton) dans les lignes mélodiques. Ses morceaux les plus célèbres sont « I found a New Baby » et « I Got Rhythm ».

## Chet Atkins (1924-)

Connu par son surnom de « Mr. Guitar », Atkins est peut-être le guitariste de country absolu. En se fondant sur la technique de *picking* rapide de Merle Travis, Atkins a raffiné le style en y ajoutant des nuances de jazz, de classique et de pop, pour créer une approche de la guitare country véritablement sophistiquée. Il a joué avec Elvis Presley, les Everly Brothers, et d'innombrables stars de la musique country pendant des décennies. Ses morceaux les plus célèbres sont « Stars and Stripes forever » et « Yankee Doodle Dixie ».

## Wes Montgomery (1925-1968)

La marque distinctive du jazz cool de Wes Montgomery, ce guitariste de jazz légendaire, c'est qu'il utilisait son pouce pour faire sonner les notes au lieu d'employer un médiator. Autre innovation : l'utilisation d'octaves pour créer des lignes au son *unisono* très riche et émouvant. Il est mort jeune, mais ses fans le considèrent encore comme l'un des plus grands musiciens de jazz de tous les temps. Ses morceaux les plus célèbres sont « Four on Six » et « Polka Dots and Moonbeams ».

## B.B. King (1925-)

Bien qu'il ne soit pas le premier guitariste de blues à jouer de la guitare électrique, B.B. King est sans conteste le plus populaire. Son style de guitare swing haute tension vient parfaitement compléter sa présence charismatique sur scène et sa gigantesque voix de gospel. Avec « Lucille », la Gibson ES-355 qui lui sert d'emblème, la technique de solo minimaliste de B.B. King et ses vibratos imposants exécutés avec les doigts lui ont définitivement assuré sa place dans les annales du blues à la guitare électrique. Ses chansons les plus célèbres sont « Every Day I Have the Blues » et « The Thrill Is Gone ».

## Chuck Berry (1926-)

Peut-être premier véritable *guitar hero* du rock, Chuck Berry s'est servi des double-stops rythmiques pour créer son style inimitable. Bien que certains l'apprécient autant pour ses compositions musicales que pour ses textes, ce sont ses interventions enflammées à la guitare qui ont marqué ses chansons les plus célèbres : « Johnny B. Goode », « Rockin' in the USA » et « Maybelline », de véritables classiques de la guitare.

## Jimi Hendrix (1942-1970)

Considéré comme le plus grand guitariste de rock de tous les temps, Jimi Hendrix a fusionné les styles R&B, blues, rock et psychédélique, pour en faire une soupe sonore hypnotisante. Sa percée de 1967 au festival de pop de Monterey a immédiatement et profondément chamboulé le monde de la guitare rock, d'autant plus qu'il mit le feu à sa Stratocaster sur scène ! Aujourd'hui encore, ses phrasés sont religieusement copiés par les jeunes guitaristes. Hendrix était célèbre pour sa désinvolture ardente (même lorsque sa guitare n'était pas en feu) et son travail innovant sur le *feedback* et avec la barre de trémolo. Ses morceaux les plus célèbres sont « Purple Haze » et « Little Wing ».

## Jimmy Page (1944-)

Page a succédé à Éric Clapton et à Jeff Beck chez les Yardbirds, mais ce n'est qu'en formant Led Zeppelin, l'un des plus grands groupes de rock des années 70, qu'il a véritablement trouvé son créneau. Le point fort de Page, c'était son art d'enregistrer la guitare, en superposant les couches les unes sur les autres pour construire des avalanches grondantes de tons électrifiés. Et pourtant, il savait aussi jouer de la guitare acoustique de façon sublime, en usant régulièrement d'accordages inhabituels et d'influences du monde entier. Dans les milieux du rock, sa créativité à la guitare en studio est demeurée inégalée. Ses morceaux les plus célèbres sont « Stairway to Heaven » et « Whole Lotta Love ».

## Éric Clapton (1945-)

À de nombreux points de vue, Clapton est le père de la guitare rock contemporaine. Avant qu'Hendrix, Beck et Page ne fassent leur apparition, le Clapton de l'ère des Yardbirds fusionnait déjà le Chicago blues avec la furie du rock'n'roll. Il a ensuite interprété ce style au sein des groupes Cream, Blind Faith et la légendaire formation Derek and the Dominoes. Clapton a finalement fait une carrière solo, avant de devenir l'un des artistes les plus populaires des vingt dernières années. Une véritable légende vivante. Ses morceaux les plus célèbres sont « Crossroads » et « Layla ».

## Eddie Van Halen (1955-)

Eddie Van Halen est à la guitare rock ce que Jackson Pollock est à la peinture moderne. Son approche époustouflante du heavy-metal a complètement réinventé le style à la fin des années 70. Il a transformé le *tapping* à deux mains en une technique normale de jeu de guitare (grâce à son morceau « Eruption », véritablement novateur), et poussé à l'extrême l'utilisation de la barre de trémolo et des *hammer-on*. Passé maître dans l'art de fusionner le rock basé sur le blues avec les techniques modernes, son jeu de guitare rythmique est l'un des meilleurs exemples de styles intégrés : il combine les riffs de basse avec des accords et des double-stops. Le *guitar hero* par excellence. Ses morceaux les plus célèbres sont « Eruption » et « Panama ».

# Chapitre 20

# Dix guitares célèbres

***Dans ce chapitre :***

- D'Angelico Archtop
- Fender Stratocaster
- Fender Telecaster
- Gibson ES-335
- Gibson J-200
- Gibson Les Paul
- Gretsch 6120
- Martin D-28
- Ramirez Classical
- Rickenbacker 360-12

Aucun autre instrument de musique n'est proposé sous des apparences aussi différentes, avec des fonctions et des sons aussi variés que la guitare. Qu'il s'agisse de l'élégante Ramirez, de la D'Angelico douce et nonchalante ou de la Telecaster tapageuse et funky. Chaque guitare que nous vous présentons ici a laissé une marque indélébile dans le monde de la guitare, et restera à jamais considérée comme un modèle classique.

## D'Angelico Archtop

*Fabriquée entre 1932 et 1964*

Beaucoup la considèrent comme la plus grande guitare de jazz jamais fabriquée. Les D'Angelico sont des guitares à table légèrement voûtée (par oppositions aux tables planes des guitares folks à cordes d'acier), qui furent construites sur mesure par le grand maître du genre, John D'Angelico (1905-1964). Outre leur sonorité chaleureuse et riche, ces guitares furent construites avec un soin méticuleux et ornées de décorations qui figurent parmi les plus élégantes de tous les temps.

## Fender Stratocaster

*Fabriquée depuis 1954*

La Statocaster est la guitare électrique la plus célèbre du monde. Conçue comme un instrument de l'ère spatiale au début des années 50, elle a une ligne svelte, un son aigu et des dimensions réduites (par rapport aux énormes *arch-top* de jazz de l'époque). Dans les mains de maîtres tels que Buddy Holly, Jimi Hendrix, Stevie Ray Vaughan et Éric Clapton, cet axe à caisse pleine est devenu omniprésent, et il est aujourd'hui impossible de se rendre dans un magasin de guitares sans y voir au moins quelques « Strat » exposées aux murs.

## Fender Telecaster

*Fabriquée depuis 1951*

La Telecaster est l'autre grande contribution de Fender à la musique de guitare électrique. Il s'agit de la première guitare à caisse pleine fabriquée en série (1950). La « Tele » a laissé son empreinte dans le monde de la country en léguant un son brillant et nasillard à d'innombrables disques. C'est une guitare simple fabriquée avec une planche de frêne ou d'aulne, des composants électroniques de base et un manche en érable. Elle a ainsi fixé les normes de conception des guitares électriques, et reste un classique aujourd'hui.

## Gibson ES-335

*Fabriquée depuis 1958*

Lancée à la fin des années 50, cette guitare a une demi-caisse qui cherchait à combiner les qualités acoustiques des grandes *arch-top* à la taille compacte d'une guitare électrique à caisse pleine. Le résultat, c'est une superbe guitare de bois au son doux, à la fois bonne pour le jazz pur et pour le rock'n'roll bien pesant. Larry Carlton, le célèbre guitariste jazz-pop des années 70, également connu sous le nom de « Mr. 335 », en était le partisan le plus fameux.

## Gibson J-200

*Fabriquée depuis 1937*

Si vous recherchez un ton acoustique retentissant et un look classe, n'allez pas chercher plus loin que la vénérable J-200. Cette guitare « jumbo » à cordes d'acier était destinée aux guitaristes de country ; il ne faut donc pas s'étonner qu'elle soit rapidement entrée dans la catégorie des classiques à Nashville. Son chevalet en bois de rose très ornemental et incrusté de nacre, en forme de moustache, lui confère en outre un look très particulier.

## Gibson Les Paul

*Fabriquée depuis 1952*

Cette Gibson tire son nom du sensationnel guitariste de jazz-pop des années 50 : Les Paul. Ironie du sort, la carrière de cette guitare est celle d'un des instruments de rock'n'roll les plus absolus. Avec des chantres comme Jimmy Page et Jeff Beck, cette guitare électrique dégage le son riche et grave qui a contribué à définir le son du hard-rock et du heavy-metal. Certains modèles originaux fabriqués à la fin des années 50, notamment la 1959 Standard, peuvent coûter plus de 75 000 euros aujourd'hui.

# Gretsch 6120

*Fabriquée depuis 1954*

Cette guitare est surtout connue comme la principale guitare électrique de Chet Atkins, ce virtuose de la country. On trouve surtout les grands sons cool de cette guitare à caisse de résonance sur de nombreux enregistrements de rock et de country des années 50 et 60. Grâce à ses micros FilterTron inhabituels et à sa barre de trémolo Bigsby gazouillante, la 6120 a donné à Duane Eddy, ce rocker des débuts, le son aigu qui le caractérise.

# Martin D-28

*Fabriquée depuis 1931*

La société Martin a commencé en 1931 la production de masse des guitares acoustiques de la catégorie « Dreadnought » (ainsi nommée d'après une classe de bateaux de guerre). Son modèle D-28 est l'exemple par excellence de cette conception géniale. Avec une large taille et un son grave et lourd, cette grande guitare est devenue une incontournable des musiques country et bluegrass, et plus généralement d'un grand nombre de musiques jouées avec une guitare acoustique à cordes d'acier.

# Ramirez Classical

*Fabriquée au milieu du XIXe siècle*

Il arrive souvent que les guitaristes de classique et de flamenco qui ne plaisantent pas ne veulent jouer que sur un seul type de guitare : une Ramirez. Les guitares classiques de José Ramirez, qui ont pour la première fois été construites au milieu du XIXe siècle, ont contribué à définir le style, avec des cordes de boyaux (plus tard, de Nylon) : une fabrication superbe et un son ravissant. Parmi les chantres les plus précoces des guitares Ramirez, on compte le grand maître : Andrés Segovia.

# Rickenbacker 360-12

*Fabriquée depuis 1963*

Le son de guitare retentissant des premiers albums des Beatles et des Byrds provient d'une grande guitare, la Rickenbacker 360-12. Il s'agit d'une guitare électrique à demi-caisse et à 12 cordes, dont le son est caractéristique dans l'univers de la guitare. Ce son « Rick » éternel a refait surface plus tard dans les années 80, sur certains morceaux de Tom Petty et de REM, entre autres.

# Annexes

# Annexe A

# Comment lire la musique

Lire la musique, cela peut sembler intimidant à première vue, mais ce n'est pas du tout difficile. Les enfants en sont capables. Cette annexe vous explique la lecture de la musique à l'aide d'une chanson bien connue. Armé de ces informations, vous pourrez vous entraîner à jouer les chansons de ce livre en lisant la notation musicale standard au lieu des tablatures. (Si vous avez des problèmes à trouver les durées, vérifiez-les en écoutant le CD. Et si vous avez des problèmes de hauteur de ton, regardez les tablatures.)

Ce qu'il faut bien comprendre au sujet de la notation musicale standard, c'est qu'elle vous donne trois types d'informations en même temps : la *hauteur de ton* de la note (son nom), sa *durée* (pendant laquelle vous la tenez) et son *expression/articulation* (c'est-à-dire la manière dont vous la jouez). Si vous vous demandez comment il peut être possible d'indiquer tout cela simultanément, vous allez réaliser que le système d'écriture de la musique est vraiment ingénieux : il fournit donc simultanément trois types d'informations différentes d'une manière compréhensible par tout musicien, afin que celui-ci puisse lire la partition et commencer à jouer exactement ce que le compositeur a écrit ! Étudions de plus près ces trois types d'information fournis simultanément par la partition :

- **La hauteur**. Cet élément indique quelles notes jouer (*la, si, do*, etc.) par la position des figures de notes (ces symboles de forme ovale) sur une portée de cinq lignes. Les notes ont les noms *do, ré, mi, fa, sol, la, si* et leur hauteur augmente lorsqu'on les joue à partir du *do* suivant. Après le *si*, la note la plus élevée qui suit est à nouveau le *do*.
- **La durée**. Cet élément de la notation indique pendant combien de temps une note doit être tenue en fonction de la *mesure*, qui contient elle-même un certain nombre de *temps*. Par exemple, vous devrez peut-être tenir une note pendant un ou deux temps, ou seulement pendant un demi-temps. Les symboles de durée employés en notation musicale sont les rondes (𝅝), les blanches (𝅗𝅥), les noires (♩), les croches (♪), les double-croches (𝅘𝅥𝅯) et ainsi de suite.
- **L'expression/articulation**. Cet élément indique *comment* jouer les notes (fort ou doucement, en les liant ou en jouant chaque note séparément, avec une grande émotion ou sans émotion). Ces instructions peuvent prendre la forme soit de petits symboles inscrits au-dessus ou au-dessous des figures de notes, soit de petits messages écrits dans la partition. Les indications sont souvent en italien (*piano, mezzo forte, staccato*) parce que, lorsque les compositeurs ont commencé à ajouter l'expression/articulation à leurs partitions, ce sont les Italiens qui avaient la plus grande influence sur la scène musicale. Sans compter que l'italien sonne tellement plus romantique que l'anglais ou l'allemand !

## Les éléments de la notation musicale

La Figure A-1 montre la partition de la chanson « Shine On Harvest Moon », sur laquelle nous avons numéroté les différents éléments de notation musicale. Lisez-les dans l'ordre, en vous référant aux explications qui correspondent à chaque nombre. Les chiffres de 1 à 6 expliquent les mécanismes servant à lire la hauteur de note ; les nombres de 7 à 19 expliquent comment lire les durées ; et les nombres de 20 à 26, comment lire les symboles d'expression/articulation.

**Figure A-1** : la partition de « Shine On Harvest Moon ».

**Hauteur de ton**

1. Portée
2. Clé
3. Note *sol*
4. Lignes supplémentaires
5. Altérations
6. Armature

**Rythme**

7. Ronde
8. Blanche
9. Noire
10. Croche
    a) avec hampe munie d'un crochet
    b) avec hampe reliée par une barre à la hampe de la croche suivante
11. Double-croche
12. Silence (ici : soupir)
13. Indication de tempo
14. Indication de la mesure
15. Barre de mesure
16. Double barre
17. Mesure
18. Liaison
19. Point

**Expression/articulation**

20. Nuance (ici : *mezzo forte*)
21. *Crescendo* et *ritardando*
22. Liaison
23. Point indiquant le *staccato*
24. Accent
25. Signe de reprise
26. Symboles de conclusion

## Comment lire la hauteur de ton

Le Tableau A-1 explique la signification des différents symboles relatifs à la hauteur de ton dans la notation musicale. Reportez-vous à la Figure A-1 et à ce tableau pour les significations des symboles.

**Tableau A-1 Les symboles de hauteur de ton et leurs significations**

| *N° dans la Figure A-1* | *Nom* | *Signification* |
|---|---|---|
| 1 | Portée | Les compositeurs écrivent la musique sur un système de cinq lignes appelé *portée*. En parlant des lignes de la portée, on dit que celle du bas est la *première ligne*. Il y a quatre interlignes entre les cinq lignes. L'espace du bas constitue le premier interligne. Les *figures de notes* peuvent être placées sur des lignes ou des interlignes. Plus les figures de notes sont placées haut sur la portée, plus leur hauteur de ton est élevée. L'intervalle qui sépare une ligne de l'interligne suivant (ou un interligne de la ligne suivante) est celui qui sépare une note d'une autre : par exemple, *la* et *si*. |
| 2 | Clé | La portée, en soi, ne donne pas les hauteurs de ton des notes (leurs noms) sur les lignes et interlignes. Mais un symbole, qu'on appelle la *clé*, sur le côté gauche de chaque portée, identifie une note particulière sur cette portée. À partir de cette note, on peut lire toutes les autres en se déplaçant sur la portée (voir ci-dessus). La clé utilisée en musique de guitare est la *clé de sol*. (Voir la Note *sol* ci-dessous.) |
| 3 | Note sol | La clé des partitions de guitare est la *clé de sol*, dont le symbole est bien connu. Celui-ci forme une boucle sur la deuxième ligne de la portée et indique que les notes de cette ligne s'appellent *sol*. Il importe de mémoriser le nom des notes placées sur les lignes de bas en haut (*mi, sol, si, ré, fa*) et de celles qui sont placées entre les interlignes de bas en haut (*fa, la, do, mi*). |
| 4 | Lignes supplémentaires | Si vous voulez écrire des notes qui sont plus hautes ou plus basses que la portée, vous pouvez « étendre » cette dernière en haut ou en bas en ajoutant de très courtes lignes supplémentaires. Le nom des notes change le long des lignes supplémentaires exactement comme il le fait sur la portée. |
| 5 | Altérations (dièses, bémols et bécarres) | Les sept notes de la gamme (qu'on appelle parfois *notes naturelles*) ne sont pas les seules notes de notre système de notation musicale. Il existe cinq autres notes entre les notes naturelles. Représentez-vous un clavier de piano. Les touches blanches correspondent aux notes naturelles, les touches noires sont les cinq notes supplémentaires. Comme ces touches noires n'ont pas de noms qui leur soient propres, les musiciens les appellent en faisant référence au nom de la touche blanche la plus proche avec des suffixes ou symboles spéciaux. Lorsqu'on parle de la touche noire à la *droite* (un demi-ton au-dessus) d'une touche blanche, on emploie le terme *dièse*. Le symbole musical du dièse est ♯. Donc, la touche noire à la droite d'un *do*, par exemple, est un *do* dièse (*do*♯). À la guitare, on joue un *do*♯ une case plus haut que le *do*. Inversement, pour indiquer une touche noire à la *gauche* (c'est-à-dire un demi-ton en dessous) d'une touche blanche, on emploie le terme bémol. Le symbole musical du *bémol* est ♭. Donc, la touche noire à la gauche de *si*, par exemple, est *si* bémol (*si*♭). À la guitare, on joue un *si*♭ une case en dessous du *si*. Si une note est diésée ou bémolisée, il est possible de revenir à son état naturel (correspondant à la touche blanche du piano) en annulant le dièse ou le bémol à l'aide d'un symbole appelé *bécarre* (♮). La dernière note de la première portée de la Figure A-1, le *la* naturel, est pourvue de ce type d'annulation. |
| 6 | Armature | On joue parfois systématiquement durant toute une chanson une hauteur de ton particulière (ou plusieurs hauteurs de tons) en dièse ou en bémol (voir les Altérations ci-dessus). Plutôt que d'indiquer un bémol chaque fois qu'on rencontre un *sol*, par exemple, on indiquera un seul bémol sur la ligne de *sol* juste avant la clé. Cela signifie que l'on doit jouer un *sol*♭ chaque fois qu'un *sol* est indiqué dans la partition. Les dièses et les bémols qui sont signalés de la sorte constituent l'*armature*. Une armature indique quelles notes sont diésées ou bémolisées durant toute une chanson. Si le compositeur a eu besoin de rétablir la hauteur naturelle de l'une des notes altérées, un symbole de bécarre (♮) apparaît devant la note (comme dans la septième note de la Figure A-1, où le bécarre transforme le *si*♭ en *si* naturel). |

## Comment lire la durée

L'aspect d'une note permet de savoir combien de temps il faut la tenir. Les notes peuvent avoir une figure vide (rondes et blanches) ou une figure pleine (noires, croches, double-croches, etc.). Celles qui ont une figure pleine peuvent avoir une hampe (encore appelée queue), et cette hampe peut être munie d'un crochet. Lorsque deux notes ou plus sont groupées, des barres horizontales entre ces notes remplacent les crochets. Le Tableau A-2 explique les symboles numérotés de 7 à 19 dans la Figure A-1.

**Tableau A-2 Les symboles de durée et leurs significations**

| *N° dans la Figure A-1* | *Nom* | *Signification* |
|---|---|---|
| 7 | Ronde | La *ronde* est la note dont la durée est la plus longue. Sa figure est un ovale vide sans hampe. |
| 8 | Blanche | La *blanche* est représentée par un ovale vide muni d'une hampe. Sa durée est la moitié de celle de la ronde. |
| 9 | Noire | La *noire* est représentée par un ovale plein muni d'une hampe. Sa durée est la moitié de celle de la blanche. |
| 10 | Croche | La *croche* est représentée par un ovale plein muni d'une hampe et d'un crochet, ou d'une hampe reliée à une barre. Sa durée est la moitié de celle de la noire. |
| 11 | Double-croche | La *double-croche* est représentée par un ovale plein muni d'une hampe et de deux crochets ou d'une hampe reliée à deux barres. Sa durée est la moitié de celle de la croche. |
| 12 | Silence | La musique ne contient pas seulement des notes, mais aussi des *silences*. Ce qui rend la musique intéressante, c'est l'interaction entre les notes et les silences. Les silences sont indiqués par des signes spéciaux dans la partition. Le silence de la Figure A-1 est un *soupir*, dont la durée est égale à celle d'une noire. Les autres silences sont la *pause* (-), dont la durée correspond à une ronde, la *demi-pause* (¯), dont la durée correspond à la blanche, le *demi-soupir* ($ ?), dont la durée correspond à la croche, le *quart de soupir* (♭), dont la durée correspond à la double-croche, le *huitième de soupir* (𝄿), dont la durée est celle d'une triple-croche, et le *seizième de soupir* (𝅀), dont la durée est celle d'une quadruple-croche. |
| 13 | Tempo | L'*indication de tempo* fixe la durée des temps de la mesure de la chanson. En écoutant la musique, on peut habituellement reconnaître immédiatement les temps de la mesure. Le temps, c'est ce battement sur lequel vous tapez du pied ou claquez des doigts. |
| 14 | Indication de la mesure | La plupart des chansons regroupent leurs temps en mesures de deux, trois ou quatre temps. On comptera alors, par exemple, « un-deux-trois-quatre, un-deux-trois-quatre, un-deux-trois-quatre », et pas « un-deux-trois-quatre-cinq-six-sept-huit-neuf-dix-onze-douze ». L'indication de mesure ressemble à une fraction (mais, en fait, il y a deux chiffres l'un au-dessus de l'autre, sans barre de fraction), et elle signale deux choses : d'abord, le chiffre du dessus indique le nombre de temps qui forment la mesure. Dans « Shine On Harvest Moon », par exemple, le numéro du dessus, 4, indique que chaque mesure contient quatre temps. Ensuite, le chiffre du bas indique quel type de note (noire, blanche, etc.) équivaut à un temps. Dans ce cas, le chiffre du bas, 4, indique que la noire (dont la durée est 1/4 de celle de la ronde) forme le temps. Il est très courant d'assigner la durée d'une noire à un temps, de même que d'avoir quatre temps par mesure. En fait, la mesure 4/4 est appelée tout simplement *common time* (« mesure commune »), et on l'écrit aussi avec un C au lieu des chiffres 4/4. |

| *N° dans la Figure A-1* | *Nom* | *Signification* |
|---|---|---|
| 15 | Barre de mesure | Une *barre de mesure* est une ligne verticale en travers de la portée qui clôt chaque mesure définie par l'indication de la mesure. Dans « Shine On Harvest Moon », une barre de mesure est inscrite sur la portée tous les quatre temps. |
| 16 | Double barre | Une *double-barre* indique la fin d'une chanson. |
| 17 | Mesure | L'espace entre deux barres de mesure consécutives est appelée *mesure*. Chaque mesure se compose du nombre de temps défini par l'indication de la mesure (4, dans le cas de la Figure A-1). Ces quatre temps peuvent se composer de n'importe quelle combinaison de valeurs de notes dont le total sera celui des quatre temps. On pourrait y voir quatre noires, ou deux blanches, ou une ronde, ou une blanche, ou une noire et deux double-croches, ou toute autre combinaison appropriée. On peut même trouver des silences, tant que le tout est égal à quatre temps. Étudiez chaque mesure de « Shine On Harvest Moon » pour y voir de telles combinaisons. |
| 18 | Liaison | Cette courte ligne courbe qui relie deux notes de même hauteur indique de ne pas jouer la deuxième des deux notes de même hauteur, mais de tenir la première des deux pendant la valeur de temps des deux notes. (Voir l'explication d'une liaison de deux notes de hauteurs différentes au point 22 du Tableau A-3 plus loin.) |
| 19 | Point | Un *point* derrière une note augmente la durée de cette note de moitié. Une blanche dure deux temps, par exemple, et une blanche pointée dure trois temps, c'est-à-dire : deux plus un. |

## L'expression musicale, l'articulation et divers termes et symboles

L'*expression/articulation* concerne la manière dont on joue de la musique. Le Tableau A-3, en conjonction avec la Figure A-1, vous explique les symboles et les termes relatifs à ces questions. Ce tableau traite les symboles numérotés de 20 à 26 dans la Figure A-1.

**Tableau A-3 — L'expression/articulation et divers termes et symboles**

| *N° dans la Figure A-1* | *Nom* | *Signification* |
|---|---|---|
| 20 | Nuance | Une *nuance* indique l'intensité sonore à laquelle jouer. Les symboles de nuances sont habituellement des abréviations de mots italiens. Certains des symboles communs, de doucement à fort : *pp (pianissimo)*, « très doucement » ; *p (piano)*, « doucement » ; *mp (mezzo-piano)* « modérément doux » ; *mf (mezzo forte)*, « modérément fort », *f (forte)*, « fort », et *ff (fortissimo)*, « très fort ». |
| 21 | *Crescendo* et *ritardando* | Le symbole en forme de cale s'appelle *crescendo* et indique que la musique devient progressivement plus forte. Si le symbole en forme de cale est inversé (c'est-à-dire qu'il va d'ouvert à fermé), il indique un *decrescendo*, une diminution progressive du volume sonore. Souvent, à la place de ces symboles de cales, on trouve l'abréviation *cresc.* ou *decresc.* Le terme *diminuendo* s'emploie aussi pour signifier une baisse du volume, sa forme abrégée est *dim.* L'abréviation *rit.* (on trouve aussi *ritard.*), du terme *ritardando*, indique un ralentissement progressif du tempo. *Rallentendo* (qu'on abrège par *rall.*) signifie la même chose. Une accélération progressive du tempo peut être indiquée par *accelerando*, ou par son abréviation accel. |

| N° dans la Figure A-1 | Nom | Signification |
|---|---|---|
| 22 | Liaison | Cette ligne courbe qui relie deux notes de hauteurs différentes indique de les jouer en douceur, sans interrompre le son. (Voir la définition d'une liaison de deux notes de même hauteur au point 22 du Tableau A-3 plus loin.) |
| 23 | Point de *staccato* | Les points *de staccato* au-dessus ou au-dessous de notes indiquent qu'il faut jouer ces « note piquées » brièvement et en les détachant. |
| 24 | Accent | Un *accent* au-dessus ou au-dessous d'une note indique de l'accentuer, c'est-à-dire de la jouer plus fort que normalement. |
| 25 | Signe de reprise | Le *signe de reprise* indique de répéter certaines mesures. La barre de reprise, 𝄆, encadre la section répétée à son début (en l'occurrence, à la première mesure), et le symbole 𝄇 l'encadre à la fin (voir la huitième mesure de « Shine On Harvest Moon »). |
| 26 | Symboles de conclusion | Parfois, une section répétée commence les deux fois au même endroit mais se termine à des endroits différents. Ces fins différentes sont indiquées par des symboles de conclusion numérotés. Jouez les mesures sous la section « 1 » la première fois, mais remplacez-les par les mesures de la section « 2 » la deuxième fois. Dans « Shine On Harvest Moon », vous allez d'abord jouer les mesures 1 à 8, puis les mesures 1 à 5 à nouveau, et puis 9 à 11. |

# Voici comment trouver les notes sur la guitare

Les Figures A-2 à A-7 indiquent comment trouver les notes de la notation standard sur chacune des six cordes de la guitare. La hauteur de ton véritable d'une guitare est en fait d'une octave (12 demi-tons) plus basse que la hauteur inscrite sur la portée.

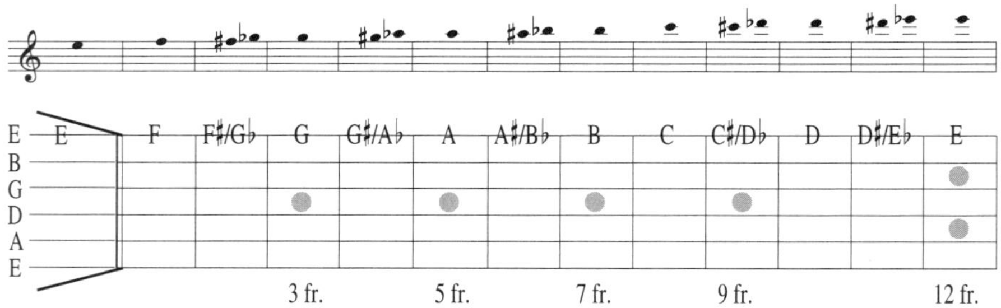


**Figure A-2** : les notes sur la première corde (mi aigu).

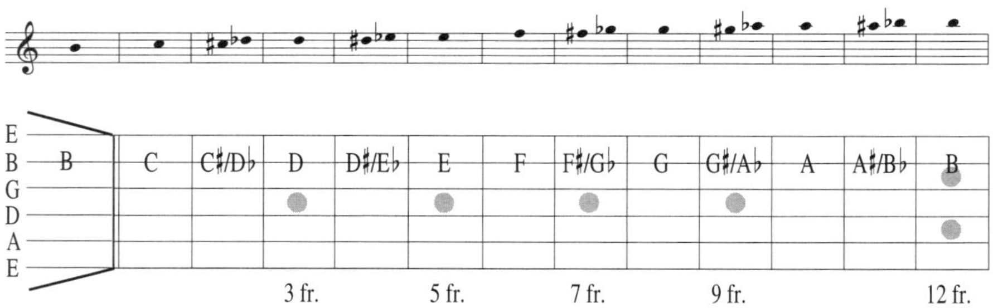


**Figure A-3** : les notes sur la deuxième corde (si).

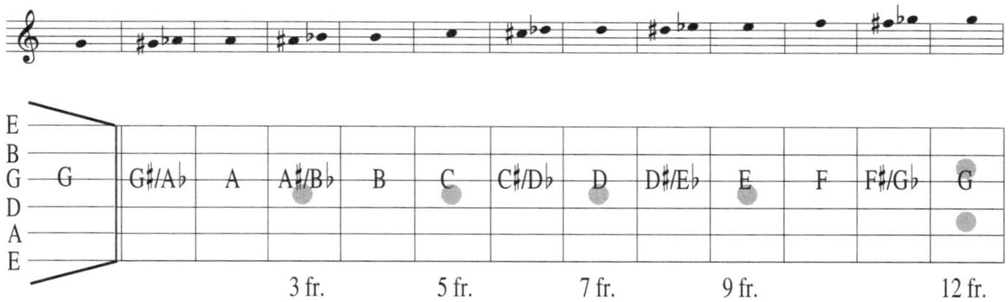


**Figure A-4** : les notes sur la troisième corde (sol).

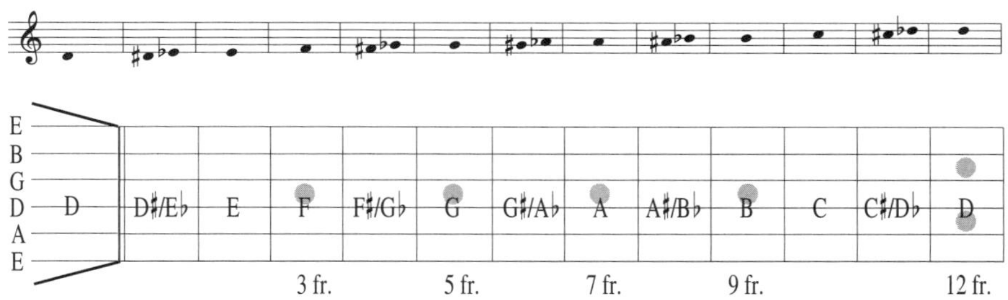


**Figure A-5** : les notes sur la quatrième corde (ré).

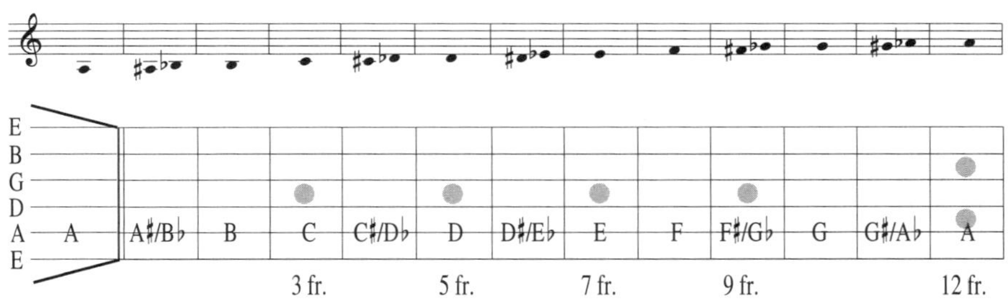


**Figure A-6** : les notes sur la cinquième corde (la).

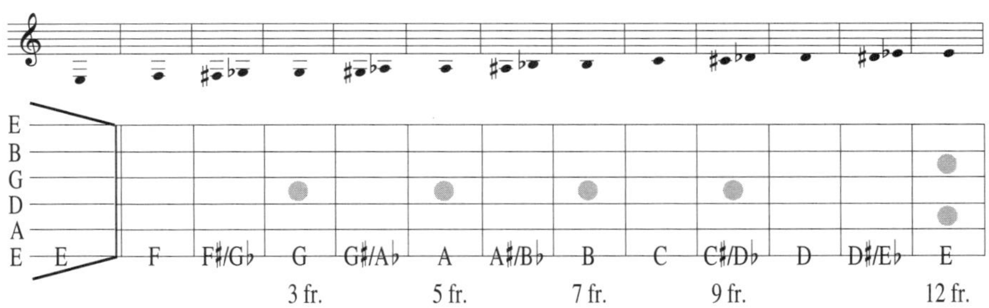


**Figure A-7** : les notes sur la sixième corde (mi grave).

## Annexe B

# Voici comment se servir du CD

Chaque exemple musical de *La Guitare pour les Nuls* est joué sur le CD qui accompagne ce livre. Cela représente plus de 150 exemples ! *La Guitare pour les Nuls* est donc un véritable outil multimédia ! Vous disposez ainsi du texte, qui vous explique les techniques utilisées, de diagrammes, qui vous présentent la musique sous deux formes : les tablatures de guitare et la notation musicale classique, et de reproductions audio de la musique complètes, avec le son véritable (la distorsion pour le rock, les couleurs scintillantes pour le folk, et ainsi de suite) et l'accompagnement approprié.

CONSEIL

Une manière amusante d'utiliser *La Guitare pour les Nuls*, c'est de parcourir le livre en ne s'arrêtant que sur les exemples musicaux, d'en lire la musique écrite dans le livre et d'écouter les morceaux correspondants du CD. Dès que quelque chose vous plaît, lisez le texte qui vous donne des détails sur ce morceau de musique (ou cette chanson). Vous pouvez aussi aller directement à un chapitre qui vous intéresse (par exemple, le Chapitre 10 sur le rock), sélectionner les pistes appropriées du CD, et voir comment vous vous en sortez. C'est encore un peu trop dur à ce stade ? Alors, il vaut peut-être mieux étudier le Chapitre 8 sur les accords barrés !

## Comment trouver un morceau sur le CD à partir de sa partition dans le livre ?

Chaque fois que vous voulez écouter un morceau de musique donné en notation musicale dans le texte, référez-vous à l'indication de la piste et du temps de lecture (en minutes et secondes) qui correspond au début de l'exemple sur le CD. Ces indications vous sont fournies par la petite légende sur fond noir du coin supérieur droit de l'exemple.

Utilisez le bouton qui permet de sauter des pistes sur le panneau frontal de votre lecteur de CD ou sur sa télécommande pour atteindre la piste désirée (indiquée dans la légende), puis le bouton d'avance rapide pour atteindre le temps de lecture où débute l'exemple. Relâchez le bouton d'avance rapide lorsque vous atteignez ce temps de lecture, ou juste avant, et écoutez la musique. En admettant que vous vouliez écouter l'exemple de la Figure 8-21, allez directement à la piste 27 en sautant toutes les pistes qui la précèdent, puis, à l'aide du bouton d'avance rapide (*cue* ou *fast forward*), allez jusqu'au temps de lecture « 0:14 » (ou un peu avant), et relâchez le bouton.

CONSEIL

Si vous voulez jouer en même temps que le CD, placez-vous quelques secondes avant le temps de lecture du début. Ces quelques secondes vous permettront de poser la télécommande et de placer vos mains en position sur la guitare.

## Les battements de décompte qui précèdent le début de certains exemples

De nombreux exemples musicaux sont précédés de battements de décompte, qui interviennent avant que la musique ne commence. Ils vous indiquent le tempo ou la vitesse à laquelle la musique est jouée. C'est comme si vous aviez votre chef d'orchestre privé qui vous disait : « Un, deux… » pour que vous puissiez commencer sur un temps fort et jouer la première note de la partition exactement en même temps que le CD. Les exemples de musique avec une mesure en 4/4 sont précédés de quatre battements, et les exemples de morceaux avec mesure en 3/4, de trois battements.

## La séparation stéréo

Nous avons enregistré certains des exemples avec ce qu'on appelle une *séparation stéréo*. Dans certains morceaux, on entend l'accompagnement dans le canal de gauche, alors que le jeu de guitare provient du canal de droite. En laissant le bouton de la balance en position normale (la marque indicatrice orientée vers le haut, à « 12:00 »), vous écoutez le canal d'accompagnement et celui de la guitare à volumes égaux, chacun provenant d'une enceinte différente. Grâce au bouton de la balance, vous pouvez réduire le volume de l'un ou de l'autre.

« Pourquoi procéder ainsi ? » Parce qu'une fois que vous vous serez entraîné pour la partie solo, et que vous estimerez être fin prêt, vous voudrez sans doute jouer ce solo *avec* l'accompagnement. Dans ce cas, tournez le bouton de la balance à fond vers la gauche. Seul le canal de gauche est alors reproduit, c'est-à-dire l'accompagnement. Les battements de décompte sont présents sur les deux canaux : vous aurez donc toujours le tempo. Inversement, vous pouvez n'écouter que la partie solo (bouton de la balance à fond à droite) et jouer l'accompagnement. C'est une bonne idée, car les guitaristes achevés travaillent aussi bien leur jeu de solo que leur jeu d'accompagnement.

CONSEIL

Conservez toujours le CD avec le livre, ne le mêlez pas à votre collection de disques. L'enveloppe plastique le protégera des rayures et des égratignures, et chaque fois que vous voudrez consulter *La Guitare pour les Nuls* (le livre), le CD sera toujours là où vous l'escomptez. Essayez de prendre l'habitude de suivre la musique écrite chaque fois que vous écoutez un morceau, même si votre aptitude au déchiffrage n'est pas encore très développée. Vous apprendrez beaucoup de choses simplement en déplaçant votre regard sur la partition tout en suivant la musique, car vous associerez ainsi le vécu audio au visuel. Donc, rangez bien le livre et le CD ensemble. Ce sont des compagnons inséparables qui vous procureront de riches expériences musicales et visuelles.

# Les pistes du CD

Voici la liste des pistes du CD avec les numéros des figures auxquelles elles correspondent dans le livre. Utilisez cette liste de référence pour trouver rapidement les pistes qui vous intéressent. Le premier nombre indique le chapitre dans lequel nous expliquons comment jouer le morceau. Parcourez les sous-titres et chansons pour trouver la piste souhaitée. Pour vous faciliter la recherche, les exercices indiquent aussi les numéros des pistes (et les durées de lecture, si nécessaire).

| *Piste* | *Durée* | *Numéro de la figure* | *Titre de la chanson/description* |
|---|---|---|---|
| 1 | | Néant | Référence d'accordage |
| 2 | (0:00)<br>(0:16)<br>(0:43)<br>(1:10) | 4-2<br>4-4<br>4-6<br>4-8 | Progression simple d'accords en *la*<br>Progression d'accords en *ré*<br>Progression d'accords en *sol*<br>Progression d'accords en *do* |
| 3 | | Néant | « Kumbaya » |
| 4 | | Néant | « Swing Low, Sweet Chariot » |
| 5 | | néant | « Auld Lang Syne » |
| 6 | | Néant | « Michael, Row the Boat Ashore » |
| 7 | | 5-1 | Mélodie simple |
| 8 | | Néant | « Little Brown Jug » |
| 9 | | Néant | « On Top of Old Smoky » |
| 10 | | Néant | « Swanee River (Old Folks at Home) » |
| 11 | | Néant | « Home on the Range » |
| 12 | | Néant | « All Through the Night » |
| 13 | | Néant | « Over the River and Through the Woods » |
| 14 | | Néant | « It's Raining, It's Pouring » |
| 15 | | Néant | « Oh, Susanna ! » |
| 16 | | 6-6 | Progression d'accords de blues à 12 mesures en mi |
| 17 | (0:00)<br>(0:10)<br>(0:20)<br>(0:00) | 7-4a<br>7-4b<br>7-4c<br>7-5 | Exercice de permutation 1-2-3-1<br>Exercice de permutation 1-3-2-4<br>Exercice de permutation 15-14-13<br>Gamme de *do* majeur à jouer en double-stops sur deux cordes, en remontant le long du manche |
| 18 | (0:11) | 7-6 | Gamme de *do* majeur à jouer en double-stops, en travers du manche avec cordes à vide |
| 19 | | Néant | « Simple Gifts » |
| 20 | | néant | « Turkey in the Straw » |
| 21 | | néant | « Aura Lee » |
| 22 | | Néant | « The Streets of Laredo » |
| 23 | (0:00)<br>(0:13)<br>(0:27)<br>(0:41)<br>(0:54) | 8-2<br>8-3<br>8-4<br>8-5<br>8-6 | Progression d'accords barrés majeurs sur le modèle de *mi*<br>Progression syncopée avec des accords barrés majeurs sur le modèle de *mi*<br>Progression avec des accords barrés majeurs et mineurs sur le modèle de *mi*<br>Progression avec des accords barrés majeurs et de 7e sur le modèle de *mi*<br>Progression avec des accords barrés majeurs et mineurs de 7e sur le modèle de *mi* |
| 24 | | 8-7 | Progression d'accords barrés sur le modèle de *mi* d'une chanson de Noël |

| *Piste* | *Durée* | *Numéro de la figure* | *Titre de la chanson/description* |
|---|---|---|---|
| 25 | (0:00) | 8-11 | Progression avec des accords barrés majeurs sur le modèle de *la* |
| | (0:12) | 8-13 | Progression avec des accords barrés majeurs et mineurs sur le modèle de *la* |
| | (0:26) | 8-14 | Progression avec des accords barrés majeurs, mineurs et de 7e de dominante sur le modèle de *la* |
| | (0:42) | 8-15 | Progression avec des accords barrés mineurs de 7e sur le modèle de *la* |
| | (0:55) | 8-16 | Progression avec des accords barrés mineurs et majeurs de 7e sur le modèle de *la* |
| 26 | | 8-17 | Progression d'accords barrés sur le modèle de *la* d'une chanson de Noël |
| 27 | (0:00) | 8-20 | Progression d'accords de 5e en *ré* |
| | (0:14) | 8-21 | Progression d'accords de 5e de heavy-metal |
| 28 | | Néant | « We Wish You a Merry Christmas » |
| 29 | | Néant | « Power Play » |
| 30 | (0:00) | 9-1a | *Hammer-on* sur une corde à vide |
| | (0:07) | 9-1b | *Hammer-on* sur une note frettée |
| | (0:14) | 9-1c | Double *Hammer-on* |
| | (0:20) | 9-1d | Double *Hammer-on* avec trois notes |
| | (0:27) | 9-2a | Double *Hammer-on* sur cordes à vide |
| | (0:34) | 9-2b | Double *Hammer-on* de la deuxième case à la quatrième |
| | (0:41) | 9-2c | Double *Hammer-on* de double-stop |
| | (0:48) | 9-3 | *Hammer-on* venu de nulle part |
| 31 | | 9-4 | *Hammer-on* d'une seule note sur des cordes à vide |
| 32 | | 9-5 | Accord plaqué en abattant l'une de ses notes |
| 33 | | 9-6 | *Hammer-on* d'une seule note avec des notes presséees |
| 34 | | 9-7 | *Hammer-on* de double-stops et hammer-on de nulle part |
| 35 | (0:00) | 9-8a | *Pull-off* avec corde à vide |
| | (0:07) | 9-8b | *Pull-off* formé uniquement avec des notes pressées |
| | (0:13) | 9-8c | Double *Pull-off* vers la 3e corde à vide |
| | (0:20) | 9-8d | Double *Pull-off* sur la 3e corde n'utilisant que des notes pressées |
| | (0:27) | 9-9a | *Pull-off* de double-stop vers des cordes à vide |
| | (0:34) | 9-9b | *Pull-off* de double-stop partant de notes pressées |
| | (0:41) | 9-9c | Double *Pull-off* de double-stop, sur les mêmes cordes |
| 36 | (0:00) | 9-10 | Pull-off de notes seules vers des cordes à vide |
| | (0:07) | 9-11 | Accord plaqué en retirant l'une des notes |
| 37 | (0:00) | 9-12a | *Slide* avec la deuxième note non pincée |
| | (0:07) | 9-12b | *Slide* avec la deuxième note pincée |
| | (0:12) | 9-13a | *Slide* ascendant immédiat |
| | (0:17) | 9-13b | *Slide* descendant immédiat |
| 38 | | 9-14 | *Slides* dans le style de Chuck Berry |
| 39 | | 9-15 | Changements de position en utilisant des *Slides* |
| 40 | (0:00) | 9-17a | *Bend* immédiat |
| | (0:06) | 9-17b | *Bend* avec relâchement |
| | (0:13) | 9-17c | *Bend* anticipé avec relâchement |

| *Piste* | *Durée* | *Numéro de la figure* | *Titre de la chanson/description* |
|---|---|---|---|
| 41 | | 9-18 | *Bend* de 3e corde dans une progression de rock'n'roll |
| 42 | | 9-19 | *Bend* de 2e corde dans un phrasé solo |
| 43 | | 9-20 | *Bend* avec relâchement dans un phrasé solo |
| 44 | | 9-21 | *Bends* de la même corde dans des directions opposées |
| 45 | | 9-22 | Air avec *Bend* complexe |
| 46 | | 9-23 | *Bend* des cordes de double-stop avec relâchement |
| 47 | (0:00)<br>(0:10) | 9-24a<br>9-24b | *Vibrato* étroit<br>*Vibrato* large |
| 48 | (0:00)<br>(0:08) | 9-25a<br>9-25b | *Muting* de la main gauche<br>*Muting* de la main droite |
| 49 | | 9-26 | Syncope obtenue par *Muting* avec la main gauche |
| 50 | | 9-27 | *Muting* de la paume dans un riff de hard-rock |
| 51 | | 9-28 | *Muting* de la paume dans un riff de country |
| 52 | | Néant | « Articulate Blues » |
| 53 | | 10-1 | Riff d'accompagnement rock'n'roll typique de Chuck Berry |
| 54 | | 10-2 | Progression de 12 mesures d'accords de blues en *la* |
| 55 | | 10-4 | *Hammer-on* et *pull-off* sur des notes de la Grille I |
| 56 | | 10-5 | *Bend* dans la Grille I |
| 57 | | 10-6 | *Bend* de double-stop de la Grille I |
| 58 | | 10-7 | Solo de la Grille I |
| 59 | | 10-9 | Phrasé typique de la Grille II |
| 60 | | 10-11 | Phrasé typique de la Grille III |
| 61 | | 10-12 | Solo de 12 mesures formé à partir des Grilles I, II et III |
| 62 | (0:00)<br>(0:15) | 10-13<br>10-14 | Progression d'accords « sus »<br>Progression d'accords « add » |
| 63 | | 10-15 | Progression d'accords modifiés |
| 64 | (0:00)<br>(0:10) | 10-16<br>10-17 | Phrasé type en accordage *Drop D*<br>Riff de *power chord* en accordage Drop D |
| 65 | | 10-18 | Phrasé type en accordage à vide en *ré* |
| 66 | | 10-20 | Air de country/rock sudiste en *la* |
| 67 | | Néant | « Chuck's Duck » |
| 68 | | Néant | « Southern Hospitality » |
| 69 | | 11-2 | Accompagnement de blues de 12 mesures |
| 70 | | 11-3 | Accompagnement de blues de 12 mesures avec un riff de boogie-woogie |

| *Piste* | *Durée* | *Numéro de la figure* | *Titre de la chanson/description* |
|---|---|---|---|
| 71 | (0:00) | 11-6 | Phrasé de la Grille V avec *triplet feel*/cadence de triolet |
| | (0:10) | 11-7 | Phrasé de la Grille V avec slide vers la Grille I |
| 72 | (0:00) | 11-9 | Phrasé de blues de la Grille I |
| | (0:13) | 11-10 | Phrasé de blues de la Grille II |
| | (0:23) | 11-11 | Phrasé de blues de la Grille IV |
| 73 | (0:00) | 11-13 | Phrasé de blues de la Grille I avec tierce majeure |
| | (0:10) | 11-14 | Phrasé de blues de double-stop de la Grille I avec tierce majeure |
| 74 | | 11-15 | Riff avec phrasé de blues type |
| 75 | (0:00) | 11-16a | Mouvement de blues caractéristique |
| | (0:10) | 11-16b | Mouvement de blues caractéristique |
| | (0:19) | 11-16c | Mouvement de blues caractéristique |
| | (0:29) | 11-16d | Mouvement de blues caractéristique |
| 76 | | 11-18 | Combinaison de notes d'accompagnement de basses et de notes d'aigus de la gamme de blues de *mi* |
| 77 | (0:00) | 11-19 | Répétition d'un motif à la même hauteur de ton |
| | (0:11) | 11-20 | Répétition d'un motif à une hauteur de ton différente |
| 78 | (0:00) | 11-21 | Alternance entre un phrasé de solo et un motif de basse |
| | (0:13) | 11-22 | Alternance entre un phrasé de solo et un phrasé de basse |
| | (0:26) | 11-23 | Alternance de notes pressées et de notes jouées sur des cordes à vide |
| 79 | (0:00) | 11-24a | Reprise de blues 1 |
| | (0:13) | 11-24b | Reprise de blues 2 |
| | (0:26) | 11-24c | Reprise de blues 3 |
| | (0:39) | 11-24d | Reprise de blues 4 |
| 80 | | Néant | « Chicago Shuffle » |
| 81 | | Néant | « Mississipi Mud » |
| 82 | (0:00) | 12-3 | Accord arpégé de *mi*m |
| | (0:07) | 12-4 | Arpège de *mi*m ascendant et descendant |
| 83 | (0:00) | 12-5 | Motif de berceuse |
| | (0:10) | 12-6 | Motif d'accompagnement folk |
| 84 | (0:00) | 12-7 | Motif d'accompagnement folk ascendant |
| | (0:09) | 12-8 | Motif dans le style Carter |
| 85 | (0:00) | 12-9a | Style Travis, premier point |
| | (0:08) | 12-9b | Style Travis, deuxième point |
| | (0:15) | 12-9c | Style Travis, troisième point |
| | (0:23) | 12-9d | « Pincé simultané » dans le style Travis |
| | (0:31) | 12-9e | *Roll* dans le style Travis |
| 86 | | 12-11 | « Oh, Susanna ! » dans le style Travis |
| 87 | | 12-12 | Style Travis avec accordage à vide en *sol* |
| 88 | | Néant | « House of the Rising Sun » |
| 89 | | Néant | « The Cruel War Is Raging » |
| 90 | | Néant | « Gospel Ship » |
| 91 | | Néant | « All My Trials » |

| *Piste* | *Durée* | *Numéro de la figure* | *Titre de la chanson/description* |
|---|---|---|---|
| 92 | | Néant | « Freight Train » |
| 93 | | 13-5 | Exercice de pincé de guitare classique |
| 94 | | 13-8 | Exercice d'arpèges de guitare classique |
| 95 | | 13-9 | Exercice contrapuntique de guitare classique |
| 96 | | Néant | « Romanza » |
| 97 | | Néant | « Bourrée en *mi* mineur » |

# Index alphabétique

## C



## D



## E



## F



## G

## O



## P



## Q



## R



## S



## T



## U

## V

# Disponibles dans la collection « Pour les Nuls »

## *Culture générale*

### Histoire

| *Titre* | *Auteur* | *ISBN* |
|---|---|---|
| Versailles | Mathieu da Vinha, Raphaël Masson | 978-2-7540-1552-3 |
| La Seconde Guerre mondiale | Robert Belot, Klaus-Peter Sick | 978-2-7540-0818-1 |
| L'Histoire du monde | Philippe Moreau Defarges | 978-2-7540-1265-2 |
| L'Histoire de la Belgique | Fred Stevens, Axel Tixhon | 978-2-7540-1482-3 |
| La Préhistoire | Gilles Gaucher | 978-2-7540-2185-2 |
| La Rome antique | Guy de la Bédoyère, Catherine Salles | 978-2-7540-1822-7 |
| La Grèce antique | Stephen Batchelor, Marie-Dominique et Marc Porée | 978-2-7540-1602-5 |
| Le Gaullisme | Chantal Morelle | 978-2-7540-0821-1 |
| La Chine | Angélina Boulesteix | 978-2-7540-1145-7 |
| La Culture générale, $2^{e}$ édition | Florence Braunstein, Jean-François Pépin | 978-2-7540-1628-5 |
| La Culture générale illustrée, $2^{e}$ édition | Florence Braunstein, Jean-François Pépin | 978-2-7540-1275-1 |
| La Révolution française | Alain-Jacques Czouz-Tornare | 978-2-7540-0811-2 |
| Les Années 60 | Stéphane Benhamou | 978-2-7540-0610-1 |
| La Mythologie illustrée | Collectif | 978-2-7540-0989-8 |
| Les Grandes Civilisations | Florence Braunstein, Jean-François Pépin | 978-2-7540-0605-7 |
| La Première Guerre mondiale | Jean-Yves Le Naour | 978-2-7540-0616-3 |
| La $V^{e}$ République | Nicolas Charbonneau, Laurent Guimier | 978-2-7540-0620-0 |
| Le Moyen Âge | Pierre Langevin | 978-2-7540-0563-0 |
| Paris | Danielle Chadych, Dominique Leborgne | 978-2-7540-0168-7 |
| L'Égypte ancienne | Florence Maruéjol | 978-2-7540-0256-1 |
| La Mythologie | Christopher W. Blackwell, Amy Hackney Blackwell | 978-2-7540-0257-8 |
| L'Histoire de France illustrée | Jean-Joseph Julaud | 978-2-7540-0110-6 |
| L'Histoire de France | Jean-Joseph Julaud | 978-2-8769-1941-9 |

## Religions et spiritualité

| *Titre* | *Auteur* | *ISBN* |
|---|---|---|
| Le Coran | Malek Chebel, Sohaib Sultan | 978-2-7540-0982-9 |
| La Torah | Arthur Kurzweil, Victor Malka | 978-2-7540-0978-2 |
| Le Christianisme | Richard Wagner, Père Denis Metzinger | 978-2-7540-0991-1 |
| L'Islam | Malcolm Clark, Malek Chebel | 978-2-7540-0531-9 |
| Le Judaïsme | Josy Eisenberg | 978-2-7540-0596-8 |
| La Bible illustrée | Éric Denimal | 978-2-7540-0274-5 |
| Le Catholicisme | John Trigilio, Père Pierre Lartigue | 978-2-7540-0182-3 |
| Le Bouddhisme | Jonathan Landaw, Stephan Bodian | 978-2-7540-0062-8 |
| La Bible | Éric Denimal | 978-2-8769-1800-9 |
| Zen ! La Méditation, 2e édition | Stephan Bodian | 978-2-7540-0322-3 |
| Sagesse et Spiritualité | Sharon Janis | 978-2-8769-1769-9 |

## Ésotérisme

| *Titre* | *Auteur* | *ISBN* |
|---|---|---|
| Le Tarot divinatoire | Didier Colin | 978-2-7540-1826-5 |
| La Franc-Maçonnerie | Christopher Hodapp, Philippe Benhamou | 978-2-7540-0150-2 |

## Société

| *Titre* | *Auteur* | *ISBN* |
|---|---|---|
| L'ONU | Yves Berthelot, Jean-Michel Jakobowicz | 978-2-7540-1411-3 |
| La Mondialisation | Francis Fontaine, Sylvie Goulard, Brune de Bodman | 978-2-7540-0778-8 |
| L'Instruction civique | Guillaume Bernard, Frédéric Monera | 978-2-7540-0979-9 |
| L'Europe, 2e édition | Sylvie Goulard | 978-2-7540-1213-3 |
| L'Écologie | Franck Courchamp | 978-2-7540-0554-8 |
| La Géopolitique | Philippe Moreau Defarges | 978-2-7540-0623-1 |
| La Justice | Emmanuel Pierrat | 978-2-7540-0553-1 |
| La Philosophie, 2e édition | Christian Godin | 978-2-7540-0460-2 |
| L'Économie | Michel Musolino | 978-2-7540-0351-3 |
| La Politique | Philippe Reinhard | 978-2-7540-0335-3 |
| La Géographie française | Jean-Joseph Julaud | 978-2-7540-0245-5 |

## Sciences et techniques

| *Titre* | *Auteur* | *ISBN* |
|---|---|---|
| L'Histoire de l'aviation | Philippe Benhamou | 978-2-7540-1146-4 |
| L'Histoire des sciences | Vincent Jullien | 978-2-7540-0977-5 |
| La Physique | Dominique Meier (sous la dir. de) | 978-2-7540-0915-7 |
| La Conquête spatiale | Michel Polacco | 978-2-7540-1143-3 |
| Les Maths | Jean-Louis Boursin | 978-2-7540-0093-2 |
| L'Astronomie | Stephen Maran, Pascal Bordé | 978-2-8769-1634-0 |

## Beaux-arts

| *Titre* | *Auteur* | *ISBN* |
|---|---|---|
| L'Humour | Gordon Zola | 978-2-7540-1956-9 |
| Le Louvre | Daniel Soulié | 978-2-7540-1404-5 |
| La Télévision | Marie Lherault, François Tron | 978-2-7540-0976-8 |
| Les Séries télé | Marjolaine Boutet | 978-2-7540-0912-6 |
| Le Rock | Nicolas Dupuy | 978-2-7540-0819-8 |
| L'Histoire de la peinture | Jean-Jacques Breton, Dominique Williatte | 978-2-7540-0812-9 |
| La Danse classique | Evelyne Cisneros, Scott Speck, Florence Balique | 978-2-7540-1045-0 |
| L'Histoire du cinéma | Vincent Mirabel | 978-2-7540-0609-5 |
| Le Jazz | Dirk Sutro, Stéphane Koechlin | 978-2-7540-0779-5 |
| L'Histoire de l'art illustrée | Jean-Jacques Breton, Philippe Cachau, Dominique Williatte | 978-2-7540-0493-0 |
| L'Histoire de l'art | Jean-Jacques Breton, Philippe Cachau, Dominique Williatte | 978-2-7540-0229-5 |
| L'Opéra | David Pogue, Claire Delamarche | 978-2-7540-0244-8 |
| La Musique classique | David Pogue, Claire Delamarche | 978-2-7540-0151-9 |

## Langue française

| *Titre* | *Auteur* | *ISBN* |
|---|---|---|
| La Dictée | Jean-Joseph Julaud | 978-2-7540-2415-0 |
| La Poésie française | Jean-Joseph Julaud | 978-2-7540-1700-8 |
| La Littérature française | Jean-Joseph Julaud | 978-2-7540-0061-1 |
| Le Français correct | Jean-Joseph Julaud | 978-2-8769-1640-1 |

## Régions

| *Titre* | *Auteur* | *ISBN* |
|---|---|---|
| L'Alsace | Pierre Kretz, Astrid Ruff | 978-2-7540-1994-1 |
| La Corse | Thierry Ottaviani | 978-2-7540-1546-2 |

## … en Poche

| *Titre* | *Auteur* | *ISBN* |
|---|---|---|
| La Musique classique | David Pogue, Claire Delamarche | 978-2-7540-2417-4 |
| L'Histoire de la Suisse – tome 1 Des origines à 1815 | Georges Andrey | 978-2-7540-2262-0 |
| L'Histoire de la Suisse – tome 2 De 1815 à nos jours | Georges Andrey | 978-2-7540-2263-7 |
| Zen ! La Méditation | Stephan Bodian | 978-2-7540-0000-0 |
| Sagesse et Spiritualité | Sharon Janis | 978-2-7540-1758-9 |
| L'Égypte ancienne | Florence Maruéjol | 978-2-7540-1739-8 |
| L'Histoire de France – tome 1 Des origines à 1789 | Jean-Joseph Julaud | 978-2-7540-0180-9 |
| L'Histoire de France – tome 2 De 1789 à nos jours | Jean-Joseph Julaud | 978-2-7540-0181-6 |
| Paris Rive droite | Danielle Chadych, Dominique Leborgne | 978-2-7540-0694-1 |
| Paris Rive gauche | Danielle Chadych, Dominique Leborgne | 978-2-7540-0695-8 |
| La Culture générale – tome 1 Histoire, géographie, art et littérature | Florence Braunstein, Jean-François Pépin | 978-2-7540-0798-6 |
| La Culture générale – tome 2 Sciences, sports, loisirs et spiritualité | Florence Braunstein, Jean-François Pépin | 978-2-7540-0799-3 |
| La Franc-Maçonnerie | Philippe Benhamou | 978-2-7540-0696-5 |
| Le Bouddhisme | Jonathan Landraw, Stephan Bodian | 978-2-7540-03148 |
| La Philosophie – tome 1 Antiquité, Moyen Âge et Renaissance | Christian Godin | 978-2-7540-0796-2 |
| La Philosophie – tome 2 Du XVII^e^ siècle à nos jours | Christian Godin | 978-2-7540-0797-9 |
| L'Astrologie | Rae Orion | 978-2-8769-1999-0 |
| La Littérature française – tome 1 Du Moyen Âge au XVIII^e^ siècle | Jean-Joseph Julaud | 978-2-7540-0611-8 |

| *Titre* | *Auteur* | *ISBN* |
|---|---|---|
| La Littérature française – tome 2 Du XVIII^e siècle à nos jours | Jean-Joseph Julaud | 978-2-7540-0612-5 |
| Le Français correct | Jean-Joseph Julaud | 978-2-8769-1924-2 |

# *Vie pratique*

## Cuisine

| *Titre* | *Auteur* | *ISBN* |
|---|---|---|
| Coffret Cuisine | Collectif | 978-2-7540-2055-8 |
| La Cuisine, 2e édition | Bryan Miller, Hélène Darroze | 978-2-7540-1989-7 |
| Le Vin, 5e édition | Ed McCarthy, Mary Ewing-Mulligan, Éric Beaumard | 978-2-7540-1547-9 |
| Les Cuisines du monde | Philippe Chavanne | 978-2-7540-0103-8 |

## Santé

| *Titre* | *Auteur* | *ISBN* |
|---|---|---|
| Maigrir avec la méthode Montignac + livret | Michel Montignac | 978-2-7540-2435-8 |
| Maigrir avec la méthode Montignac | Michel Montignac | 978-2-7540-1586-8 |
| Le Cancer | Pr Jean-François Morere, Dr Thierry Bouillet, Pr Laurent Zelek, Pr Michel Crépin | 978-2-7540-2131-9 |
| Contrôler son cholestérol | Carol Ann Rinzler, Pr Éric Bruckert | 978-2-7540-1751-0 |
| Le Cerveau | Dr Frédéric Sedel, Pr Olivier Lyon-Caen | 978-2-7540-2072-5 |
| L'Homéopathie | Dr Daniel Scimeca | 978-2-7540-1761-9 |
| Les Maladies cardiovasculaires | Dr Philippe Abastado | 978-2-7540-1591-2 |
| Le Sexe, 2e édition | Dr Ruth K. Westheimer, Dr Marianne Pauti | 978-2-7540-1497-7 |
| Le Corps humain | Dr Patrick Gepner | 978-2-7540-1121-1 |
| La Maladie d'Alzheimer | Christian Derouesne, Jacques Selmes | 978-2-7540-1058-0 |
| Améliorer sa mémoire | John B. Arden | 978-2-7540-0323-0 |
| Maigrir | Jane Kirby, Dr Jocelyne Raison | 978-2-7540-0005-5 |
| Bien s'alimenter | Carol Ann Rinzler | 978-2-8769-1897-9 |

## Bien-être

| *Titre* | *Auteur* | *ISBN* |
|---|---|---|
| Coffret Massages | Collectif | 978-2-7540-2064-0 |
| Les Huiles essentielles | Elske Miles | 978-2-7540-1596-7 |
| Shiatsu et Réflexologie | Synthia Andrews, Bobbi Dempsey, Michel Odoul | 978-2-7540-0981-2 |
| Le Tai-Chi | Therèse Iknoian | 978-2-7540-0137-3 |
| Les Massages | Steve Capellini, Michel Van Welden | 978-2-7540-0060-4 |
| La Méthode Pilates | Ellie Herman | 978-2-8769-1767-5 |
| Le Yoga | Georg Feuerstein | 978-2-8769-1752-1 |
| Le Feng Shui | David Kennedy | 978-2-8769-1687-6 |

## Psychologie

| *Titre* | *Auteur* | *ISBN* |
|---|---|---|
| Le Développement personnel | Collectif | 978-2-7540-0865-5 |
| L'Interprétation des rêves | Didier Colin | 978-2-7540-2318-4 |
| L'EFT (Technique de libération émotionnelle) | Helena Fone, Jean-Michel Gurret | 978-2-7540-2067-1 |
| La Pensée positive | Averil Leimon, Gladeana McMahon, Béatrice Millêtre | 978-2-7540-1821-0 |
| L'Adolescence | Michel Fize | 978-2-7540-1412-0 |
| Exercices de programmation neuro-linguistique | Romilla Ready, Kate Burton, Béatrice Millêtre | 978-2-7540-1593-6 |
| Exercices de thérapies comportementales et cognitives | Rhena Branch, Rob Willson, Béatrice Millêtre | 978-2-7540-1592-9 |
| Les Relations amoureuses | Florence Escaravage, Kate M. Wachs | 978-2-7540-1499-1 |
| Apprendre mieux | Marie Joseph Chalvin | 978-2-7540-1261-4 |
| Le Langage des gestes | Joseph Messinger | 978-2-7540-0597-5 |
| La Confiance en soi | Kate Burton | 978-2-7540-0647-7 |
| Le Coaching | Jeni Mumford | 978-2-7540-0353-7 |
| La PNL | Romilla Ready, Kate Burton | 978-2-7540-0169-4 |
| L'Hypnothérapie | Mike Bryant, Peter Mabbutt | 978-2-7540-0504-3 |
| Les Thérapies comportementales et cognitives | Rob Willson, Rhena Branch | 978-2-7540-0246-2 |
| La Psychologie | Dr Adam Cash | 978-2-8769-1802-3 |

## Puériculture

| *Titre* | *Auteur* | *ISBN* |
|---|---|---|
| Choisir un prénom | Héloïse Martel | 978-2-7540-1463-2 |
| La 1re année de Bébé | James Gaylord, Michelle Hagen, Dr Éric Saban | 978-2-7540-1511-0 |
| La Grossesse, 2e édition | Dr Eddleman, Dr J. Stone, Dr Joëlle Bensimhon | 978-2-7540-1429-8 |

## Droit pratique

| *Titre* | *Auteur* | *ISBN* |
|---|---|---|
| Le Droit du travail | Me Julien Boutiron, Jean-Philippe Élie | 978-2-7540-1422-9 |
| Organiser son mariage | Peggy Mignot-Paillet, Peggy Frey | 978-2-7540-1676-6 |
| L'Assurance | Laurence de Percin | 978-2-7540-1073-3 |
| Le Divorce | Me Martine Valot-Forest | 978-2-7540-1479-3 |
| L'Immobilier, 2e édition | Laurence Boccara, Catherine Sabbah | 978-2-7540-0530-2 |

## Finances personnelles

| *Titre* | *Auteur* | *ISBN* |
|---|---|---|
| Payer moins d'impôts, 4e édition | Robert Matthieu | 978-2-7540-2397-9 |
| La Bourse | Gérard Horny | 978-2-7540-0637-8 |
| Les Finances personnelles | Pascale Micoleau-Marcel (sous la dir. de) | 978-2-7540-0630-9 |

## Maison

| *Titre* | *Auteur* | *ISBN* |
|---|---|---|
| La Décoration | Kareen Perrin Debock, Frank Lecor | 978-2-7540-2264-4 |
| Un potager | Charlie Nardozzi, Philippe Collignon | 978-2-7540-1675-9 |
| Le Bricolage, 2e édition | G. et K. Hamilton, Frank Lecor | 978-2-7540-1426-7 |
| Vivre écolo | Liz Barclay, Michael Grosvenor, Franck Laval | 978-2-7540-0707-8 |

## ... En Poche

| *Titre* | *Auteur* | *ISBN* |
|---|---|---|
| Le Code de la route, édition 2011 | Permisecole | 978-2-7540-2387-0 |

| *Titre* | *Auteur* | *ISBN* |
|---|---|---|
| La Table des calories | Jean-Paul Blanc, Catherine Poggi | 978-2-7540-2087-9 |
| Améliorer sa mémoire | John B. Arden | 978-2-7540-2388-7 |
| La Cuisine pas chère | Héloïse Martel, André Le Letty | 978-2-7540-1772-5 |
| L'Armagnac | Chantal Armagnac | 978-2-7540-1613-1 |
| Le Diabète | Dr Alan Rubin, Dr Marc Levy | 978-2-7540-1436-6 |
| Les Massages | Steve Capellini, Jocelyne Rolland, Michel Van Welden | 978-2-7540-1330-7 |
| S'arrêter de fumer | Pr B. Dautzenberg, Dr D. Brizer | 978-2-7540-1293-5 |
| Les Tests du Code de la route | DFC Production | 978-2-7540-0751-1 |
| Le Vin | Laure Liger, Yvan-Paul Cassetari | 978-2-7540-0087-1 |
| La Cuisine | Brian Miller, Alain Le Courtois | 978-2-8769-1872-6 |
| Le Sexe | Dr Ruth K. Westheimer | 978-2-8769-1956-3 |
| Maigrir | Jane Kirby | 978-2-8769-1870-2 |
| Le Feng Shui | David D. Kennedy | 978-2-8769-1871-9 |
| Un bureau feng shui | Holly Ziegler, Jennifer Lawler | 978-2-8769-1949-5 |
| La Méthode Pilates | Ellie Herman | 978-2-7540-0223-3 |
| Le Yoga | Georg Feuerstein, Larry Pane | 978-2-7540-0063-5 |
| Guérir l'anxiété | Dr Martine André, Dr Charles Eliott, Dr Laura Smith | 978-2-7540-1195-2 |
| Les Thérapies comportementales et cognitives | Rob Willson, Rhena Branch | 978-2-7540-1074-0 |
| La PNL | Romilla Ready, Kate Burton | 978-2-7540-0879-2 |
| La Psychologie | Dr Adam Cash | 978-2-8769-1957-0 |
| Le Bricolage | Gene Hamilton, Katie Hamilton | 978-2-7540-0373-5 |

## Business

| *Titre* | *Auteur* | *ISBN* |
|---|---|---|
| Communiquer efficacement | Marty Brounstein, Florence Balique | 978-2-7540-2229-3 |
| Les Ressources humaines | Sabine Wojtas | 978-2-7540-1627-8 |
| Les Marques | Bill Chiaravalle, Barbara Findlay Schenck, Benoît Heilbrunn | 978-2-7540-2127-2 |

| *Titre* | *Auteur* | *ISBN* |
|---|---|---|
| Le Marketing opérationnel | Alexander Hiam, Benoît Heilbrunn | 978-2-7540-1981-1 |
| Le Service client | Keith Bailey, Karen Leland, Ralph Hababou | 978-2-7540-1827-2 |
| Trouver un job | Joyce Lain Kennedy, Nicolas Barrier | 978-2-7540-1092-4 |
| Le Marketing, 2e édition | Alexander Hiam | 978-2-7540-0688-0 |
| La Comptabilité | Laurence Thibault-Le Gallo | 978-2-7540-0617-0 |
| Créer sa boîte | Laurence de Percin | 978-2-7540-0492-3 |
| Le Management | Bob Nelson | 978-2-8769-1952-5 |
| Business Plans | Paul Tifany, Steven D. Peterson | 978-2-8769-1712-5 |
| La Vente | Tom Hopkins | 978-2-8769-1670-8 |

### ... en Poche

| *Titre* | *Auteur* | *ISBN* |
|---|---|---|
| L'Auto-entrepreneur | Grégoire Leclercq, Marie Gouilly-Frossard | 978-2-7540-2025-1 |
| Le Marketing | Alexander Hiam | 978-2-7540-1598-1 |
| Le Management | Bob Nelson | 978-2-7540-0454-1 |
| Business Plans | Paul Tiffany, Steven D. Peterson | 978-2-7540-0094-9 |
| La Vente | Tom Hopkins | 978-2-8769-1950-1 |

## *Loisirs*

### Sports

| *Titre* | *Auteur* | *ISBN* |
|---|---|---|
| Le Tennis | Patrick McEnroe, Peter Bodo, Guy Tambon | 978-2-7540-1757-2 |
| Les Arts martiaux | Jennifer Lawler, Nicolas Dupuy, Éric Le Cam | 978-2-7540-1052-8 |
| Courir | Tere Stouffer Drenth, Philippe Maquat | 978-2-7540-1044-3 |
| Gym et Musculation | Cyndi Targosz, Jean-Pierre Clémenceau | 978-2-7540-1059-7 |
| L'Équitation | Audrey Pavia, Marie Martin | 978-2-7540-0732-0 |
| Le Golf | Gary McCord | 978-2-7540-0078-9 |
| La Voile | J.-J. Isler, Peter Isler | 978-2-7540-0059-8 |

## Musique

| *Titre* | *Auteur* | *ISBN* |
|---|---|---|
| Improviser à la guitare | Antoine Polin | 978-2-7540-2019-0 |
| Accords de guitare | Antoine Polin | 978-2-7540-1009-2 |
| Exercices de piano | David Pearl, Marc Rozenbaum | 978-2-7540-1337-6 |
| Exercices de guitare | John Chappell, Mark Phillips, Antoine Polin | 978-2-7540-1336-9 |
| L'Harmonica | Winslow Yerxa, Jean-Jacques Milteau | 978-2-7540-1210-2 |
| DJ | John Steventon, Nicolas Dambre | 978-2-7540-1198-3 |
| La Batterie | Jeff Strong, Laurent Bataille | 978-2-7540-0352-0 |
| Le Chant | Pamela S. Phillips, Mariette Jost | 978-2-7540-0462-6 |
| Le Solfège | Michael Pilhofer, Jean-Clément Jollet | 978-2-7540-0586-9 |
| La Guitare basse | Patrick Pfeiffer | 978-2-7540-0288-2 |
| Claviers et Synthétiseurs | Christophe Martin de Montagu | 978-2-7540-0118-2 |
| La Guitare, 2e édition | Mark Phillips, Jon Chappel | 978-2-7540-0124-3 |
| Le Piano | Blake Neely, Marc Rozenbaum | 978-2-7540-0102-1 |
| La Guitare électrique | John Chappell | 978-2-8769-1983-9 |

## Loisirs créatifs

| *Titre* | *Auteur* | *ISBN* |
|---|---|---|
| Coffret Dessin | Collectif | 978-2-7540-2056-5 |
| Créer une BD | Gérald Gorridge | 978-2-7540-1883-8 |
| Dessiner des personnages | Kensuke Okabayashi | 978-2-7540-1322-2 |
| L'Aquarelle | Colette Pitcher | 978-2-7540-0934-8 |
| La Peinture à l'huile | Anita Giddings, Cherry Stone Clifton | 978-2-7540-0935-5 |
| Dessiner des mangas | Kensuke Okabayashi, Nobuyuki Anzai | 978-2-7540-0494-7 |
| La Couture | Janice Saunders Maresh | 978-2-7540-0193-9 |
| Le Dessin | Brenda Hoddinott | 978-2-7540-0185-4 |
| Le Tricot | Pam Allen | 978-2-8769-1705-7 |

## Nature

| *Titre* | *Auteur* | *ISBN* |
|---|---|---|
| Un aquarium | Maddy Hargrove, Mic Hargrove | 978-2-7540-0917-1 |
| Le Cheval | Audrey Pavia, Marie Martin | 978-2-7540-0367-4 |

| *Titre* | *Auteur* | *ISBN* |
|---|---|---|
| Éduquer son chiot | Sarah Hodgson | 978-2-7540-0372-8 |
| Éduquer son chien | Jack Volahrd, Wendy Volahrd | 978-2-7540-0152-6 |

## Jeux

| *Titre* | *Auteur* | *ISBN* |
|---|---|---|
| Pack Gym cérébrale | Stéphanie Boyron, Nicolas Conti | 978-2-7540-2073-2 |
| Le Scrabble | Eugénie Michel | 978-2-7540-1698-8 |
| Les Échecs, 2e édition | James Eade, Vincent Moret | 978-2-7540-1870-8 |
| Dungeons & Dragons® | Richard Baker, Bill Slavicsek | 978-2-7540-1390-1 |
| Le Casino | Kevin Blackwood, François Montmirel | 978-2-7540-0447-3 |
| Le Poker Texas Hold'em | Mark Harlan, François Montmirel | 978-2-7540-0448-0 |
| La Magie | David Pogue, Bernard Bilis | 978-2-7540-0453-4 |
| Le Bridge, 2e édition | Eddie Kantar, Jacques Delorme | 978-2-7540-0276-9 |
| Le Poker | Richard D. Harroch, Lou Krieger, François Montmirel | 978-2-7540-0123-6 |

## … en Poche

| *Titre* | *Auteur* | *ISBN* |
|---|---|---|
| Dessiner des mangas | Kensuke Okabayashi | 978-2-7540-1601-8 |
| Le Poker en ligne | Mark Harlan, Chris Derossi, François Montmirel | 978-2-7540-1871-5 |
| Le Chant | Mariette Jost, Pamelia S. Philips | 978-2-7540-1597-4 |
| Le Poker | François Montmirel | 978-2-7540-1548-6 |
| La Couture | Janice Saunders Maresh | 978-2-7540-1600-1 |
| Un chien | Gina Spadafori, Catherine Collignon | 978-2-7540-1320-8 |
| Un chat | Gina Spadafori, Monique Bourdin | 978-2-7540-1321-5 |
| Le Tricot | Pam Allen | 978-2-7540-0135-9 |
| Le Dessin | Brenda Hoddinott | 978-2-7540-0889-1 |
| La Généalogie | Francis Christian | 978-2-7540-0565-4 |

# Langues

## Méga kit audio

| *Titre* | *Auteur* | *ISBN* |
|---|---|---|
| L'espagnol | Collectif | 978-2-7540-2024-4 |
| L'anglais | Collectif | 978-2-7540-2023-7 |

## Lexiques

| *Titre* | *Auteur* | *ISBN* |
|---|---|---|
| Lexique anglais | Brigitte Lallement, Nathalie Pierret | 978-2-7540-2243-9 |
| Lexique espagnol | David Tarradas Agea | 978-2-7540-2244-6 |

## Méthodes de langues

| *Titre* | *Auteur* | *ISBN* |
|---|---|---|
| L'hébreu | Jil Jacobs, Shifra Jacquet-Svironi | 978-2-7540-1752-7 |
| Le latin | Clifford Hull, Steven Perkins, Tracy Barr, Danièle Robert | 978-2-7540-0881-5 |
| La Grammaire anglaise | Géraldine Woods, Claude Raimond | 978-2-7540-0564-7 |
| Le russe | Vincent Bénet, Oleg Chinkarouk, Serafima Gettys, Andrew Kaufman | 978-2-7540-0813-6 |
| Le portugais | Karen Keller, Ricardo Rodrigues | 978-2-7540-0831-0 |
| L'arabe | Amine Bouchentouf, Sylvie Chraibi, Aboubakar Chraibi | 978-2-7540-0312-4 |
| Le japonais | Eriko Sato, Vincent Grépinet | 978-2-7540-0495-4 |
| Le néerlandais | Margreet Kwakernaak, Michael Hofland, Annick Christiaens | 978-2-7540-0313-1 |
| Le chinois | Wendy Abraham, Joël Bellassen | 978-2-7540-0212-7 |
| L'allemand | Paulina Christensen, Claude Raimond | 978-2-7540-0038-3 |
| L'anglais | Gail Brenner, Claude Raimond | 978-2-8769-1973-0 |
| L'espagnol | Suzanna Wald, Anne-Carole Grillot | 978-2-8769-1974-7 |
| L'italien | Francesca Onufri, Sylvie Le Bras | 978-2-7540-0039-0 |

## Guides de conversation

| *Titre* | *Auteur* | *ISBN* |
|---|---|---|
| L'espagnol des affaires | David Terradas Agea | 978-2-7540-1708-4 |
| L'alsacien | Bénédicte Keck, Léon Daul | 978-2-7540-1848-7 |

| *Titre* | *Auteur* | *ISBN* |
|---|---|---|
| Le corse | Jean Chiorboli | 978-2-7540-1843-2 |
| L'espagnol du voyageur | David Tarradas Agea | 978-2-7540-1709-1 |
| L'anglais des affaires | Claude Raimond | 978-2-7540-1519-6 |
| L'anglais du voyageur | Claude Raimond | 978-2-7540-1520-2 |
| Le Parler québécois | Marie-Pierre Gazaille, Marie-Lou Guévin, Yannick Resch | 978-2-7540-1476-2 |
| Le chti | Pierre-Marie Gryson | 978-2-7540-1475-5 |
| Le basque | Jean-Baptiste Coyos, Jasone Salaberria | 978-2-7540-1239-3 |
| Le breton | Hervé Le Bihan, Gwendal Denis, Martial Ménard | 978-2-7540-1240-9 |
| Le japonais | Eriko Sato, Vincent Grépinet | 978-2-7540-0653-8 |
| L'arabe | Amine Bouchentouf, Sylvie Chraïbi, Aboubakr Chraïbi | 978-2-7540-0839-6 |
| Le portugais | Karen Keller, Ricardo Rodrigues | 978-2-7540-1016-0 |
| Le russe | Vincent Bénet, Oleg Chinkarouk, Serafima Gettys, Andrew Kaufman | 978-2-7540-1010-8 |
| L'allemand | Paulina Christensen, Claude Raimond | 978-2-7540-0324-7 |
| L'italien | Francesca Onofri, Sylvie Le Bras | 978-2-7540-0325-4 |
| Le chinois | Wendy Abraham, Joël Bellassen | 978-2-7540-0485-5 |
| Le néerlandais | Margreet Kwakernaak, Michael Hofland, Annick Christiaens | 978-2-7540-0484-8 |
| L'espagnol | Suzanna Wald, Anne-Carole Grillot | 978-2-7540-0178-6 |
| L'anglais | Gail Brenner, Claude Raimond | 978-2-7540-0177-9 |

## Kits audio

| *Titre* | *Auteur* | *ISBN* |
|---|---|---|
| L'allemand | Edward Swick | 978-2-7540-1625-4 |
| Le japonais | Eriko Sato, Vincent Grépinet | 978-2-7540-1624-7 |
| Le néerlandais | Michaël Hofland | 978-2-7540-1623-0 |
| L'italien | Teresa L. Picarazzi | 978-2-7540-1328-4 |
| Le chinois | Mengjun Liu, Mike Packevics | 978-2-7540-1329-1 |
| L'anglais | Gail Brenner | 978-2-7540-0963-8 |
| L'espagnol | Jessica Langemeier | 978-2-7540-0964-5 |

### ... en Poche

| *Titre* | *Auteur* | *ISBN* |
|---|---|---|
| La Grammaire anglaise | Géraldine Woods, Claude Raimond | 978-2-7540-2519-5 |
| L'anglais correct | Claude Raimond | 978-2-8769-1923-5 |

## *Parascolaire*

### Juniors

| *Titre* | *Auteur* | *ISBN* |
|---|---|---|
| La Bible | Eric Denimal | 978-2-7540-2252-1 |
| L'Égypte ancienne | Florence Maruéjol | 978-2-7540-1979-8 |
| L'Histoire de France | Jean-Joseph Julaud | 978-2-7540-1978-1 |

### Collège

| *Titre* | *Auteur* | *ISBN* |
|---|---|---|
| Maths 6e | Cédric Bertone | 978-2-7540-1176-1 |
| Maths 5e | Yann Gélébart | 978-2-7540-1178-5 |
| Maths 4e | Jean-Charles Alvado | 978-2-7540-1180-8 |
| Maths 3e | Yann Gélébart | 978-2-7540-1182-2 |
| Français 6e | Dominique Rat, Anne Lavielle | 978-2-7540-1175-4 |
| Français 5e | Nathalie Soihet | 978-2-7540-1177-8 |
| Français 4e | Hélène Papiernick | 978-2-7540-1179-2 |
| Français 3e | Hélène Papiernick | 978-2-7540-1181-5 |

### Lycée

| *Titre* | *Auteur* | *ISBN* |
|---|---|---|
| Bac Français | Gilles Guilleron | 978-2-7540-2258-3 |
| Bac Philosophie | Christian Godin | 978-2-7540-2259-0 |
| Bac Histoire-Géo | Nicolas Arnaud, Hugues Vessemont | 978-2-7540-2257-6 |
| Bac Anglais | Jean-Bernard Piat | 978-2-7540-2260-6 |

## Cahiers pour adultes

| *Titre* | *Auteur* | *ISBN* |
|---|---|---|
| Cahier de Culture générale | Jean-Joseph Julaud | 978-2-7540-1834-0 |
| Cahier de Jeux d'esprit et de logique | Nicolas Conti | 978-2-7540-1835-7 |

# Exercices de guitare

# POUR LES NULS

**Exercices de guitare pour les Nuls**
Titre de l'édition originale : *Guitar Exercises for Dummies*
Publié par
**Wiley Publishing, Inc.**
111 River Street
Hoboken, NJ 07030-5774



ISBN 978-2-7540-5402-7
Dépôt légal : octobre 2013
Imprimé en Italie

Édition : Marie-Anne Jost
Traduction : Nathalie Garsuault
Correction : Hélène Jovignot
Mise en page : Stéphane Angot
Production : Emmanuelle Clément

Éditions First, un département d'Édi8
12, avenue d'Italie
75013 Paris
Tél : 01 44 16 09 00
Fax : 01 44 16 09 01
E-mail : firstinfo@efirst.com
Internet : www.editionsfirst.fr

Ne peut être vendu séparément

# Exercices de guitare

# POUR LES NULS

**Mark Phillips**

**Jon Chappell**

Adaptation par
**Antoine Polin**

FIRST
Editions

# *Les auteurs*

Guitariste, arrangeur et éditeur, **Mark Phillips** travaille depuis plus de trente ans dans le milieu de l'édition musicale. Il est titulaire d'une licence de musicologie de la Case Western Reserve University, où il a été lauréat du prix Carolyn Neff d'excellence universitaire, et d'une maîtrise de musicologie de la Northwestern University, où il a été élu pour entrer au Pi Kappa Lambda, le plus prestigieux des clubs américains des meilleurs étudiants de musicologie. Tout en travaillant à sa thèse de doctorat en musicologie à Northwestern, il a enseigné la théorie, l'entraînement de l'oreille, le déchiffrage de chant, le contrepoint et la guitare.

Dans les années 1970 et au début des années 1980, Mark Phillips a été directeur du département musique pop de la maison d'éditions musicales Warner Bros. Publications, où il a revu et arrangé les partitions d'artistes du calibre de Neil Young, James Taylor, Eagles et Led Zeppelin. Depuis le milieu des années 1980, il officie en qualité de directeur musical et directeur des publications chez Cherry Lane Music, où il a revu ou arrangé les partitions d'artistes comme John Denver, Van Halen, Guns N'Roses et Metallica. Il est également rédacteur musical des magazines américains *Guitar* et *Guitar One.*

Mark Phillips est l'auteur de plusieurs ouvrages liés à la musique, notamment *Metallica Riff by Riff, Sight-Sing Any Melody Instantly* et *Sight-Read Any Rhythm Instantly.* D'autre part, il a écrit et publié une série de manuels scolaires à vocation pédagogique déclinés sur le mode humoristique : *The Wizard of Oz Vocabulary Builder, The Pinocchio Intermediate Vocabulary Builder,* et *Tarzan and Jane's Guide to Grammar.* Du fait de la qualité référentielle des nombreux ouvrages qu'il a édités, Mark Phillips figure au *Who's Who* américain.

**Jon Chappell** est un guitariste et arrangeur aux multiples talents. Il a fait ses études à la Carnegie-Mellon University, avec Carlos Barbosa-Lima pour professeur, puis à la DePaul University, où il a obtenu sa maîtrise en composition et enseigné la théorie musicale et l'entraînement de l'oreille. Jon Chappell a été rédacteur en chef du magazine *Guitar,* rédacteur technique de *Guitar Shop Magazine* et musicologue pour *Guitarra,* un magazine de guitare classique. Il a joué avec Pat Benatar, Judy Collins, Graham Nash et Gunther Schuller (et enregistré pour eux), et contribué à de nombreuses musiques de films et téléfilms, dont « Northern Exposure », « Walker, Texas Ranger », « Guiding Light », ainsi que le long-métrage *Bleeding Hearts,* mis en scène par le regretté acteur-danseur Gregory Hines. En 1990, devenu directeur musical adjoint de Cherry Lane Music, il a transcrit, revu et arrangé les partitions de Joe Satriani, Steve Vai, Steve Morse, Mike Stern et Eddie Van Halen, pour n'en citer que quelques-uns. Il est l'auteur de plus d'une douzaine de manuels de méthode, et notamment *Rock Guitar For Dummies, Blues Guitar For Dummies* et *The Recording Guitarist. A Guide for Home and Studio,* publié chez Hal Leonard.

## Remerciements des auteurs

Les auteurs remercient chaleureusement l'équipe de Wiley Publishing, Inc. : Tracy Boggier, Alissa Schwipps et Jessica Smith.

## Dédicace

**Mark Phillips :** À ma femme, Debbie, et à mes enfants, Tara, Jake et Rachel.

**Jon Chappell :** À ma femme, Mary, et à mes enfants, Jennifer, Katie, Lauren et Ryan.

# À propos de l'adaptateur

**Antoine Polin** a étudié la musique au Berklee College of Music de Boston d'où il est sorti diplômé *Cum Laude*. Il est titulaire du Diplôme d'État (D.E) de jazz. Guitariste professionnel se produisant régulièrement, lauréat d'un prix *Paris jeune talent* en 2004 pour l'enregistrement de son deuxième album, il enseigne aussi la guitare, l'harmonie et dirige des ensembles dans des formations amateurs et professionnelles à l'école *Jazz à Tours*.

Il est également l'auteur des *Accords de guitare pour les Nuls* chez First.

# Sommaire

# Introduction

Jouer de la guitare présente une foule d'avantages. C'est une activité à la fois artistique, expressive, source d'inspiration, thérapeutique et même cathartique – rien de tel que le blues en cas de coup de blues. La guitare est un antistress aussi efficace que naturel. Mais il en va de cette discipline comme du sport ou de n'importe quelle autre entreprise physique qui requiert de la force, de la vitesse, de l'endurance et de la coordination : plus vous pratiquerez, meilleur vous deviendrez. Et meilleur vous serez à la pratique de la guitare, plus fructueux seront vos efforts à produire de la musique de qualité.

L'un des moyens les plus sûrs d'acquérir un bon niveau à la guitare est purement physique : il s'agit de faire travailler vos doigts, qui constituent votre outil essentiel, afin de les conditionner à cette pratique. C'est là l'objet du présent ouvrage. En choisissant ce livre, vous avez signifié votre accord pour envoyer vos doigts en stage d'entraînement intensif. Une fois que vous aurez mis en pratique les *Exercices de guitare pour les Nuls,* vos doigts auront gagné en souplesse, en agilité, en puissance et en assurance, et vous bénéficierez d'un doigté plus harmonieux. Et parce que la musique implique l'esprit autant que le corps, nous vous donnons des astuces et des conseils qui vous donneront matière à réflexion. Pour citer Danny Ozark, gérant des Phillies, l'équipe de baseball de Philadelphie, « 90 % du jeu se passe pour moitié au niveau mental », de sorte que nous allons travailler à renforcer également votre mental !

Ce livre vous propose des exercices adaptés à un contexte musical. Ainsi, vous allez faire l'apprentissage de notions essentielles comme les gammes, les arpèges et les accords, qui figurent tous dans les morceaux et les chansons que vous jouez. C'est votre cerveau qui va faire office de coach, et les pages à suivre seront votre partition. Lorsque vos doigts auront été soumis au régime intensif d'*Exercices de guitare pour les Nuls*, ils seront transformés en une redoutable machine à jouer.

## Pourquoi ce livre ?

Parce que jouer de la guitare comporte réellement une composante physique, les principes de cet apprentissage s'appliquent au même titre que si vous étiez un adepte de la natation, de la course à pied, du golf ou un *guitar hero* : vous ne ferez aucun progrès si vous ne vous entraînez pas. Et l'entraînement, au sens de la mise en condition physique dont il est ici question, s'appelle *l'exercice.* L'exercice consiste à faire travailler efficacement certaines parties de votre corps en fonction de l'activité pratiquée. Les joueurs de rugby font de la musculation pour devenir plus forts et plus puissants dans les affrontements avec leurs opposants. Les joueurs de guitare pratiquent les gammes pour jouer avec plus d'habileté les mélodies sur les cases.

Le présent ouvrage constitue une référence utilisable à tout moment, à votre convenance, c'est-à-dire que rien ne vous oblige à le lire de bout en bout. Il vous suffit de consulter le sommaire pour localiser selon vos besoins le sujet que vous souhaitez approfondir. Notez cependant que nous présentons les gammes, les arpèges et les accords selon une méthode organisée et logique, qui va vous permettre de travailler votre doigté et d'apprendre le vocabulaire musical que vous rencontrerez concrètement au cours de vos expériences musicales. Nous expliquons de façon détaillée la présentation des exercices aux chapitres 3 et 4, pour vous mettre sur les rails, puis, dans les chapitres suivants, nous fournissons d'autres exercices, assortis de commentaires moins nombreux (nous vous entendons soupirer d'aise). Il est bon de savoir que les chapitres 3 à 12 vont par paires. Au sein de chaque paire, les chapitres impairs introduisent un concept nouveau (par exemple, un modèle de gamme ou d'arpège), que les chapitres pairs correspondants vous permettent d'appliquer par le biais d'une série d'exercices. Vous trouverez des exercices dans les deux chapitres constituant chacune de ces paires, mais, afin d'optimiser cette méthode, de suivre et de progresser de façon constante, il est bon d'aborder ces chapitres « jumeaux » par le chapitre impair, dans lequel nous explicitons un peu plus en détail notre enseignement.

En outre, nous avons pensé qu'il serait judicieux de présenter tous les exercices de ce livre sous forme *transposable,* ce qui signifie que vous pouvez les faire glisser à n'importe quel endroit du manche sans modifier la position des doigts, parce que les modèles d'exercice n'utilisent pas de cordes à vide. Une gamme, un arpège ou un accord transposable peuvent être adaptés à n'importe quelle tonalité simplement en déplaçant votre main vers le haut ou le bas du manche pour atteindre une note de départ différente en conservant la même trame technique. De la sorte, indépendamment de la tonalité dans laquelle est présenté l'exercice, vous pouvez l'adapter à n'importe quelle case. Nous vous rappellerons tout au long du livre la « transposabilité » de ces exercices, mais nous insistons ici sur cette notion car elle est essentielle à la bonne compréhension de la structure du livre.

Pour finir, la plupart des chapitres se terminent par des morceaux qui vous donnent la possibilité de mettre en œuvre ce que vous avez appris en théorie en faisant de la « vraie » musique. Vous trouverez ces morceaux dans leur intégralité, ainsi qu'un certain nombre d'autres exemples à jouer, sur le CD fourni avec ce livre.

## Conventions utilisées dans ce livre

Parce que nous partons du principe que vous possédez déjà des notions de guitare et que vous avez l'habitude des exercices destinés à acquérir de la pratique, nous avons adopté certaines conventions et adhéré à la terminologie et aux méthodes habituellement utilisées en matière de guitare. Par exemple, lorsque vous lirez « plus haut », nous entendons par là plus haut en termes de hauteur de note, que la phrase fasse référence à une corde (la corde de *mi* aigu) ou à une position. Ainsi, « remonter sur le manche » signifie se rapprocher du chevalet et non du sillet. « Plus bas » signifie plus bas en tonalité ou plus bas sur le manche (en se rapprochant du sillet et de la tête du manche).

À noter également : tout au long du livre, nous désignons par « main gauche » la main utilisée pour plaquer les notes et les accords sur le manche – même si certains guitaristes gauchers retournent leur guitare, inversent les cordes et plaquent les notes de la main droite. Ainsi, plutôt que d'écrire « main qui plaque les cordes » et « main qui gratte les cordes » (!), nous utilisons « main gauche » et « main droite ». Que nos amis gauchers acceptent nos plus plates excuses.

Les figures sont présentées selon un ordre relativement logique. Par exemple, vous remarquerez que nous introduisons la gamme majeure avant la gamme mineure. Quant aux trois types de gammes mineures présentées ici, nous commençons par la gamme mineure naturelle. La raison de cela ? Les gammes sont présentées selon un ordre conventionnel et non, par exemple, parce que la gamme majeure est systématiquement plus facile à jouer que la gamme mineure. Gardez également à l'esprit que nous présentons toujours les différents modèles applicables à la fois aux gammes et aux arpèges en fonction de leur tonalité de départ – en se déplaçant du grave vers l'aigu tout en conservant une position donnée.

Dans les figures de représentations mélodiques, nous présentons chaque nouvelle gamme à l'aide d'une grille d'accords indiquant comment positionner vos doigts sur les cases et les cordes. Les indications concernant la main gauche apparaissent à l'intérieur des cercles (1 = index, 2 = majeur, 3 = annulaire et 4 = auriculaire), et la *tonique* – c'est-à-dire le nom de la tonalité de la gamme – est représentée sous la forme d'un chiffre blanc encerclé sur fond noir. Nous avons renoncé à l'emploi des barres de mesures dans notre notation musicale, afin de vous montrer que ces exercices ne sont pas conçus pour être exécutés selon une signature rythmique particulière. Vous pouvez utiliser ces figures à titre indicatif, pour voir et entendre la gamme sans vous soucier du contexte rythmique. Les portées de tablatures représentées sous les figures indiquent le numéro de la corde et de la tablature, suivi des lettres représentant la hauteur de la tonalité, avec les toniques représentées par les cercles.

En outre, nous indiquons systématiquement le doigt de la main gauche utilisé pour démarrer, qui apparaît à la gauche de la première note sur la portée musicale standard. D'autres doigts de la main gauche représentés sur le schéma indiquent que vous jouez une note hors position, ou servent à vous rappeler quel doigt vous ramène à la position initiale après avoir joué une note hors position. (Au fait, une *note hors position* est une note qui n'entre pas dans le cadre des quatre cases défini par la position, et requiert pour être jouée un étirement de l'index ou de l'annulaire.) Gardez à l'esprit que ce positionnement des doigts fait simplement office d'aide-mémoire. Si vous êtes capables de jouer des notes hors position en ayant recours à un doigté qui vous paraît plus logique ou confortable, ne vous privez pas de ce plaisir. Assurez-vous simplement que vous repositionnez correctement vos doigts à temps, de façon que les notes suivantes soient jouées dans la position initiale.

Nous ne faisons figurer dans ce livre aucune notation pour la main droite dans la mesure où ces exercices peuvent être joués soit à l'aide des doigts de la main droite, soit à l'aide d'un médiator. Si vous êtes adepte du *fingerpicking,* c'est-à-dire que vous jouez sans médiator, pratiquez les gammes et les arpèges en alternant l'emploi de l'index et du majeur, ou du majeur et de l'annulaire. Si vous préférez l'usage d'un médiator, pratiquez vos gammes sur la base du *picking alterné,* une technique qui combine l'aller – l'attaque des cordes vers le bas – et le retour – l'attaque des cordes vers le haut – en commençant par un aller sur la première note. Nous vous prévenons lorsqu'une gamme ou un arpège est plus favorable à l'une ou l'autre de ces techniques. Cependant, vous pouvez jouer l'ensemble des exercices du livre en attaquant les cordes de la main droite. Nombreux sont les guitaristes confirmés qui pratiquent à la fois le médiator et le *fingerpicking,* et nous vous encourageons à faire de même.

Les chiffres indiqués dans des rectangles sur fond noir au-dessus des figures indiquent le numéro de la piste correspondant à l'exercice sur le CD fourni avec le livre. Ces références incluent parfois l'endroit du CD où débute l'exemple, car un grand nombre de figures sont enregistrées sur la même piste. Ainsi, cette indication (en minutes et en secondes) aide à les dissocier. L'indication « 0:00 » signifie que la figure concernée est la première de la piste.

Conformément à l'usage en vigueur dans tous les ouvrages de la collection *Pour les Nuls,* nous indiquons en italique tout nouveau terme important pour le sujet en cours. Ces mots en italique sont systématiquement suivis d'une définition claire, facile à appréhender.

# Vous êtes dispensé de lecture

L'une des choses que nous affectionnons particulièrement dans *Exercices de guitare pour les Nuls* (sans fausse modestie) est le fait que les figures – qui comprennent les grilles d'accords, les diagrammes d'accords, les chansons et les exercices – sont toutes indépendantes les unes des autres. Très concrètement, vous pouvez ouvrir le livre sur n'importe quelle figure ou exercice et savoir quoi jouer sans lire le texte adjacent. Cette approche est basée sur le fait que chaque figure fournit au lecteur toutes les informations nécessaires pour placer ses doigts sur les cordes et commencer à jouer l'extrait ou l'exercice en question.

Néanmoins, nous pensons qu'il est préférable de lire le texte qui accompagne les figures, car il vous fournit des informations contextuelles sur l'exercice. Si vous décidez d'utiliser *Exercices de guitare pour les Nuls* en empruntant l'itinéraire touristique (donc en vous intéressant exclusivement aux « images »), nous vous conseillons de commencer au début d'un chapitre. Ainsi, vous ferez connaissance avec chaque nouvelle gamme, chaque nouvel arpège et accord par le bais de graphiques qui vous indiquent intégralement le doigté, le nom des notes et toute autre information potentiellement utile à votre apprentissage.

# Suppositions hasardeuses

Du fait que ce livre contient des exercices – et ils sont nombreux –, nous avons décidé de ne pas nous répandre en conjectures, et de nous focaliser sur la musique. À cet effet, nous sommes partis du principe que vous jouez déjà de la guitare. Si vous avez besoin d'informations relatives à l'achat d'une guitare, à l'accordage de votre guitare ou à la pratique d'accords basiques, reportez-vous au livre *La Guitare pour les Nuls,* nouvelle édition.

Nous avons conçu cet ouvrage pour qu'il soit « joué » autant que lu. Ceci ne signifie pas pour autant que notre démarche consiste à vous pousser négligemment dans l'arène comme pour dire : « Allez, on fait une série d'arpèges vite fait bien fait. » Nous avons intégré au début du livre une rubrique sur la façon de tenir sa guitare, des définitions portant sur le système de notation musicale employé, et des conseils sur l'indispensable travail d'échauffement. Ce livre contient énormément de musique, que nous espérons bien vous voir (vous entendre ?) jouer en totalité (à terme), en faisant le nécessaire pour que vous soyez paré comme il se doit pour passer des moments de qualité avec votre guitare.

# Comment ce livre est organisé

Ce livre est structuré en trois parties distinctes correspondant à trois aspects de la pratique de la guitare : les gammes, les arpèges et les accords. Au sein de chacune de ces parties principales figure une sous-catégorie que nous avons appelée *séquences* pour les gammes et les arpèges, et *progressions d'accords* pour les accords. Chacun de ces binômes (par exemple, les gammes et les séquences de gammes) constitue une *partie* du livre, dont les gammes mineures et majeures et leurs séquences respectives, qui se décomposent en chapitres. Les paragraphes ci-dessous explicitent ce que vous trouverez dans chacune de ces parties du livre.

## Première partie : Mise en jambes

Dans cette partie, nous révisons les connaissances basiques nécessaires pour jouer au fil de ce livre. Certaines des informations que nous présentons ne vous seront pas inconnues (si vous avez déjà joué). Nous traitons néanmoins certains aspects des notations musicales qui peuvent être nouveaux même pour des guitaristes expérimentés. Ainsi, même si vous maîtrisez totalement la façon de vous asseoir ou de vous tenir debout à la guitare, jetez un œil aux définitions des notations indiquées au chapitre 1, notamment la rubrique concernant les tabulations et les barres de rythme. Au chapitre 2, nous couvrons le travail d'échauffement, la concentration ainsi que la relaxation et la détermination, qui agissent de manière complémentaire.

## Deuxième partie : Gammes et séquences de gammes

Cette partie entre dans le vif du sujet d'*Exercices de guitare pour les Nuls ;* il s'agit de l'heure de vérité, le moment où vos doigts vont se poser sur le manche, vous voyez ? Nous commençons avec la gamme majeure et ses séquences correspondantes, puis passons à la gamme mineure et ses séquences. Outre les gammes majeures et mineures (déclinées sur un certain nombre de modèles et de séquences), cette partie vous offre un bon aperçu de la structure et du fonctionnement de ce livre. Nous présentons chaque gamme dans cinq modèles, eux-mêmes présentés selon la même séquence pour chaque gamme.

## Troisième partie : Arpèges et séquences d'arpèges

Cette partie a pour vocation d'explorer le monde fabuleux des arpèges – le point de transition entre le jeu des notes isolées et celui des accords. Techniquement, les arpèges se jouent comme les notes isolées – une par une, tout comme dans une gamme. Mais dans un arpège, vous changez de corde bien plus souvent, car les espaces entre les notes – ici des sauts et non des tons – sont plus grands. Sur le plan musical, ces notes isolées servent à mettre les accords en valeur. De sorte que le jeu des arpèges est utile pour comprendre la façon dont s'articulent les accords au sein de la démarche musicale.

## Quatrième partie : Accords et autres exercices

Nombreux sont les manuels d'exercices de guitare qui s'interrompraient après une bonne dose de gammes, de séquences de gammes, d'arpèges et de séquences d'arpèges. Voilà ce qui fait la différence avec notre livre. Dans la quatrième partie, nous vous offrons un bonus : un chapitre entier sur les accords et le jeu d'accords. Nous y avons également fait figurer des exercices complémentaires conçus pour développer la vitesse, la force et l'indépendance de votre doigté.

## Cinquième partie : La partie des Dix

Si vous êtes un fidèle de la collection *Pour les Nuls,* vous savez que la partie des Dix est la partie la plus ludique du livre. C'est l'occasion pour les auteurs de vous emmener sur les chemins de traverse. Dans notre partie des Dix, nous vous offrons des idées pour vous permettre de jouer de la guitare. Mais nous avons voulu que ces suggestions sortent un peu du lot. Nous n'avons pas souhaité vous indiquer dix façons supplémentaires de… jouer des gammes, par exemple. Ce livre étant globalement assez technique, nous avons pris le parti de discuter de certains sujets en délaissant l'approche technique (ce qui fait une différence énorme, à notre sens). Le chapitre 15 se focalise sur les moyens de rendre votre temps d'entraînement plus efficace. Après tout, il y a une différence certaine entre *s'entraîner* à la guitare et *jouer* de la guitare. Lorsque vous vous entraînez, vous devez faire preuve d'une rigueur et d'une efficacité staliniennes. En revanche, lorsque vous jouez, ce ne doit être que pur plaisir. Le chapitre 16 est tout aussi peu technique. Il vous propose des idées pour améliorer votre « fibre musicale », y compris par le biais d'activités qui n'impliquent pas la guitare.

N'oubliez pas l'annexe située à la fin du livre ! *Exercices de guitare pour les Nuls* est fourni avec un CD qui présente les versions enregistrées de bon nombre des exercices et exemples décrits dans le livre. L'annexe vous explique comment utiliser ce CD, et comprend notamment un tableau qui met en correspondance les pistes du CD et la désignation des exercices.

# Les icônes utilisées dans ce livre

Vous trouverez en marge du texte de ce livre de petites icônes qui devraient vous faciliter la tâche. Voici leurs significations :

Cette icône met en relief les notions importantes qui reviennent de loin en loin. Lisez donc attentivement ces infos et stockez-les dans votre disque dur cérébral.

La vocation de ces petites astuces est de rendre vos séances d'entraînement plus faciles. Nous vous les offrons sans supplément de facturation.

Si vous voyez cette icône, soyez sur vos gardes ! Elle met l'accent sur une situation qui pourrait mettre en danger votre guitare, ou l'audition d'un proche.

# Et maintenant…

Si vous avez déjà mis en place un bon planning d'entraînement et cherchez une base de travail pour intégrer ces infos, passez directement au chapitre 3. Si quelque chose vous échappe dans les notations, revenez au chapitre 2 pour plus de détails sur le système de référence utilisé. Si vous connaissez déjà vos gammes, intéressez-vous au chapitre parlant des arpèges et des accords, car ces sujets ne sont pas fréquemment traités dans les livres d'exercices de guitare.

# Première partie

# Mise en jambes

« La vocation de l'exercice suivant est de mettre à l'épreuve ta dextérité et la patience de Mona. »

## *Dans cette partie...*

Nous abordérons superficiellement dans cette partie les notions essentielles à la pratique des exercices présentés dans ce livre. Si vous n'avez pas joué depuis un moment, le chapitre 1 est une remise à niveau concernant la façon de tenir votre guitare, en position assise ou debout. Nous introduisons également les styles de notation musicale et les conventions que vous devrez connaître pour optimiser la pratique des divers exercices présentés ici. Le chapitre 2 traite des échauffements. La pratique de toute discipline physique (eh oui, la guitare *est* physique !) requiert une préparation. Et parce que jouer de la guitare est également un exercice mental, qui demande de l'attention et de la concentration, nous vous donnerons des tuyaux pour que votre matière grise soit dans les starting-blocks.

# Chapitre 1

# Révision du b-a-ba de la guitare

***Dans ce chapitre***

- Comment tenir sa guitare, en position debout ou assise
- Comprendre les tablatures
- Déchiffrer les diagrammes d'accords, les grilles d'accords et les barres de rythme

Il est évident que vous êtes impatient de démarrer, mais avant d'enfourcher votre monture et de partir au grand galop pour vous attaquer aux centaines d'exercices qui vous attendent dans ce livre, prenez quelques minutes pour vous assurer que vous êtes équipé comme il convient. Nous vous offrons dans ce chapitre quelques rappels indolores des bases de guitare, ainsi qu'une révision des modes de notation utilisés pour la guitare. Même si vous jouez souvent et comprenez la notation, allez faire un tour à la rubrique « Rafraîchir vos notions de notations pour guitare », qui vous permettra de comprendre comment s'articulent les exemples de notation écrite utilisée dans ce livre.

## Perfectionner votre posture

Vous imaginez sans doute que nous allons vous annoncer qu'il faut *impérativement* pratiquer la guitare assis au bord d'une chaise stable (donc, dure…), le dos droit, les pieds bien à plat au sol. Même si cette posture est effectivement correcte, sachez que vous pouvez jouer dans la position qui vous semble la plus confortable. Une fois que vous aurez trouvé la posture qui vous est la plus naturelle, concentrez-vous sur la façon de tenir votre guitare et votre médiator. Cette section vous donne quelques indications à ce sujet.

À dire vrai, vous avez totalement le choix de la position, assise ou debout. Mais vous trouverez certainement plus confortable de vous asseoir si vous prévoyez de jouer longtemps. (La plupart d'entre nous peuvent se tenir plus longtemps assis que debout.) Néanmoins, la plupart des guitaristes jouent debout, donc autant vous habituer à jouer debout dans la mesure du possible.

N'OUBLIEZ PAS !

La façon dont vous tenez votre guitare varie légèrement, selon que vous vous tenez assis ou debout. Voici quelques indications d'ordre général :

- **La position assise :** En position assise, la plupart des guitaristes appuient la guitare sur leur jambe droite et la maintiennent en position à l'aide de leur bras droit, l'avant-bras contre l'avant de la caisse et la main balayant les cordes au niveau de la rosace (ou des micros s'il s'agit d'une guitare électrique). Tenez la guitare contre vous de façon naturelle, sans trop la serrer, en veillant à ce que votre avant-bras droit reste mobile. Si vous posez votre guitare sur votre jambe gauche, comme c'est souvent le cas des guitaristes classiques, vous aurez certainement envie d'utiliser un repose-pieds ou votre étui rigide pour surélever votre jambe d'une bonne dizaine de centimètres, ce qui rapprochera le manche de vous, au niveau du milieu du corps. (Une autre approche consiste à utiliser un accessoire prévu pour maintenir la guitare en l'air au-dessus de votre cuisse, permettant ainsi de garder les deux pieds à plat sur le sol.)

- **La position debout :** Pour jouer de la guitare debout, on utilise une courroie réglable qui permet d'ajuster la position de votre instrument en fonction de votre taille et de votre posture de prédilection. Certains guitaristes aiment que leur guitare soit en position plutôt haute (au-dessus de la ceinture), ce qui a l'avantage d'être plus confortable pour jouer. En revanche, le look obtenu est moins cool que si vous tenez votre guitare assez bas devant vous. Certains styles, comme le bluegrass, permettent de tenir la guitare en position assez haute. Mais si vous voulez faire du rock'n'roll, mieux vaut la tenir très bas. Aucune règle en la matière. Le critère essentiel est le confort plus que l'allure. Après tout, depuis quand la mode est-elle liée au confort ?

Que vous jouiez debout ou assis – ou les deux en alternance –, l'essentiel est d'opter pour une position cohérente, quelle que soit votre posture. Si vous souhaitez plus de détails (y compris des photos) sur les postures à adopter et les positions debout et assise, reportez-vous au livre *La Guitare pour les Nuls,* nouvelle édition.

# Rafraîchir vos notions de notation pour guitare

Nous utilisons dans ce livre diverses méthodes de notation musicale pour présenter les exemples de mélodies et les exercices. Gardez à l'esprit qu'il n'est pas nécessaire de savoir lire une partition pour déchiffrer les informations fournies par ces notations. En fait, aucune connaissance du solfège n'est requise si vous faites appel à votre oreille et écoutez le CD fourni avec ce livre. Vous pouvez très facilement vous en sortir ainsi, mais il est préférable de posséder quelques notions de base concernant les conventions de notation musicale utilisées. La section ci-dessous traite de tous les systèmes de notation que vous rencontrerez au fil du livre.

## Décoder les tablatures

Les tablatures, couramment désignées par « tab » en abrégé, sont un système de notation musicale qui représente de façon graphique les frettes et les cordes de la guitare. Tous les exemples de portées du présent ouvrage sont présentés sous forme de portée traditionnelle (avec la clef en début de portée) suivie d'une portée de tablature. Cette dernière reflète exactement ce qui figure dans la portée musicale traditionnelle du dessus, mais en *langage guitare.* Les tabs sont propres à la guitare ; elles vous indiquent quelle corde jouer et sur quelle case appuyer. Nous vous conseillons d'avoir recours aux tabs si vous avez un doute sur quelle corde ou quelle case tombe une note.

La figure 1-1 illustre une portée de tablature et des exemples de notes et d'accord. Voici quelques indications à garder à l'esprit lorsque vous utilisez les tabs :

- Les lignes de la portée de tablature représentent les cordes de la guitare, en partant de la corde du haut (*mi* aigu) jusqu'à la $6^e$ et dernière corde (*mi* grave).
- Un chiffre placé sur une ligne vous indique quelle corde jouer – on dit *fretter* – au niveau de la case indiquée par ce chiffre. Par exemple, le chiffre 2 sur la seconde ligne en partant du haut signifie que vous devez presser la $2^e$ corde au niveau de la $2^e$ case (c'est-à-dire l'espace entre la $1^{re}$ et la $2^e$ frette, près de la barrette métallique).

- Un 0 sur une ligne indique que la corde correspondante est jouée *à vide* – c'est-à-dire qu'elle n'est pas frettée : aucun doigt de la main gauche ne presse cette corde.
- Plusieurs numéros indiqués en colonne, comme à la troisième mesure de la figure 1-1, indiquent que les cordes correspondant aux chiffres doivent être frettées simultanément, ce qui produit un accord. Les cordes frettées dans l'exemple qui nous occupe produisent un accord en *ré* majeur.

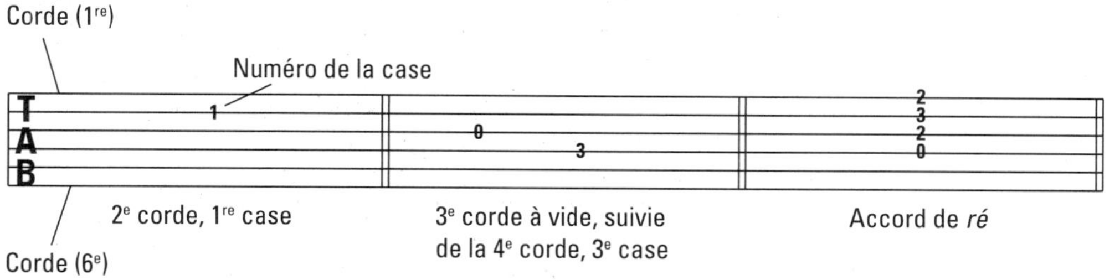


**Figure 1-1 :** Exemple de tablature, ou « tab ».

# *Comprendre les diagrammes d'accord*

Un *diagramme d'accord* est la représentation graphique du manche de la guitare. Il montre précisément comment positionner les doigts de votre main gauche. Vous trouverez à la figure 1-2 la configuration d'un diagramme d'accord. La liste ci-dessous explique ce que signifie chacun des éléments qui le composent :

- La lettre majuscule au-dessus du diagramme indique le nom de l'accord. Les autres lettres ou chiffres définissent la nature de l'accord (accord mineur, accord de 7e de dominante, etc.).
- La grille de lignes verticales et horizontales représente le manche de la guitare vu à la verticale, comme si vous teniez la guitare debout face à vous.
- Les six lignes verticales représentent les cordes de la guitare. La ligne verticale à l'extrême gauche est la 6e corde (*mi* grave). Les cinq lignes horizontales représentent les frettes et délimitent les cases. La ligne horizontale épaisse du haut représente le sillet de la guitare, de sorte que la 1re case (sur laquelle vous placez votre doigt) se situe entre le sillet et la 2e ligne horizontale en partant du haut.
- Les points qui figurent sur les lignes verticales entre les lignes horizontales délimitant les cases indiquent les notes que vous devez fretter.
- Un symbole « X » inscrit au-dessus d'une corde indique que la corde n'est pas jouée. Un symbole « O » inscrit au-dessus d'une corde indique que la corde est jouée à vide (c'est-à-dire qu'elle n'est frettée par aucun doigt de la main gauche).
- Les chiffres qui figurent sous le diagramme indiquent les doigts de la main gauche utilisés pour jouer l'accord.

N'OUBLIEZ PAS !

Pour les accords qui commencent sur les cases au-dessus des quatre premières cases, la case sur laquelle vous devez commencer est indiquée à droite du diagramme. Par exemple, si la note de départ de l'accord est jouée sur la 5e case, la mention « 5fr. », qui désigne la 5e case, sera indiquée à droite du diagramme.

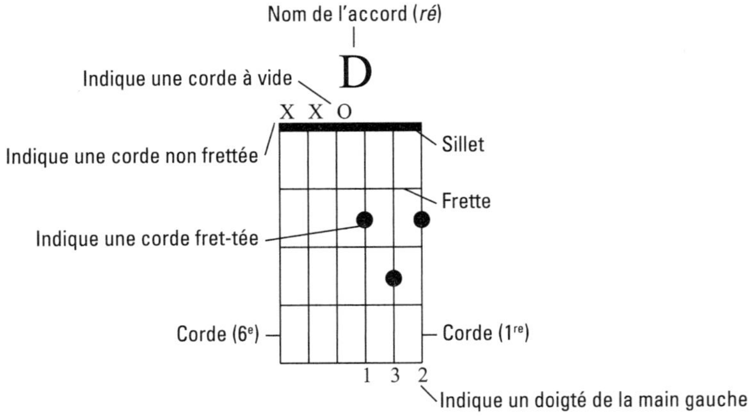


**Figure 1-2 :** Configuration d'un diagramme d'accord.

# *Interpréter les grilles*

En plus des portées musicales traditionnelles et des portées de tablature, vous trouverez dans cet ouvrage un autre système de notation qui consiste à utiliser un diagramme représentant le manche de la guitare. Une grille figure plusieurs frettes du manche de l'instrument, mais avec la corde du *mi* grave représentée au bas du schéma. En gros, c'est un peu comme si vous preniez un diagramme d'accord en lui faisant faire une rotation de 90 degrés dans le sens des aiguilles d'une montre, en l'étirant à l'horizontale et en lui ajoutant quelques cases de plus. Les lignes horizontales représentent les cordes et les lignes verticales, les frettes qui délimitent les cases. Mais, à l'inverse d'une tab, une grille ne représente pas la musique telle qu'on la joue sur une certaine durée. Elle vous indique toutes les notes de façon groupée.

Dans une grille, les points situés sur les lignes horizontales vous indiquent où placer vos doigts, et les chiffres représentés à l'intérieur des cercles pointent vers le doigt à utiliser. Si chiffre apparaît en blanc sur fond noir, il indique que la note est la fondamentale (désignée dans le système anglo-saxon par une lettre) de l'accord ou de l'arpège, ou la tonique (la note qui donne le nom) de la gamme. Connaître la fondamentale et la tonique vous permet d'identifier les noms des gammes, arpèges et accords au fur et à mesure que vous vous déplacez sur le manche pour vous positionner sur différentes notes de départ. Si vous n'êtes pas certain du nom des notes sur le manche, consultez un schéma (en ligne, par exemple) qui vous fournira le placement des notes sur les 12 premières cases du manche d'une guitare. Toutes les grilles sont accompagnées de portées traditionnelles et de tablatures qui fournissent les mêmes informations (avec les noms des notes sous les portées de tablatures et les notes fondamentales indiquées dans les cercles). Néanmoins, nombreux sont les utilisateurs qui préfèrent se référer aux grilles, plus adaptées qu'une portée à l'apprentissage des gammes, arpèges et accords.

La figure 1-3 illustre une grille sur laquelle figurent les notes d'une gamme majeure sur deux octaves en 4e position (ce qui signifie que votre index est positionné à la 4e case). Notez que les toniques apparaissent cerclées sur fond noir, placées sur les 6e, 4e et 1re cordes. Pour jouer la gamme de la figure 1-3 en mode ascendant, commencez par la note la plus grave (6e corde, 5e case) et procédez note par note jusqu'à la plus aiguë (1re corde, 5e case).

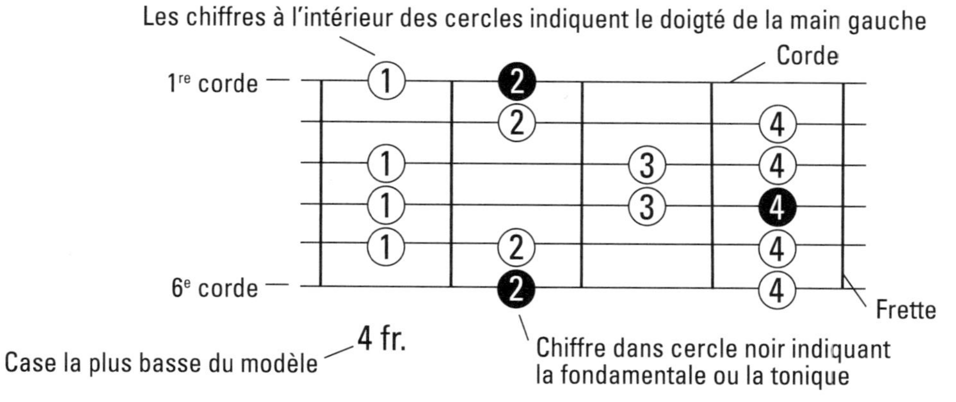


**Figure 1-3 :** La configuration d'une grille d'accord.

# Reconnaître les barres de rythme (ou « slashes »)

Les *barres de rythme* (/), appelées aussi « slashes », constituent un système de sténo qui indique aux musiciens combien de temps jouer les accords. En revanche, elles n'indiquent pas précisément quoi jouer comme le feraient les notes d'une portée. Prenons par exemple la grille de la figure 1-4. Le symbole d'accord vous indique que le doigté d'accord est celui d'un accord en *ré* joué de la main gauche. Les quatre barres de rythme vous indiquent de l'attaquer quatre fois par mesure de manière régulière, conformément au style de musique que vous êtes en train de jouer. Cependant, rien ne vous oblige à impérativement gratter quatre fois les accords, un par temps, simplement parce que vous voyez quatre barres de rythme. Il vous suffit de jouer pendant quatre temps en respectant le style qui convient. Si vous avez un doute, quatre accords grattés successivement feront très bien l'affaire.

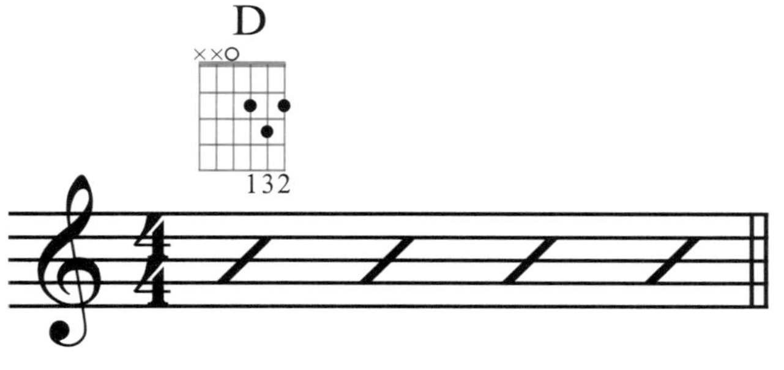


**Figure 1-4 :** Les barres de rythme.

# Chapitre 2

# L'échauffement avant les séances d'entraînement

### *Dans ce chapitre*

- Détendre vos doigts et votre esprit
- S'entraîner à la pratique des notes isolées et des accords

Vous pouvez à tout moment saisir votre guitare et en jouer de manière satisfaisante. Mais vous obtiendrez de bien meilleurs résultats si vous vous échauffez pendant un court moment (plutôt que de commencer à jouer « à froid » et d'essayer de jouer « à fond » tout de suite). Ce temps de préparation, bien connu des athlètes et des fans de sport, est l'échauffement.

L'échauffement est une étape essentielle pour nombre d'activités, notamment le sport et la musique. Comment fournir des performances optimales si vous venez juste de vous réveiller ou de déneiger votre trottoir sans gants ? Il est évident que vous jouerez beaucoup mieux après avoir passé une petite heure à vous réchauffer près d'un bon feu en chouchoutant votre guitare. Rien d'étonnant. C'est exactement la vocation des séances d'échauffement ! Elles offrent à vos doigts le temps de se préparer à jouer afin d'optimiser vos résultats.

Nous explorerons dans ce chapitre le concept d'échauffement physique et mental (enfin, les parties du corps sur lesquelles nous nous focaliserons se résument essentiellement aux mains et aux doigts), et vous proposerons différentes idées, liées ou non à la pratique de la guitare. Vous seriez surpris de voir à quel point la réalisation de choses simples – ou parfois le simple fait de s'y consacrer en pensée – rend vos séances d'entraînement à la guitare efficaces et productives, et ce beaucoup plus rapidement qu'en temps normal.

## Préparer votre corps et votre esprit

Nombreux sont les athlètes qui vous assureront que la pratique d'un sport implique le mental autant que le physique. Il n'est pas question de se laisser intimider, ni même impressionner par sa guitare. Mais sachez tout de même que jouer d'un instrument requiert une implication à la fois mentale et physique. De ce fait, lorsque nous parlons d'échauffement, l'allusion englobe à la fois la tête et les jambes (si tant est que l'expression soit appropriée à la situation).

# Échauffement des doigts

Avant même de saisir votre guitare, ouvrez et fermez les poings plusieurs fois afin de détendre les muscles et les tendons. Serrez très fort les poings puis ouvrez grand les mains en étirant tous vos doigts. Refermez ensuite les doigts, serrez les poings et faites-leur faire des rotations au niveau des poignets. Ces quelques simplissimes exercices d'assouplissement permettent d'étirer le dessus des mains – zones où une tension importante peut s'accumuler, notamment lorsque des étirements des doigts sont requis pour jouer certaines notes, et en particulier pour réaliser les accords *barrés* (une technique consistant à barrer plusieurs cordes d'un même doigt).

Si vous vous sentez prêt pour d'autres exercices d'assouplissement, voici quelques suggestions. Appréhendez néanmoins les deux premières avec modération, trop de zèle et d'enthousiasme pouvant se solder par des problèmes de type tendinite, etc.

- **Essayez de placer le bout de vos doigts en extension contre votre avant-bras opposé en appuyant doucement pour les cambrer.** Vous pouvez réaliser cet exercice en cambrant individuellement les doigts l'un après l'autre contre votre avant-bras et en laissant retomber naturellement les autres. Cette opération, réalisée sur l'ensemble de la main ou séparément sur chaque doigt, aide à compenser les mouvements subis par les doigts, qui sont la plupart du temps pliés pendant la pratique de la guitare. L'esprit de cet exercice s'apparente au fait de s'étirer lorsqu'on se lève après avoir passé un long moment assis ou accroupi.
- **Faites travailler vos mains en serrant puis en relâchant une balle en mousse souple de la taille d'une balle de tennis.** Ce type de balle est d'une taille et d'une résistance parfaitement adaptées à notre discipline !
- **Réchauffez-vous les mains en les lavant à l'eau chaude.** Eh oui, vous avez bien lu ! Le lavage à l'eau chaude réchauffe effectivement les mains (la chaleur fait circuler plus librement le sang). De plus, l'opération nettoie évidemment vos mains, ce qu'on ne saurait que recommander avant d'empoigner votre guitare.

# Réflexion sur la respiration, la relaxation et la concentration

Le fait de s'adonner à une activité physique – qui demande de l'effort, de l'endurance et de la force physique – ne signifie pas que vous devez laisser le stress s'emparer de vous au fil de la séance de pratique. Jouer d'un instrument doit être une activité plaisante – même si vous vous y consacrez de façon sérieuse. Si vous vous préparez en travaillant votre respiration et votre concentration, le plaisir que vous retirerez de votre pratique n'en sera que plus grand. En outre, vous sortirez de vos séances d'entraînement moins fatigué, simplement parce que vous serez parvenu à gérer vos énergies mentales et physiques.

Travailler sur les concepts mentaux traités ci-dessous n'est pas obligatoire au même titre que les exercices de préparation physique préconisés ci-dessus. Néanmoins, sachez que la respiration, la relaxation et la concentration sont vitales si vous souhaitez améliorer votre capacité à jouer de la musique.

### *Se concentrer sur sa respiration*

Respirer correctement est crucial (comme vous pouvez vous en douter). « Oubliez » de respirer et vous ne tarderez pas à perdre connaissance, ce qui n'est pas du meilleur effet sur scène. Sur une note moins badine, le fait de respirer à un rythme régulier et constant peut demander un certain entraînement. La preuve : notre première réaction à tous, dans un moment de tension (qu'il s'agisse de musique ou d'une situation lambda de la vie de tous les jours), est de retenir notre respiration. En revanche, si vous continuez de respirer de façon égale, l'ensemble de votre corps entretient un équilibre permettant à toutes les fonctions vitales de fonctionner normalement.

ASTUCE

Un test facile à réaliser pour éprouver votre capacité à respirer naturellement consiste à vérifier si vous êtes hors d'haleine au terme d'un exercice de guitare particulièrement ardu. Un certain degré de tension est normal lorsqu'on s'applique, mais il n'est pas bon d'avoir le souffle court lorsqu'on s'applique à jouer parfaitement. Veillez à maintenir vos lèvres légèrement entrouvertes lorsque vous jouez. Vous parviendrez ainsi à remarquer toute tension de la mâchoire, qui peut dans certaines situations indiquer qu'on s'apprête à retenir sa respiration ou être un signe précurseur d'autres tensions.

### *Chasser les tensions par la relaxation*

Respirer de manière naturelle et régulière est le fondement de la relaxation, ou l'indication que votre corps est dépourvu de toute tension, qu'il s'agisse de pratiquer vos gammes ou de jouer un morceau de musique. Tandis que vos doigts et vos mains sont en plein effort, le reste de votre corps, y compris vos épaules, votre abdomen et les muscles de votre cou doivent rester détendus. Cet état de relaxation garantit que l'énergie dont vous avez besoin est dirigée vers vos doigts. À défaut, elle pourrait se concentrer sur l'effort inconscient que vous fournissez pour entretenir la boule que vous ressentez au creux de l'estomac, ou maintenir vos épaules crispées au niveau de vos oreilles.

ASTUCE

Lorsque votre séance d'entraînement est terminée, essayez de vous détendre. Focalisez-vous tour à tour sur chaque partie du corps concernée – la poitrine et l'abdomen, les jambes et les bras, ainsi que la tête et les épaules – et laissez vos muscles devenir tout mous. (Sans pour autant tomber de votre siège !). Si vos épaules retombent de 20 centimètres au moment où vous expirez, vous saurez que vous n'avez pas respiré correctement pendant tout ce temps. C'est la preuve vous êtes en proie à un certain degré de tension – le frère ennemi de la relaxation.

### *Rester concentré*

La concentration, le pendant positif de la relaxation, est un intense effort permettant de rester focalisé sur une activité donnée. Par exemple, si vous vous concentrez sur une action, comme de faire évoluer les doigts de votre main gauche sur le manche de votre guitare de manière régulière et précise, toutes vos énergies sont concentrées sur cette tâche. Typiquement, l'attention se concentre sur ce qu'exécutent vos doigts, mais qui implique également parfois vos yeux et votre cerveau – comme lorsque vous vous appliquez à mémoriser un morceau, ou à déchiffrer une pièce particulièrement difficile ou inconnue. Dans tous les cas, les parties de votre corps qui ne font pas l'objet d'une concentration particulière doivent rester détendues.

Voyez la façon dont les artistes professionnels, confiants, dégagent à la fois une impression de concentration et de relaxation. Même au beau milieu d'une performance intense, ils ont l'air de s'amuser et de maîtriser la canalisation positive de leurs énergies. Voilà exactement ce qu'est la concentration. Cela signifie ne penser qu'à ce que vous êtes en train de jouer et ce qui va suivre dans le morceau. Rester concentré ne veut pas dire penser au menu du dîner de ce soir.

Une force et une souplesse renforcées rendent la pratique de la guitare physiquement plus facile sur le long terme ; de même, votre capacité de concentration peut se développer, de sorte que vous parviendrez au fil du temps à respirer de façon plus fluide, à maintenir une posture souple (nous parlons ici de la position de votre corps et de votre port de tête), et de diriger votre concentration comme il se doit pour jouer correctement, parfaitement, ou avec brio.

# Réveiller vos doigts avec des exercices

Le but de l'échauffement est d'amener vos mains et vos doigts à se mouvoir au mieux sur la guitare lorsqu'ils sont froids. Physiquement, il s'agit simplement d'étirer les muscles (ou les ensembles muscle-tendon) et de permettre au sang de circuler plus librement. Vous pouvez y parvenir sans jouer un chef-d'œuvre. Le contraire est même préférable : pour vous échauffer, visez un exercice qui ne soit ni pénible, ni épuisant, ni compliqué. Dans la rubrique suivante, nous vous proposons des exercices simples qui réveilleront à coup sûr vos doigts bien mieux qu'un café supplémentaire.

Les échauffements sont importants, et vous devez y consacrer un certain temps, mais pas un temps fou – en particulier si vous envisagez de vous entraîner avec des gammes et des arpèges. Dans ce cas, vous pouvez commencer directement par les gammes, en démarrant tranquillement, comme s'il s'agissait là de votre échauffement. En revanche, si vous souhaitez effectuer des exercices d'échauffement *stricto sensu,* vous n'êtes pas tenu de vous limiter aux exercices présentés ici. Certains guitaristes – Carlos Santana pour ne citer que l'un des moindres – aiment s'échauffer en jouant sur de la musique enregistrée. Essayer différentes choses vous permettra de décider quelle solution vous convient le mieux pour arriver échauffé et plein d'énergie, prêt à jouer pour de vrai !

## Exercices de notes isolées

Les exercices de notes isolées présentent l'avantage de faire travailler vos doigts un par un, ce qui les aide à fretter de façon précise et vous permet de vous échauffer dans le même mode que celui des gammes, des arpèges et de leurs séquences correspondantes. Les figures qui suivent présentent quatre exercices qui, chacun à sa façon, permettent un échauffement un peu spécifique. Vous pouvez entreprendre ces exercices à l'aide d'un médiator ou en jouant des doigts de la main droite.

Les figures 2-1 à 2-4 illustrent des exercices basés sur des schémas répétitifs appliqués à chaque corde avec les doigts de la main gauche. Les deux types de mouvements de ces quatre figures demandent de se déplacer horizontalement, c'est-à-dire *le long* du manche (sans changer la position des doigts) et *en diagonale* (ce qui implique de changer la position des doigts tout en remontant le long du manche).

Du fait que ces exercices visent à délier les doigts, ils ne génèrent rien de mélodique à proprement parler. Ils ne servent qu'à s'entraîner d'un point de vue purement technique. De ce fait, suivez notre conseil : ne regardez que la tablature, qui vous permet de discerner plus clairement le schéma technique de l'exercice.

Entraînez-vous à l'exercice présenté à la figure 2-1 en utilisant l'index, le majeur, l'annulaire et l'auriculaire de façon à jouer aux quatre cases pour chaque corde. Se déplacer sur la corde en passant d'une case à l'autre s'appelle une *montée chromatique.*

**Figure 2-1 :** Exercice chromatique horizontal.

La figure 2-2 illustre un échauffement selon un schéma diagonal. Cet exercice requiert un changement de position. Jouez les quatre premières notes à l'aide des quatre premiers doigts, comme dans l'exercice précédent. En revanche, à la 5e note, qui commence sur la 2e case de la 5e corde, démarrez avec l'index de façon à être en 2e position et à pouvoir jouer aux cases 2, 3, 4 et 5 avec l'index, le majeur, l'annulaire et l'auriculaire. Sur la 4e corde, jouez les cases 3, 4, 5 et 6 avec l'index, le majeur, l'annulaire et l'auriculaire, et ainsi de suite. Pour schématiser : commencez sur chaque nouvelle corde avec l'index.

**Figure 2-2 :** Exercice chromatique diagonal.

Les figures 2-3 et 2-4 illustrent les exercices d'échauffement qui sont des variations des mouvements horizontal et diagonal présentés aux deux figures précédentes. La figure 2-3 place une frette entre chaque note jouée (deux frettes équivalent à un ton ; d'où le nom d'« échauffement sur un ton »). Il vous faudra un peu étirer vos doigts pour parvenir à exécuter cet exercice, mais cet étirement fait partie du processus d'échauffement. Souvenez-vous qu'il est normal que cela « chauffe », mais surtout pas de ressentir une douleur. Ne forcez jamais ! Vos muscles et articulations vous en remercieront !

**Figure 2-3 :** Exercice horizontal sur un ton.

La figure 2-4 (page suivante) utilise le mouvement sur un ton présenté à la figure 2-3 et l'applique au déplacement diagonal.

**Figure 2-4 :** Exercice diagonal sur un ton.

## Exercices d'accords

Jouer des accords constitue une part importante de la pratique de la guitare, mais le mouvement est assez différent des notes isolées. Les doigts jouent chacun sur des cordes distinctes, mais en bougeant tous simultanément puisqu'ils se déplacent pour passer d'une corde à une autre. Ainsi, tandis qu'avec les notes isolées, les doigts entrent en jeu l'un après l'autre, avec les accords, trois ou quatre doigts se positionnent différemment mais simultanément. Si vous souhaitez pratiquer les accords, alors il serait logique de vous échauffer en pratiquant des exercices basés sur des accords, comme ceux présentés aux figures 2-5 et 2-6.

On voit à la figure 2-5 un exercice qui fait appel aux accords majeurs de base *mi, la, ré, sol* et *do.* Ces accords sont parfois appelés *accords à vide* car ils utilisent des cordes à vide (des cordes qui ne sont pas frettées, donc qu'aucun doigt de la main gauche ne touche). Jouez chaque accord sur un temps et concentrez-vous sur le fait de laisser votre main gauche se déplacer avec vélocité et précision entre les changements de position. Ne vous inquiétez pas de ce que fait votre main droite. Elle peut plaquer ou pincer tranquillement les cordes. Au fil de votre entraînement, focalisez-vous sur le fait de sortir des notes claires en les frettant proprement (c'est-à-dire sans bourdonnement ni étouffement des cordes).

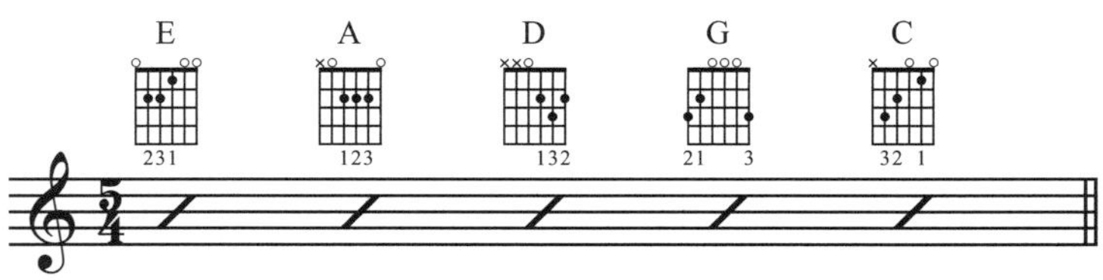


**Figure 2-5 :** Exercice d'accords majeurs à vide.

L'exercice présenté à la figure 2-6 est un échauffement qui consiste en un accord majeur barré (commençant lui aussi avec les accords de base *mi, la, ré, sol* et *do*). Le but de cet exercice est de vous faire parcourir toute la surface du manche. Après avoir joué la première mesure de 5/4, notez que la progression « repart » une frette (ou un demi-ton) au-dessus de l'accord de départ. Cette progression vers le haut change la tonalité des accords de la seconde mesure et des mesures suivantes, mais l'on utilise les mêmes formes d'accords que dans la première mesure.

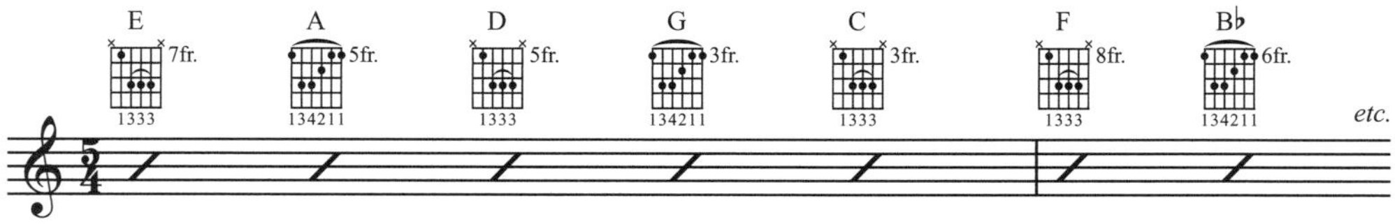


**Figure 2-6 :** Exercice d'accords majeurs barrés.

# Deuxième partie

# Gammes et séquences de gammes

« Tu as senti ce rythme en descendant, c'est exactement la syncopation que je recherche. »

## Dans cette partie...

Et voici le nerf de la guerre – les gammes et les séquences de gammes. Le chapitre 3 présente la gamme majeure, bien connue et adorée de tous, au cœur de toutes les batteries d'exercices qui ont hanté les apprentis sorciers du manche depuis l'origine des temps. Mais haut les cœurs ! Nous présentons ici les gammes d'une façon qui vous permettra de les apprendre sans peine, et de les mémoriser de manière efficace. Au chapitre 4, les gammes deviennent *séquences de gammes,* ou motifs musicaux. La « vraie musique » en est remplie. Les chapitres 5 et 6 sont le pendant mineur des deux chapitres précédents, qui mettent en balance les sons joyeux des gammes majeures avec les notes plus solennelles des gammes mineures.

# Chapitre 3

# Du bon usage des gammes majeures...

***Dans ce chapitre***

- Cinq modèles de gammes majeures
- Intégrer les gammes majeures dans votre jeu

Dans son ensemble, la musique est basée sur les gammes. De sorte que si vous apprenez et mémorisez les modèles et les positions des gammes, vos doigts sauront quoi faire lorsque vous vous trouverez face à une gamme dans une partition. Jouer des séries entières de notes devient alors automatique.

Comment en arriver là ? En prenant des modèles courants de gammes et en les répétant jusqu'à les savoir absolument par cœur. Vous connaissez le vieil adage ? « C'est en forgeant qu'on devient forgeron. » Rien n'a jamais été plus vrai. Non seulement vous mémorisez les notes au fil des répétitions de ces exercices, mais vous améliorez la force et l'agilité de votre doigté, ce qui vous aidera à moyen terme à accéder à des morceaux plus difficiles. Tout ça vous paraît un peu scolaire ? Pour cause, ça l'est ! À la différence que l'exercice fait travailler vos doigts *et* votre matière grise. Et comme il en va de la natation, de la course à pied ou du cyclisme, seule la régularité de l'entraînement (plusieurs fois par semaine) vous permettra de progresser. Pour la guitare, le mieux est de vous entraîner quotidiennement, ne serait-ce que dix ou quinze minutes.

Vous allez découvrir dans ce chapitre cinq déclinaisons de la gamme majeure. Chacun de ces modèles possède des avantages spécifiques, que nous aborderons au fil des exercices. En fin de chapitre, nous vous offrons une petite récompense : de « vrais » morceaux de musique qui mettent en œuvre ces modèles.

Lorsque vous aurez mémorisé les différents doigtés présentés dans ce chapitre, transposez-les simplement à d'autres endroits du manche de votre guitare, en partant d'autres notes, afin de produire d'autres gammes majeures. Il vous suffit de savoir quelle est la note de départ pour chacune des 12 gammes majeures sur lesquelles sont basés les modèles fournis.

# Les cinq modèles de la gamme majeure

Vous pouvez jouer les gammes majeures *en position* (c'est-à-dire que les doigts de la main gauche – à l'exclusion du pouce – sont posés sur quatre cases consécutives et que la position porte le nom de la case jouée par l'index). Il y a 12 gammes majeures et 5 doigtés différents pour chaque gamme, vous disposez alors de 60 combinaisons ! Ne soyez pas effrayés, il n'y a en réalité que 5 doigtés différents se reproduisant chacun à 12 endroits du manche ! L'ampleur de la gamme d'exercices qui s'offre ainsi à vous est ce qui fait de la guitare un instrument si cool. Vous pouvez jouer pendant des heures, simplement sur la base des cinq modèles appris par cœur, et vous pouvez jouer d'une foule de façons différentes – en choisissant l'option la mieux adaptée à la situation, ou en changeant de tonalité au sein d'un même modèle de gamme. Au vu du nombre d'exercices ainsi déclinables, vous savez maintenant pourquoi il est essentiel de pratiquer intensivement : vous avez du pain sur la planche !

N'OUBLIEZ PAS !

Au fur et à mesure de vos séances d'entraînement, jouez chaque gamme majeure en mode ascendant, lentement, à volume élevé, en vous appliquant afin de muscler les doigts de votre main et de vos doigts – une approche comparable à celle d'un athlète qui s'entraîne en pratiquant la musculation. Exécutez ensuite le même exercice de façon plus rapide et véloce, pour vous approcher de la façon dont vous joueriez en situation réelle. Veillez simplement à maintenir votre rythme de départ et le *niveau dynamique* (l'équilibre sonore entre chaque note) à un niveau constant sur l'ensemble de la gamme.

## Modèle de gamme majeure n° 1

Le modèle de gamme majeure n° 1 commence avec le 2e doigt sur la 6e corde. La figure ci-dessous présente une gamme majeure en *la* en 4e position, sous forme de grille, de portée traditionnelle et de tablature.

Remarquez que dans la portée, la première note de l'exercice porte l'indication de doigté : le petit *2* à gauche du *la* qui ouvre la portée. Vous savez ainsi que vous devez jouer cette note à l'aide de votre majeur gauche. Gardez à l'esprit que le majeur est en fait une case plus haut que le nom de la position (elle-même identifiée par le numéro de la case jouée par l'index). Entraînez-vous à jouer ce modèle de gamme autant de fois qu'il sera nécessaire pour parvenir à la jouer de façon naturelle.

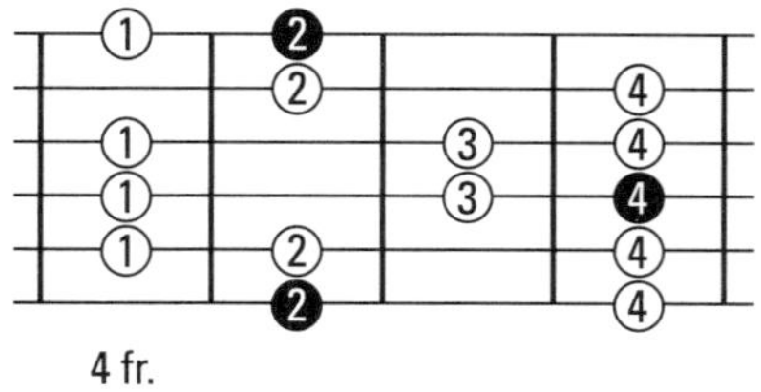


Plage 2, 0:00

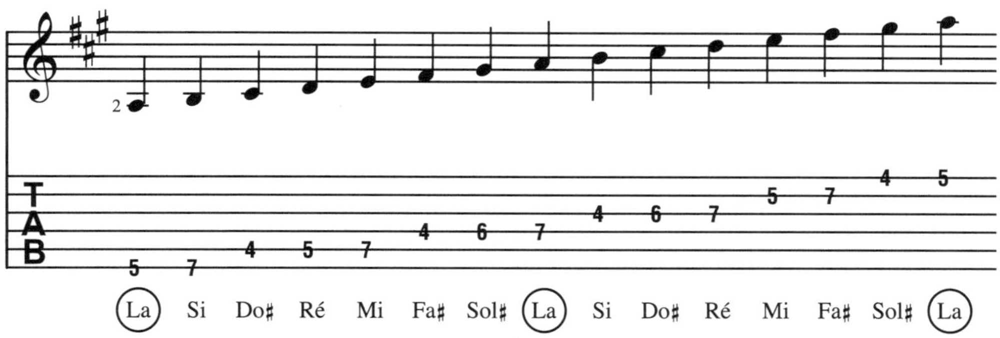


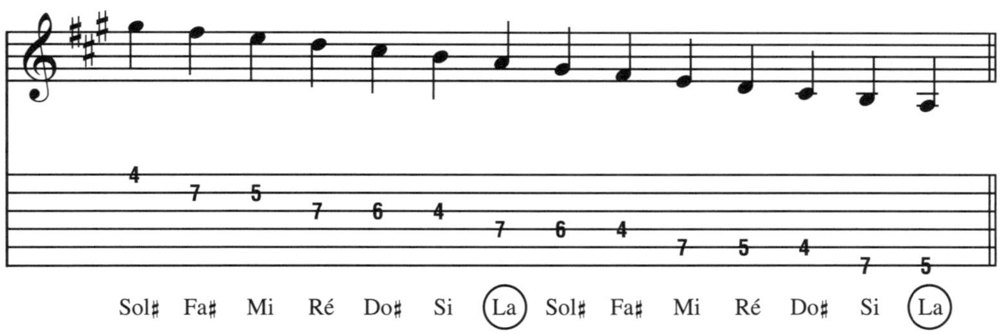


Lorsque vous maîtriserez ce modèle dans toutes les tonalités, pratiquez-le en rythme à l'aide de l'exercice suivant, en *sol* majeur en 2e position, en croches ascendantes et descendantes. Jouez-le à un rythme constant (en utilisant un métronome ou en battant la pulsation du pied) en essayant d'obtenir un rendu fluide. Même s'il s'agit d'une simple gamme, vous pouvez néanmoins lui donner une certaine musicalité, en introduisant des accents (par exemple, attaquer certaines cordes de façon un peu plus marquée que les autres, généralement pour marquer chaque temps) et en faisant varier la durée des notes, pour passer d'un phrasé *legato* (dont les notes sont maintenues) à quelque chose de plus délié, consistant à détacher les notes (*staccato*).

Plage 2, 0:35

Essayez-vous au modèle de gamme majeure n° 1, en *si*♭ majeur, en 5$^{e}$ position, en triolets de croches ascendantes et descendantes, comme illustré à la figure ci-dessous. En situation réelle de jeu (par opposition à la simple pratique des gammes), vous rencontrerez divers types de rythmes, pas uniquement des croches. De ce fait, jouer des gammes en triolets vous aide à mélanger les genres, d'un point de vue rythmique. Essayez de donner à vos triolets un effet chantant ou sautillant.

Plage 2, 0:54

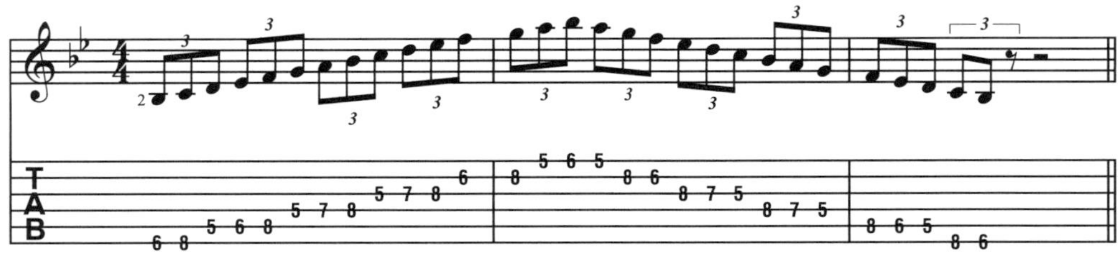

La figure suivante illustre le modèle de gamme majeure n° 1 en *do* majeur en 7$^{e}$ position, en doubles croches ascendantes et descendantes. Cet exercice vous ramène aux chiffres pairs (par rapport aux triolets de l'exercice précédent), mais vous avez ici quatre notes par temps et non deux. Il faut donc jouer ces doubles croches deux fois plus vite que des croches. Après un jeu modéré, vous ferez ainsi l'apprentissage d'un jeu vif.

Plage 2, 1:11

# Modèle de gamme majeure n° 2

Le modèle de gamme majeure n° 2 commence avec le 4$^{e}$ doigt sur la 6$^{e}$ corde, et il comprend une « note hors position » sur la 4$^{e}$ corde. Rappelez-vous : une *note hors position* est une note qui tombe à l'extérieur des quatre cases qui définissent la position dans laquelle vous jouez, nécessitant donc pour être jouée un étirement du doigt. Vous devez jouer cette note en étirant votre auriculaire vers le haut (en allant vers le haut du manche, en direction du chevalet), car elle est située une case au-dessus de l'endroit où le doigt se positionne naturellement.

N'OUBLIEZ PAS !

Lorsque ces exercices contiennent des notes hors position, soyez attentif, car c'est là que vous êtes le plus susceptible de jouer une fausse note ou d'avoir des difficultés à rendre correctement la note en question. Si vous ne parvenez pas à jouer comme il se doit la note hors position, essayez d'isoler le passage qui contient la note « critique » et de le jouer seul plusieurs fois de suite. Jouez ensuite l'exercice du début à la fin.

La figure qui suit illustre le modèle de gamme majeure n° 2 en *do* majeur, présenté sous forme de grille, de portée traditionnelle et de tablature.

Notez qu'en plus d'indiquer à côté de la première note de la portée le doigt à utiliser pour commencer (le *4* qui jouxte la note qui ouvre la portée), nous signalons, lorsque l'exercice comporte une note hors position, une indication supplémentaire de doigté (un *4* à côté du *si* qui tombe sur la 4e corde à la 9e case). Tout au long de ce livre, nous indiquons les doigtés de toutes les notes hors position. Idem pour le doigté des notes suivantes si nous jugeons qu'il y a là un risque d'erreur de doigté. La figure ci-dessous n'est qu'un exemple. Entraînez-vous à l'exercice en question autant de fois que nécessaire, jusqu'à ce que vous parveniez à un son fluide et dépourvu d'effort. Vous saurez que vous avez fait le plus dur lorsque vous aurez recours au bon doigté sans y réfléchir.

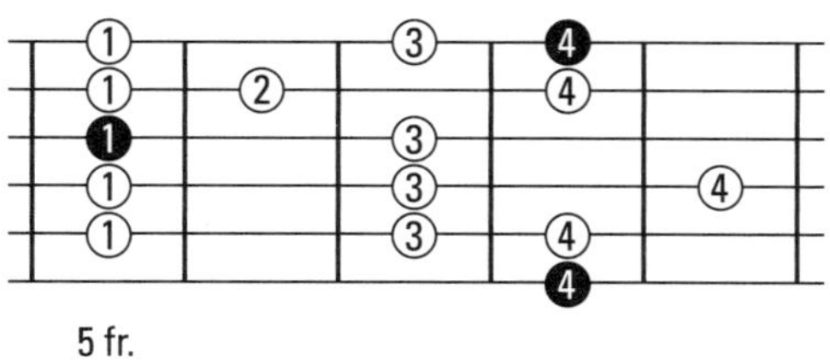


Plage 3

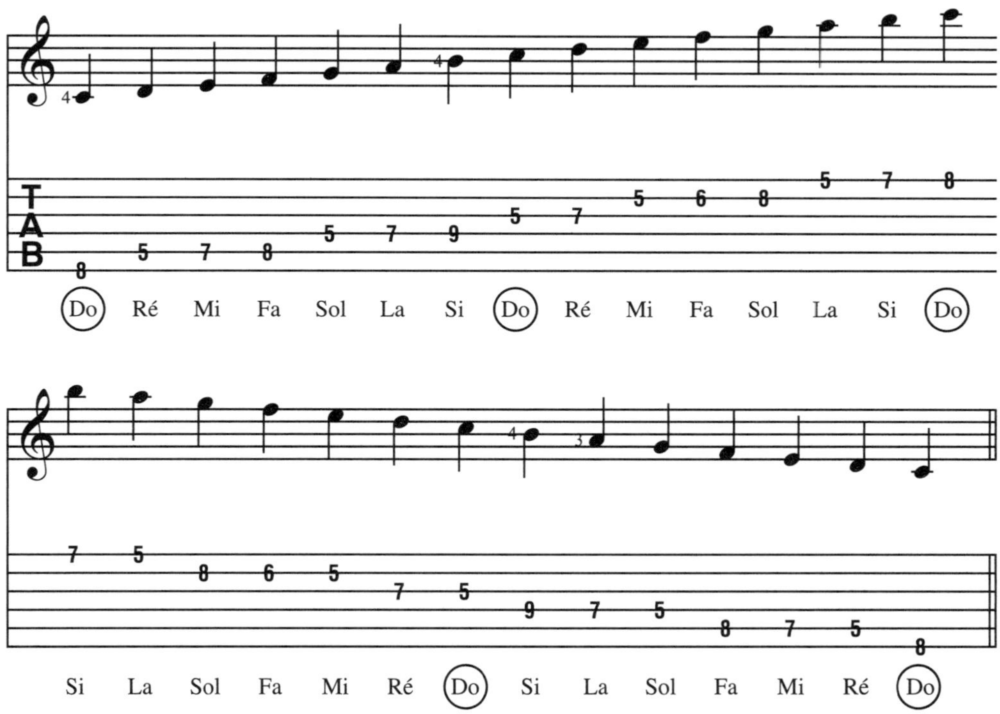

Une fois que vous maîtriserez cet exercice dans toutes les tonalités, pratiquez en rythme. Voici le modèle de gamme majeure n° 2 en *si♭* majeur, en 3e position, en triolets de croches ascendantes et descendantes. Ne vous laissez pas impressionner par les bémols qui figurent à la clé de l'exercice. Eh oui, les partitions de guitare ne comportent la plupart du temps que des dièses à la clé ! Mais parce que vous exécutez des exercices transposables à loisir dans n'importe quelle tonalité, un bémol n'est pas plus difficile à interpréter et jouer qu'un dièse, ni d'ailleurs qu'une tonalité dépourvue d'altération !

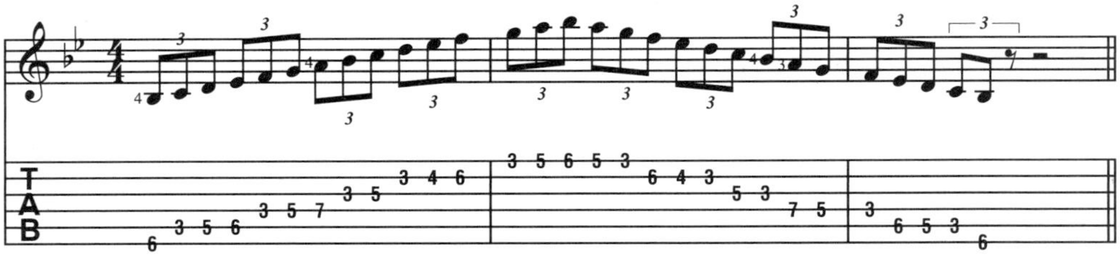

## Modèle de gamme majeure n° 3

Les modèles n° 1 et n° 2 s'étendent sur deux octaves de haut en bas. Les modèles de gammes majeures n° 3, n° 4 et n° 5, en revanche, s'étendent sur un peu moins de deux octaves. Jouer sur une seule octave peut paraître un peu juste. C'est la raison pour laquelle, dans ces modèles et les suivants qui font moins de deux octaves complètes, nous irons aussi haut que le permet la position.

La figure qui suit illustre le modèle de gamme majeure n° 3, qui commence sur la 5e corde (et non sur la 6e comme les modèles n° 1 et n° 2). Le modèle qui nous occupe ici est en *ré* majeur, présenté sous forme de grille, de portée traditionnelle et de tablature. Vous remarquerez qu'en plus de faire figurer par un chiffre le doigt qui commence (le *2* à gauche de la note qui ouvre la portée), nous avons indiqué le doigté correspondant à la note hors position (le *1* qui jouxte le *sol* sur la première corde à la 3e case). Dans cet enchaînement, à la différence de celui du modèle n° 2, vous étirez le doigt vers le bas (en allant vers le sillet) et non vers le haut. Ce mouvement habitue vos doigts à s'étirer dans les deux directions. Entraînez-vous à cet exercice autant de fois que nécessaire, jusqu'à ce que vous puissiez commencer une gamme sur la 5e corde aussi facilement que sur la 6e.

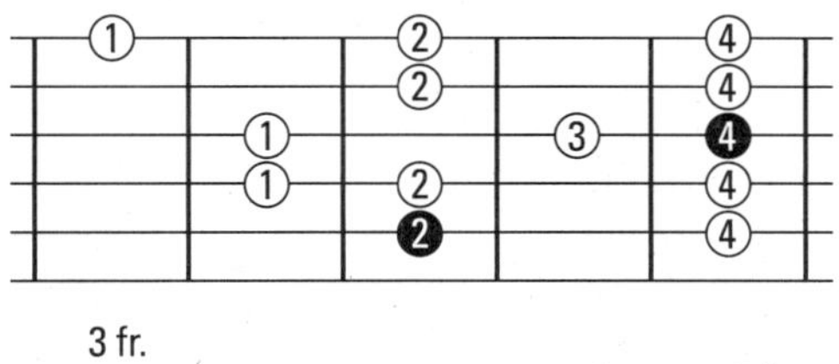


Plage 4

Lorsque vous aurez acquis suffisamment de pratique pour jouer ce modèle de gamme en commençant par n'importe quelle note de la 5e corde, jouez-la « musicalement » en vous aidant de la figure ci-après. Cette figure illustre le modèle de gamme majeure n° 3 en *fa* majeur, en 7e position, en doubles croches ascendantes et descendantes. Parce que cet exercice est en doubles croches (notes à jouer relativement vite par rapport aux croches ou aux triolets), jouez-le d'abord avec lenteur pour égrener les notes à un rythme suivi. Vous pourrez ensuite prendre graduellement de la vitesse.

# Modèle de gamme majeure n° 4

Comme c'est le cas du modèle n° 3, le modèle de gamme majeure n° 4 commence et se termine sur la 5e corde. Mais cette fois, vous commencerez avec l'auriculaire. La bonne nouvelle est que cette position ne comporte aucune note hors position (c'est pas top, ça ?). Donc, si vous vous en sentez capable, vous pouvez exécuter les exercices sur le modèle de gamme majeure n° 4, mais avec un peu plus de panache (c'est-à-dire tout simplement plus vite) que les modèles qui requièrent des étirements.

La figure ci-dessous illustre le modèle de gamme majeure n° 4 en *fa* majeur, présenté sous forme de grille, de portée traditionnelle et de tablature. Du fait que cet exercice se joue au milieu du manche et ne comporte aucune note hors position, vous pouvez essayer de vous jeter à l'eau en le jouant un peu plus vite que les précédents. Lorsque vous jouez un exercice avec un peu plus de vélocité que vous ne le feriez normalement, prenez le temps de vous y préparer. Rejouez ensuite l'exercice dans son entier. Ne prenez pas l'habitude des « faux départs », ce qui tendrait à prouver que vos doigts réagissent plus vite que votre cerveau !

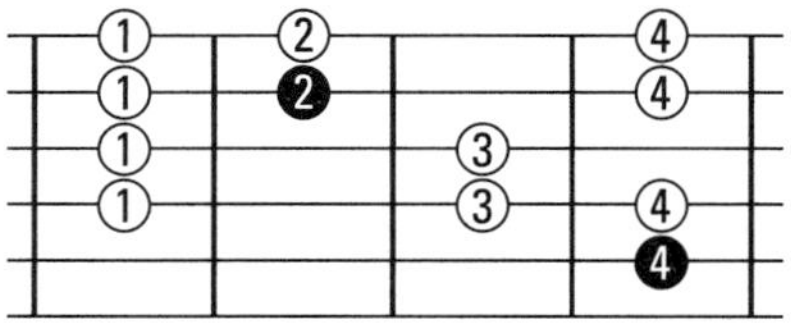

5 fr.

Plage 5

Lorsque vous vous sentez prêt, jouez « musicalement » l'exercice. La figure qui suit illustre le modèle de gamme majeure n° 4 en *sol* majeur en 7e position. Cet exercice est facile. Il se joue en haut du manche (à l'endroit où les frettes sont blotties les unes contre les autres, ce qui vous permet un bon confort de jeu), en croches (qui se jouent un peu plus aisément que des triolets ou des doubles croches), et ne comporte pas de notes hors position difficiles d'accès. Pour ces raisons, vous pouvez tenter de le jouer d'un bon pas dès le départ. Et peut-être serez-vous surpris de parvenir à le jouer beaucoup plus vite que vous ne vous en seriez cru capable. Cependant, même lorsque vous jouez vite, prenez votre temps et n'allez pas plus vite que la musique (au sens littéral de l'expression). Il est tentant de prendre de la vitesse sur un exercice qui semble facile, mais veillez à respecter le rythme de départ.

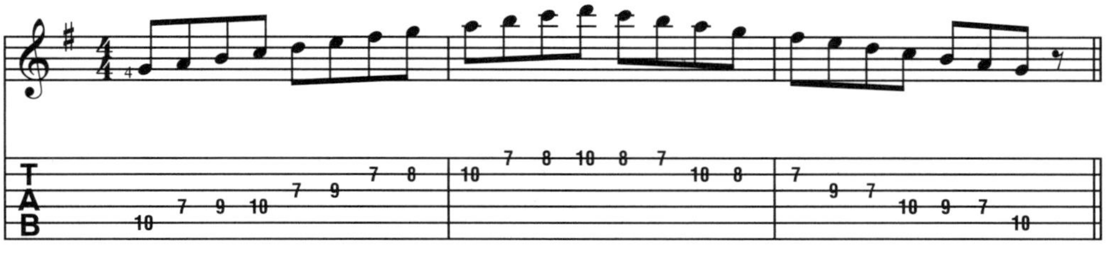


## Modèle de gamme majeure n° 5

Le modèle de gamme majeure n° 5 est basé sur un schéma à quatre cordes dont la note la plus basse est jouée sur la 4e corde. L'exercice commence avec l'index sur la 4e corde, et comprend une note hors position également sur la 4e corde. Vous devez étirer l'auriculaire vers le haut du manche (en direction du chevalet) pour atteindre cette note, parce qu'elle est jouée une case au-dessus de l'endroit où le doigt se positionne naturellement.

La figure qui suit illustre le modèle de gamme majeure n° 5 dans la tonalité de *sol* majeur. L'exercice est présenté sous forme de grille, de portée traditionnelle et de tablature. L'étirement nécessaire pour atteindre la note hors position intervient dès le démarrage de l'exercice – sur la première corde jouée –, alors tenez-vous prêt. Entraînez-vous d'abord en isolant ce segment, puis exécutez l'exercice dans son entier, autant de fois qu'il sera nécessaire pour obtenir un son aussi affirmé qu'avec les quatre autres modèles de gamme majeure.

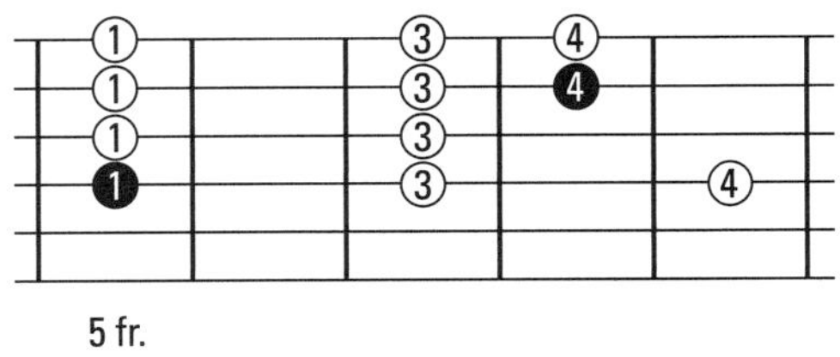


Plage 6

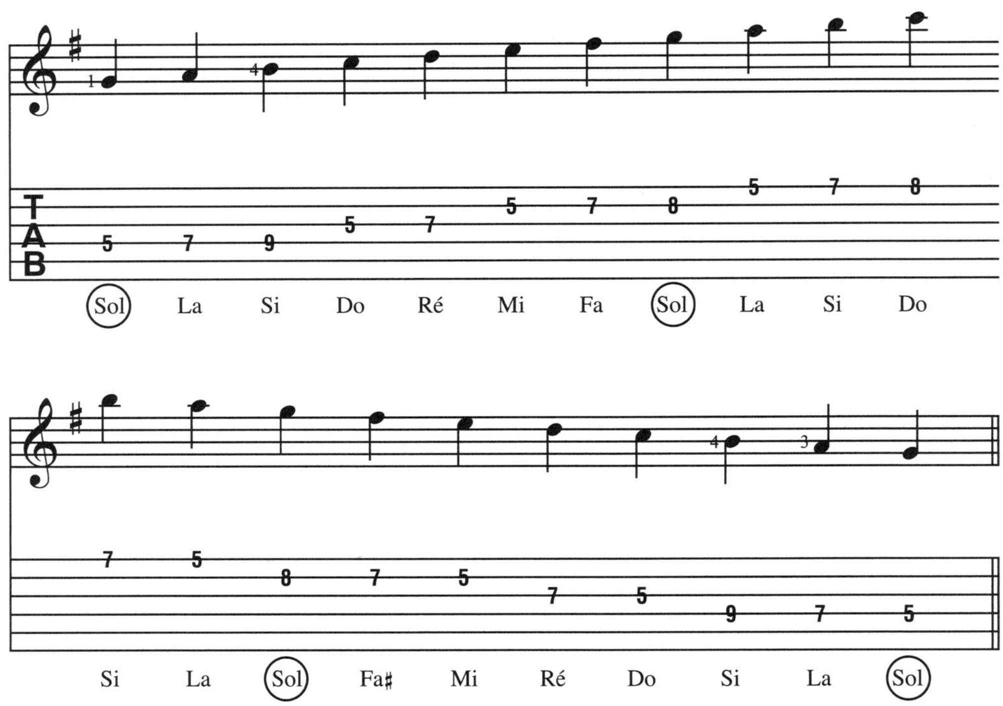


La figure qui suit illustre le modèle de gamme majeure n° 5 en *la♭* majeur, en 6e position, en triolets de croches ascendantes et descendantes. Commencez avec votre index sur la 4e corde, à la 6e case. La sixième position présente un étirement sur la 4e corde qui, sans être trop ardu, est plus difficile que la moyenne. Si ce passage vous pose problème, nous vous suggérons de commencer par refaire l'exercice d'échauffement présenté au chapitre 2 (figure 2-3), qui consiste à se déplacer horizontalement sur le manche d'un ton à la fois.

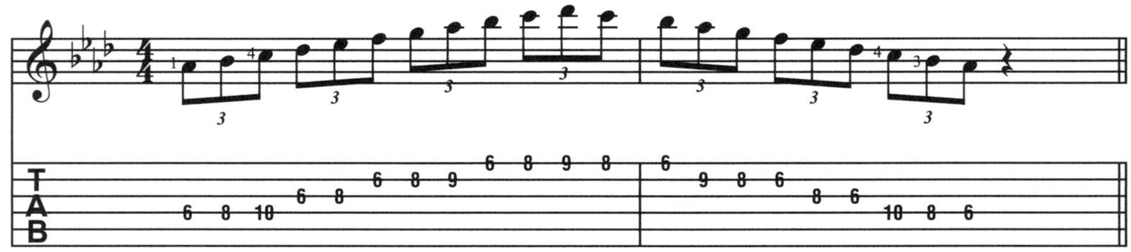

# Appliquer votre travail de gammes à des morceaux joués

Ça y est, maintenant que vous vous êtes entraîné, vous savez que jouer des gammes à la guitare est aussi émoustillant que d'essuyer la vaisselle. Ne posez pas pour autant votre guitare pour vous mettre au tricot, ce serait faire preuve d'impatience. Vous êtes arrivé au stade où les prouesses que vous avez accomplies en jouant des gammes vont vous permettre de jouer *de vrais morceaux* – des chansons, vous voyez ? C'est un petit plaisir qui viendra récompenser les efforts fournis jusqu'à présent.

N'OUBLIEZ PAS !

Lorsque vous saurez vos cinq modèles de gammes majeures sur le bout des doigts (si je puis me permettre), vous pourrez les exploiter à votre avantage. Ne m'en veuillez pas de répéter que la plupart des morceaux sont faits de gammes. Et, s'il est rare de tomber sur une composition dans laquelle apparaît intégralement une gamme ascendante, puis descendante, en croches, vous rencontrerez fréquemment des morceaux qui contiennent des parties de gamme – exactement comme ce sur quoi vous venez de travailler. Si vous répétez un passage présentant des similarités avec certains des exercices que vous venez d'exécuter, vous aurez l'impression que la musique joue seule. C'est l'occasion de vous mettre sur pilote automatique et de profiter de la musique.

En continuant à pratiquer vos gammes, les passages de notes conjointes vous sembleront de plus en plus faciles et naturels à jouer. Les gammes sont une excellente méthode pour pratiquer les notes d'une chanson – même si la mélodie ne les ordonne pas dans un ordre rigoureux et conventionnel. En fait, rares sont les compositions structurées de manière rigoureuse et conventionnelle, parce que le résultat serait terriblement ennuyeux et donnerait un son de... gammes. Pour conclure, si les gammes ne vous préparent pas à jouer un type de morceau particulier, c'est la meilleure façon de vous préparer à appréhender n'importe quel type de musique. Les rubriques ci-après présentent deux compositions dont les mélodies incluent essentiellement des passages de gammes majeures.

## « Premier Noël »

« Premier Noël » est une chanson de Noël que vous avez probablement déjà entendue, ce qui vous permettra d'identifier en temps réel toute erreur de tonalité et de rythme lorsque vous la jouerez.

Elle fait appel à deux modèles de gamme majeure : les modèles de gamme majeure n° 1 et n° 4. Pour commencer, placez votre main en 2e position (avec votre index gauche en l'air juste au-dessus de la 2e case). Placez ensuite votre annulaire gauche sur la note de départ : le *fa* ♯ sur la 4e corde, à la 4e case. Vous voilà prêt à jouer.

N'OUBLIEZ PAS !

Jetez un œil au morceau qui suit. Vous allez remarquer qu'à la 8e mesure, vous changez de position, en passant à la 9e position entre le second et le troisième temps. Essayez de faire durer cette noire aussi longtemps que possible avant le changement de position, mais ne prenez pas de retard sur le troisième temps ! Ce changement de position en cours de mesure vous permet de jouer le refrain de la seconde phrase une octave plus haut. Ce n'est pas vraiment comme cela dans la chanson, mais nous avons pensé que le procédé pimenterait un peu votre jeu, et vous permettrait de vous entraîner à la pratique de plusieurs positions.

Après avoir joué huit mesures à l'octave supérieure, replacez votre main en 2e position à la 16e mesure, afin de terminer les huit mesures de fin. Notez que la dernière mesure, comme la première mesure de reprise, est incomplète. Elle contient deux temps, ce qui lui permet d'être équivalente à la mesure à un temps présente en ouverture de la chanson. Vous pouvez répéter la chanson en accolant mentalement la première et la dernière mesure comme si la chanson se répétait en boucle.

Plage 7

# Le « Menuet en sol » de Bach

Jean-Sébastien Bach, compositeur classique de l'époque baroque (1600-1750), écrivit initialement son « Menuet en *sol* » à l'adresse de ses élèves pianistes (groupe dans lequel figurait son épouse). Malgré sa simplicité, la mélodie du morceau est devenue universellement connue. Elle a même pénétré le monde de la pop avec « A Lover's Concerto », le succès des Toys sorti en 1965.

Comme l'indique son nom, le menuet est en *sol*. Il commence en 9e position, et la note de début tombe sur l'auriculaire. Pour commencer, placez votre index gauche au-dessus de la 9e case, puis posez votre auriculaire sur la note de début (*sol*) sur la 4e corde, à la 12e case.

Vous remarquerez qu'en plus des informations habituelles, la portée commence par une *barre de reprise* (un symbole qui comporte une barre épaisse et une plus fine suivie de deux points, en fait une double barre de mesure). En musique, ce symbole signifie qu'une partie du morceau se répète. Ne manquez donc pas l'autre symbole équivalent, qui signifie la fermeture de la phrase répétée. Dans le menuet de Bach, la barre de reprise de fermeture apparaît en fin de 8e mesure. Mais cette répétition implique des phrases dont la fin diffère, ce qui donne lieu à des aménagements de reprises, indiqués par des barres horizontales assorties des repères *1* et *2* au-dessus de la portée, et qui mettent en évidence les deux segments distincts. Dans les morceaux qui comportent de tels aménagements de reprise, on joue uniquement le premier segment la première fois, et uniquement le second la seconde fois.

Le travail original de Bach comporte une section que nous avons coupée pour des raisons de concision. À la 11e mesure, la section finale commence, et il vous faut changer de position afin de jouer le modèle de gamme majeure n° 1 en 2e position. Le passage commence par quelques sauts de corde, donc veillez à ce que votre main droite joue sur les bonnes cordes. Vous remarquerez qu'entre le 3e temps de la 11e mesure et le 2e temps de la 12e mesure, trois notes de suite sont jouées sur la même case avec le même doigt (l'auriculaire) mais sur différentes cordes. ***Un conseil :*** Vous pouvez jouer ces notes de deux façons. En ce qui concerne la note jouée sur la 2e corde :

- Utilisez le bout de votre auriculaire et « sautez » à d'autres cordes.
- Jouez la première note avec le bout du doigt, comme vous le faites habituellement, puis aplatissez votre doigt, pour former un *mini-accord barré* (une barre qui couvre seulement deux ou trois cordes).

Vous trouverez cette méthode d'« aplatissement du doigt » dans nombre de situations, mais dans le cas du menuet de Bach, le rythme est suffisamment lent pour vous permettre de jouer confortablement vos notes en passant d'une corde à l'autre et en restant à la même case.

Plage 8

Modérément
Modèle de gamme majeure n° 3
mf
T
A
B
1.
2.
Modèle de gamme majeure n° 1

## Chapitre 4

# Ajouter les séquences de gammes majeures à votre répertoire

### *Dans ce chapitre*

- Jouer les séquences de gammes majeures sur la base de cinq modèles de gammes majeures
- Appliquer les séquences à des morceaux de musique

Si vous avez répété les cinq modèles de gammes majeures présentés au chapitre 3 – et que vous vous les êtes rentrés dans la tête –, le moment est venu de mettre cet acquis en pratique en vous amusant un peu, qu'en pensez-vous ? Plutôt que de monter et descendre, monter et descendre, (et monter et descendre), nous vous proposons dans ce chapitre de mélanger un peu tout ça en jouant des séquences. Les *séquences* (on utilise souvent le terme « *patterns* ») sont des schémas musicaux – pas des schémas de doigtés comme ceux que vous avez mémorisés pour apprendre vos gammes (au fait, vous les avez *bien* retenus, n'est-ce pas ?).

Jouer des séquences de gammes présente deux avantages : non seulement l'exercice rend vos séances d'entraînement plus intéressantes et moins fastidieuses, mais cela vous donne l'impression de jouer vraiment de la musique – c'est-à-dire des morceaux calqués sur des modèles prédéfinis, avec des gestes répétés. Nombreuses sont les mélodies qui doivent leur longévité aux séquences qu'elles contiennent, qui les rendent suffisamment spécifiques pour être dignes d'intérêt, mais suffisamment prévisibles pour devenir reconnaissables. C'est un équilibre délicat, mais toutes les mélodies célèbres contiennent une part de répétition sous forme de séquences. C'est à cette notion que nous allons nous intéresser dans ce chapitre.

N'OUBLIEZ PAS !

Tout comme vous avez exécuté vos exercices de gammes au chapitre 3, vous allez vous familiariser avec les séquences dans ce chapitre-ci, puis les reproduire en remontant et en descendant le manche afin de décliner d'autres séquences de gammes majeures dans des tonalités différentes. Si vous avez des doutes sur la façon dont les notes se présentent sur le manche, documentez-vous sur ce sujet avant de commencer. Il vous suffit de consulter une grille indiquant la répartition des notes correspondant aux frettes sur l'ensemble des six cordes.

# Répéter les séquences de gammes majeures

À la différence des gammes, qui courent dans la même direction sur une longue durée, les séquences changent régulièrement de sens. Pour cette raison, elles peuvent de prime abord paraître plus difficiles à jouer que les gammes. Vous pouvez vous faciliter la tâche en découvrant la *trame* mélodique de la séquence, que l'on décèle dès les premières notes. Apprendre la trame peut vous aider à anticiper les changements de direction, et à identifier la première note d'une nouvelle séquence. Il est probable qu'au démarrage, vous devrez commencer vos répétitions à un rythme un peu plus lent que celui que vous adopteriez pour les gammes, mais vous vous apercevrez rapidement que la séquence évite à votre cerveau de se faire distancer par le rythme de vos doigts, moyennant quoi vous jouez plus vite.

Vous devez toujours jouer les séquences ascendantes et descendantes par paires. En d'autres termes, commencez systématiquement la séquence descendante juste après avoir terminé la séquence ascendante. Procéder de la sorte vous permettra de conserver à votre musique une certaine symétrie.

## Séquences de gammes majeures sur le modèle n° 1

Le modèle de gamme majeure n° 1 consiste en une gamme de deux octaves qui commence sur la 6<sup>e</sup> corde et ne comporte aucune note *hors position* (Une *note hors position* est une note qui tombe à l'extérieur des quatre cases qui définissent la position dans laquelle vous jouez, nécessitant pour être jouée un étirement de l'index ou de l'auriculaire). Même si vous ne devez fournir aucun effort d'étirement, nous vous conseillons tout de même de commencer lentement cet exercice. Après tout, les notes changent fréquemment de direction et sont assez différentes du jeu unidirectionnel (ascendant ou descendant) imposé par les gammes.

La figure qui suit présente des séquences ascendantes et descendantes de quatre notes, en *la,* en 4<sup>e</sup> position. Dans la version ascendante, entre les 5<sup>e</sup> et 6<sup>e</sup> mesures, vous devrez utiliser le même doigt (en l'occurrence, l'auriculaire) pour jouer deux notes consécutives en barrant deux cordes. Cette opération vous semblera peut-être curieuse au début. N'hésitez donc pas, dans ce type de situation, à adopter le doigté de votre choix. Par exemple, essayez d'aplatir votre auriculaire pour former un *mini-accord barré* (une barre qui couvre seulement deux ou trois cordes). Vous pouvez également tenter d'utiliser l'annulaire pour la note jouée sur la 3<sup>e</sup> corde. Veillez simplement à revenir en position dès que vous avez terminé de jouer avec cette variante de doigté. Comme disait le poète : « Tant qu'on connaît les limites, on peut s'octroyer le droit de les enfreindre. »

Plage 9, 0:00

Vous trouverez ci-après des séquences ascendantes et descendantes en *sol* en 2e position. Cet exercice comporte un saut important après chaque série de six notes, qui vous imposera parfois de sauter une corde. Entraînez-vous à sauter deux cordes à la fois, de façon que l'exécution de ces sauts n'entrave d'aucune manière la fluidité de l'exercice, et ne se remarque pas plus que si vous montiez d'un ton sur la même corde. Une petite astuce qui garantit la qualité de vos sauts : avoir un œil sur la suite de la partition peut vous aider à anticiper les intervalles.

Plage 9, 0:53

## Séquences de gammes majeures selon le modèle n° 2

Le modèle de gamme majeure n° 2 commence avec l'auriculaire sur la 6^e^ corde et comporte une note hors position sur la 4^e^ corde. Vous devez jouer cette note en étirant votre auriculaire vers le haut (en direction du chevalet), car elle est située une case au-dessus de l'endroit où le doigt se positionne naturellement. Pensez à jouer les notes « étirées » avec la même fluidité que celle des notes standard.

La figure à suivre illustre des séquences ascendantes et descendantes en *do* en 5e position. Les séquences comportent trois notes dans une direction, suivies d'un changement d'un ton dans la direction opposée. Ces fréquents changements de direction impliquent que vous ne quittiez pas des yeux la partition, afin de ne pas perdre une miette de la ligne mélodique, aussi imprévisible soit-elle.

Notez qu'à la 2e mesure de cette portée, nous indiquons le doigté des notes 3, 4 et 5 par les chiffres *4, 3, 4* – conformément au modèle de la gamme majeure n° 2, qui utilise l'auriculaire-l'annulaire-l'auriculaire. Dans les faits, la plupart des guitaristes joueraient ce passage avec les doigts 4-2-4, c'est-à-dire auriculaire-majeur-auriculaire. Le doigté indiqué est un peu plus confortable pour la main car il implique des étirements moins importants, mais veillez à ne pas sortir de la position. À diverses reprises dans ce livre, nous vous proposerons des alternatives de doigtés. Profitez-en chaque fois, tout en sachant que vous devez être capable de revenir au doigté initial du modèle pour le reste de la séquence.

Plage 10, 0:00

La figure à suivre illustre les séquences ascendantes et descendantes en *si♭* en 3ᵉ position. Ces séquences ne contiennent pas de saut de corde, et sont en doubles croches. Il est donc conseillé de les jouer à un rythme assez soutenu. Ce n'est pas parce que ces séquences ont qualité d'*exercices* que vous devez vous endormir en les jouant – même si vous jouez depuis peu ou que vous ne connaissez pas encore la partition. Dans la vraie vie, les musiciens peuvent être amenés à jouer vite, alors autant vous habituer à répéter vite.

Plage 10, 0:38

## *Séquences de gammes majeures selon le modèle n° 3*

Le modèle de gamme majeure n° 3 commence avec le majeur sur la 5ᵉ corde et comprend une note hors position, jouée sur la 1ʳᵉ corde. Jouez cette note en étirant votre index vers le bas (en direction du sillet).

Répétez les séquences ascendantes et descendantes ci-après, qui sont en *ré,* en 4ᵉ position. Cet exercice démarre par un saut de corde. Soyez donc sur vos gardes. Isolez le saut si nécessaire. La suite de ces exercices comporte une proportion honnête de sauts de cordes en mouvements conjoints. Il serait donc utile de mémoriser rapidement cette figure. Vous pourrez ensuite vous concentrer sur le manche, afin de parvenir à jouer plus habilement les successions de sauts et de mouvements conjoints.

Plage 11, 0:00

La figure à suivre illustre des séquences ascendantes et descendantes en *fa,* en 7e position.

Cette séquence ne comporte qu'un seul saut, que l'on rencontre tout au début de l'exercice. Travaillez donc la vitesse d'exécution et la fluidité de votre jeu en jouant à des rythmes plus soutenus. Dans la version ascendante de la 2e mesure, alternez le doigté, par exemple en aplatissant votre auriculaire afin de jouer les notes 13 et 14 à la 10e case. Dans la version descendante, procédez de même entre les notes 13 et 14 de la première mesure.

Plage 11, 0:40

# Séquences de gammes majeures selon le modèle n° 4

Le modèle de gamme majeure n° 4 commence avec l'auriculaire sur la 5e corde, et ne comporte pas de note hors position. Dans ces conditions, prenez la liberté de donner à ces exercices un effet enlevé et léger si vous le souhaitez.

La figure ci-dessous présente des séquences ascendantes et descendantes en *fa* en 5e position. Du fait de la façon dont les cordes de la guitare sont accordées (essentiellement en quartes), cette séquence comporte de nombreux sauts d'une corde à l'autre au sein d'une même case (procédé vu initialement dans la version ascendante entre les notes 4 et 5). Voici donc de nombreuses occasions de vous entraîner aux mini-accords barrés. Vous avez notre bénédiction !

Plage 12, 0:00

La figure à suivre illustre des séquences ascendantes et descendantes en *sol* en 7e position. Seule la dernière note de chaque séquence est précédée d'un saut de corde (et il s'agit seulement d'un tout petit saut – une tierce). Essayez donc de les jouer dès le départ à vitesse normale (ou presque). Pour vous entraîner à jouer de nouveaux exercices de manière rapide et précise, cette séquence est tout à fait adaptée.

Plage 12, 0:40

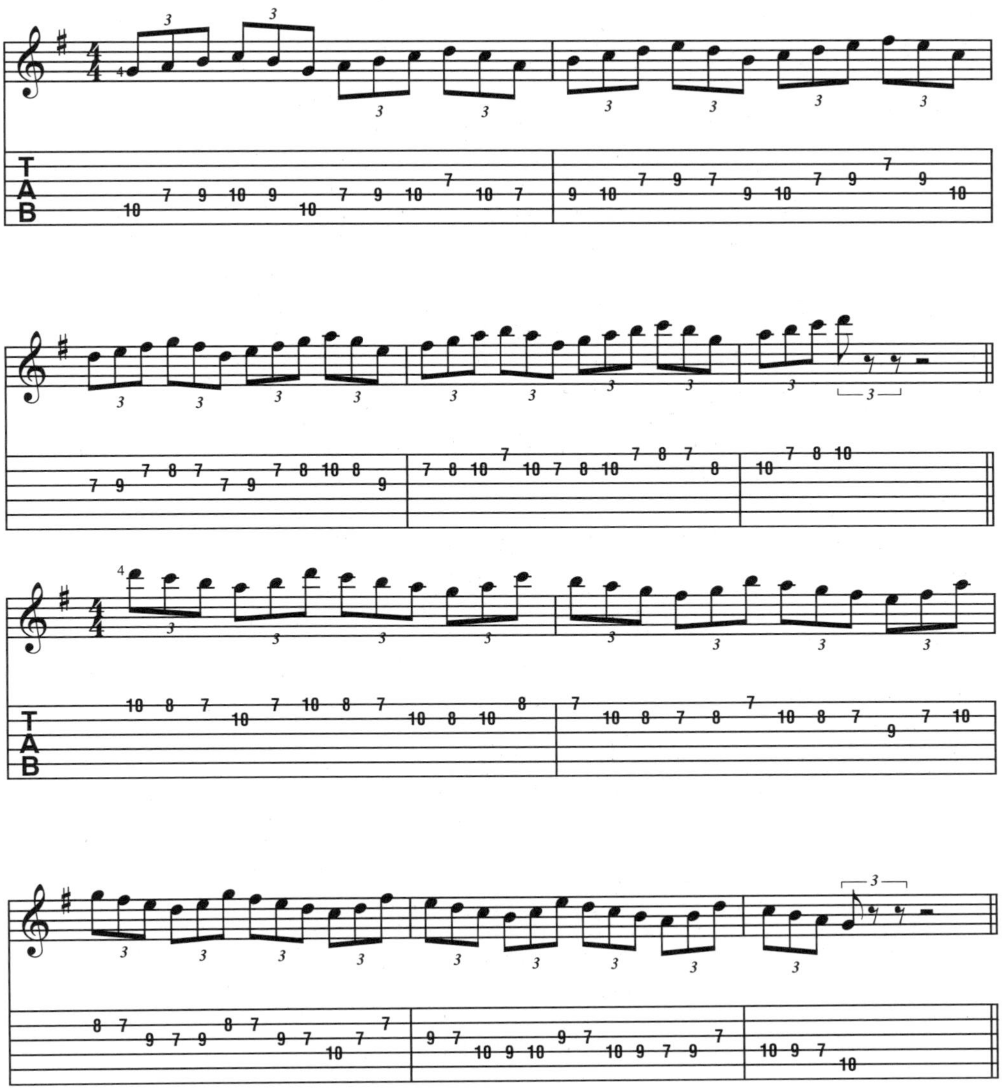

## Séquences de gammes majeures selon le modèle n° 5

Le modèle de gamme majeure n° 5 commence sur la 4e corde et comporte une note hors position sur la 4e corde. Gardez à l'esprit le fait que ce segment arrive en début de séquence – sur la 1re corde que vous jouerez, et vous allez devoir étirer l'auriculaire vers le haut (en direction du chevalet) pour jouer cette note hors position.

La figure qui suit comporte des séquences ascendantes et descendantes en sol en 5e position. Ces séquences sont relativement faciles à jouer pour trois raisons :

- la nature unidirectionnelle de la mélodie,
- l'absence de saut,
- par chance, l'absence de saut d'une corde à une autre au sein d'une même case.

Lancez votre métronome *presto* – si vous l'osez !

Plage 13, 0:00

La figure à suivre illustre des séquences ascendantes et descendantes en *si♭* en 8e position. Cette séquence comporte un unique saut, qui intervient dès le début, entre la 1re et la 2e note. Après ça, vous êtes tranquille, dans la mesure où le reste des notes sont conjointes, y compris la note qui connecte les séquences entre elles.

Plage 13, 0:28

# Mettre en pratique votre dextérité nouvelle avec quelques morceaux

Les deux morceaux que nous vous présentons dans les rubriques ci-dessous ont des mélodies basées sur des séquences. Ces chansons comportent des passages de gammes. Il est vrai que la plupart des morceaux qui incluent des séquences comportent aussi des schémas de gammes. N'allez pas pour autant vous figurer ces chansons comme des exercices ou des séquences. Ce sont vraiment des chansons ! Naturellement, vous les utilisez pour vous entraîner, mais l'idée sous-jacente est de vous amuser en le faisant. Savoir ces chansons bâties sur des séquences ne vous permettra que de mieux les apprécier, d'approfondir votre connaissance de leur structure, et les rendra plus aisées à jouer.

## « Oh, Dem Golden Slippers »

En regardant le début de la partition de « Oh, Dem Golden Slippers », vous remarquerez les éléments qui donnent à la chanson sa spécificité : la marque du tempo, la durée, la tonalité et la dynamique. (Si ces notions vous semblent obscures, reportez-vous à la lecture du livre *La Guitare pour les Nuls,* nouvelle édition.)

« Oh, Dem Golden Slippers » se compose de deux parties, dont la première ressemble à la mélodie de la chanson pour enfants « Polly Wolly Doodle All the Day. ». La mélodie de ce morceau émane d'une ancienne chanson folk américaine vantant les mérites des chaussures de qualité.

« Oh, Dem Golden Slippers » se joue en *la* majeur, en commençant par le modèle de gamme majeure n° 2 en 2e position. (Reportez-vous au chapitre 3 pour rafraîchir ces notions.) Cette chanson utilise deux modèles de gammes, un pour chaque partie de la chanson. Utilisez le modèle de gamme majeure n° 2 pour la première section, et souvenez-vous qu'une note hors position intervient sur la 4e corde. Utilisez le modèle n° 1 (sans note hors position, quelle chance !) pour la seconde section, qui commence après le second aménagement dans les répétitions. En outre, du fait que la première section de la chanson se joue en bas du manche (dans les cases les plus basses), les frettes sont plus larges à cet endroit, ce qui rend les étirements plus délicats.

ASTUCE

Vous rencontrerez un passage difficile au 4e temps de la 5e mesure : vous devrez étirer votre doigt hors position pour jouer la 4e corde, à la 6e case (*sol* ♯). Pensez à revenir en position pour la note suivante – 3e corde, 2e case (*la*) –, qui est la dernière de la mesure.

À la 2e répétition de la première section, le morceau comporte une pause de la durée d'une noire en fin de mesure. Vous pouvez exploiter ce silence afin de changer de position en prévision de la section suivante, qui se joue sur le modèle de gamme majeure n° 1 en 4e position.

Plage 14

## « We Wish You a Merry Christmas »

Comme vous le savez, « We Wish You a Merry Christmas » est une chanson de Noël bien connue. Nous ne l'avons pas choisie parce que nous étions d'humeur festive, mais plutôt parce qu'elle constitue un excellent exemple de mélodie séquentielle. Vous remarquerez en regardant les portées qui figurent dans cette rubrique que les séquences se présentent dès le début du morceau sous forme de petites phrases de deux mesures.

« We Wish You a Merry Christmas » se joue en *fa,* selon le modèle de gamme majeure n° 5 en 3e position. Le morceau comporte des sauts de cordes de l'index entre les mesures 3 et 4 ainsi qu'à la 8e mesure, mais la réelle difficulté arrive aux 5e et 6e mesures, où l'annulaire doit vraiment exécuter un grand saut.

ASTUCE

Au changement de position de la 9e mesure (on passe au modèle de gamme majeure n° 4 en 5e position), vous remarquerez peut-être que nous n'avez pas vraiment à libérer votre auriculaire pour jouer la 1re note imposée par le doigté de la nouvelle position (le *do* à la 3e corde, 5e case). Vous pouvez donc changer de position uniquement après l'endroit où le changement de modèle de gamme de référence est indiqué. Les petites astuces de ce genre offrent aux guitaristes la possibilité de jouer plus *legato* (de façon plus liée) aux endroits où les notes se rejoignent et s'entremêlent légèrement (par opposition au *staccato,* mode de jeu dans lequel les notes sonnent distinctement les unes des autres, et produisent un rendu légèrement haché). De telles astuces permettent également aux musiciens une économie de mouvements pas toujours inscrite en clair sur les partitions.

**Plage 15**

# Chapitre 5

# Fricoter avec les trois gammes mineures

***Dans ce chapitre***

- La pratique des gammes mineures naturelles, mélodiques et harmoniques déclinées sur cinq modèles
- Jouer des morceaux faisant appel aux trois gammes mineures

Même si les gammes majeures sont les maîtres du monde (voir chapitres 3 et 4), la vie serait bien triste sans leurs diaboliques cousines – les gammes mineures. Les gammes et les tonalités mineures sont parfois qualifiées de « tristes », « moroses », « mystérieuses », « lancinantes », ou encore « sinistres ». Mais les gammes mineures peuvent également être souvent très belles, et la musique dans son ensemble – même en mode majeur – trouve sa profondeur dans des éléments mineurs.

Tout bon apprenti guitariste qui étudie et pratique les gammes doit se familiariser avec trois types de gammes mineures, alors que la gamme majeure n'en comprend qu'un : la gamme mineure *naturelle,* la gamme mineure *mélodique* et la gamme mineure *harmonique.* Toutes trois possèdent un côté « sombre » caractérisé par le $3^{e}$ degré bémolisé (ce qui signifie que la $3^{e}$ note de la gamme est un demi-ton plus bas que dans la gamme majeure). Cependant, d'autres notes sont altérées (notamment les $6^{e}$ et $7^{e}$ degrés de la gamme) en fonction du contexte musical. Chacun des trois exemples de morceaux présentés en fin de chapitre illustre un type de gamme mineure. Pour le moment, ne vous souciez pas des degrés altérés, contentez-vous de vous concentrer sur la façon de jouer les notes. C'est là la seule ambition de ce chapitre !

N'OUBLIEZ PAS !

Si vous souhaitez vous entraîner encore plus intensivement, souvenez-vous qu'après avoir mémorisé le doigté de chaque gamme, vous pouvez simplement la jouer en montant et en descendant sur le manche en commençant sur des notes différentes. Cela vous permettra de produire et de pratiquer toute une palette de gammes mineures. Vous pourrez ainsi décliner la gamme mineure dans les 12 tonalités sur la base d'un modèle unique – plutôt que d'apprendre 11 nouvelles gammes ! Il vous suffit d'identifier la note de départ qui convient.

# Faire connaissance avec les gammes mineures naturelles

Bien qu'une gamme mineure produise un effet musical assurément différent de celui d'une gamme majeure, votre approche technique doit être la même au cours de vos séances d'entraînement. Ce n'est pas parce que le son des gammes mineures est plus solennel que celui des gammes majeures que vous leur devez plus de déférence. Appliquez-leur autant de vigueur et de détermination qu'aux gammes majeures ; elles le supporteront très bien, croyez-nous !

Sur une note plus sérieuse, en ce qui concerne le placement des doigts sur les cases et le jeu de la main droite en cadence, les gammes mineures doivent être appréhendées tout comme les gammes majeures. La seule ombre au tableau : comme nous l'avons dit précédemment, elles sont au nombre de trois (contre une seule gamme majeure). De ce fait, vous avez plus d'informations à gérer, ce qui signifie qu'il vous faudra vraisemblablement un peu plus de temps pour les mémoriser.

Comparée à la gamme majeure (le *do, ré, mi, fa, sol, la, si, do* universellement connu, ou l'octave allant de *do* à *do* sur les touches blanches du piano), la gamme mineure naturelle diffère de trois notes : les $3^{e}$, $6^{e}$ et $7^{e}$ degrés. Ces notes sont assorties d'un *bémol,* autrement dit baissées d'un demi-ton. Ainsi, un *do* de la gamme mineure naturelle donnerait *do, ré, mi♭, fa, sol, la♭, si♭, do.*

Jouez chaque type de gamme mineure naturelle lentement, à un niveau sonore élevé, et de façon affirmée au début, afin de travailler la force et l'assurance de votre doigté. Essayez ensuite de jouer plus vite et plus en légèreté, afin de simuler de façon plus réelle le jeu des gammes mineures telles que vous les rencontrerez dans des morceaux de musique. Veillez simplement à maintenir une vitesse d'exécution et une dynamique (un niveau sonore) constantes au fil de la gamme.

## Modèle de gamme mineure naturelle n° 1

Le modèle de gamme mineure naturelle n° 1 commence avec l'index sur la $6^{e}$ corde. Lorsque vous jouerez ce modèle de gamme, ne vous laissez pas surprendre par la *note hors position* sur la $4^{e}$ corde. (Une note hors position est une note qui tombe à l'extérieur des quatre cases qui définissent la position dans laquelle vous jouez, nécessitant pour être jouée un étirement de l'index ou de l'auriculaire.) Vous devez jouer cette note en étirant l'auriculaire (en direction du chevalet) pour l'atteindre, car elle est située une case au-dessus de l'endroit où le doigt se positionne naturellement. La figure qui suit illustre une gamme mineure naturelle en la, en $5^{e}$ position, présentée sous forme de grille, de portée traditionnelle et de tablature. Prenez le temps d'observer la portée standard quelques instants : nous y indiquons le doigt qui commence à jouer (le chiffre *1* au niveau de la $1^{re}$ note désigne l'index) et le doigté de la note hors position (le *4* qui jouxte le *si* sur la $4^{e}$ corde, à la $7^{e}$ case). Utilisez cette figure pour mémoriser le doigté de cette gamme, puis entraînez-vous jusqu'à ce que vous la jouiez aisément. Pratiquez ce modèle plusieurs fois, lentement, en écoutant le timbre typique des notes mineures, et pour familiariser et assouplir vos doigts au contact de cette nouvelle gamme.

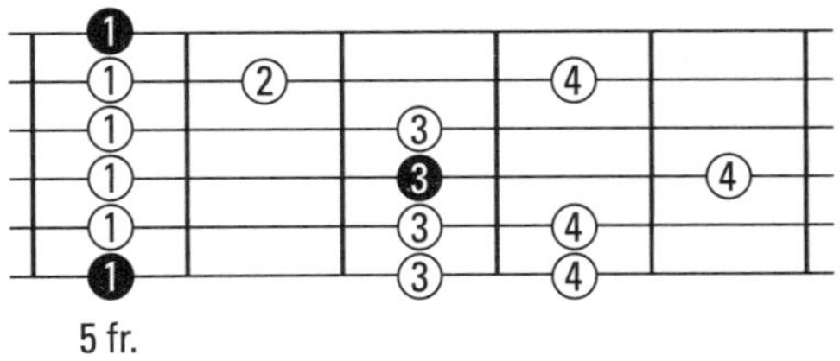


Plage 16

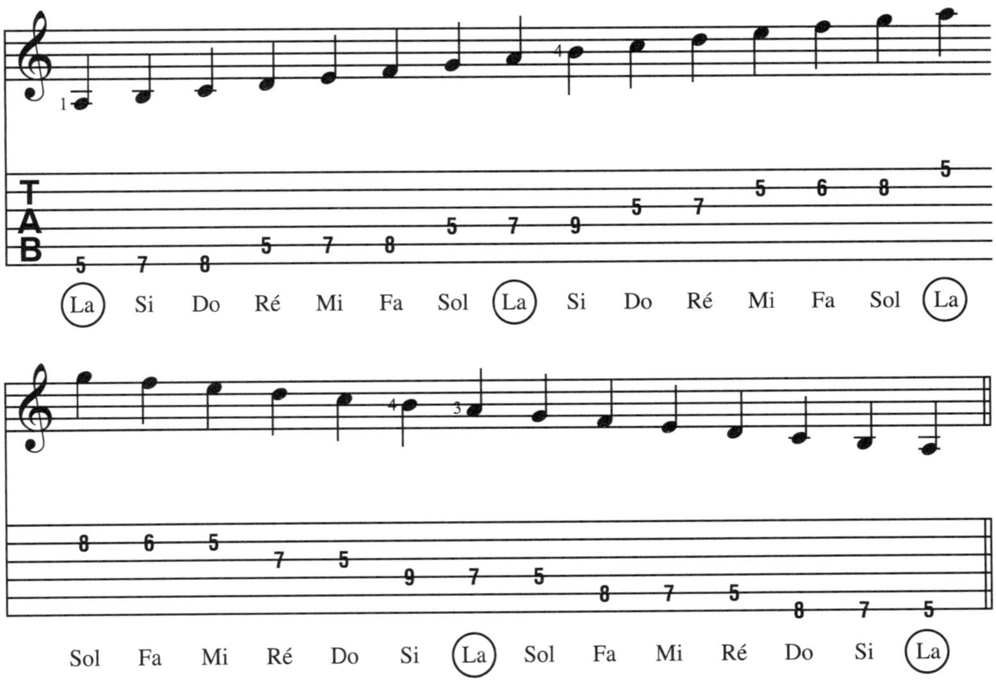


Essayez maintenant votre main à l'exercice ci-dessous en rythme, en *si* mineur, en 7e position.

N'OUBLIEZ PAS !

Veillez à ne pas marquer exagérément la note hors position (4e corde, 11e case). Certains guitaristes prennent la mauvaise habitude de marquer de façon trop sonore les passages difficiles, comme les enchaînements et les changements de position. La note hors position doit être jouée comme n'importe quelle autre note de la gamme, sans qu'on la remarque particulièrement. L'attention de l'auditeur ne doit pas être attirée par le fait que le guitariste exécute un passage ardu.

# Modèle de gamme mineure naturelle n° 2

Le modèle de gamme mineure naturelle n° 2 commence avec l'auriculaire sur la 6ᵉ corde et comporte une note hors position sur la 1ʳᵉ corde. Parce qu'elle doit être jouée une case plus bas (plus bas sur le manche) que l'endroit où le doigt se positionne naturellement, vous devrez étirer l'index vers le bas (en direction du sillet) pour la jouer.

Sont présentés ci-dessous la grille, la portée traditionnelle et la tablature du modèle de gamme mineure naturelle n° 2 en *do* mineur. Notez que sur la portée standard, nous indiquons le doigt qui commence à jouer (l'auriculaire) et le doigté de la note hors position (le 1 qui jouxte le *la♭* sur la 1ʳᵉ corde, à la 4ᵉ case). Entraînez-vous sur ce modèle jusqu'à ce que vous jouiez cette note hors position de manière aussi fluide que les autres notes de la gamme.

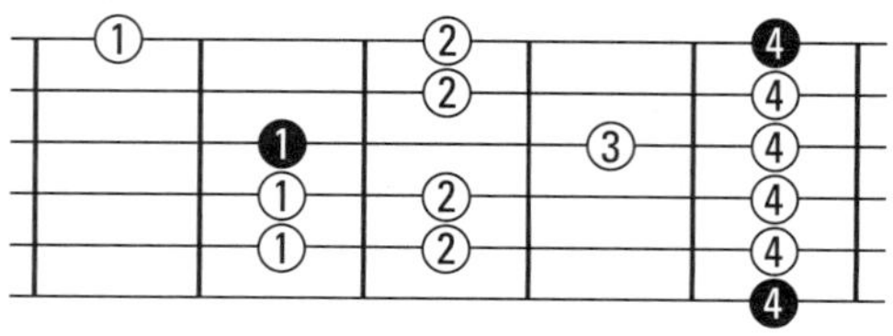


Plage 17

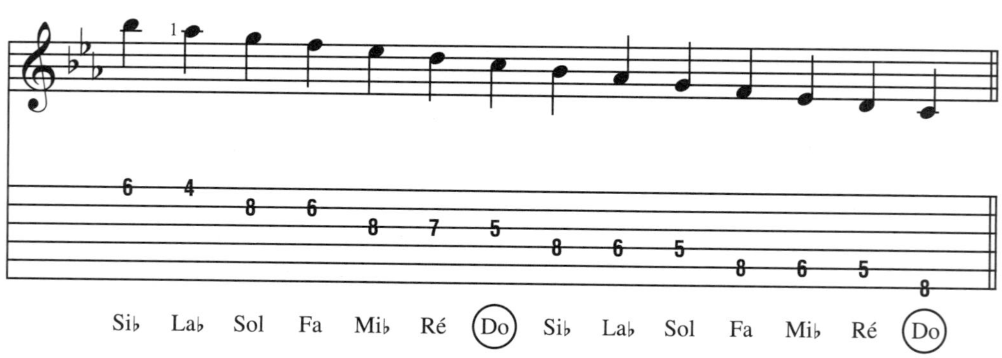

Lorsque vous vous sentirez prêt, essayez de jouer ce modèle de gamme de façon « musicale », c'est-à-dire en rythme. L'exercice qui suit est en *la* mineur, en 2e position. Vous remarquerez que la note hors position se joue sur le *fa,* sur la 1re corde, à la 1re case. Parce que cet enchaînement se joue assez bas sur le manche, où les frettes sont plus larges, pensez à échauffer sérieusement votre main gauche. Essayez d'isoler le passage qui se situe entre le 4e temps de la 1re mesure et le 2e temps de la 2e mesure, et jouez-le huit fois de suite, ou autant de fois qu'il le faudra pour l'exécuter sans peine.

# Modèle de gamme mineure naturelle n° 3

Le modèle de gamme mineure naturelle n° 3 commence avec l'index sur la 5e corde (et non la 6e, comme dans les deux modèles précédents), et ne comporte aucune note hors position Le placement du doigt sur la 5e corde requiert parfois un peu plus d'effort parce qu'il s'agit d'une corde située à l'intérieur du manche (et non au bord, comme par exemple la 6e corde, plus facile à trouver par tâtonnement). De ce fait, juste avant de positionner votre doigt sur la corde, jetez un coup d'œil furtif pour vous assurer que vous êtes effectivement sur la 5e corde !

La figure qui suit présente le modèle de gamme mineure naturelle n° 3 en *ré* mineur, sous forme de grille, de portée traditionnelle et de tablature. Parce que ce modèle ne comporte aucune note hors position – qui risquerait ralentir votre jeu puisque plus difficile à jouer –, vous pouvez vous risquer à jouer l'exercice un peu plus vite que la normale. Ne vous hâtez pas trop pour autant, au risque de faire des erreurs. Pratiquez l'exercice jusqu'à ce que vous le maîtrisiez suffisamment pour le jouer à un tempo constant, sans aucune erreur.

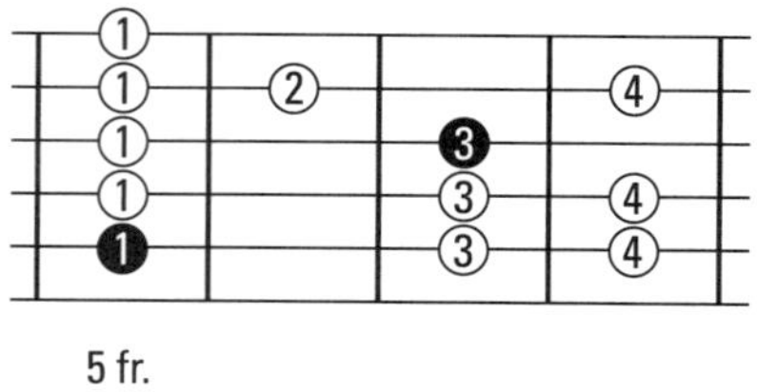


Plage 18

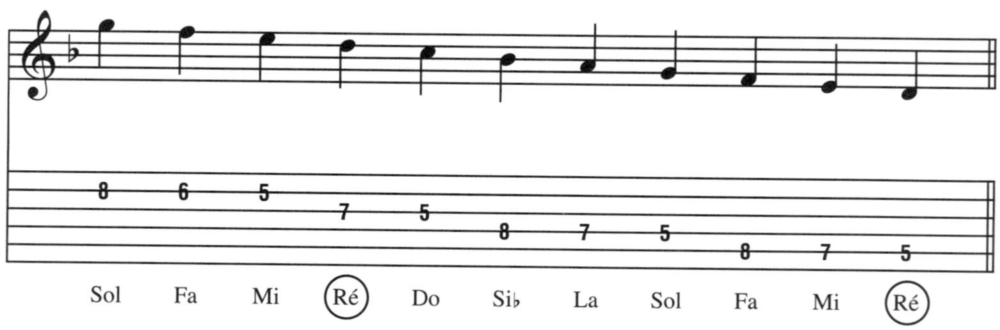


Essayez maintenant cet exercice de rythme en *mi* mineur en 7e position. Au début, veillez particulièrement à jouer les doubles croches de façon égale et sans heurt. Vous pouvez ensuite *accentuer* (c'est-à-dire attaquer de façon un peu plus forte) la 1re note de chaque groupe de temps. L'accentuation permet d'éviter un rythme trop régulier, et donc d'ajouter du dynamisme à votre jeu.

# Modèle de gamme mineure naturelle n° 4

Le modèle de gamme mineure naturelle n° 4 commence avec l'auriculaire sur la 5ᵉ corde et comporte une note hors position sur la 1ʳᵉ corde.

La figure qui suit présente la grille, la portée traditionnelle et la tablature du modèle de gamme mineure naturelle n° 4 en *fa* mineur. Notez que dans la portée standard, en plus du doigt avec lequel commencer (l'auriculaire), nous indiquons le doigté de la note hors position (un *1* qui jouxte le *la*♭ sur la 1ʳᵉ corde, à la 4ᵉ case).

Au début, vous pourrez trouver difficile de débuter une gamme avec l'auriculaire, parce que ce doigt est traditionnellement moins puissant et moins assuré que l'index (qui est celui sur lequel commencent les modèles de gammes mineures naturelles n° 1 et n° 3). Pour pallier cette difficulté, répétez le début de cet exercice (juste les trois ou quatre notes d'ouverture) plusieurs fois, afin de l'enlever fermement et sans hésitation, avant de jouer le reste de l'exercice.

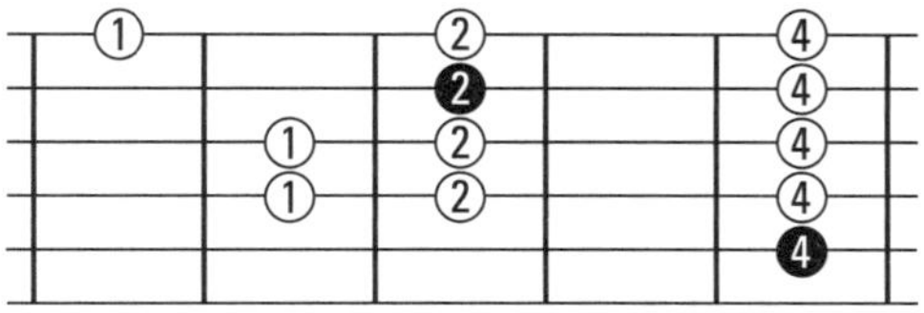

4 fr.

Plage 19

Lorsque vous serez prêt à jouer cet exercice en rythme, reportez-vous à la figure ci-après, qui est en *ré* mineur en 2e position. Cet exercice de rythme comporte une note hors position : le *fa* sur la 1re corde, à la 1re case.

ASTUCE

Positionner le doigt sur la 1re case requiert un étirement non négligeable. Essayez-vous-y tout d'abord en plaçant votre auriculaire sur la 2e corde, à la 5e case. En maintenant votre auriculaire sur la corde, placez ensuite votre index sur la 1re corde, à la 1re case, et maintenez les deux doigts en position. C'est cette position que vous devrez assurer lorsque vous arriverez à la 2e mesure. Cet exercice de positionnement du doigté vous aidera le moment venu, et il est plus rapide que d'isoler le passage dans lequel se trouve l'étirement.

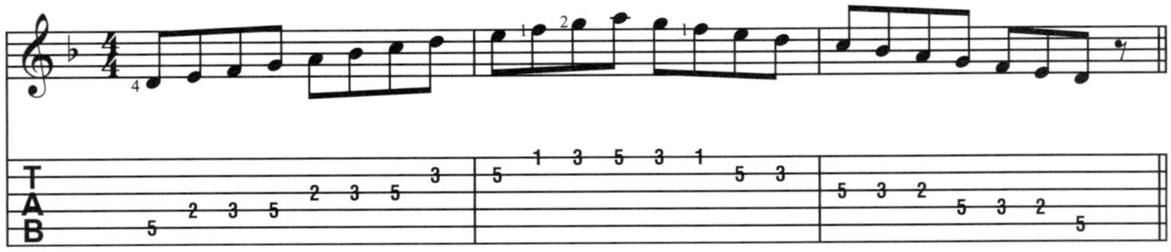


## Modèle de gamme mineure naturelle n° 5

Le modèle de gamme mineure naturelle n° 5 commence avec l'index sur la 4e corde et ne comporte aucune note hors position.

Reportez-vous à la figure ci-dessous pour consulter la grille, la portée traditionnelle et la tablature du modèle de gamme mineure naturelle n° 5 en *sol* mineur. Du fait que cet exercice commence sur une corde située à l'intérieur du manche (éloigné du bord, facilement accessible, du manche de votre guitare), il serait bon de vous entraîner à placer d'un coup votre index sur la note de début. Vous voulez une bonne nouvelle ? À ce stade, vous saurez commencer une gamme avec un index renforcé. Entraînez-vous à démarrer sur la note d'ouverture sans la rater, à différents endroits du manche, en nommant à haute voix la note en question à chaque fois, puis exécutez l'exercice dans son intégralité au moins quatre fois de suite, afin d'en mémoriser le doigté.

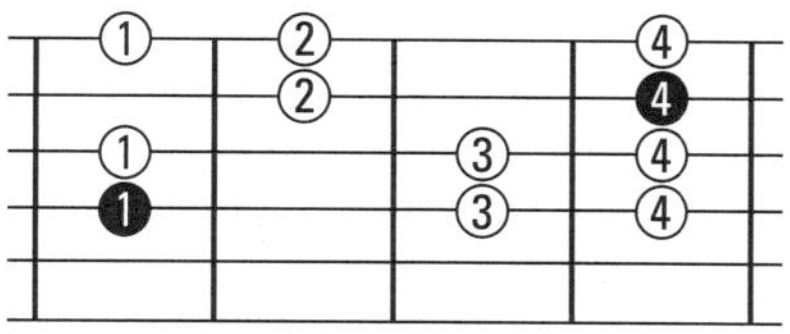


5 fr.

Plage 20

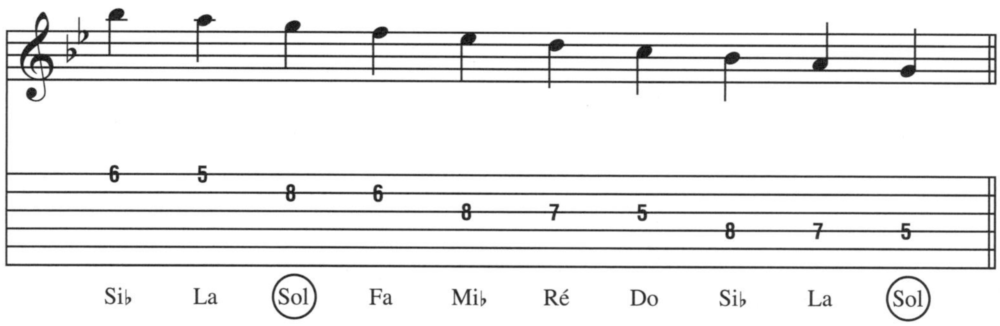


La figure qui suit est un exercice de rythme en *la* mineur en 7e position. Pour vous aider à marquer le son d'un triolet, commencez en marquant de façon un peu plus nette que les autres la 1re note de chaque groupe de trois.

# Garder le sens de la mesure avec les gammes mineures mélodiques

Comparée à la gamme majeure (par exemple, *do, ré, mi, fa, sol, la, si, do* en *do*), dans la gamme mineure mélodique ascendante, une note diffère : la 3e, qui est bémolisée. Ainsi, une gamme mineure mélodique ascendante en *do* serait basée sur le modèle : *do, ré, mi♭, fa, sol, la, si, do*. La gamme mineure mélodique descendante est identique à la gamme mineure naturelle. Elle comporte donc trois notes différentes : les 3e, 6e et 7e degrés, qui sont bémolisés, de sorte que la gamme mineure mélodique descendante en *do* donnerait : *do, si♭, la♭, sol, fa, mi♭, ré, do.*

On dit que le fait d'ajouter un dièse aux notes uniquement dans la version ascendante rend la gamme plus élégante. Une grande part des musiques baroque et classique – qu'on peut sans hésitation qualifier d'élégantes – intègre les gammes mineures mélodiques.

Du fait que les 6e et 7e notes peuvent – ou non – être rehaussées d'un dièse, la gamme mineure mélodique peut s'avérer délicate à mémoriser. Mais c'est notamment cette difficulté qui la rend intéressante. Après tout, elle comporte uniquement un plus grand nombre de notes que les autres gammes majeures et mineures. Pratiquez la gamme mineure mélodique comme vous le feriez de la gamme mineure naturelle, mais en gardant à l'esprit que la version ascendante diffère de deux degrés (les 6e et 7e). Ne vous focalisez pas sur ces notes en les marquant plus que les autres, mettez la même emphase sur toutes les notes, qu'elles soient ou non diésées.

## Modèle de gamme mineure mélodique n° 1

Le modèle de gamme mineure mélodique n° 1 commence sur la 6e corde avec l'index.

La figure qui suit présente l'exercice sous forme de grille, de portée traditionnelle et de tablature. Parce que la gamme mineure mélodique peut revêtir deux formes – une version ascendante et une autre, descendante –, nous présentons côte à côte deux grilles.

La forme ascendante du modèle de gamme mineure mélodique n° 1 comporte des notes hors position sur les 5e, 4e et 2e cordes. La forme descendante n'en comprend qu'une, sur la 4e corde. Nous fournissons les doigtés de ces notes dans la portée standard. Entre les versions ascendante et descendante, vous aurez à faire un effort d'étirement non négligeable, alors soyez sûr de vous échauffer suffisamment avant d'attaquer !

Parce que seul le haut de la gamme (entre la 6e note et l'octave) comporte des notes avec ou sans dièse, vous devez isoler le passage entre le *mi* aigu (2e corde, 5e case) et le *la* aigu (1re corde, 5e case), dans les versions ascendante et descendante. Jouez huit fois de suite ce passage lentement avant d'exécuter l'exercice depuis le début. En mémorisant la gamme, assurez-vous que vos doigts jouent les notes correctes, en montée comme en descente. Répétez l'exercice dans les deux sens de façon à mémoriser la différence entre les deux versions de la gamme.

Ascendant

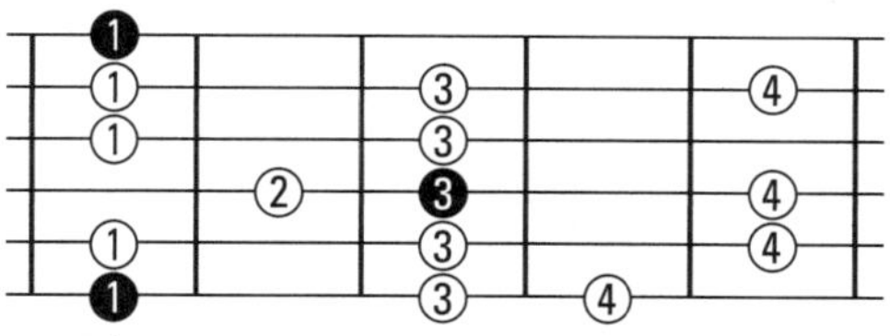


Descendant

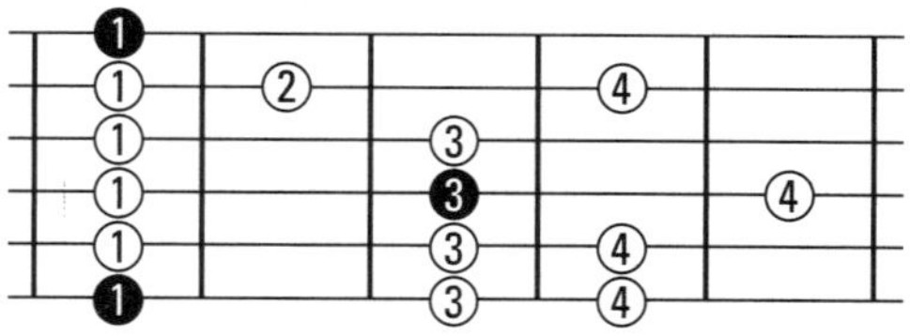


**Plage 21**

Voici maintenant un exercice à jouer en rythme, en *sol* mineur en 3e position. Jouez les croches sur un mode léger et enjoué, comme vous le feriez de la gamme mineure naturelle, et entraînez-vous afin d'aborder les notes altérées avec autant de naturel.

La gamme mineure mélodique diffère dans sa version descendante. De sorte que si vous avez pris l'habitude de vous mettre en roue libre sur les versions descendantes d'autres gammes, soyez vigilant !

## Modèle de gamme mineure mélodique n° 2

Le modèle de gamme mineure mélodique n° 2 commence avec l'auriculaire sur la 6e corde et comporte deux notes hors position Vous rencontrerez l'une d'elles en montant la gamme (sur la 4e corde) et l'autre en descendant (sur la 1re corde).

La figure qui suit présente la grille, la portée traditionnelle et la tablature du modèle de gamme mineure mélodique n° 2 en *do* mineur, en versions ascendante et descendante. Notez que dans la portée standard, en plus du doigt qui commence (l'auriculaire), nous indiquons le doigté de la note hors position Non seulement la gamme diffère selon que vous la montez ou la descendez, mais les notes hors position varient également. Les gammes mineures mélodiques englobent en réalité deux gammes sous un nom unique. Et si l'effort est ici multiplié par deux, vous disposez de ce fait d'une variété musicale deux fois plus grande ! Pratiquez si vous le voulez l'exercice sur la base du modèle de la gamme mineure naturelle n° 1, puisqu'elles sont identiques dans leurs versions descendantes.

Ascendant

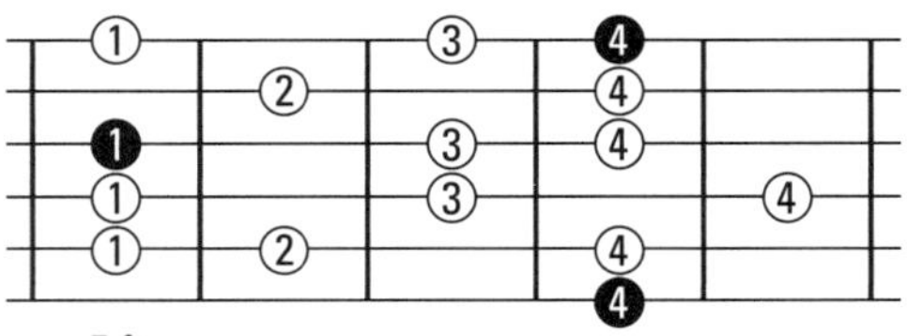

5 fr.

Descendant

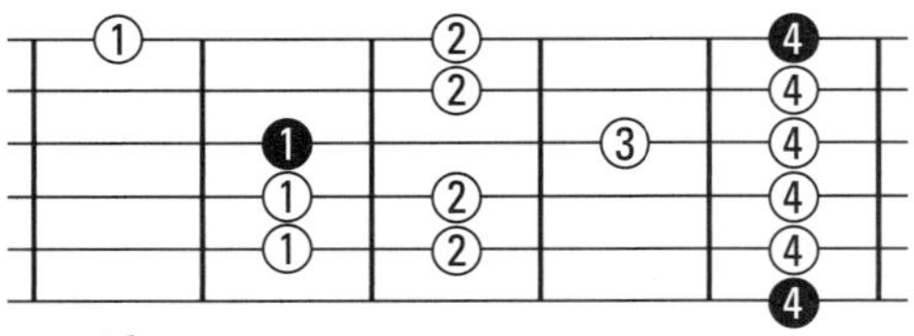

4 fr.

Plage 22

Une fois que vous maîtriserez par cœur le modèle, essayez-vous à l'exercice de rythme illustré à la figure ci-dessous, en *si* mineur en 4e position.

**N'OUBLIEZ PAS !**

Les gammes mineures mélodiques requièrent de la réflexion, des étirements, et aussi la connaissance des 6e et 7e degrés à utiliser. Au fait, pensez à rester détendu, ne vous crispez pas, même si vous devez réaliser des étirements et réagir vite pour éviter toute erreur. Et n'oubliez pas : quoi qu'il arrive, respirez à fond !

# Modèle de gamme mineure mélodique n° 3

Le modèle de gamme mineure mélodique n° 3 commence avec l'index sur la 5e corde. La forme ascendante comporte une note hors position sur la 4e corde, que vous devrez jouer en étirant l'auriculaire vers le haut (en direction du chevalet). La forme descendante, identique à celle du modèle de gamme mineure naturelle n° 3, ne comporte aucune note hors position

Vous trouvez ici la grille, la portée traditionnelle et la tablature du modèle de gamme mineure mélodique n° 2 en *ré* mineur, en versions ascendante et descendante. Notez l'étirement particulier que comporte ce modèle : la note hors position est jouée avec l'auriculaire, mais la suivante est jouée avec le majeur (et non l'index, comme vous auriez pu le penser). Les étirements entre l'auriculaire et le majeur sont un plus peu durs qu'entre l'auriculaire et l'index, alors entraînez-vous à passer de la 4e à la 3e corde deux ou trois fois avant de jouer l'exercice dans son entier.

Ascendant

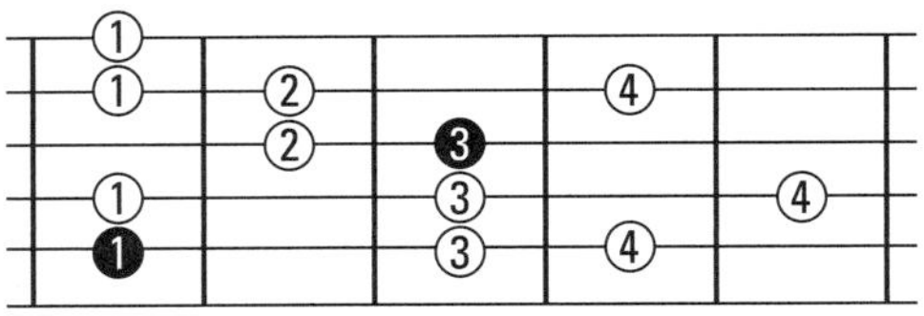

5 fr.

Descendant

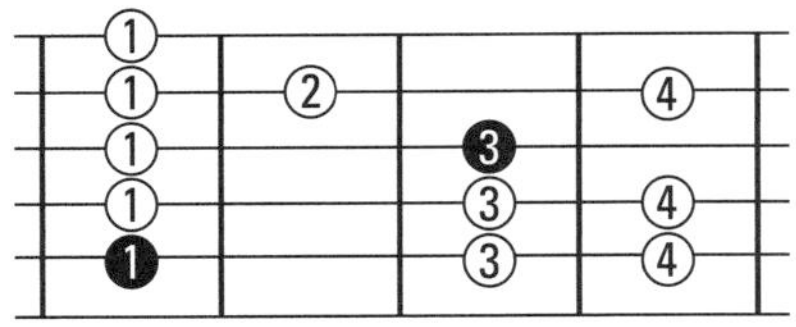

5 fr.

Plage 23

Vous êtes prêt à exécuter cet exercice, en *fa♯* mineur en 9e position ? Le fait de jouer cette gamme plus haut sur le manche rend un peu plus aisé l'étirement auquel sont soumis vos doigts pour jouer les notes hors position car les frettes sont à cet endroit du manche un peu plus rapprochées. Nous vous conseillons donc, chaque fois que vous le pourrez, de jouer cette gamme le plus haut possible sur le manche. Vos doigts vous en seront éternellement reconnaissants.

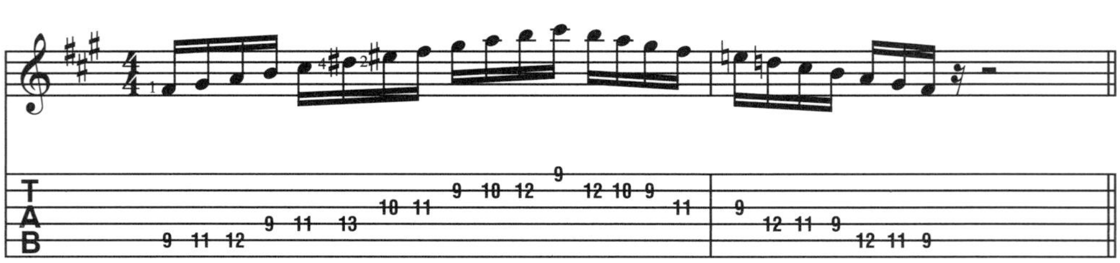

# Modèle de gamme mineure mélodique n° 4

Le modèle de gamme mineure mélodique n° 4 commence avec l'auriculaire sur la 5ᵉ corde et comporte une note hors position sur la 1ʳᵉ corde, dans sa forme ascendante comme descendante.

La grille, la portée traditionnelle et la tablature du modèle de gamme mineure mélodique n° 4 en *fa* mineur (dans ses versions ascendante et descendante) sont présentées à la figure ci-après. Du fait que l'étirement intervient au même endroit dans les deux versions de la gamme, procédez à une rapide évaluation manuelle de la distance (expliquée à la rubrique « Modèle de gamme mineure naturelle n° 4 » plus haut dans ce chapitre) entre la 2ᵉ et la 1ʳᵉ corde aux 8ᵉ et 4ᵉ cases. Vous pourrez ensuite vous lancer à corps perdu dans cet exercice ! Attention cependant aux notes sur les 3ᵉ et 2ᵉ cordes. Elles diffèrent en fonction du sens d'exécution de la gamme. Répétez cet exercice un certain nombre de fois, jusqu'à ce que vous maîtrisiez la version ascendante tout autant que sa consœur descendante (N.B. : ce modèle est le même que celui de la gamme mineure naturelle n° 4, traitée plus haut).

Ascendant

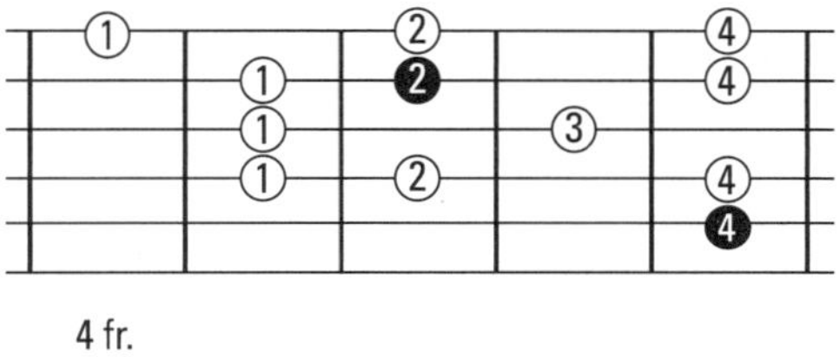


Descendant

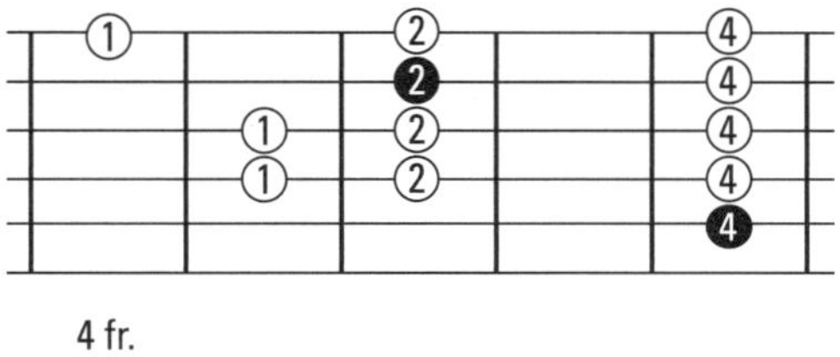


Plage 24

Intéressez-vous maintenant à la figure qui suit, qui propose un exercice de rythme en *mi* mineur en 4e position. Notez qu'une note hors position est présente sur le *sol* sur la 1re corde, à la 3e case. Du fait de la configuration des gammes mineures mélodiques, cet exercice est relativement accessible, parce que l'étirement est situé à un seul endroit (sur la 1re corde). Entraînez-vous d'abord à la pratique de l'étirement pour délier votre doigté, puis attachez-vous aux différences entre les versions ascendante et descendante, qui requièrent un esprit délié.

# Modèle de gamme mineure mélodique n° 5

Le modèle de gamme mineure mélodique n° 5 commence avec l'index sur la 4e corde et ne comporte aucune note hors position, ni dans la version ascendante ni dans la version descendante.

La figure qui suit présente la grille, la portée traditionnelle et la tablature du modèle de gamme mineure mélodique n° 5 en *sol* mineur, en versions ascendante et descendante. Utilisez cette figure pour mémoriser le doigté de cet exercice, puis répétez-le plusieurs fois jusqu'à ce que vous parveniez à jouer les notes harmonieusement dans les deux sens de la gamme.

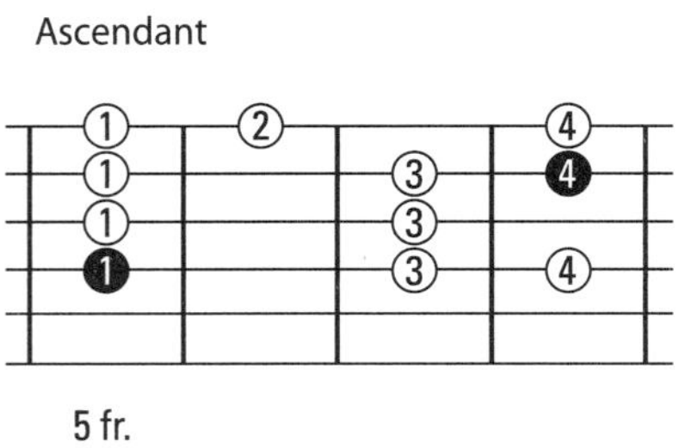


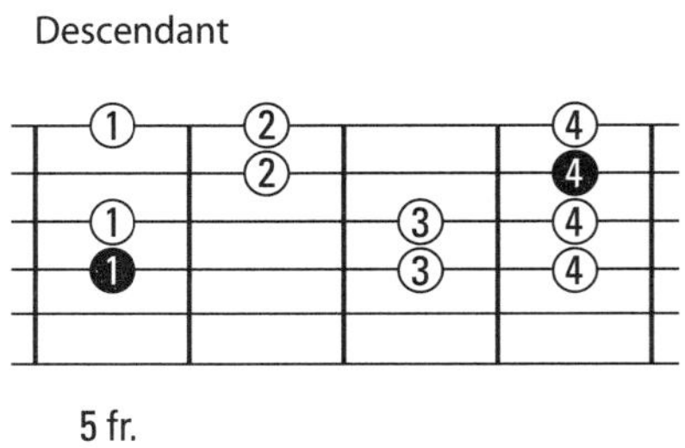


Plage 25

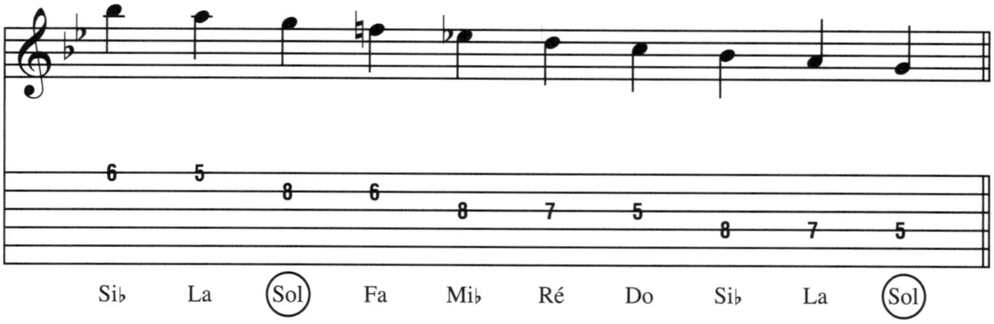


Une fois le modèle n° 5 mémorisé, utilisez la figure ci-dessous pour le jouer en rythme. Cet exercice est en *si*♭ mineur en 8ᵉ position.

*Si*♭ mineur n'est pas une tonalité courante en guitare, parce qu'elle contient cinq bémols. Les guitaristes jouent généralement des tonalités en dièse (comme *sol, ré, la* et *mi*), qui sont considérées comme plus adaptées à cet instrument. (Cela est lié au fait que les cordes à vide d'une guitare sont les toniques – ou notes de départ – des tonalités en dièse.) Lorsque les guitaristes doivent effectivement jouer dans des tonalités en bémol, ils sont plus à l'aise avec les tonalités qui ne comportent que quelques bémols (comme *fa, si*♭ et *mi*♭, qui ont respectivement un, deux et trois bémols). Mais l'un des avantages des modèles transposables de gammes est qu'ils vous permettent d'explorer des territoires vierges (notamment des tonalités bourrées de bémols) sans devoir apprendre de nouveaux modèles de gammes.

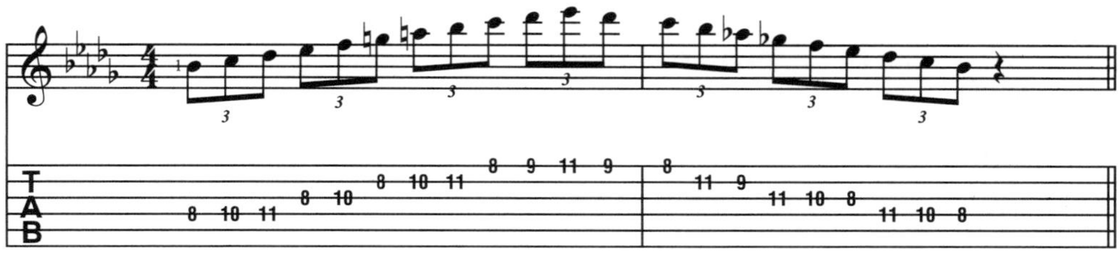

# Penser harmonie avec les gammes mineures harmoniques

Comparée à la gamme majeure, la gamme mineure harmonique diffère de deux notes : les 3ᵉ et 6ᵉ degrés, tous deux bémolisés. Une gamme mineure harmonique en *do* donnerait donc : *do, ré, mi*♭*, fa, sol, la*♭*, si, do.*

Considérez la gamme mineure harmonique comme n'importe quelle autre de la confrérie des gammes mineures. Elle diffère de la gamme mineure naturelle d'un demi-ton en ce sens que le 7ᵉ degré est diésé, dans sa version ascendante comme descendante. Ce dièse sur le 7ᵉ degré donne à la mélodie de la gamme une certaine attraction du 7ᵉ degré jusqu'en haut de la gamme. Il permet également la formation d'un accord de 7ᵉ dominante dans l'harmonie (par exemple, en accord *mi* 7 dans la tonalité en *la* mineur). C'est pour cela qu'on qualifie cette gamme de mineure « harmonique ». Somme toute, elle permet la formation d'un plus grand nombre d'accords.

Le fait d'altérer le 7ᵉ degré d'un dièse engendre une variante assez vive dans la mélodie entre le 6ᵉ degré, qui ne porte pas de dièse, et le 7ᵉ, un demi-ton plus haut. D'aucuns pensent que ce décalage n'est pas à sa place dans une gamme, mais la gamme mineure harmonique possède un petit parfum oriental (un peu dans la veine des musiques de charmeurs de serpent, vous voyez ?). La gamme mineure harmonique est la même en version ascendante et descendante, et à ce titre, vous devriez la mémoriser plus aisément que la gamme mineure mélodique. Entraînez-vous aux cinq modèles de la gamme mineure harmonique afin de parvenir à les jouer de façon aussi harmonieuse – y compris ce « saut » – que les autres gammes mineures, naturelle et mélodique.

## Modèle de gamme mineure harmonique n° 1

Le modèle de gamme mineure harmonique n° 1 est illustré ici sous forme de gamme mineure harmonique en la, en 5e position, commençant avec l'index sur la 6e corde.

La figure qui suit présente la grille, la portée traditionnelle et la tablature du modèle. Cet exercice comporte des notes hors position sur les 4e et 2e cordes. Nous indiquons les doigtés de ces notes dans la portée standard. L'étirement à effectuer sur la 2e corde, entre le majeur et l'auriculaire, est peu courant. Veillez donc à pratiquer les notes de la 2e corde deux ou trois fois avant de vous lancer dans le reste de l'exercice. Souvenez-vous que vous rencontrerez un second étirement sur la 4e corde, entre l'annulaire et l'auriculaire. Mais vous êtes maintenant habitué à ce type d'étirement, donc l'exercice ne devrait pas vous poser problème, dans la mesure où vous arrivez préparé.

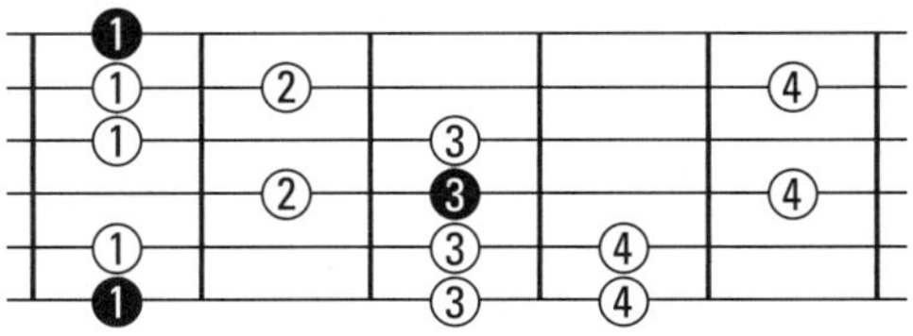

5 fr.

Plage 26

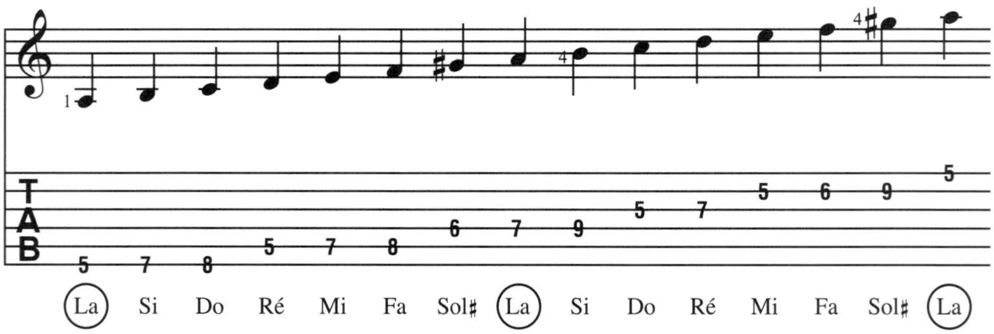


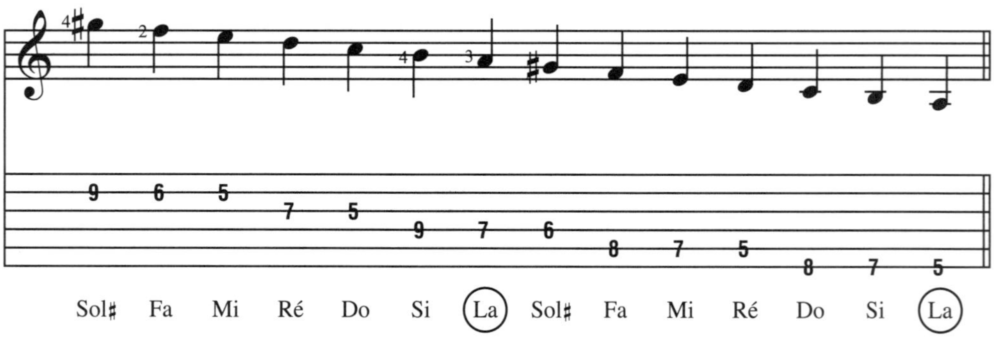

Essayez l'exercice de rythme de la figure ci-dessous, en *do* mineur en 8e position. Avant de commencer à jouer, notez bien l'emplacement des notes hors position, et prenez soin de respecter les indications de doigté.

ASTUCE

Une variante consiste à placer les doigts 1, 2 et 4 (donc l'index, le majeur et l'auriculaire) sur la 4e corde (à la place des doigts 2, 3 et 4, à savoir majeur-annulaire-auriculaire). Cette option vous permet de supprimer l'étirement entre l'annulaire et l'auriculaire, qui peut sembler délicat.

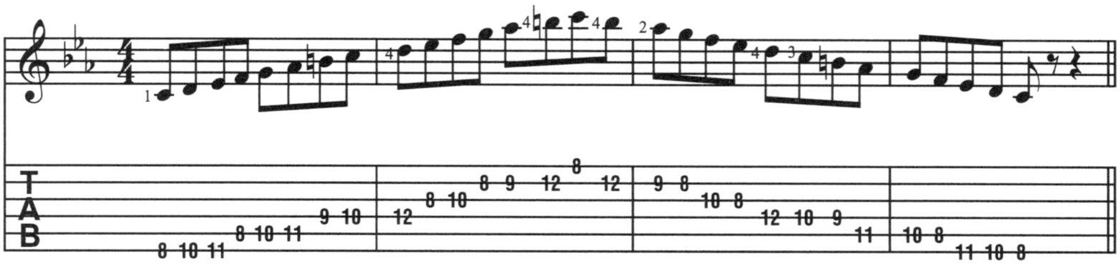

## Modèle de gamme mineure harmonique n° 2

Le modèle de gamme mineure harmonique n° 2 commence avec l'auriculaire sur la 6e corde, et comporte des notes hors position sur les 4e et 1re cordes. Étirez l'auriculaire (en direction du chevalet) afin d'atteindre la note hors position sur la 4e corde, et étirez l'index vers le bas (en direction du sillet) pour jouer la note hors position sur la 1re corde.

La figure qui suit présente la grille, la portée traditionnelle et la tablature du modèle de gamme mineure harmonique n° 2 en *do* mineur. Dans la portée standard, nous indiquons, en plus du doigt de départ (l'auriculaire), le doigté des notes hors position. Utilisez ces figures pour vous familiariser avec les doigtés de ce modèle, et jouez-le jusqu'à ce que vous le sachiez par cœur.

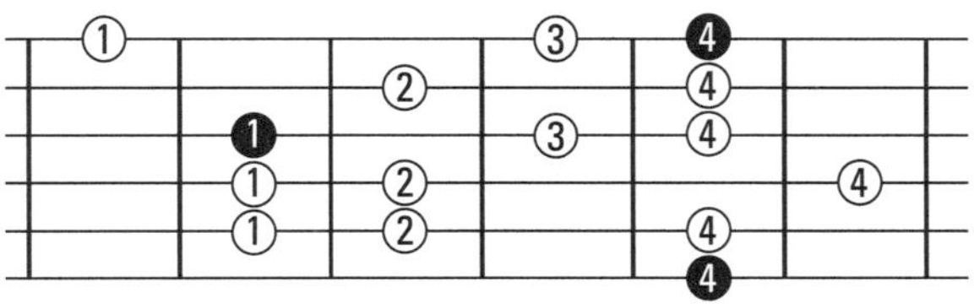


Plage 27

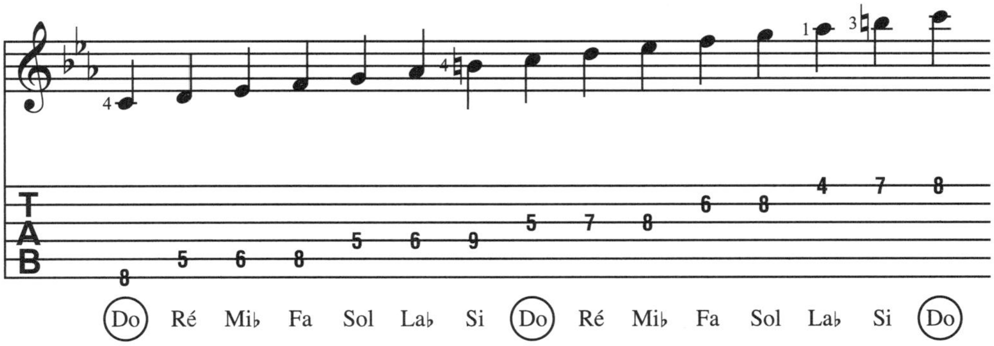

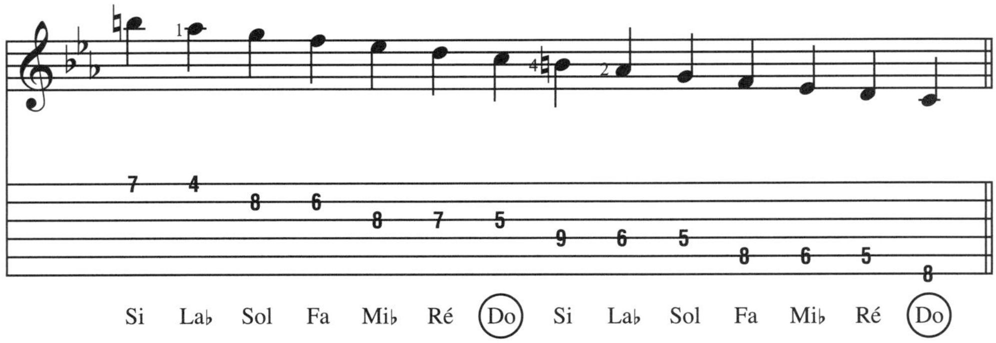


Pour répéter cet exercice en cadence, reportez-vous à la figure qui suit, en *ré* mineur en 7e position. Accentuez la 1re note de chaque triolet afin de rester dans le rythme.

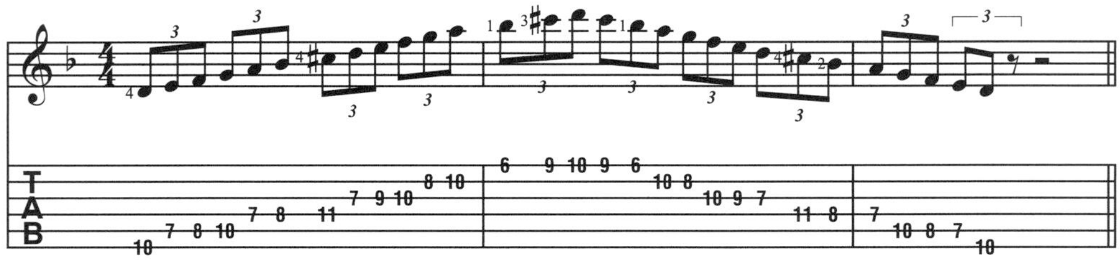

# Modèle de gamme mineure harmonique n° 3

Le modèle de gamme mineure harmonique n° 3 commence avec l'index sur la 5e corde et ne comporte aucune note hors position. Veinard !

Intéressez-vous maintenant à la figure ci-après, qui présente sous forme de grille, de portée traditionnelle et de tablature le modèle de gamme mineure harmonique n° 3 en *ré* mineur. Attention de ne pas marquer exagérément la note jouée avec le majeur sur la 3e corde (la 7e, qui est diésée). Comme vous le remarquerez en essayant de mémoriser le son et le doigté des trois gammes, il est évident que la 7e note de la gamme est celle qui donne le « punch » à l'ensemble. Cependant, ne forcez pas l'attaque sur cette note. Elle doit donner un son aussi fluide que les autres notes de la gamme. Pour éviter de mettre l'emphase sur une note plus que sur les autres, répétez cet exercice dans son intégralité chaque fois que vous le jouez (c'est-à-dire sans isoler des passages particuliers), et appliquez-vous à faire retentir toutes les notes à un volume égal.

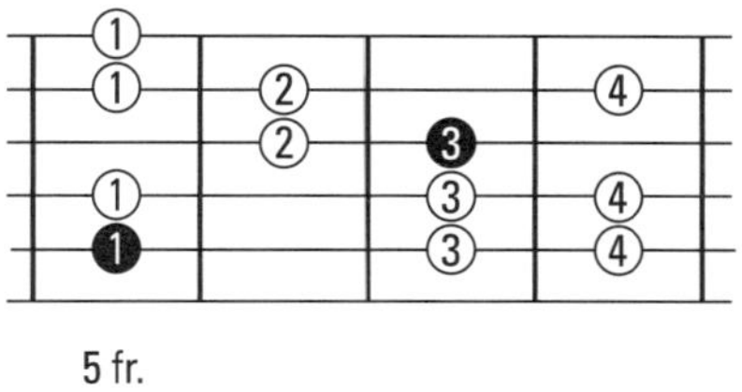


Plage 28

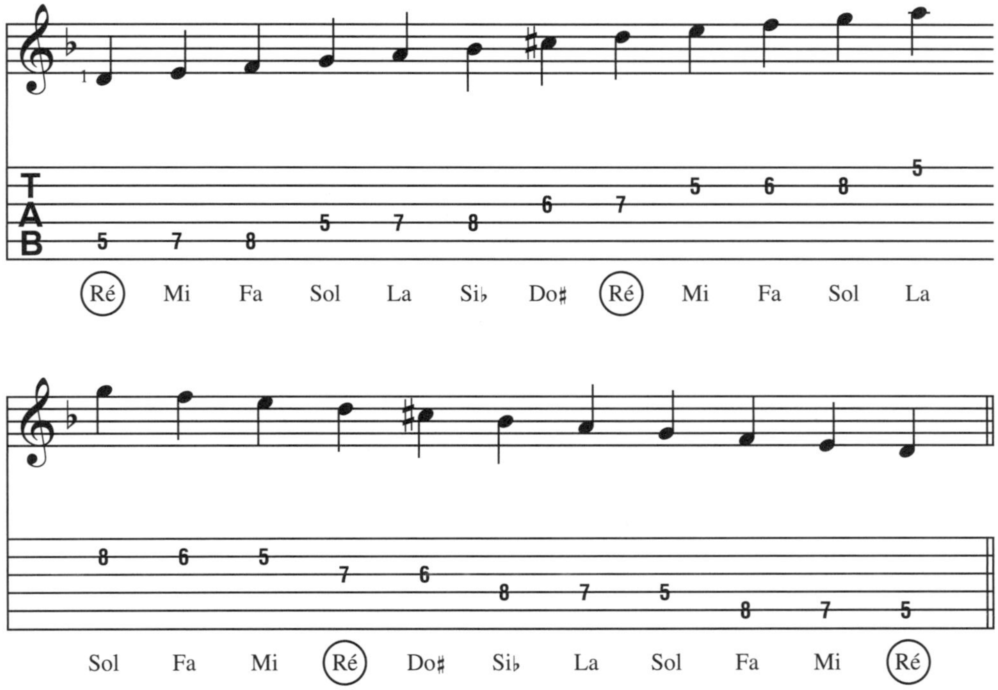


Lorsque vous aurez le modèle n° 3 en tête, jouez-le en cadence. Pour ce faire, étudiez la figure suivante, qui est en *si* mineur en 2e position. Un exercice sans étirement, identique dans ses versions ascendante et descendante est l'occasion parfaite pour jouer de façon un peu plus « pêchue ». Jouez cet exercice avec vélocité, mais sans faux pas, sans laisser vos doigts prendre le pas sur vos méninges ! Le fait de travailler une gamme ne présentant aucune difficulté technique ne doit pas vous dispenser de votre vigilance habituelle.

# Modèle de gamme mineure harmonique n° 4

Le modèle de gamme mineure harmonique n° 4 commence avec l'auriculaire sur la 5e corde et comporte une note hors position sur la 1re corde, que vous devez jouer en étirant l'index vers le bas (en direction du sillet).

Cette figure présente sous forme de grille, de portée traditionnelle et de tablature le modèle de gamme mineure harmonique n° 4 en *fa* mineur. La note jouée avec l'index sur la 1re corde engendre un étirement de deux cases entre l'index et le majeur. Ne vous laissez pas surprendre par cet étirement peu courant lorsque vous approcherez de la 1re corde. Pour vous préparer à jouer la note hors position avant de la jouer en situation (c'est-à-dire en rythme), essayez d'exécuter d'abord cet exercice en descendant la gamme (partant de la note du haut). Après avoir réitéré une ou deux fois l'exercice, jouez la gamme dans le sens ascendant quatre fois, ou autant que nécessaire pour en mémoriser le doigté et en jouer aisément les notes.

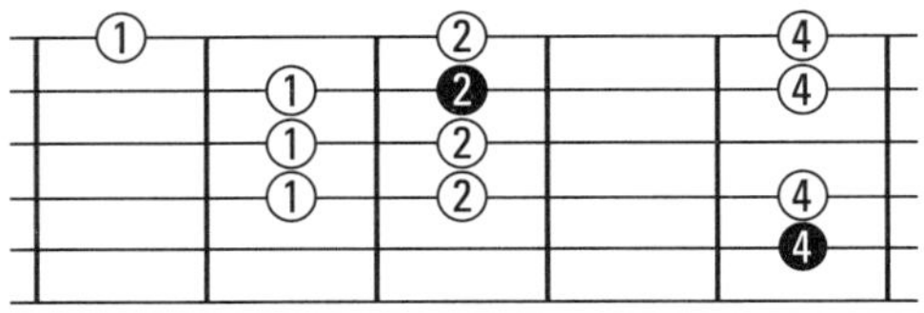


4 fr.

Plage 29

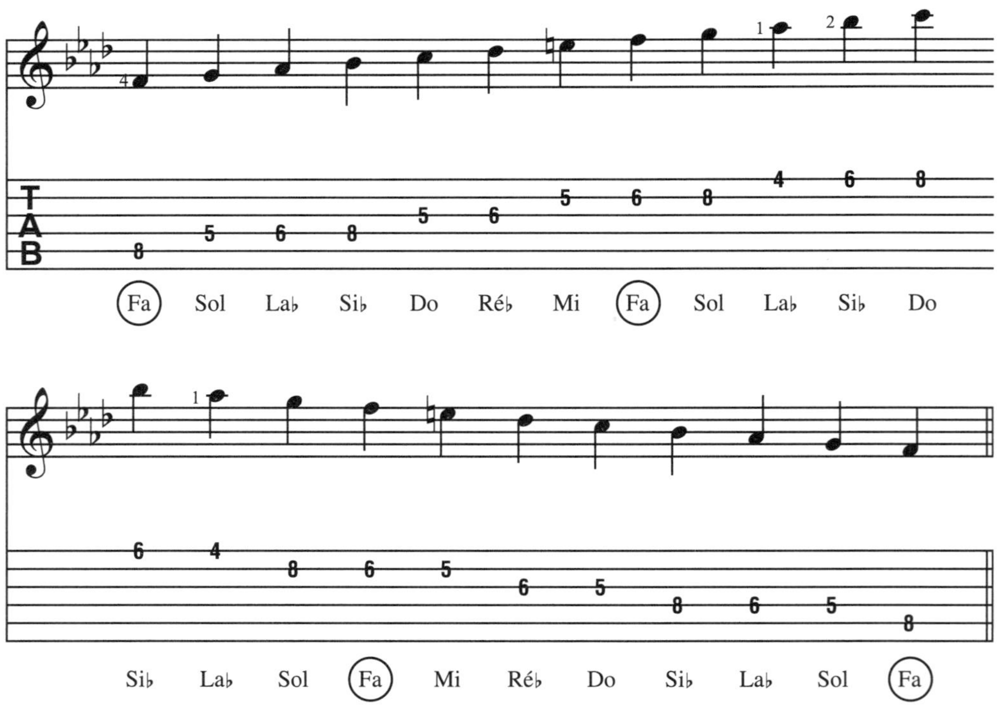


Lorsque vous serez prêt, lancez-vous dans l'exercice qui suit, qui se joue en *sol* mineur en 7e position. Lorsque vous jouerez les croches sur le modèle 4/4, c'est le 1er temps qui est le plus important. Le deuxième temps le plus important est le 3e, suivi du 2e puis du 4e. Vous

vous sentez capable de jouer ça de la main droite ? ***Un conseil à propos du volume sonore :*** n'appuyez pas trop les notes accentuées au détriment des notes non accentuées, ou vous aurez des difficultés à trouver un rythme fluide.

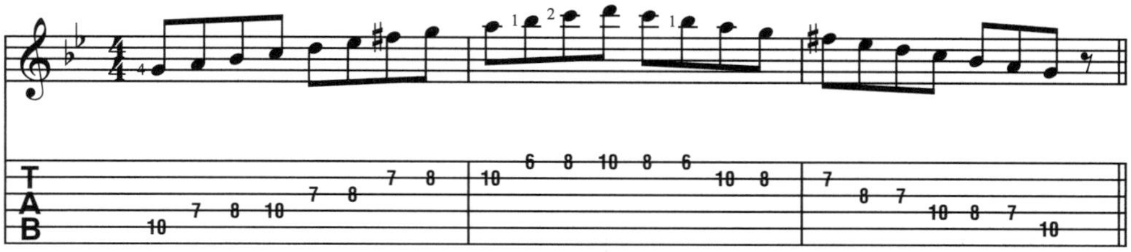

# Modèle de gamme mineure harmonique n° 5

Le modèle de gamme mineure harmonique n° 5 commence avec l'index sur la 4e corde et ne comporte aucune note hors position.

Reportez-vous à la figure qui suit pour consulter la grille, la portée traditionnelle et la tablature du modèle de gamme mineure harmonique n° 5 en *sol* mineur. Cet exercice ne comportant aucun étirement, il est relativement facile à jouer. Profitez-en pour vous offrir une variante : intéressez-vous ici surtout à votre main droite. Si vous avez l'habitude d'utiliser un médiator, posez-le et essayez de jouer les notes sans heurts, en utilisant en alternance votre index et votre majeur. Inversement, si vous êtes un adepte du *fingerpicking,* essayez le médiator juste une fois. (Allez, vous n'allez pas en mourir ! Personne n'ira le dire à votre prof de guitare classique, c'est promis !) Dans tous les cas, réaliser un exercice d'un point de vue différent de votre technique de jeu habituelle aide souvent à asseoir son sens du rythme, de sorte qu'en revenant à votre méthode de prédilection, vous bénéficierez d'une assurance accrue. Entraînez-vous à jouer cet exercice de la main droite en adoptant différentes approches, qui vous donneront une ouverture nouvelle sur des techniques jusque-là inconnues.

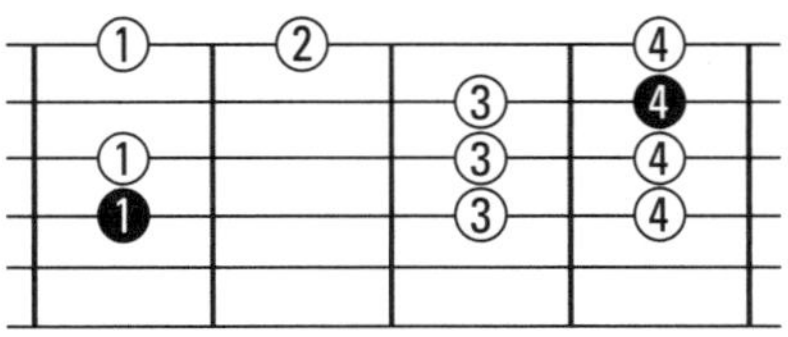

5 fr.

Plage 30

Une fois prêt, exercez-vous à jouer l'exercice ci-dessous, en *fa♯* mineur en 4e position. Vous est-il déjà arrivé de jouer dans le noir, ou les yeux fermés ? C'est un fabuleux moyen de tester votre mémoire musculaire et une gamme dépourvue de toute note hors position est une excellente occasion pour une première expérience de ce type. Ce sera également l'épreuve décisive pour savoir si vous avez *réellement* mémorisé quelques modèles de gammes. Allez-y, fermez les yeux et voyez comment vous vous en sortez, en jouant une gamme en version ascendante puis descendante, lentement et sans à-coups. Et que personne ne triche !

# Jouer des morceaux faisant appel aux trois gammes mineures

La pratique des gammes mineures vous prépare à affronter le monde cruel de la musique, qui abandonne l'indéfectible optimisme des tonalités majeures pour s'exprimer dans des tonalités plus sombres. Si la pluie et le soleil sont également essentiels à la santé des belles plantes, le majeur ne serait rien sans une pointe de mineur pour permettre à votre jardin musical de prospérer.

Nous allons concrètement voir dans cette rubrique ce que la musique en mode mineur a dans le ventre. Pour ce faire, nous vous présentons trois pièces de résistance qui utilisent chacune l'une des trois gammes mineures. L'une est un chant de Noël tout ce qu'il y a de traditionnel, une autre est une œuvre du grand compositeur baroque Georg Friedrich Haendel, tandis que la troisième est attribuée à la Renaissance. Profitez bien de ce voyage musical de l'autre côté du miroir !

## « God Rest Ye Merry, Gentlemen »

Bien qu'en tonalité mineure, « God Rest Ye Merry, Gentlemen » est une chanson assez joyeuse et enlevée. Regardez la partition. Ni dièse ni bémol à la clé, ce qui pourrait laisser penser que la chanson est en *do* majeur. En réalité, elle est en *la* mineur, et ses notes et les altérations indiquées à l'armature sont les mêmes que celle de la gamme de *do* majeur. (Vous comprenez maintenant pourquoi le *la* mineur est considéré comme le relatif mineur de *do* majeur). Cette chanson est constituée quasi exclusivement de noires, de sorte que vous pouvez l'interpréter sur un tempo assez vif. Elle ne fait appel qu'à un modèle, celui de la gamme mineure naturelle n° 5, en 7ᵉ position, qui commence de l'index.

ASTUCE

Même si nous avons réalisé cet arrangement sur un modèle unique de gamme, certains intervalles et changements de direction peuvent s'avérer surprenants. Essayez de jouer la chanson à l'oreille (en fermant le livre ou sans regarder la partition), sans tricher ! Voyez comment vous vous débrouillez pour jouer les notes sans erreur. Même si vous en connaissez le modèle absolument par cœur, il est possible que vous rencontriez une certaine gêne à jouer « God Rest Ye Merry, Gentlemen » avec une précision parfaite, du fait de la difficulté que présentent certains de ces intervalles.

Plage 31

## L'« Allegro » de Haendel

La phrase d'ouverture de cette composition est une simple gamme ascendante. Cependant, cela peut ne pas être évident pour l'oreille puisqu'elle est camouflée par différents rythmes. Les notes les plus rapides, aux 5ᵉ et 7ᵉ mesures, sont des segments de gamme descendante, mais vous noterez leur grande beauté.

L'« Allegro » de Haendel, illustré ci-dessous, utilise le modèle de gamme mineure mélodique n° 4 en 7e position, en commençant avec l'auriculaire. Il est en *sol* mineur, en *C barré* (parfois désigné par « 2/2 »), c'est-à-dire un C traversé d'un trait vertical (¢). Ce symbole indique que c'est la blanche et non la noire (comme c'est le cas des chansons chiffrées en 4/4 et en 3/4), qui a une durée d'un temps. Du fait que vous comptez une blanche par temps, la mesure est basée sur deux temps).

À la 3e mesure de cette composition figurent deux altérations accidentelles : un *mi* bécarre et un *fa* dièse. Ces altérations accidentelles indiquent que ces notes ont été haussées du fait des commandes mineures mélodiques. À la 5e mesure, la mélodie descend, de sorte que la gamme mineure mélodique requiert d'altérer de nouveau le *mi* et le *fa* – haussés en mode ascendant – pour leur faire reprendre leur statut « naturel », sous forme de *fa* et *mi*♭, en conformité avec la signature rythmique. À votre attention, nous avons indiqué dans la portée le bécarre et le bémol à la 5e mesure, en guise d'aide-mémoire pour vous éviter de jouer ces notes de façon erronée. La mélodie monte ici agréablement en puissance, par le biais de notes lentes au début, puis va en s'intensifiant jusqu'aux passages en croches des mesures 5 à 7.

Plage 32

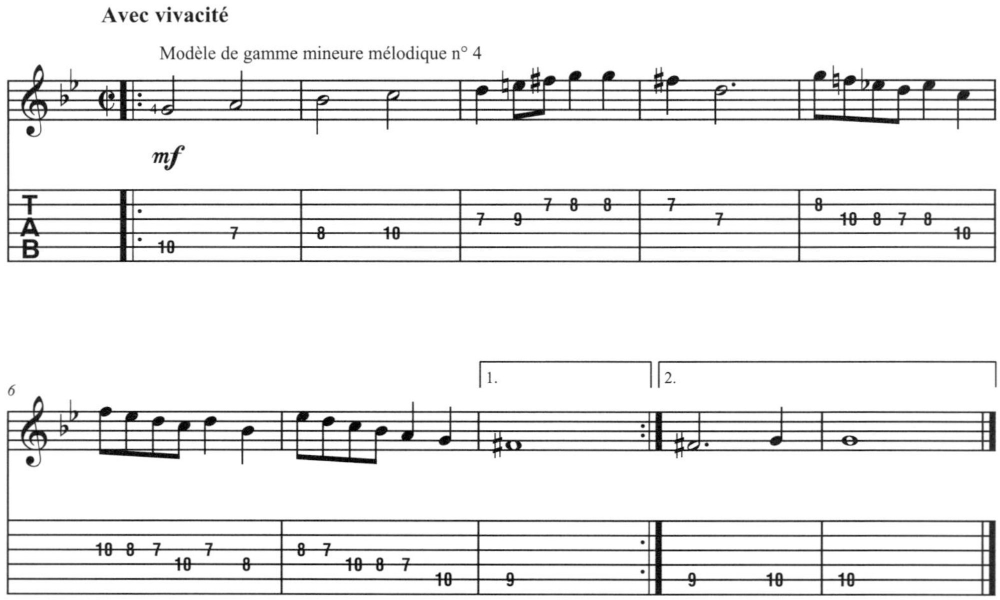


# « The Three Ravens »

Si cette chanson correspond à votre génération, vous reconnaîtrez sans doute la version de la chanson folk « The Three Ravens » interprétée par Peter, Paul and Mary. La signature rythmique de la chanson nous indique qu'elle est en *fa* mineur, mais du fait que nous sommes ici dans la gamme mineure harmonique, chaque occurrence de la note *mi* sera un *mi* bécarre et non un *mi*♭ comme indiqué à la clé.

ASTUCE

Puisque la gamme harmonique est ici en 1re position et que la chanson comporte des notes hors position, vous avez sous les yeux un spécimen d'étirement pas piqué des hannetons ! Nous vous conseillons donc de jouer séparément les mesures 1 à 3. Cet exercice vous permet d'exécuter l'étirement dans le mode ascendant et descendant. Répéter ainsi les passages qui comprennent cet étirement va vous permettre de ne pas vous faire prendre de court lorsque vous jouerez le morceau dans son ensemble.

Plage 33

# Chapitre 6

# Les séquences de gammes mineures à la loupe

***Dans ce chapitre***

- Ajouter à votre répertoire les séquences de gammes mineures
- Jouer des morceaux qui utilisent les séquences de gammes mineures

Nous vous avons montré au chapitre 5 les trois types de gammes mineures : naturelle, mélodique et harmonique. Dans ce chapitre, nous allons jouer ces gammes en séquences. Chacune des trois gammes mineures se décline en cinq modèles, ce qui vous offre 15 possibilités de combinaisons de modèles de gammes, toutes uniques.

Nous travaillerons donc ici sur les séquences ascendantes et descendantes. Essayez de jouer ces séquences par paires, afin de maîtriser l'une et l'autre de manière aussi rigoureuse. Répétez chaque paire autant de fois que nécessaire jusqu'au point où vous vous sentirez totalement à l'aise dans sa pratique, et où vous serez sûr de l'avoir réellement intégrée.

Essayez de mémoriser les modèles pendant que vous les jouez. Cet exercice vous aidera à anticiper de façon plus intuitive la musique lue sur les partitions. Et n'oubliez jamais une chose essentielle : pas de précipitation. Tant que vous ne possédez pas entièrement le schéma et les doigtés d'une séquence, jouez avec lenteur, en prenant progressivement de la vitesse (comme vous le feriez avec une gamme). Et comme dans votre travail de pratique des gammes (voir chapitres 3 et 4), nous vous conseillons de jouer toutes les séquences présentées dans ce chapitre en montant et en descendant le manche, afin de produire d'autres séquences de gammes mineures. Il vous suffit d'identifier la note de départ qui convient.

## Les séquences de gammes mineures naturelles : quoi de plus naturel ?

La gamme mineure naturelle est la plus courante des gammes mineures. C'est pourquoi les séquences basées sur les modèles déclinés à partir de cette gamme commencent à ressembler à de la « vraie » musique. Cependant, avant de vous lancer dans ces séquences, essayez-vous à plusieurs reprises à la pratique de la gamme proprement dite. L'exercice vous aidera à mémoriser le doigté. Si vous faites des erreurs dans l'enchaînement de la gamme (par opposition à une ou deux fausses notes ici ou là), reportez-vous au chapitre 5 pour reprendre les exercices de gammes correspondant à ces séquences.

# Séquences de gammes mineures naturelles sur le modèle n° 1

La figure ci-dessous illustre les séquences ascendante et descendante en *sol* mineur en 3e position. Jouez ces séquences comme vous le feriez d'une gamme, en vous assurant que les notes sonnent de façon claire, régulière et liées les unes aux autres. Pour jouer la note hors position sur la 4e corde, étirez l'auriculaire vers le haut (en direction du chevalet). (Pour rappel, une note hors position est une note qui tombe à l'extérieur des quatre cases qui définissent la position dans laquelle vous jouez, nécessitant pour être jouée un étirement de l'index ou de l'auriculaire.)

Plage 34, 0:00

## Séquences de gammes mineures naturelles sur le modèle n° 2

La figure suivante illustre les séquences ascendante et descendante en *mi* mineur en 9e position. Les triolets doivent produisent un son enjoué. Pour cela, vous devrez les jouer d'une main légère. À cet effet, nous vous conseillons d'accentuer la première note de chaque groupe de trois, en la jouant de façon très légèrement plus appuyée.

Plage 34, 0:53

## Séquences de gammes mineures naturelles sur le modèle n° 3

Les séquences ascendante et descendante illustrées à la figure ci-après sont en *do* mineur en 3e position. Elles ne comportent aucune note hors position nécessitant des étirements. Néanmoins, vous pouvez rendre le doigté de cet exercice un peu plus accessible par le biais d'un *mini-accord barré* (c'est-à-dire l'aplatissement d'un doigt pour fretter simultanément deux ou trois cordes). Par exemple, à la 2e mesure de la version ascendante, créez une mini-barre de l'index sur les 2e et 3e cordes, juste à temps pour jouer la 2e corde à la 3e case. La note suivante, jouée sur la 3e corde à la 3e case, est ainsi déjà frettée et n'attend plus que vous !

Plage 34, 1:32

## Séquences de gammes mineures naturelles sur le modèle n° 4

Essayez de répéter les séquences ascendante et descendante illustrées à la figure ci-dessous. Elles sont en *fa♯* mineur en 6e position. Pensez à étirer l'index vers le bas (en direction du sillet) pour jouer la note hors position rencontrée à la 1re corde.

Cet exercice présente de nombreuses occasions de mini-barrés et de doigtés alternatifs. Par exemple, dans la version ascendante, jouez les notes de la 1re mesure en mini-barre, entre les 3e et 4e cordes. À la 2e mesure, utilisez l'annulaire à la place de l'auriculaire pour jouer la 4e corde à la 9e case. Et à la 3e mesure, utilisez l'index plutôt que le majeur pour jouer la 3e corde à la 7e case. Enfin, à la 4e mesure, jouez les deux premières notes de la 9e case avec l'annulaire et l'auriculaire, ce qui est préférable à l'emploi de l'auriculaire sur les deux notes. Vous pouvez également former un mini-barré avec l'auriculaire.

ASTUCE

Si tout ça vous paraît un peu dense, pas de panique. Mettez chacun de ces exercices en œuvre individuellement, et notez le doigté sur la partition (au crayon !) comme le font les instructeurs de guitare depuis la nuit des temps. Souvenez-vous que ces suggestions vous sont proposées pour information, à utiliser à votre rythme et à votre convenance.

Plage 34, 2:08

## Séquences de gammes mineures naturelles sur le modèle n° 5

La figure ci-après illustre les séquences ascendante et descendante en *fa* mineur en 3e position. Elles ne comportent aucune note hors position ni aucun doigté de remplacement. Jouez-les simplement comme elles se présentent ici !

Si vous êtes confiant, essayez de décliner cet exercice dans une version un peu différente : après avoir joué la dernière note de la version ascendante, répétez l'avant-dernière note (à la 4e case de la 1re corde). Cela vous permet de combler la fin du temps et d'enchaîner immédiatement sur la séquence descendante, en attaquant à la 6e case sur la 1re corde. Ainsi, vous pouvez enchaîner la version descendante à la suite de la version ascendante.

Plage 34, 2:48

# Monter et descendre la gamme : s'entraîner aux séquences de gammes mineures mélodiques

Les 6e et 7e degrés de la gamme mineure mélodique sont rehaussés de dièses dans la version ascendante. En revanche, dans la version descendante, ces degrés ne doivent pas être diésés. De ce fait, la version descendante de la gamme mineure mélodique est identique à la gamme mineure naturelle (traitée à la rubrique « Les séquences de gammes mineures naturelles : quoi de plus naturel ? »). Par conséquent, lorsque vous jouerez les versions descendantes des exercices qui suivent, vous jouerez les notes de la gamme mineure naturelle. Vous devez néanmoins suivre le schéma de séquence de la gamme mineure mélodique ascendante sur lequel est basé l'exercice précédent.

ASTUCE

Afin d'apprécier la façon dont s'articule la gamme mineure mélodique en séquence, jouez les séquences ascendante et descendante l'une à la suite de l'autre sans vous arrêter (sauf pour marquer une pause à la dernière mesure le cas échéant) et sans perdre le rythme.

## Séquences de gammes mineures mélodiques sur le modèle n° 1

La figure qui suit illustre les séquences ascendante et descendante en *si* mineur en 7e position. Dans la version ascendante, il peut vous sembler plus facile de jouer aux 8e et 9e cases de la 4e corde, à l'aide de l'index et du majeur, plutôt qu'avec le majeur et l'annulaire. Ce procédé rend la note de la 11e case plus facile à jouer, dans la mesure où il vous dispense d'étirer le doigt. Lorsque vous étirez l'index vers le haut, vous changez techniquement de position (ce que nous évitons dans ce livre). Tant que cela reste temporaire, ce n'est pas un drame. Lorsque vous arrivez sur la 3e corde, reprenez la 7e position et jouez les notes hors position de façon traditionnelle, c'est-à-dire en étirant le doigt. Il existe de nombreux autres doigtés de remplacement, mais nous avons choisi celui-ci à titre d'exemple.

Plage 35, 0:00

## Séquences de gammes mineures mélodiques sur le modèle n° 2

Essayez-vous aux séquences ascendante et descendante illustrées à la figure ci-dessous. Elles sont en *la* mineur en 2e position. Ces séquences sont idéales pour passer des gammes aux séquences, parce qu'elles comportent des séries de six notes conjointes dans un sens puis dans l'autre – configuration typique des gammes, appliquée ici à des séquences ! Plutôt que d'accentuer la première note de chaque triolet, essayez de mettre l'emphase sur la première note d'un triolet sur deux (donc une fois toutes les six notes), ceci afin de prolonger la fluidité de l'ensemble.

Plage 35, 0:49

## Séquences de gammes mineures mélodiques sur le modèle n° 3

Les séquences ascendante et descendante ci-après sont en *do* mineur en 3e position. Elles aussi ressemblent beaucoup à des gammes. De plus, elles sont adaptées à un jeu ferme et affirmé, car huit notes sont jouées d'affilée dans un sens : une octave entière. Si vous voulez jouer les rebelles, jouez-les donc en leur ajoutant du piquant ! La série de croches vous permet de bien percevoir l'effet de la gamme mineure mélodique ascendante, mais elle est aussi plus intéressante qu'une simple lecture de la gamme du fait des changements de direction présents dans la séquence.

Plage 35, 1:41

## Séquences de gammes mineures mélodiques sur le modèle n° 4

Entraînez-vous à jouer les séquences ascendante et descendante ci-après, qui sont en *sol* mineur en 7e position.

ATTENTION !

Anticipez l'étirement de rigueur pour jouer la note hors position à la fin de la 2e mesure. Vous devez passer de l'auriculaire à l'index étiré à deux reprises. Veillez donc à maintenir l'étirement suffisamment longtemps pour offrir aux quatre notes successives un son clair.

Plage 35, 2:17

## Séquences de gammes mineures mélodiques sur le modèle n° 5

La figure suivante illustre les séquences ascendante et descendante en *mi* mineur en 2e position. À l'inverse des deux précédentes, jouées un certain temps dans un sens avant de partir dans le sens opposé, cette séquence change fréquemment de sens de jeu : vous allez avoir du fil à retordre ! Gardez donc les yeux rivés à la partition pendant l'apprentissage de cette séquence, afin d'être suffisamment en éveil pour négocier habilement les méandres de l'exercice.

ASTUCE

Dans la version ascendante, amusez-vous avec une ou deux variantes : pour la première, formez un mini-accord barré avec votre index à la 2e mesure, pour jouer les deux dernières notes (qui interviennent sur les 2e et 3e cordes), puis laissez l'accord en place pour le reste de l'exercice. Voici l'autre variante : jouez la 6e note de la 3e mesure (4e case de la 3e corde) en utilisant le majeur. Ce doigté rend le passage plus *legato* (lié), et il vous évite aussi de ramener votre annulaire de la 2e corde – ce qui constitue un mouvement tout sauf naturel, donc à éviter.

Plage 35, 2:45

# Les séquences de gammes mineures harmoniques : un son plus intense

Au chapitre 5, nous vous avons indiqué que la gamme mineure harmonique est différente de la gamme mineure naturelle en ce sens qu'elle possède un dièse au 7e degré. Cette différence donne à la gamme un son plus « tranchant » et harmoniquement plus puissant que celui de la gamme mineure naturelle. On entend souvent que cette gamme évoque une musique à caractère oriental. Les séquences de gammes basées sur la gamme mineure harmonique ne sont pas plus ardues que celles qui prennent modèle sur la gamme mineure naturelle. Vous les trouverez peut-être plus faciles à jouer que les séquences de gammes mineures mélodiques.

N'OUBLIEZ PAS !

Au fur et à mesure que vous exécutez les séquences de gammes présentées dans cette section, pensez à les jouer d'abord lentement, du grave vers l'aigu, à volume sonore élevé et avec assurance, afin d'améliorer la force et l'assurance de votre doigté. Passez ensuite à un jeu plus léger, plus rapide, qui s'approchera davantage du son des séquences de gammes présentes dans les morceaux. Et quoi qu'il arrive, veillez à conserver une vitesse d'exécution et un niveau dynamique (équilibre sonore entre les notes) constants d'un bout à l'autre de chaque séquence.

## Séquences de gammes mineures harmoniques sur le modèle n° 1

La figure qui suit illustre les séquences ascendante et descendante en *si* mineur en 7e position. Nous ouvrons sur une séquence qui s'approche davantage d'un arpège que d'une gamme, mais c'est un bon exercice pour entraîner votre cerveau à penser en intervalles supérieurs à un ton.

ASTUCE

Si vous trouvez l'exercice d'abord un peu difficile à maîtriser, considérez-le comme s'il s'agissait d'un groupement de trois notes plaqué sur un schéma rythmique à quatre notes. Une figure de ce type apparaît généralement en triolets, parce qu'en croches, les groupes de trois notes ne tombent pas impeccablement sur les temps. Nous avons pensé que cette séquence serait pour vous un bon exercice parce qu'elle vous oblige à réfléchir. Et son son diffère de ce qu'on a l'habitude d'entendre.

Consolez-vous en employant le doigté de votre choix. Et avec cet exercice, le choix est vaste. L'essentiel est de chercher deux cordes adjacentes jouées à la même case. Pour commencer, voici une suggestion qui fonctionne plutôt bien sur la 1re mesure de la version ascendante : jouez la 4e note (à la 9e case de la 6e corde) avec le majeur. Jouez la note qui suit sur la 6e corde (à la 10e case) avec l'annulaire. Voici un autre doigté alternatif – qu'un enfant de 5 ans serait capable d'exécuter. À vous de jouer : jouez la dernière note de la 2e mesure de la version ascendante (5e corde, 10e case) avec l'annulaire. Ceci vous évite des acrobaties avec l'auriculaire, et donne aux notes un son uni et lié.

Plage 36, 0:00

## Séquences de gammes mineures harmoniques sur le modèle n° 2

Vous trouverez à la figure ci-dessous les séquences ascendante et descendante en *do* # mineur en 6e position. Un large étirement intervient entre la 9e note (4e corde, 6e case) et la 10e note (4e corde, 10e case) de la version ascendante. Vous devrez donc ouvrir grand la main. En outre, essayez de faire légèrement pivoter votre poignet (de sorte à rapprocher votre auriculaire de vous). Ce mouvement aide à jouer ces deux notes qu'une certaine distance sépare. Pour la suite, le festival des étirements continue : vous devez immédiatement étirer le majeur vers le bas (en direction du sillet) pour atteindre la 7e case. Si ce passage vous pose problème, essayez d'isoler le passage en croches situé à la deuxième moitié de la 1re mesure. Jouez-le plusieurs fois en répétant l'étirement jusqu'à ce que vous parveniez à le jouer sans effort.

Plage 36, 0:40

## Séquences de gammes mineures harmoniques sur le modèle n° 3

La figure ci-dessous illustre les séquences ascendante et descendante en *mi* mineur en 7e position. Souvenez-vous que la gamme mineure harmonique est identique à la gamme mineure naturelle, à l'exception d'une note – le 7e degré, diésé, que l'on rencontre en haut de la gamme. Un rapide coup d'œil sur la partition à cet exercice en *mi* mineur et vous verrez que la note altérée – le *ré* ♯ – apparaît vers la fin de la 2e mesure.

N'OUBLIEZ PAS !

Comme vous l'aurez peut-être remarqué, il faut attendre un bon moment avant d'arriver à la note qui distingue cette séquence de ses consœurs un peu banales (ou devrions-nous dire « naturelles » ?). L'apparition tardive du *ré* ♯ signifie que sur les 21 premières notes que l'on entend, on ne peut déterminer si l'on se trouve dans une gamme en *mi* mineur naturelle ou *mi* mineur harmonique. Ceci revient donc à dire que cette séquence est adaptée aux situations faisant appel à du *mi* mineur harmonique tout comme du *mi* mineur naturel (généralement des mélodies folks, ou d'autres types de chansons auxquels le côté « abrupt » d'une séquence harmonique risquerait de ne pas convenir).

Plage 36, 1:08

# Séquences de gammes mineures harmoniques sur le modèle n° 4

La figure qui suit illustre les séquences ascendante et descendante en *fa* # mineur en 6e position.

Pour citer Monty Python : « Et maintenant, quelque chose de différent. » Une variante courante de la gamme mineure harmonique consiste à la commencer et à la terminer sur le 5e degré – *do* # – en *fa* ♯ mineur par exemple. Ceci permet de préserver les tonalités de la gamme mineure harmonique originale, en changeant la tonique, ou note de début. Pour entendre ce *mode* (c'est-à-dire un segment de gamme qui commence et se termine sur une note autre que la tonique), commencez la version ascendante de cette séquence à la 5e mesure et jouez-la jusqu'à la fin.

Ce mode, ou variante de gamme, est désigné sous différentes appellations, notamment le « mode phrygien dominant » au son imposant. Il produit une gamme alternative adaptée aux chansons empreintes d'une touche orientale, par exemple « Hava Nagila », ou « Caravan » de Duke Ellington.

Plage 36, 1:56

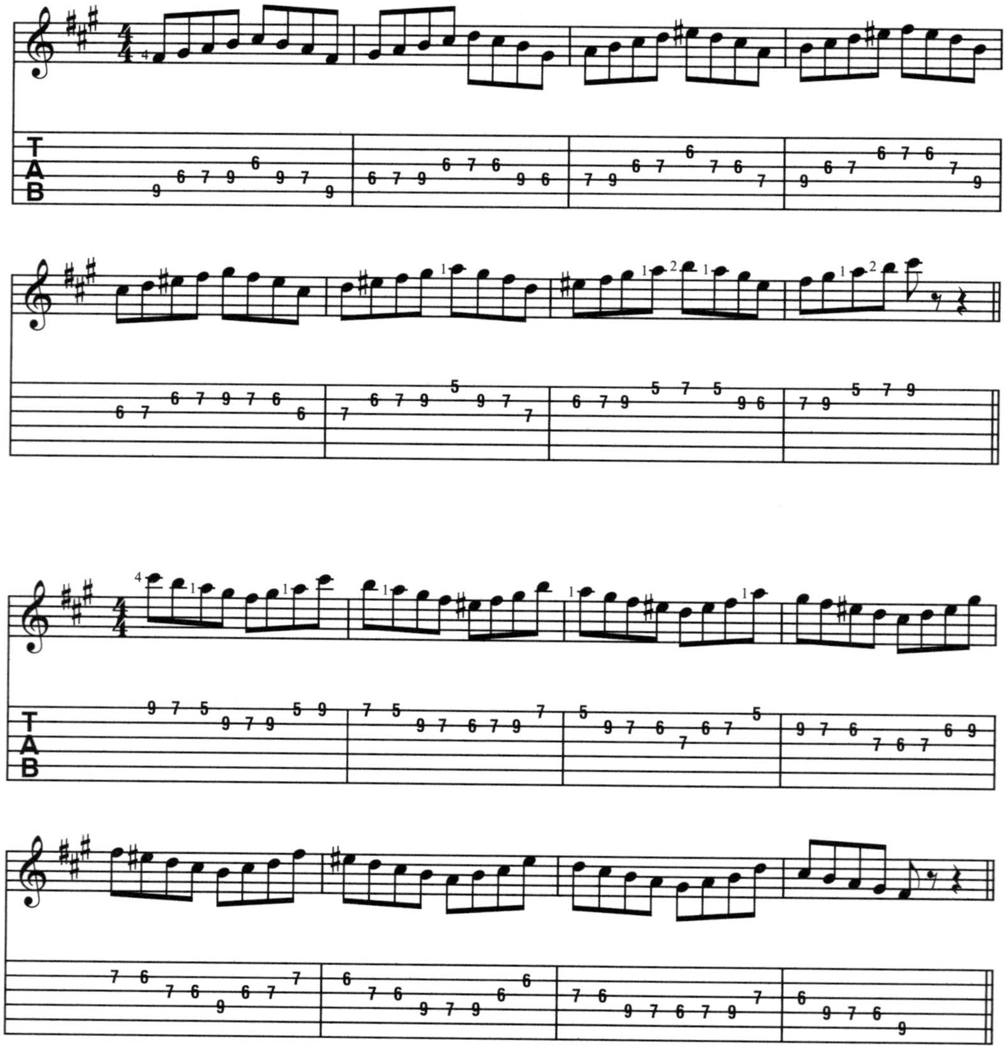

# Séquences de gammes mineures harmoniques sur le modèle n° 5

Cette figure présente les séquences ascendante et descendante en *la* mineur en 7e position. La séquence procède de façon assez conventionnelle dans sa version ascendante, du moins pour ce qui est du doigté. Puis, à la 2e mesure, les mêmes cases sont indiquées sur deux cordes, ce qui signale la présence potentielle d'une mini-barre et d'un doigté alternatif. Qu'allez-vous préférer ?

**ASTUCE** Ne le dites à personne, je vous livre un secret : une mini-barre est plus facile à exécuter en montant qu'en descendant la gamme. Et dans ce cas, on rencontre les deux positions situées à la même case en montant – la première à la 9e case (1re et 2e notes de la 2e mesure) sur les cordes 3 et 2, puis à la 10e case (notes 5 et 6). Il vous suffit donc de former une mini-barre avec l'annulaire à la 9e case et de la maintenir pendant que vous jouez les quatre premières notes de la 2e mesure. Formez ensuite votre mini-barré de l'auriculaire juste au-dessus du mini-barré de l'annulaire pour faire sonner les deux notes jouées la 10e case. Inutile d'enlever votre mini-barré de l'annulaire ! Placer des mini-barrés en vrac partout peut vous sembler brouillon et paraître une solution de facilité, mais ça fonctionne parfaitement et rien ne vous l'interdit. Veillez simplement à ce que ces notes barrées sortent un son net et limpide.

Plage 36, 2:59

# Jouer des morceaux qui font appel aux séquences de gammes mineures

Les trois morceaux de la rubrique à suivre comportent des mélodies basées sur des séquences de gammes mineures appliquées aux trois types de gammes mineures : la gamme mineure naturelle, la gamme mineure mélodique et la gamme mineure harmonique. Les séquences que vous allez rencontrer ici varient en durée : elles vont de phrases de deux mesures à des phrases de quatre mesures, et sont parfois dotées de légères variations rythmiques ou mélodiques.

Selon les partitions, les séquences ne sont parfois pas mises en œuvre de façon très rigoureuse. Il arrive qu'elles soient altérées selon le contexte ou la fantaisie du compositeur. Par conséquent, même si vous pensez reconnaître la séquence qui s'annonce, ne partez pas bille en tête, ou vous risquez d'être surpris. L'auteur du morceau peut à tout moment avoir inclus dans sa composition un passage parfaitement imprévisible. Ces caprices d'artiste étant quasiment indétectables à l'avance, à vous de rester vigilant.

## « To Work upon the Railroad »

La chanson « To Work upon the Railroad » est également connue sous son titre gaélique, « Filimiooriooriay ». Inutile de préciser que ce nom étant imprononçable (et je ne parle même pas de sa signification…), nous avons préféré nommer le morceau d'après une phrase qui revient à de nombreuses reprises au cours de la chanson.

« To Work upon the Railroad » est une *driving song* basée sur de proprettes séquences de deux mesures. Si vous comparez les deux premières mesures de la partition aux deux suivantes, vous verrez que la mélodie est quasiment la même. La seule différence est que l'on commence sur une note différente.

Vous remarquerez aussi que la signature rythmique du morceau indique un chiffrage 6/8 (une mesure à deux temps). La signature rythmique 6/8 donne souvent à la musique un ton léger et enjoué, de sorte qu'il est bien adapté aux gigues et aux parades.

Jouez cette chanson sur la base du modèle de gamme mineure naturelle n° 2 en 7$^{e}$ position, en commençant avec l'index. À l'exception du *finger-hop* du début (le jeu sur deux cordes consécutives à la même case en utilisant le même doigt), que l'on trouve dès la 1$^{re}$ mesure, c'est une pièce relativement facile à exécuter. La seconde moitié du morceau est très semblable à la première, à la différence de légères variations rythmiques.

Plage 37

# La « Bourrée en mi mineur » de Bach

La « Bourrée en *mi* mineur », qui fait l'objet de cette rubrique, est sans doute l'un des morceaux de guitare classiques les plus connus. Cette pièce, composée à l'origine par J.-S. Bach pour le luth (instrument plus ancien « cousin » de la guitare), est un morceau *contrapuntique* à deux voix (c'est-à-dire qu'il contient des mélodies indépendantes) écrit pour être joué en solo. Nous l'avons cependant arrangé ici pour une seule guitare, avec la ligne du bas dédiée à la guitare d'accompagnement que vous pouvez entendre sur le CD. Le schéma rythmique comporte une alternance de croches et de noires qui fournissent un échantillon édifiant de la gamme mineure mélodique. Vous noterez la façon dont l'ouverture du morceau se répète à partir du 4ᵉ temps de la 5ᵉ mesure.

Jouez ce morceau sur la base du modèle n° 4 de la gamme mineure mélodique, en 4ᵉ position, en commençant avec le majeur. Vous remarquerez que la 3ᵉ note est hors position, ce qui exige que vous la jouiez avec l'index (donc sur la 1ʳᵉ corde). Une fois revenu sur la 2ᵉ corde, le morceau continue confortablement en 4ᵉ position jusqu'à la seconde moitié. À ce moment, vous devez de nouveau exécuter un étirement vers le bas (en direction du sillet) pour jouer sur la 1ʳᵉ corde à la 6ᵉ mesure.

Ce morceau est si connu qu'il a été repris par le groupe de rock Jethro Tull (qui en a fait une version swing) et le virtuose suédois de la guitare tendance métal néoclassique Yngwie Malmsteen. L'incroyable *fingerpicker* Leo Kottke en a même joué une version sur une guitare acoustique à cordes d'acier.

Au fait, pour rappel, la bourrée est une sorte de danse. Les compositeurs contemporains de Bach ont écrit de nombreuses suites qui étaient en fait différentes danses. Bien que le public soit de nos jours peu nombreux à connaître encore les pas de danse associés à ces morceaux, ceux-ci continuent d'être joués. Imaginez si cela se produisait un jour pour « La danse des canards » ! Il ne nous reste qu'à espérer.

Plage 38

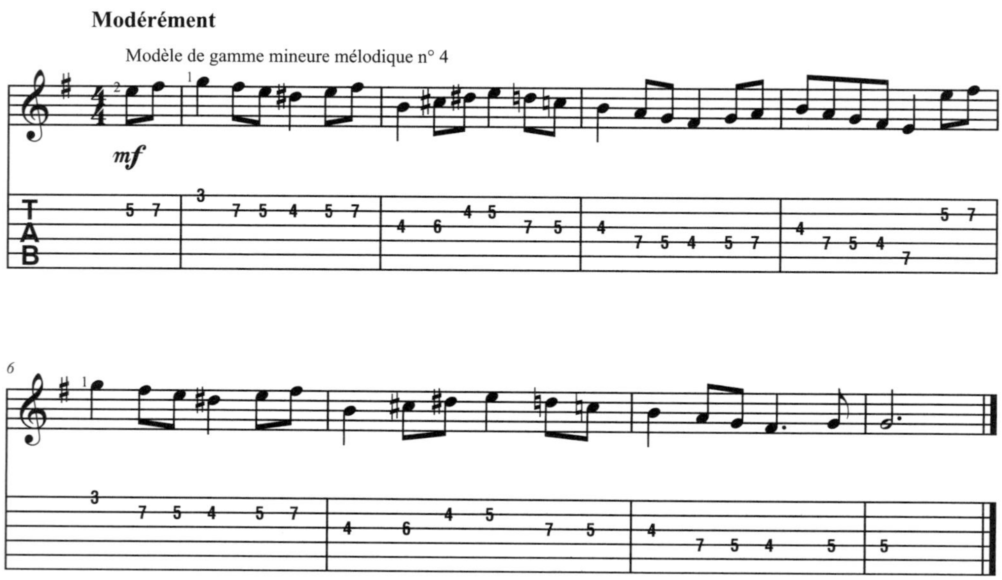


## « The Full Little Jug »

Voici une autre chanson du folklore gaélique, dont le titre original est « The Cruiskeen Lawn », ce qui se traduit grosso modo par « La petite cruche pleine », d'où « The Full Little Jug ». Les séquences illustrées ici s'étalent sur quatre mesures ; elles sont donc plus longues que celles du morceau « To Work upon the Railroad » que nous vous avons présenté plus haut dans ce chapitre. Vous remarquerez que les séquences répétées comportent de légères variations de rythme ; autrement dit, elles ne sont pas identiques.

« The Full Little Jug » est dans la tonalité de *si* mineur en chiffrage 6/8. La tonalité mineure et le chiffrage 6/8 peuvent vous laisser penser que cette chanson est similaire à « To Work upon the Railroad ». Erreur. La mélodie de « The Full Little Jug » est plus lyrique, moins entraînante. L'approche de cette mélodie est plus proche de l'esprit d'une gamme (par opposition aux notes répétitives que l'on rencontre dans « To Work upon the Railroad »), excepté à la fin de la chanson, où vous devrez jouer de grands sauts d'une octave à l'autre. Ce morceau doit être joué en 2e position, sur la base du modèle n° 3 de la gamme mineure harmonique.

Plage 39

**Allure modérée**

Modèle de gamme mineure harmonique n° 3

## Troisième partie

# Arpèges et séquences d'arpèges

« Tu commences par un *sol* 7 diminué, suivi d'un $9^{e}$ augmenté, tu continues avec un accord dénaturé de $32^{e}$ qui se termine par une $11^{e}$ enfoncée avec une reprise de $3^{e}$. »

## Dans cette partie...

La pratique des arpèges vous donne accès aux deux revers de la médaille : les notes isolées (associées aux mélodies et au jeu en solo) et les accords (pour la guitare rythmique et l'accompagnement). Techniquement parlant, les notes isolées sont jouées de la même façon que les gammes et les séquences de gammes présentées dans la deuxième partie du livre, si ce n'est qu'elles servent à souligner les accords. Imaginez les arpèges comme la transition entre le jeu de notes isolées et votre capacité à penser – sur le plan mental et auditif – en termes d'accords. Vous ferez connaissance au chapitre 7 avec les arpèges majeurs (basés sur les accords majeurs), et vous serez au chapitre 8 l'acteur de la mise en séquences de ces arpèges. Les chapitres 9 et 10 remplissent le même office pour les arpèges mineurs, et les chapitres 11 et 12 complètent votre arsenal d'arpèges par l'ajout des accords de 7e.

# Chapitre 7

# Se lancer dans les arpèges majeurs

***Dans ce chapitre***

- Aborder les arpèges majeurs sur la base de cinq modèles
- Ajouter à votre répertoire des morceaux faisant appel aux arpèges majeurs

Un arpège est une suite de notes jouées consécutivement, qui formeraient un accord si elles étaient jouées simultanément, un peu comme une vue explosée d'un accord (pas très éloignée des schémas de montage des meubles vendus en kit !). Vous ne serez pas surpris d'apprendre qu'en italien, le mot *arpeggio* signifie « accord rompu ». L'arpège est un moyen de jouer un accord sans plaquer toutes les notes d'un coup sur les cordes. La vie serait morose si tous les accords étaient plaqués en jouant toutes les notes ensembles. C'est ici que les arpèges entrent en scène. Ils sont utilisés à titre d'accompagnement, comme moyen d'improvisation, et pour rompre un jeu trop inspiré de la gamme, c'est-à-dire qui procède par notes consécutives, sans intervalles les séparant. Les arpèges sont également utiles pour passer d'un point A à un point B plus rapidement qu'une gamme ne le permettrait. Jouer des arpèges permet en substance de faire des pas de géant sur une partition.

Au fil de ce chapitre (et tout au long de ce livre), nous présentons chaque arpège à la fois sous forme de grille, de portée traditionnelle et de tablature. Vous pouvez utiliser les figures en qualité de référence, en choisissant de consulter à votre convenance les notations musicales d'un type ou d'un autre. Par exemple, du fait que les arpèges sont souvent liés à des formations d'accords, il peut vous paraître plus judicieux de consulter en priorité la grille.

Après avoir mémorisé le schéma du doigté d'un arpège, pratiquez-le en montant et en descendant le manche, en commençant par une note différente chaque fois afin de produire divers arpèges majeurs. Ce faisant, le son des accords majeurs reste inchangé. Cependant, lorsque vous changez de position, la *tonalité,* ou le nom de la dominante de l'arpège change. Il vous suffit donc d'identifier la note de départ pour chacun des 12 arpèges majeurs sur lesquels sont basés les modèles fournis.

## Se préparer aux accords majeurs par la pratique des arpèges majeurs

La pratique des arpèges majeurs vous prépare à l'exécution des accords majeurs – et, bien entendu, des morceaux mettant en œuvre les arpèges majeurs. Avec les arpèges, vous pensez en termes d'accords, mais en jouant les notes distinctement les unes des autres. Les bassistes sont tenus de penser en termes d'accords et des notes individuelles qui composent ceux-ci. Cet exercice est également bénéfique pour les guitaristes, dans la mesure où il permet de jouer individuellement les notes à la guitare (approche mélodique) en utilisant les accords présents dans les morceaux pour apprendre quelles notes jouer (accompagnement et pratique des accords).

N'OUBLIEZ PAS !

Au fil de votre apprentissage des arpèges dans les rubriques à suivre, veillez à les jouer du grave vers l'aigu, avec lenteur et détermination, à volume élevé au départ, jusqu'à ce que vous sachiez détacher clairement les notes. Vous pourrez ensuite les jouer plus rapidement et dans un esprit plus enjoué, afin de produire le son réel des arpèges tel qu'ils apparaissent dans un morceau de musique. Cependant, quelle que soit votre manière de les jouer, veillez à conserver une vitesse d'exécution et un niveau dynamique (niveau sonore) constants d'un bout à l'autre de chaque arpège.

# Modèle d'arpège majeur n° 1

La figure ci-dessous illustre un arpège en *la* majeur en 5$^{e}$ position sous forme de grille, de portée traditionnelle et de tablature. Vous noterez que la 1$^{re}$ note de la portée est revêtue d'une indication de doigté (le petit *1* à gauche de la note de tête). Vous jouerez donc cette note de l'index gauche.

Le modèle d'arpège majeur n° 1 comporte deux *notes hors position* (c'est-à-dire des notes qui tombent à l'extérieur des quatre cases qui définissent la position dans laquelle vous jouez, nécessitant pour être jouées un étirement de l'index ou de l'auriculaire). Ces notes hors position se trouvent aux 6$^{e}$ et 1$^{re}$ cordes. Vous devez les jouer en étirant l'auriculaire (en direction du chevalet) pour les atteindre, car elles sont situées une case au-dessus de l'endroit où le doigt se positionne naturellement.

ASTUCE

L'étirement entre l'index et l'auriculaire est un bon exercice physique, car il associe également les doigts situés entre ceux-là, et permet de les faire travailler. Pour assouplir votre main gauche, exercez-vous à jouer uniquement les deux premières notes de l'arpège huit fois de suite, avec lenteur, avant de vous lancer dans l'intégralité du modèle.

Entraînez-vous à jouer ce modèle d'arpège autant de fois qu'il sera nécessaire pour le jouer de façon naturelle.

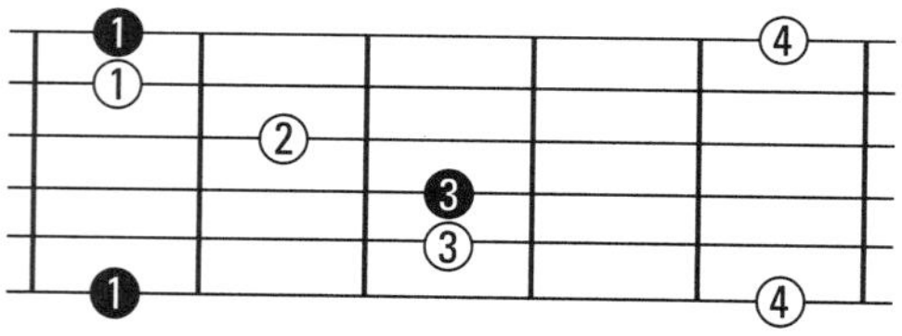

5 fr.

Plage 40

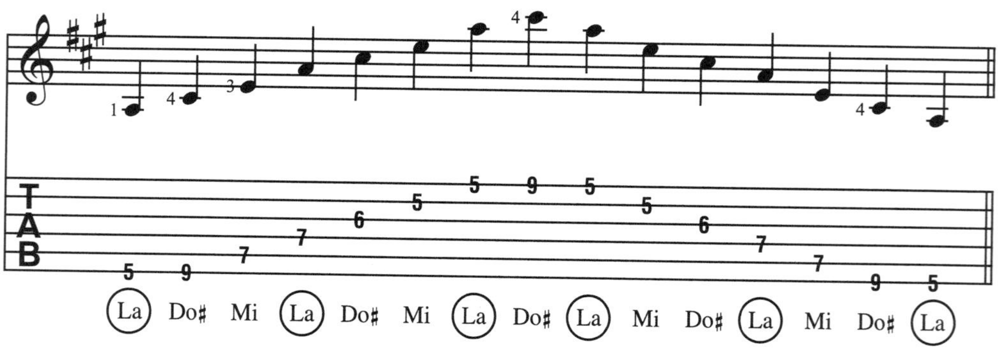

La figure qui suit constitue un exercice de rythme sur le modèle d'arpège majeur n° 1. L'exercice est en *fa* majeur, en 1re position, en croches ascendantes et descendantes. Parce qu'il comporte peu de notes, nous vous le faisons répéter deux fois. Il se joue dans la position la plus basse, où les frettes sont plus larges qu'ailleurs sur le manche ; à ce titre, l'exercice constitue un excellent entraînement d'assouplissement.

# *Modèle d'arpège majeur n° 2*

Le modèle d'arpège majeur n° 2 commence avec l'auriculaire sur la 6e corde et ne comprend aucune note hors position. Vous pouvez donc profiter de cet exercice sans vous soucier de sacro-saints étirements ! Et parce que vous n'avez pas à vous concentrer sur les étirements, vous avez toute latitude pour travailler votre pratique.

ASTUCE

À titre de variante, vous pouvez par exemple aplatir votre index pour jouer les notes consécutives sur les 4e, 3e et 2e cordes, toutes placées à la même case (en l'occurrence la 5e). Pensez à cet aplatissement de l'index comme une *mini-barre* (une barre partielle, qui ne couvre que deux ou trois cordes). Cette technique de jeu est particulièrement utile lorsque vous souhaitez créer un effet plus *legato* (fluide et lié) entre les notes.

La figure qui suit présente la grille, la portée traditionnelle et la tablature du modèle d'arpège majeur n° 2 en *do* majeur. Répétez ce modèle jusqu'à le jouer huit fois de suite sans aucune erreur, y compris les mini-barres proposées en qualité de doigtés de remplacement (si vous avez choisi de les utiliser).

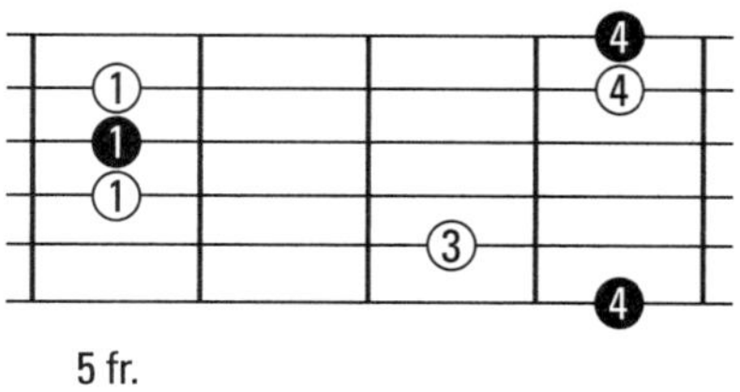


Plage 41

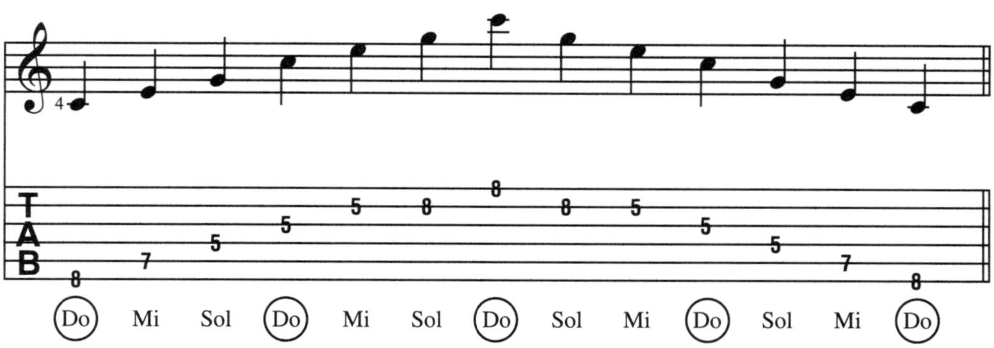

Lorsque vous serez totalement à l'aise avec cet exercice, essayez-vous au modèle d'arpège majeur n° 2 en 7ᵉ position en *ré* majeur. Pour obtenir un effet *legato,* utilisez une mini-barre de l'auriculaire sur les deux cordes du haut à la 10ᵉ case.

# Modèle d'arpège majeur n° 3

Si les modèles d'arpège majeur n° 1 et n° 2 s'étendent sur au moins deux octaves, les modèles d'arpège majeur n° 3, n° 4 et n° 5 ne vont pas jusqu'à deux octaves. Une portée plus courte signifie que vous aurez moins de notes à jouer, ce qui rend bien sûr l'exercice plus court, mais aussi et surtout, que les modèles à venir s'annoncent plus faciles à apprendre et à mémoriser.

Le modèle d'arpège majeur n° 3 commence sur la 5ᵉ corde (et non la 6ᵉ, comme dans les deux précédents). L'exercice commence avec l'index et comporte une note hors position sur la 5ᵉ corde. Vous devez jouer cette note en étirant l'auriculaire vers le haut (en direction du chevalet) pour l'atteindre, car elle est située une case au-dessus de l'endroit où le doigt se positionne naturellement sur le manche.

La figure qui suit présente la grille, la portée traditionnelle et la tablature du modèle d'arpège majeur n° 3 en *ré* majeur. Exercez-vous-y jusqu'à ce que vous parveniez à réaliser l'étirement sans trop d'effort, en obtenant un son égal.

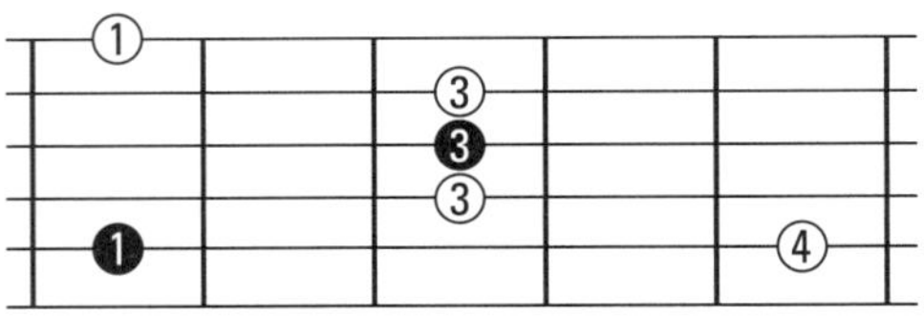

5 fr.

Plage 42

Le modèle n° 3 vous fournit l'occasion d'opter pour des doigtés de remplacement, rendant la pratique de l'arpège un peu plus aisée, notamment lors des passages *legato*. Essayez de former une mini-barre avec l'annulaire, pour jouer toutes les combinaisons de notes qui tombent consécutivement sur les 4e, 3e et 2e cordes.

Pour créer un son *legato* dans l'exercice qui suit, qui est en 8e position en *fa* majeur, essayez de former une mini-barre avec l'annulaire à la 10e case pour les 4e, 3e et 2e cordes. Cette approche vous permettra de jouer de façon plus liée les doubles croches qui s'enchaînent un peu rapidement.

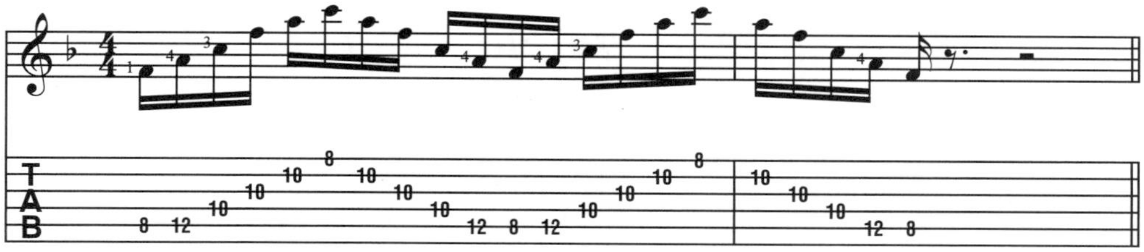

# Modèle d'arpège majeur n° 4

La figure qui suit présente la grille, la portée traditionnelle et la tablature du modèle d'arpège majeur n° 4 en *fa* majeur. Pratiquez cet exercice avec lenteur, sans vous soucier du rythme, jusqu'à ce que vous parveniez à jouer l'ensemble des notes de façon égale. C'est ensuite seulement que vous pourrez jouer cet exercice en cadence.

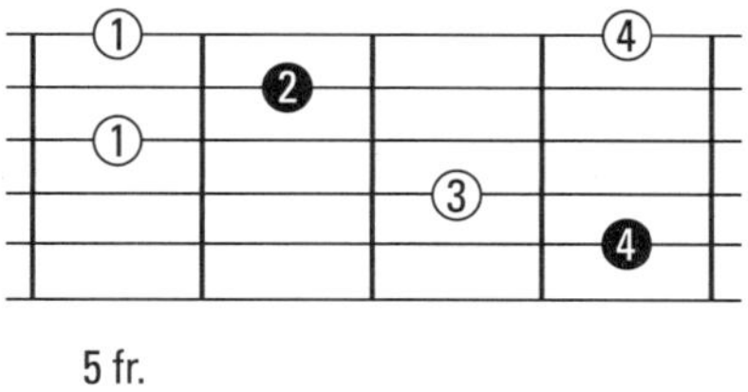


Plage 43

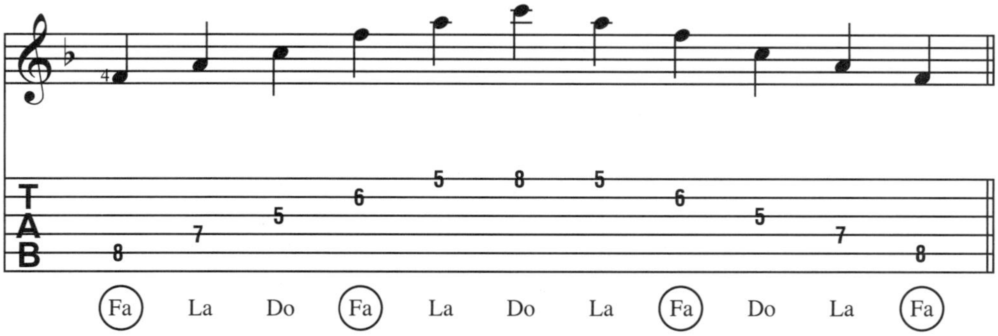


L'exercice suivant est en 3e position en *mi♭* majeur. Parce que les cinq premières notes de l'exercice peuvent être plaquées toutes ensemble comme un accord, vous pouvez le jouer à la fois *staccato* (en jouant chaque note du bout du doigt et en ôtant le doigt de la corde immédiatement après l'avoir pincée) et *legato* (en maintenant la main gauche appuyée sur les cordes et en prolongeant le son autant que possible).

## Modèle d'arpège majeur n° 5

Le modèle d'arpège majeur n° 5 est un exercice joué sur quatre cordes, dont la note la plus grave se joue sur la 4e corde. Il commence avec l'index et comporte une note hors position sur la 4e corde. Vous devez jouer cette note en étirant l'auriculaire vers le haut (en direction du chevalet) pour l'atteindre, car elle est située une case au-dessus de l'endroit où le doigt se positionne naturellement sur le manche.

Notez qu'en plus d'indiquer à côté de la première note de la portée le doigt sur lequel commencer, nous indiquons le doigté de la note hors position (en l'occurrence, un *4*). Pour vous ramener au doigté d'origine du modèle, nous indiquons également le doigté que vous joueriez normalement (ici, un *3*).

La figure qui suit présente la grille, la portée traditionnelle et la tablature du modèle d'arpège majeur n° 5 en sol majeur. Afin de passer aisément de la 4e à la 3e corde, répétez cet exercice plusieurs fois avant de passer à l'exercice de rythme.

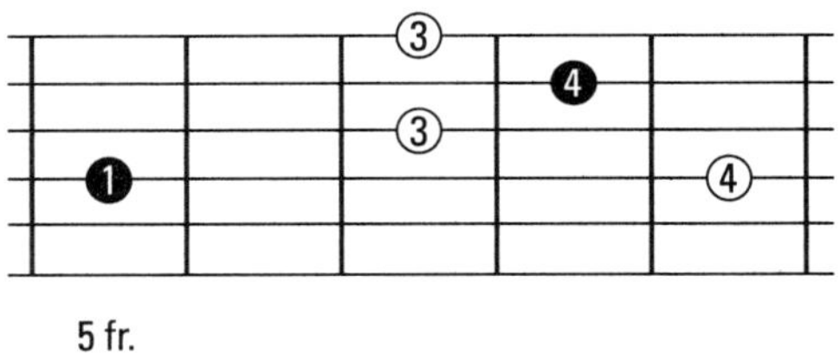


Plage 44

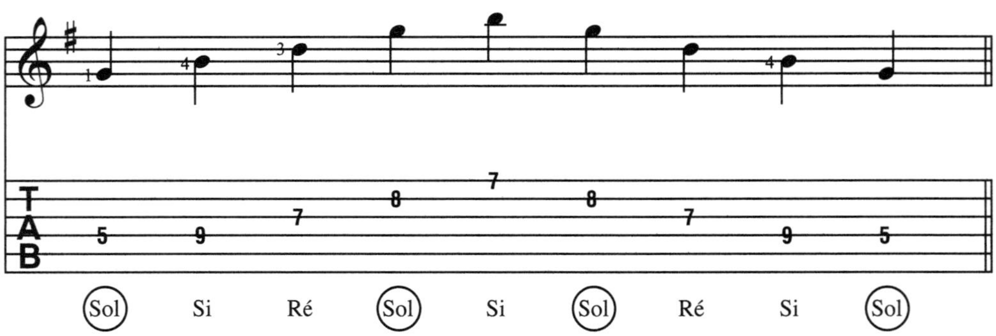

Nous proposons pour l'exercice ci-après, joué en 3e position en *fa* majeur, un doigté alternatif car la combinaison majeur-annulaire constitue un doigté plus fort que la combinaison annulaire-auriculaire. Ainsi, pour les trois cordes du haut, plutôt que d'utiliser le doigté indiqué dans le modèle (3-4-3), nous préconisons le doigté 2-3-2.

# Mettez vos talents en pratique en jouant des morceaux qui font appel aux arpèges majeurs

On trouve rarement des morceaux constitués exclusivement d'arpèges majeurs. Cependant, si vous êtes réellement motivé, il existe un genre musical auquel vous pouvez vous intéresser : les sonneries de clairon militaire. On peut facilement jouer au clairon les notes d'un accord majeur, mais les autres notes sont beaucoup plus difficiles. Si vous fredonnez ou sifflez les airs de clairon bien connus, comme le réveil ou « Taps », la sonnerie aux morts des cérémonies du souvenir américaines, vous obtiendrez les notes d'un arpège majeur. Nous avons préféré choisir comme exemples deux sonneries de clairon moins connues, aux mélodies plus inventives – bien qu'elles ne fassent appel qu'aux notes d'accord majeur.

## « To the Colors »

« To the Colors », illustrée à la figure ci-après, est une pièce patriotique américaine jouée en honneur de la nation, comme le salut au drapeau. Dans un contexte militaire, cet air bénéficie du même degré de solennité et de respect que l'hymne national. Notre arrangement de cet air implique les modèles d'arpège majeur n° 1 et n° 2.

N'OUBLIEZ PAS !

Cette composition comporte une croche qui porte un point de prolongation, suivie d'une double croche, ce qui donne à l'air un ton d'allégresse. La virgule à la 9e mesure indique de marquer une légère pause avant de continuer. Vous pouvez jouer les notes de la 5e case en formant un mini-barré (en aplatissant votre index), mais veillez à ne pas jouer trop *legato*. (Pour plus de détails sur la façon de former un mini-barré, voir plus haut dans le chapitre.) Jouer les notes légèrement détachées les unes des autres contribue à émuler plus fidèlement le son du clairon, qui est l'effet recherché ici.

Plage 45

## « Retreat »

« Retreat » ne signifie pas, dans le cas qui nous occupe, « Levons le camp, et vite ». Il s'agit d'une sonnerie de fermeture du ban. Comme vous pouvez vous en douter, cet air est d'humeur moins « claironnante » que la sonnerie du réveil, et un peu moins formel que le salut au drapeau. Voir la figure ci-dessous pour étudier la partition de cet air.

N'OUBLIEZ PAS !

Notre arrangement de « Retreat » fait appel aux modèles d'arpège majeur n° 3 et n° 4. Vous noterez que le changement de position intervient entre les 10e et 11e mesures, sur une note (*do*) commune aux deux mesures. Essayez d'affiner ce changement de position et le changement de doigté correspondant, au point où ils passeront totalement inaperçus à l'oreille des auditeurs. Cela vous aidera à développer votre jeu *legato* sur un changement de position.

Plage 46

# Chapitre 8

# Apprendre à jouer les séquences d'arpèges majeurs

***Dans ce chapitre***

- Répéter les séquences d'arpèges majeurs selon cinq modèles
- Jouer des morceaux faisant appel aux séquences d'arpèges majeurs

D'un certain point de vue, une séquence d'arpèges peut se révéler plus facile à jouer qu'un simple arpège. Du fait que les arpèges majeurs se composent exclusivement de notes d'accords majeurs, vous devez couvrir, « rythmiquement parlant », des distances relativement importantes en assez peu de temps. En revanche, avec les séquences d'arpèges, vous disposez d'un peu plus de temps pour aller et venir d'une tonalité d'accord à une autre, plutôt que de parcourir la partition de haut en bas et inversement.

Nous vous expliquerons dans ce chapitre comment jouer des séquences qui se composent de notes d'arpèges d'accords majeurs. Vous allez pouvoir utiliser les notes des accords majeurs pour apprendre à maîtriser les changements de direction au pied levé, ainsi que pour parcourir le manche de votre instrument dans les deux sens, à larges intervalles. En fin de chapitre viendra le moment de tâter du rock'n'roll avec deux classiques du genre.

N'OUBLIEZ PAS !

Au fur et à mesure que vous progressez dans le chapitre, en vous essayant aux séquences présentées ici, jouez en parcourant le manche dans les deux sens afin de produire diverses séquences d'arpèges majeurs. Cela vous permettra d'identifier les séquences d'arpèges majeurs correspondant à tous types d'accords. Pour partir sur des bases sûres, il vous faut simplement connaître les notes sur lesquelles commencer vos séquences d'arpèges. À cet effet, consultez une liste des tonalités correspondant aux différentes cases sur l'ensemble des six cordes.

## *Vous mettre aux séquences d'arpèges majeurs*

Même si les séquences d'arpèges vous semblent globalement plus faciles à exécuter que les arpèges *stricto sensu,* vous ne devez cependant pas négliger certaines des subtilités techniques que présente la pratique des arpèges, notamment le fait de passer d'une corde à une autre au cours d'une série de notes consécutives jouées à la même case, et les doigtés correspondant aux notes hors position (c'est-à-dire les notes qui tombent à l'extérieur des cases où vos doigts se positionnent naturellement, nécessitant donc des étirements).

Dans ce chapitre, les notes hors position sont indiquées en notation musicale standard, mais n'hésitez pas à composer vos équivalences propres en matière de doigté. Veillez simplement, si vous choisissez des doigtés de remplacement, à ne pas vous trouver hors position pour une durée trop longue, ce qui pourrait entraîner des fausses notes.

## Séquences d'arpèges majeurs sur le modèle n° 1

La figure suivante illustre des séquences ascendantes et descendantes avec de grands écarts entre chaque paire de notes. Chaque note est jouée sur une corde différente. Il peut même arriver que vous deviez sauter une corde pour jouer la note suivante. Si vous jouez d'habitude avec le médiator (*flatpicking*), essayez ici d'utiliser plutôt le jeu aux doigts à la main droite (*fingerpicking*) de façon à vous concentrer sur votre main gauche.

Avant d'exécuter ces exercices dans leur intégralité, essayez de jouer uniquement les deux séries de notes sur les 6e et 1re cordes comme un exercice d'échauffement anticipant les étirements. En substance, sur la 6e corde, faites plusieurs allers-retours entre les 6e et 10e cases avec l'index et l'auriculaire ; faites ensuite le même exercice sur la 1re corde. Cet étirement vous aidera à atteindre les notes hors position avec moins de difficulté et plus de précision.

Plage 47, 0:00

Essayez maintenant de réaliser les séquences ascendantes et descendantes suivantes, en *ré* en 10e position. Certains des sauts ici présentés impliquent de passer par-dessus deux cordes ; nous vous conseillons d'utiliser le jeu aux doigts à la main droite (*fingerpicking*), tout au moins jusqu'à ce que vous maîtrisiez les doigtés de la main gauche.

Afin de renforcer votre doigté, jouez ces exercices comme vous appréhenderiez n'importe quel arpège de cet ouvrage, en pratiquant le saut de corde. Les notes sont donc jouées une à la fois, du bout des doigts, sans prolongation. En revanche, si vous visez un son plus *legato*, avec des notes qui résonnent un moment, il suffit de prolonger les accords et/ou de plaquer des accords barrés.

Par exemple, essayez de jouer les séquences ci-après en maintenant un accord barré de l'index à la 10$^{e}$ case. Placez ensuite l'annulaire et le majeur sur les 5$^{e}$ et 3$^{e}$ cordes. Ce faisant, vous vous apercevrez qu'il suffit de déplacer un seul doigt – l'auriculaire – pour accéder à ces notes à la 14$^{e}$ case sur les 1$^{re}$ et 6$^{e}$ cordes, ainsi qu'aux notes à la 12$^{e}$ case sur la 4$^{e}$ corde.

Plage 47, 0:22

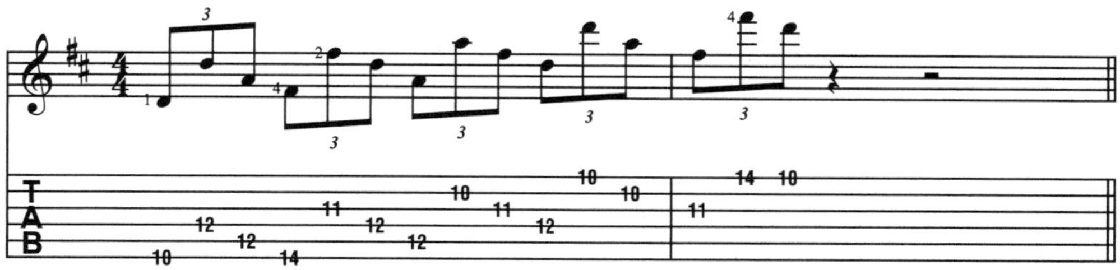

# Séquences d'arpèges majeurs sur le modèle n° 2

Le modèle d'arpège majeur n° 2 comporte trois notes consécutives à la même case sur des cordes voisines. Elles vous sembleront peut-être plus facilement jouables en aplatissant l'index. Le fait d'aplatir le doigt pour jouer juste deux ou trois cordes crée un *mini-barré.*

La figure ci-dessous présente des séquences ascendantes et descendantes de quatre notes, en *si,* en 4$^{e}$ position. Si vous souhaitez donner de la résonance aux notes de cet exercice, nous vous proposons le doigté de remplacement suivant : barrez les 2$^{e}$, 3$^{e}$ et 4$^{e}$ cordes de l'index, puis placez l'auriculaire sur la 6$^{e}$ corde et l'annulaire sur la 5$^{e}$. Dans la version ascendante, cela vous permet de jouer les quatre premiers temps en gardant la main gauche complètement immobile. Au quatrième temps et demi, vous devez faire passer l'auriculaire de la 6$^{e}$ corde à la 2$^{e}$ pour atteindre la note à la 7$^{e}$ case. L'auriculaire peut alors créer une mini-barre à la 2$^{e}$ mesure, ce qui permet de jouer les deux dernières notes sans effort.

Plage 48, 0:00

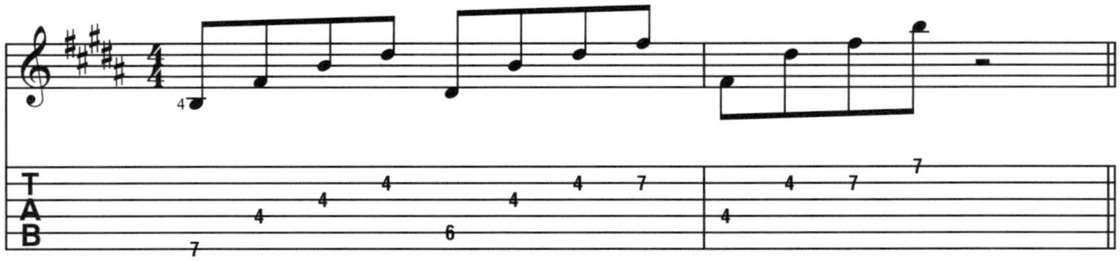

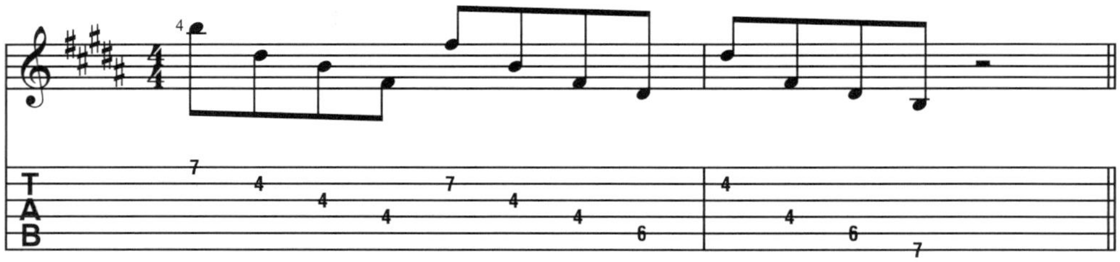

Les grands écarts présents dans les séquences ascendantes et descendantes ci-après (tonalité de *mi♭*, 8ᵉ position) signifient que chaque note est jouée sur une corde distincte (excepté entre les deux dernières notes de la version ascendante et entre les notes 3, 4 et 5 de la version descendante.) Il vous faut passer au-dessus d'une corde – voire deux – pour jouer la note suivante.

ASTUCE

Pour cet exercice, nous conseillons aux adeptes du *flatpicking* de poser leur médiator (ou de le saisir entre les dents). Les séquences seront nettement plus faciles à jouer avec les doigts de la main droite.

Plage 48, 0:22

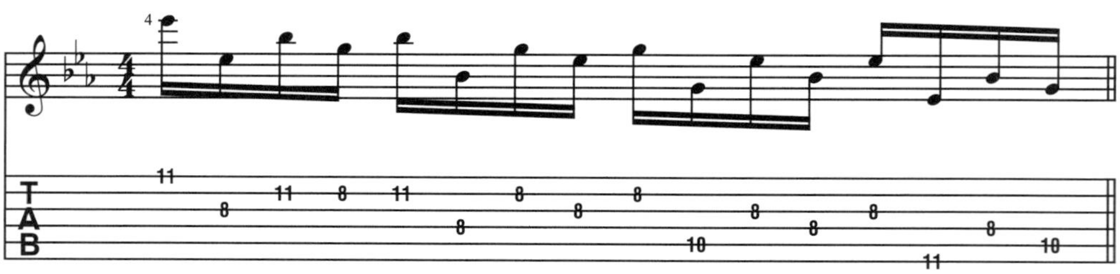

## Séquences d'arpèges majeurs sur le modèle n° 3

Les séquences ascendantes et descendantes qui suivent sont en *mi* en 7e position. Du fait de la présence d'un étirement hors position au début de la version ascendante, entraînez-vous à jouer uniquement les trois premières notes, plusieurs fois de suite, en boucle, avant de vous attaquer à la séquence dans son entier.

Vous pouvez jouer ces séquences sur la base des doigtés indiqués ici, ou vous pouvez avoir recours à des doigtés alternatifs. Dans la version ascendante, jouez la 7e note avec le majeur (et non l'annulaire) afin d'éviter d'avoir à ramener l'annulaire de la 3e corde. En parallèle, cette approche vous prépare au reste de l'exercice sans devoir déplacer le majeur et l'annulaire, qui deviennent des doigts fixes. Au moment de jouer la 2e corde (à la 2e mesure), utilisez l'auriculaire ; utilisez l'index (le dernier doigt disponible !) pour jouer les notes à la 1re corde.

Plage 49, 0:00

Pour la série de séquences ascendantes et descendantes à venir (tonalité de *ré♭*, 4e position), vous pouvez jouer les arpèges selon le doigté indiqué, ou essayer de former un mini-barré de l'annulaire pour jouer à la 6e case les notes que vous rencontrerez sur les 4e, 3e et 2e cordes. Vous devrez cependant déplacer le mini-barré le cas échéant, du fait de la difficulté de jouer la note sur la 1re corde tout en maintenant la barre en place sans bouger. Supprimez donc le barré lorsqu'elle ne vous est pas nécessaire, et reformez-le dès que la 1re corde termine de résonner.

**Plage 49, 0:27**

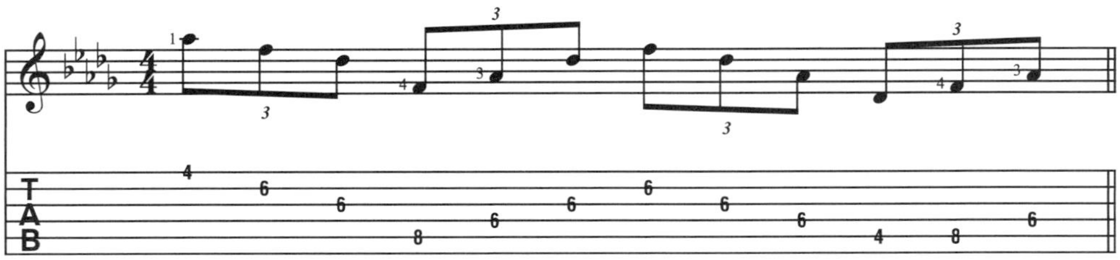

## Séquences d'arpèges majeurs sur le modèle n° 4

Les séquences ascendantes et descendantes ci-dessous, qui sont en la en 9e position, peuvent être jouées comme indiqué, ou en formant un mini-barré de l'index en travers des trois cordes du haut. Si vous optez pour le mini-barré, vous pouvez jouer la version ascendante en préfrettant l'auriculaire, l'annulaire et le majeur. Vous êtes ainsi dispensé de bouger les doigts de la main gauche pour les dix premières notes de l'exercice. Dans la version descendante, les mouvements des doigts interviennent tout à fait au début, avec l'auriculaire placé sur la 1re corde. Le reste de l'exercice est joué avec les doigts fixes.

**Plage 50, 0:00**

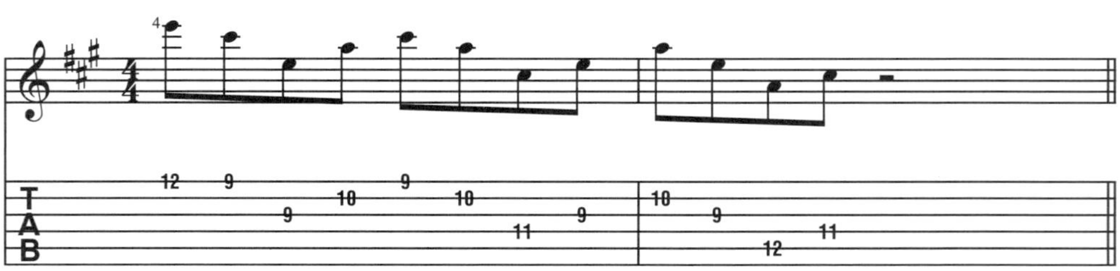

Dans les séquences ascendantes et descendantes qui suivent (tonalité de *ré,* 2e position), l'immobilité de la main gauche résultant d'un accord prolongé ne devrait pas poser problème. En revanche, pour la main droite, la façon dont les notes tombent sur les cordes constituera peut-être une difficulté, notamment si vous jouez avec un médiator.

N'OUBLIEZ PAS !

N'exécutez pas ces séquences trop lentement, ce qui risquerait d'interférer avec le mouvement naturel de balancier du poignet et pourrait affecter votre précision si vous jouez avec un médiator.

Plage 50, 0:20

## Séquences d'arpèges majeurs sur le modèle n° 5

N'OUBLIEZ PAS !

Pour les séquences ascendantes et descendantes (*mi* ♭, 1re position), nous indiquons le doigté conventionnel de ce modèle. Mais dans les faits, rares sont les guitaristes qui utilisent l'auriculaire sur la 6e note de la séquence ascendante, notamment après avoir placé l'auriculaire sur la 4e corde tout de suite avant. Vous pouvez ici employer l'annulaire. Quant à la note suivante jouée sur la 3e corde, nous vous conseillons le majeur. Vous pouvez même plaquer les trois doigts ensemble si vous voulez obtenir un joli son *legato.* Souvenez-vous toujours que les doigtés sont indiqués *à titre d'information,* pas gravés dans le marbre !

Plage 51, 0:00

Vous pouvez jouer les séquences ascendantes et descendantes ci-après (tonalité de *la♭*, $6^{e}$ position) sur la base des doigtés indiqués. Si vous souhaitez adopter une variante pour la version ascendante, utilisez le doigté alternatif suivant : jouez la $5^{e}$ note de l'index (et non de l'annulaire, comme indiqué). À la $8^{e}$ note, pincez la $2^{e}$ corde avec le majeur. Et à la $11^{e}$ note, pincez la $1^{re}$ corde avec l'index.

Plage 51, 0:21

# Jouer des morceaux dans lesquels figurent des séquences d'arpèges majeurs

Les deux morceaux pris en exemple dans la rubrique suivante comportent des passages de guitare prééminents basés sur des séquences d'arpèges. Vous remarquerez que nous qualifions ces passages de « passages prééminents » et non de « mélodie ». Cela s'explique par le fait qu'un arpège se situe quelque part entre une mélodie et un accord – il comporte des caractéristiques des deux. Ces passages ont un très bon rendu si on les joue seuls, ou avec un groupe de musiciens, mais ils peuvent ne pas sembler très mélodiques au sens traditionnel du terme. Cependant, les séquences d'arpèges qui nous occupent donnent un très bon son et un rythme agréable, et sont parfaitement adaptées à un contexte de groupe ou de lead.

Dans la scène du film *Retour vers le futur* qui se déroule pendant le bal de l'école, le héros, joué par Michael J. Fox, emprunte une guitare et monte sur scène pour jouer « Earth Angel », morceau enregistré par The Penguins en 1954, ainsi que le fameux « Johnny B. Goode » de Chuck Berry. Nous avons calqué les deux morceaux présentés ici sur le modèle de ces classiques du rock. Au moment de jouer ces morceaux, assurez-vous que le capaciteur de flux de votre ampli est bien réglé sur 11 ! (Les fans de *Retour vers le futur* saisiront le clin d'œil…)

## « Riff de blues en si »

Ce « Riff de blues en *si* » est un modèle classique de blues à 12 mesures, joué en version rock, c'est-à-dire sur un rythme binaire (pas un shuffle ni un swing). Dans la portée fournie pour ce morceau, vous remarquerez, dans les mesures impaires et à la 10e mesure, des syncopes qui donnent à la progression un peu de relief et la rendent intéressante à jouer.

Comme le suggère son titre, ce morceau est dans la tonalité de *si*. Notez que les cinq modèles d'arpège majeur sont ici mis en œuvre, mais pas dans leur ordre habituel. Nous avons pensé que mélanger les motifs vous éviterait de vous endormir ! Cette progression convient à pas mal de styles de musique joués sur le modèle de blues à 12 mesures sur un rythme binaire, notamment un certain nombre de chansons de Chuck Berry.

Plage 52

Medium Blues/Rock
B
Modèle d'arpège majeur n° 3
Modèle n° 2
Modèle n° 1
mf
TAB
Modèle n° 4
E
Modèle n° 5
Modèle n° 4
B
Modèle n° 3
Modèle n° 2
F♯
Modèle n° 1
E
Modèle n° 5
B
Modèle n° 3
1.
Modèle n° 2
2.
Modèle n° 2
C9 B9

# Groove « Doo-Wop » en la

À la différence du style syncopé du « Riff de blues en *si* », le groove « Doo-Wop » en *la* (qui est en *la,* naturellement), produit un son plus lent, moins intense. Ce morceau, présenté à la figure ci-dessous, fait appel aux modèles n° 1, n° 2, n° 3 et n° 4, qui doivent être joués dans un style *legato* fluide. Vous remarquerez peut-être que les modèles n° 1, n° 2 et n° 4 correspondent aux accords barrés déplaçables basés sur les accords à vide de *mi, sol* et *do.* Le fait de jouer les notes d'un arpège à partir d'un accord maintenu donne de la résonance aux notes.

N'OUBLIEZ PAS !

La dernière mesure de ce groove « Doo-Wop » en *la* doit être plaquée. La ligne horizontale ondulée indique qu'il faut légèrement séparer les notes plutôt que de les faire résonner simultanément.

Plage 53

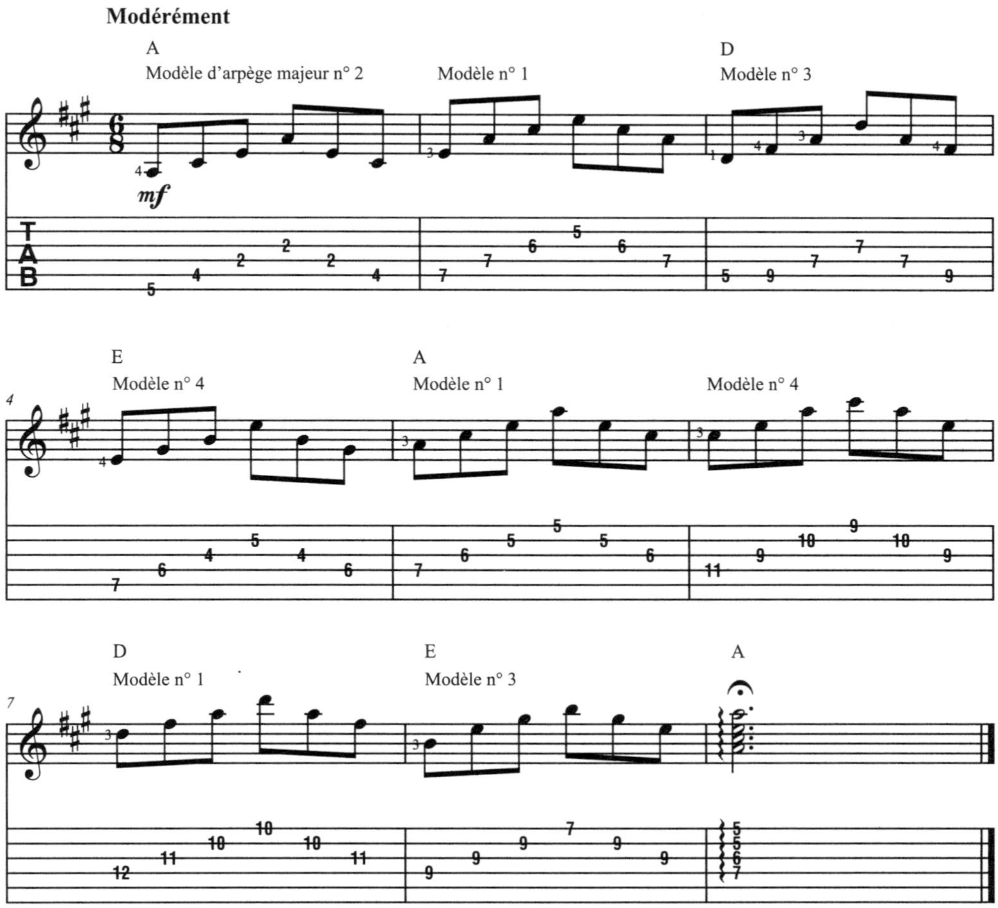

# Chapitre 9

# Faire connaissance avec les arpèges mineurs

***Dans ce chapitre***

- Décliner les arpèges mineurs selon cinq modèles
- Jouer des morceaux faisant appel aux arpèges mineurs

Les arpèges mineurs peuvent être appliqués à des morceaux en tonalité mineure, et à des morceaux en tonalité majeure qui comportent des accords mineurs. Autant dire quasiment tout ! Lorsque la partition que vous jouez fait appel à un accord mineur, vous pouvez bien entendu jouer un accord mineur, mais aussi parfois avoir recours à un arpège mineur, ce qui apporte une consistance différente. Vous pouvez également utiliser un arpège mineur pour introduire des notes isolées si l'harmonie fondamentale est équivalente aux accords mineurs de l'arpège. La maîtrise des arpèges mineurs vous permet de penser et de jouer en mineur, d'un point de vue harmonique ou mélodique. De même, la pratique des arpèges de base expliqués dans ce chapitre vous prépare à des exercices plus complexes, comme les séquences d'arpèges en accords mineurs que vous rencontrerez au chapitre 10.

Nous traiterons dans ce chapitre de cinq modèles selon lesquels peuvent être déclinés les arpèges mineurs. Ces arpèges peuvent être mis en pratique dans un certain nombre de situations de jeu, selon différents rythmes et diverses tonalités. En cadeau, nous vous inviterons à jouer les arpèges mineurs dans le cadre de deux morceaux d'inspiration classique présentés en fin de chapitre.

Au fil de ce chapitre (comme tout au long du livre), nous présentons les modèles d'arpèges sous forme de grille, de partition traditionnelle et de tablature. Utilisez à votre convenance le type de notation musicale que vous affectionnez, sachant que l'une ou l'autre peut vous faire gagner du temps, selon les situations. Par exemple, du fait que les arpèges sont si fréquemment liés aux formes d'accords, il peut vous sembler plus facile d'étudier en priorité les grilles d'accords – particulièrement si vous avez l'habitude de déchiffrer les diagrammes d'accords.

Nous vous conseillons de répéter les exercices d'arpèges présentés dans ce chapitre autant de fois qu'il sera nécessaire pour égrener les notes de façon fluide. Veillez à exécuter ces exercices selon un tempo constant. Lorsque vous aurez mémorisé le doigté d'un modèle d'arpège, et que vous le maîtriserez, transposez-le librement d'un bout à l'autre du manche, en commençant chaque fois par une note différente, de façon à produire toute une palette d'arpèges mineurs. Le son de l'accord mineur reste inchangé. En revanche, lorsque vous changez de position, la tonalité de l'arpège varie. Si vous avez des doutes quant aux notes sur lesquelles commencer sur les cordes, documentez-vous en conséquence.

# Travailler les arpèges mineurs

Les arpèges mineurs sont les cousins proches des arpèges majeurs, au moins en termes d'ADN. En fait, une note définit la différence entre un arpège majeur et son équivalent mineur : la tierce de l'accord. Donc, si, pour arriver à ce chapitre, vous êtes passé par le chapitre 7 (qui traite des arpèges majeurs), il est probable que vous trouviez aux exercices expliqués ici un petit air familier. Et pour cause ! Dans la majorité des arpèges mineurs, les notes sont les mêmes que chez leurs cousins majeurs, hormis la tierce ! En revanche, l'effet musical produit n'a rien de commun. Si vous voulez jouer des arpèges joyeux, repartez deux chapitres en arrière. Si, au rebours, vous êtes prêt à affronter la morosité de la tonalité mineure, vous avez frappé à la bonne porte !

Au fur et à mesure que vous progresserez dans les arpèges de cette rubrique, appliquez-vous à jouer chacun d'entre eux avec lenteur et détermination, à volume élevé au départ, afin de développer la force et l'agilité de votre doigté. Vous pourrez ensuite les jouer plus rapidement et dans un esprit plus enjoué, afin de produire le son réel des arpèges tel qu'il apparaît dans un morceau de musique. Veillez simplement à conserver une vitesse d'exécution et un niveau dynamique (niveau sonore) constants d'un bout à l'autre de l'exercice.

## Modèle d'arpège mineur n° 1

La figure ci-après illustre un arpège mineur en *la,* en 5^e^ position, présenté sous forme de grille, de portée traditionnelle et de tablature. Notez que la première note de la portée (dans le cas présent et dans le reste du chapitre) porte une indication de doigté (le petit *1* à gauche du *la* de départ). Ce chiffre signifie que vous devez jouer cette note de l'index gauche.

Du fait que le modèle d'arpège mineur n° 1 ne comporte aucune *note hors position* (c'est-à-dire une note qui tombe à l'extérieur des quatre cases qui définissent la position dans laquelle vous jouez, nécessitant pour être jouée un étirement de l'index ou de l'auriculaire), ce modèle est idéal pour vous familiariser avec le son d'un arpège mineur sans vous soucier des étirements. Vous pouvez avoir recours à la technique du *mini-accord barré* (un accord barré qui couvre seulement deux ou trois cordes) pour plaquer plusieurs cordes consécutives à la même case. Cette approche est plus accessible que de passer d'une corde à l'autre avec le même doigt, notamment si le tempo d'un morceau est soutenu.

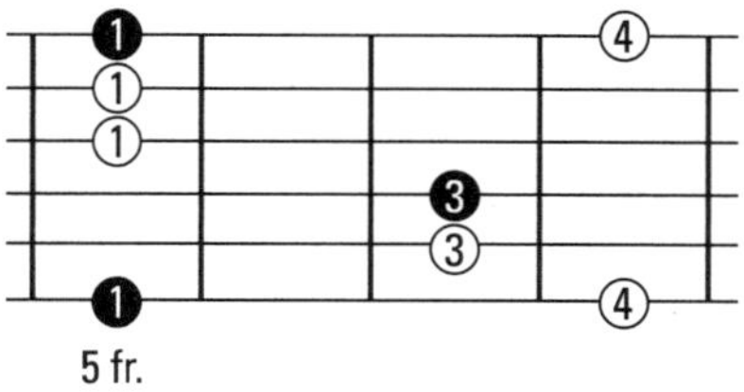


Plage 54

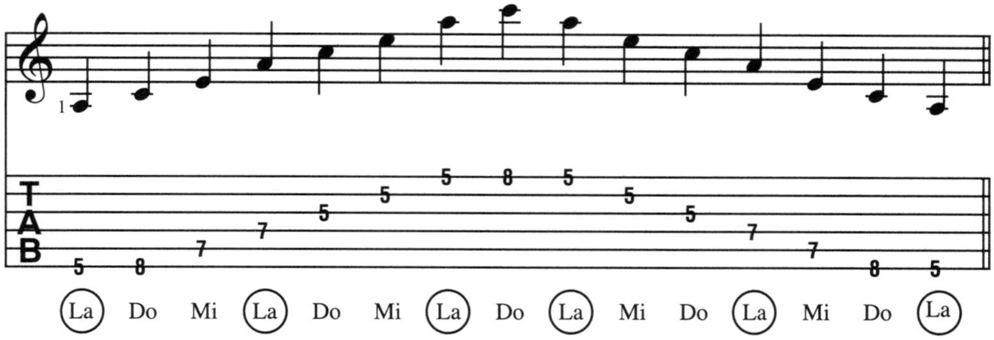


La figure qui suit illustre le modèle d'arpège mineur n° 1 en *fa* mineur en 1re position. Du fait qu'il comporte moins de notes qu'une gamme, l'arpège peut paraître un peu court. Afin que vous en ayez pour votre argent, nous vous faisons exécuter le modèle dans les deux sens, deux fois de suite. Assurez-vous de ne pas vous laisser emporter par le rythme. La tendance naturelle est de jouer vite en montant l'arpège, et trop lentement en descendant. Utilisez un métronome afin de maîtriser consciemment votre vitesse !

Essayez maintenant cet exercice, en 8e position en *do* mineur. Si vous voulez le jouer plus *legato* (c'est-à-dire en produisant un son plus fluide et lié), utilisez deux mini-accords barrés, plaqué chacun avec un doigté différent. Par exemple, formez un mini-accord barré de l'annulaire pour les notes sur les 4e et 5e cordes. Puis jouez les 3e, 2e et 1re cordes en formant un mini-accord barré sur la 1re corde.

# Modèle d'arpège mineur n° 2

La figure qui suit illustre un arpège en *do* mineur en 5ᵉ position, présenté sous forme de grille, de portée traditionnelle et de tablature. On utilise l'auriculaire pour jouer quatre des sept notes de ce modèle. Exploitez donc cet exercice pour renforcer le jeu de votre auriculaire, en le maintenant plié, sans laisser vos phalanges s'aplatir.

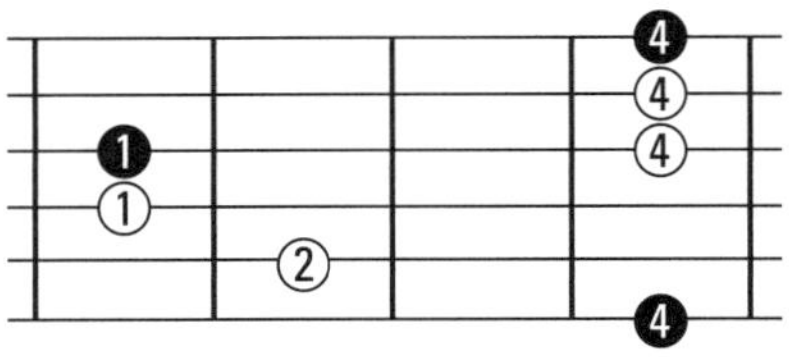

5 fr.

**Plage 55**

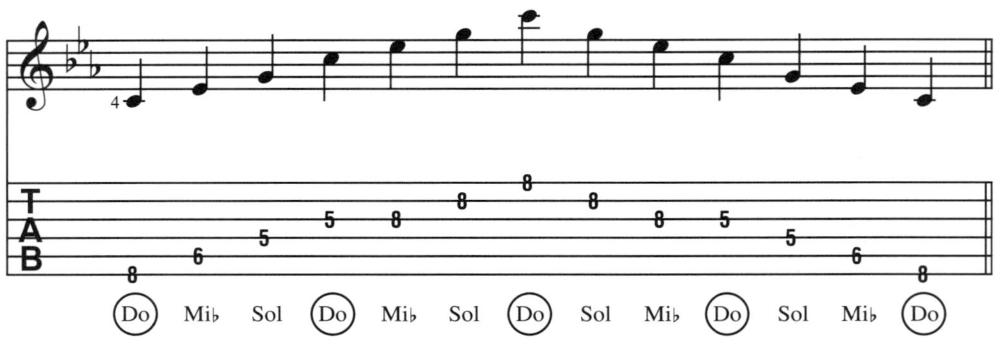


La figure qui suit illustre le modèle d'arpège mineur n° 2 en 2ᵉ position, en *fa* mineur. Pour obtenir un rendu plus *legato,* exécutez l'exercice en barrant de l'auriculaire les trois cordes du haut. Si le mini-accord barré de l'auriculaire vous semble plus difficile à réaliser que celui utilisant l'index ou le majeur, vous pouvez essayer de placer l'annulaire par-dessus l'auriculaire, et de plaquer les cordes en utilisant les deux doigts.

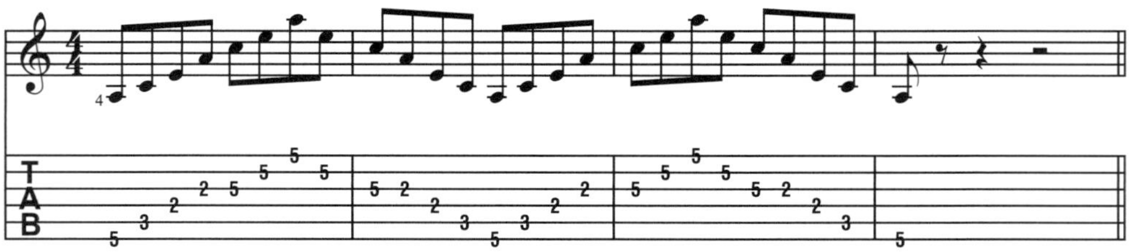

Dans la figure ci-dessous, nous vous présentons le modèle d'arpège mineur n° 2 en 3ᵉ position, en *si♭* mineur. Vous pouvez *prébarrer* (c'est-à-dire positionner vos doigts avant de commencer à jouer l'exercice) les 6ᵉ et 5ᵉ cordes à l'aide de l'annulaire et du majeur. Prébarrer un accord revient à prendre de l'avance sur l'exercice. Ne négligez aucune occasion de placer vos doigts avant le début d'un exercice.

## Modèle d'arpège mineur n° 3

Les deux modèles précédents s'étendent sur au moins deux octaves. Les modèles d'arpèges mineurs n° 3, n° 4 et n° 5 couvrent un peu moins de deux octaves, de sorte qu'ils comportent un nombre moindre de notes. La bonne nouvelle ? Ces modèles se mémorisent plus aisément.

Vous voyez à la figure ci-dessous la grille, la portée traditionnelle et la tablature du modèle d'arpège mineur n° 3 en *ré* mineur. Détachez les notes de façon à obtenir un son fluide et clair, puis prenez graduellement de la vitesse pour vous préparer à l'exécution en cadence des morceaux à suivre.

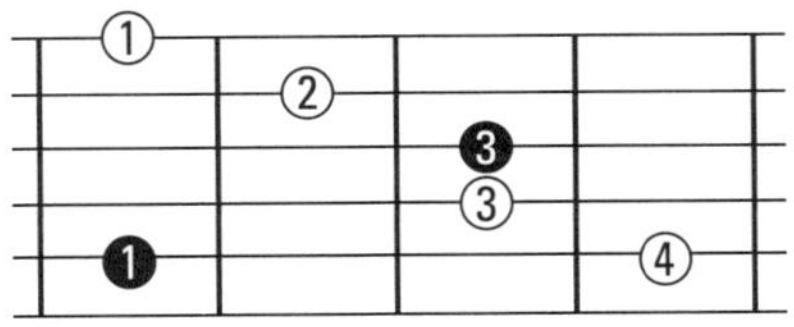


Plage 56

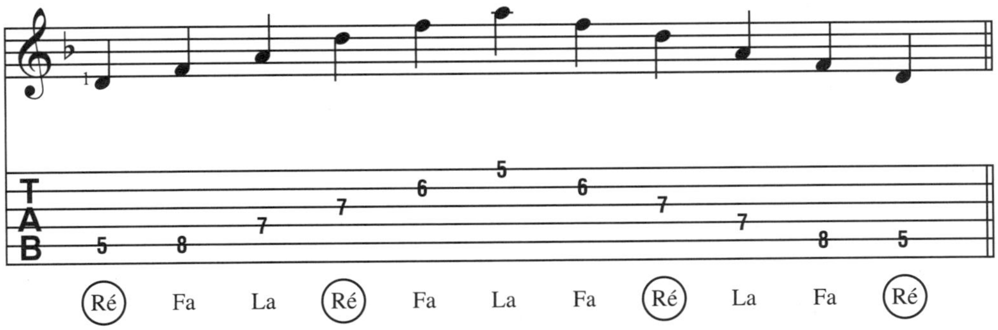


Cette figure présente le modèle d'arpège mineur n° 3 en 3e position, en *do* mineur. Cette séquence offre une occasion appréciable de pratiquer un mini-accord barré de l'annulaire sur les 4e et 3e cordes. Cette technique permet d'obtenir un son *legato*.

L'exercice suivant est en 1re position en *si♭* mineur. Vous pouvez adopter une approche *staccato*, dont toutes les notes sont brèves et détachées. N'utilisez pas d'accords barrés, et faites passer l'annulaire par-dessus les 4e et 3e cordes conformément au doigté standard du modèle.

# Modèle d'arpège mineur n° 4

La figure qui suit illustre le modèle d'arpège n° 4 en *fa* mineur, présenté sous forme de grille, de portée traditionnelle et de tablature. Commencez par jouer les notes avec lenteur, de façon à vous familiariser avec ce nouveau modèle. Prenez ensuite de la vitesse pour atteindre une cadence naturelle pour l'exercice, avant de passer aux exercices en cadence qui suivent.

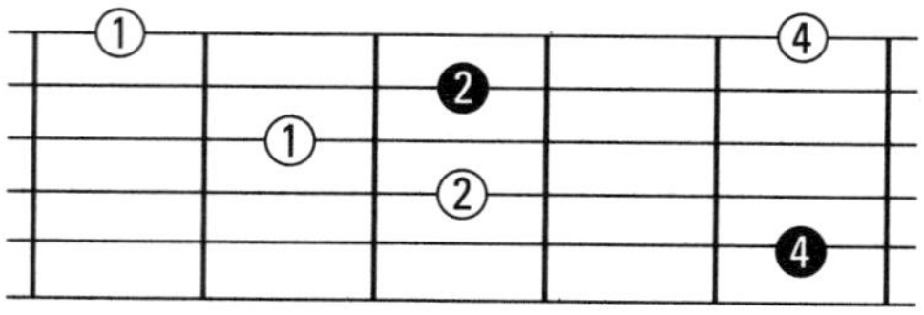

4 fr.

Plage 57

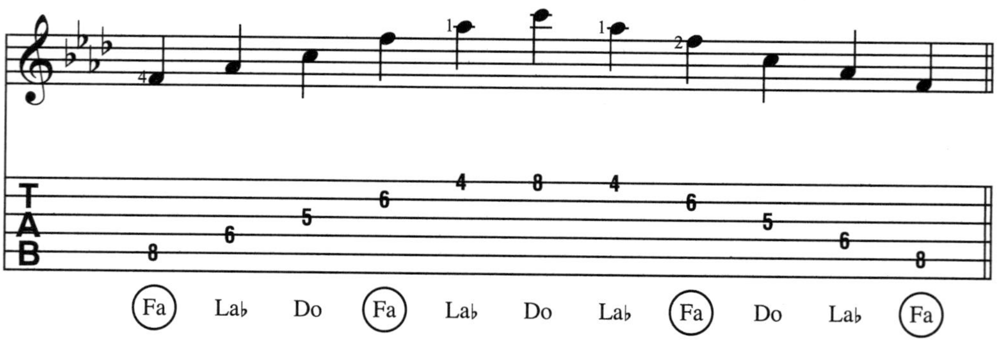

Essayez maintenant l'exercice illustré par le modèle n° 4, en 3e position en *mi*♭ mineur. La façon standard de jouer ce modèle est d'utiliser le majeur sur la 2e corde, ce qui vous permet de rester en position. Vous aurez néanmoins à étirer le doigt vers le bas (en direction du sillet) pour atteindre la 1re note de la 1re corde. Vous pouvez supprimer l'étirement situé entre les 2e et 1re cordes si vous substituez le majeur à l'annulaire sur la 2e corde.

La figure suivante illustre le modèle d'arpège mineur n° 4 en 2e position, en *ré* mineur. Du fait que l'exercice commence assez bas avec un étirement jusqu'à la 1re case, vous optimiserez l'étirement entre le majeur et l'index, et l'index et l'auriculaire. Revenez à cet exercice lorsque vous aurez besoin de faire travailler votre main gauche.

# Modèle d'arpège mineur n° 5

La figure ci-dessous illustre la grille, la portée traditionnelle et la tablature du modèle d'arpège mineur n° 5 en *sol* mineur. Jouez cet exercice avec lenteur pour commencer, afin de laisser vos doigts s'habituer au placement des notes sur les différentes cordes et cases. Prenez ensuite progressivement de la vitesse pour vous préparer à la pratique en rythme des morceaux à suivre.

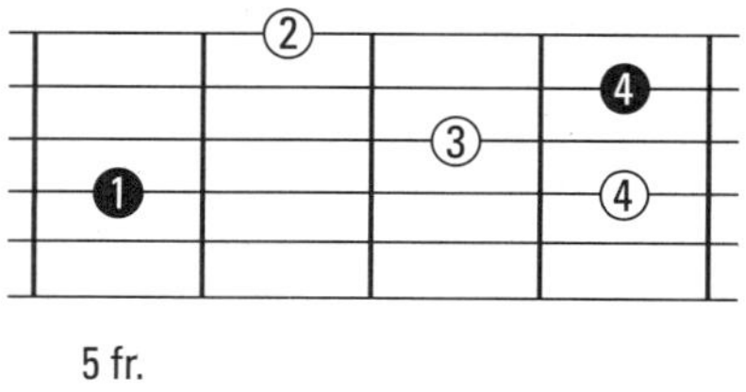


Plage 58

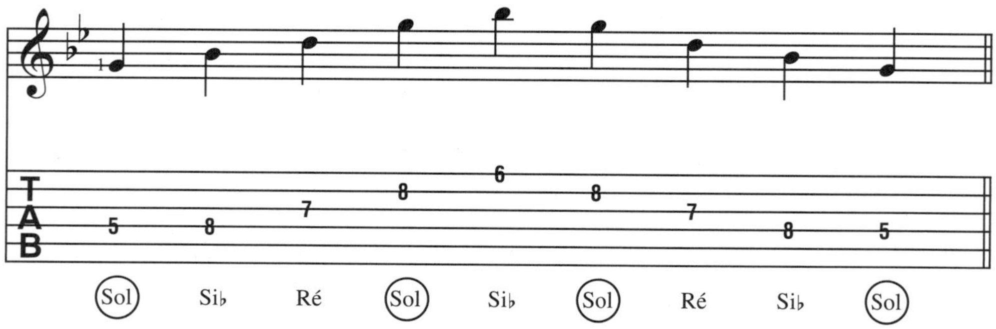


Lorsque vous serez à l'aise avec le modèle d'arpège mineur n° 5, mettez-le en pratique avec l'exercice ci-dessous, en 7e position, en *la* mineur. Si vous êtes partant, voici un doigté alternatif qui se joue sans peine et évite d'utiliser l'auriculaire. En commençant à la 2e note du modèle, utilisez le doigté 3-2-3-1 (annulaire-majeur-annulaire-index) à la place des doigts 4-3-4-2 (auriculaire-annulaire-auriculaire-majeur), et jouez toutes les notes *staccato* (brèves, distinctes et détachées).

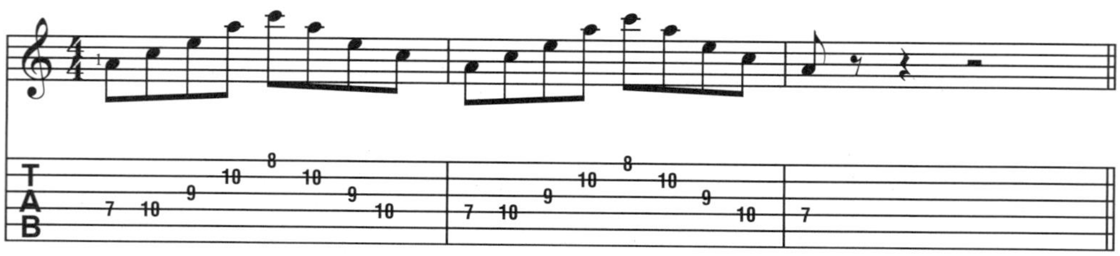

Pour l'exercice suivant, en 3e position en *fa* mineur, adoptez une approche qui s'oppose à celle de l'exercice précédent en jouant les quatre cordes du haut sous forme d'accord. Voici comment procéder : jouez la seconde note avec l'annulaire (et non l'auriculaire) comme dans l'exercice précédent. Puis utilisez le doigté 2-4-1 (majeur-auriculaire-index) pour les trois cordes du haut. Ceci permet de garder les quatre doigts en position pour prolonger les notes après les avoir jouées.

# Jouer des morceaux faisant appel aux arpèges mineurs

Bien que les morceaux figurant une trame mélodique basée sur des arpèges majeurs soient majoritaires, nous avons réussi à dénicher deux compositions qui mettent en scène des arpèges mineurs. L'œuvre de l'enfant prodige Wolfgang Amadeus Mozart en comporte un certain nombre. En dépit de sa mort prématurée (à l'âge de 34 ans), la carrière de Mozart fut riche et prolifique. Les deux morceaux que nous vous présentons ont été inspirés par son talent pour manier les arpèges et autres matériaux en tonalité mineure.

## « Wolfgang's Whistle »

« Wolfgang's Whistle » est une adaptation d'une sonate pour piano de Mozart. Et bien qu'il ait été conçu pour la pratique des arpèges mineurs, le morceau contient également des arpèges majeurs. Nombre de compositions mêlent les modes mineur et majeur, et la chance vous est ici donnée d'entendre la façon dont les deux modes interagissent. Le retour de l'arpège majeur est en l'occurrence une bonne chose, en ce sens qu'il renforce la pratique des exercices des chapitres 7 et 8. De plus, cela vous permet d'entendre *in situ* la manière dont un son en tonalité majeure peut enrichir une composition en mineur tout comme une composition en majeur.

N'OUBLIEZ PAS !

Comme vous le verrez dans la partition ci-après, « Wolfgang's Whistle » fait appel aux modèles d'arpège mineur n° 1 à n° 4. La pause qui intervient après chaque série de cinq notes ascendantes vous permet de changer aisément de position, afin d'anticiper le modèle suivant. L'autre instrument que vous entendrez sur le CD répond aux arpèges ascendants avec un élément plus typique d'une gamme, constituant une opposition appréciable d'arpèges et de gammes.

Plage 59

## « Amadeus's Air »

Tout comme « Wolfgang's Whistle », « Amadeus's Air » émane également d'une composition de Mozart, cette fois un concerto pour piano. Ce morceau est basé sur des arpèges ascendants (déclinés selon les modèles n° 1, n° 2 et n° 3). Il est un peu plus délicat à jouer, car les modèles d'arpège utilisés ici ne commencent pas au début d'un temps, mais après un quart de soupir. Néanmoins, l'accompagnement commence, lui, sur le temps ; par conséquent, le CD peut vous guider pour commencer au bon moment. Par ailleurs, les modèles sont ici plus longs que dans l'exemple de composition précédent – sept notes au lieu de cinq, réparties sur l'ensemble des six cordes. La bonne nouvelle dans tout ça : deux temps de pause entre chaque modèle, pour vous préparer à l'arpège suivant. Deux temps devraient être amplement suffisants pour changer de position sans effort.

ASTUCE

La dernière mesure de « Amadeus's Air » illustré à la figure ci-dessous commence par une note plus grave que celle sur laquelle commence le modèle sur la 6e corde. (Le modèle d'arpège mineur n° 3 commence normalement sur la 5e corde.) Vous pouvez barrer de l'index les deux premières notes de la 8e mesure, ce qui les rend plus faciles à jouer.

Plage 60

# Chapitre 10

# S'intéresser aux séquences d'arpèges mineurs

***Dans ce chapitre***

- Décliner les séquences d'arpèges mineurs sur cinq modèles
- Jouer des morceaux faisant appel aux séquences d'arpèges mineurs

Du fait que les arpèges mineurs ne comprennent que des notes d'accord mineur, vous devrez souvent parcourir une grande distance sur le manche en peu de temps pour couvrir l'arpège en entier. Cependant, nombreuses sont les séquences au sein desquelles vous devez changer de direction pour rejouer des notes jouées précédemment. Vous allez jouer dans ce chapitre des séquences d'arpèges qui reprennent les notes des arpèges mineurs sur lesquels vous avez travaillé au chapitre 9 – les notes de l'accord mineur (la fondamentale, la 3e et la 5e).

N'OUBLIEZ PAS !

Répétez maintes fois les exercices de ce chapitre, jusqu'à savoir les jouer de mémoire. Transposez ensuite chaque modèle à divers endroits du manche, en commençant chaque fois par une note différente de façon à le jouer dans différentes tonalités. Si vous êtes rouillé, ou si vous énoncez les notes sur lesquelles commencent les séquences d'arpèges au fur et à mesure que vous vous déplacez sur le manche, procurez-vous une liste qui répertorie les noms des notes situées aux différentes cases. Notez que, dans ce chapitre, les séquences ascendante et descendante sont présentées par paires.

## Intégrer les séquences d'arpèges mineurs à vos séances d'entraînement

Comme les arpèges de base, les séquences d'arpèges présentent les difficultés couramment rencontrées dans la pratique des arpèges, notamment jouer sur des cordes consécutives à la même case, et exécuter des étirements pour jouer les notes hors position. (Une *note hors position* est une note qui tombe à l'extérieur des quatre cases qui définissent la position dans laquelle vous jouez, nécessitant pour être jouée un étirement de l'index ou de l'auriculaire.) Une séquence peut vous amener à rencontrer divers doigtés de la main gauche assez inconfortables. Dans ce cas, vous (ou votre professeur) pouvez tout à fait décider d'avoir recours à un doigté alternatif de votre choix. Veillez simplement à reprendre le doigté normal après avoir joué le passage en question.

Au fil de votre apprentissage des séquences d'arpèges de la rubrique suivante, veillez à jouer avec lenteur et détermination. Lorsque vous aurez mémorisé une séquence et que vous maîtriserez son doigté, vous pourrez la jouer plus rapidement et dans un esprit plus enjoué, afin de produire le son réel de la séquence tel qu'elle apparaît dans un morceau de musique.

## Séquences d'arpèges mineurs sur le modèle n° 1

La figure suivante présente des séquences ascendante et descendante, en *si♭* mineur, en 6e position. Ces séquences ne comportent aucune note hors position, donc aucun étirement. Les principales difficultés de cet exercice consistent à jouer des notes séparées par de grands intervalles, plus délicates à exécuter que des notes conjointes.

Vous pouvez répéter cet exercice sur la base du doigté indiqué, ou opter pour une solution alternative, qui donnera un son plus *legato,* c'est-à-dire lié, qui laisse résonner les notes. Jouez les quatre premières notes en appliquant le doigté indiqué sur le modèle (1, 3, 4, 3, c'est-à-dire index-annulaire-auriculaire-annulaire). Cependant, plutôt que de faire passer l'annulaire à la 8e case sur la 4e corde, comme vous le feriez normalement, utilisez le majeur. Placez ensuite l'index de façon à former un *mini-barré* (un barré qui couvre seulement deux ou trois cordes) sur les trois cordes du haut. Il vous faudra vraisemblablement forcer un peu pour couvrir l'espace d'une case entre votre majeur et votre index, sans que l'opération soit trop inconfortable.

Plage 61, 0:00

La figure ci-après présente des séquences ascendante et descendante en *ré* mineur en 10e position. Pour produire un son *legato,* barrez les six cordes de l'index. Placez ensuite le majeur et l'annulaire sur les 5e et 4e cordes. Ce travail de préparation vous permet d'anticiper la figure avec un minimum de mouvements de la main gauche – ce qui est une solution adaptée si l'on veut obtenir un son *legato.*

Plage 61, 0:22

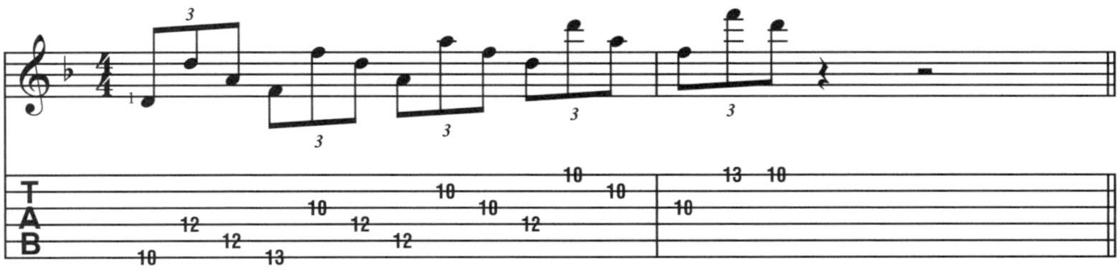

## Séquences d'arpèges mineurs sur le modèle n° 2

La figure suivante illustre des séquences ascendante et descendante, en *si* mineur, en 4e position. Cet exercice est basé sur le modèle d'arpège mineur n° 2, dans lequel on rencontre trois notes consécutives qui tombent sur des cordes consécutives à la même case. Il peut vous paraître plus facile de jouer ces notes en aplatissant l'auriculaire pour créer un mini-barré. Le fait de barrer ainsi ces notes facilite l'obtention d'un son plus *legato.*

ASTUCE

Un arpège *legato* est souvent parfaitement adapté à un passage dans lequel on trouve une mélodie. Afin d'accentuer le son *legato,* vous pouvez aussi barrer de l'index les notes à la 4e case sur les 4e et 3e cordes.

Plage 62, 0:00

La figure qui suit présente des séquences ascendante et descendante, en *mi♭* mineur, en 8$^{e}$ position. Dans cet exercice, les intervalles entre les cordes étant relativement importants, la main droite devra changer fréquemment de corde, en passant parfois par-dessus deux cordes à la fois pour atteindre la note suivante. Si vous avez l'habitude de jouer avec un médiator, essayez-vous à cet exercice en *fingerpicking* de façon à vous concentrer sur le jeu de votre main gauche.

Pour répéter la version ascendante de cet exercice, il sera peut-être plus facile de décomposer la séquence de deux accords, en exécutant consécutivement les notes 1 à 6, qui peuvent être aisément jouées sans être barrées ni avoir recours à un doigté de remplacement, puis les notes 7 à 13, plus accessibles en formant un mini-barré sur les 1$^{re}$, 4$^{e}$ et 3$^{e}$ cordes pour jouer les notes à la 8$^{e}$ case. Quant aux trois dernières notes, aplatissez l'auriculaire pour former un mini-barré que vous plaquerez à la 11$^{e}$ case à partir de la 14$^{e}$ note.

Plage 62, 0:20

## *Séquences d'arpèges mineurs sur le modèle n° 3*

La figure ci-dessous présente des séquences ascendante et descendante en 7$^{e}$ position en *mi* mineur.

Vous pouvez jouer la version ascendante en lui donnant un effet *legato* grâce auquel vous maintenez la première note de chaque groupe de deux temps – une méthode d'accompagnement adaptée – en adoptant le doigté alternatif suivant : vous jouez normalement les cinq premières notes, en maintenant la 5$^{e}$ note de l'auriculaire (pour la prolonger). Jouez ensuite les notes 6, 7 et 8 en utilisant respectivement l'annulaire, le majeur et l'annulaire. À la 2$^{e}$ mesure, placez votre index sur la 2$^{e}$ corde pour jouer les deux notes à la 8$^{e}$ case. Placez maintenant votre index sur la 1$^{re}$ corde pour jouer les notes à la 7$^{e}$ case, puis déplacez le majeur sur la 2$^{e}$ corde pour jouer l'avant-dernière note. Les notes durent, bien que les doigts se déplacent au cours de la séquence, ce qui induit un exercice de doigté bénéfique, ainsi qu'un excellent effet d'accompagnement.

Plage 63, 0:00

Lorsque vous êtes prêt à passer à la suite, intéressez-vous à la figure suivante, qui illustre des séquences ascendante et descendante de six notes, en 4e position, en *do* ♯ mineur. La séquence ascendante présente une occasion de doigté alternatif intéressante : seul l'auriculaire est utilisé pour jouer l'intégralité de la séquence en *legato.* Vous jouez toutes les cases selon le doigté indiqué dans le modèle, sauf pour la 3e corde, jouée avec l'auriculaire. Jouez cette partie avec lenteur au début, pour vous habituer à faire passer l'auriculaire de la 5e corde à la 3e puis à revenir à la 5e. Prenez graduellement de la vitesse dès que vous vous sentirez plus à l'aise.

Dans la version descendante, en revanche, la technique du *legato* s'exécute différemment. Vous devez ici déplacer l'auriculaire *et* l'annulaire. Jouez respectivement les quatre premières notes à l'aide de l'index, du majeur, de l'annulaire et de l'auriculaire. Pour ce qui concerne la 5e note, déplacez l'annulaire de la 3e corde à la 4e pour jouer la note à la 6e case. Placez ensuite l'auriculaire sur la 3e corde pour jouer les notes 6 et 8.

Plage 63, 0:26

# Séquences d'arpèges mineurs sur le modèle n° 4

La figure qui suit présente les séquences ascendante et descendante, en 9e position, en *la* mineur.

N'OUBLIEZ PAS !

Ce modèle d'arpège comporte une note hors position sur la 1re corde. Cependant, pour obtenir l'effet *legato* à l'aide d'un doigté alternatif, l'étirement vous amène à d'autres endroits du manche que l'emplacement de la note hors position.

Par exemple, pour jouer les 12 notes de la séquence ascendante et les faire résonner aussi longtemps que possible avant de passer à la suivante, notez au crayon sur le livre les doigtés suivants : 4-3-**4**-2-(3)-(2)-1-(4)-(2)-**3**-**4**-(1). Les chiffres indiquent la première fois qu'un doigt est placé ou joué ; les chiffres en gras indiquent un doigt déplacé, et les chiffres entre parenthèses indiquent que le doigt est déjà en position lorsque la note est jouée.

Dans la version descendante, comme vous pouvez vous en douter, le doigté diffère légèrement : 4-1-2-**4**-(1)-(4)-3-(2)-(4)-(2)-**4**-(3). Vous noterez que le schéma de doigté alternatif descendant est un peu plus efficace ; il comporte seulement deux notes déplacées (notées en gras) et six notes pour lesquelles les doigts sont déjà positionnés (entre parenthèses). Comparez ce schéma avec celui de la version ascendante, qui comporte trois doigts déplacés et cinq doigts prépositionnés.

Plage 64, 0:00

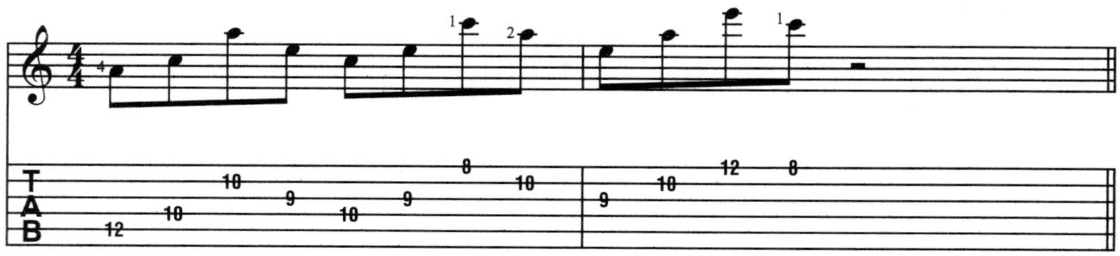

La figure ci-après illustre des séquences ascendante et descendante de quatre notes, en 2e position, en *ré* mineur. Pour appliquer un effet *legato* à la version ascendante, voici une suggestion de doigté alternatif pour les 12 notes : 4-1-2-4-2-3-1-3-2-1-4-2. Ce qui est intéressant dans ce doigté – parce que délicat à réaliser – est que les doigts doivent se déplacer pour chaque note de la séquence. Ainsi, même si vous essayez de tenir les notes pour en prolonger le son, vous devez dans le même temps penser à déplacer les doigts selon le schéma requis. Pour vous faciliter un peu la tâche, vous pouvez jouer la dernière note en utilisant l'index (plutôt que le majeur). L'étirement entre l'auriculaire et le majeur est bien moindre – particulièrement du fait que cet exercice se joue en 1re position, dont les cases sont très espacées.

Plage 64, 0:20

## *Séquences d'arpèges mineurs sur le modèle n° 5*

Essayez-vous maintenant aux paires de séquences ascendante et descendante de quatre notes présentées ci-dessous. Elles sont en *mi♭* mineur en 1re position. La version ascendante se joue aisément avec le doigté indiqué, à l'exception du redoutable saut entre les 4e et 2e cordes à la 4e case.

Si vous voulez éliminer ce saut de cordes intempestif – et générer par la même occasion un effet *legato* –, vous pouvez envisager le doigté alternatif suivant : jouez les quatre premières notes en utilisant le doigté normal. Mais à la 5e note, utilisez l'annulaire à la place de l'auriculaire. Vous devrez déplacer toute la main pour atteindre cette note. (Autrement dit, ne tentez pas de la jouer en étirant l'index.) Jouez les notes sur les 2e et 3e cordes à l'aide de l'auriculaire et du majeur, et utilisez l'index sur la 1re corde. Le reste de l'exercice se joue sans effort.

Plage 65, 0:00

Lorsque vous serez totalement à l'aise avec les séquences que nous venons de traiter, passez à la série suivante, en 6e position en *sol* ♯ mineur. Et là, chers lecteurs, accrochez-vous aux ridelles ! Ces séquences sont très particulières, en ce sens qu'aucun doigté de remplacement n'est envisageable si on veut les jouer *legato*. Eh oui, pas question ici de prendre la tangente, vous allez devoir jouer ces séquences telles qu'elles sont écrites ! Ça arrive, n'en faisons pas un drame. Jouez comme vous l'indique la portée, en visant à acquérir vitesse, fluidité et à mémoriser efficacement l'exercice.

Plage 65, 0:20

# Vous frotter à quelques compositions constituées de séquences d'arpèges mineurs

Les compositions que nous allons maintenant vous présenter illustrent des séquences d'arpèges mineurs issues de l'œuvre de compositeurs classiques comme Mozart et Schumann. Aucune des deux ne présente de difficulté particulière, et elles vous sembleront plus faciles encore lorsque vous réaliserez que bon nombre des motifs qu'elles contiennent peuvent également être joués sous forme d'accords. Essayez les deux approches – le doigté par les modèles d'arpèges que vous avez répétés au chapitre 9, et les accords prolongés et/ou barrés.

## « Mozart's Motif »

Nous clôturons ici notre trilogie de Mozart (ce morceau prend la suite de ceux présentés au chapitre 9) avec une composition issue de sa « Sonate n° 1 pour piano en *do* majeur ». L'intérêt de cet extrait est qu'il utilise les séquences de deux façons. Les séquences descendantes de deux notes qui montent par notes des accords jusqu'à l'octave ; on remarque aussi les séquences plus longues (dix notes au total) au sein des mesures. Mozart était fort doué pour ainsi structurer la musique qu'il composait : on trouve de tels exemples dans l'ensemble de son œuvre. Ou bien il avait prévu de figurer à titre d'exemple dans *Exercices de guitare pour les Nuls*. Notez que la 7e mesure contient un arpège majeur, qui procure une transition appréciable avec la dernière mesure.

Sont utilisés dans cette pièce les modèles d'arpège mineur n° 1 et n° 3, et bien que le modèle n° 1 commence normalement sur la 6e corde et que le modèle n° 4 commence sur la 5e corde, tous deux jouent ici des séquences de cordes strictement identiques (4-5-3-4-2-3-1-2-3-4). De plus, ce morceau vous permet de mettre en œuvre les modèles d'arpège majeur n° 2 et n° 4 traités au chapitre 8. Pour l'ensemble de ces raisons, cet extrait est un excellent moyen de tester votre mémoire des modèles d'arpèges, majeurs et mineurs. L'essentiel est que vous puissiez jouer ces arpèges majeurs avec autant d'assurance que les arpèges mineurs récemment acquis.

Les morceaux composés d'arpèges sont fréquemment joués *legato,* ce que nous vous encourageons à faire ici. En revanche, veillez à ne pas laisser les notes résonner pendant les soupirs qui suivent les séquences. Ces notes de fin doivent être jouées de façon brève et détachée, conformément au rythme d'écriture du morceau.

**Plage 66**

## « Cavalier sauvage » de Schumann

Robert Schumann est un compositeur de la période romantique, aussi torturé que brillant. Son épouse, Clara, était une pianiste célèbre qui a souvent interprété les compositions de son mari. En tant que pianiste, Schumann trouvait ses mains trop petites. Il conçut donc un appareil destiné à augmenter les performances de ses doigts dont l'usage le laissa handicapé, incapable de se produire au piano. D'aucun affirment que l'amertume le poussa à composer des morceaux diaboliquement difficiles à interpréter.

N'étant pas nous-mêmes diaboliques, nous avons sélectionné l'une de ses compositions relativement accessibles, et l'avons adaptée pour la guitare. Elle tient son côté joyeux et entraînant de son chiffrage 6/8. On peut presque imaginer le cheval qui galope en cadence. La première moitié de cette pièce est en *la* mineur, sur les modèles d'arpège mineur n° 1 et n° 4. La seconde moitié est basée sur la même mélodie, transposée en *ré* mineur. Cependant, plutôt que de faire glisser votre main de cinq cases vers le haut, vous restez en $5^{e}$ position et jouez sur les modèles d'arpège mineur n° 3 et n° 1.

N'OUBLIEZ PAS !

Même si le morceau est en tonalité mineure, elle n'est pas entièrement composée d'arpèges mineurs. On y trouve également des arpèges majeurs. Veillez à observer la mention « *D.C. al fine* » figurant sur la partition, qui vous indique l'ordre dans lequel exécuter les sections.

Vous pouvez répéter ce morceau autant que vous le souhaitez. Mais n'en faites pas autant que Schumann. Évitez de vous blesser en jouant de la guitare comme Schumann l'a fait au piano !

Plage 67

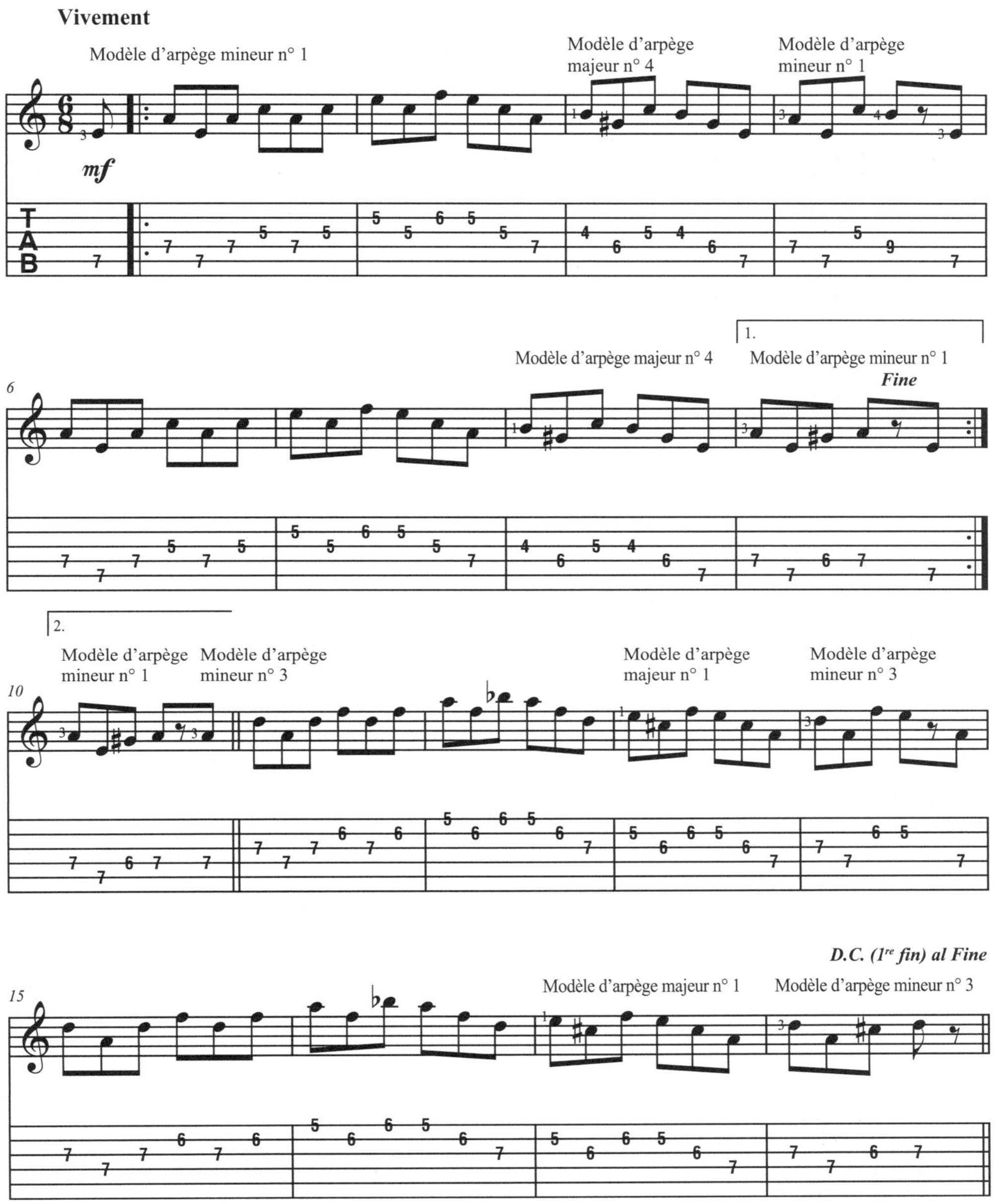
Vivement
Modèle d'arpège mineur n° 1
Modèle d'arpège majeur n° 4
Modèle d'arpège mineur n° 1
mf
T
A
B
Modèle d'arpège majeur n° 4
1.
Modèle d'arpège mineur n° 1
Fine
2.
Modèle d'arpège mineur n° 1
Modèle d'arpège mineur n° 3
Modèle d'arpège majeur n° 1
Modèle d'arpège mineur n° 3
D.C. (1re fin) al Fine
Modèle d'arpège majeur n° 1
Modèle d'arpège mineur n° 3

# Chapitre 11

# Pimenter votre jeu avec les arpèges d'accords de 7e

### *Dans ce chapitre*

- Jouer les arpèges d'accords de 7e de dominante, mineurs et majeurs
- Jouer des morceaux faisant appel aux arpèges d'accords de 7e

La construction d'accords est possible de plusieurs façons. Le plus simple est de partir d'une gamme et d'en jouer une note sur deux. Par exemple, en *do,* si vous jouez *do, mi* et *sol* – les notes 1, 3 et 5 si on les désigne par leur chiffre –, vous produisez un accord majeur. En jouant *do, mi♭* et *sol* (1,♭ 3 et 5), vous obtenez un accord en *do* mineur. Si vous ajoutez la note suivante de la série, donc la note 7 (en l'occurrence, le *si*), vous obtenez un *accord de 7e*. Il existe plusieurs types d'accords de 7e, mais tous ont en commun une configuration basée sur 1, 3, 5 et 7.

Le son des accords de 7e est plus riche et complexe que celui des accords majeurs et mineurs de base, et ils sont très répandus dans de nombreux types de musique, notamment le jazz, la pop, le classique, le rock et le blues. Nous allons nous intéresser dans ce chapitre aux trois types d'accords de 7e les plus répandus : les accords de 7e de dominante, les accords mineurs 7e et les accords de 7e majeure. Bien d'autres types d'accords de 7e existent, mais leur son est plus complexe. Nous nous tiendrons donc à ceux le plus fréquemment rencontrés, dans des genres musicaux divers.

N'OUBLIEZ PAS !

La notation des accords 7e est un peu particulière et répond aux règles suivantes :

- Par défaut, un accord est majeur. Par exemple, l'accord de « *do* majeur » (C maj), s'écrit généralement « *Do* » (ou *C*).
- Par défaut, une 7e est mineure. Par exemple, l'accord de « *do* 7e » (*C* 7) comprend l'accord de *do* majeur auquel on a rajouté une 7e mineure.

Les trois accords/arpèges 7e que vous rencontrerez dans ce livre sont alors notés ainsi :

1. Accord 7e (aussi appelé **7e de dominante**), constitué d'un accord majeur et d'une 7e mineure.
2. Accord de **7e majeure**, constitué d'un accord majeur et d'une 7e majeure.
3. Accord **mineur 7e**, constitué d'un accord mineur et d'une 7e mineure.

Nous présentons dans ce chapitre chaque arpège d'accords de 7e sous forme de grille, de portée traditionnelle et de tablature. Vous pouvez vous référer à l'un ou à plusieurs de ces types de notation, à votre convenance ; certains sont simplement plus rapides que les autres à lire et à interpréter. Du fait que les arpèges sont souvent liés à des formes d'accords, vous préférerez peut-être consulter en priorité les grilles d'accords.

Lorsque vous aurez mémorisé le doigté d'un arpège, il vous suffira de le transposer à différent endroit du manche, en commençant sur différentes notes pour produire d'autres arpèges d'accords. Le son des accords reste inchangé ; lorsque vous changez de position, seule la tonalité ou la note de départ de l'arpège varie. Si vous avez un doute sur la disposition des notes sur le manche, il vous suffit de vous référer à un schéma illustrant la répartition des notes sur toutes les cases des six cordes.

# S'entraîner aux arpèges d'accords de 7e de dominante

On peut obtenir un accord de 7e de dominante de différentes façons, mais pour le moment, voici comment nous allons procéder : partez d'une gamme majeure et jouez les notes 1, 3, 5 et ♭7. Par exemple, en *do,* si vous jouez *do, mi, sol* et *si♭,* vous obtenez un accord de 7e dominante en *do* – ce qui donne *do*7 en abrégé.

Au fil de votre travail de pratique de cette rubrique, veillez à jouer chaque arpège du grave vers l'aigu, avec lenteur et détermination, puis plus vite et d'un jeu plus léger. Veillez juste à maintenir votre vitesse de départ et un niveau sonore constant d'un bout à l'autre de l'arpège.

## Modèle n° 1 d'arpège d'accords de 7e de dominante

La figure ci-dessous illustre un modèle d'arpège d'accords de 7e de dominante en *fa* majeur en 5e position, présenté sous forme de grille, de portée traditionnelle et de tablature. Les *notes hors position* de ce modèle (c'est-à-dire celles qui tombent à l'extérieur des quatre cases qui définissent la position dans laquelle vous jouez) sont situées à l'extérieur du manche – sur les 6e et 1re cordes. En guise d'échauffement, nous préconisons de passer du motif de notes 1-4-1-4 sur la 6e corde au motif 1-4-1-4 sur la 1re corde, en faisant des allers-retours. Notez que vos doigts se plient spontanément à la 1re corde et s'étirent à la 6e, ce qui constitue un bon exercice de flexion et d'étirement.

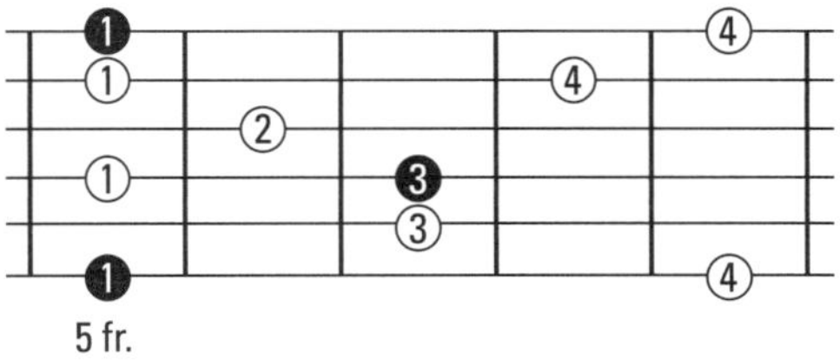


Plage 68

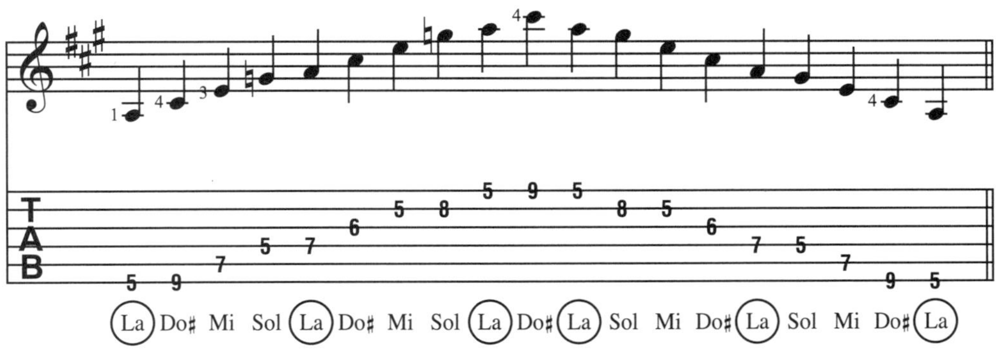


La figure suivante est un exercice en cadence, en *si,* en 7e position. Essayez d'accentuer les 1re et 5e notes de chaque mesure, qui tombent sur les temps forts du modèle 4/4 (temps 1 et 3).

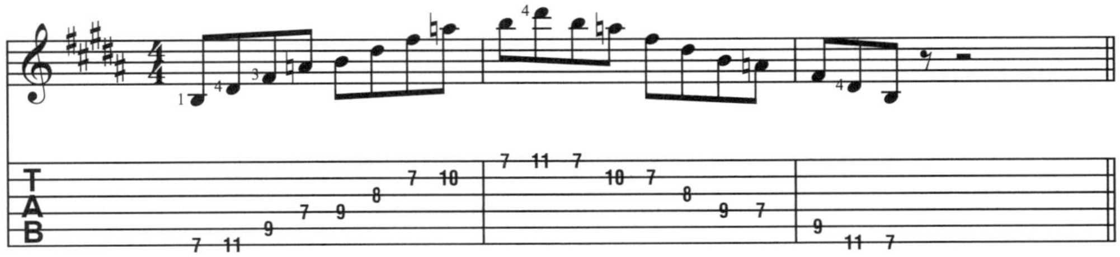

# Modèle n° 2 d'arpège d'accords de 7<sup>e</sup> de dominante

La figure qui suit présente la grille, la portée traditionnelle et la tablature du modèle n° 2 d'arpège d'accords de 7e de dominante en *do*. Les trois premières notes du modèle tombent chacune sur une corde différente, ce qui requiert une bonne souplesse de la main droite si vous jouez avec un médiator. Vous pouvez, pour cet exercice, envisager d'opter pour le *fingerpicking*, ce qui vous permettrait d'attaquer les cordes en vous focalisant sur votre main gauche, sans vous soucier des délicats doigtés alternatifs de la main droite qui ne peuvent que ralentir votre jeu. Afin de jouer les passages difficiles de cet exercice aussi aisément que les autres, plus accessibles, vous pouvez essayer de répéter uniquement les trois premières notes huit fois de suite, pour ensuite jouer l'ensemble du modèle.

ASTUCE

Afin de vous faciliter un peu la tâche, essayez d'aplatir l'index pour jouer les notes consécutives sur les 3e et 2e cordes, qui se jouent toutes deux à la même case (la 5e). Votre index aplati fera office de *mini-accord barré* (qui couvre seulement deux ou trois cordes). Cette technique est particulièrement adaptée si vous souhaitez créer un son plus *legato* (fluide et lié) entre les notes.

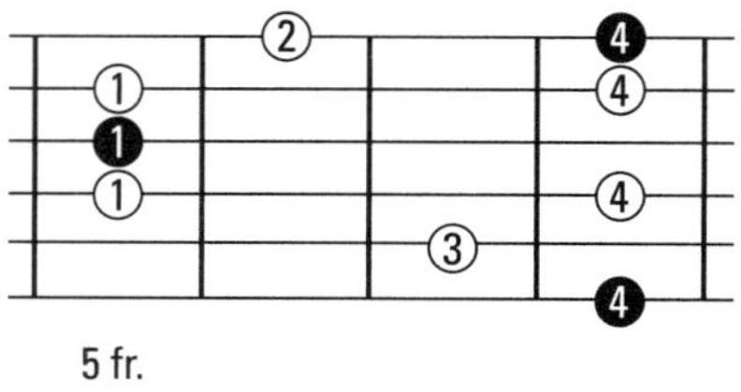


Plage 69

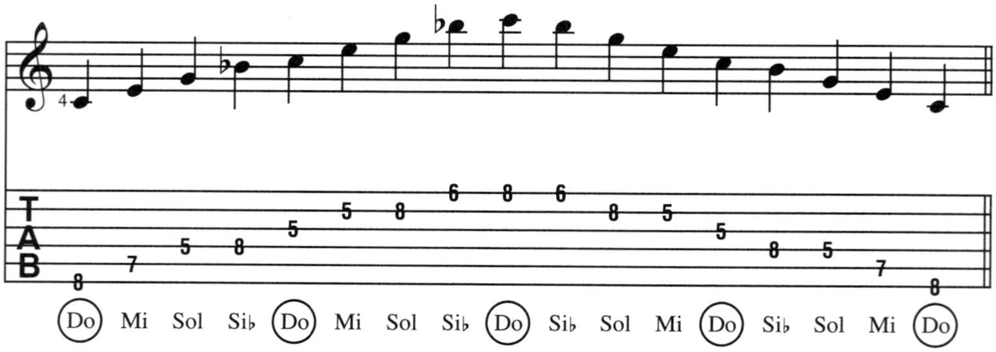


Lorsque vous vous sentirez prêt, essayez de jouer l'exercice en *la*, en 2e position. Pratiquer les arpèges d'accords de 7e de dominante en triolets est un excellent moyen de jouer les accords dans un « swing » ou un « shuffle blues », alors attaquez ces notes de toute votre âme !

# Modèle n° 3 d'arpège d'accords de 7e de dominante

Les modèles présentés aux rubriques précédentes couvrent au moins deux octaves. En revanche, les modèles d'arpèges d'accords de 7e de dominante n° 3, n° 4 et n° 5 ne vont pas tout à fait jusqu'à deux octaves. Avec moins de notes disponibles pour chaque position, ces modèles constituent des passages plus courts qu'il n'est pas nécessaire de jouer sur toute la largeur du manche. Voir à la figure ci-dessous pour consulter la grille, la portée traditionnelle et la tablature du modèle d'arpège d'accords de 7e de dominante n° 3, présenté ici en *ré*.

Nous disposons pour cet exercice de deux doigtés alternatifs : d'une part, vous pouvez jouer la note de la 4e corde avec le majeur, et non l'annulaire, comme indiqué sur le schéma. D'autre part, vous pouvez jouer la note de la 2e corde avec l'auriculaire (et non l'annulaire). Ainsi, vous n'avez pas à utiliser le même doigt pour deux notes de suite ce qui vous évite de passer d'une corde à l'autre avec le même doigt. Entraînez-vous à pratiquer les deux doigtés substitutifs autant que le doigté d'origine, ce qui vous laissera le loisir de choisir la solution qui vous semble la plus confortable. Réaliser l'exercice huit fois de suite pour chacune des quatre combinaisons (donc 32 exercices au total) devrait faire l'affaire !

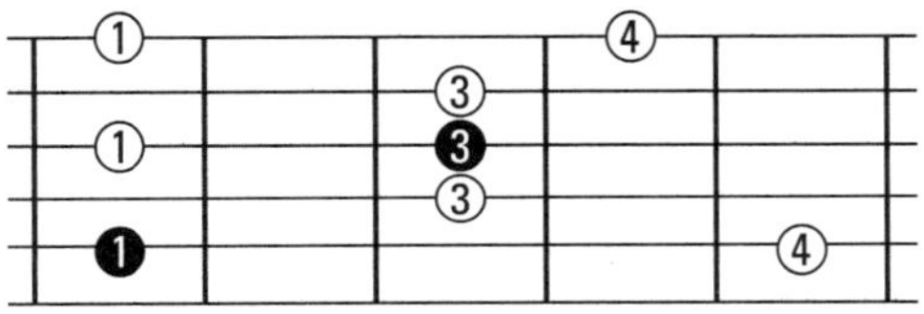

5 fr.

Plage 70

L'exercice qui suit est en *mi,* en 7e position. Pour plus de confort, et pour éviter les sauts d'une corde à une autre, essayez-vous ici aux deux doigtés alternatifs suivants : le majeur sur la 4e corde, et l'auriculaire sur la 2e corde.

# Modèle n° 4 d'arpège d'accords de 7ᵉ de dominante

La figure qui suit présente la grille, la portée traditionnelle et la tablature du modèle n° 4 d'arpège d'accords de 7ᵉ de dominante, en 5ᵉ position, en *fa*. Vous remarquerez que dans ce modèle, comme dans le modèle n° 2 d'accord de 7ᵉ de dominante, les trois premières notes sont jouées chacune sur une corde différente. Cela complique un peu la première moitié de l'exercice – tout particulièrement si vous êtes adepte du *picking alterné,* auquel cas changer de corde à chaque note requiert une plus grande maîtrise. Nous vous conseillons donc de commencer par vous entraîner aux quatre notes de l'exercice en les isolant, avant de vous lancer dans l'exécution du modèle dans son ensemble.

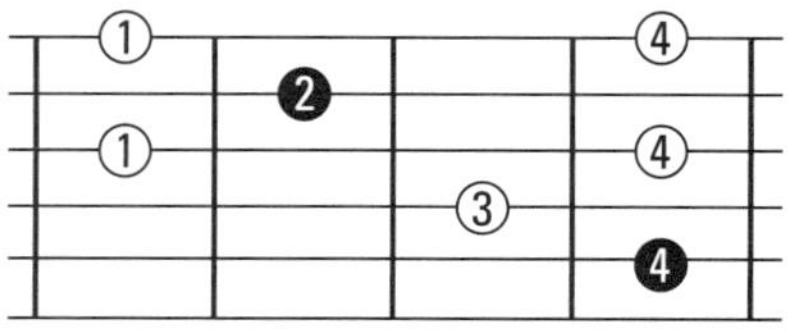

5 fr.

Plage 71

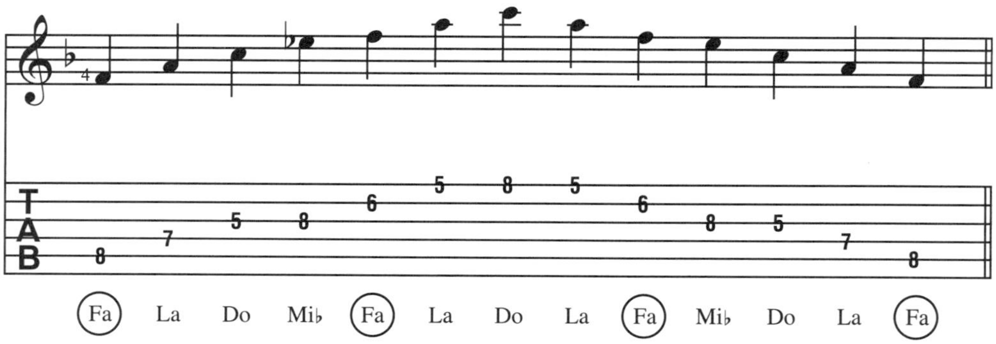


Lorsque vous serez prêt, essayez l'exercice en cadence. Il est en *ré* en 2ᵉ position. Pour vous amuser, essayez de le jouer en barrant de tous vos doigts à l'exception de l'auriculaire, notamment en barrant les trois cordes du haut de l'index. Ce faisant, seul l'auriculaire doit se déplacer pour jouer toutes les notes de l'arpège. Non seulement vous isolez l'auriculaire des trois autres doigts fixes, mais cela donne un son très *legato.*

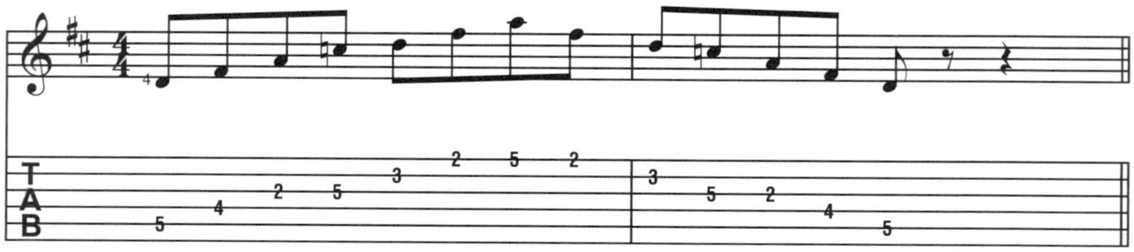

# Modèle n° 5 d'arpège d'accords de 7e de dominante

La figure qui suit présente la grille, la portée traditionnelle et la tablature du modèle n° 5 d'arpège d'accords de 7e de dominante, en 5e position, en *sol.* Cet exercice met le majeur, l'annulaire et l'auriculaire dans des positions inhabituelles, et bon nombre de guitaristes le joueraient en utilisant des doigtés de remplacement (décrits ci-après). Pour le moment, exécutez l'exercice comme indiqué ici, ce qui vous donnera une bonne idée du doigté classique 2, 3 et 4 (majeur-annulaire-auriculaire).

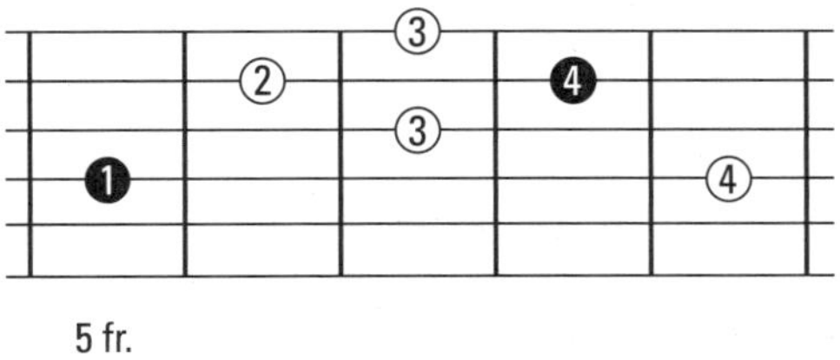


Plage 72

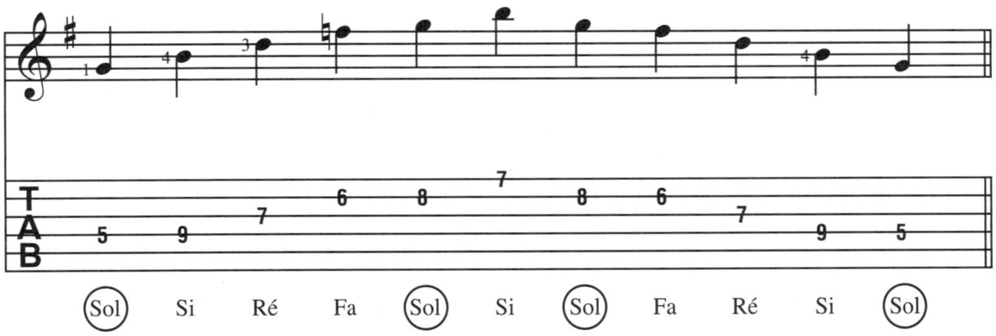


Pour vous entraîner, mettez en pratique l'exercice illustré à la figure ci-dessous : le modèle n° 5 d'arpège d'accords de 7e de dominante en *la,* en 7e position. Jouer les deux premières notes selon le doigté indiqué (index et auriculaire). Adoptez ensuite les doigtés ci-après, qui sont tous des variantes du doigté original : le majeur sur la 3e corde, l'index sur la 2e corde suivi de l'annulaire sur la 2e corde, et le majeur sur la 1re corde. Si cela vous semble plus confortable, vous pouvez jouer le modèle n° 5 de cette façon, comme si le doigt qui commence (c'est-à-dire l'index, et non l'auriculaire étiré), était hors position Si vous commenciez de l'auriculaire, tous les doigtés de remplacement seraient adaptés ! C'est l'un des avantages de la guitare : il n'existe pas une *seule et unique* façon de jouer les morceaux ou les exercices, et ce qui vous semble le plus confortable peut être à des lieues de la technique de jeu conventionnelle.

# Mettez vos doigts au travail avec les arpèges d'accords mineurs 7e

On peut arriver aux accords de mineurs 7e de bien des façons. Un de ces moyens est de partir d'une gamme majeure en jouant les notes 1, ♭3, 5, ♭7. Ainsi, en *do,* un accord de *do* m 7 (do mineur septième) se joue *do, mi♭, sol, si♭.*

N'OUBLIEZ PAS ! Lorsque vous serez prêt à répéter les arpèges de cette rubrique, veillez à les jouer du grave vers l'aigu, avec lenteur et détermination, puis plus vite et d'un jeu plus léger. Veillez juste à maintenir votre vitesse de départ et un niveau sonore constant d'un bout à l'autre de l'arpège.

## Modèle n° 1 d'arpège d'accords mineurs 7e

La figure qui suit présente la grille, la portée traditionnelle et la tablature du modèle d'arpège d'accord mineur 7e, en *la,* en 5e position. Entre les 3e et 2e cordes, vous pouvez envisager de remplacer le saut de l'index d'une corde à l'autre par une mini-barre. Essayez de jouer ces cordes frettées consécutives en formant un mini-accord barré de l'index, en mode ascendant et descendant.

ASTUCE Avant de continuer, entraînez-vous aux deux techniques – le saut de l'index et le mini-accord barré – un nombre équivalent de fois, afin de déterminer quelle méthode vous semble la plus confortable.

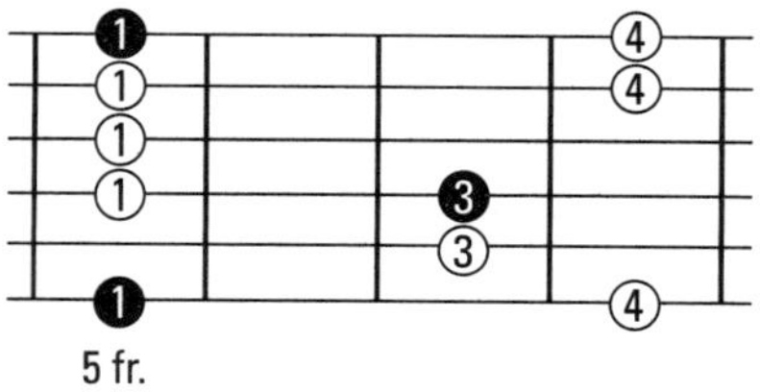


Plage 73

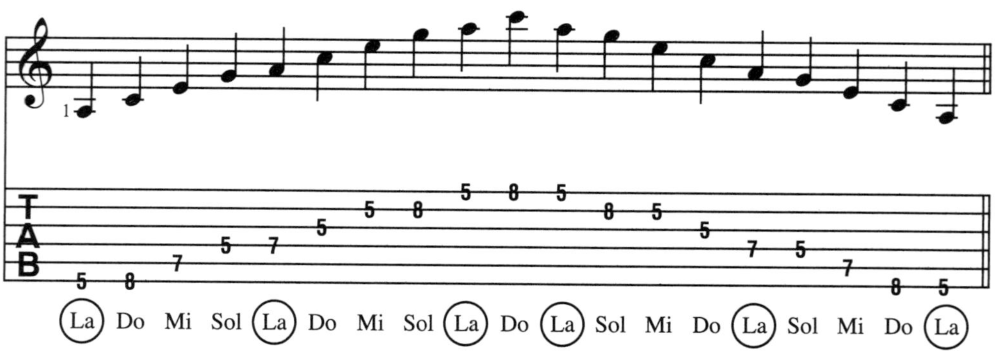


Voici un exercice à pratiquer en rythme, en *sol* mineur en 3e position. Une excellente astuce pour jouer les passages du modèle n° 1 d'arpège d'accords mineurs 7e en mode *legato* consiste à barrer les six cordes de l'index et de les maintenir plaquées. Ajoutez ensuite l'un après l'autre l'auriculaire et l'annulaire (le majeur n'est pas du tout utilisé dans ce modèle). Cet exercice requiert un peu plus de souplesse de la main que si vous jouiez toutes les notes du bout de l'index, mais le résultat vaut infiniment la peine ; c'est une technique d'arpège très économique.

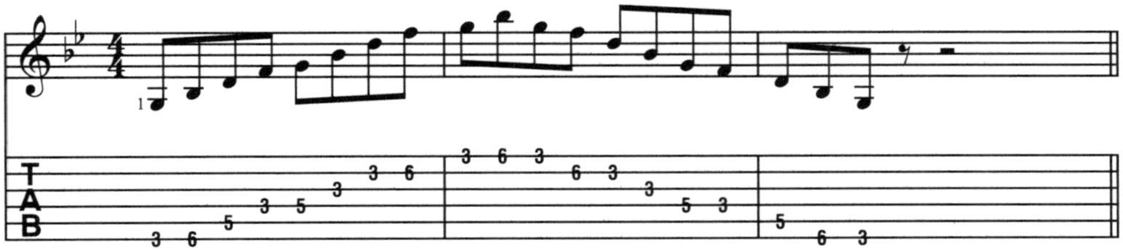

## Modèle n° 2 d'arpège d'accords mineurs 7e

Du fait que le modèle n° 2 d'arpège d'accords de mineurs 7e repose particulièrement sur l'auriculaire (qui est plus faible que les autres doigts), il n'est pas aussi facile à jouer que le modèle n° 1 d'arpège d'accords mineurs 7e. Une variante consiste à jouer les notes consécutives sur les 3e et 2e cordes en aplatissant l'auriculaire, puisqu'elles sont jouées à la même case (en l'occurrence, la 8e). Cette technique s'avère particulièrement pratique si vous voulez obtenir un son plus *legato* entre les notes.

La figure qui suit présente la grille, la portée traditionnelle et la tablature du modèle n° 2 d'arpège d'accords mineurs 7e en *do* mineur. Répétez cet exercice selon le doigté indiqué et aussi en formant le mini-accord barré expliqué au paragraphe précédent. Voyez si vous parvenez à mettre en œuvre les deux techniques sans que le son obtenu ne trahisse la différence de doigté. Puis faites écouter les deux approches à un autre guitariste, à l'aveugle, pour voir si une oreille étrangère perçoit la nuance !

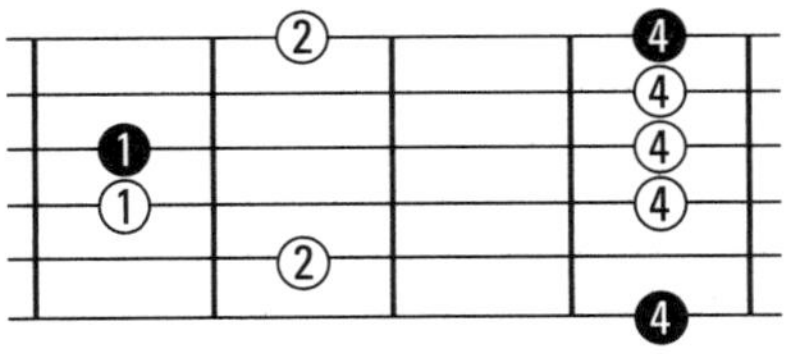

5 fr.

Plage 74

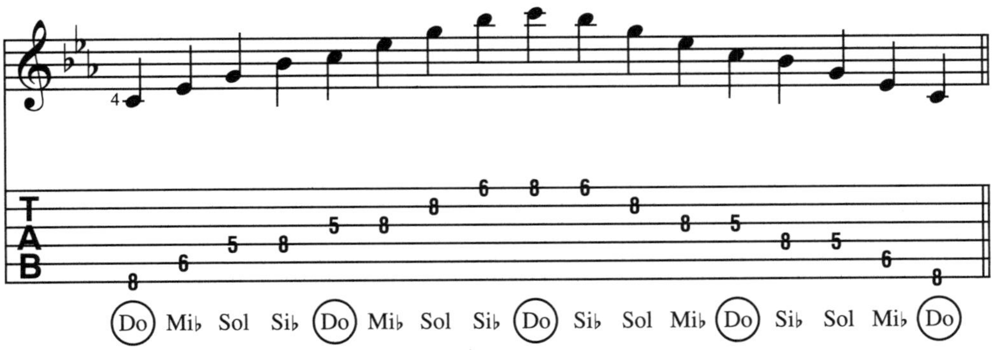


Lorsque vous vous sentez prêt à continuer, essayez-vous à l'exercice ci-après, en *si* mineur, en 7e position. Comme c'est toujours le cas pour les triolets, accentuez la première note de chaque groupe de trois. Souvenez-vous cependant que les accords de 7e étant constitués de quatre notes, on assiste à une rotation des tonalités d'accord (qui se trouvent accentuées tour à tour) au fil de la séquence. Considérez cette rotation comme un point positif, car elle signifie qu'aucune des notes ne se sentira laissée-pour-compte ! Au fil de cet exercice, accentuez, dans l'ordre, *si* (6ᵉ corde), *la* (4ᵉ corde), *fa* ♯ (2ᵉ corde), *la* (1ʳᵉ corde), *si* (3ᵉ corde), et *ré* (5ᵉ corde) – autant de tonalités qu'il y a de cordes. Top cool, non ?

# Modèle n° 3 d'arpège d'accords mineurs 7ᵉ

Les modèles d'arpèges d'accords mineurs 7ᵉ présentés aux deux rubriques précédentes s'étendent sur plus de deux octaves. En revanche, les modèles d'arpèges d'accords mineurs 7ᵉ n° 3, n° 4 et n° 5 font un peu moins de deux octaves. De ce fait, vous disposez ici d'un nombre inférieur de notes pour illustrer le concept d'accord mineur 7ᵉ sur la base du modèle n° 3. Soyez sans crainte. Vous pouvez combler l'espace en répétant les notes (c'est-à-dire en les jouant deux fois de suite), en changeant de sens de jeu plus fréquemment, ou en répétant des groupes de notes.

La figure qui suit présente la grille, la portée traditionnelle et la tablature du modèle n° 3 d'arpège d'accords mineurs 7ᵉ, en 5ᵉ position, en *ré* mineur. Cet exercice est un modèle de bienséance en terme de doigté : aucune note hors position (donc aucun étirement !), et aucun doigté alternatif. Il se contente de tomber parfaitement sous vos doigts. Exécutez-le en alternant l'effet *legato* puis *staccato,* environ huit fois de suite pour chacun, afin de vous exercer à produire les deux effets d'un doigté égal.

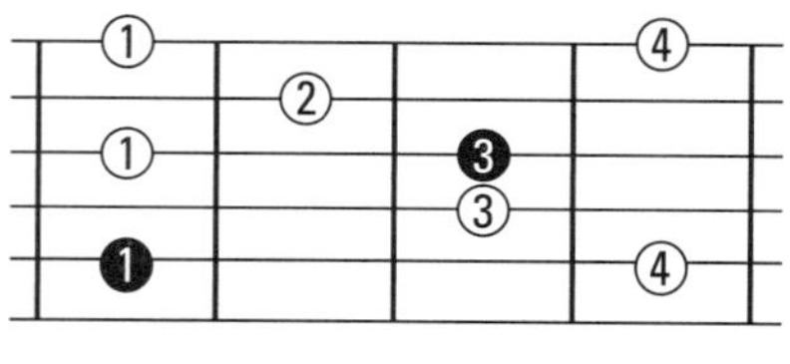

5 fr.

Plage 75

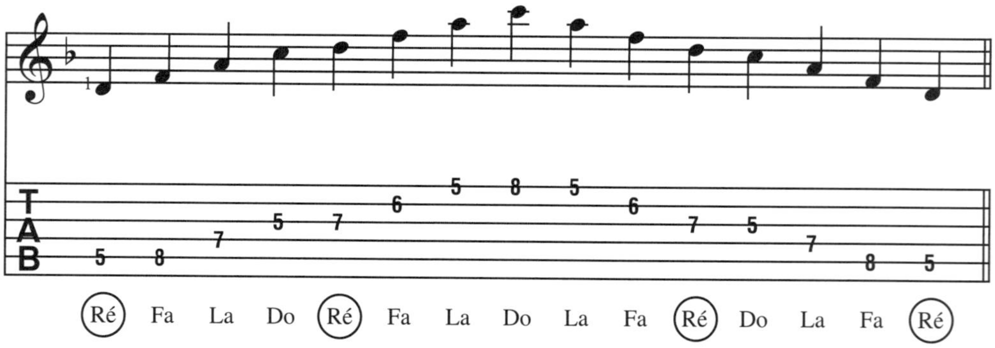

Voici un exercice en *fa*♯ mineur en 9e position. Même si l'exercice n'exige pas de barrer les cordes de l'index, essayez tout de même, pour voir si vous parvenez à prolonger le son des notes aussi longtemps que possible, rappelant le son de la harpe. Maintenir l'index plaqué tout en bougeant le majeur, l'annulaire et l'auriculaire pour fretter les notes de ce modèle contribue à autonomiser vos doigts.

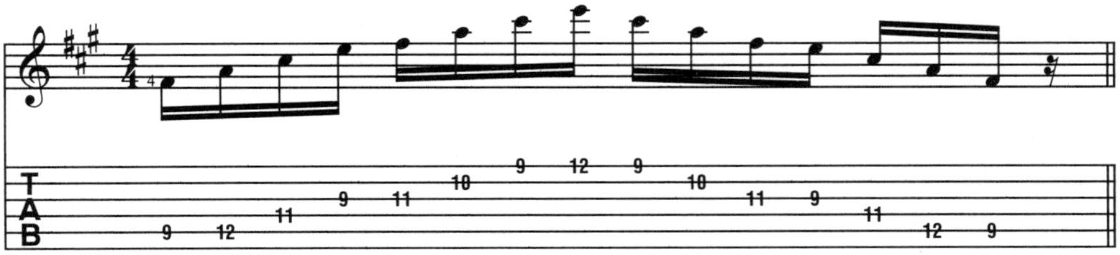


## Modèle n° 4 d'arpège d'accords mineurs 7e

La figure qui suit présente la grille, la portée traditionnelle et la tablature du modèle n° 4 d'arpège d'accords mineurs 7e en *fa* mineur. Il comporte une note hors position sur la 1re corde. Parce qu'elle est située une frette au-dessous de l'endroit où le doigt se positionne naturellement sur le manche (plus bas sur le manche), vous devez la jouer en étirant l'index (en direction du sillet).

ASTUCE

L'étirement vers le bas est moins répandu que l'étirement vers le haut pour jouer les notes hors position De ce fait, essayez d'isoler l'étirement en jouant les trois notes du haut en commençant à la 2e corde. Répétez ce segment de trois notes en montant et en descendant huit fois de suite, avant de vous lancer dans l'intégralité de l'exercice.

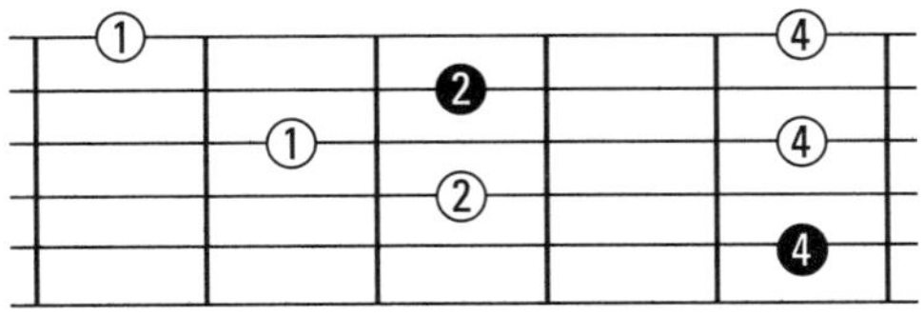

4 fr.

Plage 76

L'exercice qui suit est en *mi* mineur en 4e position. Pour assouplir l'étirement entre le majeur et l'index, laissez le majeur sur la 2e corde (en laissant résonner la corde) lorsque vous jouerez les notes de la 1re corde. C'est une excellente technique pour tirer sur l'index et le majeur et les assouplir vite fait bien fait !

# Modèle n° 5 d'arpège d'accords mineurs 7e

La figure qui suit présente la grille, la portée traditionnelle et la tablature du modèle n° 5 d'arpège d'accords mineurs 7e en *sol* mineur. Cet exercice fait particulièrement travailler le doigté majeur-annulaire-auriculaire, qui sont des doigts traditionnellement plus faibles que le doigté index-majeur-annulaire. Pratiquez donc ce doigté alternatif pour qu'il soit aussi performant que l'autre. Entraînez-vous au modèle n° 5 lorsque vous aurez une pratique intensive des accords barrés (qui font travailler l'index) et isolez le mouvement entre l'auriculaire et le majeur sur les deux cordes du haut si cette position vous paraît moins naturelle et moins confortable que l'autre combinaison de doigté.

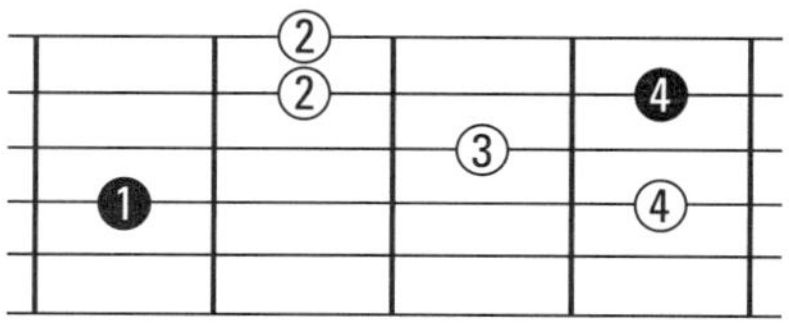

5 fr.

Plage 77

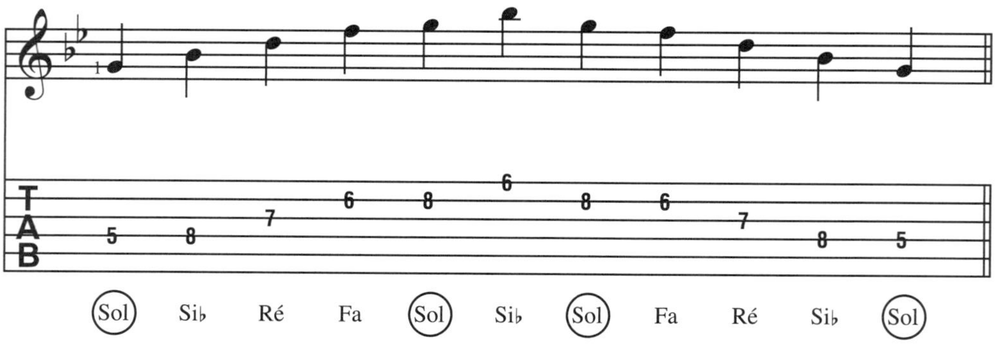


Lorsque vous serez prêt, essayez l'exercice ci-dessous, qui est en *si♭* mineur en 8e position. Vous remarquerez la présence d'un demi-soupir en fin de mesure. Ce silence vous laissera peut-être avec un goût de trop peu, comme si la portée s'était terminée trop tôt, ou que le son se trouvait tout à coup tronqué. Essayez de remplacer ce demi-soupir par une note jouée, et vous pourrez répéter indéfiniment l'exercice. À la place de cette note manquante, il suffit de rejouer l'avant-dernière note – la 11$^{e}$ case sur la 4$^{e}$ corde. Lorsque vous jouerez ainsi l'exercice en boucle, appuyez la première note de chaque triolet.

# Passer en revue les arpèges d'accords de 7$^{e}$ majeure

Comme pour les accords de 7$^{e}$ de dominante et les accords mineurs 7$^{e}$, vous pouvez créer un accord de 7$^{e}$ majeure de plusieurs manières. Une de ces méthodes consiste à partir d'une gamme majeure et à jouer les notes 1, 3, 5, 7. De sorte qu'en *do,* un accord de *do* maj 7 (do majeur 7$^{e}$) se joue *do, mi, sol, si.*

Jouez chaque arpège de cette rubrique du grave vers l'aigu, avec lenteur et détermination, puis, au bout de quelques essais concluants, plus vite et d'un jeu plus léger. Veillez à maintenir votre vitesse de départ et un volume de son constant d'un bout à l'autre de l'arpège.

## Modèle n° 1 d'arpège d'accords de 7$^{e}$ majeure

La figure qui suit présente la grille, la portée traditionnelle et la tablature du modèle d'arpège d'accord de la 7$^{e}$ majeure, en 5$^{e}$ position. Le modèle n° 1 d'arpège d'accords de 7$^{e}$ majeure comporte trois notes hors position – sur les 6$^{e}$, 2$^{e}$ et 1$^{re}$ cordes. Vous devez jouer ces notes en étirant l'auriculaire vers le haut (en direction du chevalet), car elles sont situées une frette au-dessus de l'endroit où le doigt se positionne naturellement sur le manche.

La maîtrise des arpèges de 7$^{e}$ majeure est essentielle car ils soulignent les notes de l'accord de 7$^{e}$ tonique dans la tonalité majeure. Quels que soient les accords de 7$^{e}$ présents dans un morceau qui comporte des arpèges, l'accord de 7$^{e}$ majeure tonique sera présent à coup sûr. On trouve la seule exception notable, où l'accord de 7$^{e}$ tonique n'est pas un accord de 7$^{e}$ majeure, mais un accord de 7$^{e}$ de dominante, dans le blues. Exécutez cet exercice huit fois de suite, jusqu'à ce que vous le maîtrisiez aussi bien que les autres arpèges de votre répertoire.

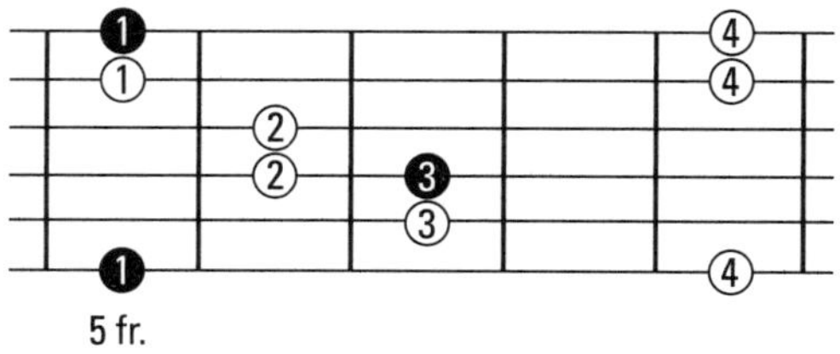


Plage 78

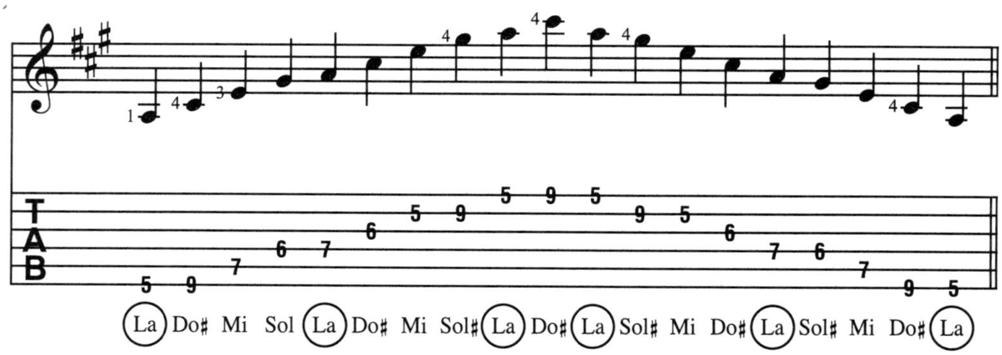


L'exercice suivant se pratique en rythme, en 8e position en *do* majeur.

N'OUBLIEZ PAS !

Dans un arpège d'accords de 7e majeure, la 7e est à un demi-ton de la fondamentale, donc sensiblement éloignée de la racine. Prenez l'habitude, lorsque vous jouez des arpèges de 7e majeure, de toujours terminer sur la fondamentale plutôt que sur la 7e.

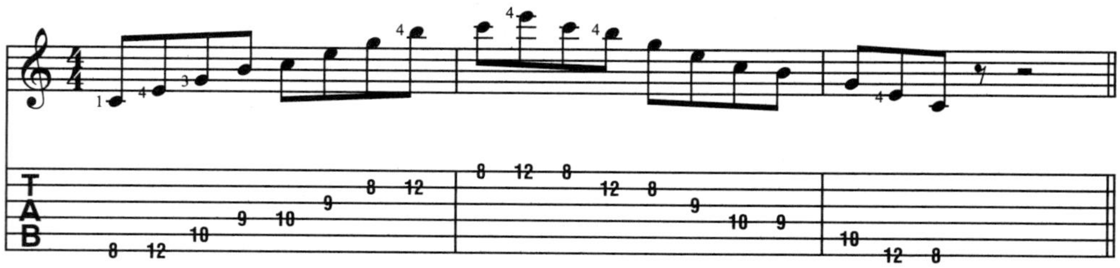

# Modèle n° 2 d'arpège d'accords de 7e majeure

La figure qui suit présente la grille, la portée traditionnelle et la tablature du modèle n° 2 d'arpège d'accords de 7e majeure en *do*. Le milieu de cet exercice peut s'avérer délicat. Nous vous conseillons donc de pratiquer un mini-exercice-au-sein-de-l'exercice, en ne jouant que les notes qui tombent sur les 4e, 3e et 2e cordes, en mode ascendant, en exécutant une boucle de cinq notes selon le doigté 1-4-1-1-4 (index-auriculaire-index-index-auriculaire). Redescendez ensuite, puis pratiquez l'exercice en cette boucle séparément du reste du modèle, au moins quatre fois de suite avant de jouer entièrement l'exercice en montant et en descendant.

ASTUCE

Jouez les notes consécutives sur les 3e et 2e cordes, qui tombent à la même case (en l'occurrence la 5e) en aplatissant l'index. Cette technique sert à créer un son plus *legato* entre les notes.

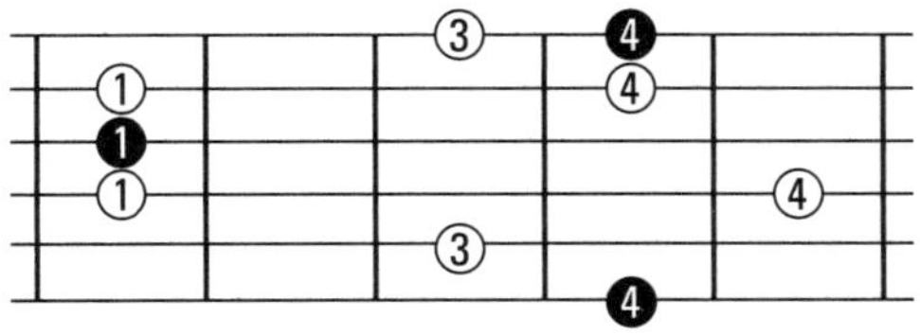


5 fr.

Plage 79

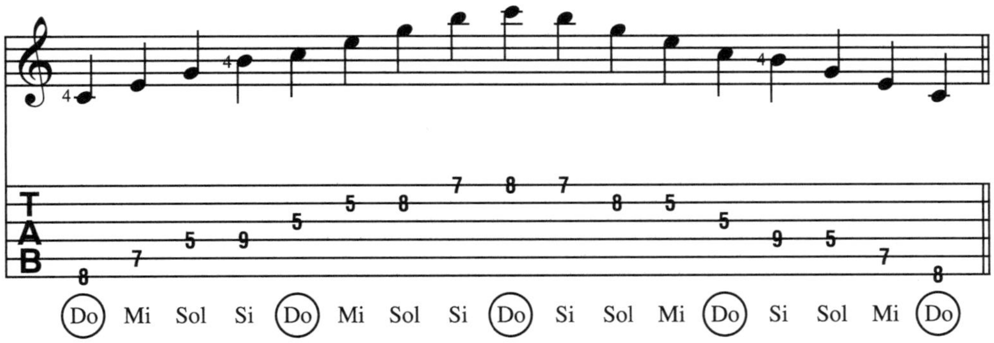


La figure ci-après est un bon exercice, en *ré* en 7e position. Vous noterez qu'il ne met pas du tout en œuvre le majeur ; gardez donc un œil sur ce doigt, pour vous assurer qu'il reste détendu, positionné au-dessus de la 8e case – même pendant les étirements de l'auriculaire pour atteindre les notes à la 11e case sur la 4e corde.

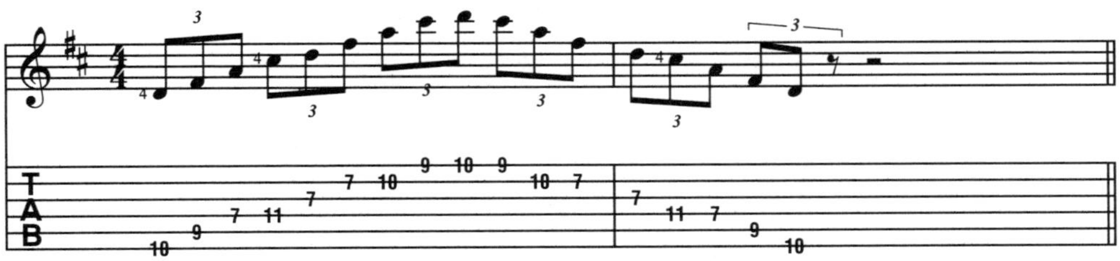


# Modèle n° 3 d'arpège d'accords de 7e majeure

Les modèles présentés aux rubriques précédentes couvrent au moins deux octaves. En revanche, les modèles d'arpèges d'accords de 7e majeure n° 3, n° 4 et n° 5, ne font pas tout à fait deux octaves. Dans un exercice court comme le modèle n° 3, vous devrez, pour constituer la notion d'arpège, jouer les notes de façon répétitive. Ceci n'est pas un problème en soi, mais vous allez simplement devoir faire preuve d'une plus grande créativité que lorsqu'il s'agit simplement de jouer un exercice long.

La figure qui suit présente la grille, la portée traditionnelle et la tablature du modèle d'arpège d'accords de 7e majeure n° 3 en *ré*.

N'OUBLIEZ PAS !

Cet exercice peut se révéler délicat à exécuter dans la mesure où il comporte deux étirements hors position *et* un mini-accord barré entre les 3e et 2e cordes. Mais du fait de la courte durée de l'exercice, nul besoin d'isoler certains passages. À la place, contentez-vous de répéter intégralement l'exercice jusqu'à ce que vous jouiez les parties difficiles de façon aussi fluide que le reste du modèle. Pour ce faire, il vous faudra peut-être le répéter plus longtemps que d'autres, plus faciles – par exemple, 12 ou 16 fois. Sachez que les modèles d'arpèges sont comme les enfants : certains sont plus « difficiles » que d'autres, mais on les aime tout autant et on les traite de la même façon.

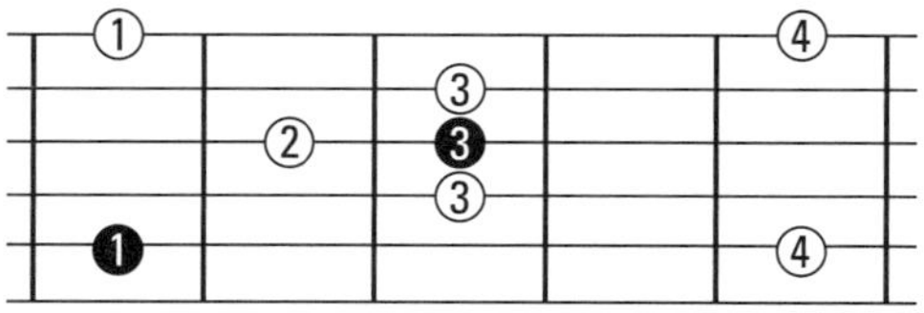

5 fr.

Plage 80

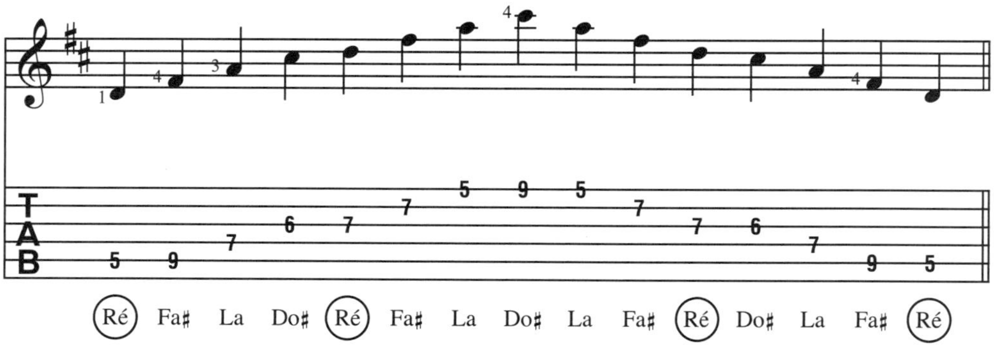


L'exercice présenté à la figure ci-après est en *si*. Il est en 2^e^ position – la deuxième position la plus basse sur le manche – et il comporte deux étirements entre deux cordes très éloignées l'une de l'autre. Comme vous vous en doutez, cette particularité en fait un excellent exercice d'étirement. L'avantage de cet exercice est que non seulement il vous permet d'étirer les doigts et la surface couverte par la main – mais il produit un arpège d'accords de 7^e^ majeure et, si vous le jugez bon, un mini-accord barré de substitution. Vous pouvez donc le classer dans la catégorie des exercices d'assouplissement *efficaces* !

# Modèle n° 4 d'arpège d'accords de 7^e^ majeure

La figure qui suit présente la grille, la portée traditionnelle et la tablature du modèle n° 4 d'arpège d'accords de 7^e^ majeure en *fa*. Cet exercice propose un seul doigté alternatif – un mini-accord barré de l'index entre les 3^e^ et 2^e^ cordes. Ce mini-accord barré peut ne pas vous demander autant de pratique que ceux des autres modèles, mais veillez tout de même à exécuter parfaitement l'exercice dans son entier au moins quatre fois. La cerise sur le gâteau sera d'alterner les effets, tantôt *legato*, tantôt *staccato*.

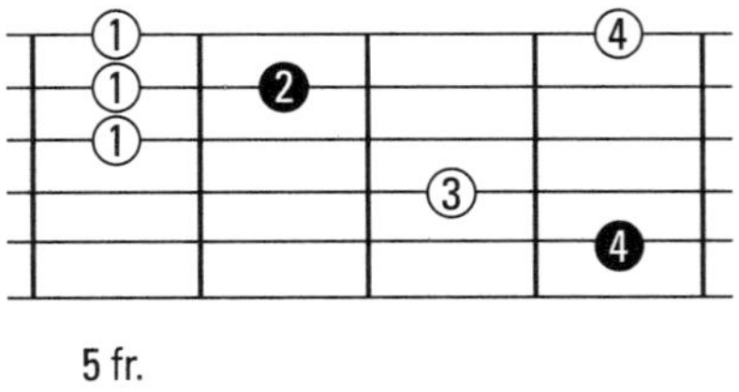


Plage 81

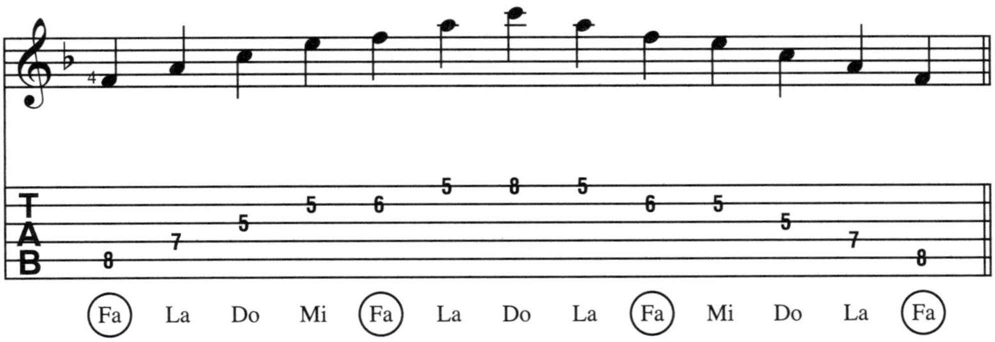


L'exercice ci-dessous est en *sol.* En 7e position, tout devient plus facile, y compris les mini-accords barrés de substitution. Vous pouvez donc essayer de jouer cet exercice à une cadence soutenue.

Vous vous apercevrez rapidement que, tandis que le jeu de la main gauche ne pose aucun problème, jouer quatre notes consécutives chacune sur une corde distincte représente un effort certain pour la main droit – surtout lorsque le tempo est soutenu. Deux solutions s'offrent ici à vous. La première consiste simplement à ralentir le rythme, puis à reprendre progressivement de la vitesse. Voici la seconde : si vous avez commencé en jouant avec un médiator, optez pour le mode *fingerstyle,* qui rend le jeu sur des cordes séparées plus facile que le *picking* en alternance.

# Modèle n° 5 d'arpège d'accords de 7e majeure

La figure qui suit présente la grille, la portée traditionnelle et la tablature du modèle n° 5 d'arpège d'accords de 7e majeure en sol. Outre une note hors position, vous avez ici l'occasion d'employer divers doigtés de remplacement. En voici une : plutôt que d'utiliser l'annulaire (pour pincer les cordes ou jouer en mini-accord barré) sur les 3e, 2e et 1re cordes, relevez votre index et plaquez-le en travers des trois premières cordes à la 7e case dès que vous aurez joué la première note de l'exercice. Maintenez-le ainsi jusqu'au moment où vous devez le ramener sur la note de départ, sur la 4e corde, à la 5e case. Entraînez-vous à cet exercice en remontant l'index de deux cases, puis en le rabaissant, jusqu'à ce que le mouvement devienne aussi confortable – voire plus ! – que le doigté original.

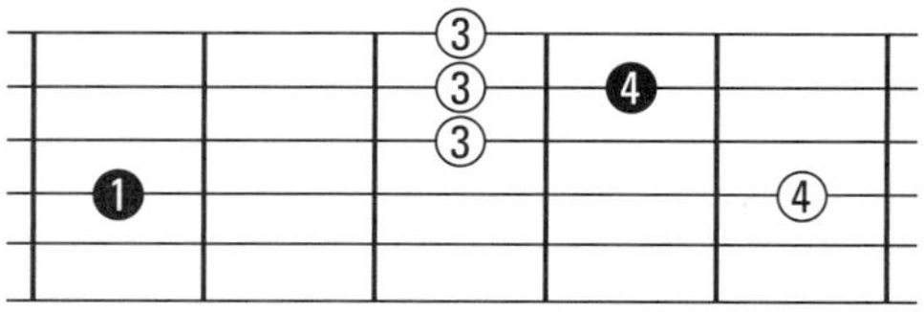

5 fr.

Plage 82

L'exercice à suivre est en *fa♯* en 4e position. Il se joue une case plus bas que le modèle précédent, qui mettait en œuvre le doigté original ainsi qu'une variante. Alors, nous direz-vous, quelle différence ? Vous avez sans doute exécuté le modèle précédent en le segmentant en notes à raison de deux ou quatre notes par temps. En revanche, les notes doivent ici être groupées par trois, puisque cet exercice est en triolets. Et parce qu'il est si court, il vous sera difficile de ressentir le rythme de triolets en ne le jouant qu'une fois. Par conséquent, nous préconisons d'avoir recours à l'astuce appliquée au modèle n° 5 d'arpège d'accords mineurs 7e, dans lequel le silence final est remplacé par l'avant-dernière note de l'exercice (dans le cas qui nous occupe, la 4e corde, à la 8e case). Pratiquez l'exercice en boucle plusieurs fois d'affilée afin de percevoir le rythme des triolets. Notez que l'accentuation tombe chaque fois sur une tonalité d'accord différente. Nous retrouvons ici l'effet de rotation des temps qui se produit lorsqu'un groupe de quatre notes est joué sur un motif rythmique de trois notes. Pensez à marquer l'accentuation sur la première note de chaque triolet.

# Appliquer les arpèges d'accords de 7e à des compositions célèbres

Lorsqu'on s'éloigne du cadre des accords majeurs et mineurs simples et que l'on se plonge dans les compositions faisant appel aux accords de 7e, un nouveau spectre de teintes harmoniques apparaît. Dans la rubrique suivante, nous allons monter la barre d'un cran en abordant des morceaux qui font appel à des arpèges d'accords de 7e. Nous avons prévu ici pour vous deux compositions auxquelles les accords de 7e apportent une grande richesse harmonique. La première émane de la période romantique et l'autre de l'ère prémoderniste. Divers genres musicaux sont fortement basés sur les accords de 7e, notamment le jazz, le rock, le blues et la world music.

## L'« Ave Maria » de Schubert

Il existe deux versions de l'« Ave Maria » connues du grand public : celle de Bach et Gounod et celle de Schubert. C'est cette dernière que nous avons choisie pour mettre en exergue la façon dont un arpège d'accord de 7e de dominante s'associe aux arpèges majeurs et mineurs. (Soyez sans crainte : nous accordons à l'« Ave Maria » de Bach une attention équivalente au chapitre 12.) Cette œuvre de Schubert est constituée en majeure partie d'accords majeurs et mineurs, mais lorsque les arpèges d'accords de 7e de dominante entrent en scène, on dirait presque qu'ils préviennent de leur arrivée. Ils annoncent le changement dans le morceau, ou du moins constituent un élément inattendu et intéressant.

Dans la partition de l'« Ave Maria » de Schubert (illustrée ci-dessous), nous indiquons les différents modèles d'arpèges utilisés – huit en tout, dont les modèles de 7e de dominante n° 1, n° 2, n° 4 et n° 5. Presque tous les arpèges majeurs et mineurs peuvent être joués sous forme d'accords. Si vous reconnaissez le type d'accords dont il s'agit (votre main se positionnera naturellement pour créer ces accords si vous formez une barre de l'index), n'hésitez pas à les utiliser. Maintenir un accord, dans son intégralité ou en partie, permet de prolonger les notes – effet tout à fait adapté à notre exemple.

N'OUBLIEZ PAS !

Nous indiquons ici le doigté correspondant aux modèles présentés au cours de ce chapitre, mais bon nombre de doigtés alternatifs sont applicables aux arpèges. Par exemple, à la 7e mesure, essayez de jouer les quatre premières notes à l'aide, respectivement, de l'annulaire, de l'auriculaire, de l'index et de l'auriculaire. Il vous suffit de déplacer l'auriculaire de la 4e corde à la 2e à temps pour jouer la 4e note. Aux mesures 8 et 9, vous pouvez confortablement jouer les deux mesures en barrant tout d'abord la 4e case puis la 5e de l'index. Essayez de tester différents doigtés pour déterminer combien d'autres combinaisons vous parvenez à mettre au point.

Plage 83

Assez lent
Modèle d'arpège majeur n° 2
Modèle d'arpège mineur n° 1
Modèle d'arpège majeur n° 3
Modèle d'arpège de 7e de dominante n° 1
mp
Modèle d'arpège mineur n° 1
Modèle d'arpège mineur n° 2
Modèle d'arpège de 7e de dominante n° 5
Modèle d'arpège majeur n° 2
Modèle d'arpège mineur n° 1
Modèle d'arpège de 7e de dominante n° 2
Modèle d'arpège de 7e de dominante n° 4

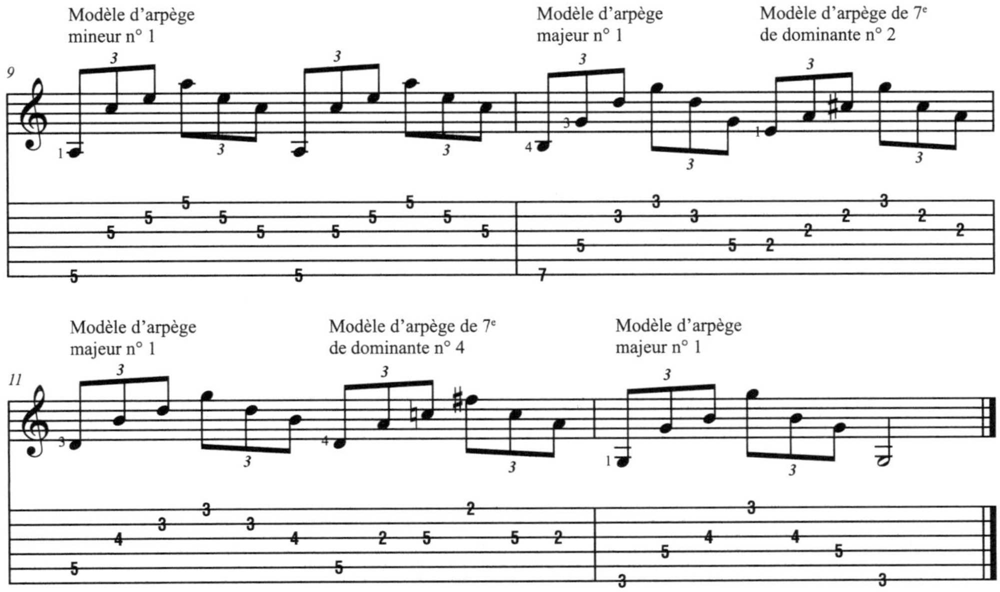


# La « Pavane » de Fauré

Gabriel Fauré est un compositeur français, auteur de somptueuses compositions qui font appel à une riche palette de matériaux harmoniques, dont bon nombre basés sur des accords de 7e. Dans la « Pavane », une composition solennelle, il a fréquemment recours à des accords de 7e de dominante, majeurs et mineurs. (Pour information, une *pavane* est une danse de cour lente, qui se danse en cortège.)

Dans la partition de la « Pavane » de Fauré, illustrée à la figure ci-dessous, nous avons signalé les divers modes d'arpèges employés. On en trouve 14 au total, notamment les trois formes d'accords de 7e : 7e de dominante, mineurs 7e et 7e majeure.

Dans ce morceau, comme dans l'« Ave Maria » de Schubert, traité à la rubrique ci-dessus, vous trouverez de nombreuses occasions de jouer *legato* par le biais d'accords barrés de l'index et de l'annulaire. Vous pouvez également jouer en maintenant les doigts que vous utilisez pour fretter appuyés aussi longtemps que vous le pouvez – ou au moins jusqu'à ce que vous deviez déplacer sur une autre corde le doigt dont vous pressez la corde. Par exemple, vous pouvez jouer tous les arpèges des mesures 2 à 5 en utilisant des accords prolongés.

La vocation des accords est de donner aux arpèges un son plus *legato*. De plus, ils ne requièrent que peu ou pas de mouvements de la main gauche. Vous formez un accord juste avant la première note de chaque mesure, et vous le maintenez pendant deux temps. Puis vous jouez simplement les notes de l'arpège de la main droite, en maintenant votre main gauche statique, en laissant les cordes résonner.

Tous les arpèges ne peuvent pas être joués en utilisant les accords barrés et les accords prolongés. Certains doivent être joués en détachant chaque note de façon distincte (à la façon dont les arpèges sont présentés dans ce chapitre). Afin d'optimiser le jeu des arpèges présents dans ce morceau, vous devez donc maîtriser les deux techniques : la pratique des accords barrés et celle des accords prolongés, et la méthode qui consiste à pincer les cordes une par une.

Plage 84

**Assez lent**

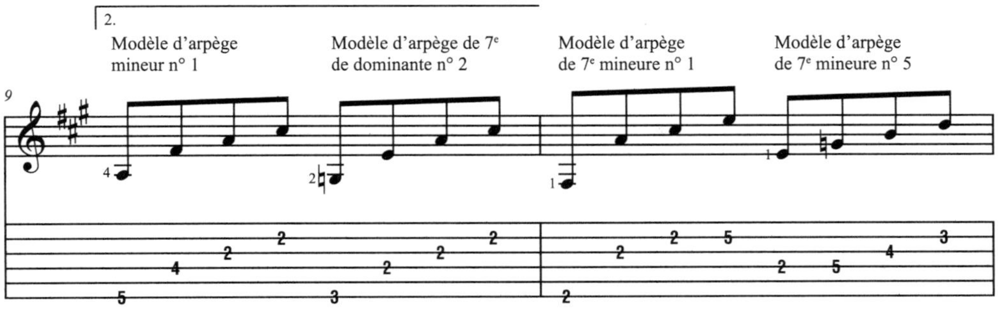
2.
Modèle d'arpège mineur n° 1
Modèle d'arpège de 7e de dominante n° 2
Modèle d'arpège de 7e mineure n° 1
Modèle d'arpège de 7e mineure n° 5
9

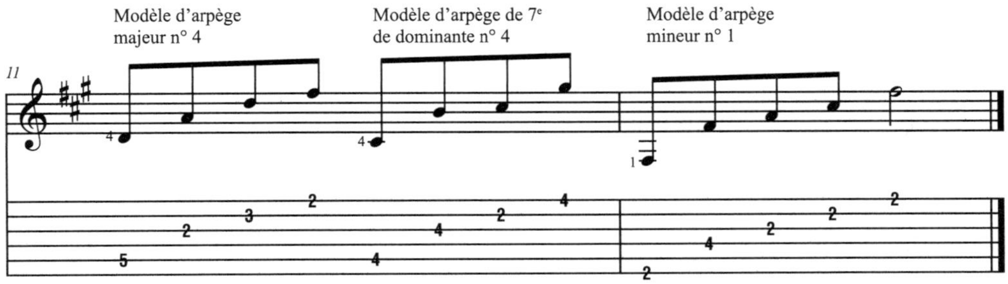
Modèle d'arpège majeur n° 4
Modèle d'arpège de 7e de dominante n° 4
Modèle d'arpège mineur n° 1
11

# Chapitre 12

# S'essayer aux séquences d'arpèges d'accords de 7e

***Dans ce chapitre***

- Décliner les séquences d'arpèges d'accords de 7e de dominante, mineurs 7e et 7e majeure selon cinq modèles
- Utiliser les séquences d'arpèges d'accords de 7e dans des compositions musicales

Dans ce chapitre, vous allez jouer les séquences d'arpèges composés des notes des trois différents types d'accords de 7e traités au chapitre 11 : les accords de 7e de dominante, les accords mineurs 7e et les accords de 7e majeure.

Les séquences d'arpèges d'accords de 7e comportent nombre des difficultés rencontrées avec les arpèges d'accords de 7e de base, notamment jouer à la même case, sur des cordes qui se suivent, et jouer des *notes hors position* (c'est-à-dire des notes qui tombent à l'extérieur des quatre cases qui définissent la position dans laquelle vous jouez, nécessitant pour être jouées un étirement de l'index ou de l'auriculaire). Vous pouvez à tout moment tester des doigtés de remplacement pour vous tirer de certaines situations délicates. Veillez simplement à revenir au doigté initial après avoir contourné ces difficultés. Nous vous indiquons ces doigtés de remplacement tout au long du chapitre, lorsqu'une séquence vous amène à jouer hors position.

Tout comme quand vous pratiquez les arpèges, nous vous conseillons de transposer les séquences présentées dans ce chapitre à différents endroits du manche, afin de produire des variantes de séquences d'arpèges d'accords. Il vous suffit pour cela de connaître les notes sur lesquelles commencer.

## *S'attaquer aux séquences d'arpèges d'accords de 7e de dominante*

La vocation de cette rubrique est de vous aider à vous familiariser avec les séquences d'arpèges d'accords de 7e de dominante. Ces séquences vous permettent de vous essayer à une vaste gamme de séquences, ce qui vous préparera à jouer les passages que vous rencontrerez dans les « vrais » morceaux de musique (vous savez, les œuvres musicales composées, par opposition aux exercices). Pour ce faire, il est important que vous intégriez les séquences d'arpèges à vos séances de pratique, au même titre que les gammes, les séquences de gammes et les arpèges. Les guitaristes sont amenés à jouer des accords autant que des notes isolées, de sorte que les séquences d'arpèges constituent une transition naturelle entre le monde des accords et celui des mélodies.

# Séquence d'arpèges d'accords de 7^e^ de dominante sur le modèle n° 1

La figure qui suit présente des séquences de quatre notes, en *sol,* en 3^e^ position, en versions ascendante et descendante. Un bon doigté de remplacement consiste à barrer votre index, puis à prépositionner et à maintenir en position l'annulaire et le majeur sur les 5^e^ et 3^e^ cordes. Vous pouvez ainsi jouer l'intégralité de la séquence en déplaçant uniquement l'auriculaire, tandis que les autres doigts restent statiques.

L'étirement de l'auriculaire requiert ici un peu plus de souplesse que si vous exécutiez l'exercice en jouant les notes distinctement les unes des autres. C'est pourquoi un bon échauffement préalable est essentiel (voir chapitre 2) si vous ouvrez votre séance d'entraînement sur cet exercice.

Plage 85, 0:00

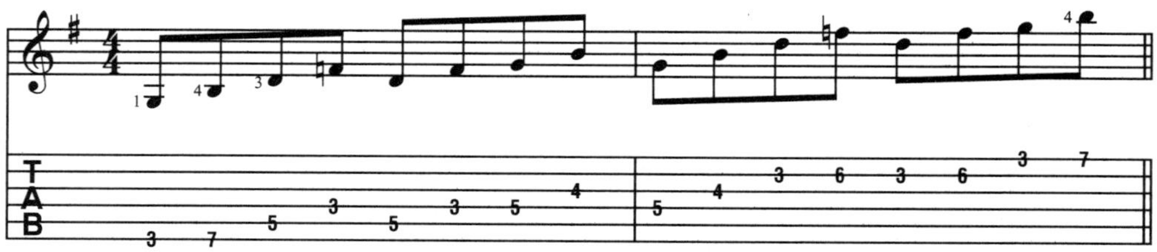

# Séquence d'arpèges d'accords de 7e de dominante sur le modèle n° 2

La figure qui suit présente des séquences de trois notes, en *mi,* en 9e position, en versions ascendante et descendante. Ces séquences étant basées sur des groupes de trois notes, et les cadences étant une suite constante de triolets, la structure de l'exercice est calquée sur la cadence. Vous pouvez enchaîner la version descendante à la suite de la version ascendante si vous attaquez la version descendante au 4e temps de la dernière mesure de la version ascendante.

Une variante de doigté intéressante consiste à former un *mini-accord barré* (un barré qui couvre seulement deux ou trois cordes) de l'index sur les 3e et 2e cordes. Il est conseillé de jouer ces notes situées sur les cordes du haut en mode *legato* (fluide et lié) tout en exécutant les notes des trois cordes les plus basses de façon plus brève et détachée.

Plage 85, 0:23

# Séquence d'arpèges d'accords de 7e de dominante sur le modèle n° 3

La figure qui suit présente des séquences de quatre notes, en *do,* en 3e position, en versions ascendante et descendante. Ces séquences comportent un nombre important de sauts d'une corde à une autre, sur la même case, qui sont généralement joués soit en déportant le même doigt d'une corde à l'autre, soit en faisant appel à un mini-accord barré. Dans ce dernier cas, vous pouvez jouer toutes les notes situées à la même case en utilisant plusieurs doigts. La note 12 (4e corde, 5e case) sera jouée en utilisant le majeur (et non l'annulaire) et la note 15 (2e corde, 5e case), en utilisant l'auriculaire. Ce doigté de substitution est applicable à la fois à la version ascendante et à sa contrepartie descendante, et vous verrez qu'il est assez amusant à mettre en œuvre !

Plage 85, 0:51

# Séquence d'arpèges d'accords de 7e de dominante sur le modèle n° 4

Passez à la figure ci-dessous lorsque vous vous sentez prêt. Cet exercice comporte des séquences de quatre notes, en *fa* ♯, en 6e position, en versions ascendante et descendante. Il vous faut ici prévoir de larges sauts entre les cordes, ce qui ne fait pas de cet exercice l'un des plus faciles. En contrepartie, il ne comporte aucune variante de doigté, le mieux étant de l'exécuter en appliquant le doigté d'origine indiqué ici. Essayez de jouer *staccato* – c'est-à-dire en détachant les notes. Pour ce faire, soulevez bien les doigts de chaque corde (pour « étouffer » la corde) avant de jouer la note suivante.

Plage 85, 1:19

## Séquence d'arpèges d'accords de 7e de dominante sur le modèle n° 5

La figure qui suit présente des séquences de trois notes, en *fa,* en 3e position, en versions ascendante et descendante. La particularité de cet exercice est qu'il vous permet d'avoir recours à un doigté de remplacement applicable à trois des quatre cordes. Essayez de le jouer en utilisant le majeur, l'index et l'annulaire plutôt que l'annulaire, le majeur et l'auriculaire sur les trois cordes du haut. Vous ne garderez ainsi du doigté d'origine que celui de la 4e corde, ce qui semblera plus aisément réalisable à la plupart d'entre vous. Afin de déterminer laquelle des deux techniques de jeu vous est la mieux adaptée, pratiquez l'exercice en déclinant chaque approche au moins huit fois (ou jusqu'à ce que vous jouiez confortablement dans les deux configurations).

Plage 85, 1:44

# Enrichir votre pratique de séquences d'arpèges d'accords mineurs 7e

Si vous vous sentez prêt à affronter les séquences d'arpèges d'accords mineurs 7e, alors cette rubrique est pour vous ! Lorsque vous en aurez fini avec cette section du livre, vos doigts sauront exactement quel comportement adopter lorsqu'ils rencontreront un accord mineur 7e qui impose de jouer les notes une par une. Et Dieu sait si les occasions seront nombreuses !

N'OUBLIEZ PAS !

On trouve dans certains genres musicaux, notamment le jazz, beaucoup de séquences d'arpèges d'accords mineurs 7e. La pratique des accords mineurs 7e vous prépare donc de façon optimale au jazz et aux genres musicaux proches du jazz (par exemple, le style pop de Norah Jones et John Mayer, qui emploient des accords de jazz). Les séquences d'arpèges d'accords mineurs 7e de la rubrique à venir vous offrent donc, en complément des arpèges d'accords mineurs 7e du chapitre 11, un excellent entraînement sur le sujet !

## Séquence d'arpèges d'accords mineurs 7e sur le modèle n° 1

L'exercice ci-après présente des séquences de quatre notes, en *si* mineur, en 7e position, en versions ascendante et descendante. Commencez la version ascendante en jouant les notes du bout des doigts (et en remplaçant si vous le souhaitez l'annulaire par l'auriculaire à la 10e note). Puis, pour le reste de l'exercice, aplatissez l'index pour former un mini-accord barré. Vous pouvez également former un mini-accord barré de l'auriculaire pour les notes 13 et 14 de la 2e mesure, ce qui donne un double mini-accord barré entre l'index et l'auriculaire. Aucun souci, tout ça est parfaitement autorisé par la loi !

Plage 86, 0:00

## Séquence d'arpèges d'accords mineurs 7e sur le modèle n° 2

La figure qui suit présente des séquences de quatre notes, en *la* mineur, en 2e position, en versions ascendante et descendante. Vous trouverez à la 2e mesure de la version ascendante un doigté de remplacement assez intéressant : plutôt que de jouer d'un mini-accord barré les notes 5, 6 et 7 (toutes jouées à la 5e case), vous pouvez utiliser le majeur, l'annulaire et l'auriculaire ; vous jouerez la 1re corde en utilisant l'index.

N'OUBLIEZ PAS !

Ce modèle prouve qu'il n'est pas indispensable de recourir à un mini-accord barré chaque fois que plusieurs notes sont jouées à la même case, sur différentes cordes. Si les cases sont suffisamment grandes, ce qui est le cas lorsqu'elles se situent assez bas sur le manche (2e position), vous pouvez aisément y accéder en positionnant individuellement vos doigts.

Plage 86, 0:31

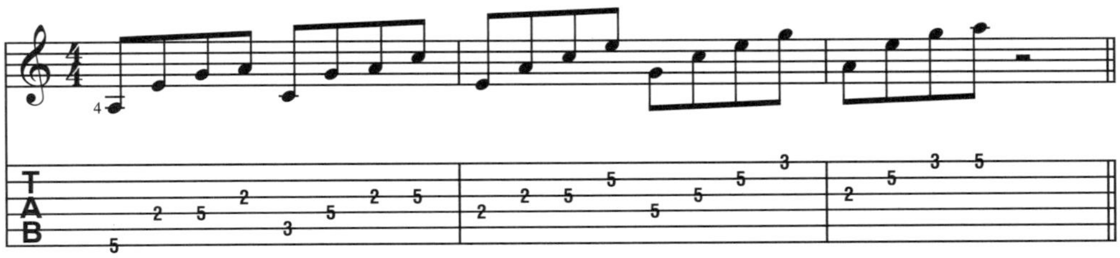

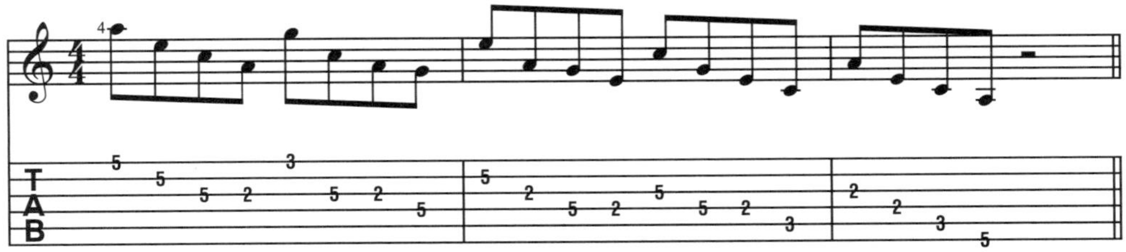

## Séquence d'arpèges d'accords mineurs 7e sur le modèle n° 3

Ce nouveau modèle consiste des séquences ascendante et descendante en *ré* mineur, en 3e position. Du fait de la faible durée de ces séquences (seulement neuf notes), essayez de les jouer en les enchaînant, sans intercaler d'aucune pause. À cet effet, jouez la première note de la version descendante à la 1re mesure sur le 4e temps de la première mesure de la version ascendante, au niveau du soupir.

N'OUBLIEZ PAS !

Vous devrez *doubler* la note du haut (c'est-à-dire la jouer deux fois de suite), ce qui n'est pas un problème. Jouez la seconde occurrence de cette double note plus fort que la première, ce qui permet de différencier les deux et de mettre l'emphase sur la plus forte partie du temps.

Plage 86, 1:00

## Séquence d'arpèges d'accords mineurs 7^e^ sur le modèle n° 4

La figure qui suit présente des séquences de quatre notes, en *sol* mineur, en 7^e^ position, en versions ascendante et descendante. Ces séquences s'accordent volontiers à un mode *legato* ; essayez donc de laisser chaque note résonner aussi longtemps que possible avant de positionner le doigt pour jouer la note suivante. Du fait que cet exercice se joue relativement haut sur le manche, même l'étirement hors position reste plutôt confortable à tenir.

Plage 86, 1:18

## Séquence d'arpèges d'accords mineurs 7e sur le modèle n° 5

La figure qui suit présente des séquences ascendante et descendante en *mi* mineur en 2e position. Cet exercice est court et facile. Il permet aux doigts de la main gauche d'évoluer avec aise. Cependant, les deux dernières notes de la version ascendante constituent une occasion intéressante d'innover. Jouez normalement la 7e note sur la 2e corde (du bout du majeur), puis laissez votre majeur former un mini-accord barré sur les deux cordes du haut pour la dernière note (sur la 1re corde).

ASTUCE

Cette approche diffère d'un mini-accord barré, qui est plaqué une fois (sur la première note) et reste dans la même position pour jouer la 2e note. Dans la situation qui nous occupe, vous aplatissez promptement le doigt, en vous calant sur la musique, juste au moment où la dernière note est jouée. C'est une technique amusante qui, lorsque vous l'aurez acquise, vous garantira un excellent résultat à tous les coups.

Plage 86, 1:43

# Répéter les séquences d'arpèges d'accords de 7e majeure

La rubrique à venir va vous offrir la maîtrise absolue des séquences d'arpèges d'accords de 7e majeure. Pourquoi, nous direz-vous, viser la maîtrise absolue ? Parce que c'est des séquences d'arpèges d'accords de 7e majeure dont vous aurez besoin si une page de votre partition a été arrachée sans qu'on vous prévienne ! Plus sérieusement, les arpèges d'accords de 7e majeure peuvent être joués en guise d'accompagnement dans quasiment tous les types de situation requérant des *single notes* (comme les morceaux de jazz et les morceaux de pop sophistiqués) et que le seul repère qui vous est fourni est un symbole d'accord de 7e majeure.

Entraînez-vous à répéter les modèles et les exercices que nous allons maintenant vous présenter en même temps que vos gammes majeures et vos séquences de gammes majeures, et appliquez-vous à obtenir de vos arpèges et des séquences d'arpèges un son aussi fluide que celui de vos gammes et séquences de gammes.

## Séquence d'arpèges d'accords de 7e majeure sur le modèle n° 1

Lorsque vous serez prêt à jouer le modèle n° 1, consultez la figure ci-après, qui présente des séquences de trois notes, en *si,* en 7e position, en versions ascendante et descendante. Êtes-vous sûr que vous répétez les exercices en mode descendant aussi intensivement que ceux en mode ascendant ? N'oubliez pas que ces exercices sont conçus pour être joués par *paires.* Par conséquent, il est impératif d'enchaîner immédiatement la version descendante sur la version ascendante, si vous voulez conserver à votre jeu son équilibre. Le même raisonnement s'applique d'ailleurs aux séquences de gammes.

Plage 87, 0:00

# Séquence d'arpèges d'accords de 7e majeure sur le modèle n° 2

Les exercices en mode ascendant et descendant illustrés à la figure ci-dessous sont des séquences de quatre notes en *ré♭* (tonalité inhabituelle à la guitare), en 6e position. Parce qu'il s'agit d'un exercice transposable, vous pouvez le jouer aussi aisément que la séquence d'arpèges d'accords de 7e majeure n° 2 en *do,* qui se joue à une case de distance, et ne comporte ni dièse ni bémol ! Pensez à transposer vos exercices à d'autres endroits du manche, et pensez à énoncer à haute voix la note sur laquelle vous commencez à chaque début d'exercice (la tonique ou la fondamentale, selon le type d'exercice). Tout guitariste digne de ce nom peut sans peine transposer des motifs d'exercices sur le manche, mais il est néanmoins indispensable de connaître la tonalité dans laquelle on joue ou l'arpège qu'on exécute.

Plage 87, 0:26

# Séquence d'arpèges d'accords de 7e majeure sur le modèle n° 3

La figure ci-après présente deux exercices, ascendant et descendant, selon une séquence de quatre notes, en *mi,* en 7e position. Ce modèle va mettre votre dextérité à l'épreuve, pour jouer sur les 4e, 3e et 2e cordes sans que vos doigts se gênent en passant d'une note à l'autre.

ASTUCE

Si vous avez des difficultés à exécuter cet exercice en obtenant un son fluide, vous pouvez revenir à l'arpège d'accords de 7e majeure expliqué au chapitre 11. Répétez l'exercice jusqu'à ce que vous en reteniez par cœur les notes. Il est plus facile de mémoriser les notes d'un arpège que celle d'une séquence d'arpèges. Et n'oubliez pas de revenir de temps à autre sur les bases, notamment lorsque vous êtes confronté à un exercice particulièrement difficile.

Plage 87, 0:49

# *Séquence d'arpèges d'accords de 7^e^ majeure sur le modèle n° 4*

La figure ci-après présente des séquences de trois notes, ascendante et descendante, dans ce qui *devrait être* la détestable tonalité de *sol♭* (placée ici en 6e position). Cependant, du fait que vous utilisez des motifs transposables, même six bémols à la clé ne vous feraient ni chaud ni froid. Comme toujours, jouez la version ascendante immédiatement suivie de son homologue descendante. Le fait d'exécuter les deux exercices sans marquer de pause vous aide à reconnaître la symétrie entre les deux versions. De plus, cette approche aide votre mémoire à situer les bonnes notes sur le manche, quel que soit le sens dans lequel vous exécutez l'exercice.

Plage 87, 1:19

## Séquence d'arpèges d'accords de 7^e^ majeure sur le modèle n° 5

La figure suivante présente les versions ascendante et descendante de l'exercice en *la,* en 7^e^ position. Ces séquences sont relativement courtes (d'une durée de trois temps) ; essayez donc de les jouer d'un seul tenant. Pour y parvenir, commencez la séquence descendante au 4^e^ temps de la séquence ascendante – au niveau du soupir. Vous devrez doubler la note aiguë (sur la 1^re^ corde), mais vous pouvez accentuer la seconde occurrence de la note pour mettre l'emphase sur la note qui ouvre la séquence descendante.

ASTUCE

Nous disposons ici d'un doigté de remplacement : pressez respectivement les 3^e^ et 2^e^ cordes avec le majeur et l'annulaire. Cela vous permet d'obtenir un agréable *legato,* et de garder vos doigts relativement immobiles sur le manche. (Tout est question de goût, mais nous ne préférons bouger les doigts que si c'est *absolument* nécessaire.) Gardez à l'esprit le fait que ce doigté offre la possibilité d'un léger étirement entre l'index et le majeur, mais sans danger pour vos ligaments, puisque vous jouez assez haut sur le manche !

N'OUBLIEZ PAS !

Les doigtés de remplacement peuvent être applicables à une position et pas à une autre. Le nerf de la guerre étant essentiellement la taille des cases, qui deviennent de plus en plus étroites au fur et à mesure que vous montez sur le manche – la distance les séparant diminuant proportionnellement à leur taille. La 7^e^ position est considérée comme une position haute, du fait que l'on joue fréquemment des notes allant jusqu'à la 11^e^ case incluse.

Plage 87, 1:41

# Compositions contenant des séquences d'arpèges d'accords de 7$^{e}$

On s'aperçoit en jouant des morceaux de musique que la différence entre les arpèges d'accords de 7$^{e}$ traités au chapitre 11 et les séquences d'arpèges d'accords de 7$^{e}$ de ce chapitre-ci est relativement ténue. Nous avons donc fourni un effort particulier pour impartir aux deux extraits d'accompagnement de guitare qui suivent un réel effet de séquentiel.

## Le « Liebestraum » de Liszt

Compositeur allemand d'origine hongroise de la période romantique, Franz Liszt était aussi un virtuose du piano – parfois qualifié de plus grand pianiste de tous les temps. Il connut la gloire de son vivant, eu pour amis Chopin et Mendelssohn, et pour gendre Richard Wagner.

Le morceau que nous avons choisi pour votre mise en pratique des séquences d'arpèges d'accords de 7$^{e}$ est l'une des compositions les plus calmes de Liszt, « Liebestraum », qui signifie « rêve d'amour ». Sa mélodie lente, statique, aide à mettre en lumière la richesse des accords de cette œuvre.

N'OUBLIEZ PAS !

Le rythme est la même dans toutes les mesures – un demi-soupir suivi de cinq croches. Les séquences d'arpèges d'accords de 7$^{e}$ se jouent toutes sur les trois cordes du haut, différant en cela de ce que vous avez eu l'occasion de jouer jusqu'à présent. Veillez à conserver à votre jeu une certaine légèreté, afin de permettre à la discrète mélodie du morceau de transparaître tout du long.

Plage 88

# « Ave Maria » de Gounod, d'après le prélude n° 1 de J.-S. Bach

Une des compositions les plus célèbres de Bach est son « Prélude n° 1 » du *Clavier bien tempéré.* C'est une magnifique composition exclusivement constituée d'arpèges. 137 ans plus tard, le compositeur français Charles Gounod apposa une mélodie sur ces accords bien connus, renommant sa composition « Ave Maria ».

Les accords de l'« Ave Maria » de Gounod changent au rythme d'un par mesure, mais la séquence est longue d'une demi-mesure, de sorte que chaque accord se répète sur deux séquences. Les séquences d'arpèges que nous présentons ici sont très proches de ceux écrits par Bach. Les paires de séquences donnent à l'accompagnement une qualité puissante et prévisible, tout en lui apportant un élan subtil qui capture dans l'arrangement la qualité ascendante de l'original.

Cette œuvre ne supporte d'autre effet que le *legato*. Il est donc nécessaire, lorsque vous vous serez familiarisé avec le modèle d'arpèges de cette partition, d'utiliser des accords barrés et des formes d'accords prolongés de façon à faire résonner les notes aussi longtemps que possible.

Plage 89

# Quatrième partie

# Accords et autres exercices

« Ne devrais-tu pas être en train de travailler sur ta vitesse d'exécution, ta force et ton indépendance à la guitare, à défaut de le faire dans ta vie ? »

## *Dans cette partie...*

Si vous ressentez le besoin de faire une pause après ces bataillons de gammes, d'arpèges et de notes isolées, rendez-vous au premier chapitre de cette quatrième partie : il traite exclusivement des accords. Le chapitre 13 s'appuie sur la pratique des accords pour vous permettre d'acquérir un doigté indépendant, et vous offre par la même occasion la possibilité d'étoffer votre vocabulaire relatif aux accords. Le chapitre 14 revient sur les notes isolées et offre des vacances à votre cerveau : vous n'avez qu'à répéter, répéter et répéter encore ces exercices, sans trop y réfléchir. L'idée ici est de jeter votre dévolu sur un exercice sans grande valeur musicale, et de le pratiquer en boucle pour améliorer la force et la vitesse de votre doigté. Comme disaient les Shadoks : « Ce n'est qu'en essayant continuellement que l'on finit par réussir. Autrement dit : plus ça rate, plus on a de chances que ça marche. »

## Chapitre 13

# Travailler la vélocité de votre doigté avec des exercices d'accords

**_Dans ce chapitre_**

- Jouer des exercices faisant appel aux accords fermés et ouverts
- Construire une série d'accords
- Jouer des morceaux qui font appel à des progressions d'accords

Les accords sont le *yin* de la guitare rythmique et le *yang* de la guitare solo. Dans la plupart des contextes musicaux, le jeu en notes isolées reçoit le support d'un accompagnement basé sur le jeu d'accords. La grande qualité de la guitare est qu'elle peut jouer aussi incroyablement les accords et les solos en notes isolées – essayez donc d'obtenir le même résultat à la flûte ou au saxo ! C'est pour cette raison même que vous devez impérativement maintenir au top et votre pratique des accords et votre jeu mélodique. Aucune des rubriques sur les gammes, les arpèges et les séquences décrites dans les chapitres 3 à 12 ne traite comme celui-ci du jeu par accords – c'est-à-dire en faisant sonner *ensemble* toutes les notes d'un accord.

Comme c'est le cas pour les exercices grâce auxquels vous travaillez le jeu en notes isolées, les formes d'accord présentées dans ce chapitre sont transposables – ce qui signifie qu'elles ne contiennent aucune *corde à vide* (les cordes qui ne sont pas frettées, donc non jouées de la main gauche). Dans ces conditions, lorsque vous serez en mesure de jouer aisément une certaine forme d'accord, essayez de la transposer à divers endroits du manche afin de produire d'autres accords du même type. Ce faisant, la tonalité de ces accords changera (passant par exemple de *la* à *do*) mais la nature de l'accord reste inchangée (majeur, mineur, et ainsi de suite).

N'OUBLIEZ PAS !

Différentes techniques sont envisageables pour jouer de la main droite les accords présentés dans ce chapitre : vous pouvez pincer individuellement chaque corde du bout des doigts, brosser les cordes du dos de vos ongles ou attaquer les notes avec un médiator. Mais que vous optiez pour le *picking* ou que vous grattiez les cordes de la main droite, l'approche main gauche reste la même. Les doigts de votre main gauche doivent fretter les notes de façon à faire sonner clairement les cordes, et ils doivent pouvoir changer d'accords – c'est-à-dire interrompre l'accord qui vient d'être joué pour amorcer le nouvel accord – de manière rapide et imperceptible (ou presque…). Sans oublier que tout ça doit être exécuté à une vitesse adaptée au tempo du morceau.

Les exercices présentés dans ce chapitre ont été conçus pour apprendre à vos doigts à se mouvoir de façon autonome. Par ailleurs, l'abondance d'exercices proposés vous permettra également de renforcer votre doigté.

# S'entraîner aux renversements d'accords

Les accords se présentent sous diverses formes ; même les accords d'un même nom peuvent être joués de différentes manières. Vous pouvez par exemple jouer un accord en *fa* de mille et une façons. Bon, d'accord, nous exagérons un peu. Mais à peine, croyez-nous ; vous pouvez trouver sur le manche une multitude d'options pour jouer un même accord.

Une bonne méthode pour répertorier les déclinaisons possibles d'un accord de *fa* est de les sérier selon la séquence de leurs notes, en allant du bas vers le haut. Un accord de *fa* se joue avec les notes *fa-la-do,* mais les notes *la-do-fa* et *do-fa-la* constituent également des accords de *fa.* Tout accord incluant une combinaison des notes *fa, la* et *do* constitue un accord de *fa.* Cependant, si la note la plus basse de l'accord est autre qu'un *fa,* nous l'appellerons un *renversement* de *fa.* Ainsi, nous introduirons le *fa* (avec un *fa* en note de basse), son premier renversement (avec un *la* en note de basse), et son second renversement (avec un *do* en note de basse).

En plus de l'ordre des notes de bas en haut d'un accord, vous pouvez également grouper les accords en fonction des cordes sur lesquelles ils sont joués. Par exemple, un accord peut être joué sur les six cordes de l'instrument (comme un accord ouvert de *mi* basique), uniquement sur les cinq cordes du haut, uniquement sur les quatre cordes du haut, ou en utilisant toute autre combinaison de cordes.

Jouer sur les six cordes produira de suite un son riche et velouté, mais cette technique ne convient pas à toutes les situations – notamment si vous jouez dans un groupe ou avec d'autres instruments. (Le jeu systématique sur six cordes peut donner un son trop dense, trop présent, qui risque de gêner les autres instruments, et peut être « encombrant » à jouer.) Les accords joués sur quatre cordes sont généralement assez passe-partout.

Nous avons donc ici deux types d'accords à quatre cordes, que l'on appelle *accords ouverts* et *accords fermés.* Les formes ouvertes impliquent le jeu sur les quatre cordes du haut, c'est-à-dire les quatre dernières cordes de la guitare. Les formes d'accord fermées – tout du moins dans le contexte du présent chapitre, car le terme peut avoir d'autres significations – sont celles formées sur les 2e, 3e et 4e cordes (isolées des bords du manche par celles qui les entourent) et une 6e corde pour les notes basses. Les accords fermés ne comportent pas de note de basse, et ils jouent un rôle harmonique important. Les accords ouverts, dotés d'une note de basse, produisent un son plus riche, plus profond, et sont adaptés à un contexte sans jeu de basse.

Du fait que nous allons commencer notre exploration de la pratique des accords à la 1re case, nous avons choisi d'ouvrir cette rubrique sur les accords de *fa.* Néanmoins, toutes les formes d'accords présentés dans ce chapitre sont déplaçables, de sorte que lorsque vous pratiquerez vos accords à différentes cases, le nom de la tonalité variera selon l'emplacement du manche où vous jouerez. Par exemple, si vous jouez les accords deux cases plus haut que dans les figures que nous présentons, vous produirez des accords de *sol* de différents types. Notre choix du *fa* se prête aux différentes formes d'accords, ce qui ne signifie en aucun cas une préférence particulière par rapport à *sol* ou *si*♭ ou encore *fa* ♯. (Enfin, pour dire vrai, nous préférons *légèrement fa* à *fa* ♯, mais seulement parce que la tonalité en *fa* ♯ comporte six dièses !)

Lorsque vous répéterez vos gammes et vos arpèges, jouez chaque exercice d'accord du chapitre avec lenteur et détermination, à volume élevé au départ, en vous assurant que vous entendez le son produit par chaque corde jouée – et aucun son émis par les autres ! Vous pourrez ensuite les jouer plus rapidement et dans un esprit plus enjoué, mais veillez à conserver une vitesse d'exécution et un niveau dynamique (niveau sonore) constants d'un bout à l'autre de chaque exercice.

## Exercices faisant appel aux accords ouverts

La figure ci-dessous présente la grille, la portée traditionnelle et la tablature des trois formes d'accords ouverts en *fa* majeur. Souvenez-vous, lorsque vous répéterez ces exercices, que les *X* indiqués dans les grilles désignent les cordes à vide. Veillez donc à ne pas les gratter ni les pincer de votre main droite.

**N'OUBLIEZ PAS !**

Dans tous les exemples d'accords fermés en cadence qui suivent, grattez chaque accord avec légèreté, en leur donnant la valeur d'une noire (une corde grattée par temps) et évitez de les jouer sur les deux cordes les plus basses.

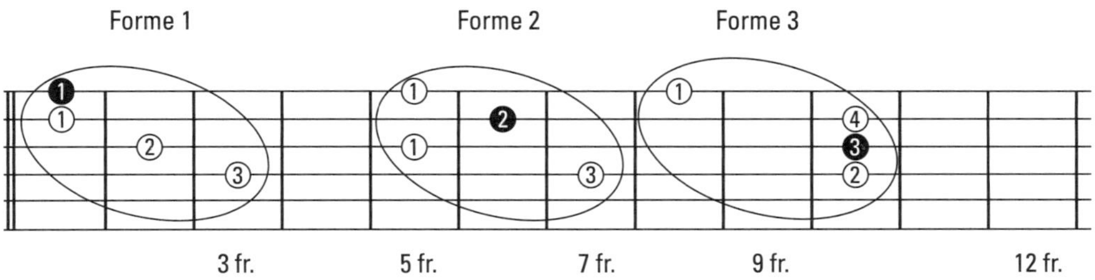


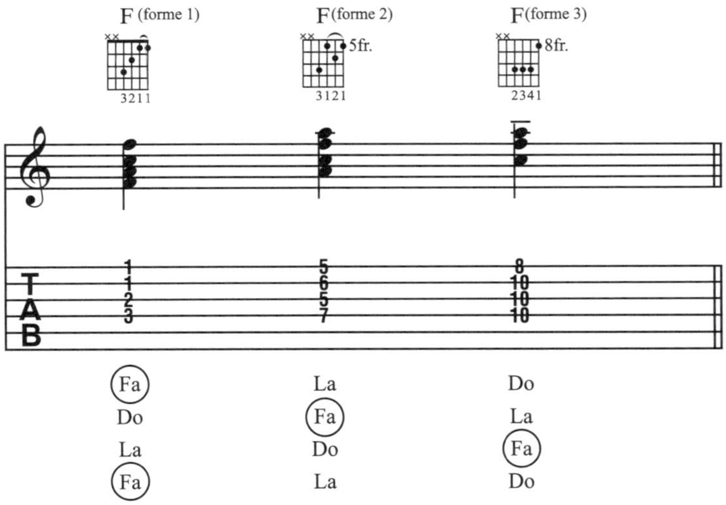


Essayez maintenant de jouer l'exercice qui suit en rythme. Il utilise les quatre formes ouvertes de l'accord de *fa,* jouées à raison de deux par mesure, soit deux temps par accord.

**ASTUCE**

Lorsque vous passerez de la première à la seconde forme de l'accord, maintenez l'annulaire sur la corde au moment où vous remontez sur le manche. Ainsi, vous n'aurez à repositionner que deux doigts (et non les trois). Appliquez cette méthode du « doigt partagé » lors du passage du quatrième au cinquième accord de l'exercice.

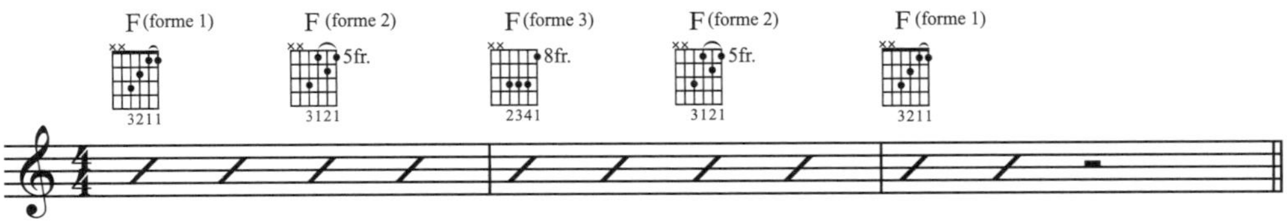

La figure ci-dessous présente la grille, la portée traditionnelle et la tablature des trois formes ouvertes de l'accord de *fa* mineur. Entraînez-vous à cet exercice autant de fois qu'il le faudra pour parvenir à un son fluide – en particulier pour la 3e forme de l'accord, qui requiert de légèrement serrer les doigts les uns contre les autres.

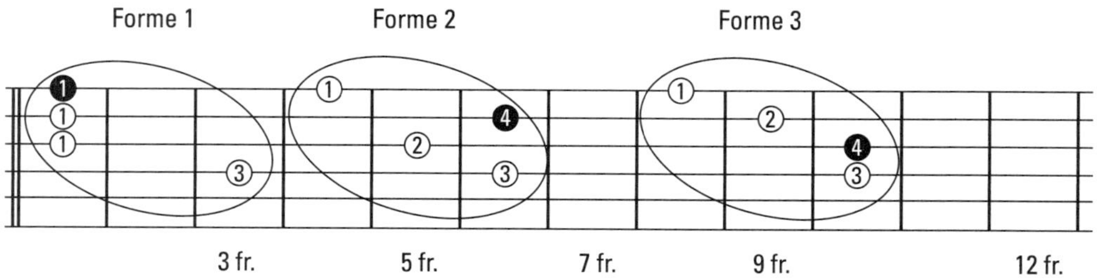


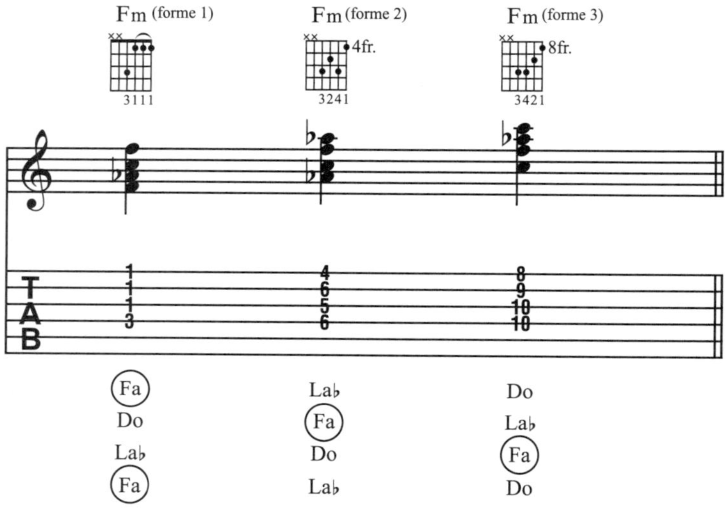


L'exercice ci-après utilise les quatre formes ouvertes de l'accord de *fa* mineur, jouées à raison de deux par mesure, soit deux temps par accord. La méthode du « doigt partagé » que nous avons vue à la rubrique précédente fonctionne ici à merveille : l'annulaire joue la même corde dans les trois formes de l'accord. Gardez-le donc bien plaqué sur la 4e corde au fur et à mesure que vous déplacez votre main sur le manche.

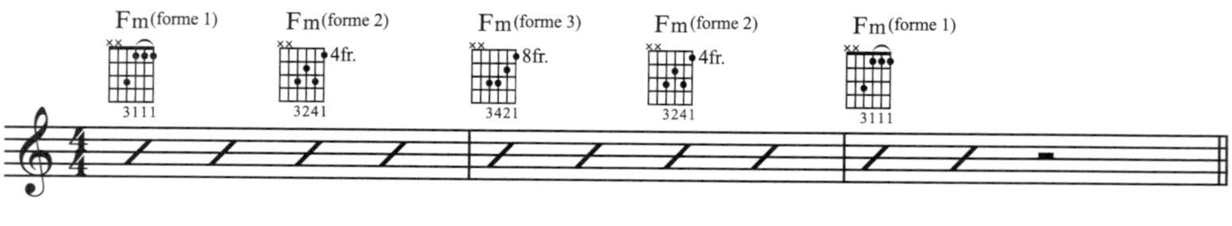

Vous trouverez à la figure ci-dessous la grille, la portée traditionnelle et la tablature des quatre formes ouvertes de l'accord de 7ᵉ en *fa*. Entraînez-vous à cet exercice jusqu'à ce que vous puissiez passer aisément d'une forme à l'autre sans rupture de rythme.

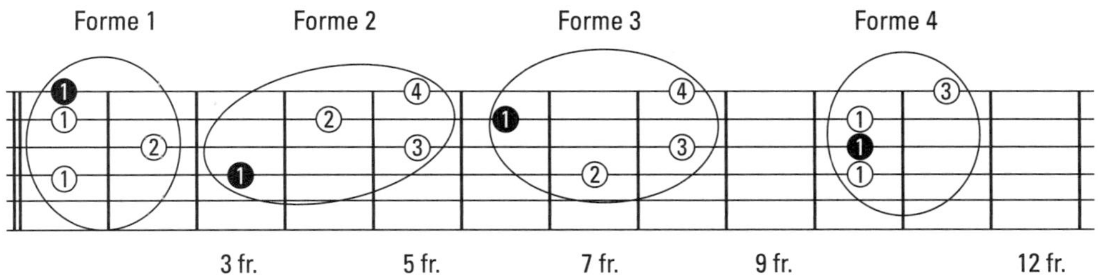


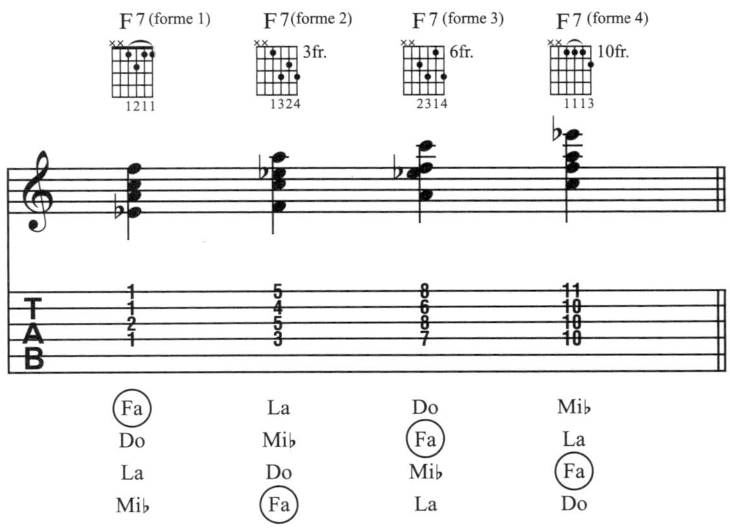


Essayez maintenant l'exercice ci-après en cadence. Il utilise les quatre formes ouvertes de l'accord de 7ᵉ, jouées à raison de deux par mesure, soit deux temps par accord. Les accords de 7ᵉ étant les accords de prédilection des guitaristes de blues, vous pouvez si cela vous intéresse exécuter cette progression en y ajoutant les accords traditionnels de blues de *si*♭7 et de *do* 7.

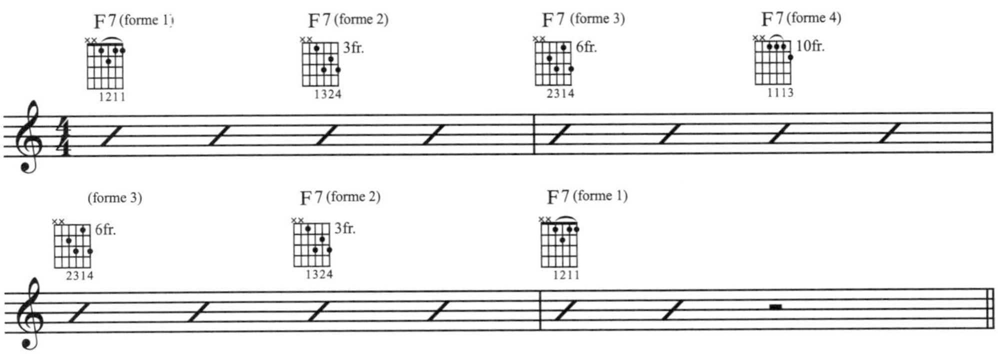

Examinez maintenant la grille, la portée traditionnelle et la tablature des quatre formes ouvertes de l'accord de *fa* m 7. Essayez de l'exécuter de deux approches différentes : en utilisant un médiator d'une part, et les doigts de votre main droite d'autre part, en tentant de parvenir autant que possible à un son identique quelle que soit la méthode choisie.

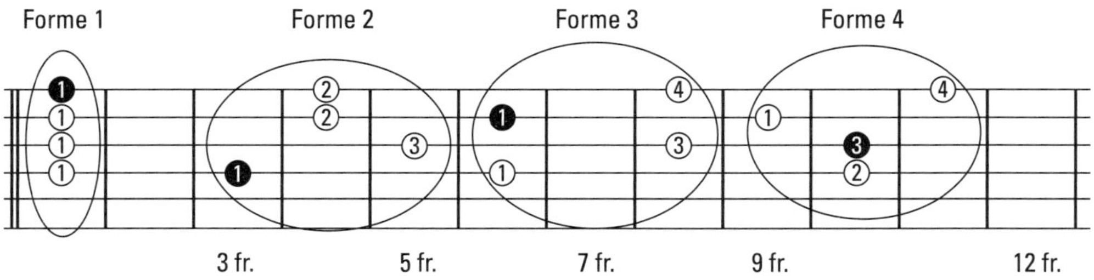


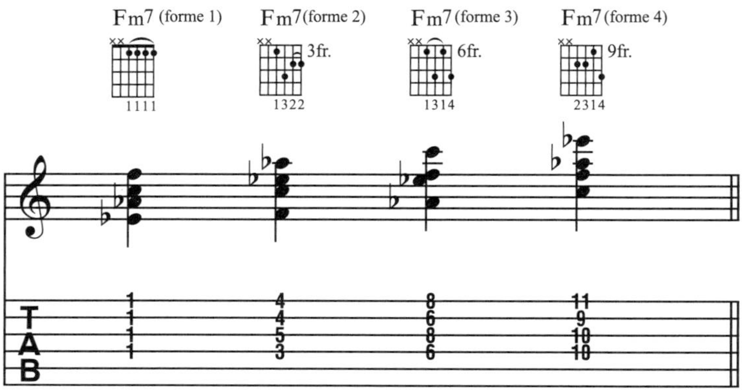


| Forme 1 | Forme 2 | Forme 3 | Forme 4 |
|---|---|---|---|
| Fa | La♭ | Do | Mi♭ |
| Do | Mi♭ | Fa | La♭ |
| La♭ | Do | Mi♭ | Fa |
| Mi♭ | Fa | La♭ | Do |

L'exercice suivant présente les quatre formes ouvertes de l'accord de *fa* m 7, jouées à raison de deux par mesure, soit deux temps par accord. Les accords mineurs 7e fermés sont fréquemment employés par les guitaristes de jazz qui pratiquent un style de guitare connu sous l'appellation *mélodie en accords.* Vous devez donc accompagner ces accords d'un son fluide, égal et souple. Imaginez-vous en train de faire le bœuf avec un bassiste sur fond de balais de batterie.

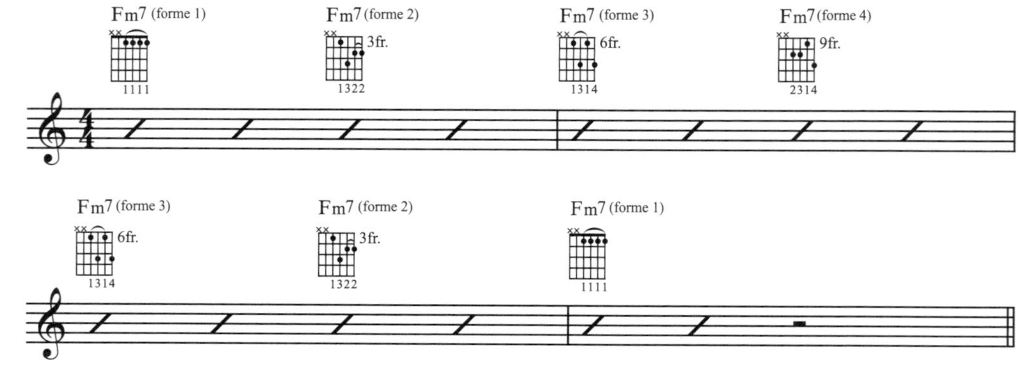

Voici la grille, la portée traditionnelle et la tablature des quatre formes de l'accord ouvert de *fa* maj 7. Répétez cet exercice jusqu'à ce que vous soyez totalement à l'aise pour le jouer, même en dépit des quatre cases de différence sur lesquels les doigts de votre main gauche devront s'étirer pour jouer la forme 3.

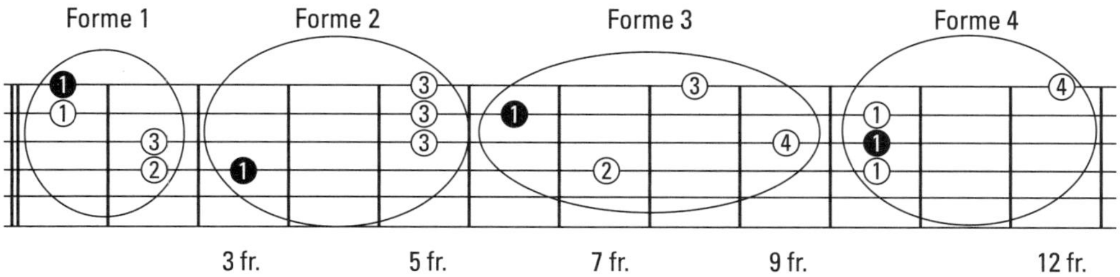


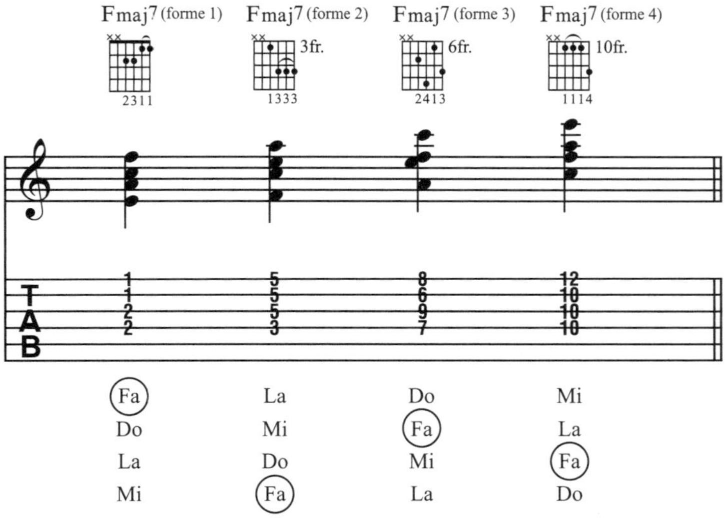


En guise d'entraînement, exécutez l'exercice suivant, qui utilise les quatre formes ouvertes de *fa* maj 7, jouées à raison de deux par mesure, soit deux temps par accord. La forme 3 constitue vraisemblablement l'accord le plus délicat de cette série, du fait de l'étirement sur la surface des quatre cases de la position, et notamment du fait de la distance importante entre le majeur et l'annulaire. Nous vous conseillons, pour répéter cet accord, de l'isoler du reste de l'exercice (en ôtant votre main de l'accord et en le rejouant plusieurs fois d'affilée) avant de vous lancer dans l'intégralité de l'exercice en cadence.

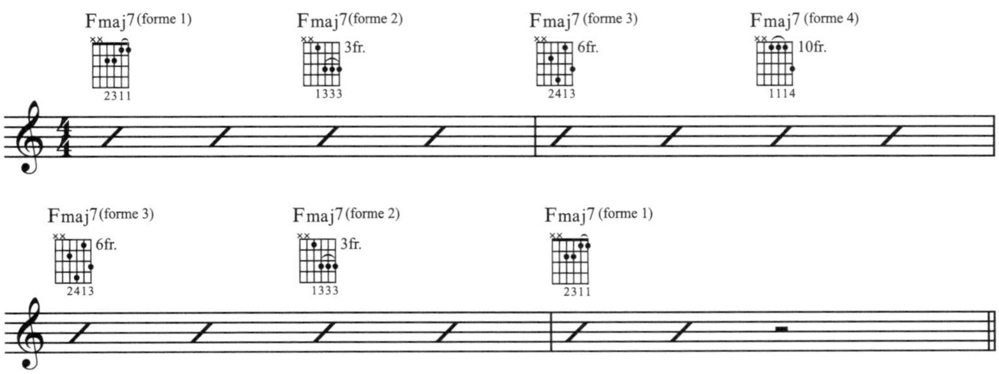

La figure suivante nous présente la grille, la portée traditionnelle et la tablature des quatre formes de l'accord ouvert de *fa ♯m* 7♭5. Exécutez l'exercice d'abord avec lenteur, autant de fois qu'il sera nécessaire pour le mémoriser. Puis, lorsque vous vous sentirez prêt à voler de vos propres ailes (sans le modèle sous les yeux), jouez-le de façon plus véloce.

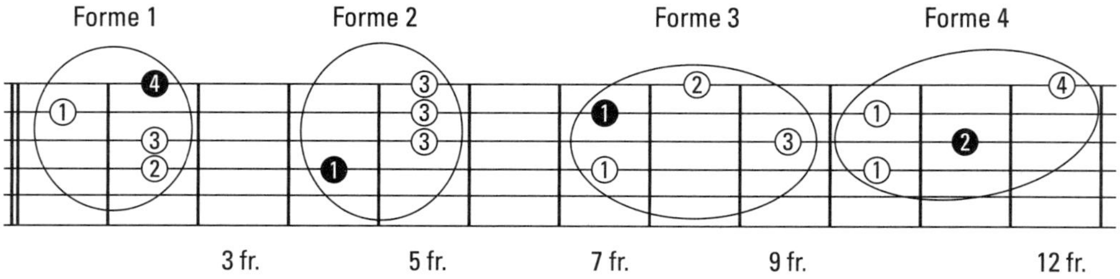


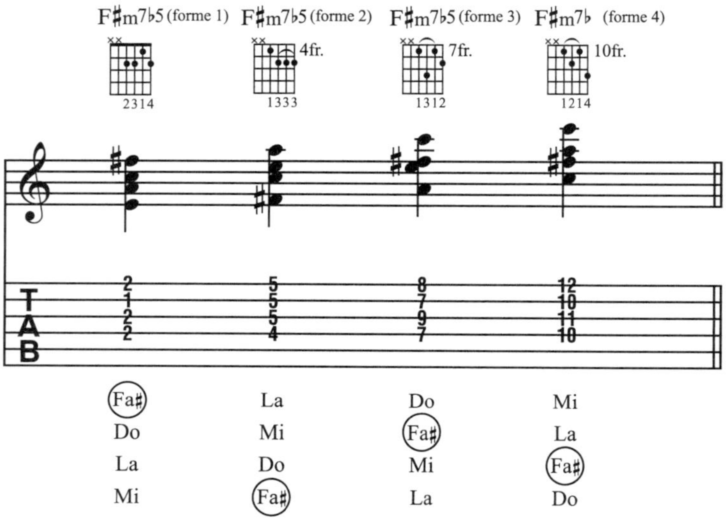


Tentez maintenant l'exercice suivant, qui fait appel aux quatre formes ouvertes de *fa* ♯m 7♭5, joués à raison de deux par mesure, soit deux temps par accord. À l'exception du premier et du dernier accord, tous les accords de cet exercice sont barrés. Soyez attentif au son des notes barrées (en les faisant sonner une par une, lentement) pour vérifier que chacune produit un son clair, sans bourdonnement.

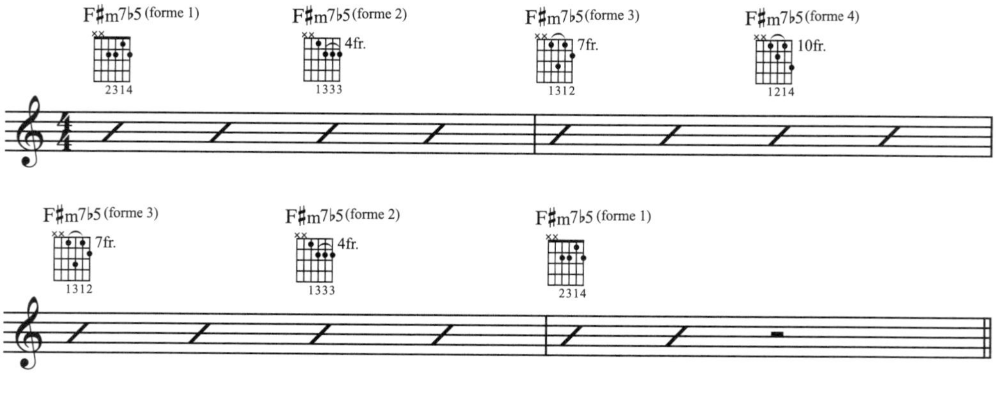

Voici la grille, la portée traditionnelle et la tablature des trois formes de l'accord ouvert de *fa* ♯° 7. Vous rencontrerez dans certains morceaux qui font appel aux accords de 7e diminués de plusieurs formes joués en succession serrée. Il est donc nécessaire de les jouer selon un tempo assez vif.

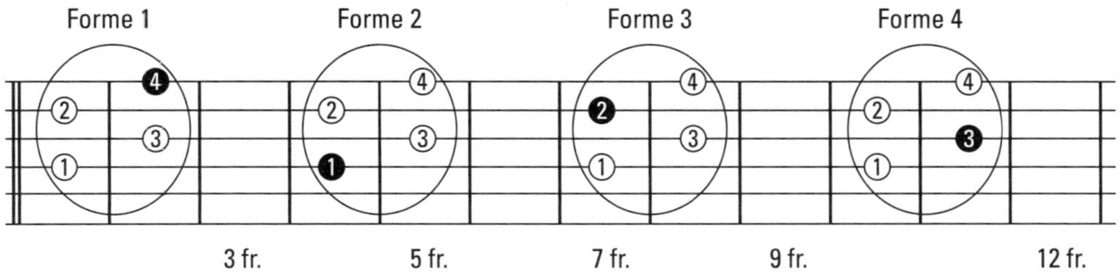


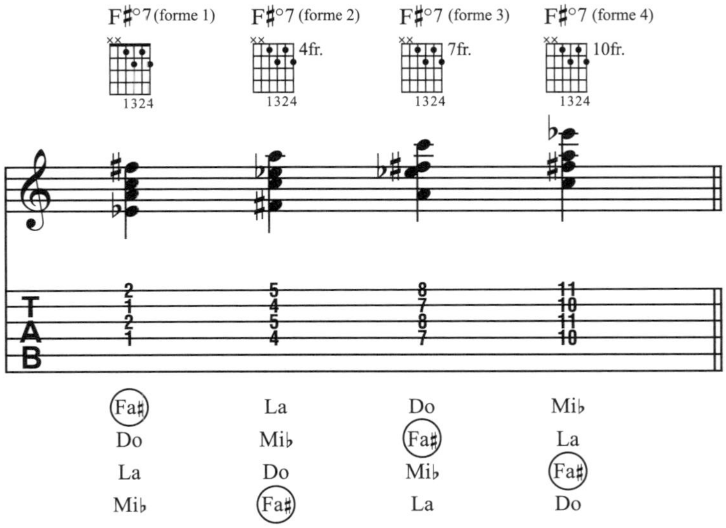


Lorsque vous vous estimerez prêt à clore votre entraînement des accords ouverts, passez à la figure suivante, qui présente un exercice en cadence qui comporte les quatre formes ouvertes de *fa* ♯° 7, joués à raison de deux par mesure, soit deux temps par accord. La forme de l'accord diminué emploie un doigté unique pour l'ensemble de ses renversements. Vous voyez, nous vous offrons des vacances : vous n'avez ici qu'une seule forme à mémoriser, que vous pouvez déplacer à loisir à différents endroits du manche ! Vos doigts étant dispensés de changer de corde, tentez d'imprimer à cet exercice un tempo plus vif que la normale.

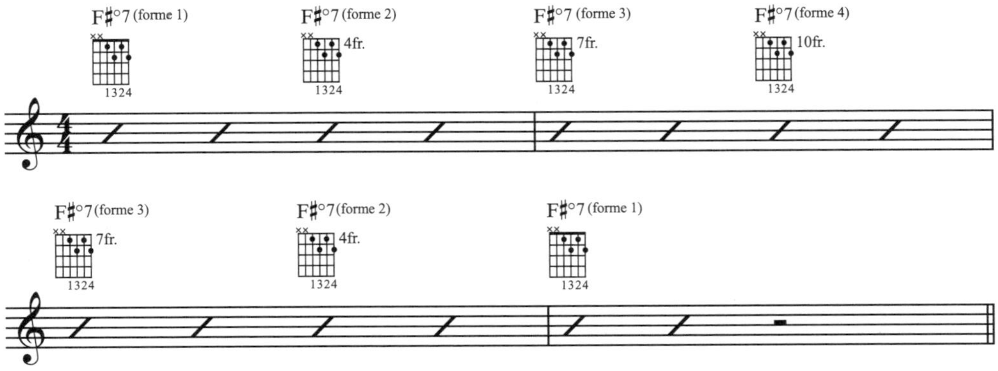

# Exercices faisant appel aux accords fermés

Vous trouverez à la figure ci-dessous la grille, la portée traditionnelle et la tablature des trois formes de l'accord fermé de *fa* majeur. Souvenez-vous que les *X* indiqués dans les grilles désignent les cordes à vide. Répétez cet exercice autant de fois qu'il sera nécessaire pour obtenir un jeu fluide sans qu'aucun son n'émane de la 5e corde.

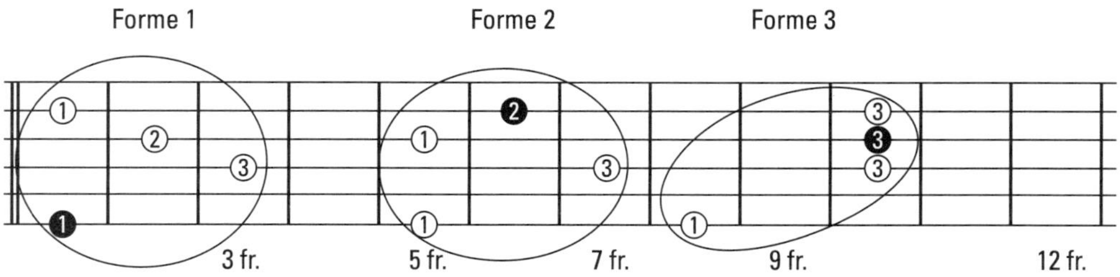


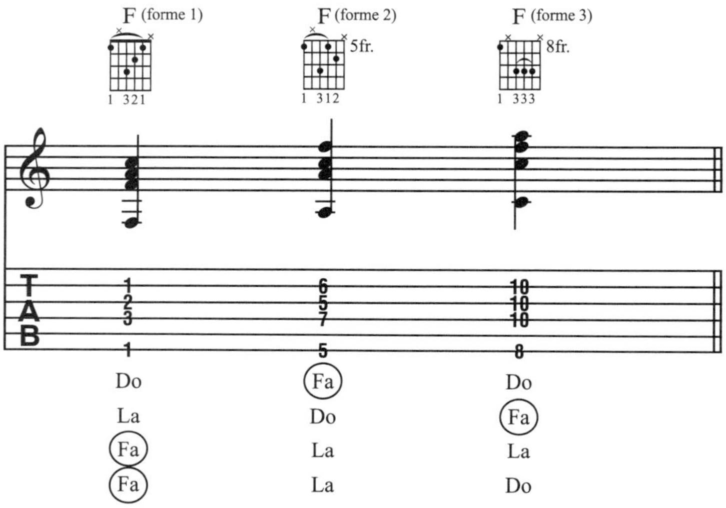


Dans le cas des accords fermés, il est difficile de *ne pas toucher* la 5e corde lorsque vous grattez les cordes (que vous jouiez du dos des ongles ou avec un médiator). Il vous faut donc assourdir, ou *étouffer* la corde en la touchant du doigt de la main gauche pour en éviter le son indésirable. Cette action de *muting* est généralement réalisée à l'aide du doigt qui frette la 6e corde. Pour étouffer la 1re corde, il suffit de détendre légèrement la main gauche afin que les doigts touchent à peine la corde pour lui éviter de résonner.

Vous pouvez vous essayer à cette technique de *muting* dans l'exercice suivant, qui fait appel aux trois formes fermées de *fa,* jouées à raison de deux par mesure, soit deux temps par accord. Grattez chaque accord avec légèreté, en lui donnant la valeur d'une noire (une corde grattée par temps) et évitez de toucher (ou *étouffez*) les 5e et 1re cordes (repérées dans les grilles par les symboles *X*).

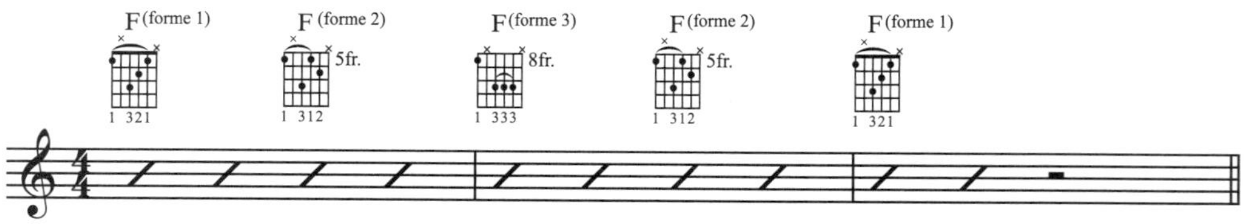

La figure qui suit présente la grille, la portée traditionnelle et la tablature des trois formes fermées d'accord de *fa* mineur. Vous pouvez jouer cet exercice en gardant l'annulaire et l'index dans la même position au fur et à mesure que vous passez d'un accord à l'autre ; vos doigts ne doivent jamais quitter la corde sur laquelle ils sont positionnés, et doivent rester à une case de distance l'un de l'autre.

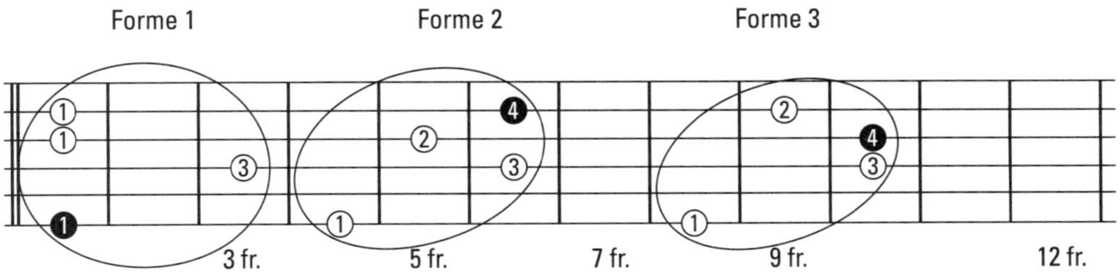


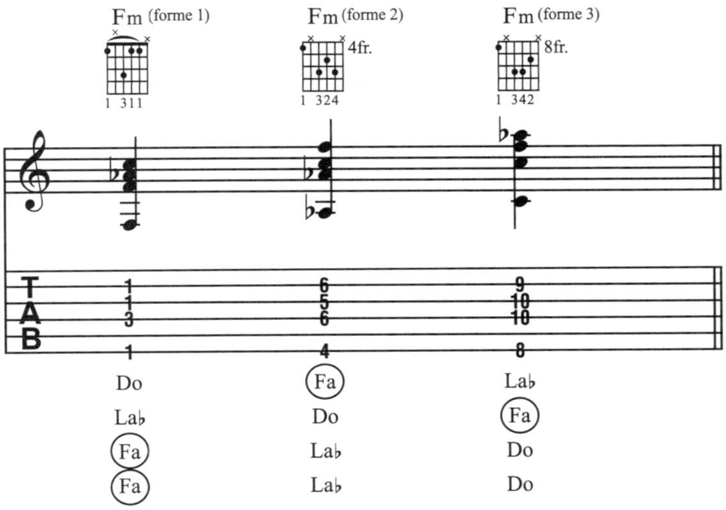


Lorsque vous vous sentirez prêt, essayez l'exercice ci-dessous en rythme : il utilise les trois formes fermées de l'accord en *fa* mineur, jouées à raison de deux par mesure, soit deux temps par accord. La 5e corde sera peut-être difficile à étouffer à la forme 1. Dans ce cas, essayer de pincer les cordes des doigts de votre main droite, plutôt que de les gratter avec le médiator.

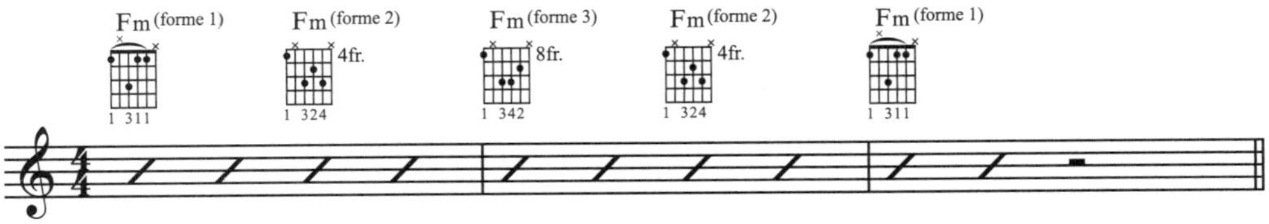

Regardez maintenant la grille, la portée traditionnelle et la tablature des quatre formes de l'accord de *fa* 7 fermé. Veillez à enchaîner de façon imperceptible les notes attaquées de la main droite, de sorte qu'aucune ne domine. Appliquez-vous à réaliser des transitions fluides entre les accords barrés (formes 1 et 4) et ceux qui ne le sont pas (formes 2 et 3).

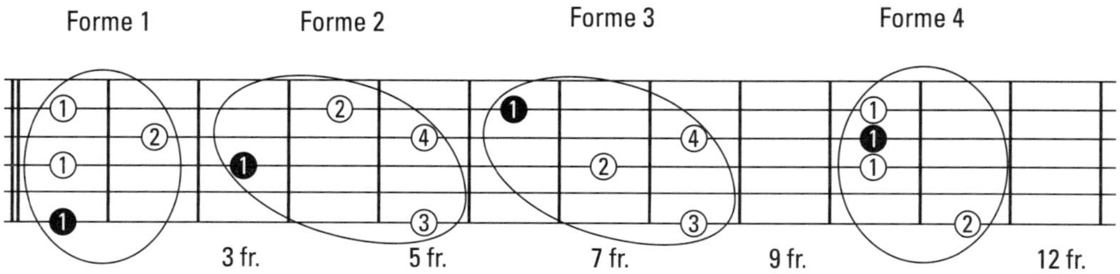


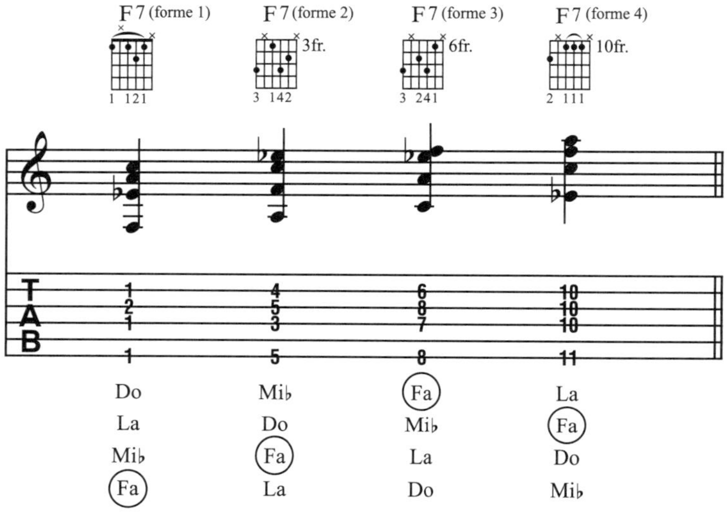


Essayez maintenant l'exercice ci-après, qui utilise les quatre formes fermées de l'accord de *fa* 7, jouées à raison de deux par mesure, soit deux temps par accord. Certains guitaristes, notamment les spécialistes du jazz, se plaisent à utiliser un doigté de remplacement pour la forme 1. Essayez de jouer cet accord de l'index (sans le barrer) sur la 6e corde, en plaçant le majeur sur la 4e corde, l'auriculaire sur la 3e corde, et l'annulaire sur la 2e corde. Si ce doigté vous convient mieux que le doigté d'origine, vous avez peut-être trouvé votre vocation !

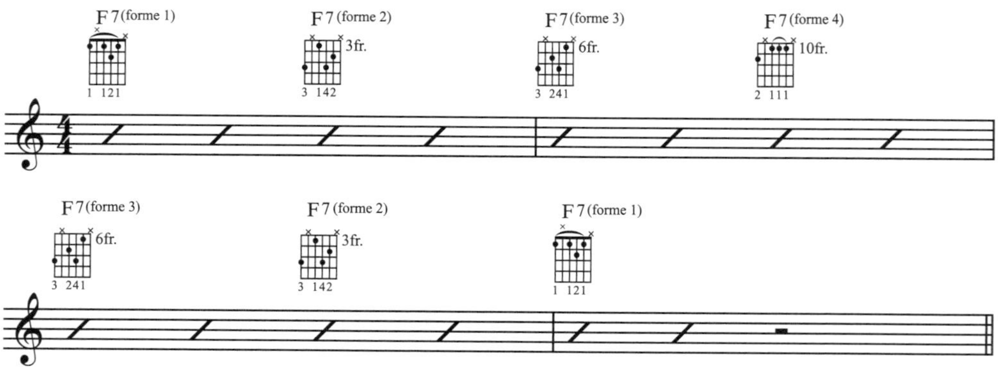

Voici la grille, la portée traditionnelle et la tablature des quatre formes de l'accord de *fa* m 7 fermé. Exécutez les deux versions de la forme 1 : celle indiquée sur le schéma, et une variante mettant en œuvre le majeur sur la 6e corde et un accord barré de l'annulaire sur les cordes 4, 3 et 2.

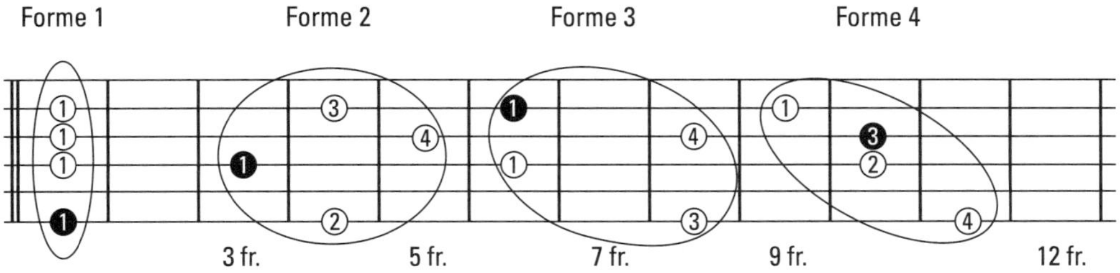


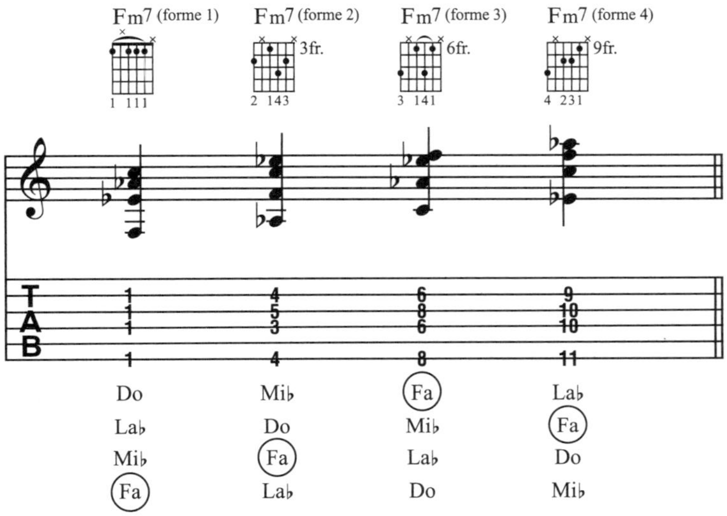


La figure suivante présente un exercice qui utilise les quatre formes fermées de l'accord de *fa* m 7, jouées à raison de deux par mesure, soit deux temps par accord. La plupart des guitaristes expérimentés (de jazz et de rock indifféremment) jouent la forme 1 avec le majeur sur la 6e corde et l'annulaire qui barre les 4e, 3e et 2e cordes, comme indiqué plus haut. Cette méthode permet plus facilement de ne pas faire retentir la 5e corde. Essayez de jouer la forme 1 en utilisant les deux doigts, et si cela vous semble inconfortable à la 1re case, déplacez l'accord en remontant vers le milieu du manche, où il sera plus aisément jouable.

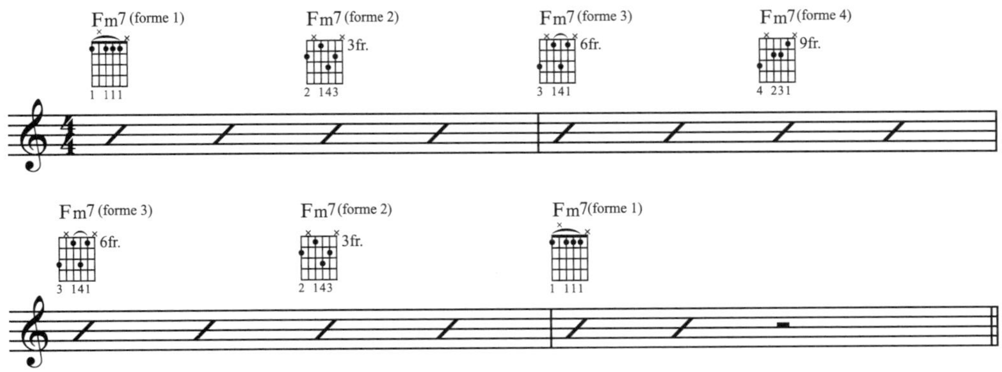

La figure qui suit présente la grille, la portée traditionnelle et la tablature des quatre formes de l'accord de *fa* maj 7 fermé. Répétez la forme 2 en l'isolant du reste de l'exercice, car elle comporte un étirement entre le majeur et l'index, puis exécutez l'exercice dans son intégralité.

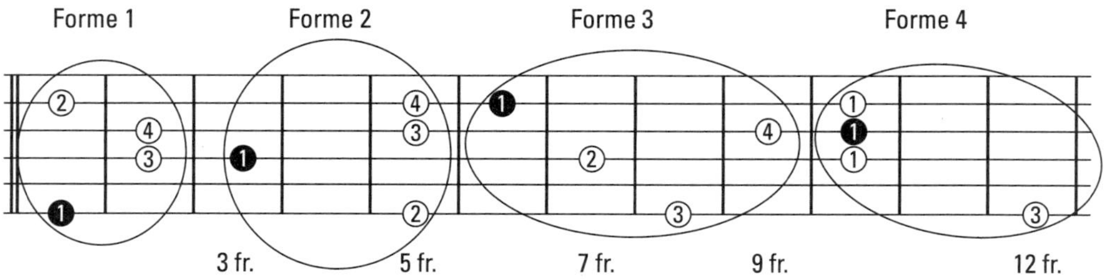


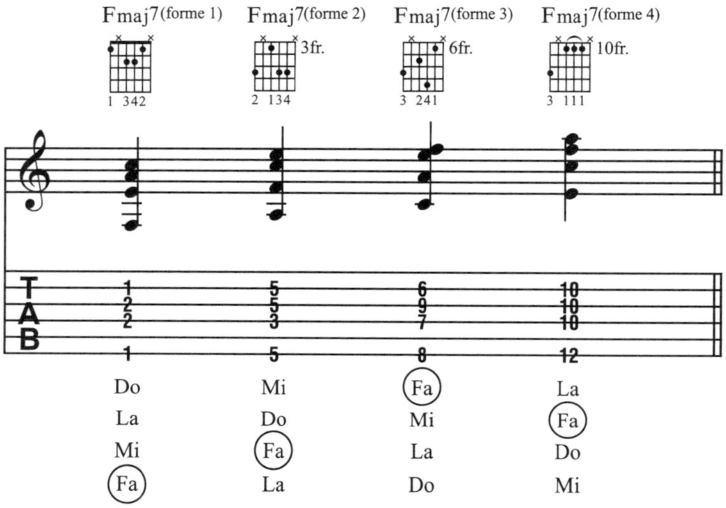


L'exercice suivant utilise les quatre formes fermées de l'accord de *fa* maj 7, jouées à raison de deux par mesure, soit deux temps par accord. Vous aurez l'occasion, lors du passage de la forme 3 à la forme 4 de l'accord, de rendre la transition encore plus imperceptible si vous laissez l'annulaire sur la 6e corde au cours de vos déplacements sur le manche. Il vous suffit de ne pas crisper l'annulaire pour éviter qu'il ne produise un son de glissement sur la corde lors du changement de position.

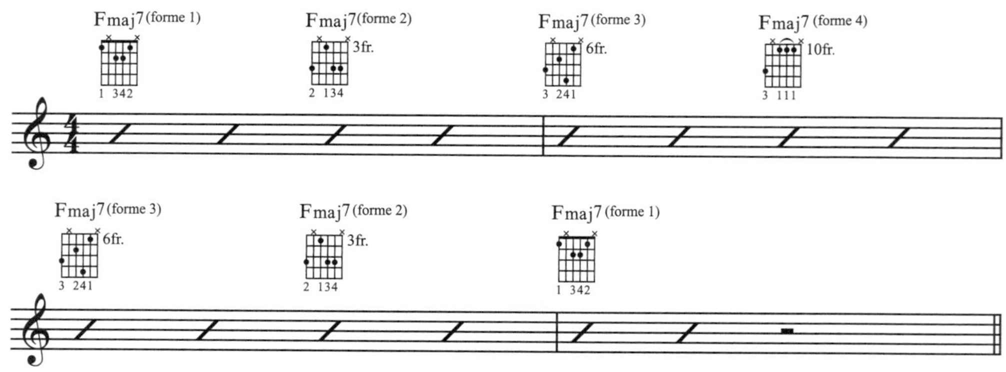

Vous trouverez à la figure ci-dessous la grille, la portée traditionnelle et la tablature des quatre formes fermées de l'accord de *fa* ♯m 7♭5. Pratiquez cet exercice plusieurs fois de suite, jusqu'à ce que vous maîtrisiez les trois mini-accords barrés qu'on y rencontre.

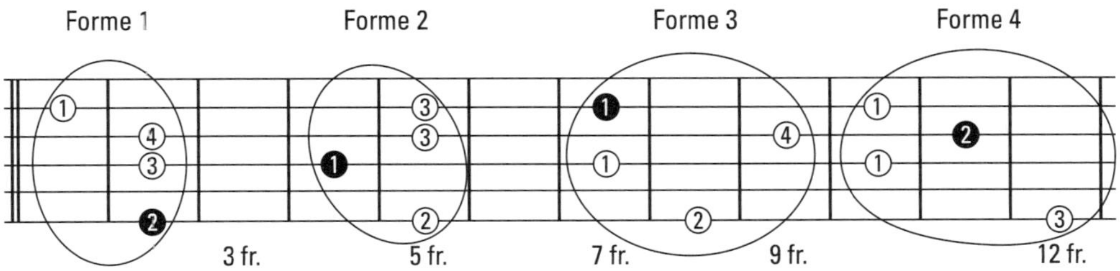


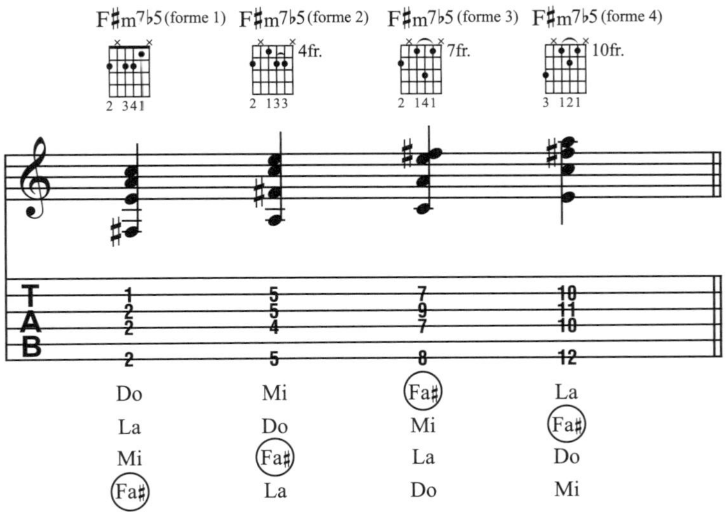


L'exercice ci-dessous fait appel aux quatre formes fermées de l'accord de *fa* ♯m 7♭5, jouées à raison de deux par mesure, soit deux temps par accord. Cette figure comprend une occurrence très cool de « doigt partagé » au moment du changement d'accord qui intervient entre les formes 2 et 3. Le majeur et l'index restent tous deux sur les mêmes cordes au moment du passage d'une forme à l'autre. Mais l'index sert d'abord à jouer une note isolée du bout du doigt, puis à barrer l'accord sur le passage bémolisé. Veillez à aplatir légèrement l'index lors de ce mouvement. Pour vous familiariser avec cette figure de l'index, essayez d'isoler ces deux accords (c'est-à-dire de répéter la transition entre les deux formes, accompagnée du changement de position du doigt, avant de réaliser l'intégralité de l'exercice).

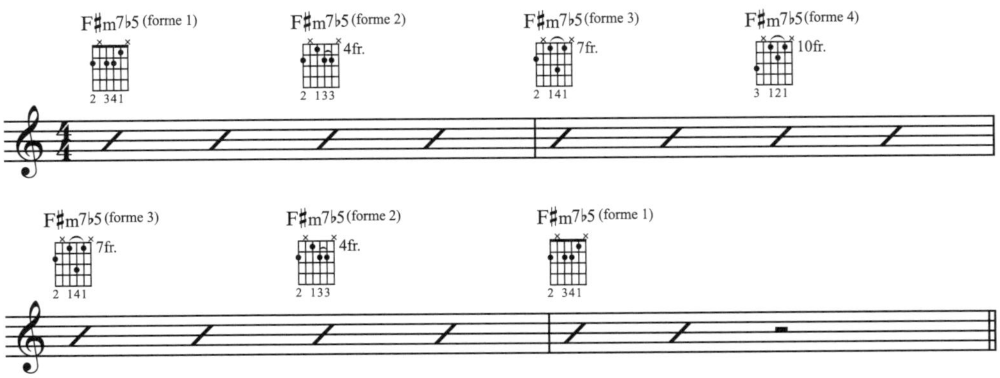

La figure suivante présente la grille, la portée traditionnelle et la tablature des quatre formes de l'accord diminué de *fa* ♯° 7 fermé. Votre doigté ne change pas au fil des quatre formes, donc profitez-en pour travailler la vitesse et la précision de votre jeu en déplaçant l'exercice à différents endroits du manche par incréments de trois cases.

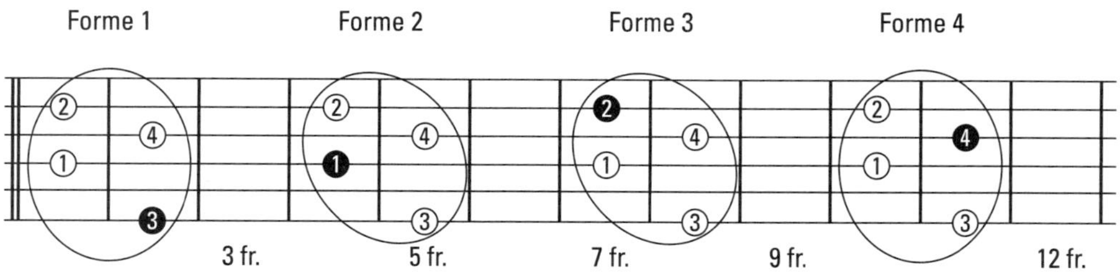


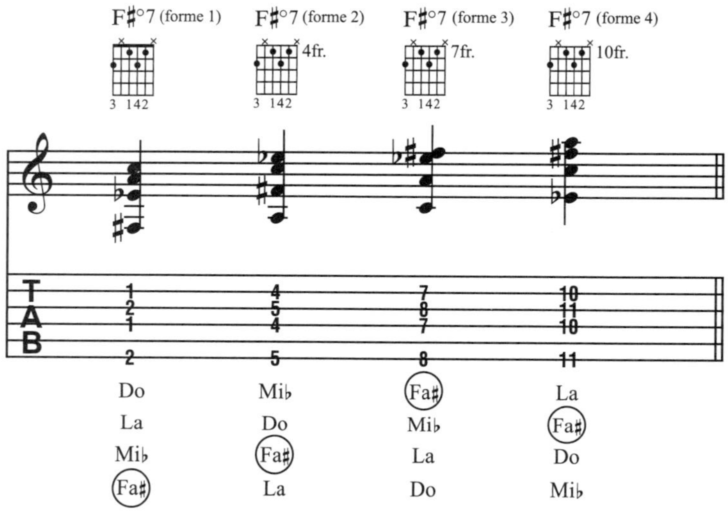


L'exercice ci-dessous utilise les quatre formes fermées de l'accord diminué de *fa* ♯° 7, jouées à raison de deux par mesure, soit deux temps par accord. Comme pour les formes ouvertes plus haut dans ce chapitre, les doigtés des formes fermées de l'accord de 7e diminué sont identiques pour les quatre formes.

Comme si quatre formes identiques ne vous facilitaient pas suffisamment la tâche, voici la cerise sur le gâteau : la variante à trois doigts de cet accord. Barrez les 4e et 2e cordes avec l'index, puis jouez la note sur la 6e corde avec le majeur et la note sur la 3e corde avec l'annulaire. Nombre de guitaristes trouvent ce doigté plus facile à intégrer que celui présenté ci-dessous (surtout lorsque vous maîtriserez parfaitement les accords barrés). Essayez-vous aux deux versions et décidez laquelle des deux emporte votre préférence.

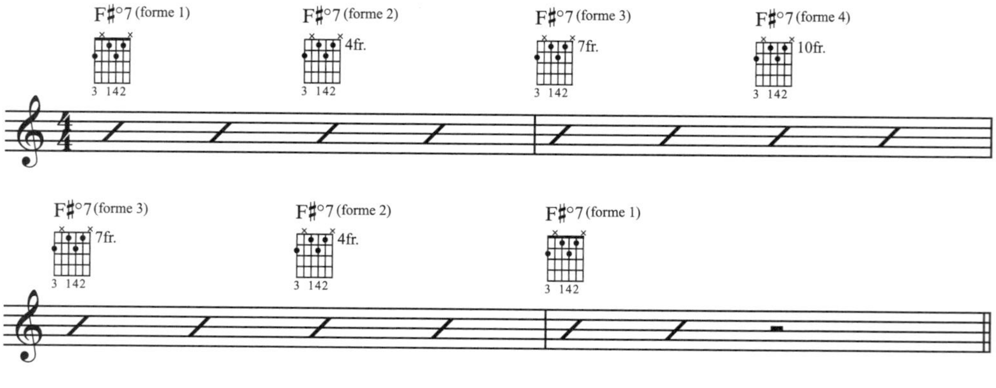

# Jouer des progressions d'accords

Jouer des accords seuls ou classés par corde est une excellente méthode pour travailler l'agilité de votre doigté. En revanche, lorsque vous serez en situation de jouer des morceaux à la guitare, les accords sont joués selon une structure différente : la progression d'accords. Une *progression d'accords* est tout simplement une série d'accords qui s'articulent logiquement d'un point de vue musical – et servent de support à une mélodie ou de cadre à un bœuf ou à une improvisation (comme un blues de 12 mesures).

Les progressions d'accords présentées aux rubriques à venir auront certainement un timbre qui ne vous est pas inconnu. C'est normal. Elles ont servi de base, en partie ou en totalité, à de nombreuses compositions.

## Les progressions d'accords ouverts

Les formes d'accords ouverts utilisent les quatre cordes du haut (celles qui génèrent les sons les plus aigus), et sont adaptées aux parties rythmées jouées par exemple aux côtés d'un bassiste (ou si vous êtes accompagné par un pianiste qui joue des notes très graves de la main gauche). Les formes d'accords ouverts permettent également de laisser transparaître les sons plus brillants des cordes du haut – comme ceux d'une mandoline lorsqu'elle joue en rythme.

Les figures qui suivent présentent deux progressions d'accords, dont chacune utilise neuf formes ouvertes distinctes, jouées à raison de deux par mesure. Les progressions d'accords devront être jouées à la fois *legato* (c'est-à-dire en laissant les cordes résonner aussi longtemps que possible) et *staccato* (où les cordes sont étouffées par le relâchement des doigts ayant servi à fretter) afin de créer deux effets différents.

Plage 90

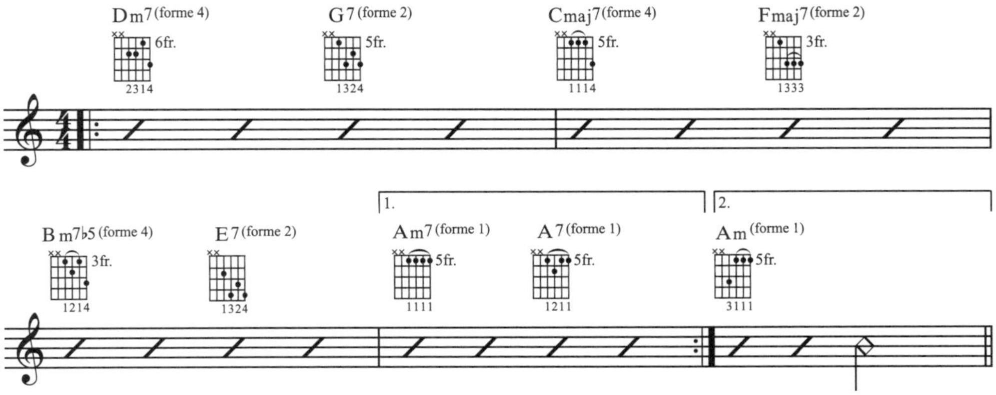

Plage 91

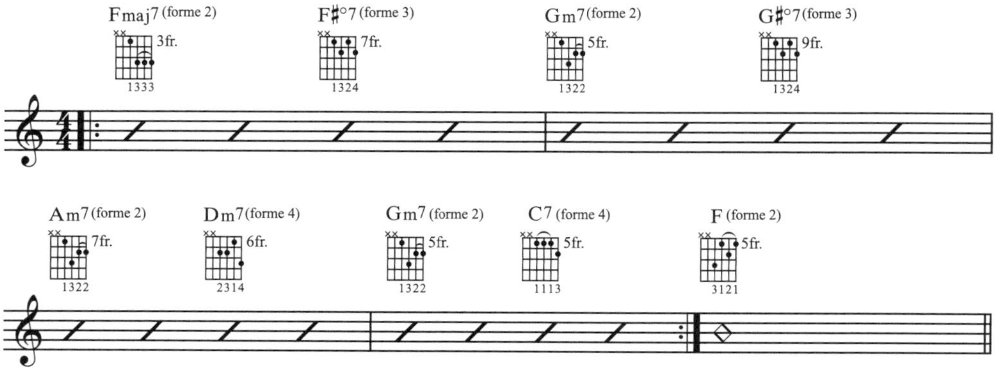


# Les progressions d'accords fermés

Dans cet ouvrage, les accords fermés incluent la 6e corde, largement séparée de la note aiguë du dessus du fait du saut de la 5e corde. La présence de la note grave dans les accords fermés signifie qu'ils représentent une bonne base, ou partie de basse, adaptée aux guitaristes solo qui jouent avec d'autres instruments mais sans bassiste ni accompagnement vocal derrière un chanteur.

Les figures qui suivent présentent deux progressions d'accords, qui utilisent chacune neuf formes fermées différentes, jouées à raison de deux par mesure. Pour donner à la 6e corde un son plus clair, essayez de la séparer du reste de l'accord en la pinçant un peu plus fort que les autres cordes. Vous pouvez également essayer de jouer la note de basse avec le pouce droit et le reste de l'accord avec l'index, le majeur et l'annulaire. Pour approfondir votre technique, essayez de jouer uniquement la note de basse sur les temps 1 et 3 et uniquement les trois cordes du haut sur les temps 2 et 4.

Plage 92

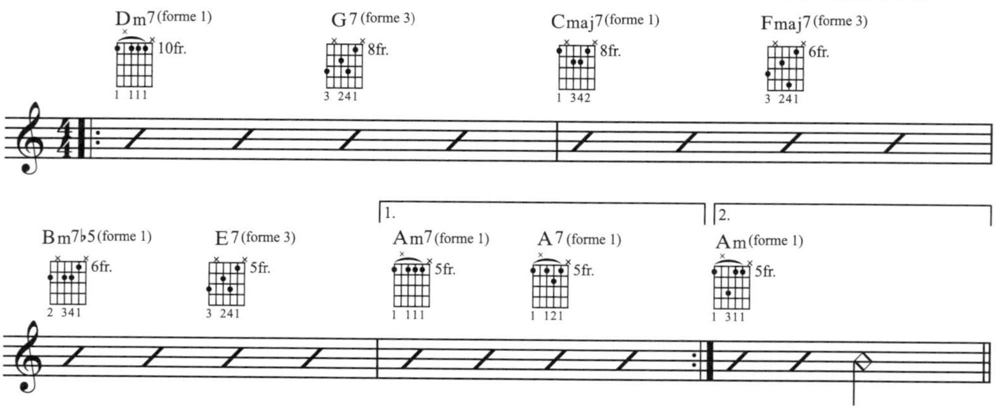

Plage 93

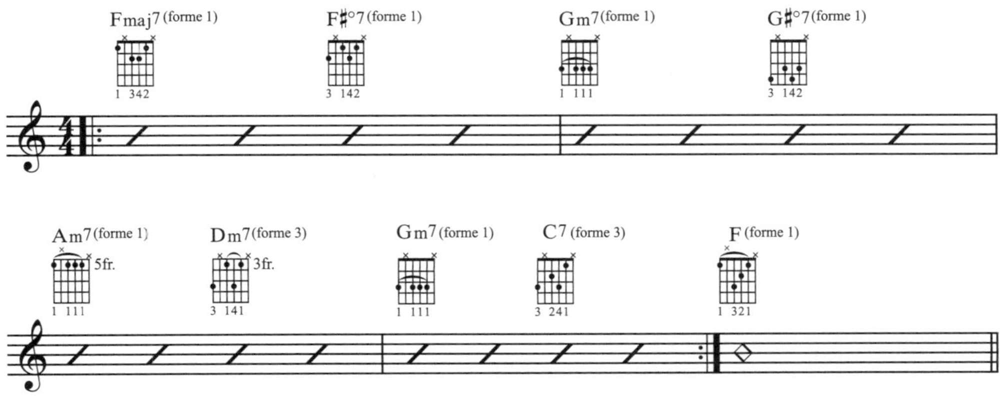


# Jouer des morceaux qui font appel aux progressions d'accords

Les accords de 7e étant parfaits pour le jazz et les arrangements jazzy, nous avons sélectionné deux morceaux à « jazzifier » : l'un est une ballade folk traditionnelle et l'autre est un standard de Jerome Kern. Dans la première, vous devrez travailler les accords ouverts et dans la seconde vous aurez accès à la magie cachée des accords fermés.

## En avant les accords ouverts avec « Danny Boy »

Fort jolie ballade irlandaise, « Danny Boy » émane en fait d'une ballade traditionnelle ancienne baptisée « Londonderry Air ». Ajoutées dans un second temps, les paroles sont le message poignant d'un père à son fils absent.

Jouez « Danny Boy » avec lenteur et douceur, et essayez de donner aux changements d'accords d'un temps (que l'on rencontre aux mesures 8, 9, 11, 12, 14, 15 et 16) un son tranquille et souple. Soyez sans inquiétude si vous ne parvenez pas tout de suite à jouer nettement l'accord de *fa* à la mesure 14 ; le positionnement de trois doigts sur les 2e, 3e et 4e cordes – le tout à la 10e case – est souvent délicat à acquérir.

ASTUCE

Nous vous proposons un doigté de remplacement : utilisez l'annulaire pour barrer les 2e, 3e et 4e cordes à la 10e case, et soulevez-le juste suffisamment pour permettre à la 1re corde (frettée par l'index) de sonner. Ce n'est pas ce qu'il y a de plus facile, mais la technique vous paraîtra peut-être plus accessible que d'utiliser pour cette forme quatre doigts à ce niveau du manche.

Plage 94

Assez lent
Fmaj7 (forme 2) 3fr. 1333
F7 (forme 2) 3fr. 1324
B♭maj7 (forme 4) 3fr. 1114
Gm7♭5 (forme 2) 5fr. 1333
Fmaj7 (forme 2) 3fr. 1333
Dm7 (forme 4) 6fr. 2314
Gm7 (forme 2) 5fr. 1322
C7 (forme 4) 5fr. 1113
4
Fmaj7 (forme 2) 3fr. 1333
F7 (forme 2) 3fr. 1324
B♭maj7 (forme 4) 3fr. 1114
Gm7♭5 (forme 2) 5fr. 1333
6
Am7 (forme 1) 5fr. 1111
Dm7 (forme 4) 6fr. 2314
Gm7 (forme 2) 5fr. 1322
C7 (forme 4) 5fr. 1113
F (forme 2) 5fr. 3121
Gm7 (forme 2) 5fr. 1322
C7 (forme 4) 5fr. 1113
8
F (forme 2) 5fr. 3121
B♭ (forme 1) 6fr. 3211
Am7 (forme 1) 5fr. 1111
Dm7 (forme 4) 6fr. 2314
Gm7 (forme 2) 5fr. 1322
C7 (forme 4) 5fr. 1113
10
F (forme 2) 5fr. 3121
B♭ (forme 1) 6fr. 3211
Am7 (forme 2) 7fr. 1322
G7 (forme 3) 8fr. 2314
C7 (forme 1) 8fr. 1211
12
F (forme 3) 8fr. 2341
B♭ (forme 1) 6fr. 3211
G♯°7 (forme 2) 6fr. 1324
F (forme 2) 5fr. 3121
Dm7 (forme 4) 6fr. 2314
Gm7♭5 (forme 2) 5fr. 1333
14
F (forme 2) 5fr. 3121
Dm7 (forme 4) 6fr. 2314
Gm7 (forme 2) 5fr. 1322
C7 (forme 4) 5fr. 1113
F (forme 2) 5fr. 3121
16

## Les accords fermés de « Look for the Silver Lining »

Jerome Kern écrivit « Look for the Silver Lining » pour l'inoubliable comédie musicale *Sally,* mais la plus grande partie du public qui reconnaîtra cet hymne à l'optimisme connaît les versions chantées par Judy Garland ou le grand trompettiste de jazz Chet Baker.

Jouez cette chanson avec une lenteur modérée et essayez d'imprimer aux accords limités à une durée d'un temps (comme les accords *la* m 7 et *ré* 7 à la mesure 1) un son aussi *legato* que celui des accords de deux temps.

N'OUBLIEZ PAS !

Le secret du jeu de ce morceau consiste à faire des mouvements vifs et efficaces *entre* les changements d'accords sans affecter la résonance des accords grattés. Vous devez passer d'un accord à l'autre avec célérité, tout en lui laissant aller au bout de leur durée.

Plage 95

Assez lent
Gmaj7 (forme 1)
Am7 (forme 1)
D7 (forme 3)
Gmaj7 (forme 1)
Gmaj7 (forme 2)
Cmaj7 (forme 1)
Bm7 (forme 1)
Am7 (forme 1)
D7 (forme 3)
Gmaj7 (forme 1)
Em7 (forme 2)
Am7 (forme 1)
D7 (forme 3)
Bm7 (forme 1)
Em7 (forme 4)
A7 (forme 2)
A7 (forme 1)
Am7 (forme 1)
D7 (forme 3)
Gmaj7 (forme 1)
Am7 (forme 1)
Am7♭5 (forme 1)
Gmaj7 (forme 1)
Am7 (forme 1)
Am7♭5 (forme 1)
Gmaj7 (forme 1)
G7 (forme 1)
G7 (forme 2)
C (forme 1)
E7 (forme 3)
A7 (forme 1)
A♯°7 (forme 1)
Bm7 (forme 1)
Em7 (forme 3)
Am7 (forme 1)
D7 (forme 3)
G (forme 1)

# Chapitre 14

# Améliorez votre force et votre vitesse en jouant des exercices de notes isolées

***Dans ce chapitre***

- Jouer des notes isolées sur le manche
- Répéter des enchaînements de notes isolées sur le manche

Le jeu de gammes, d'arpèges et d'accords implique autant de considérations musicales que techniques. Nous voulons dire par là qu'en plus de mouvoir vos doigts selon le rythme, vous produisez également un vecteur musicalement signifiant – quelque chose qui est entendu en partie ou en totalité dans des chansons et des morceaux. Et que dire si vous ne souhaitez pas produire quelque chose qui soit chargé de sens ? Parviendrez-vous néanmoins à accomplir quelque chose avec votre guitare ou est-il plus sage de tout arrêter ?

Aujourd'hui doit être votre jour de chance. Il existe un cas dans lequel vous pouvez mettre votre cerveau sur *off* (tout au moins sa partie rationnelle, pensante), jouer quelque chose dénué de tout sens musical, et être cependant en train d'accomplir une action productive. Vous mourrez d'envie d'en savoir plus ? Nous parlons ici des exercices destinés à améliorer votre vitesse et à renforcer votre doigté. Vous pouvez vous livrer à ces pratiques – qui pourraient donner à votre activité cérébrale des allures d'électro-encéphalogramme plat – en regardant la télévision, en attendant que votre ordinateur redémarre, ou même coincé dans les embouteillages (après réflexion, la dernière suggestion n'est peut-être pas une trouvaille, mais vous voyez l'idée).

Nous allons vous présenter dans ce chapitre des approches techniques qui vous permettront d'augmenter votre vitesse, la force et l'indépendance de votre doigté mais n'encombreront pas votre cortex cérébral. En fait, ces exercices vous permettent même de vous mettre mentalement en retrait, comme lorsque vous faites votre jogging ou votre séance de musculation. Aucune pensée profonde ne doit vous perturber, trouvez un autre moment pour imaginer votre prochain solo de guitare.

N'OUBLIEZ PAS !

Ces exercices impliquent simplement d'étudier les modèles présentés dans les figures suffisamment longtemps pour les apprendre (nous ne les présentons ici que dans leur version tablature). Une fois que c'est fait, détendez-vous et laissez vos doigts travailler pendant que vous offrez une pause à votre matière grise. La seule chose qu'on vous demande est de continuer à jouer lorsque vous arrivez à la mention « etc . » qui figure à la fin de chaque portée, car continuer à jouer le même modèle musical établi vous amène à la fin logique de l'exercice (la $12^{e}$ case pour les parties ascendantes et la $1^{re}$ case pour les parties descendantes). En dehors de ça, interdiction de penser !

# Se déplacer sur le manche perpendiculairement aux cordes

En jargon guitare, *se déplacer sur le manche* perpendiculairement aux cordes veut dire passer d'une corde à une autre tout en restant à la même position ou à la même case. Par exemple, si vous déplacez votre main de la $6^{e}$ corde à la $1^{re}$, puis revenez à la $6^{e}$ corde – sans jamais s'éloigner, disons, de la $2^{e}$ case –, vous vous déplacez perpendiculairement sur le manche. Toutes les gammes et arpèges traités dans ce livre impliquent de se déplacer perpendiculairement sur le manche. Même lorsque vous exécutez un étirement pour jouer une *note hors position* (une note qui tombe à l'extérieur des quatre cases qui définissent la position dans laquelle vous jouez, nécessitant pour être jouée un étirement de l'index ou de l'auriculaire), vous essayez de préserver les déplacements perpendiculaires sur le manche.

Jouer différentes notes en se déplaçant perpendiculairement sur le manche est une bonne approche, parce que vous n'avez pas à regarder le manche pour conserver votre orientation (en langage clair : pour ne pas jouer de fausses notes !).

Nous présentons dans les rubriques suivantes des exercices visant à accroître votre vitesse et la force de votre doigté, ce qui vous aide à rester solidement en position lors de vos déplacements perpendiculaires sur le manche. Dans ces exercices, vous changez de position seulement après avoir terminé votre périple de la $6^{e}$ à la $1^{re}$ corde.

## Monter et descendre sur une corde

Les exercices de cette rubrique (présentés aux figures qui suivent) font tous appel à un déplacement *conjoint*, c'est-à-dire que vous jouez les cases successivement, selon leur ordre numérique (1, 2, 3, 4 ; 4, 3, 2, 1, etc.). Dans les versions ascendantes de ces figures, vous vous déplacez sur le manche en procédant de la $6^{e}$ à la $1^{re}$ corde, puis vous montez d'une case sur la $6^{e}$ corde et recommencez l'exercice. Progressez ainsi jusqu'à ce que votre auriculaire atteigne la $12^{e}$ case sur la $1^{re}$ corde (d'où la mention « etc. » figurant en fin de portée, dont la vocation est de vous indiquer de continuer). ***Astuce :*** vous saurez que vous en êtes au dernier niveau sur le manche lorsque vous commencerez la dernière série sur la $6^{e}$ corde à la $9^{e}$ case. Pour les versions descendantes, commencez avec l'auriculaire à la $12^{e}$ case et continuez jusqu'à ce que votre index atteigne la $6^{e}$ corde à la $1^{re}$ case.

Ces tablatures ne comprennent aucun doigté pour la main gauche, mais vous pouvez extrapoler les doigtés des exercices ascendants sur la base des chiffres indiqués dans la tablature de la position la plus basse. Pour ce qui concerne les versions descendantes, inversez l'ordre des doigts. Par exemple, si vous jouez à l'aide des doigts 1-2-3-4 pour l'exercice ascendant, utilisez le doigté 4-3-2-1 pour la version descendante. Ces exercices sont aisément mémorisables ; nous préconisons donc de les exécuter à vitesse normale dès que vous vous sentirez suffisamment à l'aise pour « sauter sans filet ».

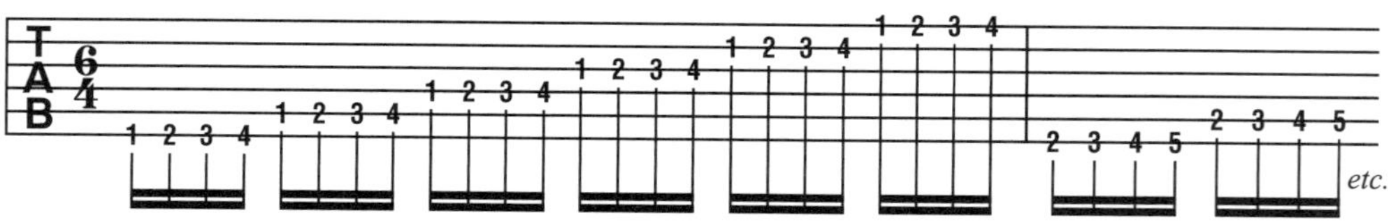

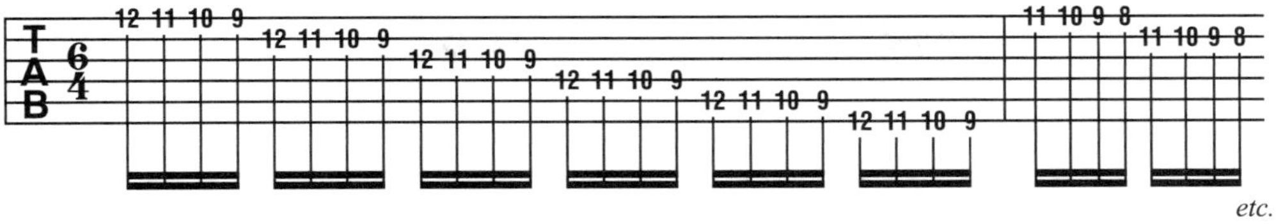


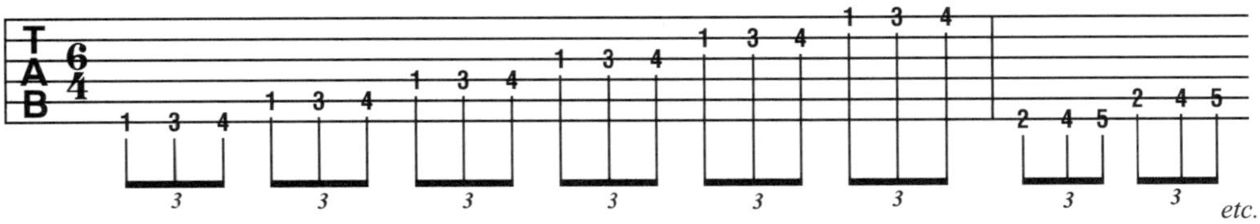


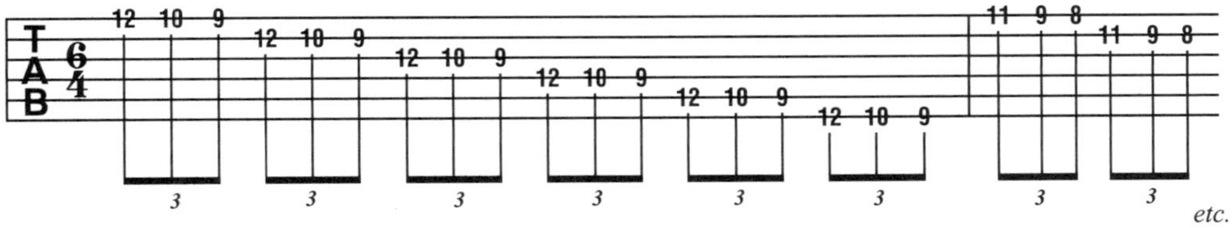


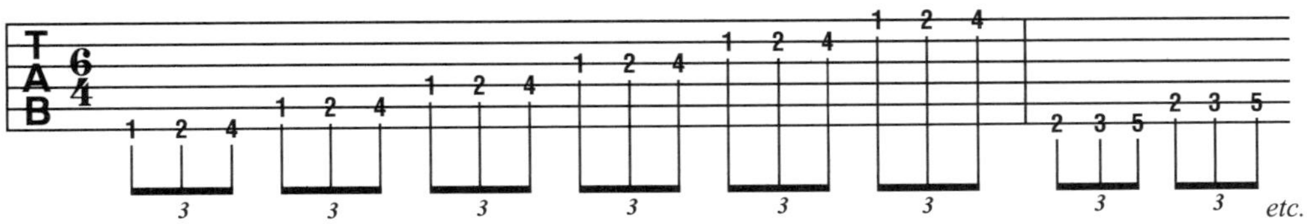


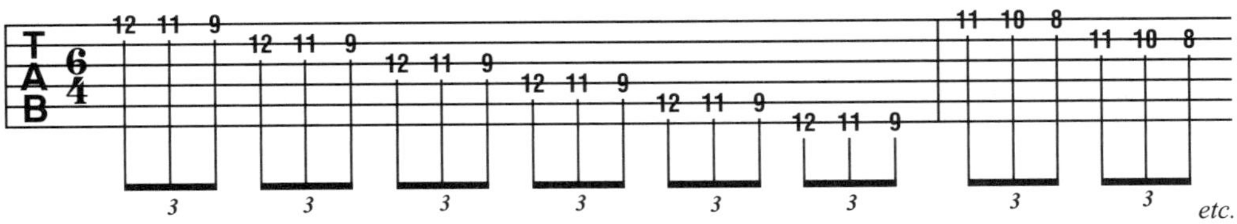


## Se promener sur une corde

Dans les exercices ci-dessous, vous rencontrerez sur chaque corde un point pour lequel vous ne jouerez pas des cases consécutives ou n'utiliserez pas deux doigts voisins. Autrement dit, vous « vous promenez en sautillant » sur une même corde. Le but de ce profil d'exercice, qui mêle les sauts au jeu sur des cases voisines, est d'habituer vos doigts à trouver sans hésitation les cases adéquates, même lorsqu'elles ne sont pas voisines.

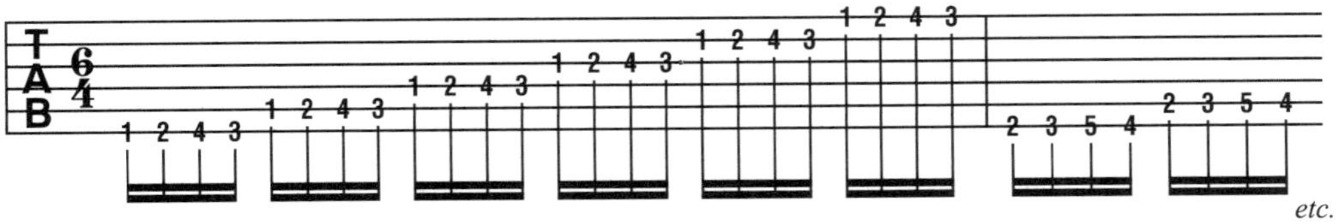

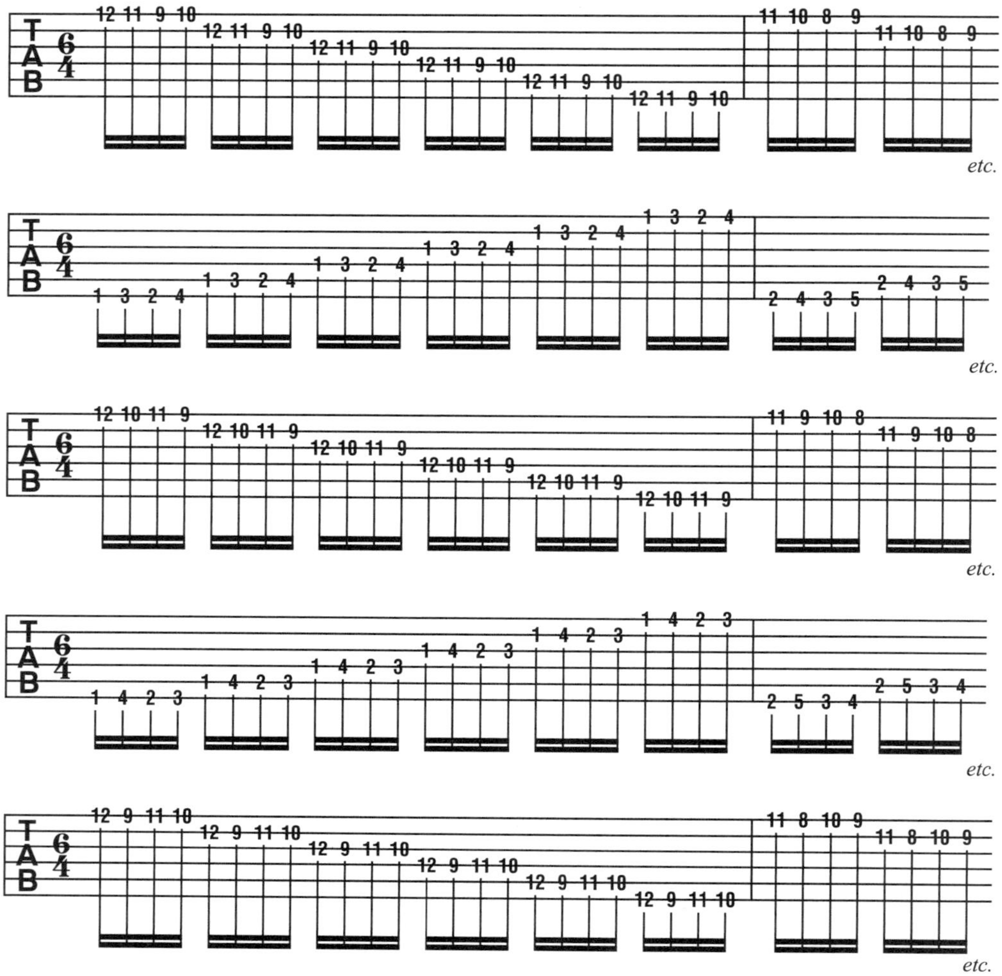


## Sauter d'une corde à l'autre

Vous êtes las de jouer une corde après l'autre de façon prévisible à mourir ? Il est temps d'ajouter à votre programme d'entraînement les sauts de corde ! Un *saut* consiste à passer par-dessus une corde sans la fretter, pour jouer à une case donnée. Cela revient à jouer les cases selon la séquence naturelle (1-2-3-4), mais en alternant les cordes – jouer sur la 6$^{e}$ corde à la 1$^{re}$ case ; puis la 5$^{e}$ corde à la 2$^{e}$ case ; puis la 6$^{e}$ corde à la 3$^{e}$ case ; et ainsi de suite.

Les figures que nous vous présentons ci-après mettent en œuvre divers exercices de sauts de corde. Si vous jouez des mélodies comprenant de grands intervalles ou que vous changez fréquemment de sens de jeu, vous comprendrez l'utilité de ce type d'entraînement. Essayez de lever le doigt que vous venez d'utiliser en même temps que vous passez à la corde suivante, de façon à n'entendre qu'une note à la fois. Cette méthode est une excellente technique pour le jeu en mode *staccato* (détaché, saccadé) comme pour acquérir un doigté autonome.

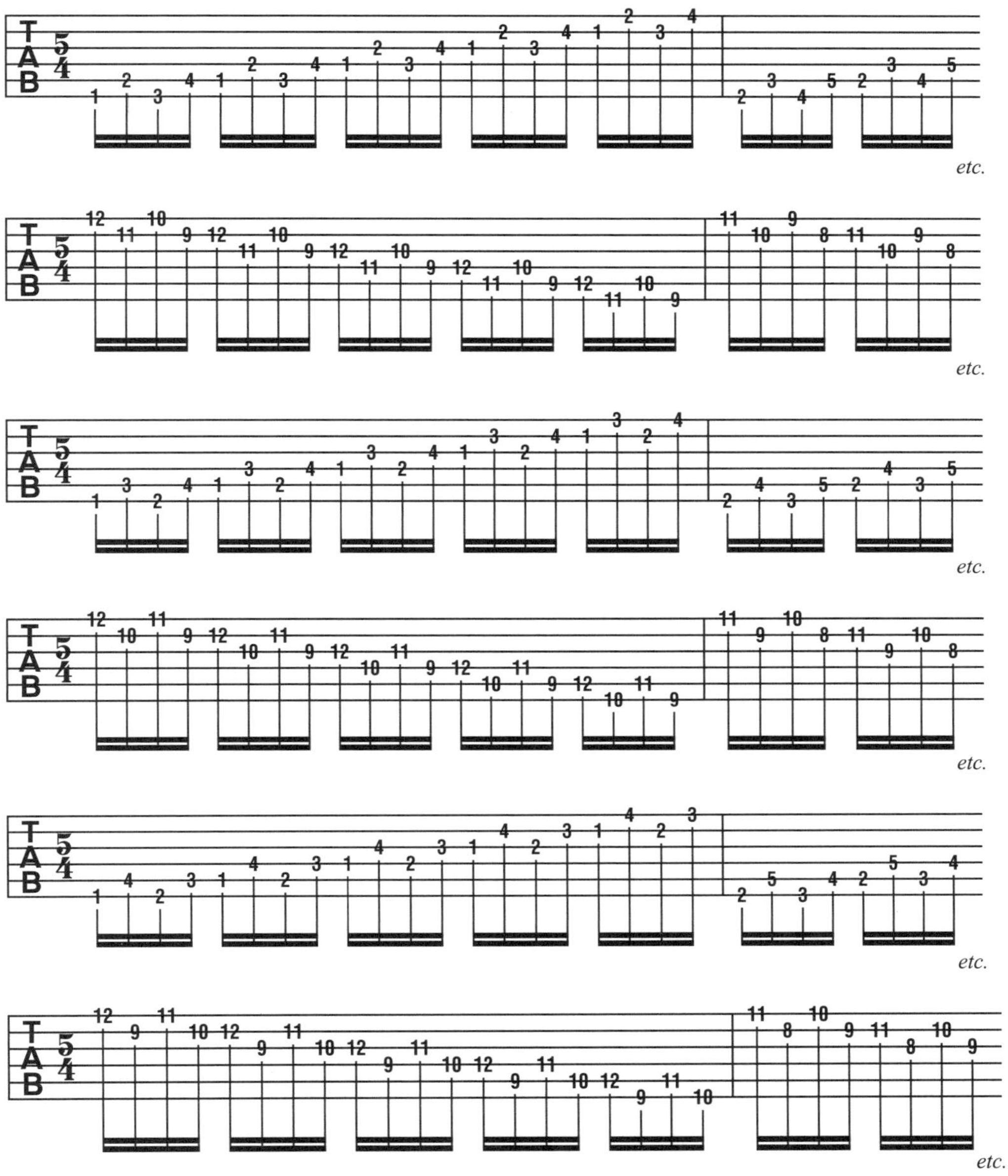

# Évoluer le long du manche

Évoluer *le long* du manche signifie que vous changez de position – c'est-à-dire que vous passez des cases en bas du manche aux cases en haut, et vice versa, en jouant (*le long* du manche nous rappelant à l'évidence que le manche est effectivement en *longueur.*) Le fait de mouvoir votre main des cases hautes vers les cases basses en restant en position sur une corde vous fait évoluer le long du manche.

ATTENTION !

Lorsque vous commencez à monter et à descendre le manche, les choses se compliquent. Il est moins facile de déplacer votre main sur le manche en jouant juste que de vous positionner sur différentes cases en jouant les notes voulues. Lorsque vous vous déplacez le long du manche, vous risquez plus volontiers de jouer à la mauvaise case, ou de jouer à la case correcte mais pas tout à fait au bon endroit, produisant ainsi un bourdonnement ou un son étouffé. Se déplacer le long du manche exige également que vous ne quittiez pas des yeux votre main gauche pendant que vous jouez (à la différence des déplacements perpendiculaires, c'est-à-dire en travers du manche, qui ne vous obligent pas à garder l'œil sur votre jeu).

Avec la mise en pratique des accords et exercices d'accords du chapitre 13, nous vous avons donné un avant-goût de ce que veut dire monter et descendre sur le manche (ou se déplacer le long du manche). Dans l'exercice qui suit, nous allons faire aboutir le concept de déplacement le long du manche par le biais du jeu de notes isolées.

## Monter et descendre sur les cordes

En guitare, *escalader* représente l'action de monter progressivement d'une corde en commençant une nouvelle série de notes avec une case de décalage à chaque fois. Par exemple, après avoir joué aux cases 1-2-3-4 sur la 6e corde, la note suivante sera jouée à la case 2 (sur la 6e corde) de l'index – et non du majeur, comme vous feriez naturellement pour rester en position. Cette approche vous permet de progresser en montée sur le manche, comme illustré sur cette figure.

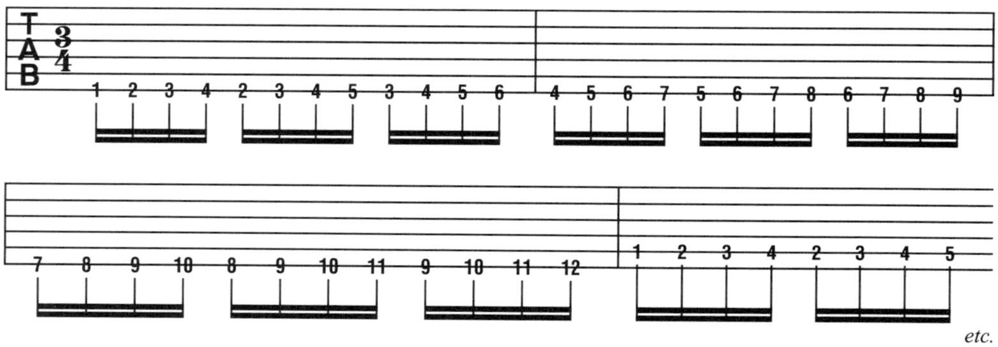


Jetez maintenant un œil aux figures ci-après, qui proposent des variantes pour monter et descendre sur les cordes. Pour optimiser votre jeu et augmenter votre vitesse en descente, essayez de prépositionner tous vos doigts ensemble sur la corde *avant* de commencer à jouer. Ôtez ensuite vos doigts un par un, révélant ainsi le doigt suivant déjà placé.

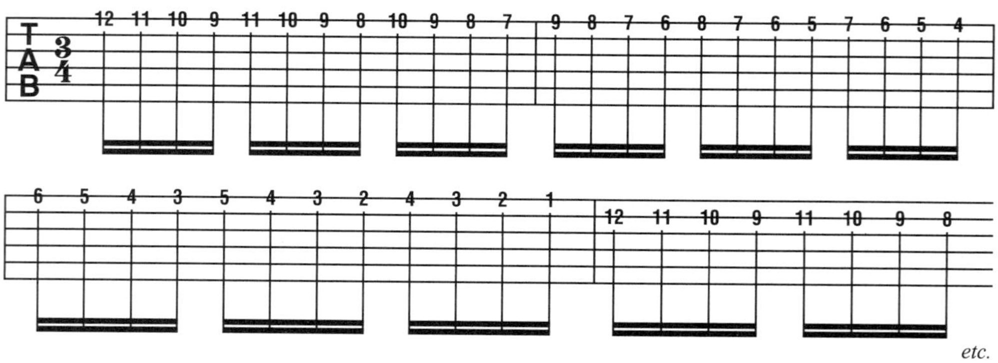

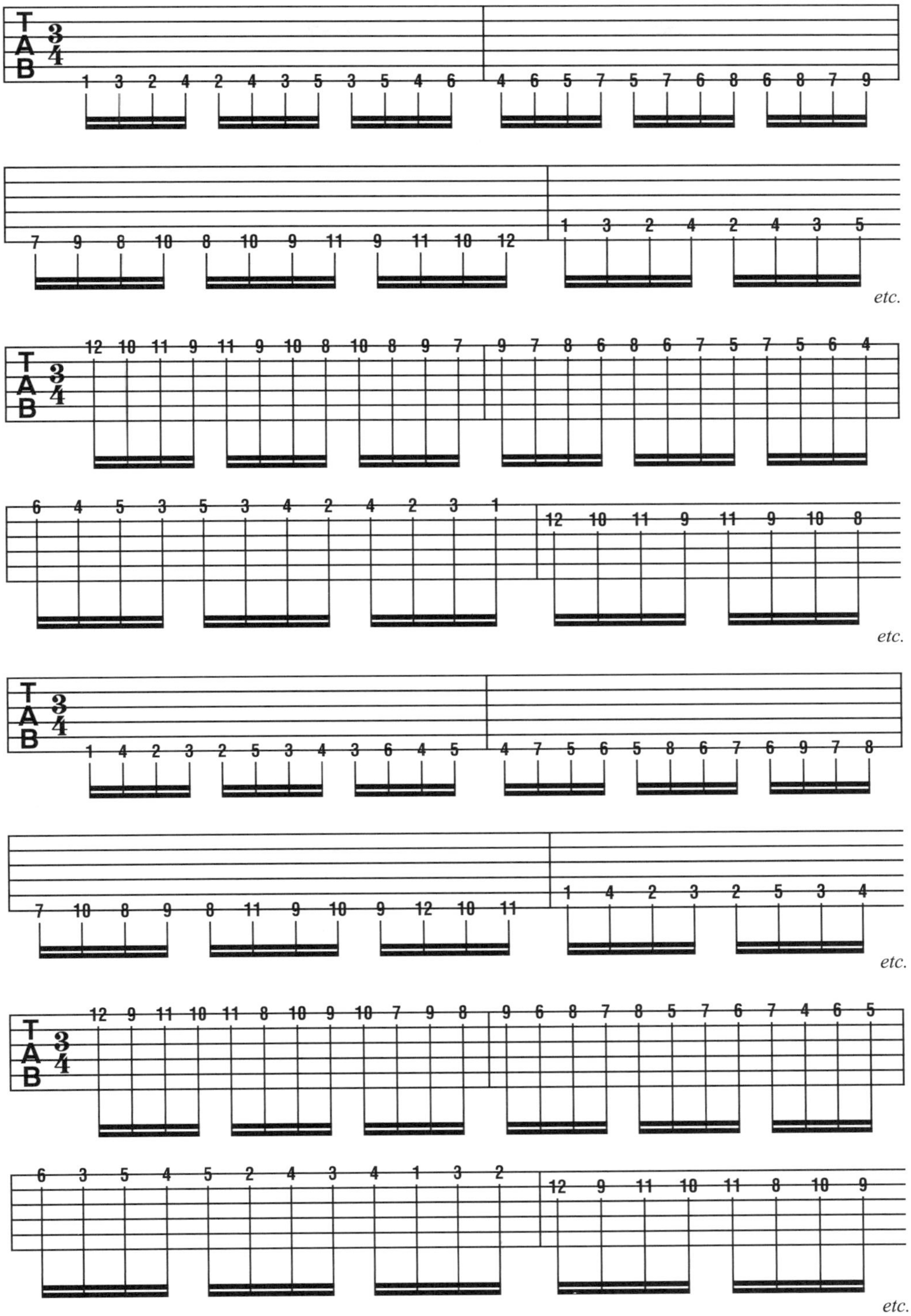
etc.
etc.
etc.
etc.

## Monter et descendre en diagonale

Se déplacer d'une corde à l'autre est relativement facile. Se déplacer le long du manche est un peu plus compliqué. Vous devez à ce stade maîtriser correctement ces deux techniques. Nous *espérons* que vous maîtrisez les deux techniques, car le moment est venu de combiner les passages d'une corde à l'autre et les déplacements le long du manche en mouvements *diagonaux*. Lorsque vous vous déplacez en diagonale, vous jouez différentes cordes *et* vous changez de position – c'est un peu l'équivalent à la guitare de l'exercice consistant à se taper sur la tête tout en se frottant le ventre en mouvements circulaires, à une différence près : les exercices en diagonale donnent l'air moins bête. En fait, une fois que vous y serez parvenu, vous verrez que c'est plutôt cool.

La série d'exercices qui suit vous emmène tous azimuts sur le manche selon des motifs diagonaux ascendants et descendants. Essayez d'anticiper chaque mouvement à venir en plaçant le doigt qui s'apprête à jouer la note suivante sur la nouvelle position tandis que vous jouez la dernière note de la corde.

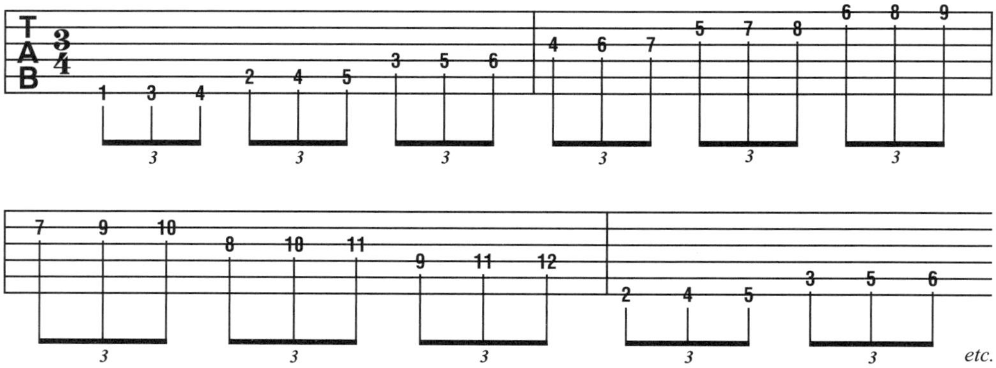


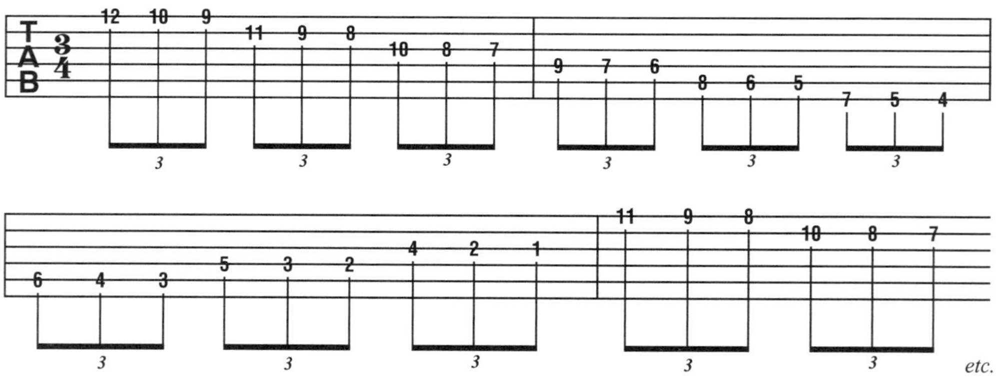

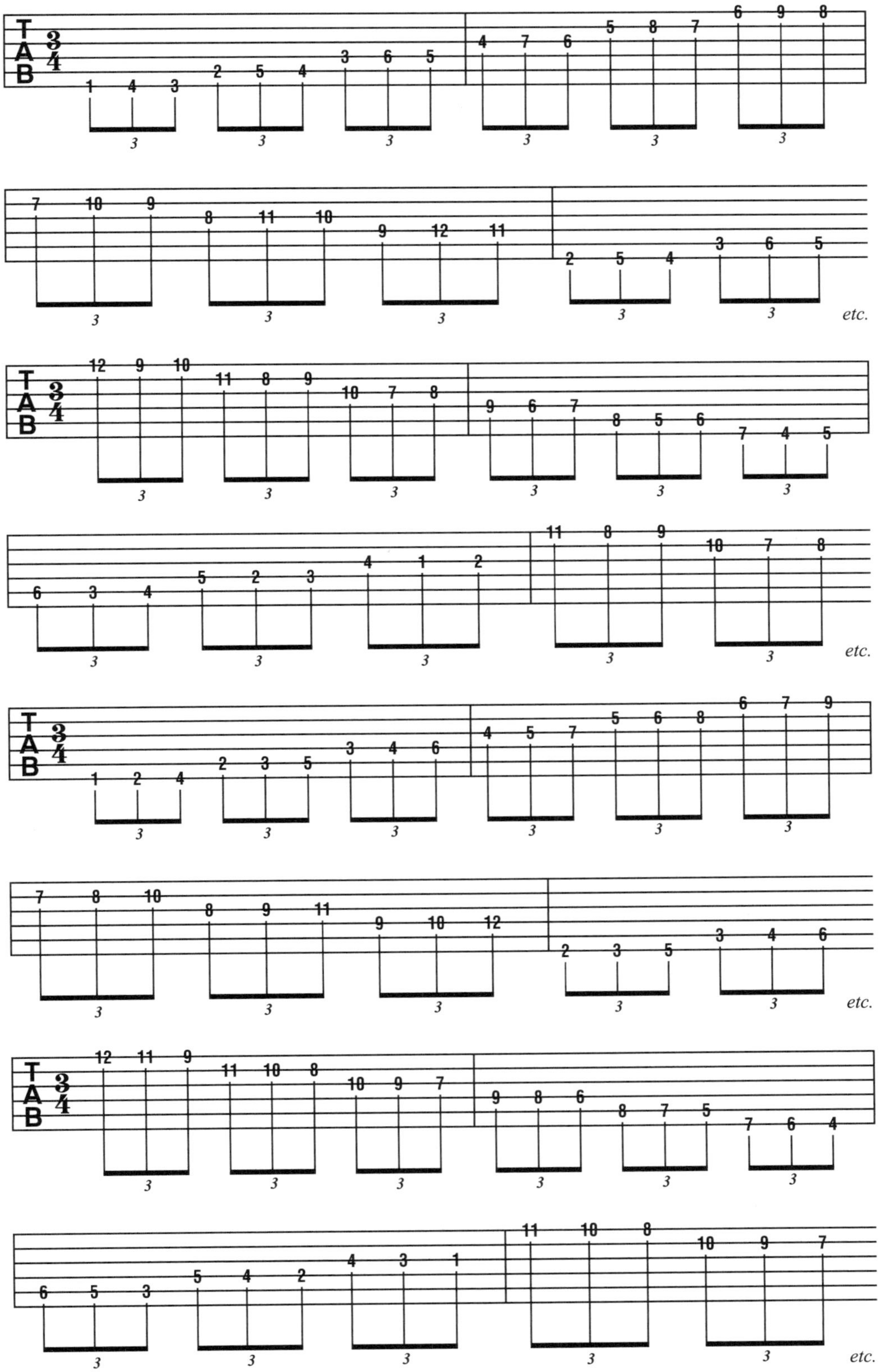
TAB
3/4
etc.
TAB
3/4
etc.
TAB
3/4
etc.
TAB
3/4
etc.

# Cinquième partie

# La partie des Dix

« Il semble que la guitare soit pour elle chose très intuitive, même s'il n'en va pas de même pour sa façon de s'asseoir. »

## Dans cette partie...

Aucun ouvrage de la série *Pour les Nuls* ne serait complet sans la fameuse *partie des Dix*. Eh oui, le principe s'applique même aux exercices de guitare. Cependant, plutôt que de vous suggérer dix exercices supplémentaires (ennuyeux, non ?), nous avons tenté d'innover. Nous vous proposons donc ici deux sections qui n'ont rien à voir avec le travail de vos gracieux appendices sur le manche d'une guitare. Le chapitre 15 vous offre des astuces visant à optimiser le temps que vous passez à vous entraîner à la guitare, et le chapitre 16 répertorie dix concepts essentiels pour améliorer votre sensibilité musicale. C'est promis, plus de gammes ni d'arpèges ni d'accords à la guitare. Certaines de ces actions, comme regarder et écouter les autres jouer, ne requièrent absolument aucun effort !

Et n'oubliez pas l'annexe, dans laquelle vous trouverez la liste détaillée des pistes du CD qui accompagne ce livre, ainsi que des instructions sur la façon d'utiliser le CD – au cas où vous n'auriez pas passé un disque depuis 1982 !

## Chapitre 15

# Dix astuces pour optimiser votre temps d'entraînement

Que vous disposiez de journées entières en tête à tête avec votre guitare ou que vous deviez caser au chausse-pied quelques précieux moments de pratique dans votre impossible emploi du temps, votre objectif doit être d'optimiser l'efficacité de vos séances d'entraînement. Jouer de la guitare est agréable, mais c'est uniquement fonction des efforts fournis et du temps passé à pratiquer vos exercices que vous parviendrez à progresser. Nous vous présentons dans ce chapitre dix astuces pour vous aider à satisfaire la petite voix intérieure qui vous incite à travailler.

## Choisir le lieu où vous entraîner

Définissez l'espace dans lequel vont avoir lieu vos séances de guitare – de façon plus ou moins définitive. Dédier une pièce donnée à la pratique de votre instrument est sans doute un luxe que peu d'entre nous peuvent s'offrir, mais c'est la solution idéale. À défaut, une zone donnée dans une pièce, ou un petit coin contre le mur n'est pas mal non plus. L'endroit ainsi désigné doit être équipé d'une chaise, d'un pupitre, d'un bon éclairage (une liseuse sera parfaite) et d'une table à proximité raisonnable.

## Définir les horaires de vos séances d'entraînement (et tenez-vous-y)

Tous les musiciens et les sportifs vous le diront : il est nettement plus facile de se tenir à un programme de pratique si les séances ont lieu à heure fixe (ou presque) chaque jour. Un emploi du temps défini vous permet de planifier vos autres activités autour de vos séquences d'entraînement.

## Vous fixer des objectifs

Saisir votre instrument pour jouer à tout moment est très appréciable. Néanmoins, vous devez réserver cette approche à des moments qui n'entrent pas dans les créneaux horaires dédiés à vos répétitions. Démarrez toujours votre séance d'entraînement en vous fixant un objectif (par exemple, « programme du jour : apprendre trois modèles de gammes mineures harmoniques, et réussir à jouer trois séquences en cadence »). Baliser ainsi votre parcours vous permettra de mesurer concrètement vos progrès.

# Garder vos accessoires à portée de main

Un *accessoire* est un objet qui contribue au confort et à l'efficacité de vos entraînements. Voici une liste non exhaustive des accessoires les plus courants dont vous pouvez vous entourer : un métronome, un tuner, un médiator (si c'est la méthode pour laquelle vous avez opté), ainsi que de quoi prendre des notes. Vous pouvez également prévoir un enregistreur numérique ou à cassette (pour enregistrer vos réflexions ou monitorer vos performances). L'essentiel est qu'une fois installé avec votre guitare, rien ne doit vous distraire avant le gong indiquant la fin de votre séance d'entraînement (rien d'extraordinaire, un minuteur de cuisine fera parfaitement l'affaire pour baliser la durée de vos répétitions). Essayez donc d'anticiper tout ce dont vous pouvez avoir besoin en cours de séance, de façon à minimiser les interruptions.

# Garder la tête à ce que vous faites

Aborder votre programme d'entraînement avec un état d'esprit positif est la meilleure garantie de résultats (outre le plaisir que vous tirerez de vos séances). Vous vous apercevrez rapidement que plus vous vous tenez à votre discipline de travail, plus l'exercice devient facile. Et même si le plaisir et la bonne humeur ne sont pas toujours au rendez-vous au démarrage, le malaise disparaîtra au bout de quelques minutes de flexions musculaires guitaristiques intensives.

# Vous échauffer scrupuleusement

Fort du conseil ci-dessus, même si vous mourez d'envie de vous jeter à corps perdu dans votre séance d'exercices, précisons qu'il est indispensable d'échauffer les muscles et les nerfs de vos mains et de vos doigts avant de partir sur les chapeaux de roue. Quelques simples exercices d'assouplissement permettent à vos muscles de démarrer en douceur et sans effort superflu. De plus, un bon travail d'échauffement vous prépare bien mieux aux exercices délicats que de confronter sans préavis vos articulations et votre cerveau aux passages difficiles.

# Commencer en douceur et progresser avec constance

Nombre de guitaristes en herbe ne saisissent pas l'importance de démarrer lentement pour prendre progressivement de la vitesse. Cette méthode vous permet non seulement de diagnostiquer vos faiblesses, mais aussi de maîtriser graduellement le tempo des exercices et des morceaux que vous allez jouer. Sortez votre métronome et trouvez un tempo qui vous semble confortable, ni trop rapide ni trop lent. Lorsque vous serez en mesure de jouer un passage donné à la perfection trois fois de suite, augmentez la vitesse du métronome d'un cran. Soyez à l'écoute du « break » qui se produit une ou plusieurs fois au cours de l'exercice.

## Isoler les passages délicats

Nous vous conseillons d'isoler les passages qui vous ralentissent du fait de leur difficulté, et de les répéter en boucle, une ou deux mesures à la fois. Identifiez sur le métronome la vitesse à laquelle vous pouvez jouer ces passages confortablement et sans erreur, et procédez avec méthode à partir de là, sans oublier les transitions par lesquelles débutent et se terminent ces passages.

## Jouer sur plusieurs guitares

À force de toujours jouer sur la même guitare, vous pourrez avoir l'impression de vous laisser gagner par la routine. Si vous possédez plusieurs guitares, essayez de passer de l'une à l'autre, ce qui implique une approche différente sur chaque instrument, en ayant recours à des techniques variées visant à optimiser votre son.

## Bienvenue au club !

La guitare peut produire un son fabuleux qu'elle soit jouée en solo ou au sein d'un ensemble d'instruments. Vous n'êtes donc pas condamné à vous morfondre seul chez vous. Établissez des contacts avec d'autres guitaristes et organisez-vous pour jouer à plusieurs ! Essayez de jouer en duo, ou faites preuve d'audace en accompagnant une voix. Vous pouvez ensuite jouer en trio, dans un quartet, ou dans un cadre plus vaste encore, sur la base d'arrangements écrits et improvisés. Le fait de jouer à plusieurs est une excellente école pour trouver un équilibre musical et réagir de façon dynamique. C'est également une bonne approche pour s'exposer à différents points de vue. Et n'oublions pas : vous passerez d'excellents moments !

# Chapitre 16

# Dix moyens pour réveiller le musicien qui sommeille en vous

Incroyable mais vrai : il existe des moyens de devenir meilleur musicien, en marge des conseils techniques que nous vous prodiguons depuis le début de ce livre. Il s'agit plus de feeling, de sensibilité personnelle ou d'oreille, critères qui ne sont en rien liés à l'instrument choisi. Nous vous proposons dans ce chapitre dix façons de vous améliorer en tant que musicien, indépendamment des gammes, des arpèges et des accords.

## S'imprégner du rythme

Le rythme est le vecteur le plus basique de la musique, et presque chacun d'entre nous est capable de battre du pied en rythme ou de taper dans ses mains avec la musique. Vous pouvez aller plus loin dans votre quête du sens du rythme, en sachant reconnaître la durée des notes (noires, croches, triolets, doubles croches, etc.), en connaissant le chiffrage et la signature rythmique d'une portée et en étant capable d'identifier les notations rythmiques dans leur contexte et en accord avec le tempo. Ces facteurs vous permettront d'apprécier plus avant la notion de rythme, enfin un peu plus précisément que de penser que c'est la pulsation qui permet de taper du pied. Reconnaître les rythmes vous aide à visualiser ce que capte votre oreille – et votre cerveau – et à mémoriser plus aisément les figures rythmiques et les motifs répétitifs.

## Se familiariser avec la notion de tonalité

La gamme n'est pas longue, de *do* à *si,* mais sachez qu'elle constitue absolument la fondation de votre approche musicale. Elle constitue en réalité la base de toute approche mélodique et harmonique. Être capable d'identifier la tonalité sur une portée, un manche de guitare et un clavier de piano donne à votre compétence à la guitare une dimension qui va vous aider dans la construction des gammes, des accords, et le déchiffrage des partitions de guitare.

## Faire connaissance avec l'harmonie

La fibre musicale qui nous habite va bien au-delà du rythme et de la mélodie. L'autre notion avec laquelle il est indispensable de se familiariser – particulièrement pour les guitaristes qui maîtrisent les accords aussi parfaitement que les notes isolées – est l'harmonie. Comprendre comment s'articulent les accords et reconnaître les différences entre les divers types d'accords (majeurs par opposition à mineurs, accords mineurs 7e par opposition aux accords de dominante, et ainsi de suite) vous permettra d'en reconnaître le son et le rôle qu'ils jouent dans une partition.

## Jouer en public

Se produire devant d'autres personnes – avec d'autres musiciens ou face à un public – permet d'acquérir d'appréciables connaissances, difficilement accessibles lorsqu'on se contente de répéter en privé. Rassembler son énergie et dominer ses nerfs dans les bonnes proportions contribue à créer une performance d'une plus grande puissance potentielle que ce à quoi vous pourriez prétendre en jouant seul chez vous. Il en va de la performance en public comme de toute autre discipline : plus vous pratiquez, plus vous progressez.

## Composer votre propre mélodie et vous laisser aller à l'improvisation

Même si vous ne vous sentez pas l'âme du prochain Paul Simon ou Lennon et McCartney, nous vous encourageons à écrire votre propre chanson, à composer votre propre mélodie et à improviser un accompagnement. Ces processus font appel à plus qu'un simple travail de mémorisation de la musique. Certes, votre composition initiale ne restera peut-être pas dans les annales de la musique, mais si vous arrivez à créer spontanément quelque chose qui soit « jouable », vous en serez ravi.

## Entraîner votre oreille

La notion d'*entraînement de l'oreille* implique certains aspects des trois premiers points de ce chapitre (améliorer votre connaissance du rythme, de la tonalité et de l'harmonie). Elle s'inscrit néanmoins aussi dans une stratégie plus globale, qui consiste à affiner votre oreille par la concentration et l'étude. Ce concept est proposé, sous différentes appellations, par certains conservatoires et formations de musicologie, indépendamment de l'instrument que vous pratiquez. Vous pouvez également suivre votre propre programme, sur une base individuelle ou dans le cadre d'un enseignement dispensé par un professeur ou un ami.

## Apporter de l'expression à votre jeu

La musique ne se résume pas à jouer des notes sans erreur, avec précision, à la cadence adéquate. Elle est intrinsèquement une forme d'expression, de sorte que les compositeurs et les musiciens se préoccupent tout autant de l'*articulation* (la façon dont les notes sont jouées ou comment elles sonnent) que de l'*expression* (la manière dont la musique est rendue). Une bonne approche, pour commencer, est de savoir identifier les notations utilisées pour décrire l'expression (généralement indiqué en italien sur les partitions) et les symboles employés pour indiquer l'articulation.

## Écouter de la musique sans modération

Écouter de la musique est pour beaucoup un passe-temps agréable. Pour un guitariste, ça fait partie du boulot ! (Quelle chance !) Passez autant de temps que vous pouvez à écouter de la musique, notamment des morceaux du style que vous souhaitez jouer. Et veillez à écouter d'une oreille critique, essayant d'identifier les accords, les intervalles de la mélodie, les instruments qui jouent et les techniques auxquelles ont recours les musiciens pour produire certains effets. Écouter d'une oreille active vous aide à définir avec précision vos préférences musicales et renforce votre mémoire de la musique et d'une interprétation particulière.

## Être attentif à la gestuelle des guitaristes

Que vous soyez devant votre poste de télévision ou au cinquième rang d'une salle de concert (ce que nous recommandons bien sûr, si vous en avez les moyens !), étudiez de près le jeu des musiciens en termes de posture et de gestuelle : la façon dont ils positionnent leurs mains, font bouger leur corps et tiennent leur tête. Jouer de la musique est une expérience physique à tous points de vue, et vous pourrez tirer de cette observation des grands musiciens quelques repères appréciables.

## Testez-vous en enseignant

Dispenser un enseignement apporte fréquemment un recul non négligeable sur les notions que l'on pense soi-même posséder. Montrer ou expliquer un concept à un tiers est généralement révélateur de ses propres lacunes, aussi petites ou momentanées soient-elles. Par exemple, si on vous demande de jouer au ralenti un passage que vous connaissez comme votre poche, peut-être vous en trouverez-vous incapable ! Ce phénomène est assez fréquent, et il vous oblige à repenser (et parfois à réapprendre) votre approche. Présenter à quelqu'un d'autre une notion que l'on maîtrise est un excellent moyen de valider ses propres connaissances.

# Annexe

# Comment utiliser le CD

*Exercices de guitare pour les Nuls* est un outil multimédia dans tous les sens du terme : vous disposez de textes expliquant les techniques de jeu, de figures illustrant les notations musicales sous différentes formes – diagrammes d'accords, grilles d'accords, tablatures et portées musicales traditionnelles – ainsi que du CD qui contient les enregistrements audio d'une grande partie des figures musicales du livre, avec les accompagnements adaptés. En alliant à toutes ces sources d'information ce chapitre d'annexe, vous n'allez pas tarder à vous prendre pour Marcel Dadi – ou Keith Richard, au choix !

Veillez à conserver le CD avec le livre – bien à l'abri des rayures dans sa pochette plastique – plutôt que de l'enterrer au fond d'un tiroir ou de l'oublier dans votre voiture. Au moins, lorsque vous voudrez consulter vos *Exercices de guitare pour les Nuls,* vous aurez le CD à portée de main. Lors de l'écoute du CD, essayez de suivre les morceaux sur les figures du livre, même si vos compétences en matière de déchiffrage laissent encore à désirer. Vous seriez surpris de voir quelle quantité de connaissances votre cerveau absorbe par la seule lecture d'une partition associée à l'écoute du morceau correspondant, simplement en faisant travailler de façon simultanée la vue et l'ouïe. Faites donc de ce livre et de son CD vos compagnons de chaque instant, en les utilisant de concert afin de mieux comprendre et mémoriser la musique.

## Mettez en correspondance le livre et le CD

Si vous êtes un guitariste expérimenté à la recherche de simples modèles d'exercices, essayez de lire la musique présentée dans ce livre en écoutant les morceaux correspondants du CD. Si vous souhaitez approfondir, lisez le texte qui traite de chaque exercice ou chanson. Si vous vous intéressez à un chapitre ou une rubrique en particulier (disons, le chapitre 8 sur la pratique des séquences d'arpèges majeurs), passez directement aux plages correspondantes sur le CD. Si le chapitre en question se révèle un peu trop ardu pour votre niveau, revenez au chapitre qui ouvre le sujet (dans ce cas, le chapitre 7 sur les arpèges majeurs) pour voir s'il est adapté à votre niveau du moment. Vous pouvez à partir de là continuer d'avancer dans le livre. Comme vous le constatez, la modularité du livre vous permet de trouver facilement ce que vous cherchez. Et pour vous faciliter encore plus la tâche, les rubriques à suivre vous indiquent comme trouver aisément et utiliser les exemples de musiques fournis sur le CD.

### Trouvez la bonne plage

Chaque fois que vous voulez écouter un morceau de musique (ou un exercice) dont le livre vous fournit la notation musicale, ou le jouer à la guitare en écoutant la version audio du CD, référez-vous au numéro de la plage et au temps de lecture correspondant (en minutes et secondes) indiqués à chaque figure. Ces indications sont fournies dans le cadre sur fond noir qui figure en haut à droite de chaque notation musicale. Utilisez la touche d'avance/retour rapide de votre lecteur de CD pour trouver la piste souhaitée, puis lancez normalement la lecture de la plage.

## Battements de décompte, accordage et cadences de métronome

Tous les exercices en rythme de ce livre sont précédés de *battements de décompte* qui interviennent avant le début de la musique – un petit battement de percussion qui fait office de métronome pour établir la pulsation avant que la musique ne commence. Cela vous permet de synchroniser la première note sur le jeu de guitare enregistré sur le CD.

La plage 1 du CD vous fournit une tonalité de référence à utiliser pour accorder votre guitare. La guitare enregistrée sur le CD joue les six cordes à vide, du grave vers l'aigu. Utilisez les touches d'avance rapide de votre lecteur de CD pour accorder toutes les cordes une par une en réécoutant cette piste pour chaque corde.

Les quatre dernières plages, de 96 à 99, comportent des cadences de métronome émulant différents tempos. Utilisez-les pour répéter les exercices à un rythme progressif, ou pour jouer en vous accompagnant d'une musique sur laquelle l'usage d'un métronome peut vous venir en aide.

## La séparation stéréo

Nous avons enregistré certains des exemples avec ce qu'on appelle une *séparation stéréo*. Ceci signifie que pour les exercices allant de la fin du chapitre 3 au chapitre 13, vous entendrez l'accompagnement dans le canal de gauche de votre chaîne hi-fi et la guitare dans le canal de droite. Si votre matériel est équipé d'un réglage de *balance* réglé sur la position médiane (à 12 heures), vous entendrez l'accompagnement et la guitare de façon équilibrée – c'est-à-dire provenant chacun d'une enceinte différente. Le bouton de balance vous permet cependant, s'il est tourné à fond vers la droite ou la gauche, de réduire le volume de l'un ou de l'autre.

Pourquoi procéder ainsi ? Parce que lorsque vous maîtriserez un temps soit peu en solo la partie de guitare d'un morceau, vous aurez envie de la jouer « avec le reste du groupe ». Pour ce faire, il vous suffira de positionner le bouton de balance à fond vers la gauche, ce qui vous permettra de n'entendre que le son émanant de l'enceinte gauche (l'accompagnement). Les battements de décompte étant diffusés par les *deux* canaux, vous percevrez par les deux enceintes les repères vous permettant de vous synchroniser sur la cadence de la musique.

# Comment utiliser le CD

Le CD fourni avec ce livre peut être lu sur tout lecteur standard. Chargez-le, appuyez sur lecture, puis avancez jusqu'à la piste que vous souhaitez écouter, et roulez jeunesse !

Vous pouvez également lire le CD en l'insérant dans le lecteur de votre ordinateur. Cependant, assurez-vous au préalable que celui-ci remplit les spécifications techniques suivantes :

- Un ordinateur équipé d'un système d'exploitation Microsoft Windows ou Mac OS.
- Un logiciel capable de lire un CD audio (par exemple, iTunes, Windows Media Player ou RealPlayer).
- Une carte son (presque tous les ordinateurs actuels en sont pourvus).
- Un lecteur de CD-Rom ou de DVD.

# Les plages du CD

Vous trouverez ci-dessous un tableau dans lequel figurent toutes les plages du CD fourni avec ce livre. La référence de chaque plage est indiquée dans la colonne de gauche. C'est ce chiffre que doit afficher votre lecteur si vous avez atteint la plage correspondant à l'exercice que vous souhaitez écouter. En regard de ce chiffre, dans la colonne de droite, figure le contenu de la plage qui vous intéresse.

| ***Plage*** | ***Désignation*** |
|---|---|
| 1 | Tonalité de référence : les six cordes à vide, du grave vers l'aigu |
| 2 | Modèle de gamme majeure n° 1 |
| 3 | Modèle de gamme majeure n° 2 |
| 4 | Modèle de gamme majeure n° 3 |
| 5 | Modèle de gamme majeure n° 4 |
| 6 | Modèle de gamme majeure n° 5 |
| 7 | « Premier Noël » |
| 8 | « Menuet en *sol* » de Bach |
| 9 | Séquences de gammes majeures sur le modèle n° 1 |
| 10 | Séquences de gammes majeures sur le modèle n° 2 |
| 11 | Séquences de gammes majeures sur le modèle n° 3 |
| 12 | Séquences de gammes majeures sur le modèle n° 4 |
| 13 | Séquences de gammes majeures sur le modèle n° 5 |
| 14 | « Oh, Dem Golden Slippers » |
| 15 | « We Wish You a Merry Christmas » |
| 16 | Modèle de gamme mineure naturelle n° 1 |
| 17 | Modèle de gamme mineure naturelle n° 2 |
| 18 | Modèle de gamme mineure naturelle n° 3 |
| 19 | Modèle de gamme mineure naturelle n° 4 |
| 20 | Modèle de gamme mineure naturelle n° 5 |
| 21 | Modèle de gamme mineure mélodique n° 1 |
| 22 | Modèle de gamme mineure mélodique n° 2 |
| 23 | Modèle de gamme mineure mélodique n° 3 |
| 24 | Modèle de gamme mineure mélodique n° 4 |
| 25 | Modèle de gamme mineure mélodique n° 5 |
| 26 | Modèle de gamme mineure harmonique n° 1 |

| *Plage* | *Désignation* |
|---|---|
| 27 | Modèle de gamme mineure harmonique n° 2 |
| 28 | Modèle de gamme mineure harmonique n° 3 |
| 29 | Modèle de gamme mineure harmonique n° 4 |
| 30 | Modèle de gamme mineure harmonique n° 5 |
| 31 | « God Rest Ye Merry, Gentlemen » |
| 32 | « Allegro » de Haendel |
| 33 | « The Three Ravens » |
| 34 | Séquences de gammes mineures naturelles n° 1 à 5 |
| 35 | Séquences de gammes mineures mélodiques n° 1 à 5 |
| 36 | Séquences de gammes mineures harmoniques n° 1 à 5 |
| 37 | « To Work upon the Railroad » |
| 38 | « Bourrée en *mi* mineur » de Bach |
| 39 | « The Full Little Jug » |
| 40 | Modèle d'arpège majeur n° 1 |
| 41 | Modèle d'arpège majeur n° 2 |
| 42 | Modèle d'arpège majeur n° 3 |
| 43 | Modèle d'arpège majeur n° 4 |
| 44 | Modèle d'arpège majeur n° 5 |
| 45 | « To the Colors » |
| 46 | « Retreat » |
| 47 | Séquences d'arpèges majeurs sur le modèle n° 1 |
| 48 | Séquences d'arpèges majeurs sur le modèle n° 2 |
| 49 | Séquences d'arpèges majeurs sur le modèle n° 3 |
| 50 | Séquences d'arpèges majeurs sur le modèle n° 4 |
| 51 | Séquences d'arpèges majeurs sur le modèle n° 5 |
| 52 | « Riff de blues en *si* » |
| 53 | Groove « Doo-Wop » en *la* |
| 54 | Modèle d'arpège mineur n° 1 |
| 55 | Modèle d'arpège mineur n° 2 |
| 56 | Modèle d'arpège mineur n° 3 |
| 57 | Modèle d'arpège mineur n° 4 |
| 58 | Modèle d'arpège mineur n° 5 |
| 59 | « Wolfgang's Whistle » |
| 60 | « Amadeus's Air » |
| 61 | Séquences d'arpèges mineurs sur le modèle n° 1 |
| 62 | Séquences d'arpèges mineurs sur le modèle n° 2 |
| 63 | Séquences d'arpèges mineurs sur le modèle n° 3 |
| 64 | Séquences d'arpèges mineurs sur le modèle n° 4 |
| 65 | Séquences d'arpèges mineurs sur le modèle n° 5 |

| Plage | Désignation |
| --- | --- |
| 66 | « Mozart's Motif » |
| 67 | « Cavalier sauvage » de Schumann |
| 68 | Modèle n° 1 d'arpège d'accords de 7e de dominante |
| 69 | Modèle n° 2 d'arpège d'accords de 7e de dominante |
| 70 | Modèle n° 3 d'arpège d'accords de 7e de dominante |
| 71 | Modèle n° 4 d'arpège d'accords de 7e de dominante |
| 72 | Modèle n° 5 d'arpège d'accords de 7e de dominante |
| 73 | Modèle n° 1 d'arpège d'accords mineurs 7e |
| 74 | Modèle n° 2 d'arpège d'accords mineurs 7e |
| 75 | Modèle n° 3 d'arpège d'accords mineurs 7e |
| 76 | Modèle n° 4 d'arpège d'accords mineurs 7e |
| 77 | Modèle n° 5 d'arpège d'accords mineurs 7e |
| 78 | Modèle n° 1 d'arpège d'accords de 7e majeure |
| 79 | Modèle n° 2 d'arpège d'accords de 7e majeure |
| 80 | Modèle n° 3 d'arpège d'accords de 7e majeure |
| 81 | Modèle n° 4 d'arpège d'accords de 7e majeure |
| 82 | Modèle n° 5 d'arpège d'accords de 7e majeure |
| 83 | « Ave Maria » de Schubert |
| 84 | « Pavane » de Fauré |
| 85 | Séquences d'arpèges d'accords de 7e de dominante sur les modèles n° 1 à 5 |
| 86 | Séquences d'arpèges d'accords mineurs 7e sur les modèles n° 1 à 5 |
| 87 | Séquences d'arpèges d'accords de 7e majeure sur les modèles n° 1 à 5 |
| 88 | « Liebestraum » de Liszt |
| 89 | « Ave Maria » de Bach et Gounod |
| 90 | Progression d'accords ouverts n° 1 |
| 91 | Progression d'accords ouverts n° 2 |
| 92 | Progression d'accords fermés n° 1 |
| 93 | Progression d'accords fermés n° 2 |
| 94 | « Danny Boy » |
| 95 | « Look for the Silver Lining » |
| 96 | Piste au métronome n° 1 : ♩ = 60 |
| 97 | Piste au métronome n° 2 : ♩ = 76 |
| 98 | Piste au métronome n° 3 : ♩ = 96 |
| 99 | Piste au métronome n° 4 : ♩ = 120 |

# Disponibles dans la collection « Pour les Nuls »

## *Musique*

| *Titre* | *Auteur* | *ISBN* |
|---|---|---|
| Exercices de piano | David Pearl, Marc Rozenbaum | 978-2-7540-1337-6 |
| Accords de guitare | Antoine Polin | 978-2-7540-1009-2 |
| Le Jazz | Dirk Sutro, Stéphane Koechlin | 978-2-7540-0779-5 |
| La Musique classique | David Pogue, Claire Delamarche | 978-2-7540-0151-9 |
| L'Opéra | David Pogue, Claire Delamarche | 978-2-7540-0244-8 |
| L'Harmonica | Winslow Yerxa, Jean-Jacques Milteau | 978-2-7540-1210-2 |
| DJ | John Steventon, Nicolas Dambre | 978-2-7540-1198-3 |
| La Batterie | Jeff Strong, Laurent Bataille | 978-2-7540-0352-0 |
| Le Chant | Pamela S. Phillips, Mariette Jost | 978-2-7540-0462-6 |
| Le Solfège | Michael Pilhofer, Jean-Clément Jollet | 978-2-7540-0586-9 |
| La Guitare basse | Patrick Pfeiffer | 978-2-7540-0288-2 |
| Claviers et Synthétiseurs | Christophe Martin de Montagu | 978-2-7540-0118-2 |
| La Guitare, 2e édition | Mark Phillips, Jon Chappel | 978-2-7540-0124-3 |
| Le Piano | Blake Neely, Marc Rozenbaum | 978-2-7540-0102-1 |
| La Guitare électrique | John Chappell | 978-2-8769-1983-9 |